山 口 県

〈収録内容〉

便利な DL コンテンツは右の QR コードから

解答用紙　過去年度　リスニング ⇒

※データのダウンロードは 2025 年 3 月末日まで。
※データへのアクセスには、右記のパスワードの入力が必要となります。 ⇒ 254511

〈各教科の受検者平均点〉

	数 学	英 語	理 科	社 会	国 語	得点の合計
2024年度	23.1	26.6	26.8	24.5	31.5	132.4
2023年度	21.6	25.6	24.5	27.1	27.1	125.8
2022年度	24.5	28.5	24.4	25.8	23.6	126.7
2021年度	25.7	27.4	31.0	33.2	28.9	146.3
2020年度	21.3 (5.0)	29.3 (6.2)	23.3	33.1	29.4 (8.1)	136.4 (19.3)
2019年度	26.8 (5.0)	27.0 (6.1)	28.7	30.7	30.2 (4.8)	143.3 (16.1)

※各50点満点。
※(　)内は、学校指定教科検査。なお、合計は3教科全てを受検した者について集計したもの。

本書の特長

POINT 1　解答は全問を掲載、解説は全問に対応！

POINT 2　英語の長文は全訳を掲載！

POINT 3　リスニング音声の台本、英文の和訳を完全掲載！

POINT 4　出題傾向が一目でわかる「年度別出題分類表」は、約 10 年分を掲載！

実戦力がつく入試過去問題集

- ▶ 問題 ……………… 実際の入試問題を見やすく再編集。
- ▶ 解答用紙 …… 実戦対応仕様で収録。
- ▶ 解答解説 …… 重要事項が太字で示された、詳しくわかりやすい解説。
  ※採点に便利な配点も掲載。

合格への対策、実力錬成のための内容が充実

- ▶ 各科目の出題傾向の分析、最新年度の出題状況の確認で、入試対策を強化！
- ▶ その他、志願状況、公立高校難易度一覧など、学習意欲を高める要素が満載！

解答用紙ダウンロード	解答用紙はプリントアウトしてご利用いただけます。弊社ＨＰの商品詳細ページよりダウンロードしてください。トビラのＱＲコードからアクセス可。
リスニング音声ダウンロード	英語のリスニング問題については、弊社オリジナル作成により音声を再現。弊社ＨＰの商品詳細ページで全収録年度分を配信対応しております。トビラのＱＲコードからアクセス可。
famima PRINT	原本とほぼ同じサイズの解答用紙は、全国のファミリーマートに設置しているマルチコピー機のファミマプリントで購入いただけます。※一部の店舗で取り扱いがない場合がございます。詳細はファミマプリント（http://fp.famima.com/）をご確認ください。
UD FONT	見やすく読みまちがえにくいユニバーサルデザインフォントを採用しています。

2024年度/山口県公立高校志願状況（全日制）

学校名・学科（コース）		入学定員	第一次募集の定員	第一志願者数	志願倍率
周防大島	普通	60	31	27	0.9
	地域創生	30	22	13	0.6
岩国	普通	200	160	169	1.1
	理数	40	28	47	1.7
坂上分校	普通	30	28	13	0.5
岩国総合	総合	105	61	76	1.2
高森	普通	90	39	23	0.6
岩国商	総合ビジネス	60	30	29	1.0
	国際情報	30	15	12	0.8
岩国工	機械	40	22	35	1.6
	電気	40	36	27	0.8
	都市工学	40	25	41	1.6
	システム化学	40	26	35	1.3
柳井	普通	130	104	123	1.2
柳井商工	ビジネス情報	60	43	28	0.7
	機械	30	29	18	0.6
	建築・電子	30	24	23	1.0
熊毛南	普通	80	60	26	0.4
田布施農工	生物生産	30	19	24	1.3
	食品科学	30	19	33	1.7
	都市緑地	30	29	29	1.0
	機械制御	30	26	22	0.8
光	普通	140	112	85	0.8
	総合	80	63	87	1.4
下松	普通	180	155	151	1.0
華陵	普通	80	67	58	0.9
	英語	40	28	17	0.6
下松工	システム機械	35	28	31	1.1
	電子機械	35	32	32	1.0
	情報電子	40	37	52	1.4
	化学工業	40	32	43	1.3
熊毛北	普通	30	25	10	0.4
	ライフデザイン	30	23	21	0.9
徳山	普通	260	260	294	1.1
	理数	40	32	40	1.3
新南陽	普通	150	109	102	0.9

学校名・学科（コース）		入学定員	第一次募集の定員	第一志願者数	志願倍率
徳山商工	総合ビジネス	40	22	35	1.6
	情報ビジネス	40	22	31	1.4
	機械	35	21	29	1.4
	電子情報技術	35	21	36	1.7
	環境システム	35	23	30	1.3
南陽工	機械システム	40	22	35	1.6
	電気	40	28	27	1.0
	応用化学	40	24	23	1.0
防府	普通	240	240	248	1.0
	衛生看護	40	30	32	1.1
防府西	総合	150	98	131	1.3
防府商工	商業	120	72	110	1.5
	情報処理	40	24	53	2.2
	機械	80	56	68	1.2
山口	普通	260	260	282	1.1
	理数	40	28	31	1.1
山口中央	普通	200	180	205	1.1
西京	普通	120	96	126	1.3
	（体育）	40	10	9	0.9
	総合ビジネス	40	32	36	1.1
	情報処理	40	32	45	1.4
山口農	生物生産	40	28	35	1.3
	食品工学	40	24	24	1.0
	生活科学	40	31	36	1.2
	環境科学	40	29	39	1.3
西市分校	総合	30	27	22	0.8
宇部	普通	160	160	207	1.3
	人文社会科学	35	49	48	1.0
	自然科学	35			
宇部中央	普通	160	104	120	1.2
宇部商	商業	105	77	54	0.7
	総合情報	35	29	20	0.7
宇部工	機械	40	29	30	1.0
	電子機械	40	33	33	1.0
	電気	35	27	36	1.3
	化学工業	35	30	21	0.7

学校名・学科（コース）		入学定員	第一次募集の定員	第一志願者数	志願倍率
小野田	普通	160	123	92	0.7
厚狭	普通	80	67	64	1.0
	総合家庭	35	25	31	1.2
小野田工	機械	30	21	25	1.2
	電子情報	30	25	29	1.2
	化学工業	30	27	38	1.4
美祢青嶺	普通	50	45	26	0.6
	機械	25	23	16	0.7
	電気	25	23	16	0.7
田部	普通	30	28	19	0.7
	総合生活	30	26	16	0.6
豊浦	普通	200	140	150	1.1
長府	総合	135	100	121	1.2
下関西	普通	160	160	156	1.0
	人文社会科学	35	49	57	1.2
	自然科学	35			
下関南	普通	160	115	109	0.9
下関北	普通	80	60	17	0.3
下関工科	機械工学	70	58	67	1.2
	電気工学	60	52	50	1.0
	建設工学	35	22	28	1.3
	応用化学工業	35	31	33	1.1
大津緑洋	普通	90	76	75	1.0
	生物生産	25	19	12	0.6
	生活科学	25	21	4	0.2
	海洋技術	25	17	18	1.1
	海洋科学	25	21	12	0.6
萩	普通	100	85	83	1.0
	人文社会科学	20	30	20	0.7
	自然科学	20			
奈古分校	総合	30	27	14	0.5
萩商工	総合ビジネス	30	16	16	1.0
	情報デザイン	30	17	19	1.1
	機械・土木	30	23	16	0.7
	電気・建築	30	19	21	1.1
下関商	商業	130	96	98	1.0
	情報処理	30			

※「第一次募集の定員」は入学定員から推薦入学合格内定者数を除いた数である。
「第一志願者数」は推薦合格内定者数を除いた数である。
「志願倍率」は「第一志願者数」を「第一次募集の定員」で割った数値である。

山口県公立高校難易度一覧

目安となる偏差値	公立高校名
75 ~ 73	
72 ~ 70	
	徳山(理数)
69 ~ 67	山口(理数)
	宇部(探究), 下関西(探究)
66 ~ 64	岩国(理数), 下関西, 山口
	宇部
	徳山
63 ~ 61	
	防府
60 ~ 58	岩国
	大津緑洋, 下関南
57 ~ 55	下松, 豊浦, 萩(探究), 山口中央
	小野田, 柳井
	萩
54 ~ 51	西京
	華陵(英語), 徳山商工(総合ビジネス/情報ビジネス), 光, 防府(衛生看護)
	華陵, 市下関市立下関商業(情報処理), 新南陽
	防府商工(商業/情報処理/機械)
50 ~ 47	岩国工業(機械/電気/都市工学/システム化学), 宇部工業(機械/電子機械/電気/化学工業), 西京(情報処理), 長府(総合)
	宇部商業(商業/総合情報), 西京(総合ビジネス), 市下関市立下関商業(商業), 萩商工(総合ビジネス/情報デザイン)
	岩国総合(総合), 宇部中央, 熊毛南, 徳山商工(機械/電子情報技術/環境システム), 防府西(総合)
	厚狭, 岩国商業(総合ビジネス/国際情報), 下松工業(システム機械/電子機械/情報電子/化学工業), 下関工科(機械工学/電気工学/建設工学/応用化学工学), 光(総合)
46 ~ 43	下関北, 萩商工(機械・土木/電気・建築)
	南陽工業(機械システム/電気/応用化学), 柳井商工(ビジネス情報)
	厚狭(総合家庭), 小野田工業(機械/電子情報/化学工業), 西京(体育)
	熊毛北(ライフデザイン), 周防大島, 田布施農工(機械制御), 山口農業(生物生産/食品工学/生活科学/環境科学)
42 ~ 38	周防大島(地域創生), 高森, 田布施農工(生物生産/食品科学/都市緑地), 田部, 柳井商工(機械/建築・電子)
	熊毛北, 田部(総合生活), 美祢青嶺(普/機械/電気)
	大津緑洋(生物生産/生活科学/海洋技術), 萩[奈古分校](総合)
	大津緑洋(海洋科学)
	山口農業[西市分校](総合)
37 ~	岩国[坂上分校]

*( )内は学科・コースを示します。特に示していないものは普通科(普通・一般コース), または全学科(全コース)を表します。市は市立を表します。

*データが不足している高校, または学科・コースなどにつきましては掲載していない場合があります。

*公立高校の入学者は,「学力検査の得点」のほかに,「調査書点」や「面接点」などが大きく加味されて選抜されます。上記の内容は想定した目安ですので, ご注意ください。

*公立高校入学者の選抜方法や制度は変更される場合があります。また, 統廃合による閉校や学校名の変更, 学科の変更などが行われる場合もあります。教育委員会などの関係機関が発表する最新の情報を確認してください。

数学　出題傾向の分析と合格への対策

出題傾向とその内容

〈最新年度の出題状況〉

本年度の出題数は，大問が8題，小問数にして22問と，昨年よりも大問数は減ったが、小問数はほぼ同じであった。

出題内容は，大問1が数・式の計算，平方根から基本問題が5問，大問2は反比例，角度，二次方程式，標本調査から基本問題が4問，大問3は回転移動，作図，大問4は関数$y=ax^2$，平均の速さ，大問5は確率，大問6は文字と式，連立方程式の利用，大問7は相似な図形の証明，相似な図形の利用，大問8は相対度数，一次関数の利用，三平方の定理となっていた。

〈出題傾向〉

問題の出題数は，ここ数年，大問数で9題前後，小問数で23問前後で定着している。例年，大問数は9題前後と多いが，ほとんどの問題は，基礎的・基本的な学習事項の理解度をみる問題で構成されている。多少応用力を必要とする問題もあるが，教科書を中心とした学校の教材をしっかり学習すれば十分解ける問題である。

ここ数年，大問1では，数・式や平方根から，基本的な計算問題が5問，大問2では，数と式，方程式・不等式，関数，図形，資料の活用の分野から，数学の基本的な能力を問う問題が4題出題されている。これらの問題は確実に得点したい。大問2は大問1よりも応用力を必要とする小問群であり，この出題形式は今後も続くものと思われる。毎年，大問数で1～2題，図形と関数・グラフ，図形と確率，関数・グラフと確率など，複数の単元にわたる数学的理解度を問う融合問題が出題されている。また，図形の証明や作図問題も，例年，必ず出題されている。

来年度の予想と対策

まず，すべての領域について，基礎的な知識や計算力を身につけておくことが大切である。

問題自体はいずれも基礎的・基本的なものであるが，問題をざっと見て，どの問題が解きやすいかを短時間に見きわめ，解けそうにないと思ったときは，すぐに他の問題に取り組むことが重要であろう。また，問題が多いので，正確に速く解く練習も必要である。

また，方程式の利用の問題，数の性質や規則性の問題，関数$y=ax^2$，場合の数と確率，三角形の合同や相似の証明問題がほとんど毎年出題されており，このような傾向を念頭において学習をしておくことも大切である。図形と関数・グラフや図形と確率の融合問題は出題される年とされない年があるが，このような応用問題へも柔軟に対応できるような準備も確実にしよう。

⇨学習のポイント

- 授業や学校の教材を中心に全分野の基礎力をまんべんなく身につけよう。
- 日頃の学習で，的確な時間配分ができるよう，訓練しておこう。

年度別出題内容の分析表　数学

出題内容			27年	28年	29年	30年	2019年	2020年	2021年	2022年	2023年	2024年
数と式		数の性質	○	○	○	○	○		○		○	○
		数・式の計算	○	○	○	○	○	○	○	○	○	○
		因数分解		○			○	○				
		平方根	○	○	○	○	○	○	○	○	○	○
方程式・不等式		一次方程式	○	○	○	○	○	○	○	○		
		二次方程式	○	○	○	○		○	○	○	○	○
		不等式			○		○		○	○		
		方程式の応用	○	○	○	○	○	○	○	○	○	○
関数		一次関数	○	○	○	○	○		○	○	○	○
		関数 $y = ax^2$	○	○	○	○	○	○	○	○	○	○
		比例関数	○	○	○		○	○	○		○	
		関数とグラフ		○	○	○	○	○	○	○	○	○
		グラフの作成										
図形	平面図形	角度	○	○	○	○	○	○	○	○	○	○
		合同・相似	○	○	○	○	○	○	○	○	○	○
		三平方の定理	○	○	○	○	○	○		○	○	○
		円の性質	○	○	○	○	○	○	○	○	○	○
	空間図形	合同・相似		○								
		三平方の定理										
		切断								○		
	計量	長さ	○	○	○	○	○	○	○	○	○	○
		面積	○	○	○	○	○	○	○	○	○	
		体積		○	○			○	○	○	○	
		証明	○	○	○	○	○	○	○	○	○	
		作図	○	○	○	○	○	○	○	○	○	
		動点	○			○						
データの活用		場合の数		○	○							
		確率	○	○	○	○	○	○	○	○	○	○
		資料の散らばり・代表値(箱ひげ図を含む)	○	○	○	○	○	○	○	○	○	○
		標本調査				○				○		○
融合問題		図形と関数・グラフ					○	○		○	○	○
		図形と確率										
		関数・グラフと確率										
		その他										
その他						○	○	○		○	○	○

英語 出題傾向の分析と合格への対策

出題傾向とその内容

〈最新年度の出題状況〉

本年度の大問構成は，リスニングが1題，対話文読解問題が2題，長文読解問題が2題，条件英作文問題が1題の合計6題であった。

昨年度と比べると，本年度は大問構成に大きな変更はなく，また大問ごとの出題内容に大きな変更は見られなかった。

リスニング問題は，対話を聞いてから英語の問いに対する答えを選ぶもの，対話に続く英文を選ぶもの，英語を聞いてメモを完成させるものだった。配点は50点満点中13点(26%)で，他の都道府県と比較すると標準的な割合であった。

対話文・長文読解問題は，英文全体の概要をつかむ力と，チラシや英文に関するグラフなどの資料を読み取る力も求められている。

条件英作文は，英文の質問に対して，自分の考えを書く必要がある

〈出題傾向〉

今年度も文法・語句問題が対話文読解の形式で出題された。基本的な語句補充問題と，語形変化問題であった。問題のレベルは標準的で，基本的な単語や熟語，文法の知識が重要となる。

対話文・長文読解問題では，内容を読みとって答える設問が多いため，読解の正確さが要求される。

電子メール(e-mail)形式の条件英作文は，基本的な文法や語句の正確な活用が求められる。また，作文は相手からのメールに返信する形なので，相手の質問に的確に答えるよう，自分の伝えたいことを英語にしなければならない。

来年度の予想と対策

問題の量・レベルともに標準的なものなので，教科書の内容をしっかりと理解しておけばよいだろう。ただし，英文全体の概要を把握する必要のある問題が多く出題されているので，時間配分に気を配りながら，問題集などを用いて練習しておくこと。日頃から，英文を読むときに全体の概要を把握しながら読むように練習したり，英文と資料(図や表，グラフなど)が一緒になっている問題をすばやく解くように練習したりすると効果的だろう。

リスニングテストは，音声を利用し，日頃から英語を聞くことに慣れておくことが大切である。特にテスト3のように，放送される英文を聞きながら，ワークシートやメモなどの空所に語句を補充する形式には，類題を通じて慣れておきたい。

⇨**学習のポイント**

- 教科書レベルの標準的な語い・表現をしっかり身につけよう。
- 短いものでよいので，英文を書く練習を日頃からしておこう。
- リスニングに備えて，耳を英語に慣れさせよう。

年度別出題内容の分析表　英語

出題内容			27年	28年	29年	30年	2019年	2020年	2021年	2022年	2023年	2024年
設問形式	リスニング	絵・図・表・グラフなどを用いた問題										
		適文の挿入	○	○		○	○	○	○	○	○	○
		英語の質問に答える問題	○	○	○	○	○	○	○	○	○	○
		英語によるメモ・要約文の完成	○	○	○	○	○	○	○	○	○	○
		日本語で答える問題										
		書き取り										
	語い	単語の発音										
		文の区切り・強勢										
		語句の問題										
	読解	語句補充・選択（読解）	○	○	○	○	○	○	○	○	○	○
		文の挿入・文の並べ換え	○			○	○	○	○	○	○	○
		語句の解釈・指示語	○	○	○	○	○	○	○	○	○	○
		英問英答（選択・記述）	○	○	○	○	○	○	○	○	○	○
		日本語で答える問題										
		内容真偽					○	○	○	○	○	○
		絵・図・表・グラフなどを用いた問題	○	○		○	○	○	○	○	○	○
		広告・メール・メモ・手紙・要約文などを用いた問題	○	○	○	○	○	○	○	○	○	○
	文法	語句補充・選択（文法）					○	○	○	○	○	○
		語形変化	○			○	○	○	○	○	○	
		語句の並べ換え	○	○	○	○	○	○	○			
		言い換え・書き換え										
		英文和訳										
		和文英訳		○								
		自由・条件英作文	○	○	○	○	○	○	○	○	○	○
文法事項		現在・過去・未来と進行形	○	○		○	○	○	○	○	○	○
		助動詞		○	○	○	○	○	○	○	○	○
		名詞・冠詞・代名詞		○			○	○	○	○	○	○
		形容詞・副詞		○		○	○	○	○	○	○	○
		不定詞	○	○	○	○	○	○	○	○	○	○
		動名詞		○	○	○	○	○	○	○	○	○
		文の構造（目的語と補語）				○	○		○	○		○
		比較	○	○	○	○		○	○	○	○	○
		受け身			○		○	○	○		○	○
		現在完了	○		○	○		○	○	○		○
		付加疑問文										
		間接疑問文			○				○			
		前置詞				○	○	○	○	○	○	○
		接続詞			○	○	○	○	○	○	○	○
		分詞の形容詞的用法			○	○		○	○		○	○
		関係代名詞	○	○	○	○		○	○		○	○
		感嘆文										
		仮定法									○	

理科 ●●●● 出題傾向の分析と合格への対策 ●●●●

出題傾向とその内容

〈最新年度の出題状況〉

本年度の出題数は，大問が9題，小問数にして例年通り30～35問の出題数である。今年は，生物，化学，物理，地学分野から大問2題ずつと，最後の問題は複合問題であった。

〈出題傾向〉

それぞれの分野で領域全体から問題が構成されていた。身近な自然の事物，現象から出題されており，平素の理科の学習の成果を問う基礎的な内容で，解答形式は記述，論述，計算，選択とさまざまで，かたよりはない。また，実験を通じて手順や注意，結果分析からの出題が多く，実験の意味を素早くとらえる必要がある。応用的な実験の題材が見られるが，教科書の内容をきちんと理解しておけば解ける問題ばかりである。

物理的領域　内容自体はスタンダードであり，比較的解きやすい問題が多いが思考力を試される問題も見られた。事前に練習を積んでいれば難なく解けたであろう。

化学的領域　基本的な問題と思考力を要する問題をとり混ぜた良い内容であった。化学に関する基本的な内容や，実験の方法としくみ，考え方の技術は必ず身につけておこう。

生物的領域　基本的な問題が多いが，思考力を要する問いも見られた。正しく詳細な知識や求められる一面もあるが，標準レベルではあるので，落ち着いて取り組もう。

地学的領域　観察結果や資料をもとにした基本的な出題が多かった。確かな理解と知識を要求される内容であるため，しっかりとした事前の準備に努めよう。

来年度の予想と対策

今年度はそれぞれの分野から2問ずつと，複合問題が出題されたが，全体的に広い分野から出題されている。数年間出題されなかった分野から出題されることもあるので，全体にかたよりのないしっかりした学力を養っておくことが必要である。教科書の実験を応用させた問題が多く出題されているので，教科書の重要事項は確実な知識として習得しておく必要がある。来年度もグラフや図や表の読み取りや作図の問題が出題されることが考えられるため，データ分析になれておく必要がある。実験操作なども手順と結果，注意事項を憶えておき，文章でまとめたり，図で表すことができるようにしておこう。

⇨学習のポイント

- 教科書の図や表など，詳細な部分までふくめ，単元全体にわたる知識を身につけよう。
- 基本的事項やあらゆる現象が起こる理由など，文章で説明する練習を積んでいこう。

年度別出題内容の分析表　理科

※★印は大問の中心となった単元

分野	学年	出題内容	27年	28年	29年	30年	2019年	2020年	2021年	2022年	2023年	2024年
第一分野	第1学年	身のまわりの物質とその性質		○		○	★	○	○	★		
		気体の発生とその性質	○		○	○	○	○			○	
		水溶液	★	○				★	○			○
		状態変化		○					○			★
		力のはたらき(2力のつり合いを含む)		★		○				○	○	○
		光と音	★		★			○	★	★		★
	第2学年	物質の成り立ち				★	○					
		化学変化，酸化と還元，発熱・吸熱反応			○	○	★		○		○	
		化学変化と物質の質量	★		★	○	★		★			★
		電流(電力，熱量，静電気，放電，放射線を含む)		○		★		★	○		★	★
		電流と磁界	★				★		★			○
	第3学年	水溶液とイオン，原子の成り立ちとイオン		★	★					★	○	
		酸・アルカリとイオン，中和と塩				★		★		○		○
		化学変化と電池，金属イオン				○			★		★	
		力のつり合いと合成・分解(水圧，浮力を含む)		○	○	★		○		○	○	
		力と物体の運動(慣性の法則を含む)					○	★				
		力学的エネルギー，仕事とエネルギー	○		★			○			○	
		エネルギーとその変換，エネルギー資源	○	○			★			○		
第二分野	第1学年	生物の観察と分類のしかた						○	○			
		植物の特徴と分類	★	★	○				○	★	○	
		動物の特徴と分類				○				○	★	
		身近な地形や地層，岩石の観察				○		○	○			
		火山活動と火成岩				★		○	○	○		★
		地震と地球内部のはたらき	★							★		
		地層の重なりと過去の様子			★	○		★	★			○
	第2学年	生物と細胞(顕微鏡観察のしかたを含む)	★		○	○	○					○
		植物の体のつくりとはたらき	○		★	★	★		○			★
		動物の体のつくりとはたらき		★	★	○	○	★	○	★	★	
		気象要素の観測，大気圧と圧力		○		○	★	★		★	○	
		天気の変化		○							○	
		日本の気象			★						○	
	第3学年	生物の成長と生殖			★		★	★	★			
		遺伝の規則性と遺伝子										★
		生物の種類の多様性と進化										
		天体の動きと地球の自転・公転					★		★			
		太陽系と恒星，月や金星の運動と見え方	★	★		★					★	★
		自然界のつり合い	★								○	
自然の環境調査と環境保全，自然災害												
科学技術の発展，様々な物質とその利用						○						
探究の過程を重視した出題			○	○	○	○	○	○	○	○	○	○

―山口県公立高校―

社会 出題傾向の分析と合格への対策

出題傾向とその内容

〈最新年度の出題状況〉

本年度の出題数は大問6題，設問数40題である。解答形式は記号選択式20題，語句記入7題，ならべかえが2題，短文の記述問題も10問出題されている。また，作図も1問出されている。大問数は，日本地理1題，世界地理1題，歴史2題，公民1題，総合問題1題であり，小問数は各分野のバランスがとれていると言える。細かい知識を問う問題はなく，基礎・基本の定着と，資料を活用する力を試す総合的な問題が出題の中心となっている。

地理的分野では，略地図・表・グラフ・地形図を読み取り，諸地域の特色・産業・貿易・交通・通信などを考える出題となっている。歴史的分野では，コラムや絵図や画像や歴史地図等資料をもとに，日本の歴史を総合的に問う内容となっている。公民的分野では，人権・財政・内閣・経済などに関する基礎的な知識が問われている。

〈出題傾向〉

地理的分野では，地図・地形図・表・グラフなどが用いられており，産業や気候などから出題され，世界地理では各国の成り立ちや民族の特徴，貿易など広範囲から出題されている。

歴史的分野では，絵や写真などの資料が多く用いられており，資料から政治・外交・文化などを問う出題がされている。

公民分野では，政治のしくみ，くらしと経済，国際関係等から出題され，基礎的知識を幅広く問うものとなっている。

来年度の予想と対策

来年度も例年とほぼ変わりない出題が予想される。今年は記述問題も多数出題されたが，内容は基礎的なものが中心となるだろう。

対策としては，地理では教科書の内容を確実に把握することが必要である。特に，資料集や地図帳を活用することが大切である。基本的な問題練習も，同一問題をくり返しやろう。

歴史では，資料を活用して歴史の流れや外国との関連をつかみ，教科書の資料などから，重要事項に関してチェックする必要があるだろう。さらに，重要事項同士の因果関係を理解しよう。

公民では，教科書の内容の把握や，政治・経済や環境問題をチェックしておくことが重要となるだろう。特に，国際社会に関心をもって調べておくことも大切である。

過去には，時事問題もよく出題されているので，押さえておきたい。また，選択問題や語句を確実に解答できるように実力をつけておこう。記述問題にも多くの時間をかけて，誤字などに気をつけて書く練習をしていこう。

⇨学習のポイント

- 地理では各種資料・地形図の読み取りと地形図の理解を深めよう！
- 歴史では各種資料を活用して理解を深めよう！
- 公民では政治・経済に注目して知識とニュースを結び付けよう！

年度別出題内容の分析表　社会

出題内容			27年	28年	29年	30年	2019年	2020年	2021年	2022年	2023年	2024年
地理的分野	日本	地形図の見方	○	○	○	○	○	○	○	○	○	○
		日本の国土・地形・気候		○	○	○	○	○	○	○	○	○
		人口・都市	○		○	○	○	○		○	○	
		農林水産業			○	○	○	○	○	○	○	○
		工業			○	○	○	○	○	○	○	○
		交通・通信	○								○	
		資源・エネルギー								○		○
		貿易	○	○				○			○	○
	世界	人々のくらし・宗教	○			○		○		○	○	○
		地形・気候	○		○	○	○	○	○	○	○	○
		人口・都市		○	○	○	○	○	○	○	○	
		産業		○	○		○			○	○	○
		交通・貿易		○			○	○	○		○	○
		資源・エネルギー								○		
	地理総合											
歴史的分野	日本史―時代別	旧石器時代から弥生時代						○				○
		古墳時代から平安時代	○	○	○	○	○	○	○	○	○	○
		鎌倉・室町時代	○	○	○	○	○	○	○	○	○	○
		安土桃山・江戸時代	○	○	○	○	○	○	○	○	○	○
		明治時代から現代	○	○	○	○	○	○	○	○	○	○
	日本史―テーマ別	政治・法律	○	○	○	○	○	○	○	○	○	○
		経済・社会・技術	○	○	○	○	○	○	○	○	○	○
		文化・宗教・教育	○	○	○	○	○	○	○	○	○	○
		外交	○	○	○	○	○	○	○	○	○	○
	世界史	政治・社会・経済史				○	○	○	○	○	○	
		文化史				○				○		
		世界史総合										
	歴史総合											
公民的分野	憲法・基本的人権		○			○	○	○	○	○	○	○
	国の政治の仕組み・裁判		○	○	○	○	○	○	○	○	○	○
	民主主義										○	○
	地方自治					○	○	○				
	国民生活・社会保障		○	○	○		○	○	○	○	○	
	経済一般		○	○	○	○	○	○	○	○	○	○
	財政・消費生活		○	○	○	○	○	○	○	○		○
	公害・環境問題		○				○		○	○		
	国際社会との関わり			○	○			○	○	○	○	○
時事問題												○
その他			○	○							○	

―山口県公立高校―

国語　出題傾向の分析と合格への対策

出題傾向とその内容

〈最新年度の出題状況〉

本年度の出題数は全大問6題。小説，論説文，古文・漢文，会話文それから漢字の読み書きである。

一の小説では，心情や話の流れを読み取る問題を中心に，知識問題として筆順・品詞の問題などが出題された。

二の論説文では，記述による説明問題を含む内容の読解のほか，文法問題や40字程度の記述問題が見られた。

三の古文では，仮名遣い，内容吟味の問題が出題された。

四の発表原稿では読みとりと文脈把握の問題が出題された。

五の漢字・漢文の問題や文脈を把握する問題が出題された。

六は，作文。課題文に補充する語句を考え，その語句を選んだ理由を160字以上240字以内で書く作文が出題された。

〈出題傾向〉

小説は，十代を主人公にしたものが扱われることが多く，読みやすい内容だと言えるだろう。登場人物の行動や発言から，正確に心情を読み取る力が求められている。

論説文もわかりやすい内容である。文章中で筆者が述べていることについての書き抜きや指定された語句を用いてまとめるといった記述問題がよく見られる。

現代文では，文章全体の表現の特徴をとらえる問題も見られる。

古文・漢文は，歴史的仮名遣い・返り点といった基本的な知識を問うものが必出。内容理解に関するものが中心である。

作文は，会話文を読み取り，それに関係する身近なテーマで体験を交えて自分の考えを述べるという形式が続いている。

知識問題は，漢字の読みと書き取りが必ず出題されるほか，文法や語句に関する問題が多い。

来年度の予想と対策

文学的文章の読解，説明的文章の読解，古文，漢文，作文という構成は，今後も続くと予想される。

読解問題に強くなるためには，数多くの文章にあたり，筆者の主張を読み取る練習や，主人公の心情を読み取る練習を重ねることが大切である。

古文・漢文は，歴史的仮名遣いや返り点など基本的な知識をおさえておきたい。文章を読みながら，主語が誰であるかということや，会話文はどこまでかを把握するようにしよう。

作文の対策は，書いてみること。さまざまなテーマで，具体的な体験をもとに自分の意見を簡潔に述べる練習をすることが有効だ。

知識問題は，漢字の読みや書き取りのほか，書写，文法，語句に関する問題に取り組んでおこう。

⇨学習のポイント

- 問題集などで，多くの読解問題に取り組もう。
- さまざまなテーマで作文の練習をしておこう。
- 教科書を使って，漢字の練習をよくしよう。

年度別出題内容の分析表 国語

		出題内容	27年	28年	29年	30年	2019年	2020年	2021年	2022年	2023年	2024年
内容の分類	読解	主題・表題										
		大意・要旨		○	○	○	○	○	○	○	○	○
		情景・心情	○	○	○	○	○	○	○	○	○	○
		内容吟味	○	○	○	○	○	○	○	○	○	○
		文脈把握	○	○	○	○	○	○	○	○	○	○
		段落・文章構成		○			○			○		○
		指示語の問題		○	○	○					○	
		接続語の問題			○				○			
		脱文・脱語補充	○	○	○	○	○	○	○	○	○	○
	漢字・語句	漢字の読み書き	○	○	○	○	○	○	○	○	○	○
		筆順・画数・部首		○	○	○	○	○	○	○	○	○
		語句の意味						○			○	○
		同義語・対義語			○		○					
		熟語	○		○	○			○	○	○	
		ことわざ・慣用句・四字熟語							○			○
		仮名遣い	○	○	○	○	○	○	○	○	○	○
	表現	短文作成					○					
		作文(自由・課題)	○	○	○	○	○	○	○	○	○	○
		その他										
	文法	文と文節		○	○						○	
		品詞・用法	○	○		○	○	○	○	○	○	○
		敬語・その他			○	○			○			
		古文の口語訳	○							○	○	○
		表現技法・形式		○	○	○			○	○	○	○
		文学史										
		書写	○									
問題文の種類	散文	論説文・説明文	○	○	○	○	○	○	○	○	○	○
		記録文・実用文										
		小説・物語・伝記	○	○	○	○	○	○	○	○	○	○
		随筆・紀行・日記										
	韻文	詩										
		和歌(短歌)										
		俳句・川柳										
		古文	○	○	○	○	○	○	○	○	○	○
		漢文・漢詩	○	○	○	○	○	○	○	○	○	○
		会話・議論・発表	○	○		○	○	○	○	○	○	○
		聞き取り										

MEMO

大切なことはメモしておこうネ！

山口県公立高等学校

2024年度

★★★★★★★★★★★★★★★★★★★★★★★

入　試　問　題

2024年度

●くわしい解説……49ページ

＜数学＞

時間　50分　　満点　50点

1　次の⑴～⑸に答えなさい。

⑴　$(-2)\times 4$ を計算しなさい。

⑵　$(-3)^2+8$ を計算しなさい。

⑶　$7x-(6x-1)$ を計算しなさい。

⑷　$\dfrac{9a^3}{5b}\div\dfrac{3a^2}{2b^2}$ を計算しなさい。

⑸　$\sqrt{12}-\sqrt{27}$ を計算しなさい。

2　次の⑴～⑷に答えなさい。

⑴　y が x に反比例し，$x=2$ のとき $y=6$ である。$x=4$ のときの y の値を求めなさい。

⑵　右の図で，$\ell \mathbin{/\!/} m$ のとき，$\angle x$ の大きさを求めなさい。

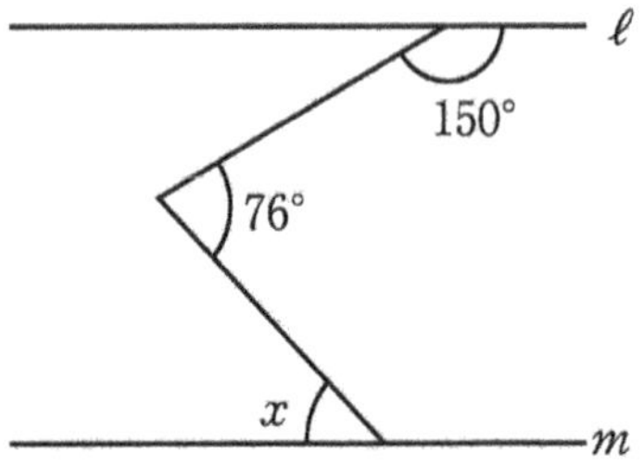

⑶　二次方程式 $2x^2+3x-1=0$ を解きなさい。

⑷　ある池で50匹の魚をつかまえ，その全部に印をつけて池に戻した。数日後，同じ池で40匹の魚をつかまえたところ，印のついた魚が11匹いた。この数日の間に，この池にいる魚の数と，印のついた魚の数に変化がないとするとき，この池にいる魚はおよそ何匹と推定されるか。一の位を四捨五入した概数で答えなさい。

3　平面図形に関連して，次の⑴，⑵に答えなさい。

⑴　**図１**の長方形ABCDにおいて，図形**ア**～**ク**は合同な直角三角形である。**ア**を，点Oを中心として平面上で回転移動させたとき，**ア**と重ねあわせることができる図形が**図１**中に１つある。その図形を**イ**～**ク**から選び，記号で答えなさい。

図１

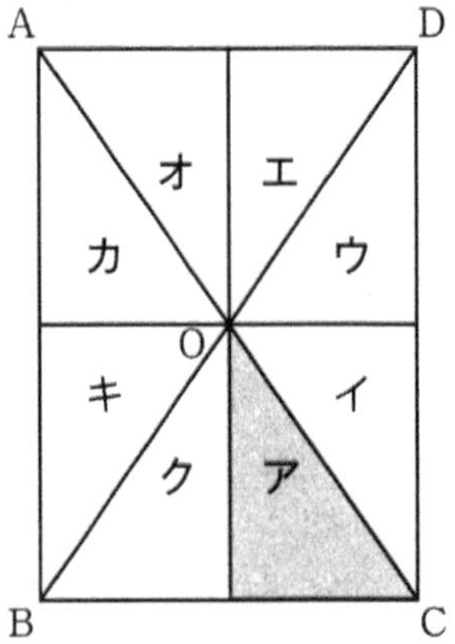

(2)　**図2**のように，半直線AB，ACがある。半直線AB，ACのどちらにも接する円のうち，半直線ABと点Bで接する円の中心Oを作図しなさい。ただし，作図に用いた線は消さないこと。

図2

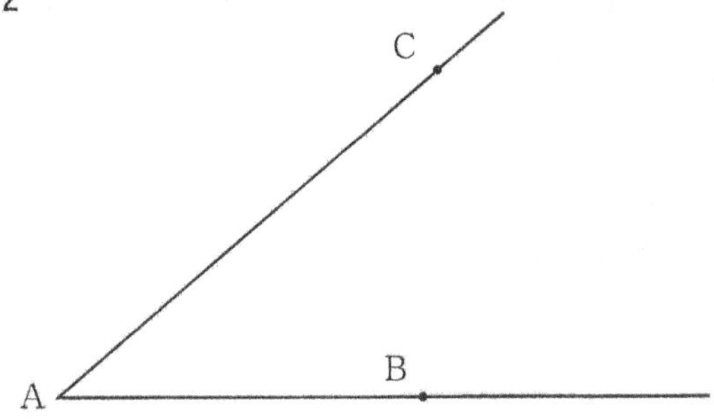

4　関数 $y=3x^2$ に関連して，次の(1)，(2)に答えなさい。

(1)　**図1**は，関数 $y=3x^2$ のグラフである。下の**ア**～**エ**は，**図1**と同じ座標軸を使って，$y=ax^2$ の形で表される関数のグラフをそれぞれ**図1**にかき加えた図であり，そのうちの1つが関数 $y=-\frac{1}{3}x^2$ のグラフをかき加えたものである。

関数 $y=-\frac{1}{3}x^2$ のグラフをかき加えた図として最も適切なものを，**ア**～**エ**から選び，記号で答えなさい。

図1

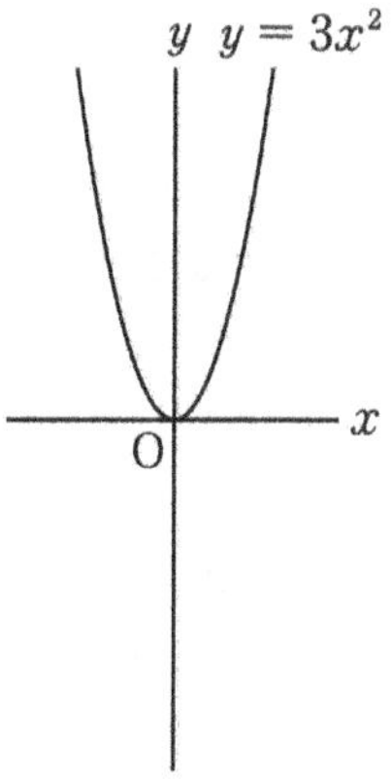

ア

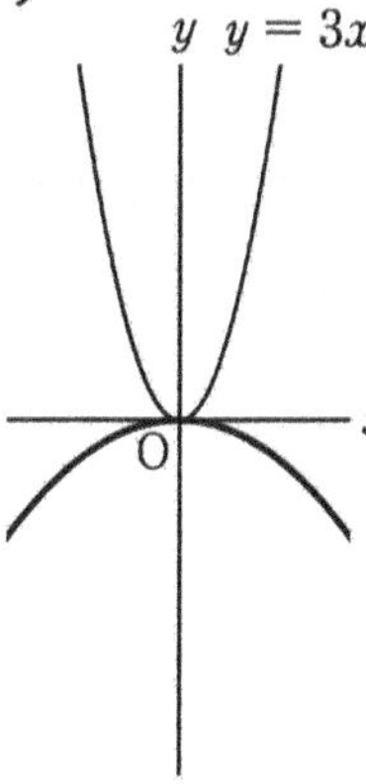

イ

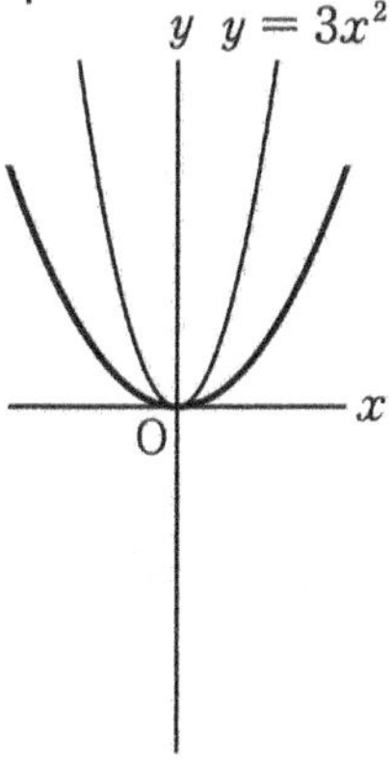

ウ

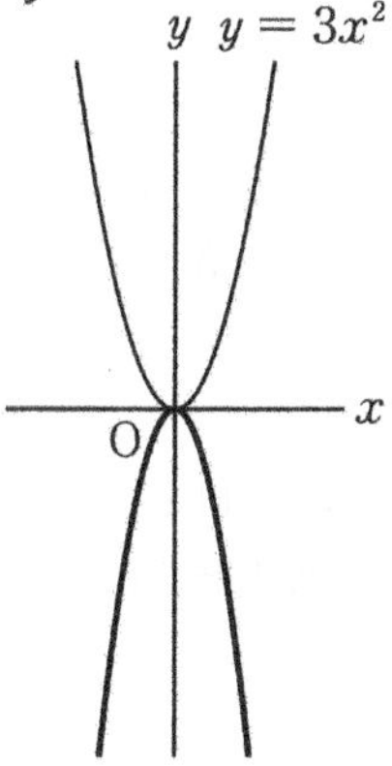

エ

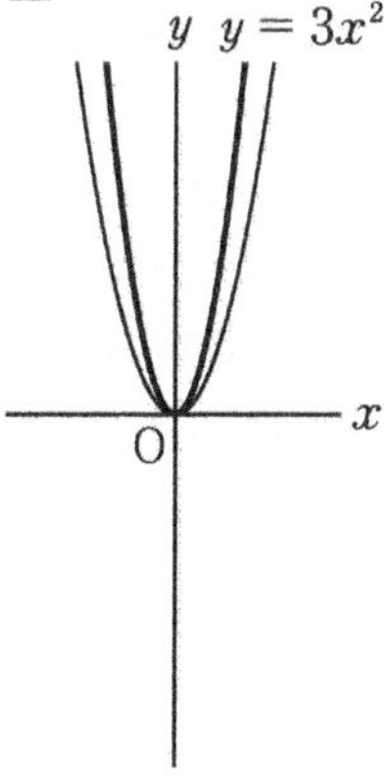

(2)　**図2**のような斜面で，点Oの位置からボールを転がす。ボールが転がり始めてから x 秒間に転がる距離を y mとするとき，x と y の間には，$y=3x^2$ の関係がある。

このとき，次の［　　］内の文章が正しくなるように［ア］，

図2

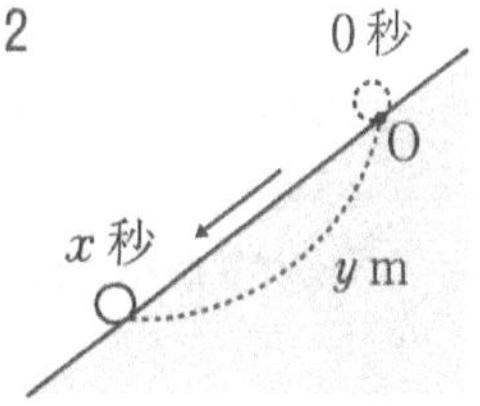

[イ] にあてはまる数を求めなさい。

> ボールがこの斜面を転がり始めて 2 秒後から 4 秒後までの平均の速さは，毎秒 [ア] mである。また，ボールが転がり始めてから t 秒後までの平均の速さが毎秒 [ア] mであるとき，$t=$ [イ] である。

5 　Rさんは，**図1**の展開図を組み立ててできる特殊なさいころを 2 個つくり，できたさいころを**図2**のように，それぞれ**さいころA**，**さいころB**とした。

図1

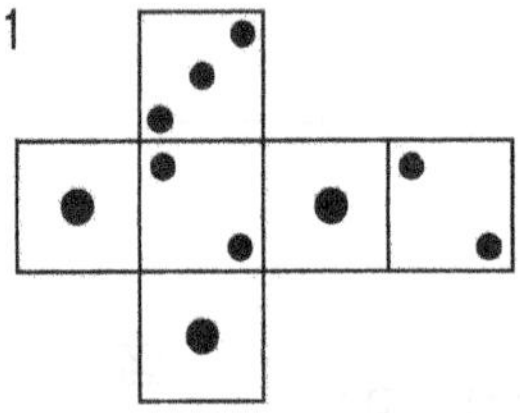

図2

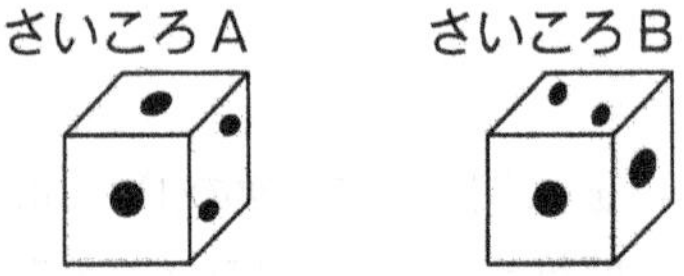

次の(1)，(2)に答えなさい。ただし，**さいころA**，**さいころB**はどの面が出ることも同様に確からしいものとする。

(1) **さいころA**を 1 回投げるとき，1 の目が出る確率を求めなさい。

(2) **さいころA**と**さいころB**を同時に 1 回投げるとき，出る目の数の和について，Rさんは次のように予想した。

> **Rさんの予想**
>
> 出る目の数の和は，2 になる確率が最も高い。

Rさんの予想は正しいか，正しくないか。確率を求めるまでの過程を明らかにして説明しなさい。

6 　Sさんは授業でフェアトレードについて学習した。フェアトレードとは，発展途上国で生産された農作物や製品を適正な価格で購入することで，その国の人々の生活改善と自立をめざす貿易の仕組みである。

次の(1)，(2)に答えなさい。

(1) コーヒー 1 杯の販売価格400円に対して，コーヒー豆の生産者の収入を a 円とする。このとき，このコーヒー 1 杯の販売価格に対する生産者の収入の割合は何％になるか。a を使った式で表しなさい。

(2) Sさんたちは，地域の祭りでフェアトレードについての紹介をし，フェアトレード製品である**図1**のようなコーヒーのドリップバッグと，**図2**のような紅茶のティーバッグを売ることにした。

Sさんたちは，ドリップバッグとティーバッグを仕入れて，ドリップバッグ 3 個を袋に入れた商品と，ティーバッグ 4 個を袋に入れた商品の

図1

2種類の商品をつくる予定である。

それぞれの仕入れ価格は，ドリップバッグが1個70円，ティーバッグが1個40円であり，仕入れの予算は19000円である。ただし，袋代は考えないものとする。

仕入れの予算を全額使うものとし，仕入れたドリップバッグとティーバッグをそれぞれ余りなく袋に入れて，2種類の商品を合計100袋つくる。

このとき，ドリップバッグとティーバッグをそれぞれ何個仕入れればよいか。ドリップバッグを x 個，ティーバッグを y 個仕入れるものとして，連立方程式をつくり，ドリップバッグとティーバッグの個数をそれぞれ求めなさい。

図2

ティーバッグ

7 図1のようなAB＝ACである二等辺三角形の紙ABCがある。この紙ABCにおいて，図2のように辺BC上に，∠ADC＜90°となる点Dをとる。図3のように線分ADで折り返し，頂点Bが移った点をE，線分AEと線分CDの交点をFとする。図4は，図2と図3の点A，B，C，D，E，Fを結んでできた図形である。

次の(1)，(2)に答えなさい。

図1

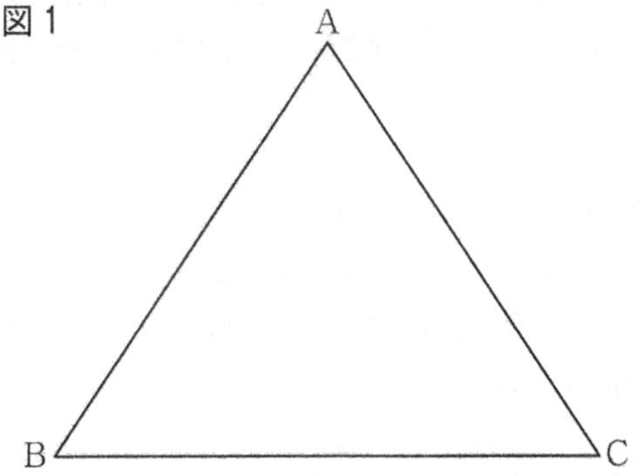

図2

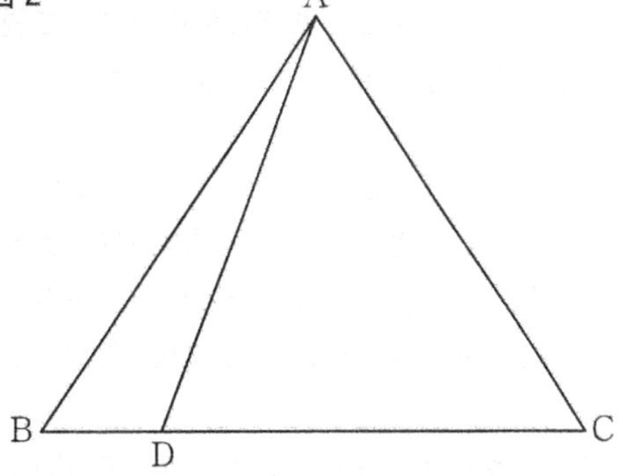

図3

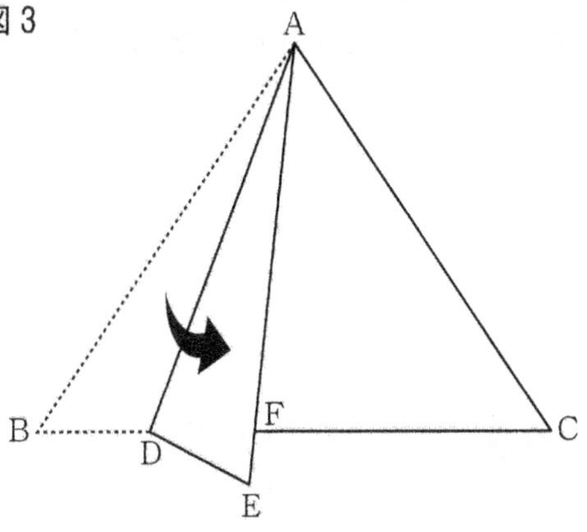

図4

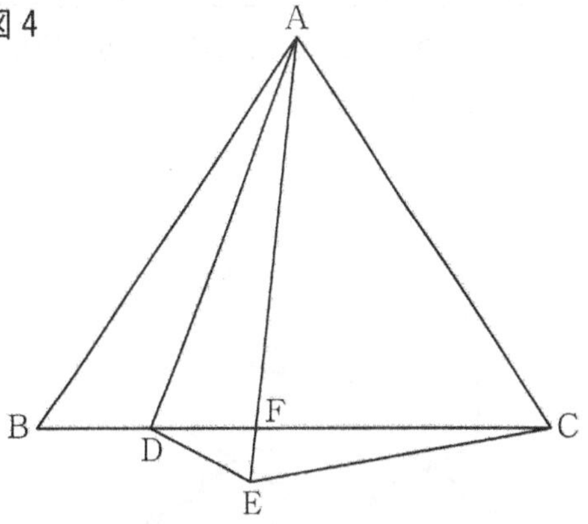

(1)　図４において，△ADF∽△CEFであることを証明しなさい。

(2)　図４において，AB＝12㎝，BD＝３㎝，AF＝10㎝であるとき，線分CDの長さを求めなさい。

8　Ｔさんは，キャンプに行くことにした。
次の(1)〜(3)に答えなさい。

(1)　Ｔさんは，キャンプ場で使用するテントを購入する予定であり，商品とその評価をインターネットで調べた。表は，テントＡとテントＢのそれぞれの評価を度数分布表にまとめたものであり，評価は，数値が大きいほど高い。

表

評価	度数	
	テントＡ	テントＢ
1	78	96
2	152	254
3	330	345
4	168	213
5	72	92
計	800	1000

テントＡとテントＢについて，評価が３以上の相対度数は，どちらが大きいか。評価が３以上の相対度数をそれぞれ明らかにして説明しなさい。ただし，相対度数は，小数第３位を四捨五入し，小数第２位まで求めなさい。

(2)　Ｔさんが行こうとしているキャンプ場の標高は350ｍで山の中腹にある。山頂の標高は800ｍであり，Ｔさんはキャンプ場の気温をもとに，山頂の気温を求めることにした。
気温は，標高が高くなるにつれ一定の割合で下がり，その割合は，標高100ｍあたり0.6℃とする。キャンプ場の気温が20.8℃であるときの山頂の気温を求めなさい。

(3)　Ｔさんは，キャンプ場で使用する図１のような焚《た》き火台を購入する予定である。Ｔさんはその中に入れる薪《まき》を，図２のように井の字型に積もうと考えている。
焚き火台の底は図３のような正八角形ABCDEFGHの形をしていて，Ｔさんは，その正八角形の対角線ADの長さを，焚き火台に入れる薪の長さの目安にしようとしている。
正八角形ABCDEFGHの一辺の長さを a ㎝とするとき，対角線ADの長さを，a を使った式で表しなさい。

図１

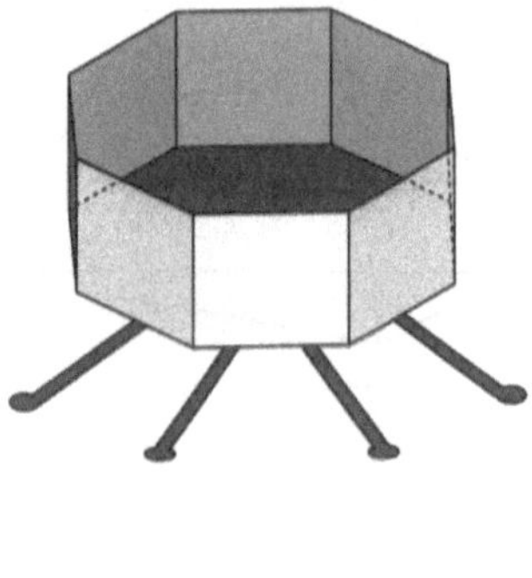

図２

井の字型に積んだ薪

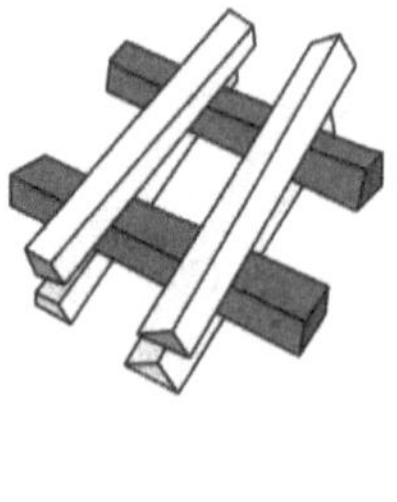

図３

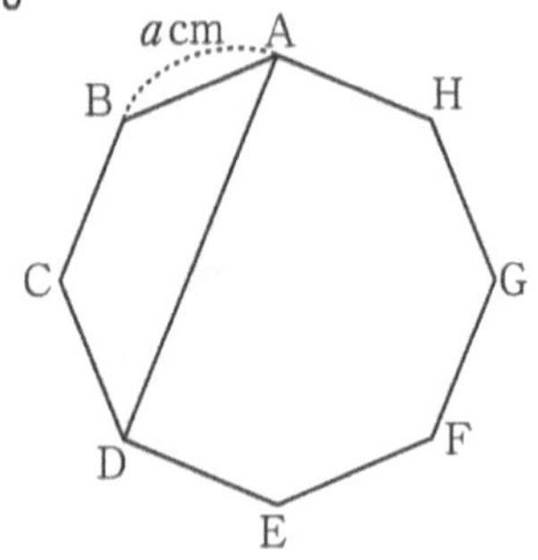

＜英語＞　時間　50分　満点　50点

[1] 放送によるリスニングテスト

テスト1　4つの対話を聞いて，対話の内容に関するそれぞれの問いの答えとして最も適切なものを，1～4から1つずつ選び，記号で答えなさい。

No.1
1 In Room 6.
2 In Room 7.
3 In Room 16.
4 In Room 17.

No.2
1 A large chocolate.
2 A small chocolate.
3 A large cookie.
4 A small cookie.

No.3
1 By listening to Yuko's grandfather.
2 By calling Kevin's grandfather.
3 By reading a history report.
4 By checking websites.

No.4
1 Because it has a picture of Tokyo.
2 Because its color and the word on it are nice.
3 Because James gave it to her.
4 Because James knows what the kanji means.

テスト2　4つの対話を聞いて，それぞれの対話に続く受け答えとして最も適切なものを，1～4から1つずつ選び，記号で答えなさい。

No.1
1 If you want to try one, you can read mine.
2 Did you enjoy reading the book about AI?
3 I'm not interested in AI, either.
4 I have never read those books.

No.2
1 What is your question?
2 I don't have homework today.
3 You have already come to my class.
4 May I talk with you after the class?

No.3
1 Great. OK, I will go with you.
2 Yes. I know soccer very well now.
3 Sounds good. I will play soccer on that day.
4 Sorry. I watched that game on TV yesterday.

No.4 1 Thank you. I think it will arrive this afternoon.
2 Right. You can send the present to her later.
3 That's OK. Mom can probably receive it.
4 Don't worry. I think your friend will like the present.

テスト3 次の【メモ】は，留学生の *Atsushi* が，留学先の町にある体育館の利用可能日を確認するために，体育館職員の Ms. Jones と電話で話したときに書いたものの一部である。
今から，そのときの2人の対話を聞いて，下の(1)，(2)に答えなさい。

【メモ】

Monday	A dance ___(A)___ uses it. (4 p.m. - 7 p.m.)
Tuesday	The gym is not ___(B)___ .
Wednesday	We can use it ___(C)___ 5 p.m.

(1) 対話の内容に合うように，下線部(A)，(B)，(C)，それぞれ対話の中で用いられた英語1語を書きなさい。

(2) 次の英文は，Ms. Jones との電話の後に，*Atsushi* が友人の *Mark* とした対話の一部である。Ms. Jones との対話の内容を踏まえて，下線部(D)に，場面にふさわしい3語以上の英語を書きなさい。

Atsushi: Do you remember the plan to play badminton next week? I called the gym and asked when we could use it.
Mark: Oh, thank you!
Atsushi: ___________(D)___________?
Mark: No problem! I'm free on that day.

2 次の英文は，*Yuka* と留学生の *Emily* との通学路での対話の一部である。これを読んで，次のページの(1)，(2)に答えなさい。

Emily: The plants are climbing up the windows! What's that?
Yuka: We call it a green curtain. The strong sunshine comes into a room in summer, but we can stop it with a green curtain.
Emily: I see. It (A)(m______) the room cooler, right?
Yuka: Yes. In summer, it's so hot that we always use air conditioners. However, we don't need to use ___(B)___ too much if we have green

【green curtain】

curtains.

Emily: That's a good idea! What ＿＿(C)＿＿ are good for green curtains?

Yuka: Well, the ability to reach the tops of the windows is important. And I like green curtains ＿＿(D)＿＿ have beautiful flowers.

（注） curtain(s)　カーテン　　sunshine　日光
cooler　cool（涼しい）の比較級　　ability　能力
top(s)　最上部

(1) 文脈に合うように，下線部Aに入る適切な英語1語を書きなさい。ただし，(　) 内に与えられた文字で書き始めなさい。

(2) 下線部(B)，(C)，(D)に入る最も適切なものを，それぞれ1～4から1つずつ選び，記号で答えなさい。

(B)　1　it　　2　them　　3　you　　4　us
(C)　1　rooms　　2　days　　3　plants　　4　windows
(D)　1　which　　2　how　　3　who　　4　when

3 *Ryota* は，留学生の *Tom* と，【チラシ】を見ながら，四季山（Mt. Shiki）への日帰り旅行の計画を立てている。次の英文は，そのときの対話の一部である。対話文と【チラシ】を読んで，あとの(1)～(3)に答えなさい。

Ryota: Tom, I found a good bike rental shop. Let's go to Mt. Shiki by bike. We can also get free drink tickets.

Tom: Great! Oh, look! Let's buy the special tickets to visit three famous places. I (o＿＿＿) see the places on TV.

Ryota: OK. I want to go to Mt. Shiki in the morning and visit those places in the afternoon. We can eat lunch at Fuyu Restaurant and use the free drink tickets there.

Tom: Sounds good. But I think we should go to Ume House before lunch. We don't have to cross the bridge again and again.

Ryota: You're right. And we can go to Matsu Garden after lunch.

Tom: Then, Samurai Theater will be the next place, right?

Ryota: Yes. Oh, what a perfect plan!

（注） rental shop　レンタルショップ　　free　無料の　　café　喫茶店　　again and again　何度も

(1) 【チラシ】の内容を踏まえて，対話文中の下線部に入る適切な英語1語を書きなさい。ただし，(　) 内に与えられた文字で書き始めなさい。

(2) 対話の内容によると，*Ryota* と *Tom* は四季山の後にどこをどのような順番で訪れようとしているか。最も適切なものを，次の1～4から選び，記号で答えなさい。

1　Fuyu Restaurant → Ume House　→ Matsu Garden　→ Samurai Theater
2　Fuyu Restaurant → Ume House　→ Samurai Theater → Matsu Garden

【チラシ】

Shiki Bike Rental Shop

Price

☎ ****-**-****

You can use our bikes from 9 a.m. to 6 p.m.

1 hour	1 day
300 yen	1,600 yen

*Come back to our shop before 6 p.m.

Free Drink Ticket

Get a ticket and use it at Haru Cafe, Aki Cafe, or Fuyu Restaurant!

Special Ticket (+1,000 yen)

Some TV shows have introduced these places many times!

- You can enter these three places:

  Matsu Garden / Ume House / Samurai Theater

- You can use a photo service at Samurai Theater.

Map

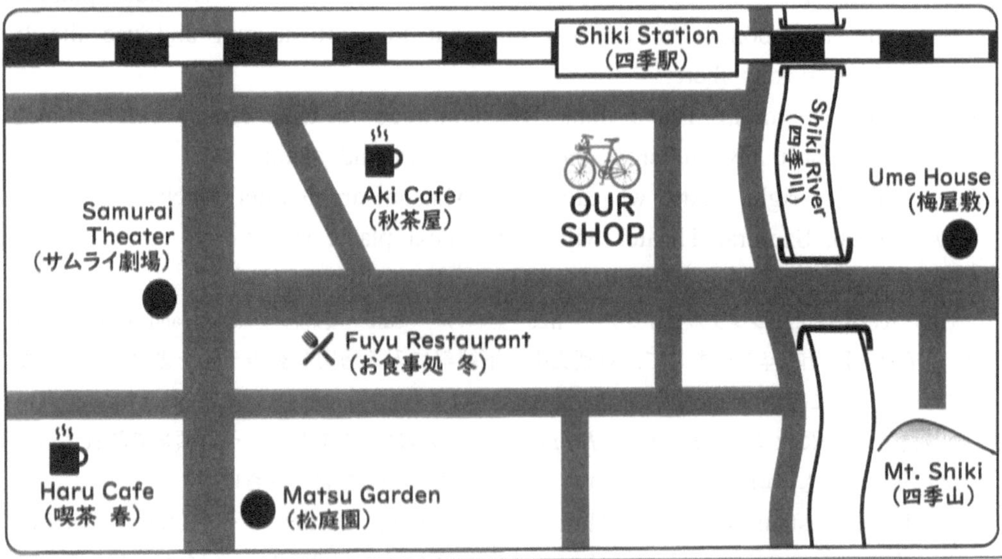

（注） enter ～ ～に入場する　TV shows テレビ番組

3　Ume House　→ Fuyu Restaurant → Matsu Garden　→ Samurai Theater
4　Ume House　→ Fuyu Restaurant → Samurai Theater → Matsu Garden

(3) 【チラシ】から読み取れる内容と一致するものを，次の1～6から2つ選び，記号で答えなさい。

1　People need more than 1,000 yen to use the shop's bikes for 4 hours.
2　People cannot use the shop's bikes after 4 p.m.
3　If people buy a bike at the shop, they can also get a ticket for lunch.
4　People can use a photo service by buying the special ticket at the shop.
5　Both Aki Cafe and Haru Cafe are in front of the station.
6　There are some restaurants on the road along the river.

4　次の【資料】と【原稿】は，Aya が英語の授業で発表する際に用いたものである。これらを読んで，あとの(1)～(3)に答えなさい。

【資料】

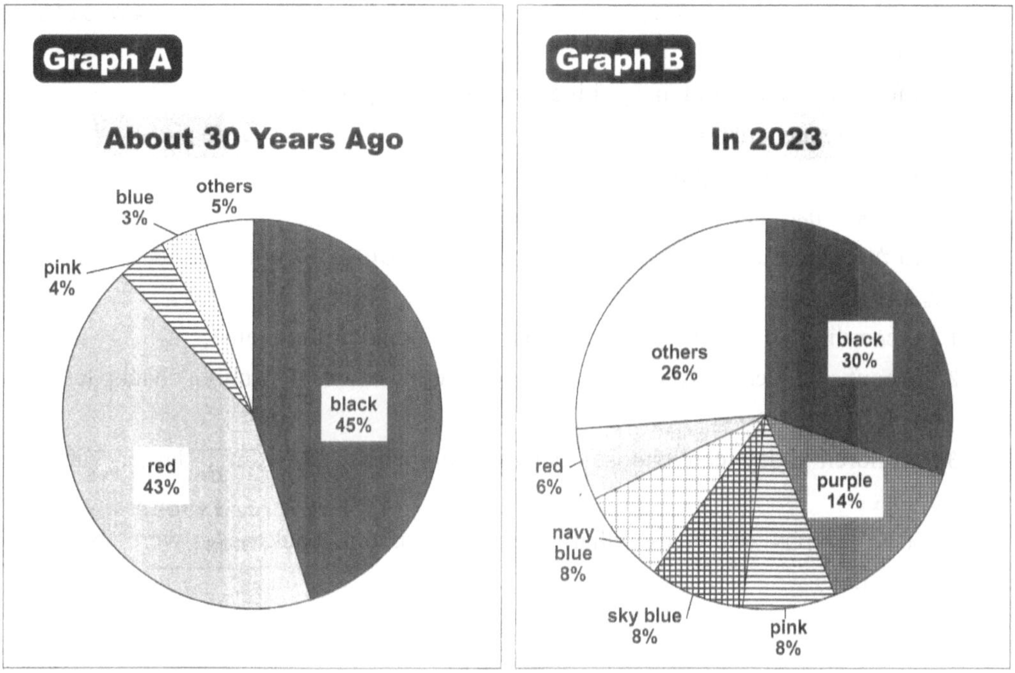

【原稿】

When you were in elementary school, what was the color of your school backpack?

Graph A shows the colors of school backpacks used about 30 years ago. We can see that ＿＿(A)＿＿ were the colors that almost 90 percent of the children had.

Next, Graph B shows the colors of school backpacks bought in 2023. Black was still the most common. However, look at red. It occupied 43 percent about 30 years ago, but in 2023, ＿＿＿＿(B)＿＿＿＿. Then, what colors of school backpacks were bought more? Purple, pink, sky blue, and navy blue! Besides, "others" occupied more than a quarter! That's really interesting, right?

From the graphs, we can learn that school backpacks today have a larger variety of colors. That means children today have more options for the colors of their school backpacks! I wonder what colors children will choose in the future!

（注） graph　グラフ　　pink　桃色　　navy blue　紺色　　school backpack(s)　ランドセル
common　一般的な　　occupied ～　～を占めた　　options　選択肢
wonder ～　～だろうかと思う

(1) 【原稿】の文脈に合うように，下線部Aに入る適切な英語3語を書きなさい。

(2) 【原稿】の文脈に合うように，下線部Bに入る最も適切なものを，次の1～4から選び，記号で答えなさい。

1 pink, sky blue, and navy blue occupied 24 percent
2 red became only 6 percent
3 purple was as popular as red
4 no one had navy blue school backpacks

(3) Ayaが発表を通して最も伝えたいこととして適切なものを，次の1～4から1つ選び，記号で答えなさい。

1 According to Graph A, pink was more popular than blue.
2 About 30 years ago, the most common color of school backpacks was black.
3 Children today can choose their school backpacks from a larger variety of colors.
4 Two graphs show us what colors of school backpacks were bought in those days.

5 次の英文を読んで，あとの(1)～(3)に答えなさい。

Mizuki is a high school student. She loves books, and she has read so many books.

One day, Mizuki did volunteer work at a library because she wanted to help people find books. But a librarian, Mr. Tanaka, brought a book and said, "Please read this book to little children. Many children like this story." She got nervous because she was not good at speaking to the audience. [ア]

The time for reading came. At first, many children were listening to her story. However, in a few minutes, some of the children looked bored and left. When she finished reading it, she was very sad.

Mizuki was worried and she couldn't enjoy her lunch because she had to read a story again in the afternoon. Mr. Tanaka saw her face and said, "Are you OK? What are you worried about?" "I can't read a story to little children well," she said. "I see. I'll tell you some important points. Read it slowly. If you read it fast, children cannot understand the story. Next, turn pages slowly. Then, children can enjoy looking at the pictures in the book," he said. She decided to follow his advice and do her best. [イ]

After lunch, Mizuki told Mr. Tanaka that she wanted to change the book to read. She liked one book when she was a child, and she wanted to read it to the children. [ウ] The book was full of entertainment. He smiled and agreed with her idea.

The time for reading came again. This time, she read the story slowly and turned pages slowly. She watched the children's faces. They listened to the story and laughed a lot. She enjoyed it together with them. When she finished reading it, a girl came to her and said, "I liked this story. See you." Mizuki was happy to hear that. [エ]

Mr. Tanaka came to Mizuki. He smiled and said, "You did a good job! I also enjoyed the story with the children." "Thank you for your help, Mr. Tanaka." She learned a lot from this volunteer work.

(注)　volunteer work　ボランティア活動　　librarian　図書館職員　　slowly　ゆっくり
turn(ed) pages　ページをめくる　　advice　アドバイス　　entertainment　楽しませるもの
laughed　笑った

(1) 次の英文が入る最も適切な箇所を，本文中の [ア] ～ [エ] から選び，記号で答えなさい。

Also, she had no idea how to read a story to little children.

(2) 次の(a)～(c)の質問に対する答えとして，本文の内容に合う最も適切なものを，それぞれ１～４から１つずつ選び，記号で答えなさい。

(a) Why did Mizuki feel sad after she read the first book to the children?

1　Because the story she read was very sad.

2　Because she didn't want to do the volunteer work at the library.

3　Because some of the children didn't enjoy listening to the story.

4　Because she was too nervous to finish reading it.

(b)　What was Mizuki's original idea for the second reading time?

1　To choose her favorite book.

2　To read a story slowly.

3　To follow the children's advice.

4　To show the pictures for a long time.

(c)　Which was true about Mizuki's volunteer work?

1　Mr. Tanaka read the stories to the children with Mizuki.

2　Mizuki helped the children find books.

3　Mizuki read the stories to the children three times.

4　Mr. Tanaka and the children enjoyed the second book Mizuki read.

(3)　次の英文は，ボランティア活動の後に，*Mizuki* が友人の *Kate* とした対話の一部である。本文の内容に合うように，下線部①，②に入る適切な英語を1語ずつ書きなさい。ただし，（　）内に与えられた文字で書き始めなさい。

Kate:　Wow, you're awesome!　That was a good event for you.

Mizuki: Yes.　I had a great ①(e　　　) at the event.　I learned a lot.

Kate:　Mr. Tanaka's advice was good, too.

Mizuki: You're right.　The words ②(g　　　) by him were really helpful.

6　中学生のKenは，オーストラリアに行き，MegとBobの家でホームステイをする予定である。次の英文は，MegとBobからKenに送られてきた電子メール（e-mail）と，それに対するKenの返信である。あなたがKenならば，MegとBobに何を伝えるか。電子メールを読んで，□にMegとBobに伝えることを書きなさい。ただし，あとの【注意】に従って書くこと。

About Your Stay

Date　July 8, 2023

From　Meg and Bob

Hello Ken,

We are very happy to see you soon.
We will stay together for two weeks, so we want to know more about you.
Please tell us about your daily life.

1. Is there any food that you do not eat?
2. What do you like to do in your free time?

We hope we have a good time together.
Meg and Bob

About Your Questions

Date　July 9, 2023

To　Meg and Bob

Hello Meg and Bob,

Thank you for your e-mail.
I am excited to stay in Australia with you!
I will answer your questions.

1. I eat any food. I have no allergies.
2.

See you soon!
Ken

(注)　daily life　日常生活　in your free time　自由時間に　allergies　アレルギー

【注意】

① 電子メールでのやり取りの流れに合うように，20語以上30語以内の英語で書くこと。文の数はいくつでもよい。符号（.，？！など）は，語数に含めないものとする。

② 内容のまとまりを意識して，具体的に書くこと。

③ 解答は，解答用紙の【記入例】に従って書くこと。

＜理科＞

時間 50分 満点 50点

1 図１のように，天体望遠鏡に太陽投影板と日よけ板をとりつけ，太陽の表面の観察を行った。太陽投影板には，図２のように太陽の像が映し出され，しみのように暗く見えるＡが観察された。天体望遠鏡の向きを変えずに，引き続き観察したところ，太陽の像は，太陽投影板上を移動し，１分後には，図３のように映し出された。下の(1)，(2)に答えなさい。

図１

図２

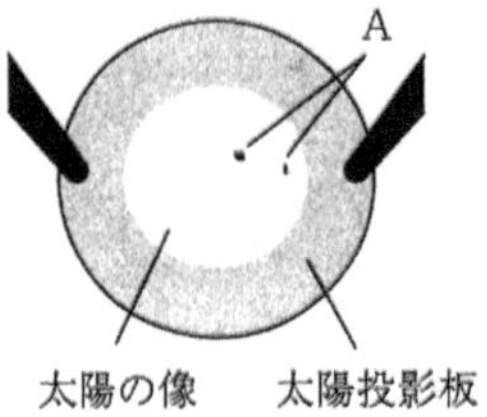

図３

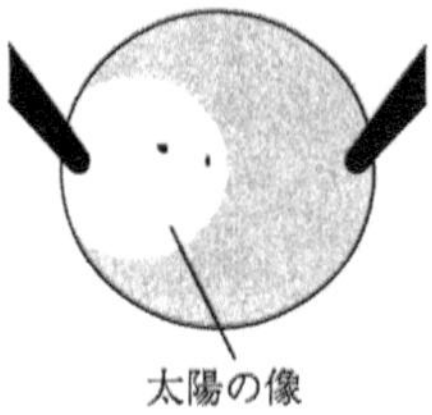

(1) 図２のＡのように観察される，太陽表面に存在し，周囲よりも温度が低い部分を何というか。書きなさい。

(2) 太陽投影板に映った太陽の像が，図２から図３のように移動する理由と同じ理由で起こる現象として適切なものを，次の１～４から２つ選び，記号で答えなさい。

１ 月の見かけの形が，三日月から半月，満月へと変化する。
２ 北半球において，北の空の星が，北極星付近を中心にして，回転して見える。
３ 太陽の光が建物に当たってできる影の向きが，朝とその日の夕方で異なる。
４ 太陽の南中高度が，季節によって異なる。

2 植物の光合成と呼吸について調べるため，次の実験を行った。下の(1)，(2)に答えなさい。

[実験]

① ４本の試験管Ａ～Ｄを用意し，試験管Ａ，Ｂには同じ大きさのオオカナダモを入れ，試験管Ｃ，Ｄには何も入れなかった。

② BTB溶液を水の入ったビーカーに加えた後，ストローで息を吹き込み緑色に調整した。

③ ②の緑色のBTB溶液で試験管Ａ～Ｄを満たし，すぐにゴム栓で密閉した。

④ 図１のように，試験管Ａ，Ｃには，十分に光が当たるようにし，試験管Ｂ，Ｄは，箱に入れて光が当たらないようにした。

図１

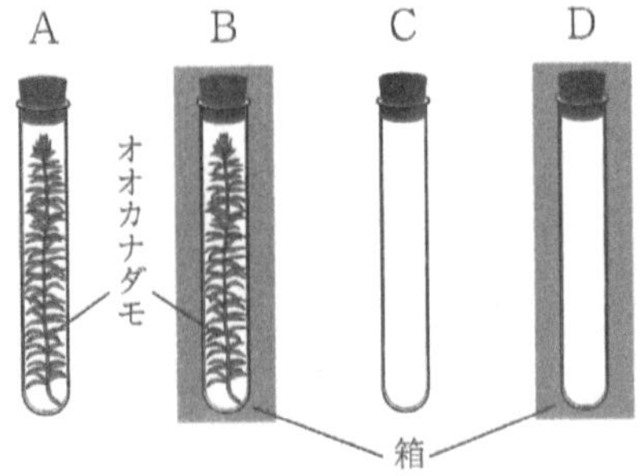

表１

試験管	A	B	C	D
ＢＴＢ溶液の色	青色	黄色	緑色	緑色

⑤ ３時間後，試験管Ａ～Ｄ内のBTB溶液の色を観察し，実験の結果を表１にまとめた。

(1)　次の文が，試験管A内のBTB溶液の色が変化した理由について説明したものとなるように，（　）の中のa～dの語句について，正しい組み合わせを，下の1～4から1つ選び，記号で答えなさい。

> 試験管A内のオオカナダモによる光合成で（a　放出する酸素　　b　吸収する二酸化炭素）の量が，呼吸で（c　放出する二酸化炭素　　d　吸収する酸素）の量より多かったから。

1　aとc　　2　aとd　　3　bとc　　4　bとd

(2)　[実験] において，試験管A～Dを用意し実験を行ったのは，対照実験を行うためである。対照実験とは，実験条件をどのようにして行う実験か。書きなさい。

3　Sさんは，**図1**のような花びんを置いた棚の上に，水を入れた水そうを置くことにした。水そうを置いた後，Sさんが水面の高さから水そうを通して花びんを見たところ，花びんの見え方が水そうを置く前と異なって見えることに気づいた。次の(1)，(2)に答えなさい。ただし，水そうのガラスの厚さは無視できるものとする。

(1)　光が異なる物質の境界で折れ曲がり，光の進む向きが変わる現象を何というか。書きなさい。

(2)　**図2**は，棚の上に置いた花びんと水そうを真上から見たときの，Sさんとの位置関係を表した模式図である。Sさんの位置●から矢印⇨の向きに水そうを通して花びんを見たときの見え方として，最も適切なものを，次の1～4から選び，記号で答えなさい。

図1

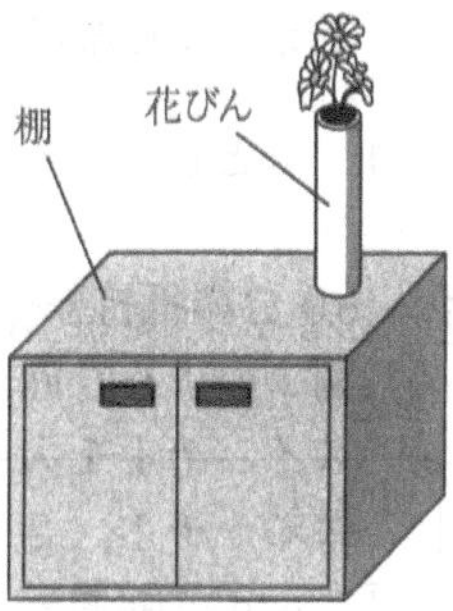

図2

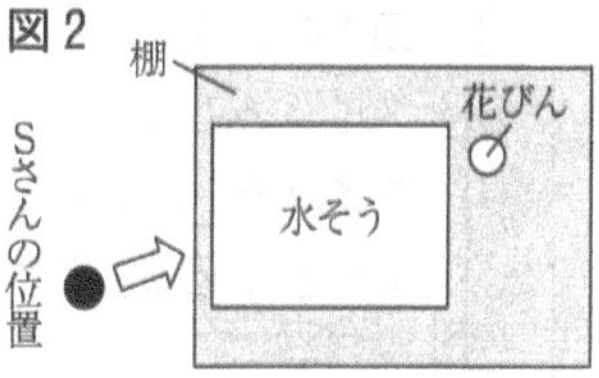

1

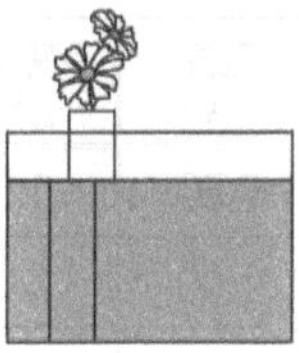

2

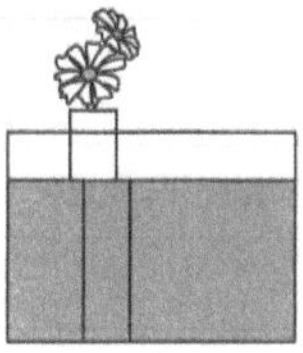

3

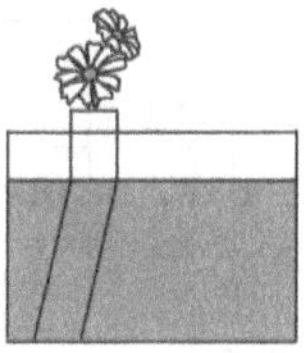

4

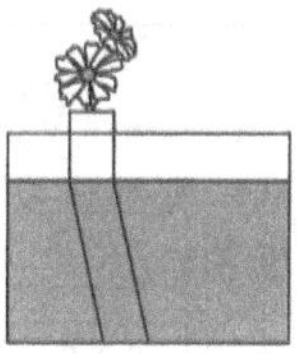

4　物質の状態変化について，次の(1)，(2)に答えなさい。

(1)　**表1**は，物質の融点と沸点を調べ，まとめたものである。**表1**の物質のうち，1気圧において，0℃で固体であり，200℃で液体であるものを，次の1～4から1つ選び，記号で答えなさい。

1　酸素　　2　水銀

3　酢酸　　4　メントール

表1

物　質	融点〔℃〕	沸点〔℃〕
酸　素	−219	−183
水　銀	−39	357
酢　酸	17	118
メントール	43	217

〔融点と沸点は1気圧における値である。〕

(2)　**図1**のように，液体のエタノールをポリエチレンの袋に入れ，空気が入らないよう袋の口を固くしばった。この袋に熱湯をかけると，エタノールが気体に変化し，**図2**のように袋がふくらんだ。次の文が，袋がふくらんだことについて説明したものとなるように，（　）の中のａ～ｅの語句について，正しい組み合わせを，下の１～６から１つ選び，記号で答えなさい。

図１
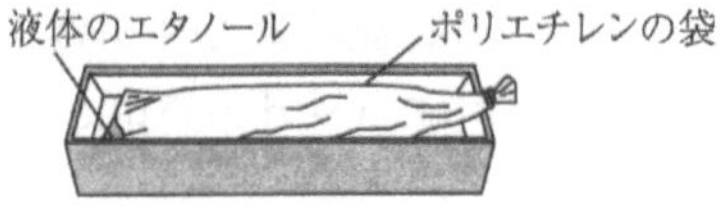

図２
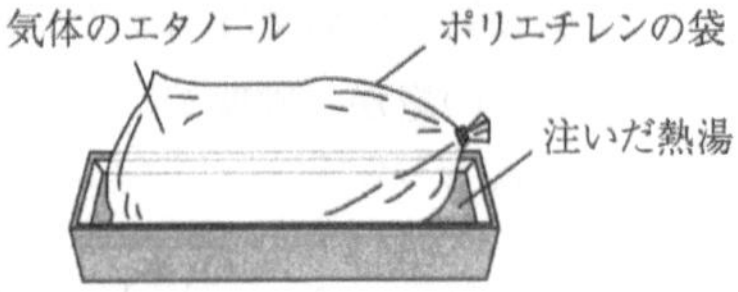

気体のエタノールは，液体のエタノールと比べると，粒子の運動が（ａ　おだやかで　ｂ　激しく），粒子どうしの距離が（ｃ　小さい　　ｄ　変わらない　　ｅ　大きい）ため，袋がふくらんだ。

1　ａとｃ　　**2**　ａとｄ　　**3**　ａとｅ　　**4**　ｂとｃ　　**5**　ｂとｄ　　**6**　ｂとｅ

5　Ｓさんは，抵抗器の数と消費電力の関係を調べるために，次の実験を行った。あとの(1)～(3)に答えなさい。

［実験］
①　6.0Ωの抵抗器３個，電源装置，導線，電圧計，電流計を用意した。
②　**図1**のような回路を組み，スイッチ１を入れ，電圧計と電流計の値を記録した。
③　スイッチ１を入れたまま，スイッチ２を入れ，電圧計と電流計の値を記録した。
④　スイッチ１，２を入れたまま，スイッチ３を入れ，電圧計と電流計の値を記録した。
⑤　②～④で記録した値をもとに，回路全体の消費電力を計算し，結果を**表1**にまとめた。

図１
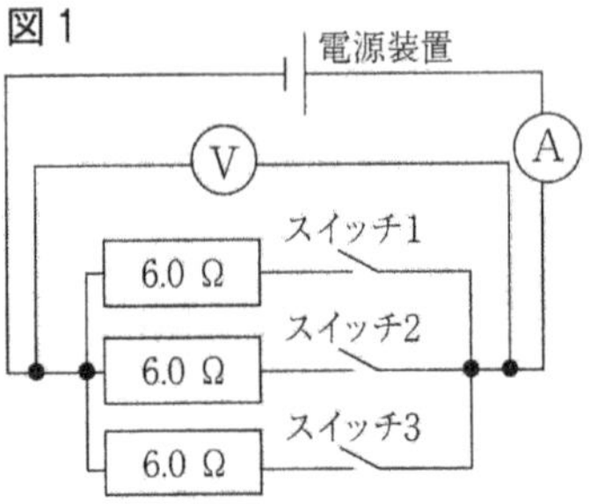

表１

	電圧［V］	電流［A］	消費電力［W］
スイッチ１を入れたとき	3.0	0.50	1.5
スイッチ１と２を入れたとき	3.0	1.00	3.0
スイッチ１ ～ ３を入れたとき	3.0	1.50	4.5

(1)　抵抗器を流れる電流の大きさは，抵抗器に加わる電圧に比例する。この法則を何というか。書きなさい。

(2)　Ｓさんは，実験後，Ｔ先生と次の会話をした。あとのア～ウに答えなさい。

Ｓさん：この［実験］では，電源装置に接続される抵抗器の数が増えても，回路全体に加わる電圧は変わらず，流れる電流の大きさは［　あ　］ため，抵抗は［　い　］ということがわかりました。

T先生：そうですね。回路全体の抵抗が変化することで，回路全体の消費電力が変化していることもわかりましたね。

Sさん：はい。［実験］では，スイッチを用いることで，回路全体の抵抗が3通りに変わります。その結果，消費電力がそれぞれ1.5W，3.0W，4.5Wとなりました。もしかして，家庭で利用されている(ア)電気ストーブも，スイッチを用いて回路全体の抵抗を変えることで，消費電力を変化させ，発生する熱量を変化させる仕組みではないですか。

T先生：よい気づきですね。この［実験］では，抵抗器を3つ使用していますが，(イ)抵抗器2つとスイッチを用いて回路全体の抵抗を変えることで［実験］と同様に消費電力を1.5W，3.0W，4.5Wと変化させる回路をつくることもできますよ。

ア　Sさんの発言が，実験の結果と合うように，あ，い に入る語句について，正しい組み合わせを，次の1～4から1つ選び，記号で答えなさい。

	あ	い
1	小さくなる	大きくなる
2	小さくなる	小さくなる
3	大きくなる	大きくなる
4	大きくなる	小さくなる

イ　下線(ア)について，熱を発生させるために消費する電力が800Wの電気ストーブを，1分間使用するとき，発生する熱量は何Jか。求めなさい。

ウ　下線(イ)を表した回路図として，最も適切なものを，次の1～4から選び，記号で答えなさい。

1

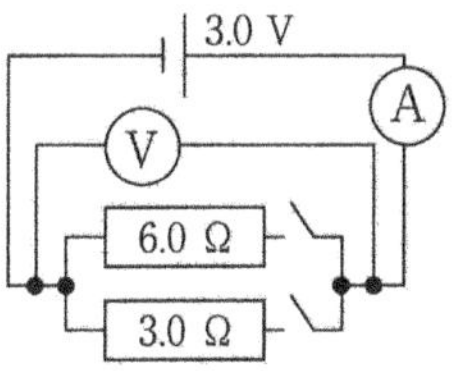

2

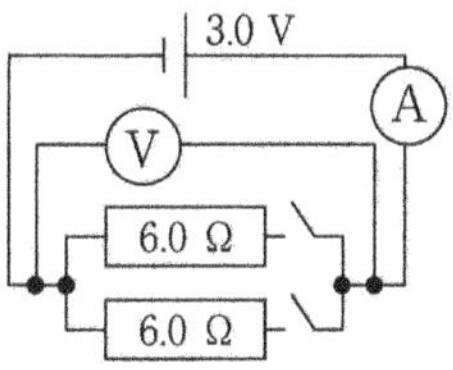

3

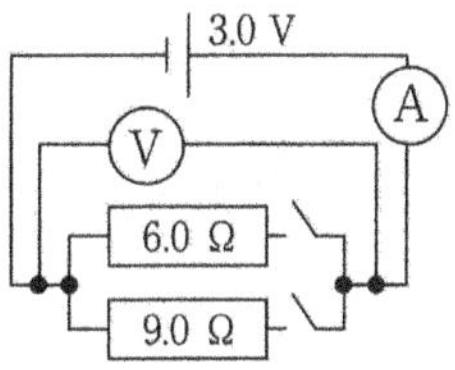

4

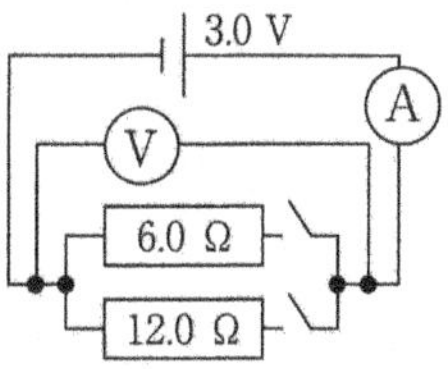

(3)　**表2**は，Sさんが家庭で使用している電気器具の消費電力を調べ，まとめたものである。次のページの**図2**のように，コンセントに接続した延長コードに，**表2**の電気器具のうち，ミキサーを含む2つの電気器具を接続し，同時に100Vで使用する。次のア，イに答えなさい。

ア　家庭のコンセントから流れる電流は，向きが周期的に変化している。このように，向きが周期的に変化する電流を何というか。書きなさい。

表2

電気器具	消費電力〔W〕
ミキサー	300
コーヒーメーカー	550
炊飯器	700
電気湯沸かし器	1250
オーブンレンジ	1375

〔消費電力は，電気器具を100Vで使用したときの，電気器具に流れる電流の大きさをもとに，計算された値である。〕

イ　安全のため，延長コードに流れる電流の大きさが15Ａを超えないように使用するものとする。このとき，ミキサーと同時に使用する電気器具のうち，延長コードに流れる電流の大きさが最も大きくなるものを，次の１～４から１つ選び，記号で答えなさい。ただし，電気器具に流れる電流の大きさは，表２をもとに求められるものとする。

１　コーヒーメーカー　　２　炊飯器
３　電気湯沸かし器　　４　オーブンレンジ

図２

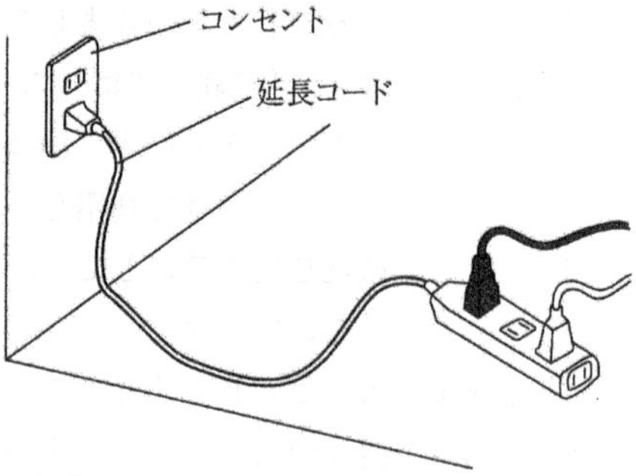

6　うすい塩酸に炭酸水素ナトリウムを加えると，気体が発生する。この反応について，次の実験を行った。あとの(1)～(4)に答えなさい。

［実験］

①　炭酸水素ナトリウム0.4ｇを薬包紙にはかりとり，図１のように，うすい塩酸10.0ｇを入れたビーカーとあわせた質量を，電子てんびんで測定した。

②　①の炭酸水素ナトリウムを薬包紙から，うすい塩酸10.0ｇが入ったビーカーにすべて加えて気体を発生させ，気体が発生しなくなった後も，しばらく放置した。

③　②の操作をした後の薬包紙とビーカーをあわせた質量を，図２のように，電子てんびんで測定した。

④　測定した質量をもとに，発生した気体の質量を求めた。

⑤　①ではかりとる炭酸水素ナトリウムの質量を，0.8ｇ，1.2ｇ，1.6ｇ，2.0ｇ，2.4ｇと変えて，①～④の操作を行った。

図１

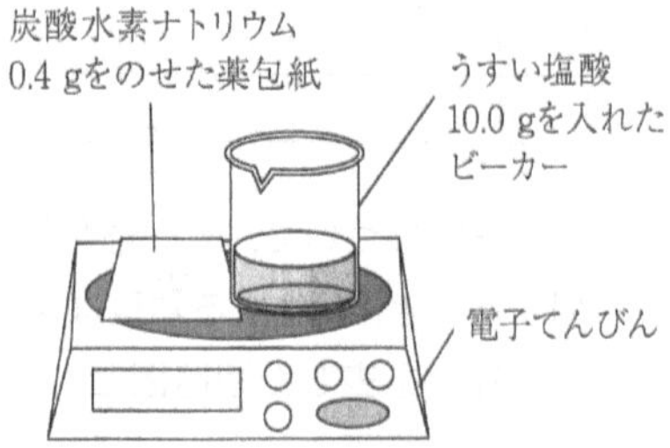

図２

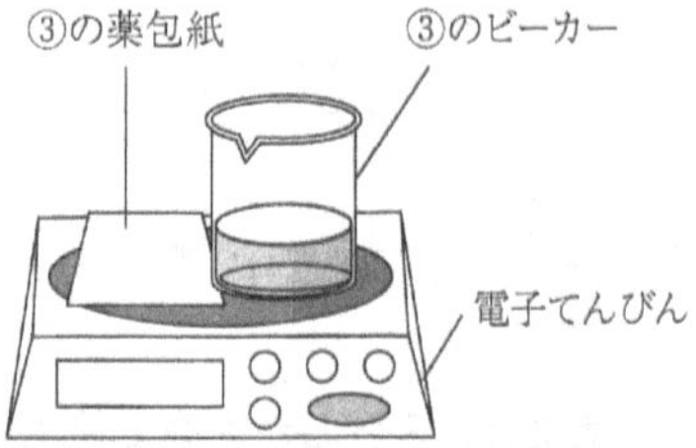

⑥　実験の結果を表１にまとめ，炭酸水素ナトリウムの質量と発生した気体の質量の関係を，図３にまとめた。

表１

炭酸水素ナトリウムの質量〔g〕	①で測定した質量〔g〕	③で測定した質量〔g〕	発生した気体の質量〔g〕
0.4	46.5	46.3	0.2
0.8	46.9	46.5	0.4
1.2	47.3	46.7	0.6
1.6	47.7	46.9	0.8
2.0	48.1	47.1	1.0
2.4	48.5	47.5	1.0

図3

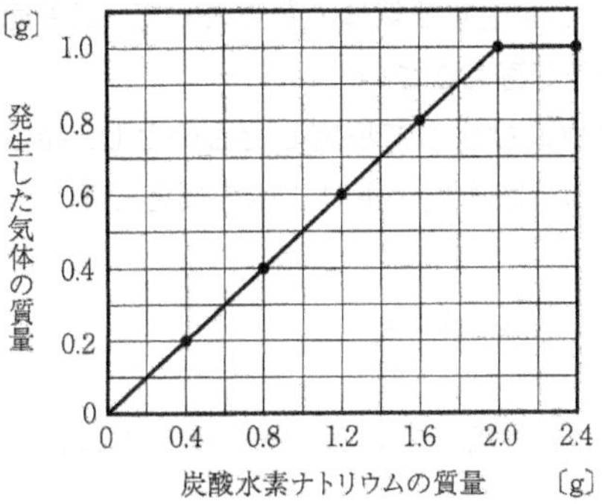

(1)　[実験] の④で，発生した気体の質量を求めることができるのは，化学変化の前後で，反応に関係している物質全体の質量は変化しないという法則が成り立つからである。この法則を何というか。書きなさい。

(2)　[実験] の②で起こる反応を表している次の □ 内の化学反応式を完成させなさい。

$NaHCO_3$　＋　HCl →

(3)　[実験] で用いたうすい塩酸の質量を5.0ｇに変えて，[実験] と同様の操作を行った。このときの，「炭酸水素ナトリウムの質量」と「発生した気体の質量」の関係を表した図として，最も適切なものを，次の１～４から選び，記号で答えなさい。

1

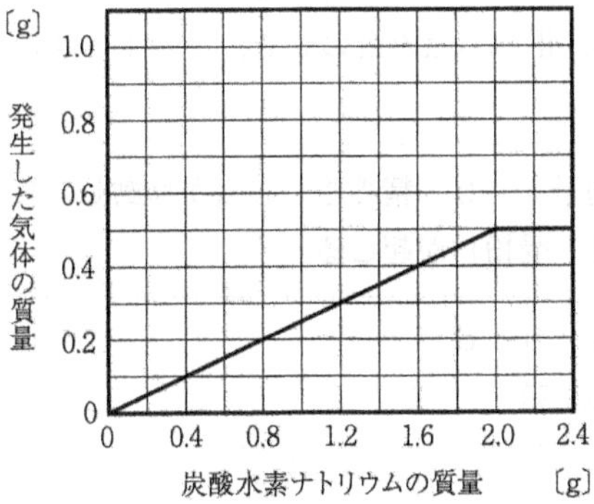

2

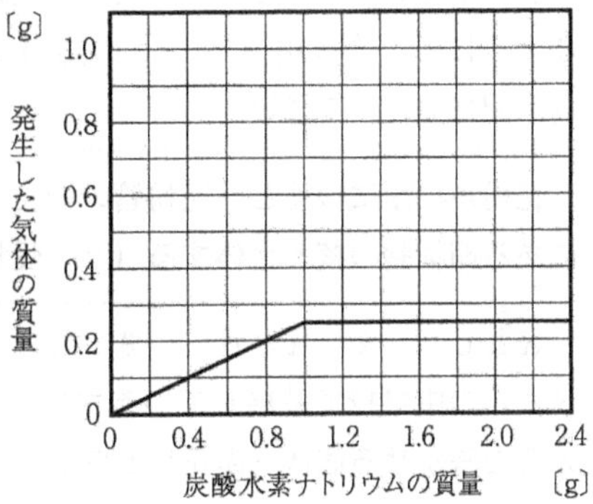

3

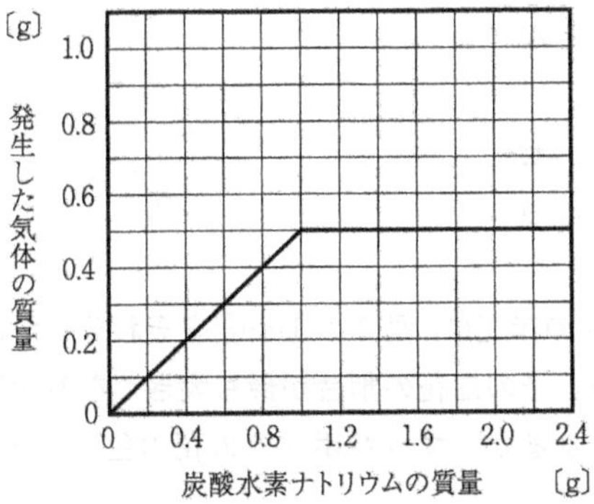

4

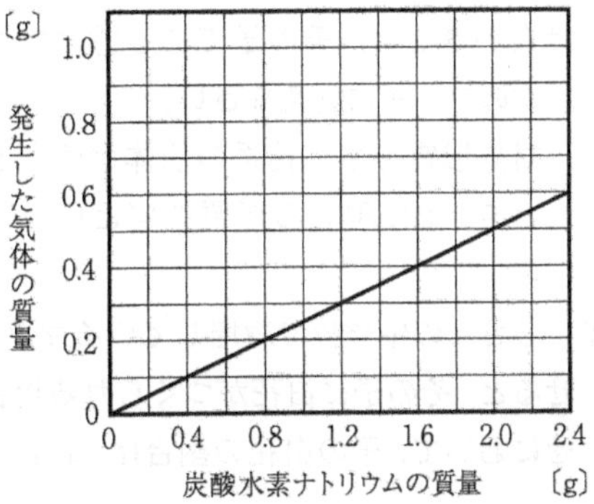

(4)　[実験] で用いたうすい塩酸10.0 g に，30%の炭酸水素ナトリウムが含まれているベーキングパウダー 2.0 g を加え，気体を発生させた。このとき，発生する気体の質量として，最も適切なものを，[実験] をもとに，次の１～５から選び，記号で答えなさい。
　ただし，ベーキングパウダー中の炭酸水素ナトリウムはすべて反応したものとし，発生した気体はすべて，うすい塩酸とベーキングパウダー中の炭酸水素ナトリウムの反応で生じたものとする。

１　0.1 g　　２　0.3 g　　３　0.5 g　　４　0.7 g　　５　0.9 g

7　Ｓさんの中学校では，被子植物であるマツバボタンを栽培している。次の(1)～(4)に答えなさい。

(1)　マツバボタンは，花や茎といった器官をもつ。器官はいくつかの組織が組み合わさって構成されたものである。この組織とはどのようなものか。書きなさい。

(2)　**図１**はマツバボタンなどの植物の体をつくっている細胞の模式図である。**図１**の細胞膜の内側において，細胞質である部分を で塗りつぶした図として，最も適切なものを，次の１～６から選び，記号で答えなさい。

図１

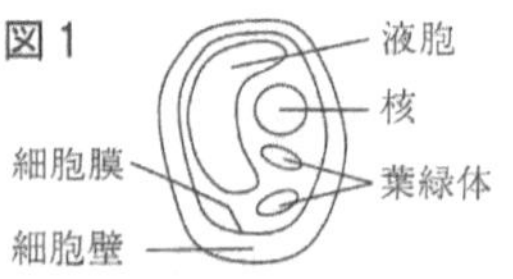

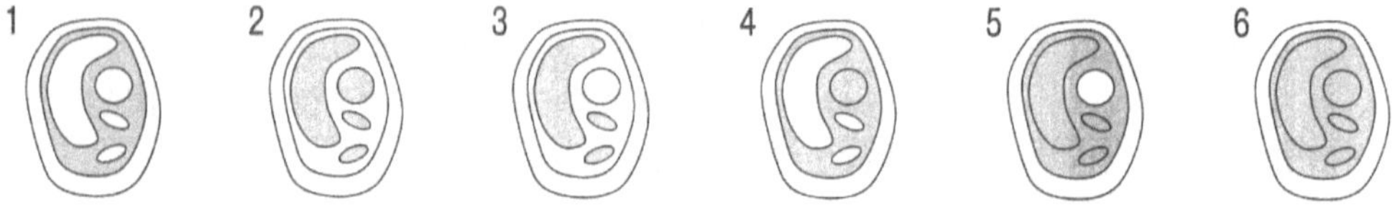

(3)　マツバボタンについて，次の文が，花粉が柱頭についたあとに起こる現象を説明したものとなるように，(　) の中のａ～ｄの語句について，正しい組み合わせを，下の１～４から１つ選び，記号で答えなさい。

> 花粉が柱頭につくと，花粉管の中を（ａ　胞子　　ｂ　精細胞）の核が移動し，めしべにある卵細胞の核と合体する（ｃ　受精　　ｄ　受粉）が起こる。

１　ａとｃ　　２　ａとｄ　　３　ｂとｃ　　４　ｂとｄ

(4)　Ｓさんの中学校で栽培しているマツバボタンは，赤色の花を咲かせる個体（赤花）と白色の花を咲かせる個体（白花）のみである。
　図２のように，①の純系の赤花と②の純系の白花をかけ合わせると，その子である③はすべて赤花となる。次のア，イに答えなさい。

図２

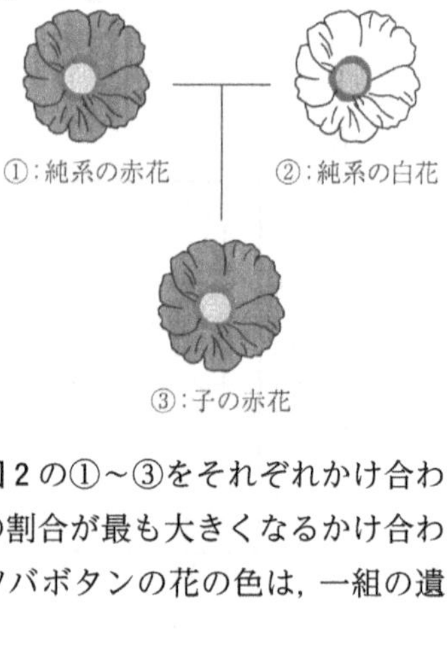

ア　対立形質をもつ純系の個体どうしをかけ合わせたとき，子に現れる形質を何というか。書きなさい。

イ　Ｓさんの中学校で栽培しているマツバボタンの赤花に，**図２**の①～③をそれぞれかけ合わせると，その子に白花がつくられる場合がある。子の白花の割合が最も大きくなるかけ合わせにおいて，子の白花の割合は，およそ何%になるか。マツバボタンの花の色は，一組の遺伝子の組み合わせで決まり，メンデルが見いだした遺伝の規則性にしたがうものとして，最も適切なものを，次の１～４から選び，記号で答えなさい。

1　25%　　2　50%　　3　75%　　4　100%

8　次は，Ｓさんが火山について学習したときに使用したプリントの一部である。下の(1)~(4)に答えなさい。

火山の形成

火山は，地下にある(ア)マグマが上昇し，地表にふき出して周辺に積み重なることでできる。マグマが冷え固まってできた岩石を(イ)火成岩という。

火山の形の違いはマグマのねばりけの違いによって生じる。マグマのねばりけが弱いと，(ウ)図１のような断面となる傾斜がゆるやかな火山ができ，マグマのねばりけが強いと，図２のような断面となる傾斜が急で盛り上がった火山ができる。

図１　傾斜がゆるやかな火山の断面図

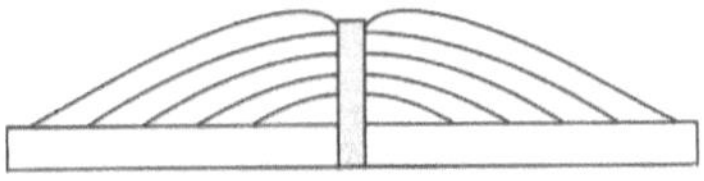

図２　傾斜が急で盛り上がった火山の断面図

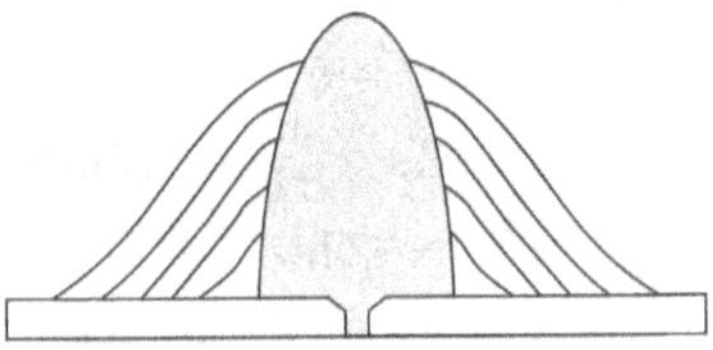

(1)　下線(ア)について，マグマがもとになってできる火山噴出物を，次の１～５からすべて選び，記号で答えなさい。

1　軽石　　2　石灰岩　　3　チャート　　4　火山灰　　5　火山ガス

(2)　下線(イ)について，図３は，火山岩である岩石を顕微鏡で観察したスケッチであり，Ａのような比較的大きな鉱物がＢのような粒のよく見えない部分に散らばって見える。図３のＡとＢのでき方を比較したときのＡのでき方について，できたときの場所と冷え方に着目して，簡潔に述べなさい。

図３

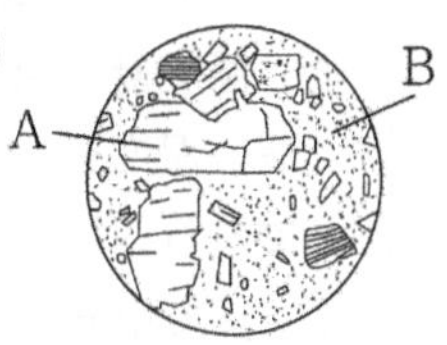

(3)　次の文が，下線(ウ)の火山活動のようすを説明したものとなるように，(　)の中のａ～ｄの語句について，正しい組み合わせを，下の１～４から１つ選び，記号で答えなさい。

噴火については，(ａ　爆発的な　　ｂ　おだやかな) 噴火となることが多く，ふき出したマグマが固まると，(ｃ　白っぽい　　ｄ　黒っぽい) 色の岩石になることが多い。

1　ａとｃ　　2　ａとｄ　　3　ｂとｃ　　4　ｂとｄ

(4)　岩石は，さまざまなはたらきにより形を変えることで，扇状地やＶ字谷などの特徴的な地形を形成することがある。次の文が，扇状地が形成されるまでの過程について説明したものとなるように，［あ］，［い］にあてはまる適切な語を，それぞれ次の１～５から１つずつ選び，記号で答えなさい。

岩石は，風化によってもろくなり，川の流れによって［あ］されながら運搬され，川の流れが緩やかになったところで［い］して扇状地をつくることがある。

1　しゅう曲　　2　侵食　　3　堆積　　4　飽和　　5　ろ過

9　洗剤を使うことで汚れが取れることに興味をもったKさんは，Lさんと次の会話をした後，実験を行った。あとの(1)~(5)に答えなさい。

Kさん：　洗濯用液体洗剤の表示を見てみると，弱アルカリ性だと書いてあったんだ。
Lさん：　私は酸性と表示されている液体洗剤を見たことがあるよ。酸やアルカリと汚れの取れ方が関係しているかもしれないね。赤色の油性マーカーのインクを汚れに見立てて調べてみるのはどうかな。
Kさん：　そうだね。T先生にお願いして実験させてもらおうよ。

［実験１］

① 透明なプラスチック板に，**図１**のように，赤色の油性マーカーを塗った。

② ①のプラスチック板から，面積が同じ正方形のプラスチック板を３枚切りとった。

③ トイレ用液体洗剤，食器用液体洗剤，洗濯用液体洗剤の３つの液を準備した。

④ ③の３つの液を50mLずつメスシリンダーではかりとり，３つのビーカーにそれぞれ入れ，pHメーターを用いて各液のpHを測定し，記録した。

⑤ 温度計を用いて④の３つのビーカーの液の温度を，それぞれ測定し，温度が同じであることを確認した。

⑥ ②で用意したプラスチック板を，**図２**のように④の３つのビーカーにそれぞれ１枚ずつ入れ，１時間放置した。

⑦ ⑥のプラスチック板をピンセットでとり出し，それぞれ軽く水洗いした。

⑧ ⑦のプラスチック板に，等間隔のマス目をかいた板を**図３**のように重ね，赤色の油性マーカーの色が消えた部分のマスの数をそれぞれ数えた。

⑨ 実験の結果を**表１**にまとめた。

図１
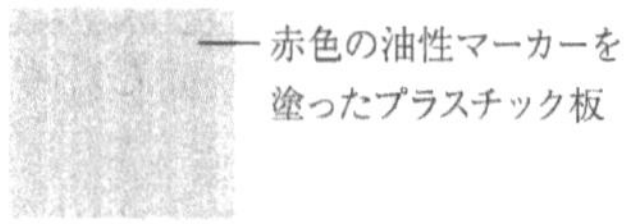

図２
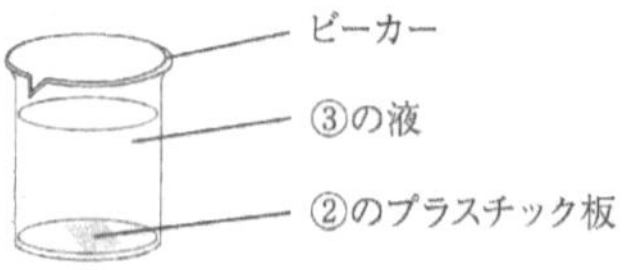

図３
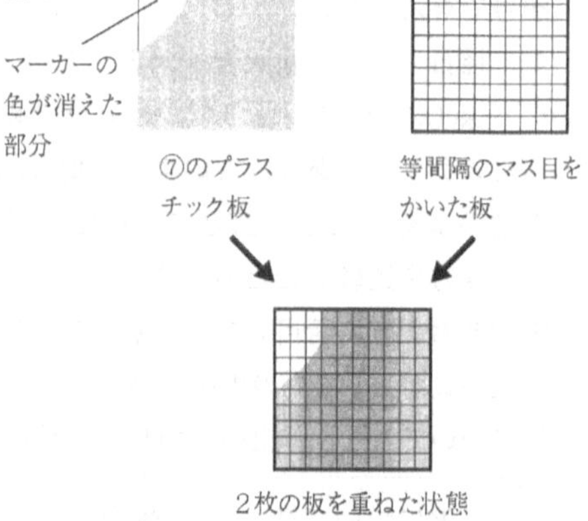

表１

③の液	トイレ用液体洗剤	食器用液体洗剤	洗濯用液体洗剤
液の pH	1.5	7.5	9.5
赤色の油性マーカーの色が消えた部分のマスの数	0	12	100

Kさんと L さんは，［実験１］の結果をもとに，新たに仮説を立て，その仮説を適切に検証することができるよう，T先生からアドバイスをもらい，［実験２］を行った。

［実験２］

① pHが7.0の蒸留水と固体の水酸化ナトリウムを準備した。

② ①の蒸留水1000 gに①の水酸化ナトリウム4.0 gを加え，pHが13.0の液をつくった。

③ ②でつくった液に①の蒸留水を加え，pHが8.0，9.0，10.0，11.0，12.0の液をそれぞれつくった。

④ ①の蒸留水と②，③でつくった各液の中に，［実験１］と同様に赤色の油性マーカーを塗ったプラスチック板を入れ，１時間放置した後，軽く水洗いし，赤色の油性マーカーの色が消えた部分のマスの数を数え，その結果を**表２**にまとめた。

表２

液のpH	7.0	8.0	9.0	10.0	11.0	12.0	13.0
赤色の油性マーカーの色が消えた部分のマスの数	0	0	0	0	0	0	0

(1) ［実験１］で用いたプラスチック板の原料は石油である。石油は化石燃料の一種で，主に中生代の生物の遺骸《いがい》がもとになってできたと考えられている。中生代のように，見つかる化石の種類などで区分した地球の時代の分け方を何というか。書きなさい。

(2) 衣類を洗濯して，干すときに用いる**図４**のような洗濯ばさみは，金属の針金がもつ弾性力を利用する仕組みとなっている。弾性力とはどのような力であるか，「変形」という語を用いて，簡潔に述べなさい。

図４

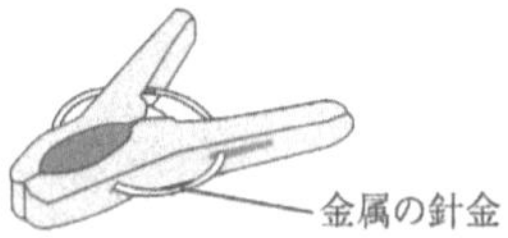

(3) ［実験１］の④の下線部について，**図５**は，メスシリンダーと液面付近の**拡大図**である。**図５**の**拡大図**のような状態において，液の体積を測定するとき，メスシリンダーの目盛りを読み取る位置として，最も適切なものを**拡大図**中の１～４から選び，記号で答えなさい。

図５

拡大図

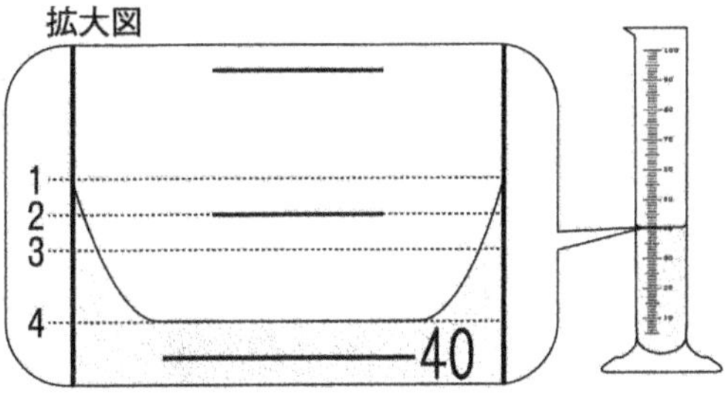

(4) 次の式が，［実験２］の②でつくった，pHが13.0の液の質量パーセント濃度を求める式となるように，［あ］，［い］に入る適切な数値を書きなさい。

$$\frac{\boxed{あ}}{\boxed{い}} \times 100\ (\%)$$

(5) KさんとLさんは，実験後，T先生と次の会話をした。あとのア，イに答えなさい。

Kさん： 私たちは，［実験１］からpHが1.5のトイレ用液体洗剤が，油性マーカーの色を消すことができないと分かり，このことからに，［う］の液は油性マーカーの色を消すことができないと考えました。

Ｌさん：　また，油性マーカーの色が消えた部分のマスの数は，pHが7.5の食器用液体洗剤よりpHが9.5の洗濯用液体洗剤の方が多いと分かりました。そこで，洗剤の種類に関わらず，pHと油性マーカーの色の消え方との関係をより詳しく調べたいと思い，［ え ］という仮説を立て，洗剤の代わりに，水酸化ナトリウム水溶液と蒸留水を用いて［実験２］を行いました。

Ｋさん：　ところが，［実験２］の結果は，仮説から予想される結果になりませんでした。どうしてでしょうか。

Ｔ先生：　実は，洗剤には界面活性剤と呼ばれる汚れを取るのに効果的な成分が含まれるものがあります。そのため，液の性質と汚れの取れ方との間には，必ずしも関係があるとは言えないのです。結果は仮説どおりにいきませんでしたが，日常生活に関わる実験を行い，探究していることは素晴らしいですよ。

ア　Ｋさんの発言が，［実験１］の結果として正しいものとなるように，［ う ］に入る最も適切な語句を，次の１～６から選び，記号で答えなさい。

1　酸性　　2　中性　　3　アルカリ性

4　酸性と中性　　5　中性とアルカリ性　　6　酸性とアルカリ性

イ　Ｌさんの発言が，［実験２］を行う際に立てた仮説となるように，［ え ］に入る適切な語句を書きなさい。

＜社会＞

時間　50分　　満点　50点

1　図Ⅰをみて，あとの(1)~(5)に答えなさい。

図Ⅰ

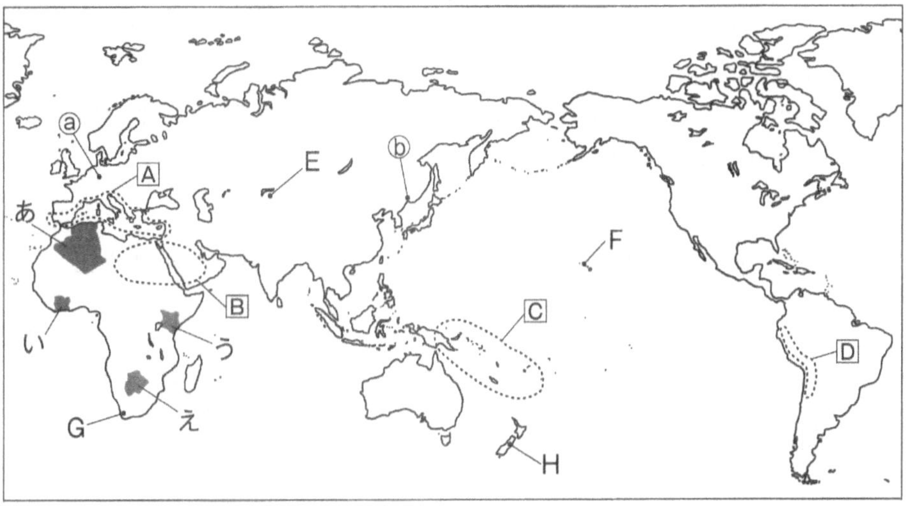

(1)　Ｙさんは，図Ⅰ中のA～Dの地域でみられる気候を生かした伝統的な食文化について，次の1～4のカードにまとめた。Cの地域について示したカードを，1～4から一つ選び，記号で答えなさい。

1　タロいもなどのいも類が主食で，潰して煮たり蒸したりして食べます。

2　じゃがいもやとうもろこしが主食で，蒸したり保存食に加工したりして食べます。

3　小麦などを加工して食べるほか，らくだや羊の肉や乳も大事な食料です。

4　小麦をパンやめん類に加工して食べます。オリーブも食卓には欠かせません。

(2)　Ｙさんは，留学中のＺさんと電話で次の会話をした。これを読んで，Ｚさんが留学している都市として最も適切なものを，図Ⅰ中のE～Hから選び，記号で答えなさい。

Ｙさん：8月になって，今日も気温が30℃を超えてとても暑かったな。日本は今午後4時だけど，まだ蒸し暑いよ。そちらは今何時かな。
Ｚさん：こちらは午後7時だよ。今日は最高気温が15℃ で昼間は少し暖かかったな。でも，夜になって気温が5℃ を下回ったから，ずいぶん寒いね。例年この時期の夜はかなり冷え込むけど，来月からは少しずつ暖かい季節になっていくよ。
Ｙさん：そうなんだ。暖かくして過ごしてね。

(3) 右の写真は，植民地時代にヨーロッパ人がアフリカに持ち込んだ作物を示したものである。この作物がおもな輸出品となっている国として最も適切なものを，図Ⅰ中の**あ**～**え**から選び，記号で答えなさい。

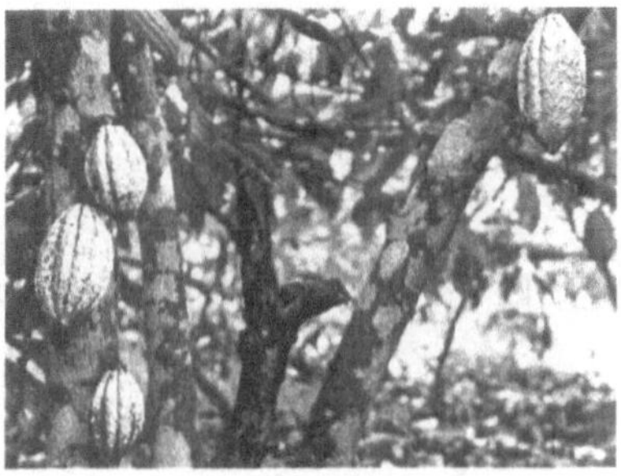

(4) 図Ⅱは，図1中のⓐとⓑの各都市の月別平均気温を示した図である。図ⅡをみたＹさんは，ⓐは，ⓑよりも高緯度に位置しているにもかかわらず，ⓑと比べて冬季が温暖な気候となっていることに気づいた。ⓑと比べたとき，ⓐが冬季に温暖な気候となる理由を説明しなさい。

図Ⅱ

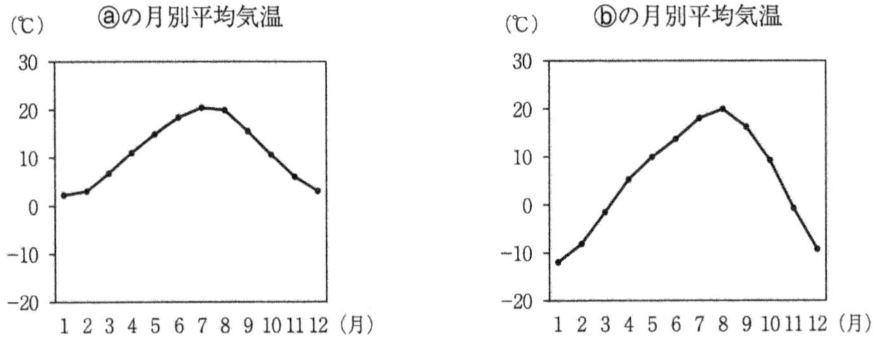

（理科年表令和５年度版により作成）

(5) Ｙさんは，アメリカ合衆国と中国が世界の産業や貿易で重要な地位を占めていることに興味をもち，この二か国を中心に産業の発達と移り変わりについて調べた。これについて，次のア～ウに答えなさい。

ア　アメリカ合衆国で，1970年代以降に先端技術産業や航空宇宙産業などが発達した，北緯37度以南の温暖な地域を何というか。答えなさい。

イ　次の**P**，**Q**は，2000年代以降にみられるようになった工場の移転について述べたものである。**P**，**Q**に共通してみられる，工場が移転した理由を簡潔に答えなさい。

P　東アジアから東南アジアや南アジアに衣類の工場が移転した。

Q　西ヨーロッパから東ヨーロッパに自動車の工場が移転した。

ウ　Ｙさんは，アメリカ合衆国と中国の輸出入額の変化について調べ，次のページの図Ⅲを作成した。図Ⅲ中の**S**，**T**はアメリカ合衆国または中国のいずれかを，○，●は1990年または2020年のいずれかを示している。**S**と●が示すものの組み合わせとして正しいものを，次の**1**～**4**から一つ選び，記号で答えなさい。

1　**S**－アメリカ合衆国　●－1990年
2　**S**－アメリカ合衆国　●－2020年
3　**S**－中国　●－1990年
4　**S**－中国　●－2020年

図Ⅲ　1990年と2020年における世界の輸出入額に占めるアメリカ合衆国と中国の割合

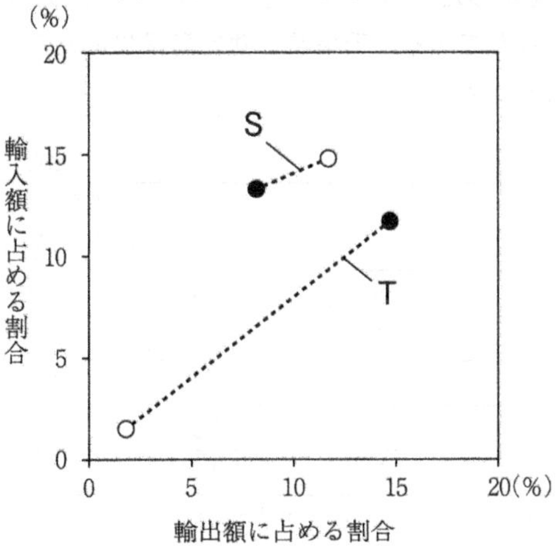

(注) 図Ⅲ中の‐‐‐‐‐‐‐‐‐は，S，Tそれぞれの1990年と2020年の値をつなぐものである。
(データブック オブ・ザ・ワールド2023年版により作成)

2　Tさんは，社会科の授業で，「日本の産業の移り変わり」をテーマにポスターを作成した。次は，そのポスターの一部である。これについて，あとの(1)~(5)に答えなさい。

日本の産業の移り変わり

①農業生産について

農業総産出額は，1984年をピークに減少していたが，近年は回復傾向にある。

農業総産出額の推移

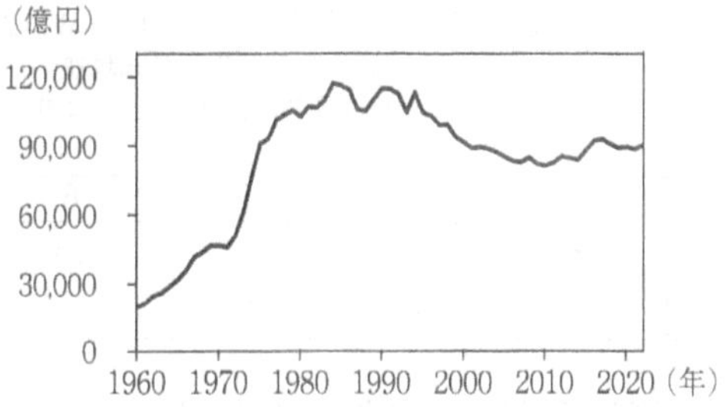

(農林水産省資料により作成)

自動車産業について

1980年代から自動車の海外生産が始まり，現在では，②国内生産台数よりも，海外生産台数の方が多い。

自動車生産台数の推移

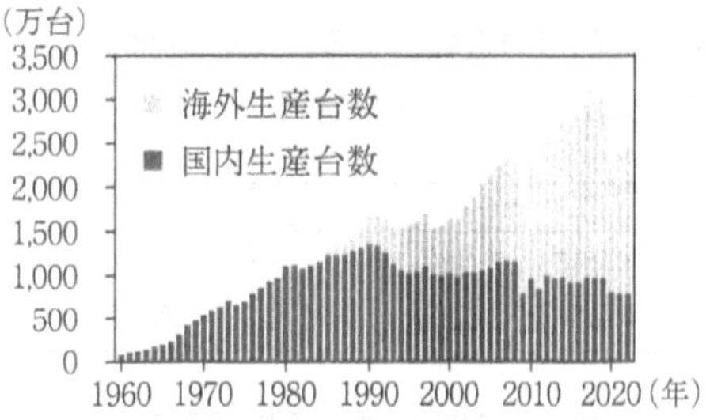

(日本自動車工業会資料などにより作成)

発電量について

産業の発達にともない，電力の需用が大幅に増え，2022年の③発電量は，1960年に比べて約9倍となった。

情報通信技術の発達について

インターネットなどの情報通信技術は，さまざまな産業で活用されている。その技術は，④国土地理院の地図の作成など，測量にも応用されており，これによって，領域や⑤排他的経済水域の変化も，より正確に把握できるようになった。

(1) 下線部①について，表Ⅰは，いくつかの道県の農業産出額と，農業産出額に占める米，野菜，果実，畜産の割合および１農家当たり耕地面積を示したものであり，表Ⅰ中の１～５は，北海道，千葉県，富山県，和歌山県，鹿児島県のいずれかである。千葉県と鹿児島県にあたるものを，１～５からそれぞれ一つずつ選び，記号で答えなさい。

表Ⅰ　　　　　　　　　　　　　　　　　　　　　　　　　　　　(2021年)

道県	農業産出額(億円)	米（%）	野菜（%）	果実（%）	畜産（%）	１農家当たり耕地面積(ha)
1	12,667	9.5	16.9	0.5	57.9	30.40
2	4,772	4.4	11.8	2.1	65.4	2.37
3	3,853	16.6	35.9	2.9	31.0	2.43
4	1,104	7.1	12.8	68.8	3.2	1.26
5	629	69.0	8.6	3.7	12.4	3.36

（データブック オブ・ザ・ワールド2023年版により作成）

(2) 下線部②に関連して，企業が海外での生産を増やすことで，国内の産業が衰退していく現象を何というか。答えなさい。

(3) 下線部③に関連して，図Ⅰ中の**あ**，**い**は，おもな水力発電所と火力発電所の所在地のいずれかを示している。**あ**，**い**から，火力発電所の所在地を示すものを選び，さらに，次のＡ～Ｃから，火力発電所の立地の特徴として最も適切なものを選んだ場合，二つの組み合わせとして正しいものを，下の１～６から一つ選び，記号で答えなさい。

Ａ　大都市の近郊　　Ｂ　山の斜面

Ｃ　火山活動の活発な地域

図Ⅰ

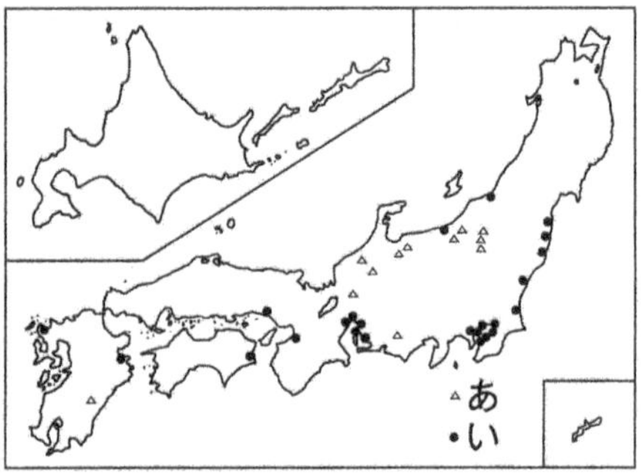

（注）水力発電所は，最大出力が15万ｋＷ以上，火力発電所は，最大出力が200万ｋＷ以上のものを示している。2022年３月末現在。

（日本国勢図会2023/24により作成）

	1	2	3	4	5	6
火力発電所の所在地	あ	あ	あ	い	い	い
火力発電所の立地の特徴	A	B	C	A	B	C

(4) 下線部④に関連して，図Ⅱ，図Ⅲは，ある地域の同じ範囲を示した地形図（２万5000分の１）であり，図Ⅱは1952年，図Ⅲは2023年に発行されたものである。これについて，あとのア，イに答えなさい。

図Ⅱ

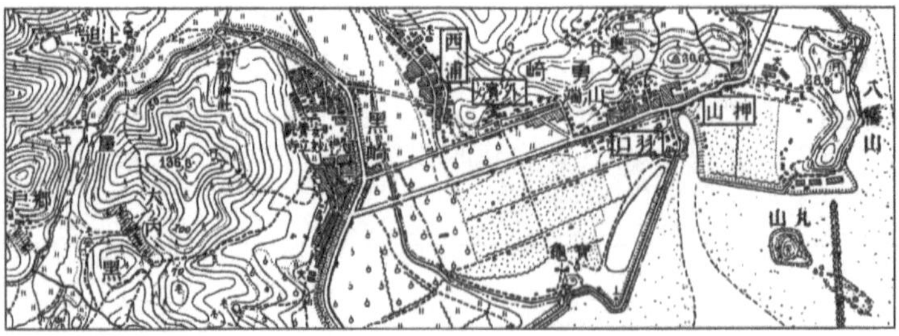

（注）図Ⅱ中の地名のうち，横書きのものは，右から左に向かって表記されている。

図Ⅲ

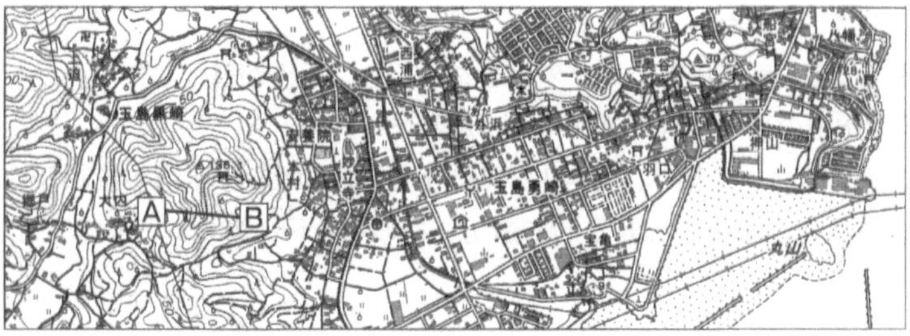

ア　図Ⅱと図Ⅲを比較し，変化のようすを正しく読み取ったものを，次の１～４から一つ選び，記号で答えなさい。

１　「押山」の一帯は，開発が進んで新たに学校ができた。

２　「羽口（羽口）」の東側は，埋め立てられて新しい道路ができた。

３　「外濱（外浜）」付近の山は，切り開かれて警察署ができた。

４　「西浦」の集落の南側では，果樹園の一部がなくなって病院ができた。

イ　図Ⅲ中のA－Bで示された部分における断面図を，解答用紙のA，Bのそれぞれの両端から記入している例にならって完成させなさい。ただし，作成に用いた線は消さないこと。なお，解答用紙の図は，拡大したものである。

(5)　下線部⑤について，排他的経済水域では，沿岸国に水産資源や鉱産資源などを利用する権利が認められている。排他的経済水域が認められる範囲について，「領海」と「海岸線」という二つの語を用いて説明しなさい。

3　Hさんのクラスでは，山口県の歴史について調べ，発表することになった。次は，授業後のHさんと先生との会話の一部である。これを読んで，あとの(1)～(6)に答えなさい。

Hさん：授業を受けて，古代までの人々の交流の広さに驚きました。特に，九州北部と共通性のある①鉄器が，山口県から出土したことや，現在の山口県にあたる地域を支配していた有力者たちが，②近畿地方に成立した政権と関係をもっていたことが印象に残っています。また，古代の税のしくみにも興味をもちました。

先　生：③古代の税のしくみは時期によって変化がみられます。こうした社会のしくみの変化についてまとめてみるとよいですね。

Hさん：はい。他にも，中世の人々と支配者の関係性について深く学んでみたいと思いました。

先　生：④鎌倉時代には，周防国・長門国でも武士の支配が本格化します。また，室町時代には，⑤神社を中心に結びつきを深め，独自のおきてを定めるような自治的な村も誕生しました。

Hさん：そうなんですね。⑥近世の人々の生活についても，調べてみたいと思います。

（注）　周防国・長門国は，現在の山口県にあたる地域をさす。

(1)　下線部①に関連して，大陸から九州北部に鉄器が伝わった頃の日本列島でみられたようすを述べた文として最も適切なものを，次の１～４から選び，記号で答えなさい。

１　大陸と陸続きであり，大型動物が移動してきた。

2　庶民の衣服として，麻にかわって木綿が広く普及した。

3　農業の技術が発達し，同じ田畑で米と麦などをつくる二毛作が普及した。

4　稲作が広まり，水田の近くにはムラがつくられた。

(2)　Hさんは，下線部②について調べ，資料Ⅰ，資料Ⅱを作成した。資料Ⅰ，資料Ⅱ中の（あ），［い］にあてはまる語句の組み合わせとして適切なものを，下の1～4から一つ選び，記号で答えなさい。

資料Ⅰ

左の銅鏡は，4世紀末から5世紀につくられた山口県の古墳から出土した。（　あ　）は，九州や大陸までの航路の要所である瀬戸内海を支配する有力者にこのような銅鏡を与え，影響下に置こうとしたと考えられている。

（画像は柳井市ウェブサイトから引用）

資料Ⅱ

5世紀初めから約1世紀の間，（　あ　）は，国内での政治的な立場を優位にすることや鉄資源を確保することをめざして，［　い　］を行った。

1　あ－大和政権（ヤマト王権）　い－中国の南朝への朝貢

2　あ－大和政権（ヤマト王権）　い－隋への使者の派遣

3　あ－邪馬台国　い－中国の南朝への朝貢

4　あ－邪馬台国　い－隋への使者の派遣

(3)　下線部③について，古代の税のしくみは，人々を戸籍に登録して税を課すことが次第に困難となったため，10世紀には，土地に税を課すしくみへと変更された。人々を戸籍に登録して税を課すことが困難となった理由について，資料Ⅲ，資料Ⅳから読み取れることをもとに説明しなさい。

資料Ⅲ　周防国のある地域の戸籍（908年）に関するまとめ

	男性	女性
66歳以上	16人	99人
17歳～65歳	66人	136人
16歳以下	4人	0人

この戸籍の記載をみると，男性よりも女性の方が，人数が極端に多く，実態を反映していないといえる。

（山口県史により作成）

資料Ⅳ　租・調・庸の負担について

租については，男性・女性ともに負担した。調・庸については，男性のみが負担した。

(4)　下線部④に関連して，Hさんは鎌倉時代についての学びを深めるため，次の【学習課題】を考えた。山口県の歴史について記した【資料】のうち，【学習課題】を解決するために最も適切なものを，下の1～4から選び，記号で答えなさい。

【学習課題】

鎌倉時代の地頭の支配はどのようなものだろうか。

【資料】

1　周防国の荘園において，税を取り立てる権利が幕府に申請されたことを記した資料

2　豊臣秀吉が政治の実権を握る中，周防国・長門国で検地が実施されたことを記した資料

3　平氏一族が，長門国の支配権を握ったことを記した資料

4　長門国の港に，日明貿易に携わる役人が置かれたことを記した資料

(5)　下線部⑤に関連して，室町時代に，おもに近畿地方の村でみられるようになった，有力な農

民によって運営される自治的な組織を何というか。次の１～４から一つ選び，記号で答えなさい。

１　座　　２　問　　３　惣　　４　五人組

(6)　下線部⑥について，Ｈさんは，江戸時代の長州藩に住む人々と各地域との交流について調べるために，図Ⅰおよび資料Ⅴ，資料Ⅵを準備した。これについて，次のア，イに答えなさい。

ア　図Ⅰ中のａ～ｄは，江戸幕府が交易を認めた四つの窓口を示している。資料Ⅴの交易が行われた窓口として最も適切なものを，図Ⅰ中のａ～ｄから選び，記号で答えなさい。

イ　資料Ⅵから，下関に全国からさまざまな商品が集まっていたことを知ったＨさんは，図Ⅰ中のＸの航路に着目してその理由をまとめた。Ｘの航路の名称を明らかにして，Ｈさんのまとめの［う］に適切な語句をおぎない，文を完成させなさい。

Ｈさんのまとめ

> 下関は，江戸時代の初め，九州・瀬戸内海・上方をつなぐ航路の寄港地であったが，1672年に新たに［う］ことで，より多くの地域の廻船《かいせん》が入港するようになり，さまざまな商品が集まるようになった。

図Ⅰ

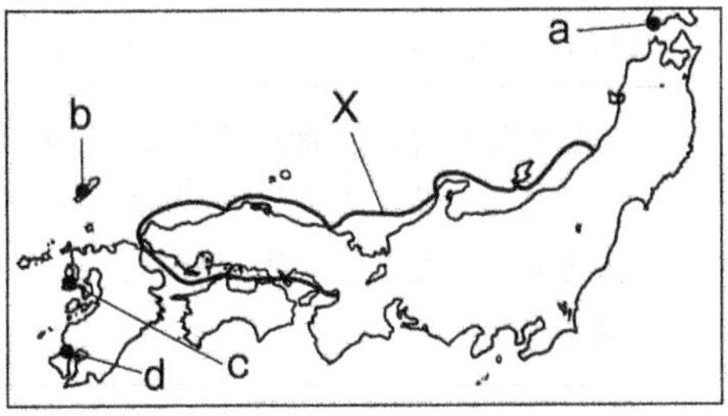

資料Ⅴ　長州藩の商人，三保虎五郎《みほとらごろう》の交易のようす

> 三保虎五郎は，上方《かみがた》からアイヌ民族に米・酒・糸・衣類などの物資を船で運送し，かわりに鮭《さけ》・ニシン・昆布などの海産物を入手した。

（山口県史により作成）

資料Ⅵ　下関で取引されたおもな商品（1862年）

地域	商品
九州	砂糖・魚類・焼物類
瀬戸内海	塩・綿・しょう油
上方	綿・布・酢
北国《ほっこく》	海産物・酒・たばこ
山陰	鉄類・紙・魚類

（注）北国は現在の北陸地方周辺をさす。

（山口県史により作成）

4　Ａさんは，今年，新しく紙幣が発行されることを知り，紙幣の肖像に採用された人物に関するレポートを作成した。次は，その一部である。これについて，あとの(1)～(6)に答えなさい。

過去に発行された紙幣

①夏目漱石は東京帝国大学の講師を務め，『吾輩は猫である』などの作品を発表した。

現在発行されている紙幣

樋口一葉は②1872年生まれで，代表作に『たけくらべ』や『にごりえ』などがある。

新しく発行される紙幣

津田梅子は，幼少期に③岩倉使節団に参加し，留学から帰国後は女子高等教育に尽力した。

渋沢栄一は，④帝国議会の議員を務めたことがある。また，⑤製糸業や紡績業などの多くの会社に関わり，近代化に貢献した。

（画像は国立印刷局ウェブサイトから引用）

(1) 下線部①に関連して，Aさんは1909年の日本を舞台とした夏目漱石の小説『それから』を読んで，発表原稿を作成した。資料Ⅰをみて，Aさんの発表原稿の（あ），［い］にあてはまる語句の組み合わせとして最も適切なものを，下の1 ～ 4から選び，記号で答えなさい。

資料Ⅰ 『それから』の主人公の発言（一部抜粋）

> 日本は西洋から借金でもしなければ，到底立ち行かない国だ。それでゐ《い》て，一等国《いっとうこく》を以《もっ》て任じてゐる。さ《そ》うして，無理にも一等国の仲間入《いり》をしや《よ》うとする。（中略）牛と競争する蛙《かえる》と同じ事で，もう君，腹が裂けるよ。其《その》影響はみんな我々個人の上に反射してゐるから見給《たま》へ《え》。

（注）借金とは，戦費調達のための借金のこと。一等国は列強の意味。牛と競争する蛙は，西洋の童話「蛙と牛」（牛をまねて，自分の体を大きくみせようとする蛙の話）が題材となっている。

発表原稿の一部

> 小説の中の蛙は日本を，牛は（ あ ）などの列強を表しています。また小説の舞台となった当時の日本は，［ い ］ことが主人公の発言から読み取れます。

1 あ－イギリス い－近代化を推し進める一方で，国民の負担は増大していた
2 あ－イギリス い－列強の仲間入りを果たし，国民の苦労がすべて報われた
3 あ－清 い－近代化を推し進める一方で，国民の負担は増大していた
4 あ－清 い－列強の仲間入りを果たし，国民の苦労がすべて報われた

(2) 下線部②に関連して，同じ年に公布された小学校教育の普及をめざした法令を何というか。答えなさい。

(3) 下線部③に関連して，岩倉使節団の派遣と最も近い時期に世界で起きたできごとを表す資料として正しいものを，次の1 ～ 4から一つ選び，記号で答えなさい。

1

ローマ教皇による免罪符の販売

2

パリ講和会議でベルサイユ条約に調印

3

プロイセンを中心にドイツ帝国が誕生

4

マルタ会談で冷戦の終結を宣言

(4) 下線部④に関連して，大日本帝国憲法による国のしくみを表す模式図として最も適切なものを，次の1 ～ 4から選び，記号で答えなさい。

1
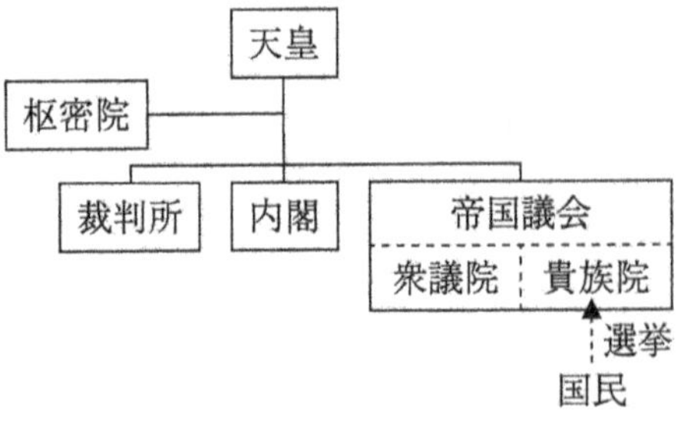

2
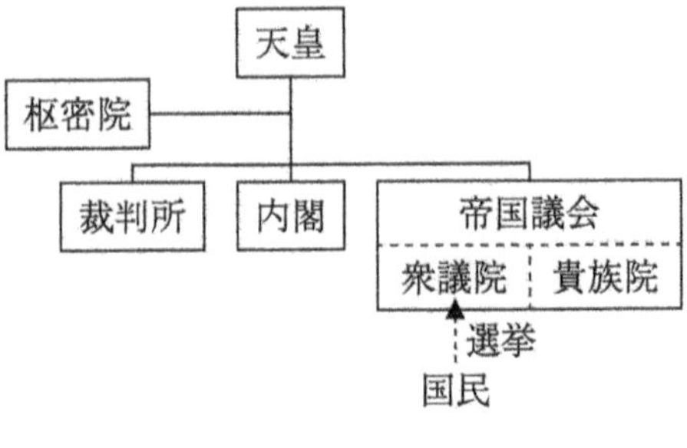

3

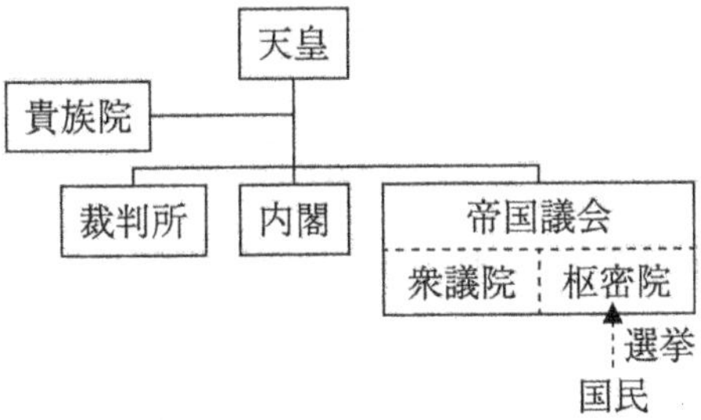

4

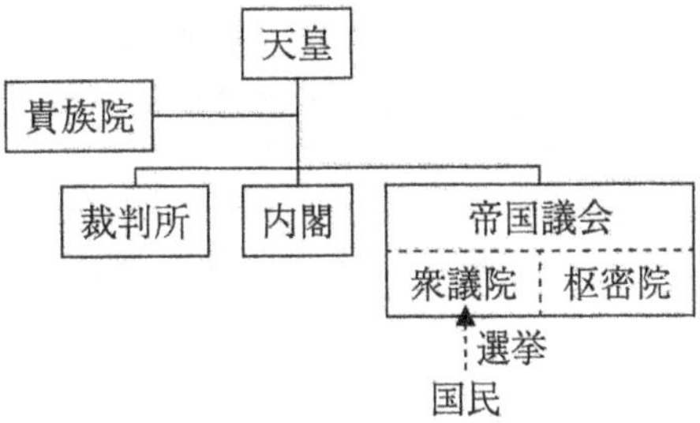

(5)　下線部⑤に関連して，Aさんは日本の製糸業について調べ，図Ⅰを作成した。図Ⅰから読み取れる日本の生糸輸出総額の大きな変化について，この期間に世界で起きたできごとと関連付けながら，説明しなさい。

図Ⅰ　日本の生糸輸出総額と，生糸輸出総額に占めるアメリカ合衆国への輸出額の割合の推移

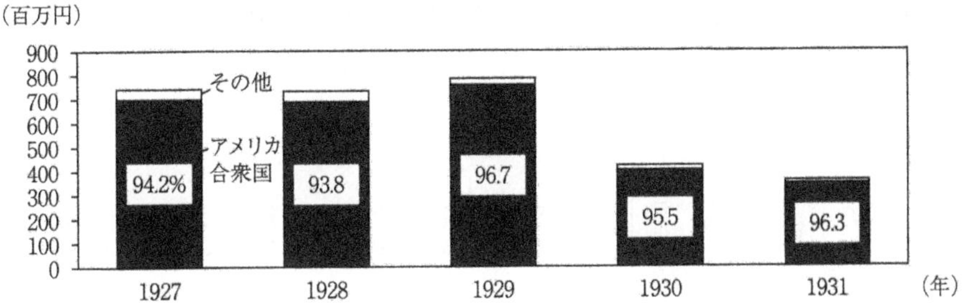

（蚕糸業要覧により作成）

(6)　Aさんは，紙幣に関係する人物についてさらに調べた。これに関連して，次のア，イに答えなさい。

ア　次の1～3は，紙幣の肖像に採用された人物に関連するできごとである。1～3のできごとを，年代の古い順に並べ，記号で答えなさい。

1　新渡戸稲造は，国際連盟が設立されると事務次長に選ばれた。

2　板垣退助は，国会開設に備えて自由党を結成した。

3　野口英世が中国での医療活動を取りやめるきっかけとなった，義和団事件が起きた。

イ　Aさんは，今後の紙幣の肖像に採用されそうな人物を予想する中で，日本のノーベル賞受賞者について調べ，次のメモを作成した。メモの内容が示す人物を答えなさい。

メモ

代表作に『雪国』などの小説があり，1968年にノーベル文学賞を受賞した。

5　Kさんのクラスでは，公民的分野の学習の中で，班ごとにテーマを設定して探究活動を行った。次は，各班のテーマをまとめた表の一部である。これについて，あとの(1)～(5)に答えなさい。

1班	2班	3班	4班	5班
人権保障のための取組	日本の財政のしくみ	日本の内閣のしくみ	効率と公正の実現	経済のグローバル化

(1) 1班のテーマに関連して，次のア，イに答えなさい。

ア 次の文は，国際的な人権保障の実現に向けて，1948年に国際連合が採択した文書の一部である。この文書の名称を答えなさい。

> 第1条 すべての人間は，生《うま》れながらにして自由であり，かつ，尊厳と権利とについて平等である。人間は，理性と良心とを授けられており，互いに同胞の精神をもって行動しなければならない。

イ 現在の国際社会では，一人ひとりの人間の生命や人権を大切にし，貧困，飢餓，病気，人権侵害，紛争，環境破壊などの脅威から人々を守るという概念が広まっている。このような概念を何というか。次の1～4から一つ選び，記号で答えなさい。

1 人間の安全保障　2 集団安全保障　3 平和維持活動　4 政府開発援助

(2) 2班のテーマについて，次のA～Cは，1980年度，2000年度，2023年度のいずれかの，日本の一般会計予算における歳入と歳出の大まかな内訳の割合を示したものである。A～Cを，年代の古い順に並べ，記号で答えなさい。

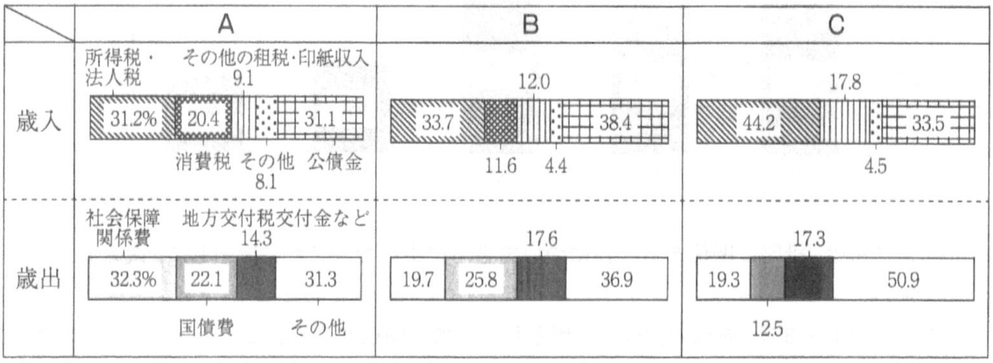

(注) 歳入および歳出の内訳の割合は，小数第二位を四捨五入してあるため，合計が100.0%にならない場合がある。

(財務省資料により作成)

(3) 3班のテーマについて，次のア，イに答えなさい。

ア 内閣の仕事にあたるものを，次の1～4から一つ選び，記号で答えなさい。

1 弾劾裁判所の設置　2 違憲審査権の行使

3 政令の制定　4 国政調査権の行使

イ 図Ⅰは，地方公共団体の地方議会の議員と首長の選出方法を模式的に表したものである。地方公共団体の首長は，有権者による選挙によって選ばれるのに対し，内閣総理大臣はどのようにして選ばれるか。「有権者」と「指名」という二つの語を用いて説明しなさい。

図Ⅰ

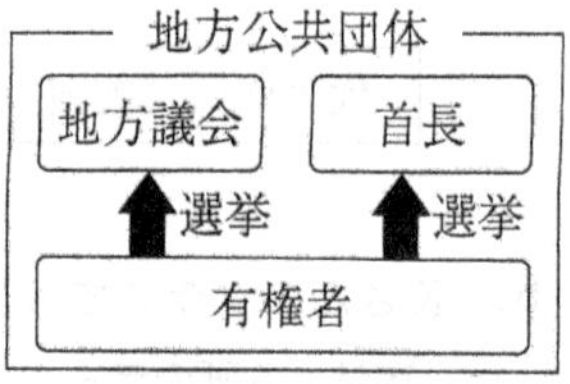

(4) 4班は，効率と公正という考え方について，自分たちの中学校で3年生を対象に開催される合唱大会を例にあげて説明するために，表Ⅰと説明原稿を作成した。説明原稿の あ に適切な内容をおぎない，文を完成させなさい。

表Ⅰ　3年生全クラスの合唱の練習場所の割り当て表（放課後の1時間）

	月曜日	火曜日	水曜日	木曜日	金曜日
体育館	1組	2組	3組	4組	合唱大会当日
音楽室	3組	4組	1組	2組	

説明原稿

表Ⅰは，合唱大会が行われる週における，月曜日から木曜日までの各クラスの練習場所の割り当てを示したものです。ここでは，空いた日をつくらずに体育館と音楽室を無駄なく利用しているという点で，効率的であるといえます。また，［あ］という点で，公正であるといえます。

(5)　5班のテーマに関連して，次のア，イに答えなさい。

ア　Kさんは，さまざまな国が経済関係を強化するための取組を進めていることを知り，次のメモを作成した。（い）にあてはまる協定の名称として適切なものを，下の1～4から一つ選び，記号で答えなさい。

メモ

日本を含む，アジア・太平洋地域の国々は，貿易の自由化を進め，経済関係を強化するために，2018年に（　い　）に調印した。

1　ASEAN　　2　USMCA　　3　MERCOSUR　　4　TPP11

イ　Kさんは，図Ⅱを用いて2000年代のある時期の為替レートの推移について考察し，次のようにまとめた。Kさんが考察の対象とした時期と，Kさんのまとめの（う）にあてはまる語の組み合わせとして正しいものを，下の1～4から一つ選び，記号で答えなさい。

図Ⅱ　ドルに対する円の為替レートの推移

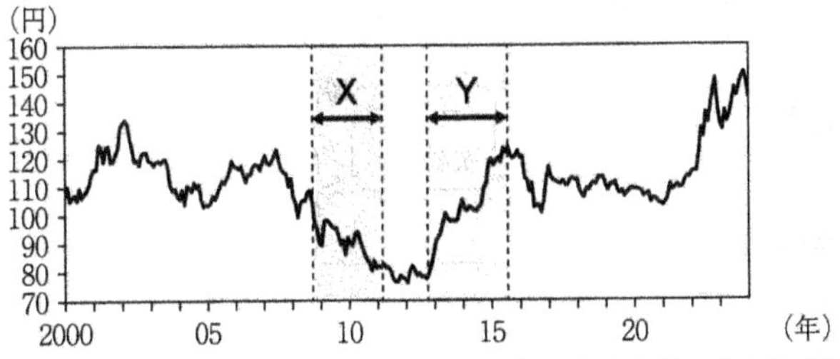

（日本銀行資料により作成）

Kさんのまとめ

この時期には，ドルを円に交換する動きが強まり，（　う　）の傾向が進んだ。

	1	2	3	4
時期	X	X	Y	Y
う	円安	円高	円安	円高

6　Sさんは，今年，パリでオリンピック・パラリンピックが開催されることを知り，夏季大会に関するレポートを作成した。次は，その一部である。これについて，あとの(1)～(3)に答えなさい。

オリンピック・パラリンピックの夏季大会について 2016年　開催地　リオデジャネイロ（ブラジル） ○　リオデジャネイロ大会は，（　あ　）大陸で初めて開催された大会となった。 2021年　開催地　東京（日本） ○　日本では，大会前の①2017年に，案内用図記号（ピクトグラム）が国際規格に合わせて変更された。 2024年　開催地　パリ（②フランス） ○　パリは，「近代オリンピックの父」と呼ばれるクーベルタンの出身地である。

(1)　レポート中の（あ）にあてはまる適切な語を，次の１～４から一つ選び，記号で答えなさい。

　１　アフリカ　　２　オーストラリア　　３　ユーラシア　　４　南アメリカ

(2)　下線部①について，図Ⅰのように案内用図記号を国際規格に合わせて変更した目的を，図Ⅱ，図Ⅲから読み取れることと関連付けながら。説明しなさい。

図Ⅰ　変更前後の駐車場の案内用図記号

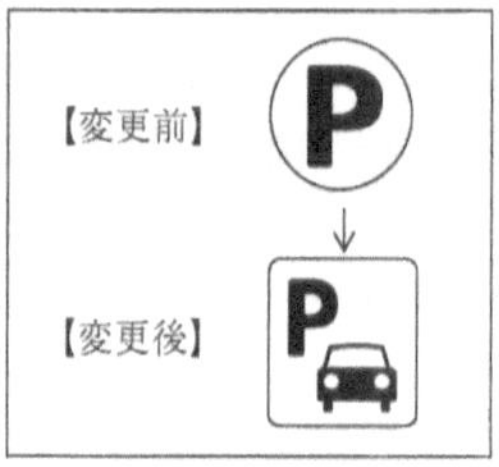

（経済産業省資料により作成）

図Ⅱ　訪日外国人数の推移

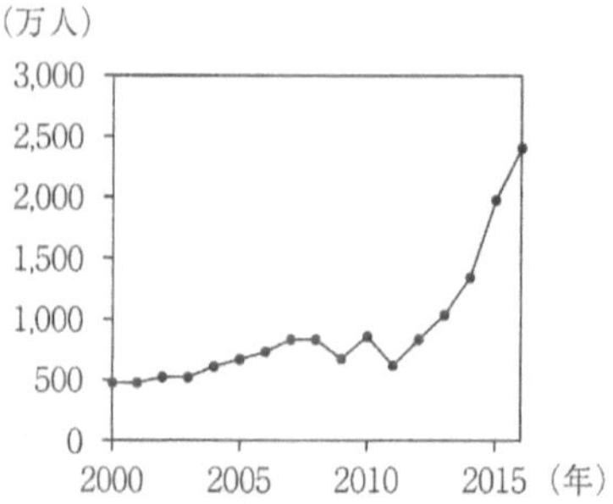

（日本政府観光局資料により作成）

図Ⅲ　訪日外国人の地域別の割合（2016年）

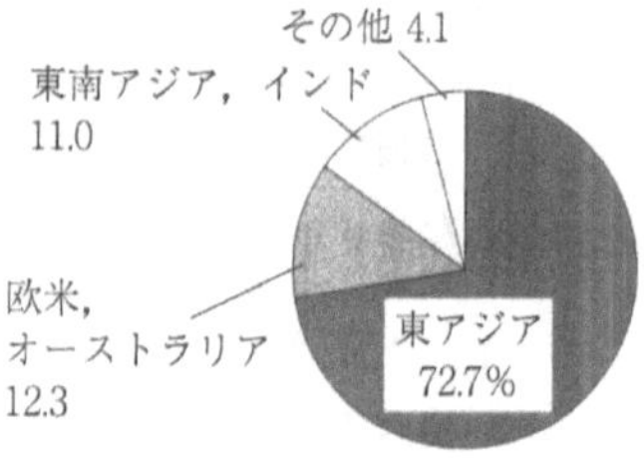

（注）割合は，小数第二位を四捨五入してあるため，合計が100.0％にならない。

（日本政府観光局資料により作成）

(3)　下線部②に関連して，次のア～ウに答えなさい。

ア　フランスで活躍した思想家で，『社会契約論』で人民主権を唱えた人物は誰か。答えなさい。

イ　図Ⅳは，フランスにある航空機メーカーでの航空機生産のようすを模式的に示したものである。図Ⅳのように，それぞれの国が得意な物を専門的に生産する方法を何というか。答えなさい。

ウ　パリ近郊で1975年に第１回先進国首脳会議（サミット）が開催され，世界の経済問題が議論された。この会議が開催された背景を，図Ⅴから読み取れることをもとに説明しなさい。

図Ⅳ

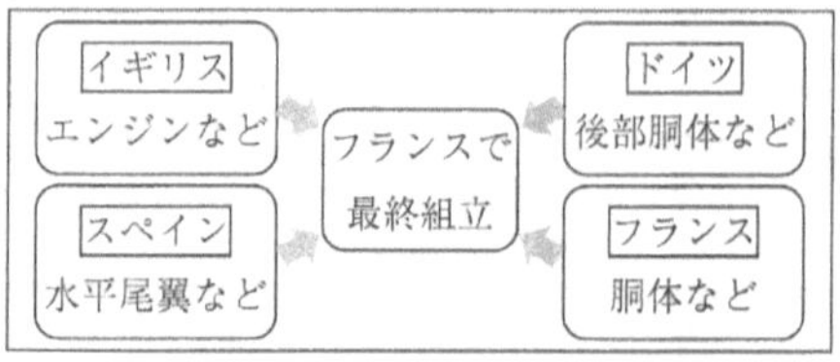

（注）国名は，おもな部品の製造国を示す。

図Ⅴ　１バレル当たりの原油価格と先進国の経済成長率の推移

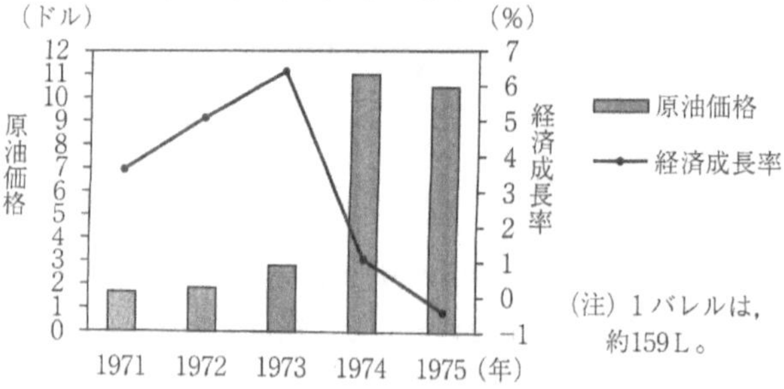

（注）１バレルは，約159Ｌ。

（OECD資料などにより作成）

六　Aさんは国語の授業で比喩について学んだあとに、次の**【課題】**に取り組み、グループで意見を出し合った。あなたなら、□にどのような言葉を入れるのがふさわしいと考えるか。その言葉がふさわしいと考えた理由も含めて、あとの条件と注意に従って書きなさい。

【課題】

□に言葉を入れて文を完成しよう。

「学ぶことは、まるで□のようだ。」

〈グループの生徒から出た意見〉　冒険、料理、リレー

条件

① □に入れる言葉は、自分で考えた言葉でも、**〈グループの生徒から出た意見〉**にある言葉でもよい。

② □に入れる言葉を文章中に明記すること。

注意

○ 氏名は書かずに、1行目から本文を書くこと。

○ 原稿用紙の使い方に従って、8行以上12行以内で書くこと。

○ 段落は、内容にふさわしく適切に設けること。

○ 読み返して、いくらか付け加えたり削ったりしてもよい。

ることで、話し合いを広げている。

4　他者の考えを認めたうえで、異なる視点から自分の意見を加えることで、話し合いを深めている。

五　次の㈠、㈡に答えなさい。

㈠　次の1～5について、――部の漢字は読み仮名を書き、片仮名は漢字に改めなさい。

1　卒業式が厳かに行われた。

2　話し方に緩急をつける。

3　春のヨウコウを浴びる。

4　今週は動物アイゴ週間だ。

5　用件をウケタマワる。

㈡　次の漢詩と書き下し文、現代語訳を読んで、あとのア～ウに答えなさい。

漢詩

臨高台　送※黎拾遺　王維

相送臨高台
川原杳何極
日暮飛鳥還
行人去不息

（「王右丞文集《おうゆうじょうぶんしゅう》」から）

書き下し文

臨高台《りんかうだい》　黎拾遺《れいしふゐ》を送る　王維《わうゐ》

相《あ》ひ送りて高台《かうだい》に臨む
川原杳《せんげんえう》として何ぞ極まらん
日暮《にちぼ》飛鳥《ひてう》還《かへ》り
行人《かうじん》去りて息《やす》まず

現代語訳

臨高台　黎拾遺を送る　王維

君を送るために高台に登る。
川の流れる原野は遠くかすみ、果てしない。
夕暮れに飛ぶ鳥は帰るのに、
君は歩みを止めずに去っていく。

（注）※　黎拾遺＝王維の友人。

ア　右の漢詩の形式として適切なものを、次の1～4から選び、記号で答えなさい。

1　五言絶句　2　五言律詩
3　七言絶句　4　七言律詩

イ　書き下し文の「相ひ送りて高台に臨む」を参考にして「相送臨高台」に返り点を補いなさい。

ウ　上の漢詩の内容として最も適切なものを、次の1～4から選び、記号で答えなさい。

1　澄み渡る川と自分のすがすがしい気持ちを重ねている。
2　巣に帰らず自由に飛ぶ鳥たちの姿に憧れを抱いている。
3　豊かな土地が荒れ果ててしまったことを悲しんでいる。
4　立ち止まらず去っていく友人との別れを惜しんでいる。

【話し合いの様子】

司会者　それでは、**【資料】**をもとに、交流活動の内容について考えていきましょう。意見がある人はいますか。

Aさん　データ1を見ると、「体を動かす活動」をしたいという意見が最も多いので、私は「おにごっこ」がよいと思います。

Bさん　確かに最も多いですね。でも、データ2も確認する必要があります。幼稚園の先生方は、体を動かす遊びでは、園児がけがをすることを心配されています。安全面を考え、他の活動を検討した方がよいのではないでしょうか。

司会者　**Bさん**の言うとおりですね。では、データ1だけでなく、データ2も踏まえて考えてみましょう。

Cさん　それでは、二番目の「音楽活動」はどうでしょう。データ2でも、園児が好きな活動として挙げられています。

Bさん　確かにそうですね。ただ、「音楽活動」は、普段から行われているようです。普段行っていない活動にしてみてはどうでしょう。

司会者　そうですね。順番でいくと、次は、「創作活動」か「読み聞かせ」です。データ3を見ると、この分野の活動が多くなっていますね。

Cさん　せっかくなので、園児にいろいろな経験をしてもらうために、他のクラスとは異なる活動にしたいですね。

Aさん　それでは、「お絵かき」を発展させて、言葉遊びもできる「かるたづくり」はどうでしょう。

Bさん　いいアイディアですね。「かるたづくり」なら、交流活動後に、作ったかるたで園児が遊んだり、大判用紙に貼って飾ったりすることもできるので、データ2を踏まえた活動にもなっていますね。

司会者　つまり、「かるたづくり」は、［　　］ということですね。では、「かるたづくり」を1組の案として、さらに具体的に考えていきましょう。

(一)　「データ1だけでなく、データ2も踏まえて考えてみましょう」とあるが、なぜ**司会者**はそのように提案したのか。次の文がその説明となるよう、［　　］に入る適切な内容を、**【話し合いの様子】**を踏まえて、十五字以内で答えなさい。

交流活動をよりよいものにするために、自分たちの考えだけではなく、［　　］ことが必要だと考えたから。

(二)　**【話し合いの様子】**の［　　］に入る適切な内容を、文脈に即して四十字以内で答えなさい。

(三)　**【話し合いの様子】**において、**Bさん**のそれぞれの発言は、共通してどのような役割を果たしているか。最も適切なものを、次の1～4から選び、記号で答えなさい。

1　自分の考えを強調して示してから、相手に質問を投げかけることで、話し合いを活発にしている。

2　自分の考えを詳しく説明した後に、気がかりな点を指摘することで、話し合いを円滑にしている。

3　他者の考えを自分の言葉で整理して、一般的な考え方と比較す

四　ある中学校では、家庭科の授業で近隣の幼稚園を訪問し、ふれ合い体験をすることになった。次は、Aさんのクラス（1組）がふれ合い体験のときに、園児と行う交流活動の内容について話し合う際に用いた【資料】と、そのときの【話し合いの様子】である。これを読んであとの㈠～㈢に答えなさい。

【資料】

データ1　クラスへの事前アンケート結果（対象：1組生徒35人）

○　園児との交流で行いたい活動

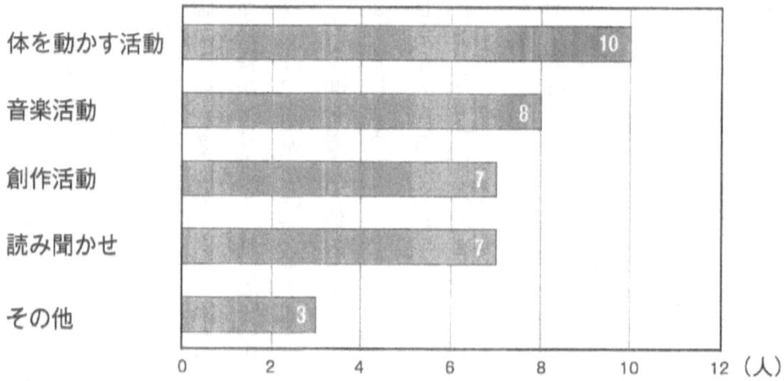

体を動かす活動　…　おにごっこ、かけっこなど体を動かす活動
音楽活動　…　歌を歌う、楽器の演奏など音楽に関する活動
創作活動　…　お絵かき、おりがみなどものを作る活動
読み聞かせ　…　絵本の読み聞かせや紙芝居
その他　…　お店屋さんごっこ、ままごとなどの遊び

データ2　幼稚園の先生への事前アンケート結果

○　幼稚園の先生の意見（自由記述）

・　子どもたちは、歌を歌うことや楽器の演奏が好きなので、日ごろから音楽に親しむ活動をするようにしています。
・　子どもたちは、皆さんが来られるのを、とても楽しみにしています。
・　子どもたちは、体を動かす遊びが好きです。ただし、けがのないように十分気をつけることが大事です。
・　お絵かきや工作には、熱中して取り組みます。一緒に何かを作ってみたらよいのではないでしょうか。
・　子どもたちの思い出として残るように、交流活動の記念になるものがあるとよいと思います。きっと喜ぶはずです。

データ3　他のクラスが行う予定にしている交流活動

	2組	3組	4組	5組
交流活動	紙芝居	かけっこ	絵本の読み聞かせ	お絵かき

※幼稚園を訪問するのは、1日1クラスのみ。

三　次の古文を読んで、あとの(一)～(三)に答えなさい。

※維時《これとき》中納言、始めて《初めて》※蔵人《くらうど》に補する時《任命された当時》、※主上前栽《せんざい》を掘らしめむがために《前庭に草花を植えさせるために》、花の名を書かる《下書きなさった》。納言、多く仮名をもってこれを書く時《清書した》、これを嘲《あざわら》ふ《からかった》。維時、これを聞きていはく、「もし実字《漢字》に書かば、誰人かこれを読まむや《読めるだろうか》」と云々《うんぬん》《言った》。後日、主上、維時を召して《お呼びになって》※花の目録を書かしめて《書かせて》、これをご覧じて、漢字を用ゐるべき由《よし》をおほせらる《用いるようにおっしゃった》。維時たちまちにこれを書きてたてまつる《差し上げた》時、人一草の《どの草花の》字をも知らず。競ひ来たりてこれを問ふ。維時いはく、「かくのごときが故に《このようなことが理由で》、先日は仮名字を用ゐる。何ぞ嘲はれしや《どうしてからかいなさったのか》」と云々。

(「古事談《こじだん》」から)

(注)※維時中納言＝大江維時。「納言」も同じ。
※蔵人＝文書などを管理する役人。
※主上＝ここでは、醍醐《だいご》天皇のこと。
※花の目録＝前庭に植えた草花の名前の一覧

(一)「おほせ」を現代仮名遣いで書き直しなさい。

(二)「これをご覧じて」の解釈として最も適切なものを、次の1～4の中から選び、記号で答えなさい。

1　醍醐天皇は維時が前庭に植えた草花をご覧になって
2　維時は人々が前庭に植えた草花をご覧になって
3　醍醐天皇は維時が書いた草花の名前の一覧をご覧になって
4　維時は人々が書いた草花の名前の一覧をご覧になって

(三)次の【ノート】は、「かくのごときが故に、先日は仮名字を用ゐる」に注目して、右の古文の内容をまとめたものである。【ノート】が古文の内容に即したものとなるよう、［Ⅰ］には古文中から十三字の表現を書き抜いて答え、［Ⅱ］には適切な内容を三十字以内で答えなさい。

【ノート】

○維時の行動と人々の反応

〈維時の行動〉	〈人々の反応〉
・先日（前庭に植える草花の名前の一覧を作成） 「［Ⅰ］」→	「これを嘲ふ」
・後日（前庭に植えた草花の名前の一覧を作成） 「（漢字を用いて）たちまちにこれを書きてたてまつる」→	「一草の字をも知らず」

○「かくのごときが故に、先日は仮名字を用ゐる」から分かること

・先日、維時が仮名を用いて草花の名前の一覧を作成したのは、［Ⅱ］からだということ。

験の価値かもしれない。楽しまれているのは、作品そのものというより、その作品に触発されてアレコレd考えている、想像力を働かせている自分の状態なのだ。

（源河亨《げんかとおる》「「美味《おい》しい」とは何か」から。一部省略がある）

（注）※暖簾分け＝店主の許可を得て、従業員が独立し出店すること。

(一) 文章中の＝＝部a～dのうち、五段活用の動詞を一つ選び、記号で答えなさい。

a 応じ　b 感じる　c 動かさ　d 考え

(二) 「多種多様」と似た意味をもつ四字熟語として最も適切なものを、次の1～4から選び、記号で答えなさい。

1 適材適所　2 絶体絶命　3 十人十色　4 再三再四

(三) 「同じことは、絵画、音楽、彫刻、文学、写真、ダンスといった芸術鑑賞にもあてはまる」とあるが、「同じこと」の内容として最も適切なものを、次の1～4から選び、記号で答えなさい。

1 知識があることで、対象独自の価値を楽しむことができ、それに気づくことができた経験の価値も楽しめるということ。
2 知識があることで、すべての芸術作品に共通する価値を見出すことができ、そこから経験の価値も増やせるということ。
3 知識があることで、他の作品から受けた影響や歴史について考えてしまうため、対象の価値が分からなくなるということ。
4 知識があることで、様々な価値の違いを乗り越えて、対象の価値を自分で生み出すことができるようになるということ。

(四) 「知識が少ない段階でも自分の経験の価値を楽しむことはできる」とあるが、どういうことか。次の文がそれを説明したものとなるよう、□に入る適切な内容を、三十五字以内で答えなさい。

ラーメンや芸術の例が示すように、知識が少なくても□ということ。

(五) 「「個人的な楽しみ」「好み」」について、文章の内容を踏まえた例として最も適切なものを、次の1～4から選び、記号で答えなさい。

1 有名な写真家の写真展を見に行きました。どの作品も素晴らしく、私もそのような写真を撮ってみたいと思いました。
2 映画を見に行きました。一緒に見た友人たちは全員面白くなかったと言っていて、私も面白いとは感じませんでした。
3 美術館に絵を見に行きました。広い空間に様々なジャンルの絵が飾られていて、お客さんがたくさん入っていました。
4 テレビでダンスコンテストを見ました。私が最も素晴らしいダンスだと思った出場者は、審査の結果、最下位でした。

(六) X段落が文章中で果たしている役割の説明として最も適切なものを、次の1～4から選び、記号で答えなさい。

1 これまでの内容を整理して、「経験の価値」と「対象の価値」の共通点と相違点を解説している。
2 これまでの内容に加えて、「経験の価値」が「対象の価値」に与える影響について考察している。
3 これまでの内容をまとめて、「経験の価値」と「対象の価値」の優劣について明確に述べている。
4 これまでの内容を受けて、「経験の価値」が「対象の価値」に含まれていることを証明している。

現されている。会話文では、「奈鶴」の言葉遣いを［　Ⅱ　］に変えることで、「奈鶴」が話に夢中になっていることや「奏」との心の距離が近づいていることが印象づけられている。

1　Ⅰ＝奈鶴　Ⅱ＝常体から敬体
2　Ⅰ＝奈鶴　Ⅱ＝敬体から常体
3　Ⅰ＝奏　Ⅱ＝常体から敬体
4　Ⅰ＝奏　Ⅱ＝敬体から常体

二　次の文章を読んで、あとの(一)～(六)に答えなさい。

ラーメンについて詳しい知識がある人は、この店のラーメンが他の店のラーメンとどう違うか理解することができる。この味の源流はあの店にあるが、※暖簾《のれん》分けしているうちに各店で工夫が施されて多種多様になり、そうした多様な分流のなかでこの店は他とここが違う、といったことが理解できる。それに気づくときには、そのラーメンが他とどう違うか（その対象にどういう独自の価値があるのか）という対象の価値が楽しめ、さらに、それに気づけたという経験の価値も楽しめるだろう。

同じことは、絵画、音楽、彫刻、文学、写真、ダンスといった芸術鑑賞にもあてはまる。この作品はどういうジャンルで、あの作品の影響を受けていて、ここが他の作品と違っていて、といった知識があることで気づける対象の価値がある。そして、それに気づけた経験も楽しめるのだ。知識があるおかげで対象の価値をより正確に把握することができ、それに応じて経験の価値（対象の価値に決定される経験の価値）も増えてくるのである。

しかし、知識が少ない段階でも自分の経験の価値を楽しむことはできる。自分が食べているラーメンが他のラーメンと比べて何が良いかわからなくても、そのラーメンによって満足感を与えられている自分の状態、自分の経験をポジティヴに評価することができるのだ。

芸術鑑賞にも同じことが言える。芸術に関する知識が少なくても、作品によって心を揺さぶられている自分、ゾクゾクしている自分を楽しむことができる。そこで楽しまれているのは、作品そのものというよりも（もちろん、作品の価値もいくらかは把握されているが）、作品を鑑賞している自分の状態の価値なのではないだろうか。

［X］　こうした経験の価値は、知識を増やすうえで重要だ。知識が少ない段階では、対象の価値はそこまで楽しめない。自分の目の前にあるラーメンや絵画が他と比べてどうすごいのかまでは理解できず、違いを楽しむことはできない。それでも、その対象と関わった自分の経験を楽しむことができる。他と比べてどうかはわからないが、とにかく目の前のものはおいしい、心地よい、と感じることができるのだ。そして、そこで得られたポジティヴな経験をより増やすために、似たようなものを何度も経験し、そのうち知識が増えていく。知識が増えると、以前は気づけなかった対象の価値に気づけるようになり、それが楽しみを増やすことにもなるのだ。

さらに、二種類の価値の区別を使うと「個人的な楽しみ」「好み」と言われるものも説明できそうだ。たとえば、多くの人が「まずい」という食べ物や「ひどい」という作品を、自分は「おいしい」「素晴らしい」と思っている場面を考えてみよう。そのときに自分が楽しんでいるのは、対象の価値ではなく経験の価値かもしれない。対象となる食べ物や作品は客観的には良くないものだが、その対象によって自分が満足させられたり自分の心が動かされたりしている様子は、自分にとって良いものなのだ。

また、「作品を自由に鑑賞する」という場合に楽しまれているのも経

が、不意を突かれたって反応をした。そして「それを答えにするのもありじゃない？」って言った。

「答え、……あ、大きな問い？『どうして英語を勉強するのか』」

「そう、英語にかぎらず。『ことばって、なんか、おもしろそうだから』」

わたしの代わりに答えた奏先生は、あはは、と声を出して笑った。これまで見たことのない、ついわたしも一緒になってきゃっきゃしちゃうくらいの、まるで友だち同士みたいな笑い方だった。

「自分で見つけたね、奈鶴ちゃん」

「大学院合格おめでとうございます、奏先生」

（眞島《ましま》めいり「バスを降りたら」から）

（注）※大学院＝大学卒業後、さらに深い研究をするための教育機関。

(一) 次は、「乗」という漢字を楷書《かいしょ》体で書いたものである。黒ぬりのところは何画めになるか。数字で答えなさい。

(二) 「ほとんど」と同じ品詞のものを、次の1～4から一つ選び、記号で答えなさい。

1 きれいな花を見た。　2 おもしろい話を聞いた。
3 この本は名作だ。　4 ゆっくり山道を歩く。

(三) 「不意を突かれた」とあるが、「不意を突かれる」と似た意味をもつことわざとして最も適切なものを、次の1～4から選び、記号で答えなさい。

1 泣きっ面に蜂　2 猫に小判
3 寝耳に水　4 渡りに船

(四) 「わたしの胸に広がった気持ち」とあるが、これはどのような気持ちか。次の文がそれを説明したものとなるよう、[　] に入る適切な内容を四十五字以内で答えなさい。

バスの中で知らない人から英語で話しかけられて戸惑ったが、[　] 気持ち。

(五) 「ことばって、なんか、おもしろいかも」とあるが、それは「奈鶴」がどのようなことに気づいたからか。次の文がそれを説明したものとなるよう、[　] に入る適切な内容を、文章中から二十五字で抜き出し、初めと終わりの五字で答えなさい。

ことばには [　] 性質があり、それを感じる体験が自分の身近にもあることに気づいたから。

(六) 「大学院合格おめでとうございます、奏先生」とあるが、このときの「奈鶴」の心情を説明したものとして最も適切なものを、次の1～4から選び、記号で答えなさい。

1 「奏」の留学後の日々を思い浮かべ、「奈鶴」なりに留学することの意味を実感し、「奏」を素直に応援したいと思っている。
2 「奏」と楽しく話をしたことから別れがより辛くなり、懸命に泣くのをこらえながら、その本心を隠そうと振る舞っている。
3 「奏」が「奈鶴」との会話を通じてドイツ語の魅力に気づき、留学へ前向きに臨もうとしていることを感じて励ましている。
4 「奏」がバスで英語が話せなかった「奈鶴」を責めなかったことに安心し、引き続き家庭教師を続けてほしいと思っている。

(七) 右の文章中における表現の特徴について説明した次の文章が、正しいものとなるよう、[Ⅰ]、[Ⅱ] に入る内容の組み合わせとして適切なものを、あとの1～4から一つ選び、記号で答えなさい。

「[Ⅰ]」の視点から物語が描かれており、内面が生き生きと表

＜国語＞

時間　五〇分　　満点　五〇点

一　中学一年生の「奈鶴《なつる》」は、家庭教師の「奏《かな》」に英語を学ぶ理由について相談をしていた。次の文章は、「奏」がドイツの※大学院に留学することが決まり、別れを前に「奈鶴」が「奏」に会いに行った場面である。よく読んで、あとの㈠～㈦に答えなさい。

「ドイツに行っても、忘れないでくれたらうれしいです」

言ったら、ちょっと空気が変わった。ショッピングモールに行った日以来、こっちからは留学の話題に触れずにいたのに、急にぽんと出したからおどろかせたんだろう。

だからこそこのことを報告したかった。

「この前、学校帰りにバスに乗ってたら、知らないひとから英語で話しかけられたんです」

話題があっちこっちしても、奏先生はちっとも嫌な顔をしない。それどころか「へえ！」ってリアクションまでくれる。こういうところが好きだなと思う。

「ほとんど聞き取れなくて、めちゃくちゃ焦《あせ》りました。だけどジェスチャーとかで、降りるドアを聞かれてるんだってやっとわかって。でもどう教えたらいいのかわかんなくて……」

「わあ。それで？」

「結局こっちもジェスチャーと、日本語で乗り切った、のかな？乗り切れたって言えるか微妙だけど、伝わってはいたと思います。笑ってくれたし、最後に手を振ってくれて、わたしも振り返しました」

「すごい」

「すごくないです。奏先生や学校の先生に、ごめんなさいって気持ちになりました。いっぱい英語教わってるはずなのに、頭からぜんぶ飛んじゃった」

「ああ……。たしかに勉強すればするほど、使える単語や表現は確実に増えるし、めざすゴールを設定するのはとてもいいと思う」

奏先生はそこでことばを切った。じっと何かを想像しているみたいに。

「でも、お互いに伝えたいメッセージがあって、それを伝え合ったわけでしょう。タイムリミットがある中で、奈鶴ちゃんも相手のひともあきらめなかった。偶然同じバスに乗り合わせて、たぶんもう会わないふたりが、手を振り合って別れたんだよ」

そして奏先生はもう一度、「すごいよ」って味わうように言った。

うれしかった。ほめられたからじゃない。バスの中で伝えたいことが伝わったとき、わたしの胸に広がった気持ちを奏先生が想像して、一緒に感じてくれたのがわかったから。

奏先生はドイツで、あんなふうにどきどきする瞬間を数えきれないほど体験するのかもしれない。毎日新しいことばに出会って、そのたびに頭がわーってなって、あらゆる感情に振り回されるのかもしれない。

英語もドイツ語も、日本語も、どこかに大事にしまわれているものじゃなくて、生きているんだろうな。ころころ転がって、いろんな色になって、変わっていく生きもの。しかもそれにばったり出会うどきどきは、はるか遠くの場所にだけ存在するんじゃなくて、わたしの周りにもつねにあるみたい。

「ことばって、なんか、おもしろいかも」

半分は自分に向かって言ったようなものだったんだけど、奏先生

MEMO

大切なことはメモしておこうネ！

2024年度

解　答　と　解　説

《2024年度の配点は解答用紙集に掲載してあります。》

＜数学解答＞

1　(1)　-8　(2)　17　(3)　$x+1$　(4)　$\frac{6}{5}ab$
(5)　$-\sqrt{3}$

2　(1)　$y=3$　(2)　46度　(3)　$x=\frac{-3\pm\sqrt{17}}{4}$
(4)　およそ180匹

3　(1)　オ　(2)　右図

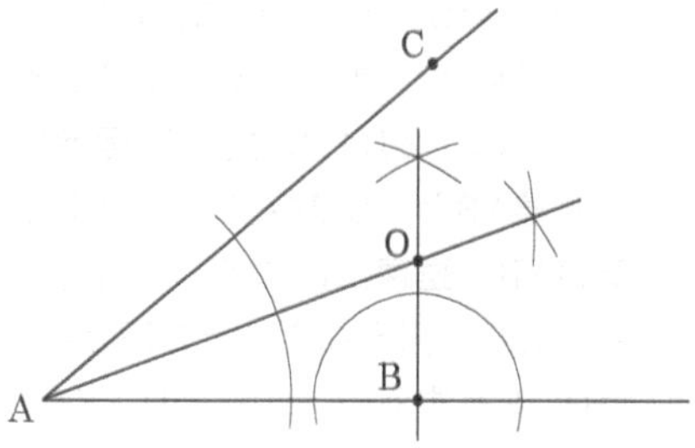

4　(1)　ア　(2)　ア　18　イ　6

5　(1)　$\frac{1}{2}$　(2)　解説参照

6　(1)　$\frac{1}{4}a$(%)　(2)　式 $\begin{cases} 70x+40y=19000 \\ \frac{x}{3}+\frac{y}{4}=100 \end{cases}$
ドリップバッグ　180個　ティーバッグ160個

7　(1)　解説参照　(2)　$\frac{21}{2}$cm

8　(1)　解説参照　(2)　18.1℃　(3)　$(1+\sqrt{2})a$(cm)

＜数学解説＞

1　(数・式の計算，平方根)

(1)　**(－)×(＋)→(－)となるので，**$(-2)\times4=-(2\times4)=-8$

(2)　$(-3)^2=(-3)\times(-3)=9$となるので，$(-3)^2+8=9+8=17$

(3)　$7x-(6x-1)=7x-6x+1=x+1$

(4)　$\frac{9a^3}{5b}\div\frac{3a^2}{2b^2}=\frac{9a^3}{5b}\times\frac{2b^2}{3a^2}=\frac{6}{5}ab$

(5)　$\sqrt{12}=2\sqrt{3}$，$\sqrt{27}=3\sqrt{3}$となるので，$\sqrt{12}-\sqrt{27}=2\sqrt{3}-3\sqrt{3}=-\sqrt{3}$

2　(反比例，角度，二次方程式，標本調査)

(1)　**yはxに反比例するから，比例定数をaとすると$y=\frac{a}{x}$と表される。**$x=2$のとき，$y=6$であるから，$6=\frac{a}{2}$　$a=12$となり，$y=\frac{12}{x}$　よって，$x=4$のとき，$y=\frac{12}{4}=3$

(2)　右図のように，直線ℓ，mに平行な直線tをひくと，ℓ//tより，平行線の錯角は等しいから，$\angle a=180°-150°=30°$，$\angle b=76°-30°=46°$　t//mより，平行線の錯角は等しいから，$\angle x=\angle b=46°$

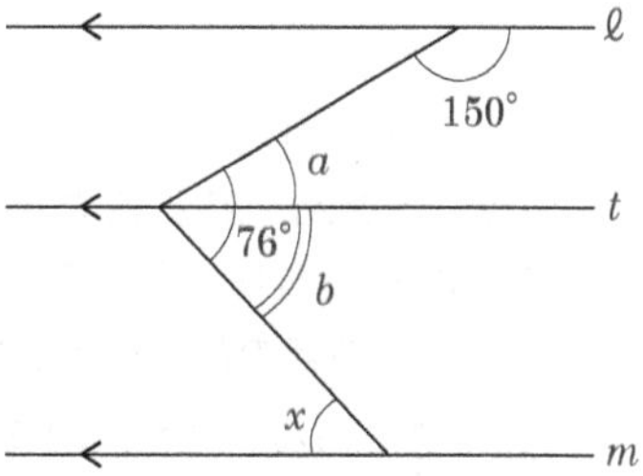

(3)　**二次方程式の解の公式　二次方程式$ax^2+bx+c=0$の解は，$x=\frac{-b\pm\sqrt{b^2-4ac}}{2a}$**，$2x^2+3x-1=0$について　$ax^2+bx+c=0$のa，b，cにあたる数は，$a=2$，$b=3$，$c=-1$であ

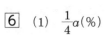

る。解の公式に$a=2$，$b=3$，$c=-1$を代入すると　$x=\frac{-3\pm\sqrt{3^2-4\times2\times(-1)}}{2\times2}=\frac{-3\pm\sqrt{9+8}}{4}=\frac{-3\pm\sqrt{17}}{4}$

(4)　標本の中で，印のついた魚の割合は$\frac{11}{40}$，したがって，池にいる魚の数をx匹とすると，$x\times\frac{11}{40}=50$　$x=\frac{2000}{11}=181.8\fallingdotseq180$となる。

3 （回転移動，作図）

(1)　アを点Oを中心に**点対称移動**させるとオと重なる。

(2)　（着眼点）　半直線AB，ACのどちらにも接する円の中心は，∠BACの**角の二等分線**上にある。また，半直線ABと点Bで接する円の中心は，点Bを通る半直線ABの**垂線**上にある。（作図手順）　①　点Bを中心とした円を描き，その円と半直線ABとの交点を点D，Eとする。　②　点D，Eを中心として，等しい半径の円を描き，その交点と点Bを通る直線(点Bを通る半直線ABの**垂線**)を引く。　③　点Aを中心とした円を描き，その円と半直線AC，ABとの交点をF，Gとする。　④　点F，Gを中心として，等しい半径の円を描き，その交点と点Aを通る直線(∠BACの**角の二等分線**)を引く。　⑤　②で引いた直線(点Bを通る半直線ABの**垂線**)と④で引いた直線(∠BACの**角の二等分線**)の交点を円の中心Oとする。(ただし，点D，E，F，Gはかかなくてよい)

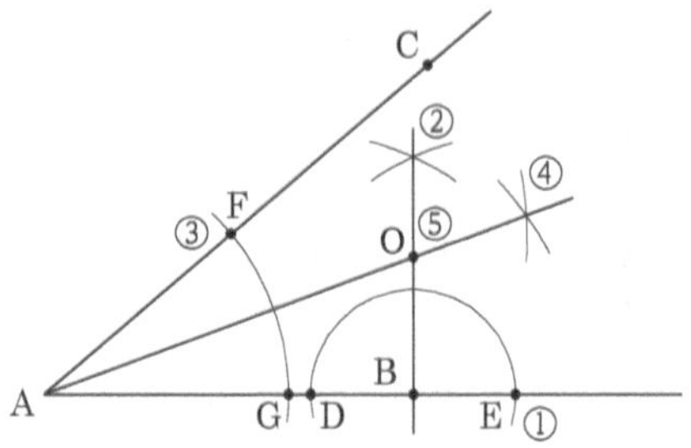

4 （関数$y=ax^2$，平均の速さ）

(1)　**関数$y=ax^2$で，$a>0$のとき上に開いた形になり，$a<0$のとき下に開いた形になる。また，aの値の絶対値が大きいほど，グラフの開き方は小さくなる。**よって，$y=-\frac{1}{3}x^2$は下に開いた形であり，グラフの開き方は$y=3x^2$と比べると大きくなるため，アとなる。

(2)　ア　$x=2$のとき　$y=3\times2^2=12$となり，$x=4$のとき　$y=3\times4^2=48$となる。したがって，平均の速さは$\frac{(\text{進んだ距離})}{(\text{進んだ時間})}=\frac{48-12}{4-2}=\frac{36}{2}=18$(m/秒)となる。

イ　ボールの転がり始めは0秒として考えられる。$x=0$のとき　$y=0$となり，$x=t$のとき　$y=3\times t^2=3t^2$となる。したがって，平均の速さは$\frac{(\text{進んだ距離})}{(\text{進んだ時間})}=\frac{3t^2-0}{t-0}=\frac{3t^2}{t}=3t$と表せる。したがって，$3t=18$　$t=6$となる。

5 （確率）

(1)　さいころの1の目を，1a，1b，1c，さいころの2の目を2a，2bと表すとき，1つのさいころの目の出方は全部で6通りある。このうち，1の目が出る場合は3通りあるので，その確率は$\frac{3}{6}=\frac{1}{2}$である。

(2)　（説明）（例）さいころの1の目を，1a，1b，1c，さいころの2の目を2a，2bと表すとき，2つのさいころの目の出方は全部で36通りあり，出る目の数の和は右の表のようになる。このうち，出る目の数の和が2になる場合は9通りあり，その確率は$\frac{9}{36}=\frac{1}{4}$である。また，出る目の数の和が3になる場合は12通り

A＼B	1a	1b	1c	2a	2b	3
1a	2	2	2	3	3	4
1b	2	2	2	3	3	4
1c	2	2	2	3	3	4
2a	3	3	3	4	4	5
2b	3	3	3	4	4	5
3	4	4	4	5	5	6

あり，その確率は$\frac{12}{36}=\frac{1}{3}$である。よって，2つの確率を比べると，$\frac{1}{4}<\frac{1}{3}$だから，出る目の数の和が3になる確率の方が高い。したがって，Rさんの予想は正しくない。

6　(文字と式，連立方程式の利用)

(1)　コーヒー1杯の販売価格400円に対して，コーヒー豆の生産者の収入がa円なので，このコーヒー1杯の販売価格に対する生産者の収入の割合は$\frac{a}{400}\times100=\frac{a}{4}$(%)となる。

(2)　仕入れの予算が19000円であり，1個70円のドリップバッグをx個，1個40円のティーバッグをy個仕入れるため，$70x+40y=19000$…①が成り立つ。また，ドリップバッグ3個を袋に入れた商品と，ティーバッグ4個を袋に入れた商品の2種類の商品を合計100袋つくるため，$\frac{x}{3}+\frac{y}{4}=100$…②が成り立つ。①$\times\frac{3}{10}-$②$\times48$より，$(21x+12y)-(16x+12y)=5700-4800$　$5x=900$　$x=180$…③　③を②に代入して，$\frac{180}{3}+\frac{y}{4}=100$　$60+\frac{y}{4}=100$　$\frac{y}{4}=40$　$y=160$と求められる。

7　(相似な図形の証明，相似な図形の利用)

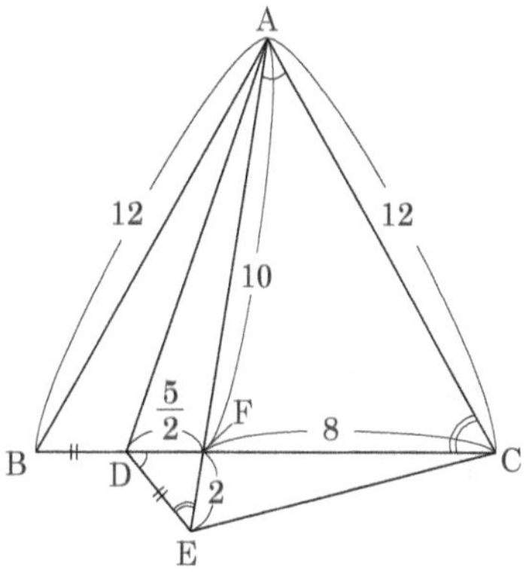

(1)　(証明)　(例)△ADFと△CEFで，対頂角は等しいので，∠AFD＝∠CFE…①　△ABCは二等辺三角形だから，∠ABD＝∠ACD…②　仮定から，∠ABD＝∠AED…③　②，③から，∠ACD＝∠AED…④　2点C，Eが直線ADについて同じ側にあり，④だから，円周角の定理の逆より，4点A，C，D，Eは同じ円周上にある。よって，弧ACに対する円周角は等しいから，∠ADF＝∠CEF…⑤　①，⑤より，2組の角がそれぞれ等しいので，△ADF∽△CEF

(2)　△ABCは二等辺三角形だから，AB＝AC＝12(cm)。折り返しているため，△ABD≡△AEDとなり，合同な図形の対応する辺は等しいから，AB＝AE＝12(cm)，BD＝ED＝3(cm)となる。また，△DEFと△ACFで，対頂角は等しいので，∠DFE＝∠AFC…①　(1)より，4点A，C，D，Eは同じ円周上にある。よって，弧ECに対する円周角は等しいから，∠EDF＝∠CAF…②　①，②より，2組の角がそれぞれ等しいので，△DEF∽△ACF…③　したがって，相似な図形の対応する辺の比は等しいので，DE：AC＝DF：AF　3：12＝DF：10　12DF＝30　DF＝$\frac{5}{2}$(cm)，DE：AC＝FE：FC　DE：AC＝(AE－AF)：FC　3：12＝(12－10)：FC　3FC＝24　FC＝8(cm)となる。ゆえに，CD＝DF＋FC＝$\frac{5}{2}+8=\frac{21}{2}$(cm)

8　(相対度数，一次関数の利用，三平方の定理)

(1)　(説明)　(例)評価が3以上の相対度数は，テントAが0.71，テントBが0.65だから，テントAの方が大きい。　(補足説明)　テントAの相対度数は$\frac{330+168+72}{800}\fallingdotseq0.71$，テントBの相対度数は$\frac{345+213+92}{1000}=0.65$

(2)　標高が100m高くなるにつれて0.6℃下がると考えるため，標高が1m高くなるにつれて0.006℃下がると考えられる。よって，標高をxm，気温をy℃とすると，$y=-0.006x+b$と表せる。キャンプ場の標高は350mで，気温は20.8℃であるため，$y=20.8$，$x=350$を$y=-0.006x+b$に代入すると，$20.8=-0.006\times350+b$　$20.8=-2.1+b$　$b=22.9$　$y=-0.006x+22.9$となる。したがって，山頂の気温は$y=-0.006x+22.9$に$x=800$を代入して，$y=-0.006\times800+22.9=18.1$(℃)となる。

(3)　正八角形の頂点はすべて同じ円周上にあるため，弧DEに対する中心角は$360°\div8=45°$となる。ここで，AD＝AFの二等辺三角形である△ADFの頂点Aから辺DFの垂線をひき，その垂線と辺DFとの交点をIとする。△ADIと△AEDにおいて，∠Aは共通…①　弧AF＝弧ADより，等しい弧に対する円周角は等しいから，∠ADI＝∠AED…②　①，②より，2組の角がそれぞれ等しいので，△ADI∽△AED　よって，相似な図形の対応する辺の比は等しいので，DI：ED＝AI：AD　$1:a=(1+\sqrt{2}):\mathrm{AD}$　$\mathrm{AD}=(1+\sqrt{2})a$(cm)。

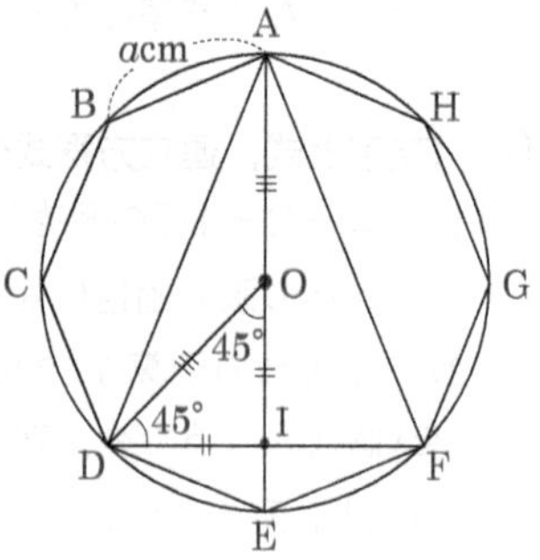

(追加説明)　正八角形の頂点をすべて通る円の中心をOとおく。弧DEに対する中心角は45°であり，弧DE＝弧HG＝弧GFより，等しい弧に対する中心角は等しいから　(弧HFに対する中心角)＝(弧HGの中心角)＋(弧GFの中心角)＝(弧DEの中心角)＋(弧DEの中心角)＝45°＋45°＝90°となる。また，円周角の定理より，弧HFに対する円周角は$90°\div2=45°$となる。よって，△ODIは直角二等辺三角形であるとわかる。DI＝OI　$\mathrm{OD}=\sqrt{2}\,\mathrm{DI}$…①　円の半径は等しいので，OD＝AO…②　①，②より，$\mathrm{AO}=\sqrt{2}\,\mathrm{DI}$　したがって，$\mathrm{DI}:\mathrm{AI}=\mathrm{DI}:(\mathrm{AO}+\mathrm{OI})=\mathrm{DI}:(\sqrt{2}\,\mathrm{DI}+\mathrm{DI})=1:(\sqrt{2}+1)$

＜英語解答＞

1　テスト1　No. 1　3　No. 2　4　No. 3　1　No. 4　2　テスト2　No. 1　1　No. 2　4　No. 3　1　No. 4　3　テスト3　(1)　(A)　group　(B)　open　(C)　until　(2)　Why don’t we go on Friday

2　(1)　makes　(2)　(B)　2　(C)　3　(D)　1

3　(1)　often　(2)　3　(3)　1，4

4　(1)　black and red　(2)　2　(3)　3

5　(1)　ア　(2)　(a)　3　(b)　1　(c)　4　(3)　①　experience　②　given

6　I like to play the guitar. I have been practicing it since my mother taught me how to play three years ago. I enjoy playing it before dinner every day.

＜英語解説＞

1　(リスニング)

放送台本の和訳は，57ページに掲載。

2　(会話文：語句補充・選択，文の構造，語句の解釈・指示語，名詞・冠詞・代名詞，現在・過去・未来と進行形，関係代名詞)

Emly: 植物が窓をはい上がっている！　あれは何？／Yuka: 私たちはそれをグリーンカーテンと呼んでいるの。夏には強い日差しが部屋に入ってくるけど，グリーンカーテンでそれを止めることができる。／Emly: なるほど。それが部屋をより涼しく$_{A}$(する)のね？／Yuka: そうなの。夏は，とても暑いので，私たちはいつもエアコンを使う。けれども，もしグリーンカーテンがあれば，$_{B}$(それら)をあまり使う必要がないの。／Emly: いいアイデアね！グリーンカーテンには，どんな$_{C}$(植物)が適しているの？／Yuka: そうね，窓の最上部まで届く能力が重要ね。そして，私は美しい花のあるグリーンカーテンが好き。

(1)　空欄のあとの Yuka の発話 Yes. In summer～には，「そう。夏はとても暑いので，いつもエアコンを使う。けれども，グリーンカーテンがあれば，クーラーをあまり使う必要がない」と言っているので，これらに続く空欄の文は「(グリーンカーテンは)部屋をより涼しくする」という意味だと考えると，空欄には make が適当。ここでは make A B「AをBにする」の形で，A=the room　B=cooler で「部屋をより涼しくする」という意味になる。また，主語が it なので，三人称単数形 makes とする。

(2)　(B)　1　それ　2　それら(○)　3　あなた　4　私たち　空欄の文の意味は，「けれども，もしグリーンカーテンがあれば，(　)をあまり使う必要がない」となるので，空欄はエアコンのことだと考えられる。空欄の前の文ではエアコンは air conditioners と複数形になっていることから，空欄には選択肢2が適当。　(C)　1　部屋　2　日々　3　植物(○)　4　窓　カッコの文は「グリーンカーテンにはどのような(　)が適している(good)か？」という意味の文であり，空欄の次の Yuka の発話 Well, the ability～では空欄のことを「窓の最上部まで届く能力が重要」とあるので，この文脈から選択肢では3が適当。　(D)　空欄の前は curtains (名詞)で，そのあとは have(動詞)がある。空欄はこれら前後をつなぐ**関係代名詞**だと考えられるので，選択肢では1が適当。ここでは which have beautiful flowers～が green curtains を説明し「美しい花のあるグリーンカーテン」という意味になる。

3　(会話文：広告・メール・メモ・手紙・要約文などを用いた問題，語句補充・選択，内容真偽，形容詞・副詞，比較，動名詞，前置詞，不定詞，助動詞)

Ryota：Tom，いい自転車レンタルショップを見つけたよ。自転車で四季山に行こうよ。無料の飲み物券ももらえるんだ。／Tom：すごいね！　あ，見てよ！三つの有名な場所を訪れる特別チケットを買おう。テレビでその場所を(よく)見るんだ。／Ryota：いいよ。ぼくは，午前中に四季山へ行って，午後にはそれらの場所を訪れたい。昼食はお食事処冬で食べて，そこで無料の飲み物券が使える。／Tom：いいね。でも，昼食前に梅屋敷へ行った方がいいと思う。何度も橋を渡る必要がないから。／Ryota：その通り。そして，昼食後は松庭園に行けるよ。／Tom：じゃあ，サムライ劇場が次の場所だよね？／Ryota：そうだよ。ああ，なんてすばらしい計画だ！

【チラシ】

(1)　空欄の文は「テレビでその場所を見る」という意味で，チラシには「その場所はテ

レビが何度も紹介した」とある。「何度も」にあたる語が空欄に入ると考えられ，正答例ではoften(たびたび，しばしば)としている。

(2) 1 お食事処冬→梅屋敷→松庭園→サムライ劇場 2 お食事処冬→梅屋敷→サムライ劇場→松庭園 3 梅屋敷→お食事処冬→松庭園→サムライ劇場(○) 4 梅屋敷→お食事処冬→サムライ劇場→松庭園 問題本文で訪問場所に関する情報は，第3番目 Ryota の発話 OK. I want～「午前中に四季山へ行く」，次の第4番目 Tom の発話 Sounds good. But～「昼食前に梅屋敷へ行く」，第5番目 Ryota の発話 You're right. And～「昼食後は松庭園に行く」，第6番目の Tom の発話Then, Samurai Theater～「次はサムライ劇場へ行く」とある。これらから，訪れる順番は選択肢3が適当。

(3) 1 ショップの自転車を4時間使うために，人々は，1,000円より多く必要です。(○) 2 人々は午後4時以降にはショップの自転車を使えません。 3 もし人々がショップで自転車を買うと，昼食のチケットももらえます。 4 人々はショップで特別チケットを買うことで，写真サービスを利用できます。(○) 5 秋茶屋と喫茶春は両方ともに駅前にあります。 6 川沿いの道には何軒かのレストランがあります。 チラシの料金の説明には「1時間の自転車の利用料金は300円」とあり，4時間の料金は1,200円なので，選択肢1が適当。また，特別チケット(Special Ticket)の説明(二つ目の・)には「サムライ劇場で写真サービスを利用できる」とあるので，選択肢4が適当。選択肢1の to use は不定詞で「使うこと」という意味がある。また，選択肢4の buying～は buy(買う)の ing 形で動名詞のはたらきをして「～を買うこと」という意味がある。

4 (会話文：絵・図・表・グラフなどを用いた問題，語句補充・選択，文の挿入，内容真偽，接続詞，比較，受け身)

【資料】 右図

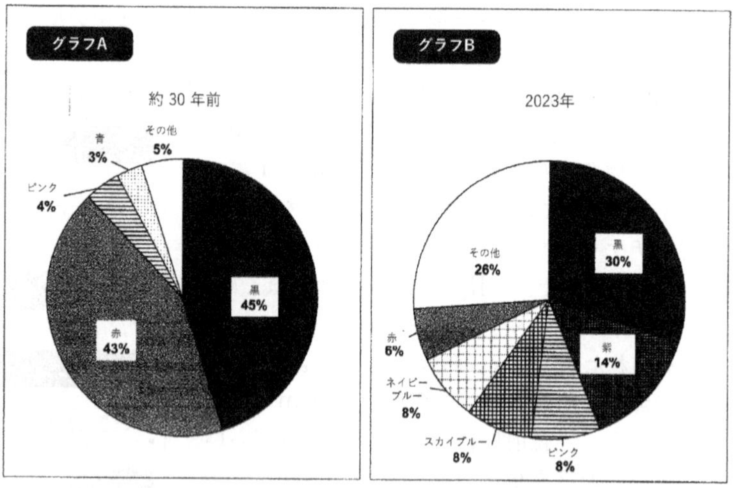

【原稿】

みなさんは小学校にいた頃，ランドセルの色は何色でしたか？／グラフAは，約30年前に使用されていたランドセルの色を示しています。ほぼ90パーセント子供たちが持っていた色が$_A$黒と赤だったと見ることができます。／次に，グラフBは，2023年に購入されたランドセルの色を示しています。黒はまだ最も一般的でした。けれども，赤を見てください。約30年前は43パーセントを占めていましたが，2023年には$_B$赤がわずか6パーセントになりました。では，どの色のランドセルがより多く購入されたのでしょうか？ 紫，ピンク，スカイブルーとネイビーブルー！ さらに，「その他」が4分の1より多くを占めています！ 本当に興味深いですね？／これらのグラフから，今のランドセルにはより広い多様な色があるということを，私たちは学べます。それは今の子供たちには，ランドセルの色のより多い選択肢があることを意味しています！ 私は，将来子供たちがどの色を選ぶのだろうかと思います。

(1)　下線の文は，グラフAでほぼ90パーセント子供たちが持っていた色について述べている。グラフAでは，黒の45パーセントと赤の43パーセントを合わせると 88 パーセントなので，正答例では black and red(黒と赤)としている。

(2)　1　ピンク，スカイブルー，そしてネイビーブルーが24パーセントを占めていました。　2　赤はわずか6％になりました。(○)　3　紫は赤と同じくらい人気がありました。　4　誰もネイビーブルーのランドセルを持っていませんでした。　下線部の文のある第3段落 Next, Graph B～はグラフBについて書いてあり，第2文 Black was still～以降では「2023年でもまだランドセルの色は黒が一般的。30年前に赤は43パーセントを占めていたが」とあり下線部の文へ続く。また，グラフBを見ると，2023年には赤が6パーセントになっている。これらの文脈から，下線部には選択肢2が適当。選択肢3の as popular as red は as…as～(～と同じぐらい…)という形で，「赤と同じぐらい人気(がある)」という意味になる。

(3)　1　グラフAによれば，ピンクの方が青よりも人気がありました。　2　約30年前，ランドセルの最も一般的な色は黒でした。　3　今の子供たちは，より広く多様な色から自分のランドセルを選ぶことができます。(○)　4　2つのグラフは，当時どのような色のランドセルが購入されたかを，私たちに示しています。　問題本文の第2段落 Graph A shows～と第3段落 Next, Graph B～では30年前と 2023年のランドセルの色を比較し，2023年はさまざまな色のランドセルが買われていて，「これは本当に興味深い」としている。さらに最後の段落 From the graphs～では，「今のランドセルには多様な色があり，子供たちにはより多くのランドセルの色の選択肢があることがわかる」と述べている文脈から，選択肢3が適当。選択肢4の were bought は受け身で「買われた，購入された」という意味になる。

5　(長文読解：文の挿入，英問英答，語句補充・選択，関係代名詞，不定詞，動名詞，分詞の形容詞用法，名詞・冠詞・代名詞)

(全文訳)　Mizuki は高校生です。彼女は本が大好きで，とてもたくさんの本を読んできました。

ある日，Mizuki は人々が本を見つける手助けをしたかったので，図書館でボランティア活動をしました。しかし，図書館職員の Tanaka さんが一冊の本を持ってきて，「この本を小さな子供たちに読んでください。たくさんの子供たちがこの物語が好きです」と言いました。彼女は聴衆に向かって話すことが得意ではないので緊張しました。ア［また，彼女は小さな子供たちへどのように物語を読めばいいのかわかりませんでした。］

朗読の時がやってきました。最初，多くの子供たちが彼女の物語を聞いていました。しかし，数分のうちに，何人かの子供たちが飽きたように見えて，いなくなりました。彼女はそれを読み終わった時，とても悲しかったです。

Mizuki は心配で昼食を楽しむことができませんでした，なぜなら，午後にまた物語を読まなければならなかったからです。Tanaka さんは彼女の顔を見て，「大丈夫？　何が心配なの？」と言いました。「私は小さな子供たちに，上手に物語を読めません」と彼女は言いました。「わかりました。いくつか大切な点を教えましょう。本をゆっくり読んでください。もし早く読んでしまうと，子供たちは物語を理解できません。次に，ページをゆっくりめくってください。そうすれば，子供たちは本の絵を見て楽しむことができます」と彼は言いました。彼女は彼のアドバイスに従って，一生懸命やることにしました。［イ］

昼食後，Mizuki は読む本を変えたいと Tanaka さんに伝えました。彼女は子供の頃に一冊の本が好きで，それを子供たちに読みたかったのです。［ウ］その本は楽しませるものがいっぱいありました。彼はほほえんで，彼女の考えに同意しました。

再び朗読の時がやってきました。今度は，彼女はゆっくりと物語を読み，ページをゆっくりめくりました。彼女は子供たちの顔を見ました。子供たちは物語を聞いて，そしてたくさん笑いました。彼女は子供たちと一緒にそれを楽しみました。彼女が物語を読み終わると，一人の女の子が彼女のところに来て，「このお話が好きになった。またね」と言いました。Mizuki はそれを聞いてうれしかった。[エ]

Tanaka さんが Mizuki のところにやってきました。彼はほほえんで，「よくできましたね！私も子供たちと一緒に物語を楽しみました」と言いました。「私を助けてくれてありがとうございます，Tanak さん」。彼女はこのボランティア活動からたくさんのことを学びました。

(1) (問題文訳)また，彼女は小さな子供たちへどのように物語を読めばいいのかわかりませんでした。 問題文の意味と問題本文の空欄前後の文の意味を理解し，文脈にあった空欄に問題文を入れたい。問題文の how to read は<how+to不定詞>で「どうやって読めばいいのか」「読み方」という意味がある。

(2) (a) (問題文訳)Mizuki が最初の本を子供たちに読み終えた後，なぜ悲しく感じたのですか？ 1 彼女が読んだ物語がとても悲しかったからです。 2 彼女は図書館でのボランティア活動をしたくなかったからです。 3 何人かの子供たちが物語を聞くことを楽しまなかったからです(○)。 4 彼女はあまりにも緊張しすぎて，それを読み終えることができなかったからです。 Mizuki が悲しくなった場面は，問題本文の第3段落にあり，第3文 However, in a～には「数分のうちに，何人かの子供たちが飽きて，いなくなった」とあり，次の第4文 When she finished～には「彼女は読み終わった時とても悲しかった」とあるので，悲しかった理由は選択肢3が適当。選択肢1の the story she read の story と she の間には関係代名詞 which が省略されていて，which～が story を説明し「彼女が読んだ物語」という意味になる。 (b) (問題文訳)2回目の朗読の時に向けて，Mizuki の彼女自身の(original)考えは何でしたか？ 1 彼女の好きな本を選ぶこと(○)。 2 ゆっくりと物語を読むこと。 3 子供たちのアドバイスに従うこと。 4 絵を長い時間見せること。 Mizuki は2回目の朗読の時に向けて，問題本文第5段落最初の文 After lunch, Mizuki～と次の文 She liked one～で，Tanaka さんに「読む本を変えたい。その本は自分が好きだった本」と伝えた。これが彼女自身の考えなので選択肢1が適当。各選択肢にある To～は不定詞の名詞用法で「～すること」という意味になる。 (c) (問題文訳) Mizuki のボランティア活動について正しいのはどれですか？ 1 Tanaka さんは Mizuki と一緒に子供たちへ物語を読みました。 2 Mizuki は子供たちが本を見つけることを手伝いました。 3 Mizuki は子供たちに物語を3回読みました。 4 Tanaka さんと子供たちは Mizukiが読んだ2冊目の本を楽しみました。(○) 問題本文第6段落第4文 They listened to～と第5文 She enjoyed it～には，「子供たちは物語を聞いてたくさん笑い，Mizukiは子供たちと一緒に楽しんだ」とあり，また第7段落第2文 He smiled and～には Tanaka さんが「子供たちと一緒に物語を楽しんだ」とあるので，選択肢4が適当。選択肢4の the second book Mizuki read の book と Mizuki の間に関係代名詞 which が省略されていて，Mizuki read が book を説明し「Mizuki が読んだ2冊目の本」という意味になる。

(3) Kate：わあ，すごい！それはあなたにとっていい出来事だったね。／Mizuki：そうなの。私はその出来事ですばらしい①(経験)をした。たくさん学んだよ。／Kate：Tanaka さんのアドバイスも良かったね。／Mizuki：その通り。彼に②(与えられた)言葉は本当に役に立った。 ① カッコの文の意味は「その出来事ですばらしい( )をした」なので，正答例では「すばらしい経験をした」として，カッコには experience(経験)を入れている。 ② カッコの文の意味は「彼(Tanakaさん)によって…された言葉～」なので，正答例では「彼によって与えられた」としてカッコには give の過去分詞形 given を入れている。given by him はその前の語 words を説明する形容詞のはたらきがあり，the words given by him は「彼によって与えられた言葉」という意味になる。

6 (自由・条件英作文：現在完了，動名詞)

(問題文と正答例訳)　あなたの滞在について／日付：2023年7月8日／差出人：MegとBob／こんにちは Ken,／私たちは，もうすぐあなたに会えるのがとてもうれしいです。／私たちは2週間一緒に過ごすので，あなたのことをもっと知りたいのです。あなたの日常生活について私たちに教えてください。／1. 食べない食べ物は何かありますか？／2. 自由時間には何をすることが好きですか？／一緒に楽しい時間を過ごせることを私たちは願っています。／MegとBob

あなたの質問について／日付：2023年7月9日／受信者：MegとBob／こんにちは，MegとBob,／eメールをありがとうございます。／あなたたちと一緒にオーストラリアに滞在することが楽しみです！／あなたたちの質問にお答えします。／1. 私はどんな食べ物でも食べます。アレルギーはありません。／2. 私はギターを弾くことが好きです。3年前に母が弾き方を私に教えてくれてから，ずっと練習しています。私は毎日の夕食前にそれを弾いて楽しんでいます。／近々会いましょう！／Ken　問題にある注意をよく読み英文を作成する。解答例の I have been practicing it は現在完了の継続用法で「いままで練習してきて，今も練習を続けている」という意味がある。また，I enjoy playing の playing は動名詞で「演奏すること」という意味がある。

2024年度英語　放送を聞いて答える問題

〔放送台本〕

ただ今から，英語の学力検査を行います。はじめに，放送によるリスニングテストを行います。聞きながらメモをとっても構いません。それでは，テスト1から始めます。テスト1の問題を読みない。

対話はNo.1からNo.4まで4つあり，それぞれの対話の後に問いが続きます。なお，対話と問いは2回ずつくり返します。では，始めます。

No.1 *A*: Let's go to Room 17 for our English class together.
B: OK, but I think we have the class in Room 16 today.
A: Oh, you're right.
Question: Where do they take the English class today?

No. 2 *A*: Dad, I want to eat something sweet like chocolates or cookies.
B: I have some cookies, Amy. Which do you want, a large one or a small one?
A: I want to eat a small one.
Question: What does Amy choose to eat?

No. 3 *A*: Yuko, have you finished the history report about our town? I can't find enough information on the internet.
B: No, Kevin. But I'm going to ask my grandfather about the history of

our town and write the report today. Do you want to listen together?

A: Really? Yes, of course. That will be a great help.

Question: How are Kevin and Yuko going to get information about their town?

No.4 *A*: James, look. This is a new T-shirt! My brother went to Tokyo, and he bought it for me. I like the color!

B: The blue color is nice, Emma! The kanji on it is also cool. What does it mean?

A: It means “a dream.” I like that point, too.

Question: Why does Emma like the T-shirt?

〔英文の訳〕

No. 1 A：一緒に英語の授業に17号室へ行こう。

B：わかった，でも今日は16号室で授業があると思うよ。

A：あ，そうだね。

質問：彼らは今日どこで英語の授業を受けますか？

答え：1 6号室で。 2 7号室で。 3 16号室で。(○) 4 17号室で。

No. 2 A：パパ，チョコレートやクッキーのような何か甘いものが食べたい。

B：クッキーが何枚かあるよ，Amy。大きいものと小さいもの，どっちがいい？

A：小さいものを食べたいな。

質問：Amy は何を選んで食べますか？

答え：1 大きなチョコレートを一つ 2 小さなチョコレートを一つ

3 大きなクッキーを一つ 4 小さなクッキーを一つ(○)

No. 3 A：Yuko，私たちの町についての歴史のレポートは終わった？ ぼくはインターネットで十分な情報が見つけられない。

B：まだだよ，Kevin。でも今日私は町の歴史について祖父に聞いて，レポートを書くつもりなの。一緒に聞きたい？

A：本当に？ はい，もちろん。それは大いに助けになるね。

質問：Kevinと Yuko は彼らの町についての情報をどのように手に入れるつもりですか？

答え：1 Yuko の祖父に聞くことで。(○) 2 Kevinの祖父へ電話することで。

3 歴史のレポートを読むことで。 4 ウェブサイトをチェックすることで。

No. 4 A：James，見て。これは新しいTシャツだよ！私の兄弟が東京に行って，それを私に買ってくれたの。色が気に入ってる。

B：青色がいいね，Emma！ それにある漢字もかっこいい。それは何という意味なの？

A：それは「夢」という意味なの。その点も気に入ってる。

質問：Emma はなぜそのTシャツが気に入っているのですか？

答え：1 東京の絵があるからです。 2 その色とそこにある言葉がすてきだからです。(○)

3 James がそれを彼女にくれたからです。 4 James がその漢字が何を意味するか知っているからです。

〔放送台本〕

次に，テスト2に移ります。テスト2の問題を読みなさい。対話はNo. 1からNo. 4まで4つあり，それぞれ2回くり返します。では，始めます。

No. 1 *A*: What did you do yesterday?

B: I enjoyed reading a book about AI. I bought it a week ago. And I finished reading it yesterday.

A: Oh, I'm interested in AI, too. But I have never read books about it.

No. 2 *A*: Did you enjoy the class, everyone? See you next time.

B: Ms. Green, I have a question about today's class. May I ask you now?

A: I wish I could answer it now, but sorry, Akito. I have to go to another class now.

No. 3 *A*: My classmates and I are going to watch a soccer game at the stadium next Sunday. Do you want to go with us, Nancy?

B: I don't know about soccer very well. Do you think I can enjoy the game, Satoshi?

A: Oh, I'm sure you will love it! I can tell you about some popular players before we go.

No.4 *A*: Dad, Grandma sent us a present yesterday! Mom told me. Did you know that?

B: Yes. It's going to arrive this afternoon, but I need to go to the dentist then. Can you receive it?

A: I'm going to visit my friend's house to study together this afternoon. Sorry.

〔英文の訳〕

No. 1 A：昨日は何をしましたか？

B：AIについての本を読んで楽しみました。1週間前に買いました。昨日読み終えました。

A：ああ，私もAIに興味があります。しかし，それについての本は読んだことがありません。

答え：1　もしそれを試してみたいなら，私のものを読んでください。(〇)　2　あなたは AI についての本を読んで楽しみましたか？　3　私もAIには興味がありません。　4　私はそれらの本を読んだことがありません。

No. 2 A：皆さん，授業は楽しかったですか？　次の機会に会いましょう。

B：グリーン先生，今日の授業について質問があります。今聞いてもいいですか？

A：今答えられればいいのですが，ごめんなさい，Akito。今から別の授業に行かなければなりません。

答え：1　あなたの質問は何ですか？　2　今日私は宿題がありません。　3　あなたはすでに私の授業に来ています。　4　その授業の後であなたと話をしてもいいですか？(〇)

No. 3 A：私はクラスメートと次の日曜日にスタジアムでサッカーの試合を見ることになっている。ぼくたちと一緒に行きたい，Nacy？

B：私はサッカーについてよく知らない。私は試合を楽しめると思う，Satoshi？

A：ああ，絶対に大好きになるよ！ぼくたちが行く前に，何人かの人気選手について教えられるよ。

答え：1　いいですね。わかりました，一緒に行きます。(〇)　2　はい。今はサッカーについてよく知っています。　3　いいですね。その日にサッカーをやります。　4　ごめんなさい。私は昨日その試合をテレビで見ました。

No. 4 A：パパ，おばあちゃんが昨日プレゼントを私たちに送ってくれたんだ！ママが教えてくれたよ。知ってた？

B：ああ。それは今日の午後に届くけど，その時私は歯医者に行かなければならないんだ。受け取ってくれる？

A：今日の午後は一緒に勉強するために友達の家に行くの。ごめんなさい。

答え：1　ありがとう。それは今日の午後に届くと思います。　2　そうですね。あなたは後で彼女にプレゼントを送ることができます。　3　大丈夫です。たぶんママがそれを受け取れる。(○)　4　心配しないでください。あなたの友達はそのプレゼントを気に入ると思います。

〔放送台本〕

次に，テスト3に移ります。テスト3の問題と，【メモ】を読みなさい。今から，AtsushiとMs. Jonesの対話を2回くり返します。では，始めます。

Atsushi:　Hello, I want to use the gym to play badminton with my friend.

Ms. Jones: Thank you. We are open from 9a.m. to 7p.m. But we are not open on Tuesdays.

Atsushi:　We want to visit the gym next week. We finish school at 4 p.m. from Monday to Friday. So, can we use the gym from 4:30 on Monday?

Ms. Jones: Let me check. A dance group uses it from 4p.m. to 7 p.m. on Mondays, so you cannot.

Atsushi:　OK. Then, how about Wednesday?

Ms. Jones: You can use it until 5 p.m. on that day. From 5p.m., a volleyball team will practice.

Atsushi:　It's too short to play games.

Ms. Jones: Also, next Thursday, a high school will use it from 4 p.m. to 7 p.m. You can use it on Friday, but not on the weekend. There will be a brass band concert on both Saturday and Sunday.

Atsushi:　OK. I'll check my friend's plans and call you back later. Thank you.

以上で，リスニングテストを終わります。次の問題に移ってください。

〔英文の訳〕

アツシ：もしもし，友達とバドミントンをするために体育館を利用したいです。

ジョン：ありがとうございます。私たちは午前9時から午後7時まで開いています。ただし，火曜日は開いていません。

アツシ：私たちは来週体育館を訪れたいです。月曜日から金曜日までは，午後4時に学校が終わります。だから，月曜日の4時半から利用できますか？

ジョン：確認してみます。月曜日の午後4時から午後7時までダンスグループが利用しているので，利用できません。

アツシ：わかりました。では，水曜日はどうでしょうか？

ジョン：その日は午後5時まで利用できます。午後5時からはバレーボールチームが練習します。

アツシ：短すぎて試合ができません。

ジョン：また，次の木曜日は午後4時から午後7時まで高校が利用します。金曜日は利用できますが，週末は利用できません。土曜日と日曜日の両日にはブラスバンドのコンサートがあります。

アツシ：わかりました。友達の予定を確認して，後でまた電話します。ありがとうございます。

(1)　答え：(A)　group(グループ)　(B)　open(開いている)　(C)　until(～まで)

【メモ】

月曜日	ダンス(A)グループがそれを使う。(午後4時－午後7時)
火曜日	体育館は(B)開いていない。
水曜日	私たちは午後5時(C)までそれを使うことができる。

(2)　(正答例)　Why don’t we go on Friday(金曜に行かない？)

(問題と正答例訳)　Atsushi: 来週バドミントンをする予定を覚えてる？　ぼくが体育館に電話して，いつ利用できるか聞いたんだ。／Mark: ああ，ありがとう！／Atsushi: (D)金曜日に行かない？／Mark: 問題ないよ！　その日は空いている。

＜理科解答＞

1　(1)　黒点　(2)　2，3

2　(1)　3　(2)　調べようとすることがら以外の条件を同じにして行う実験。

3　(1)　屈折　(2)　1　4　(1)　4　(2)　6

5　(1)　オームの法則　(2)　ア　4　イ　48000〔J〕　ウ　1　(3)　ア　交流　イ　2

6　(1)　質量保存の法則　(2)　$NaHCO_3+HCl \rightarrow NaCl+CO_2+H_2O$　(3)　3　(4)　2

7　(1)　形やはたらきが同じ細胞が集まったもの。　(2)　5　(3)　3　(4)　ア　顕性形質　イ　2

8　(1)　1，4，5　(2)　地下深くでゆっくり冷えてできた。　(3)　4　(4)　あ　2　い　3

9　(1)　地質年代　(2)　変形した物体が，もとに戻ろうとして生じる力　(3)　4　(4)　あ　4　い　1004　(5)　ア　1　イ　pHの大きなアルカリ性の液ほどマーカーの色を消すことができる

＜理科解説＞

1　(太陽)

(1)　太陽の表面に見られる黒い点を，黒点という。

(2)　太陽の表面にある黒点が移動して見えるのは，太陽が**自転**しているためである。2，3は，地球の自転によって起こる現象である。

2　(光合成)

(1)　BTB溶液は，**水溶液中の二酸化炭素の量の変化によって色が変化する**。息(二酸化炭素)を吹きこんで緑色にしたBTB溶液が青色になったのは，オオカナダモが呼吸で放出する二酸化炭素の量よりも多くの二酸化炭素を光合成により吸収したため，溶液中の二酸化炭素が減少したためである。

(2)　対照実験を行うことで，実験で変化した原因を特定することができる。

3　(光の性質)

(1)　光は，異なる物質の境界面を斜めに通過するとき，折れ曲がって進む。この現象を屈折とい

う。

(2) 花びんから出てSさんに向かう光は，水そうの表面で**入射角＞屈折角**となるように進む。この光が水そうの境界面から空気中へ出ていくときは，**入射角＜屈折角**となるように進む。これにより，水中を通過した花びんの光は，実際の花びんよりも左にずれて見える。

4 **(状態変化)**

(1) 融点が0℃以上で，沸点が200℃以上の物質を選ぶ。

(2) 気体と液体の粒子を比べると，気体のほうが粒子の間隔が広く運動が激しいため，体積が増加する。

5 **(電気の利用)**

(1) 抵抗器を流れる電流の大きさは，加わる電圧に比例する。これをオームの法則という。

(2) ア 並列回路は，各抵抗器に加わる電圧は常に一定となる。また，並列につなぐ抵抗器を増やすほど，回路全体の抵抗が小さくなっていくので，回路全体に流れる電流は大きくなる。

イ **熱量〔J〕＝電力〔W〕×時間〔s〕**より，800〔W〕×60〔s〕＝48000〔J〕 ウ 回路に用いる抵抗器をX，Yとする。抵抗器Xに6.0Ωの抵抗を用いた場合，3.0Vの電圧を加えると，6.0Ωの抵抗器が消費する電力は表1より1.5Wである。次に，電圧が3.0Vで3.0Wの電力を消費する抵抗器Yについて考える。抵抗器Yに流れる電流は，3.0〔W〕÷3.0〔V〕＝1.00〔A〕より，抵抗器Yの電気抵抗は3.0〔V〕÷1.00〔A〕＝3〔Ω〕 よって，この回路は6Ωの抵抗器Xと3Ωの抵抗器Yが並列につながった回路であると推測できる。抵抗器Xと抵抗器Yを同時に回路につないだ場合，回路全体が消費する電力は，3.0〔V〕×(0.50＋1.00)〔A〕＝4.5〔W〕となり，これは条件に適する。

(3) ア コンセントから流れる電流のように，向きが周期的に変化する電流を，交流という。 イ 各電気器具に流れる電流は，消費電力〔W〕÷100〔V〕で求められ，右の表のようになる。15Aを超えないようにするには，15−3＝12〔A〕より，流れる電流が12Aより小さい器具を選ぶ。このうち最も多くの電流が流れる炊飯器を同時に用いれば，延長コードに流れる電流の値が最大になる。

電気器具	電流〔A〕
ミキサー	3
コーヒーメーカー	5.5
炊飯器	7
電気湯沸かし器	12.5
オーブンレンジ	13.75

6 **(化学変化と質量)**

(1) 化学変化の前後で，物質全体の質量は変化しないことを，質量保存の法則という。

(2) **炭酸水素ナトリウム＋塩酸→塩化ナトリウム＋二酸化炭素＋水**の化学変化が起こる。化学反応式では，矢印の左右で原子の種類と数が等しくなるようにする。

(3) 気体発生に必要な塩酸の量が半分に減るので，発生する気体の最大の質量も半分になる。したがって，グラフの傾きが同じであるが，気体の質量の上限が0.5gとなっている3のグラフが適切である。

(4) 2.0gのベーキングパウダーに含まれる炭酸水素ナトリウムの質量は，2.0〔g〕×0.3＝0.6〔g〕 図3より，0.6gの炭酸水素ナトリウムを用いたときに発生する気体の質量は，0.3gと読み取れる。

7 **(細胞と遺伝)**

(1) 形やはたらきが同じ細胞が多数集まったつくりを組織という。

(2) 細胞膜よりも内側にあり，核を除くすべての部分を細胞質という。

(3)　花粉管は，花粉から卵細胞へ移動する精細胞の核が移動するための管である。

(4)　ア　対立形質の純系の個体をかけ合わせたとき，子に現れる形質を顕性形質という。

イ　顕性形質の赤花の遺伝子をA，潜性形質の白花の遺伝子をaとすると，赤花の遺伝子の組み合わせにはAAとAaがあり，白花の遺伝子の組み合わせにはaaのみがある。かけ合わせの結果，子に白花が生じるとき，両親がともにaの遺伝子をもたなければならない。よって，かけ合わせはAaの遺伝子の組み合わせをもつ赤花と白花(aa)で行うことになる。このとき，子に白花が現れる割合が最大になり，Aa(赤花)：aa(白花)＝1：1の割合で現れる。よって，50%が適切である。

8　(火山と火成岩)

(1)　石灰岩とチャートは，生物の遺骸をもとにしてできた堆積岩である。

(2)　Aは斑晶である。冷え固まるのに長い時間を要したため，同じ種類の鉱物が集まることができ，大きな結晶を形成した。

(3)　傾斜のゆるやかな火山を形成するマグマはねばりけが小さい。そのため，噴火もおだやかになる。また，ねばりけの小さいマグマは有色鉱物を多く含むため，火山噴出物は黒っぽくなる。

(4)　岩石は，水のはたらきで侵食され上流から下流に運搬されるが，山を下り，川の流れがゆるやかになった地点で堆積を始める。この地点にできる地形が扇状地である。

9　(総合問題)

(1)　地球の時代の分け方を地質年代という。

(2)　変形した物体がもとの形に戻ろうとするときに生じる力を弾性力という。

(3)　メスシリンダーで体積を読み取るときは，液面の最も低い部分を最小目盛りの10分の1まで目分量で読む。

(4)　溶質の質量は水酸化ナトリウム4.0g，溶媒の質量は蒸留水1000g，水溶液の質量はこれらの合計で，4.0＋1000＝1004〔g〕　質量パーセント濃度〔%〕$=\dfrac{\text{溶質の質量〔g〕}}{\text{溶液の質量〔g〕}}\times 100$より，$\dfrac{4.0\text{〔g〕}}{1004\text{〔g〕}}\times 100$の式で求められる。

(5)　ア　pHは7が中性で，値が小さくなるほど酸性が強くなる。よって，pH1.5は酸性である。

イ　実験1では，アルカリ性の洗剤で色がよく消えたので，実験2では，アルカリ性の強さが色を消すはたらきにどのように影響を与えるのかを調べている。

＜社会解答＞

1　(1)　1　　(2)　H　　(3)　い　　(4)　暖流の北大西洋海流と，その上空を吹く偏西風の影響を受けるため。　(5)　ア　サンベルト　　イ　賃金が安いため。　ウ　2

2　(1)　千葉県　3　　鹿児島県　2　　(2)　産業の空洞化　(3)　4　　(4)　ア　2　　イ　右図　　(5)　領海の外側で，海岸線から200海里以内の範囲。

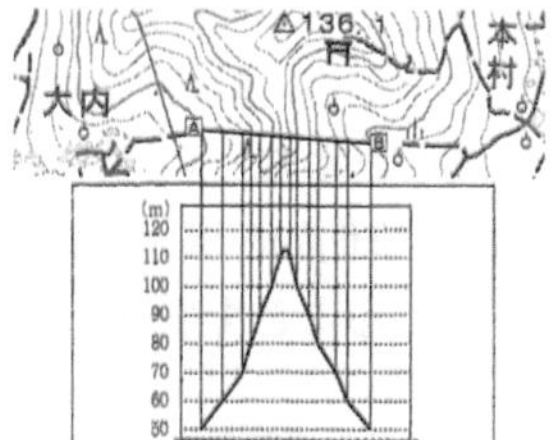

3　(1)　4　　(2)　1　　(3)　税の負担から逃れるために，戸籍がいつわられるようになったから。　(4)　1　　(5)　3　(6)　ア　a　　イ　西廻り航路の寄港地となった

4　(1)　1　　(2)　学制　　(3)　3　　(4)　2　　(5)　世界恐慌が起きたため，日本の生糸輸出総額が大幅に減少した。　(6)　ア　2→3→1

イ　川端康成

5　(1)　ア　世界人権宣言　　イ　1　　(2)　C→B→A　　(3)　ア　3　　イ　内閣総理大臣は，有権者が選んだ国会議員からなる国会の議決によって指名される。　(4)　すべてのクラスが，体育館と音楽室を1回ずつ利用することができる　　(5)　ア　4　　イ　2

6　(1)　4　　(2)　訪日外国人が急増したことから，言語の違いに関わらず，誰もが案内用図記号を理解できるようにすること。　(3)　ア　ルソー　　イ　国際分業　　ウ　原油価格の上昇により，先進国の経済成長率が低下したこと。

<社会解説>

1　(地理的分野－世界の諸地域に関する問題)

(1)　オセアニアではタロいもが主食とされていることから判断すればよい。

(2)　時刻が日本より3時間進んでいることに注目すると，経度で3×15＝45(度)東に位置していることが分かる。また，8月の気温が低く季節が冬であることから，南半球に位置していることが分かる。これらを併せて判断すればよい。

(3)　写真はカカオの実であり，カカオの輸出1位の国はコートジボワールであることから判断すればよい。あは，アルジェリア，うはケニア，えはボツワナである。

(4)　気候に影響を及ぼす要因に海流があることに注目すればよい。ⓐの沖合には暖流の北大西洋海流，ⓑの沖合には寒流のリマン海流が流れている。

(5)　ア　日照時間が長いことから名前がついた地域である。　イ　工場の移転の背景に人件費があることに注目すればよい。　ウ　21世紀初頭の中国の経済成長が著しいことから，Tが中国で，●が2020年と判断できる。したがって，Sがアメリカ合衆国となる。

2　(地理的分野－日本の産業の移り変わりに関する問題)

(1)　千葉県は，房総丘陵・下総台地が広がっており，畑作が盛んであることから，野菜の割合が高い3となる。鹿児島県は，肉牛・ぶた・肉用若鶏の飼育が盛んであることから，畜産の割合が高い2となる。1は1農家当たりの耕地面積が広いことから，北海道となる。4は果実の割合が高いことから，みかんの生産量が日本一である和歌山県となる。5は米の割合が高いことから，水田単作地帯である富山県となる。

(2)　国内で日本人の働く場所が少なくなっていくことである。

(3)　火力発電所は，燃料である原油・天然ガスを輸入に頼っていることから太平洋側の沿岸部に多く建てられている。また，消費量の多い大都市近郊に建てられている。これらを併せて判断すればよい。

(4)　ア　羽口の東側の河口部が埋め立てられていることに注目すればよい。図Ⅱに小中学校(文)の記号がすでに描かれているので，1は誤りである。外浜付近に警察署(⊗)の記号は描かれていないことから，3は誤りである。西浦の南側につくられたのは，病院(⛨)ではなく老人ホーム(⌂)であることから，4は誤りである。　イ　等高線と直線🄰－🄱が交わる点に注目して作図すればよい。

(5)　排他的経済水域は，海岸線から200海里の範囲であり，この境界は12海里の領海の範囲外に当たることを併せて説明すればよい。

3　(歴史的分野－山口県の歴史を切り口にした問題)

(1)　日本に鉄器が伝わってきたのは弥生時代であることから判断すればよい。1は旧石器時代，2

は江戸時代，3は室町時代のことである。

(2)　**大和政権の成立が4世紀半ば**であること，中国の南北朝時代に当たる**5世紀に書かれた宋書倭国伝に日本からの朝貢の様子が記されている**こと，これらを併せて判断すればよい。

(3)　資料Ⅲから戸籍の男女構成が実態を反映しているとはいえないことが分かる。資料Ⅳから，税の負担は男性が女性より多いことが分かる。これらのことから，税を逃れるために戸籍を偽ったと判断できるはずである。

(4)　**地頭は荘園ごと**に置かれて，**年貢の取り立て**を行ったことから判断すればよい。

(5)　**代表者の集まりである寄合で掟を定め，自治を進めた**農村のことである。

(6)　ア　資料Ⅴにある**アイヌは蝦夷地にいた人々**のことである。　イ　Xで示されている航路が西廻り航路であることに注目すればよい。

4　**(歴史的分野－紙幣に採用された人物を切り口にした問題)**

(1)　**列強**とは，アジア・アフリカなどに植民地を広げていった**欧米諸国**のことであることから，あは，イギリスとなる。資料Ⅰに，「影響は個々人の上に反射している」と書かれていることから，いは，国民の負担は増大していたと判断できる。これらを併せて判断すればよい。

(2)　日本の近代化を進めるため，**フランスの制度をもと**にして，1872年に公布された**小学校から大学校までの学校制度**のことである。

(3)　**岩倉使節団が，1871年から1873年**にかけて欧米諸国に派遣されたことから判断すればよい。1は1517年，2は1919年，3は1871年，4は1989年のことである。

(4)　**帝国議会は衆議院と貴族院の二院制**だったこと，**国民が選挙できたのは衆議院議員**だったことを併せて判断すればよい。

(5)　図Ⅰから，日本の生糸輸出総額に占めるアメリカ合衆国への輸出割合が1930年以降減少していることが読み取れる。この背景には，1929年の世界恐慌があることに注目すればよい。

(6)　ア　1は1920年，2は1881年，3は1900年のことである。　イ　代表作に「伊豆の踊子」「雪国」などがある。

5　**(公民的分野－人権保障・財政・内閣などに関する問題)**

(1)　ア　1948年にフランスのパリで開かれた国際連合総会において，あらゆる人と国が達成しなければならない共通の基準として採択されたもので，**すべての人間が生まれながらに基本的人権を持っているということを，初めて公式に認めた宣言**である。　イ　一人ひとりの人間の生命や安全や人権を大切にするとされている点に注目して判断すればよい。

(2)　**消費税の導入が1989年**であることから，歳入に消費税がないCが1980年度であることが分かる。**2019年から消費税率が10%**となったことから，歳入に占める消費税率の割合が高い，すなわち影響が大きく出ているAが2023年度であると判断できる。これらを併せて判断すればよい。

(3)　ア　**日本国憲法第73条**に基づいて内閣が出すものが政令であることから判断すればよい。1・4は国会，2は裁判所が行うことである。　イ　**日本国憲法第67条**では，内閣総理大臣を指名するのは国会議員であるとされている。また，国会議員は有権者による選挙によって選出されている。これらを併せて説明すればよい。

(4)　すべてのクラスが，体育館・音楽室を1回ずつ利用できるようになっている点に注目し，説明すれば良い。

(5)　ア　**TPPは環太平洋パートナーシップ協定**のことであることから判断すればよい。1は**東南アジア諸国連合**のことである。2は**米国・メキシコ・カナダ協定**のことである。3は**南アメリカの**

貿易圏のことである。いずれも，日本は加盟国ではない。　イ　**円高**とは，ドルに対する円の価値が高くなる，すなわち**少ない円で1ドルと交換できる**ことであることに注目して判断すればよい。

6　**(総合問題－オリンピック・パラリンピックを切り口にした問題)**

(1)　**リオデジャネイロがブラジルの都市**であることから判断すればよい。

(2)　図Ⅰから，自動車が加えられたことにより案内用記号が理解しやすくなったことが分かる。図Ⅱから，近年訪日外国人数が大幅に増加していることが読み取れる。図Ⅲから，訪日外国人はアジアや欧米など幅広い国々から来日していることが分かる。これらを併せて説明すればよい。

(3)　ア　フランス革命やアメリカ独立戦争に影響を与えた社会契約論を著した，18世紀のフランスの哲学者である。　イ　貿易を前提としてそれぞれの国で生産した得意な物を輸出入し合うことで成立する仕組みである。　ウ　図Ⅴから，原油価格が上昇すると経済成長率が低下していることが読み取れることに注目すればよい。

＜国語解答＞

一　(一)　6　　(二)　4　　(三)　3　　(四)　(例)あきらめずに工夫しながら，互いに伝えたいメッセージを伝え合うことができ，うれしく思う　　(五)　ころころ転～わっていく　　(六)　1　　(七)　2

二　(一)　c　　(二)　3　　(三)　1　　(四)　(例)対象によって満足感や感動を与えられている自分の状態を楽しむことはできる　　(五)　4　　(六)　2

三　(一)　おおせ　　(二)　3　　(三)　Ⅰ　多く仮名をもつてこれを書く　　Ⅱ　(例)草花の名前を漢字で書くと，人々が読めないだろうと予想していた

四　(一)　(例)幼稚園の先生の意見を反映させる　　(二)　(例)他のクラスが行っていない創作活動であるうえに，交流活動の記念になるものを残せる　　(三)　4

五　(一)　1　おごそ　　2　かんきゅう　　3　陽光　　4　愛護　　5　承　　(二)　ア　1　イ　相送臨㆓高台㆒　　ウ　4

六　(例)　私は，冒険という言葉がふさわしいと考えます。冒険には，未知の世界に飛びこみ，新たなものにふれる楽しさがあります。それと学ぶことの，新たな知識や考え方に出会う楽しさが似ていると思ったからです。

例えば，国語であれば，新しい言葉に出会うことによって，世界が広がります。また，その言葉に関連する疑問が新たにわいてきて，それを知るためにまた学びたくなります。

このように，私は，学ぶことは新たなものと出会い，わくわくする冒険のようだと思ったので，この言葉を入れました。

＜国語解説＞

一　**(小説－情景・心情，内容吟味，文脈把握，脱文・脱語補充，筆順・画数・部首，ことわざ・慣用句，品詞・用法，表現技法・形式)**

(一)　4画目ではない。横画を連続して書かないことに注意したい。

(二)「ほとんど」は，副詞。　1「きれいな」は形容動詞の連体形，　2「おもしろい」は形容

詞の連体形，3「この」は連体詞，4「ゆっくり」は動詞「歩く」を修飾するので副詞。

(三)　1「泣きっ面に蜂」は，良くないことの上にさらにまた不運や不幸が重なること。　2「猫に小判」は，どんなに価値のあるものでもそのことを分からない人にとっては何の役にも立たないこと。　3「寝耳に水」は，出し抜けでびっくりする様子。　4「渡りに船」は，好都合なこと。

(四)　奏は，奈鶴が話した出来事を想像して「お互いに伝えたいメッセージがあって，それを伝え合った」ことはすごいとほめてくれた。奈鶴は英語も満足に使えないために身振り手振りなどで工夫したのだと言っているから，このことも含めて奈鶴の気持ちをまとめたい。つまり，奈鶴は，戸惑いつつも**さまざまな工夫によってお互いが伝えたいメッセージを伝え合えたことを嬉しく思う気持ち**であるのだ。

(五)　傍線部の直前の段落で，奈鶴の言葉に対する思いが描かれている。そこに，**ことばを「ころころ転がって，いろんな色になって，変わっていく生きもの」と表現している**のでここから抜き出そう。

(六)　奈鶴は**奏のドイツ生活を想像**しているし，なぜ英語を勉強するのかという問いの答えを見出したことで，**奏の大学院進学の意義も理解できたので，素直に応援する気持ち**になれている。
2「別れがより辛くなり」という点，3「ドイツ語の魅力に気づき」という点，4　自分を責めなかったことに対して安心したとする点が不適切。

(七)　本文は**奈鶴の視点**から描かれている。また，家庭教師である**年上の奏に対しては敬体**で話していたのに，奈鶴の経験を分かち合って共感し合えたことで「まるで友だち同士みたいな笑い方」ができるまで**仲が打ち解けたので，常体で話す**ようになっている。

二　(論説文—内容吟味，文脈把握，段落・文章構成，脱文・脱語補充，語句の意味，品詞・用法)

(一)　**動詞の活用の種類は，未然形(「～ない」に続く形)にして確認する。**　a「応じる」は上一段活用，b「感じる」は上一段活用。　c「動かす」は五段活用。　d「考える」は下一段活用。

(二)「多種多様」はさまざまだという意味。

(三)「同じこと」の内容は直前に述べられている。すなわち，その対象にどういう独自の価値があるかという〝対象の価値〟が楽しめるようになると，さらにそれに気づけたという〝経験の価値〟も楽しめるようになる，という内容から選択肢を選ぼう。

(四)　ラーメンで言えば「**満足感を与えられている自分の状態，自分の経験をポジティヴに評価**する」ことであり，芸術で言えば「そこで**楽しまれているのは，……作品を鑑賞している自分の状態**」だとある。これらの記述の共通点をまとめ上げると答えが導ける。つまり，その対象によって満足感や感動を与えられている自分の状態を楽しむことである。

(五)　傍線部の後に「たとえば」で例が示されているが，そこを読むと，**その対象に対する思いが自分と他者では異なる場合**であることがわかる。そういった例を選ぼう。

(六)　経験の価値によって知識が増えると，「以前は気づけなかった対象の価値に気づけるようになり」とある。ここから**「経験の価値」が「対象の価値」に与える影響について述べている**とわかる。

三　(古文—大意・要旨，脱文・脱語補充，仮名遣い，古文の口語訳)

【現代語訳】　維時中納言が，始めて蔵人に任命された当時、醍醐天皇が前庭に草花を植えさせるために，花の名前を下書きなさった。中納言は，たくさんの仮名を使ってこれを清書したとき，(人々が)そのことをからかった。維時はこれを聞いて言うことに「もし漢字で書いたら，誰がこれを読めるだろうか」と言った。後日、醍醐天皇が，維時をお呼びになって，花の名前一覧を書かせて，これをご覧になって，漢字を用いるようにおっしゃった。維時はすぐにこれを書いて差し上げた時、人々はどの草花の字も分からなかった。競い合って来て名前を尋ねた。維時が言うことに「このようなことが理由で，先日は仮名文字を使ったのです。どうしてからかいなさったのか」と言った。

(一) 語中・語尾の「は・ひ・ふ・へ・ほ」は，現代仮名遣いで「ワ・イ・ウ・エ・オ」と書く。

(二) 醍醐天皇がご覧になったのは，**維時に命じて書かせたもの**だ。

(三) Ⅰ 嘲笑ったものは，維時が平仮名で書いた花の名前である。 Ⅱ 維時が「もし実字に書かば，誰人かこれを読まむや」と言ったのが仮名で書いた理由でもある。

四 (会話・議論・発表―内容吟味，脱文・脱語補充)

(一) データ2は「幼稚園の先生の意見」である。これらも含める必要性を感じていたのだ。

(二) Cさんの**「他のクラスとは異なる活動にしたい」といっていること**がみんなに賛成されている。さらにBさんの意見は**幼稚園の先生の「交流活動の記念になるものがあるとよい」という意見**をとりいれようとしている。この二点を含めてまとめよう。

(三) Bさんは「確かに」という相づちを打つので，他者の意見を認めている。そのうえで，「でも」と前置きしてから自分の考えを提案したり，「ただ」と注意点を浮かび上がらせてから自分の意見を付け加えたりしている。

五 (漢字の読み書き，漢文，表現技法・その他)

(一) 1 儀式が静けさの中で改まった作法で執り行われる様子。 2 ゆっくりだったりはやかったり。 3 太陽の光。 4 「護」は，ごんべん。 5 「承る」は訓読みの際の送り仮名に注意したい。

(二) ア 4行は絶句、8行は律詩。 イ 「臨」は「高台」の二字を読んでから返って読むので，一二点を用いる。 ウ 現代語訳の末文を参照。立ち止まらず去って行く友人との別れを惜しんでいる。

六 (作文)

「学ぶ」ことを**抽象的**に捉えられると，□に入れる語句も見つけやすいだろう。未知なる世界に自分をいざなうものと捉えれば「冒険」と言えるだろうし，知識を次世代へ継承する行為と捉えれば「リレー」と言える。このように，**「学ぶ」とは，どのようなものであるか**を考えるようにしよう。その過程で，そう例えた理由もおのずと見えてくる。条件や注意に気をつけて書き進めよう。

山口県公立高等学校

2023年度

★★★★★★★★★★★★★★★★★★★★★★★

入　試　問　題

●くわしい解説……49ページ

＜数学＞　時間　50分　　満点　50点

1　次の(1)～(5)に答えなさい。

(1)　$(-8)\div 4$ を計算しなさい。

(2)　$\dfrac{5}{2}+\left(-\dfrac{7}{3}\right)$ を計算しなさい。

(3)　$4(8x-7)$ を計算しなさい。

(4)　$a=-2$，$b=9$ のとき，$3a+b$ の値を求めなさい。

(5)　$(\sqrt{6}-1)(\sqrt{6}+5)$ を計算しなさい。

2　次の(1)～(4)に答えなさい。

(1)　二次方程式 $(x-2)^2-4=0$ を解きなさい。

(2)　右の図の円Oで，$\angle x$ の大きさを求めなさい。

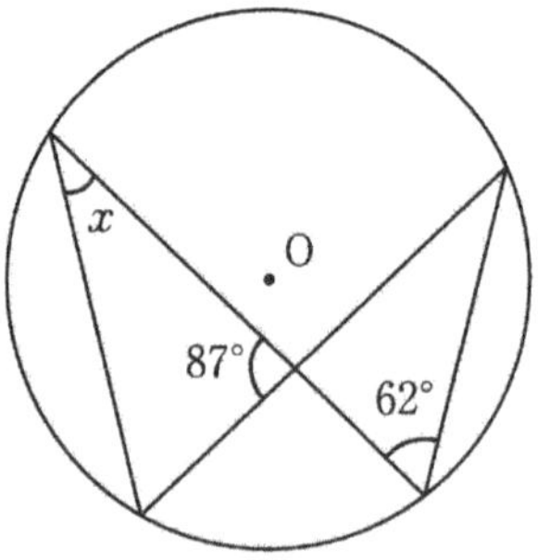

(3)　関数 $y=-2x^2$ について，次の［ア］，［イ］にあてはまる数を求めなさい。

> x の変域が $-2 \leqq x \leqq 1$ のとき，y の変域は［ア］$\leqq y \leqq$［イ］となる。

(4)　右の表は，ある中学校のウェブページについて，1日の閲覧数を30日間記録し，度数分布表にまとめたものである。

この度数分布表から1日の閲覧数の最頻値を答えなさい。

閲覧数（回）	度数（日）
以上　　未満	
0 ～ 20	1
20 ～ 40	6
40 ～ 60	9
60 ～ 80	10
80 ～ 100	3
100 ～ 120	0
120 ～ 140	1
計	30

3 数と式に関連して，次の(1)，(2)に答えなさい。

(1) 「1個あたりのエネルギーが20kcalのスナック菓子a個と，1個あたりのエネルギーが51kcalのチョコレート菓子b個のエネルギーの総和は180kcalより小さい」という数量の関係を，不等式で表しなさい。

(2) チョコレートにはカカオが含まれている。チョコレート全体の重さに対するカカオの重さの割合をカカオ含有率とし，次の式で表す。

$$\text{カカオ含有率（\%）} = \frac{\text{カカオの重さ}}{\text{チョコレート全体の重さ}} \times 100$$

カカオ含有率30％のチョコレートと，カカオ含有率70％のチョコレートを混ぜて，カカオ含有率40％のチョコレートを200 g作る。

このとき，カカオ含有率30％のチョコレートの重さをx g，カカオ含有率70％のチョコレートの重さをy gとして連立方程式をつくり，カカオ含有率30％のチョコレートの重さと，カカオ含有率70％のチョコレートの重さをそれぞれ求めなさい。

4 図形の計量について，あとの(1)，(2)に答えなさい。

(1) 図のように，半径6 cmで中心角60°であるおうぎ形をA，半径6 cmで弧の長さが6 cmであるおうぎ形をB，一辺の長さが6 cmの正三角形をCとする。

図

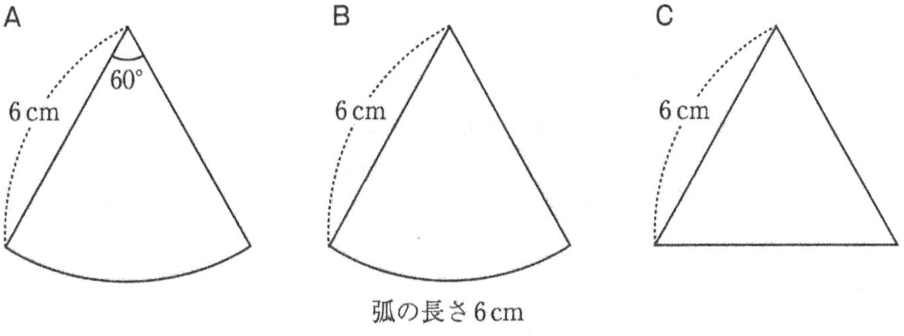

A，B，Cの面積について，次の a ，b にあてはまる語句の組み合わせとして正しいものを，下のア～エから1つ選び，記号で答えなさい。

・Aの面積よりもBの面積の方が a 。
・Aの面積よりもCの面積の方が b 。

ア　a：大きい　b：大きい
イ　a：大きい　b：小さい
ウ　a：小さい　b：大きい
エ　a：小さい　b：小さい

(2) ある店では，1個400円のMサイズのカステラと1個1600円のLサイズのカステラを販売している。この店で販売しているカステラを直方体とみなしたとき，Lサイズのカステラは，Mサイズのカステラの縦の長さ，横の長さ，高さをすべて$\frac{5}{3}$倍したものになっている。

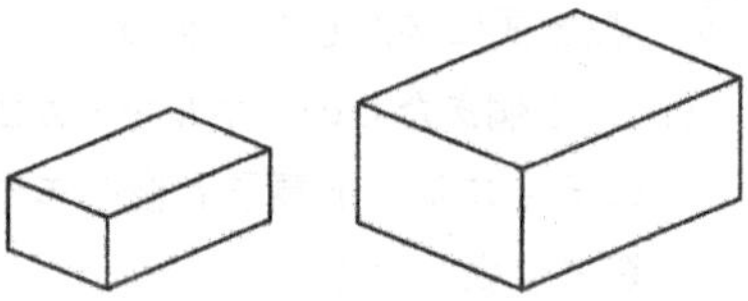

Mサイズ　400円　　　Lサイズ　1600円

1600円でMサイズのカステラを4個買うのと，1600円でLサイズのカステラを1個買うのとでは，どちらが割安といえるか。説明しなさい。

ただし，同じ金額で買えるカステラの体積が大きい方が割安であるとする。

5 Tさんが通う中学校では，毎年10月に各生徒の1週間の総運動時間（授業等を除く）を調査している。図は，その調査のうち，Tさんが所属する学年の生徒50人について，令和2年，令和3年，令和4年の各データを箱ひげ図に表したものである。

図

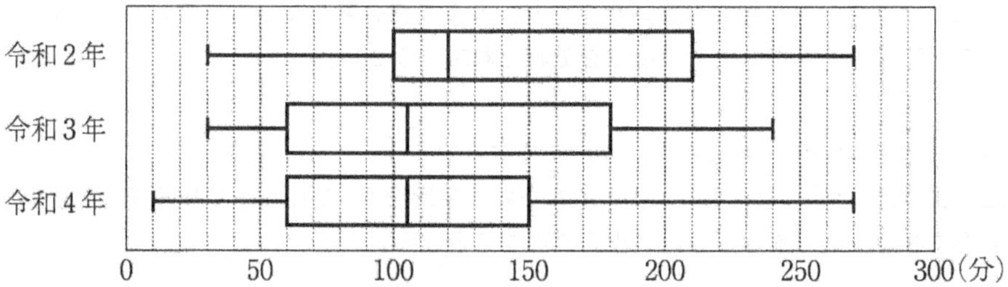

次の(1)，(2)に答えなさい。

(1) 図から読み取れることとして正しいものを，次のア～エから1つ選び，記号で答えなさい。

ア　すべての年で，1週間の総運動時間の最小値は30分となっている。

イ　1週間の総運動時間の四分位範囲は年々小さくなっている。

ウ　すべての年で，1週間の総運動時間が100分以上の人は25人以上いる。

エ　令和4年の1週間の総運動時間が150分以上の人数は，令和2年の1週間の総運動時間が210分以上の人数の2倍である。

(2) Tさんは，図を見て，運動時間を増やしたいと考え，週に1回運動をする企画を立てた。そこで，種目を決めるためにアンケートを行い，その結果から人気のあった5種目をあげると，表のようになった。ただし，表の●は球技を表すものとする。

表

場所	種目	球技
グラウンド	①サッカー	●
	②ソフトボール	●
	③長縄跳び	
体育館	④ドッジボール	●
	⑤ダンス	

表の5種目の中から2種目を選ぶため，①，②，③，④，⑤の番号が1つずつかかれた5枚のくじを用意し，次のページの**選び方A**と**選び方B**を考えた。

選んだくじが2枚とも球技である確率は，**選び方A**と**選び方B**ではどちらが高いか。それぞれの選び方での確率を求めるまでの過程を明らかにして説明しなさい。

選び方A

・1つの箱を用意し，5枚のくじを入れる。

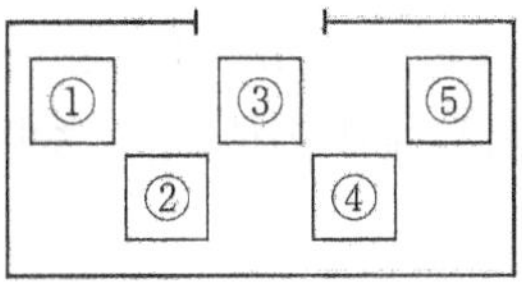

・箱の中のくじをよくかきまぜ，同時に2枚のくじを引く。

選び方B

・2つの箱を用意し，くじをグラウンドの種目と体育館の種目に分け，それぞれの箱に入れる。

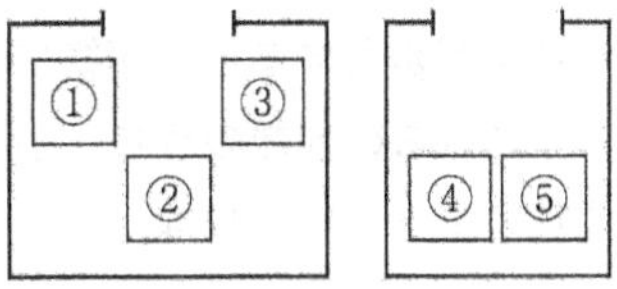

・箱の中のくじをよくかきまぜ，それぞれの箱から1枚ずつくじを引く。

6　Tさんは道路を走る車のナンバープレートを見て，自然数について考えた。
次の(1)，(2)に答えなさい。

(1)　Tさんは**図1**のようなナンバープレートを見て，「2けたの数71から2けたの数17をひいた式」と読み，「71－17＝54」になると考えた。また，17が71の十の位の数と一の位の数を入れかえた数であることに気づき，次のような**問題**をつくった。

図1

問題

2けたの自然数には，その数から，その数の十の位の数と一の位の数を入れかえた数をひくと54となるものがいくつかある。このような2けたの自然数のうち，最大の自然数を答えなさい。

問題の答えとなる自然数を求めなさい。

(2)　後日，Tさんは**図2**のようなナンバープレートを見て，連続する4つの偶数について，次のように考えた。

図2

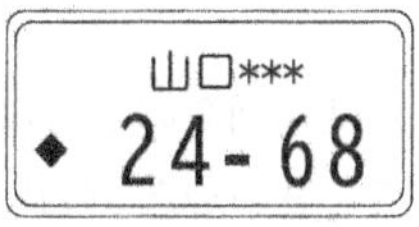

連続する4つの偶数のうち，小さい方から3番目と4番目の偶数の積から1番目と2番目の偶数の積をひく。例えば，連続する4つの偶数が，
2，4，6，8のとき，$6\times8-2\times4=48-8=40=8\times5$，
4，6，8，10のとき，$8\times10-4\times6=80-24=56=8\times7$，
6，8，10，12のとき，$10\times12-6\times8=120-48=72=8\times9$となる。

Tさんはこの結果から，次のように**予想**した。

予想

連続する4つの偶数のうち，小さい方から3番目と4番目の偶数の積から1番目と2番目の偶数の積をひいた数は，8の倍数である。

Tさんは，この予想がいつでも成り立つことを次のように説明した。下の□に式や言葉を適切に補い，Tさんの説明を完成させなさい。

説明

n を自然数とすると，連続する４つの偶数は $2n$，$2n+2$，$2n+4$，$2n+6$ と表される。これらの偶数のうち，小さい方から３番目と４番目の偶数の積から１番目と２番目の偶数の積をひいた数は，

$(2n+4)(2n+6)-2n(2n+2)=$

したがって，連続する４つの偶数のうち，小さい方から３番目と４番目の偶数の積から１番目と２番目の偶数の積をひいた数は，８の倍数である。

7　直角二等辺三角形について，次の(1)，(2)に答えなさい。

(1)　図１のように，AC＝BCの直角二等辺三角形ABCがあり，辺BCのCの方に延長した半直線BCをひく。AC＝２としたとき，半直線BC上にあり，BP $=1+\sqrt{5}$ となる点Pを定規とコンパスを使って作図しなさい。ただし，作図に用いた線は消さないこと。

図１

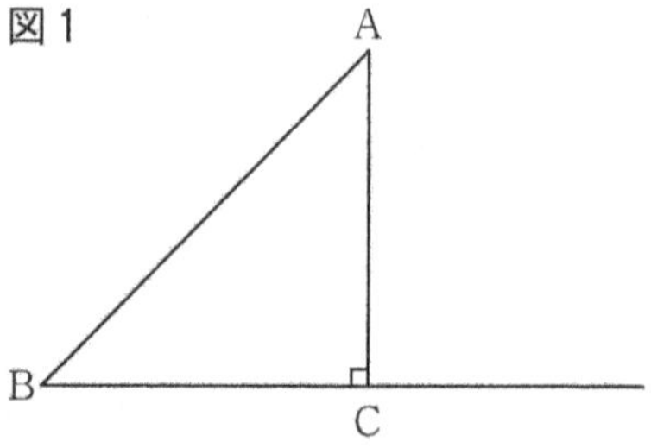

(2)　図２のように，AC＝BCの直角二等辺三角形ABCがあり，辺ACの延長上に，線分CDの長さが辺ACの長さより短くなる点Dをとる。また，点Aから線分BDに垂線AEをひき，線分AEと辺BCの交点をFとする。このとき，AF＝BDを証明しなさい。

図２

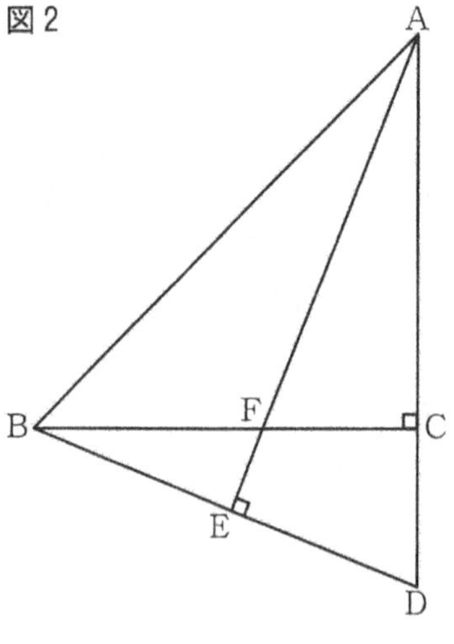

8　関数のグラフについて，次の(1)，(2)に答えなさい。

(1)　**図1**において，直線 ℓ は，$a<0$ である関数 $y=ax-1$ のグラフである。直線 ℓ と同じ座標軸を使って，関数 $y=bx-1$ のグラフである直線 m をかく。$a<b$ のとき，**図1**に直線 m をかき加えた図として適切なものを，下の**ア**～**エ**から1つ選び，記号で答えなさい。

図1

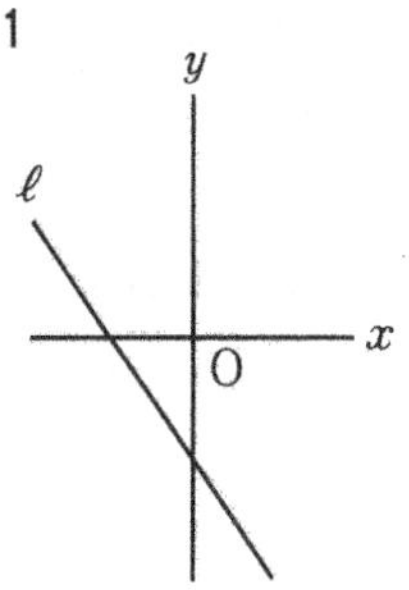

ア

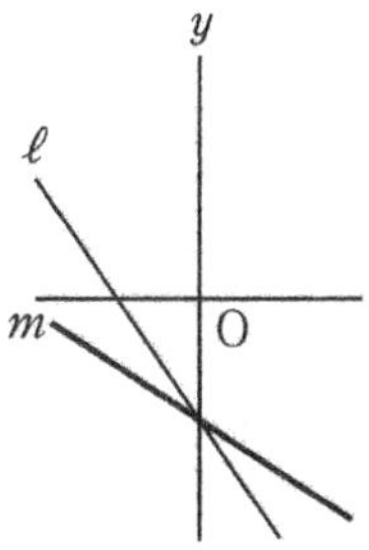

イ

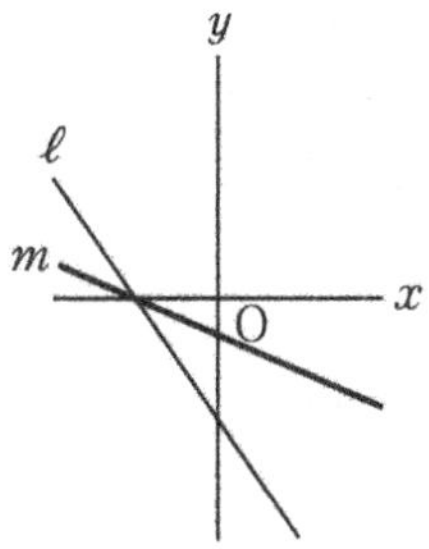

ウ

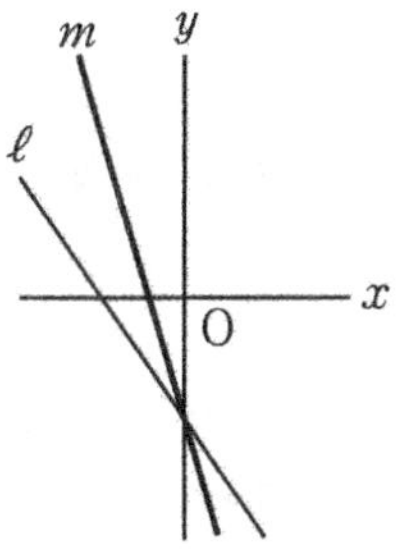

エ

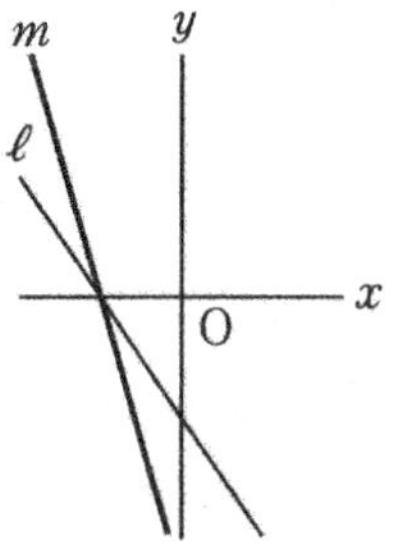

(2)　**図2**のように，関数 $y=x^2$ のグラフ上に2点A，Bがあり，それぞれの x 座標が -3，1 である。また，四角形ACBDは，線分ABを対角線とし，辺ADと x 軸が平行であり，辺ACと y 軸が平行である長方形である。このとき，長方形ACBDの面積を2等分し，傾きが $\frac{1}{2}$ である直線の式を求めなさい。

図2

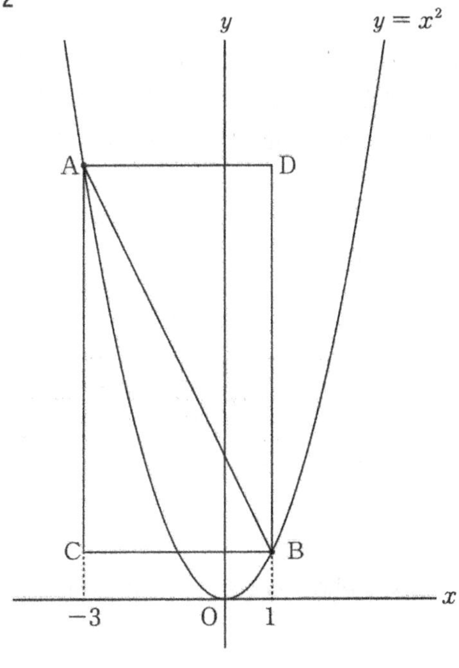

9 Tさんの住んでいる町に公園がある。
次の(1), (2)に答えなさい。

(1) Tさんが自宅から公園まで，毎時4kmの速さで歩くと，到着するまでにかかった時間は30分であった。Tさんが自宅から公園まで同じ道を，自転車に乗って毎時$a$kmの速さで移動するとき，到着するまでにかかる時間は何分か。aを使った式で表しなさい。ただし，Tさんが歩く速さと，自転車に乗って移動する速さはそれぞれ一定であるとする。

(2) この公園の地面は平らで，**図1**のような四角形ABCDの形をしている。四角形ABCDは，AD＝CD，AB＝10m，BC＝20m，∠ABC＝90°であり，面積は$\frac{800}{3}$m^{2}である。

この公園に街灯が設置されていなかったので，Tさんは街灯を設置したいと思い，次のように**仮定**して考えることにした。

図1

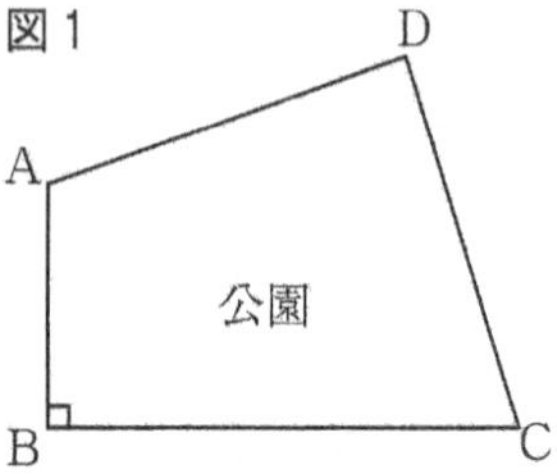

仮定

・**図2**のように，街灯は四角形ABCDの対角線ACの中点Mに1本だけ設置し，公園の地面全体を照らすようにする。

図2

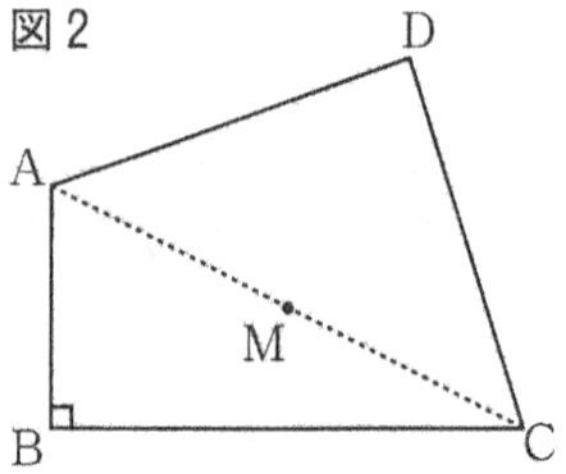

・街灯は地面に対して垂直に立て，街灯の先端に光源があるものとする。
・街灯の高さは光源から地面までの距離とし，自由に変えられるものとする。
・街灯が照らすことのできる地面の範囲は，街灯の根元をOとしたとき，Oを中心とする円の周上及び内部とし，その円の半径は街灯の高さに比例することとする。
・**図3**のように，街灯の高さが2mのとき，Oを中心とする半径10mの円の周上及び内部を照らすことができるものとする。

図3

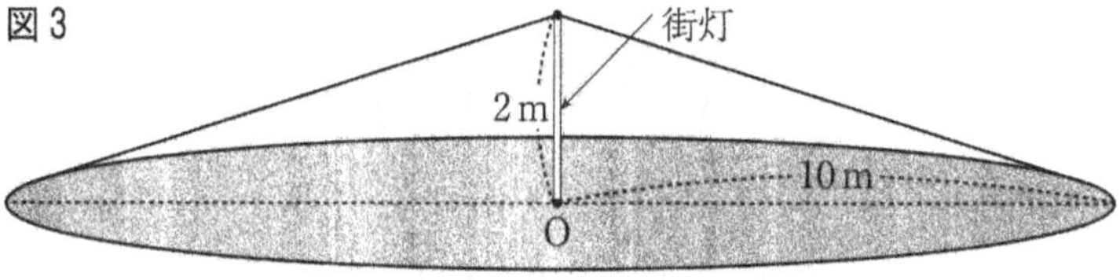

※ ▒ は街灯が照らすことのできる地面の範囲を表している。

この**仮定**に基づいて，街灯を設置するとき，その高さは最低何m必要か。求めなさい。

<英語>

時間 50分 満点 50点

1 放送によるリスニングテスト

テスト1 4つの対話を聞いて，対話の内容に関するそれぞれの問いの答えとして最も適切なものを，1～4から1つずつ選び，記号で答えなさい。

No.1 1 Today. 2 Tomorrow. 3 This Sunday. 4 Next Saturday.

No.2 1 To get some vegetables and pizza.
2 To buy two tomatoes and an onion.
3 To make pizza with tomatoes.
4 To finish his homework.

No.3 1 Yuko. 2 Yuko's brother.
3 Yuko's sister. 4 Mr. Smith.

No.4 1 Because the restaurant isn't open.
2 Because it's too early to have lunch.
3 Because there are a lot of people in the restaurant.
4 Because Lucy doesn't know where the restaurant is.

テスト2 4つの対話を聞いて，それぞれの対話に続く受け答えとして最も適切なものを，1～4から1つずつ選び，記号で答えなさい。

No.1 1 Yes, I can. 2 Thank you, please.
3 Well, I like your desk. 4 Sure, here you are.

No.2 1 Yes, I will watch his drama tonight.
2 Yes, I'm going to leave New York tomorrow.
3 Yes, I hope your dream will come true.
4 Yes, I want to be popular around the world someday.

No.3 1 He likes this picture better than that one.
2 He will study drawing pictures for a year.
3 He is the boy wearing a yellow T-shirt beside me.
4 He really enjoyed taking pictures in Italy.

No.4 1 I'm sorry, but I don't like baseball games.
2 You're right. We should go there by bus.
3 OK. We can go there by my mother's car.
4 I see. Your idea sounds better than mine.

テスト3 次のページの【ワークシート】は，Mizukiが，英語の授業でクラスメイトのShotaとディスカッションをするために書いたものである。

今から，2人のディスカッションを聞いて，その内容に合うように，下線部(A)，(B)，

(C)に，それぞれ対話の中で用いられた英語１語を書きなさい。

また，あなたが Mizuki ならば，Shota の最後の質問に対して何と答えるか。下線部(D)に４語以上の英語で書きなさい。

【ワークシート】

Let's Talk!

If some foreign students come to our school, what can we do for them?

〈 My Idea 〉

★ Make an English ＿(A)＿

① ＿(B)＿ them our favorite places
→ shops
restaurants...

② Put some photos on it

→ It can be a good ＿(C)＿ when we talk with them.

【Shota の最後の質問に対する答え】

I ＿＿＿＿＿＿(D)＿＿＿＿＿＿.

2 次は，ニュージーランド（New Zealand）で留学を始める *Kenji* と，留学先の学校の *Lee* 先生との対話の一部である。これを読んで，次のページの(1)，(2)に答えなさい。

Ms. Lee: Hello, Kenji. Welcome to our school! You arrived ＿(A)＿ the airport this morning, right? How are you?

Kenji: I'm fine. But it's really hot here.

Ms. Lee: Oh, I know what you mean. It's winter in Japan now, right?

Kenji: Yes. Last week, I enjoyed skiing with my friends.

Ms. Lee: Really? I love skiing. I wish I (B)(be) in Japan now.

Kenji: ＿(C)＿, I saw a lot of unique street names on the way here.

Ms. Lee: Oh, they come from the ＿(D)＿ that Maori people speak. Maori people are indigenous to our country. We respect their culture.

Kenji: I see. Now I want to know more about New Zealand!

(注) skiing スキー　Maori マオリ（ニュージーランドの先住民）の
indigenous to ～ ～に先住している

(1) 下線部(A)，(C)，(D)に入る最も適切なものを，それぞれ１～４から１つずつ選び，記号で答えなさい。

(A)	1 at	2 for	3 of	4 to
(C)	1 Every year	2 As a result	3 By the way	4 For example
(D)	1 art	2 language	3 school	4 nature

(2) 下線部(B)の（　）の中の語を，適切な形にして書きなさい。

3 *Yuki* は，英語の授業で，【発表スライド】（次のページ）を作成しながら，留学生の *Ann* と話をしている。次は，そのときの *Yuki* と *Ann* の対話の一部である。対話文と【発表スライド】を読んで，下の(1)～(3)に答えなさい。

Yuki: In my presentation, I'm going to introduce my favorite food, *kamaboko.* I've made two slides about its history and recipe, but I need one more.

Ann: I can see three pictures on the first slide. Are they all *kamaboko*? The (s　　　) are not the same. This one is on a wooden board, and another one is like crab meat.

Yuki: They look different, but they are all *kamaboko.* In fact, there are many kinds of local *kamaboko* all over Japan now. I've eaten famous local *kamaboko* before. It was like a bamboo leaf.

Ann: Really? That's interesting. Then, how about introducing local *kamaboko* in the presentation?

Yuki: Oh, that's a good idea! I'll make one more slide and introduce some examples.

(注) slide(s)　スライド　　recipe　レシピ　　wooden board　木の板
crab meat　かにの身　　bamboo leaf　笹（ささ）の葉

(1) 対話文中の下線部に入る適切な英語１語を書きなさい。ただし，（　）内に与えられた文字で書き始めなさい。

(2) 対話の内容に合うように，*Yuki* が *Ann* の提案を受けて作るスライドの見出しとして最も適切なものを，次の１～４から選び，記号で答えなさい。

1 A Variety of Local *Kamaboko*
2 *Kamaboko* and Our Health
3 The History of *Kamaboko* Companies
4 How to Make *Kamaboko*

(3) 【発表スライド】から読み取れる内容と一致するものを，次の１～６から２つ選び，記号で答えなさい。

1 At the party in 1115, *kamaboko* which was like crab meat was eaten.
2 An old book says *kamaboko* came from a foreign country in 1165.
3 A new kind of *kamaboko* was invented about 50 years ago.
4 *Kamaboko* on a wooden board is popular among children in Japan.
5 People need salt in the second step of making *kamaboko* at home.
6 When people make *kamaboko* at home, only twenty minutes are necessary.

【発表スライド】

1 History of *Kamaboko*

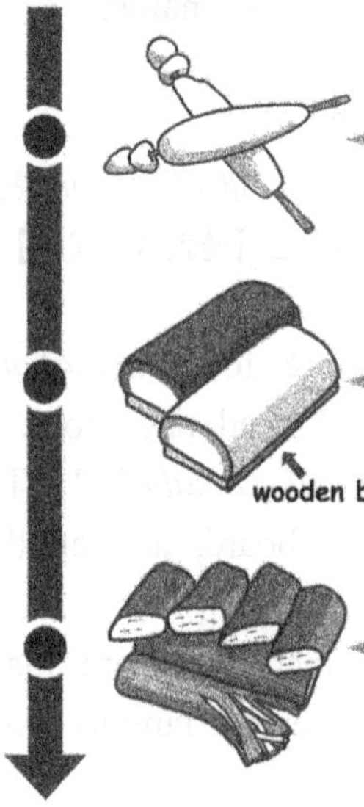

- According to an old book, *kamaboko* like this picture was eaten at a party in 1115.
- *Kamaboko* on a wooden board became popular in the Edo period.
- This is a picture of a new kind of *kamaboko*. It is like crab meat. Some companies started making it about 50 years ago.

2 Let's Make *Kamaboko* at Home!

Step 1

Get
fresh fish

Step 2

Make fish paste
and
Add salt

Step 3

Steam the paste
for about
20 minutes

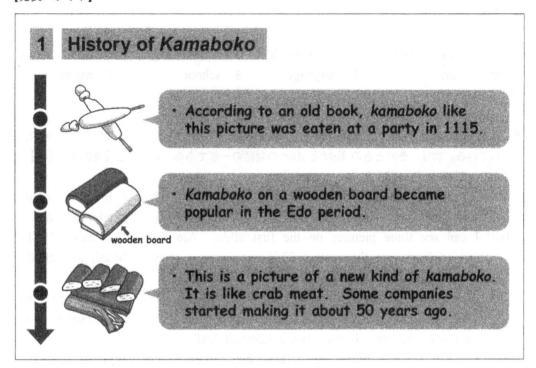

Step 4

Cool it
in ice water

(注) party 宴会　Edo period 江戸時代　paste すり身　steam ～ ～を蒸す
cool ～ ～を冷やす　ice water 氷水

4　次は，Satsuki が英語の授業で発表する際に用いた【グラフ】(graph) と【原稿】である。これらを読んで，次のページの(1)～(3)に答えなさい。

【グラフ】

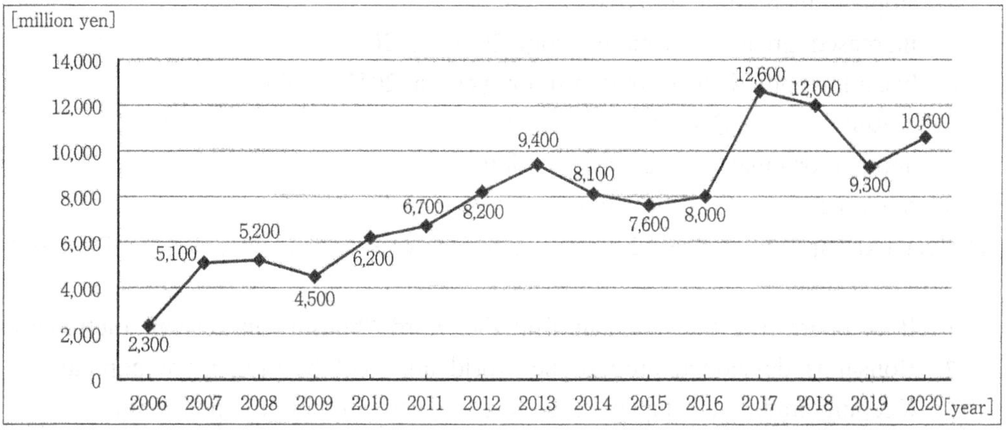

（財務省資料により作成）

【原稿】

Today, I'd like to tell you about bonsai. Do you know it's popular around the world now? The word "bonsai" is in English dictionaries. I was surprised to learn about that.

Look at the graph. You can see the export value of bonsai including garden trees from 2006 to 2020. In 2006, the export value was 2,300 million yen. Then, according to the graph, the export value ＿＿(A)＿＿. What happened then? I think one reason is a big international bonsai event held in Japan in 2017.

From the graph, we can see Japanese bonsai is becoming more popular in the world. However, now, foreign people don't just enjoy ＿＿(B)＿＿ bonsai. They also enjoy their new original bonsai. Some people make bonsai by using tropical trees! We can say that they are creating a new bonsai culture from the traditional one. In the future, not only traditional bonsai but also new original bonsai will be loved by more people all over the world.

(注) bonsai　盆栽　　dictionaries　辞書　　export value　輸出額
including ～　～を含めた　　garden trees　庭木
international　国際的な　　tropical　熱帯の

⑴ 【原稿】の文脈に合うように，下線部(A)に入る最も適切なものを，次の１～４から選び，記号で答えなさい。

1 became 4,500 million yen in 2009
2 stopped increasing in 2016
3 increased greatly especially from 2016 to 2017
4 became more than 12,000 million yen in 2017 again

⑵ 下線部(B)に入る最も適切なものを，次の１～４から選び，記号で答えなさい。

1 another original　　2 their unique
3 other new　　4 traditional Japanese

⑶ Satsukiの発表全体のテーマとして，最も適切なものを，次の１～４から選び，記号で答えなさい。

1 It is interesting that we can find the word “bonsai” in foreign dictionaries.
2 Bonsai is developed around the world and will become more popular.
3 Keeping traditional Japanese culture is difficult but it’s important.
4 Japan should sell traditional bonsai to the foreign countries more.

[5] 次の英文を読んで，あとの⑴～⑶に答えなさい。

Last summer, Masaru did a homestay in London, the U.K. He stayed with a family with a boy called David. Both Masaru and David were train fans, so they soon became good friends. [ア]

One day, David’s mother came home with a happy face. “Look, boys.” She had something in her hand. David and Masaru soon understood that they were train tickets. [イ] David asked, “Can we travel by train?” She answered, “Yes! Let’s go to York by train this weekend!” David continued, “York has a railway museum. You bought me a book about the museum last year. I’ve wanted to go there for a long time!” The mother said, “Of course, we can visit the museum!” The two boys became very excited and said, “Thank you! We can’t wait!”

On Saturday, they took a train from London to York. On the train, the boys enjoyed seeing cities, mountains and rivers through the windows. Two hours later, they finally got to York and went into the museum just beside the station. The museum was very large, and they were surprised to know that there were about three hundred trains there. Many of them were very old, and they learned many things about the British railway. Surprisingly, they found a Japanese *Shinkansen*, too. They walked around the museum for almost two

hours. ウ

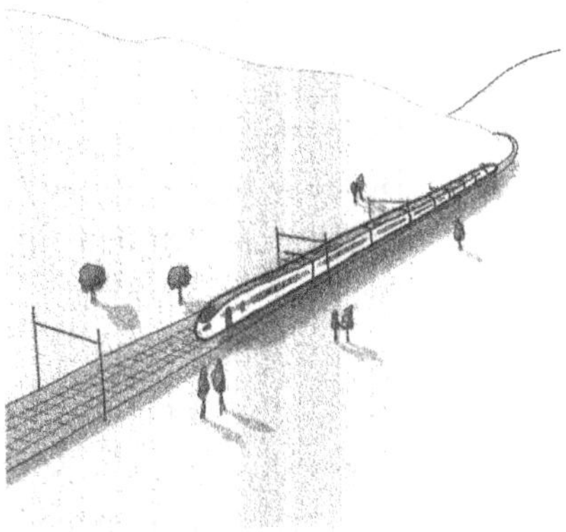

At three, they returned to the station to go home. Then, David suddenly became very excited and said, “Wow, look at that red train!” Masaru asked him, “What’s that?” David answered, “It’s a train made by a Japanese company. The company designed it with Japanese technology, and it can run very fast. It’s so cool!” He continued, “We are very lucky because we can’t see it often. We should take it now!” His mother and Masaru agreed, and they got on the train. エ Masaru learned a lot more about the train from David. Masaru spoke to himself, “The Japanese railway was built 150 years ago with the help of British technology, and now Japanese technology is used to develop the British railway.” The strong bond between Japan and the U.K. made him happy.

After his homestay in the U.K., he started to study harder. Now he has a dream of becoming an engineer. He wants to work for a project of the British railway in the future. Japan is now designing a new train that can run the fastest in Europe for the U.K.

(注) homestay ホームステイ　York ヨーク（イギリスの都市名）　railway 鉄道
British イギリスの　design ～ ～を設計する　technology 技術
got on ～ ～に乗り込んだ　bond 絆（きずな）　Europe ヨーロッパ

(1) 次の英文が入る最も適切な箇所を，本文中の ア ～ エ から選び，記号で答えなさい。

However, the boys didn’t feel tired because it was like a dream for them.

(2) 次の(a)～(c)の質問に対する答えとして，本文の内容に合う最も適切なものを，それぞれ1～4から1つずつ選び，記号で答えなさい。

(a) What did David’s mother do to make David and Masaru happy?

1 She bought them train tickets to York.
2 She gave them movie tickets for train fans.
3 She bought them a book with pictures of trains.
4 She gave them a book about a railway museum.

(b) Which was true about the museum Masaru, David and his mother visited?

1 It took only an hour from London to the museum by train.
2 About three hundred British new trains were seen there.
3 It was the best place to learn about the history of London.
4 During the stay in the museum, they saw a Japanese train.

(c) Why did Masaru feel happy when he was on the train from York to London?

1 Because so many Japanese *Shinkansen* were running in the U.K.
2 Because he liked the train which ran the fastest in Europe.
3 Because he learned that Japan worked together with the U.K.
4 Because the train he took was one of the oldest British trains.

(3) 次の(a)，(b)は，本文の内容についての【質問】と，それに対する【答え】である。(a)の下線部には２語の，(b)の下線部には３語の適切な英語を書き，【答え】を完成させなさい。

(a) 【質問】 What was a special point about the train that Masaru took from York to London?
【答え】 The train was __________ a company with Japanese technology.

(b) 【質問】 Why does Masaru study harder now?
【答え】 To ______________ in the future.

6 次は，高校生の*Ayako*と，シンガポールの高校生*Judy*が，オンラインで交流しているときの対話の一部である。あなたが*Ayako*ならば，*Judy*に何を伝えるか。対話文を読んで，[　　]に*Judy*に伝えることを書きなさい。ただし，下の【注意】に従って書くこと。

Ayako: When will you come to Japan, Judy?
Judy: I'm going to start studying in Japan next September. Oh, I only have five months to improve my Japanese!
Ayako: How long have you been studying Japanese?
Judy: For three years. I love reading Japanese, but speaking Japanese is still difficult for me. I want to speak Japanese better. What should I do? Give me your advice.
Ayako: OK.

[　　　　　　　　　　　　　　　　　　]

Judy: That's a great idea! I'll try it. Thank you, Ayako.

(注) advice 助言

【注意】
① 対話の流れに合うように，20語以上30語以内の英語で書くこと。文の数はいくつでもよい。符号（．，？！など）は，語数に含めないものとする。
② 内容のまとまりを意識して，具体的に書くこと。
③ 解答は，解答用紙の【記入例】に従って書くこと。

＜理科＞

時間　50分　　満点　50点

1　おもりを糸でつるし，図１のように，位置Ａからおもりを静かにはなすと，おもりは位置Ｂを通過する。おもりが再び位置Ａまで戻ってきたときに，図２のように糸を切ると，おもりは自由落下し，水平面からの高さが，位置Ｂと同じ位置Ｃを通過する。摩擦や空気の抵抗はないものとして，次の⑴，⑵に答えなさい。

図１

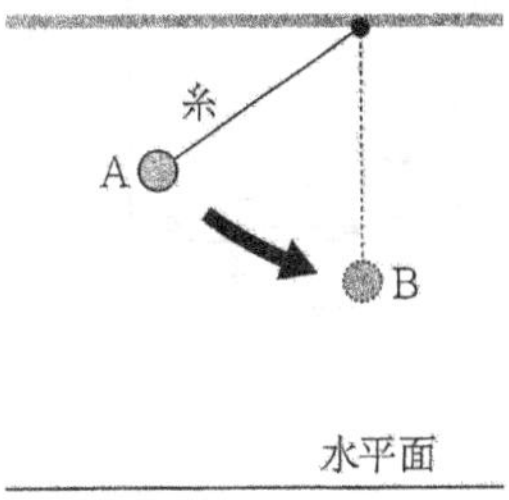

図２

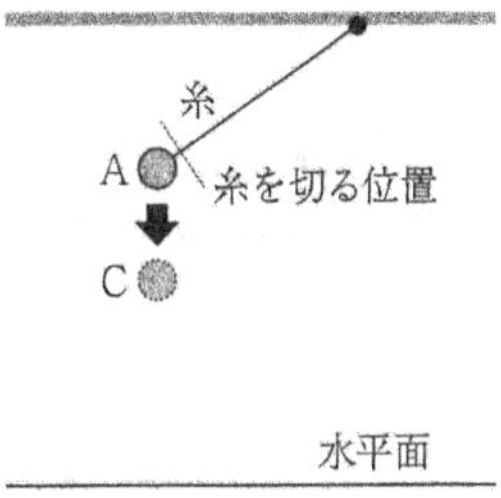

⑴　図２でおもりが自由落下するのは，おもりが地球の中心に向かって引かれているからである。このように，地球上の物体が地球の中心に向かって引かれる力を何というか。書きなさい。

⑵　図１でおもりが位置Ｂを通過するときの速さと，図２でおもりが位置Ｃを通過するときの速さは等しくなる。速さが等しくなる理由を，「減少」という語を用いて述べなさい。

2　陸上で生活する哺乳類には，カンジキウサギのように植物を食べ物とする草食動物や，オオヤマネコのように他の動物を食べ物とする肉食動物がいる。あとの⑴，⑵に答えなさい。

⑴　次の文章が，草食動物の体のつくりを説明したものとなるように，（　）の中のａ～ｅの語句について，正しい組み合わせを，下の１～６から１つ選び，記号で答えなさい。

> 草食動物の（　ａ門歯や臼歯　　ｂ門歯や犬歯　　ｃ臼歯や犬歯　）は，草を切ったり，細かくすりつぶしたりすることに役立っている。また，草食動物の消化管は，体長が同程度の肉食動物の消化管に比べて（　ｄ長く　　ｅ短く　），草を消化することに適している。

１　ａとｄ　　２　ａとｅ　　３　ｂとｄ　　４　ｂとｅ　　５　ｃとｄ　　６　ｃとｅ

⑵　図１は，ある地域における，食物連鎖でつながっているオオヤマネコとカンジキウサギについて，1919年から1931年までの２年ごとの個体数を示したものであり，○は，1919年の個体数を，●は，1921年から1931年までのいずれかの個体数を表している。

○と●を，古い年から順に矢印でつなぐと，オオヤマネコがカンジキウサギを主に食べ，カンジキウサギがオオヤマネコに主に食べられるという関係によって，個体数が変化していることが読み取れる。

図１

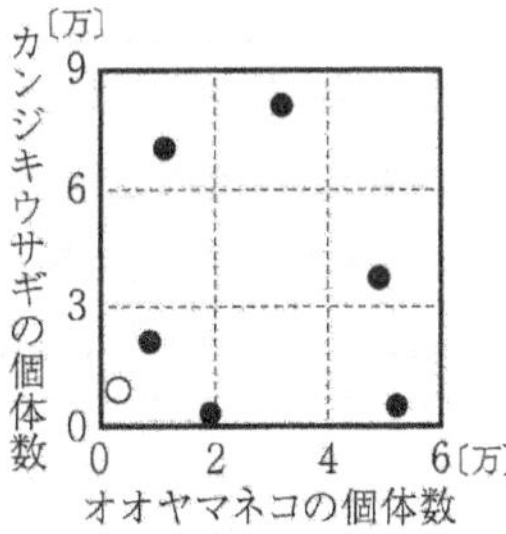

○と●を，古い年から順に矢印でつないだ図として，最も適切なものを，次のページの１～４から選び，記号で答えなさい。

なお，この地域では，1919年から1931年までの間，人間の活動や自然災害などによって生物の数量的な関係が大きくくずれることはなかった。

1
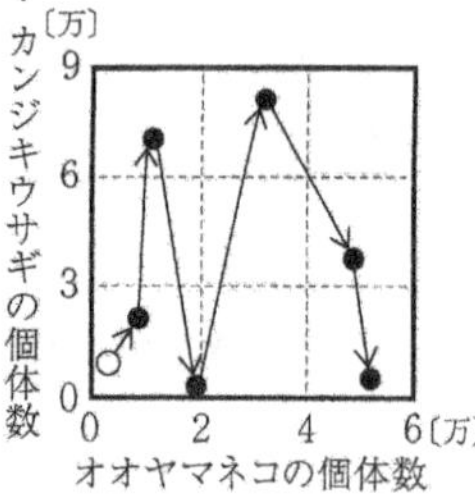

2
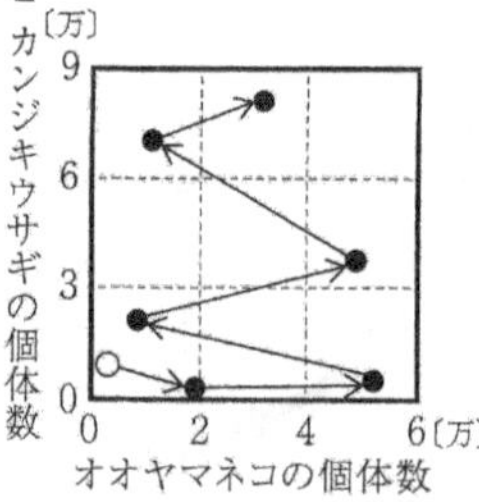

3
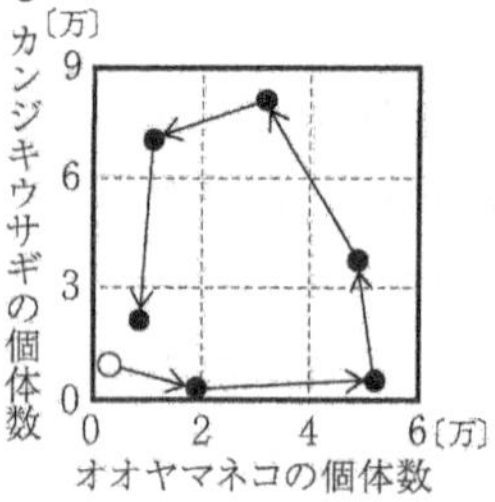

4
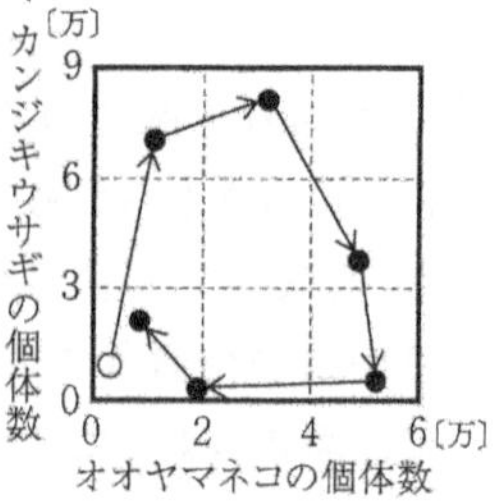

3　ある白色の粉末1.0ｇを乾いた試験管に入れ，ゴム栓，ガラス管，ゴム管，三角フラスコ，BTB溶液を入れた水を用いて，図１のような装置を組み立てた。白色の粉末の入った試験管をガスバーナーで加熱したところ，次のような［結果］になった。下の(1)，(2)に答えなさい。

図１
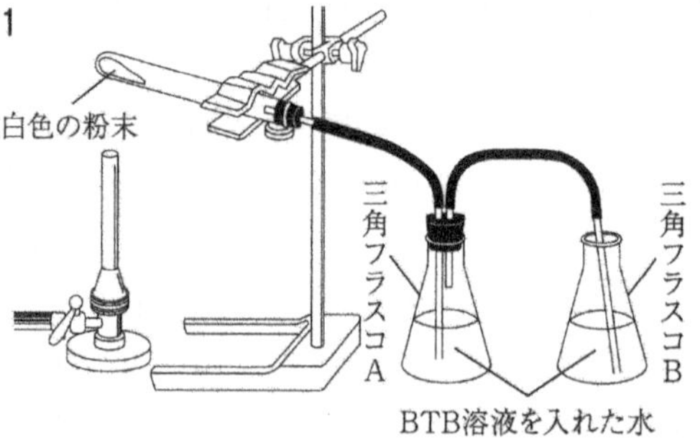

［結果］
① 加熱を始めると気体が発生し，三角フラスコA内の液体の色は青色に変化したが，三角フラスコB内の液体の色は変化しなかった。また，試験管の口付近に透明の液体がたまり始めた。
② ①の後も加熱を続けると，気体が発生し続け，三角フラスコA内の液体の色は青色のままで，三角フラスコB内の液体の色が黄色に変化した。
③ ②の後もさらに加熱を続けると，試験管内の白色の粉末はすべてなくなった。

(1) 下線部の液体は，青色の塩化コバルト紙を赤色に変化させることがわかった。試験管の口付近にたまった透明の液体は何か。化学式で書きなさい。

(2) 次の文が，［結果］からわかることを説明したものとなるように，(　)の中のａ～ｄの語句について，正しい組み合わせを，下の１～４から１つ選び，記号で答えなさい。

加熱したことにより，水に少し溶けて（ａ酸性　　ｂアルカリ性）を示す気体と，水に非常によく溶けて（ｃ酸性　　ｄアルカリ性）を示す気体が発生した。

１　ａとｃ　　２　ａとｄ　　３　ｂとｃ　　４　ｂとｄ

4　図１のＡ，Ｂ，Ｃは，６時間ごとの天気図であり，■は，山口県内のある地点を示している。下の(1)，(2)に答えなさい。

図１

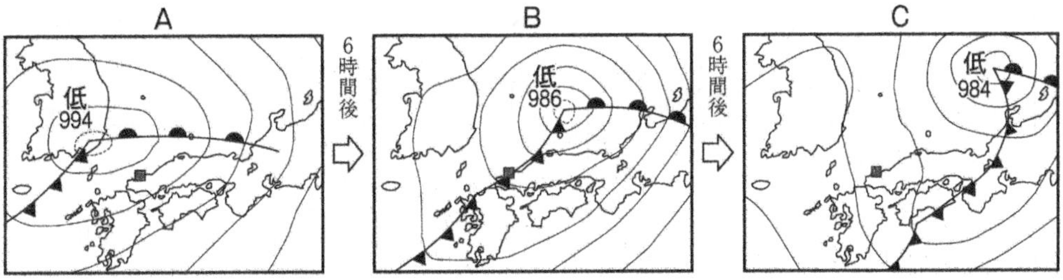

(1)　図１のように，温帯低気圧が西から東へ移動することが多いのは，上空を西よりの風がふいているからである。このように，中緯度帯に一年中ふく西よりの風を何というか。書きなさい。

(2)　表１は，地点■の１時間ごとの気象データをまとめたものであり，天気図がＢになるときの時刻における気象データが含まれている。

天気図がＢになるときの時刻として最も適切なものを，次の１～４から選び，記号で答えなさい。

表１

時刻〔時〕	気温〔℃〕	気圧〔hPa〕	風向
13	19.0	1000.9	南南東
14	19.2	998.4	南東
15	19.4	996.5	南南東
16	19.1	996.8	南
17	18.8	994.9	南南東
18	19.0	994.6	南南東
19	19.4	994.2	南南東
20	19.5	993.9	南
21	15.3	995.8	北西
22	14.6	997.8	北西
23	14.0	998.5	北北西
24	13.8	999.0	北北西

１　17時　　２　19時　　３　21時　　４　23時

5　ＫさんとＬさんは，だ液に含まれるアミラーゼや胃液に含まれるペプシンのはたらきを確認するため，片栗粉を溶かしたデンプン溶液と，うすく切ったニワトリの肉（主成分はタンパク質）を用いて，次の実験を行った。あとの(1)～(3)に答えなさい。

［実験１］

①　アミラーゼとペプシンをそれぞれ蒸留水に溶かした水溶液を用意し，どちらの水溶液も中性であることを確認した。

②　試験管Ａ，Ｂに，①のアミラーゼの水溶液４mLを入れ，試験管Ｃ，Ｄに，①のペプシンの水溶液４mLを入れた。

③　試験管Ａ，Ｃに少量のデンプン溶液を，試験管Ｂ，Ｄに少量のニワトリの肉を入れた。

④　試験管Ａ～Ｄを，約38℃の湯の中で15分間放置した。

⑤　試験管Ａ，Ｃにヨウ素液を加え，試験管内の液の色の変化を観察した。

⑥　試験管Ｂ，Ｄに入れたニワトリの肉のようすを観察した。

⑦　実験の結果を表1にまとめた。

表1

	試験管A	試験管B	試験管C	試験管D
②で入れた水溶液	アミラーゼの水溶液	アミラーゼの水溶液	ペプシンの水溶液	ペプシンの水溶液
③で入れたもの	デンプン溶液	ニワトリの肉	デンプン溶液	ニワトリの肉
⑤または⑥の結果	変化がみられなかった。	変化がみられなかった。	青紫色に変化した。	変化がみられなかった。

［実験1］を終えたKさんとLさんは，タンパク質を分解するはずのペプシンが，ニワトリの肉を分解しなかったことに疑問をもった。そこで，T先生のアドバイスを受け，消化酵素を溶かす液体を蒸留水からうすい塩酸に変えて，次の［実験2］を行った。

［実験2］

①　アミラーゼとペプシンをそれぞれうすい塩酸に溶かした溶液を用意し，どちらの溶液も酸性であることを確認した。

②　試験管E，Fに，①のアミラーゼをうすい塩酸に溶かした溶液4mLを入れ，試験管G，Hに，①のペプシンをうすい塩酸に溶かした溶液4mLを入れた。

③　試験管E，Gに少量のデンプン溶液を，試験管F，Hに少量のニワトリの肉を入れた。

④　試験管E～Hを，約38℃の湯の中で15分間放置した。

⑤　試験管E，Gにヨウ素液を加え，試験管内の液の色の変化を観察した。

⑥　試験管F，Hに入れたニワトリの肉のようすを観察した。

⑦　実験の結果を表2にまとめた。

表2

	試験管E	試験管F	試験管G	試験管H
②で入れた溶液	アミラーゼをうすい塩酸に溶かした溶液	アミラーゼをうすい塩酸に溶かした溶液	ペプシンをうすい塩酸に溶かした溶液	ペプシンをうすい塩酸に溶かした溶液
③で入れたもの	デンプン溶液	ニワトリの肉	デンプン溶液	ニワトリの肉
⑤または⑥の結果	青紫色に変化した。	変化がみられなかった。	青紫色に変化した。	ニワトリの肉が小さくなった。

(1)　表1の試験管Aの結果から，ヨウ素液によって，デンプンが分解されて別の物質に変化したことを確認することができる。デンプンがアミラーゼによって分解されると，ブドウ糖が数個つながったものになる。ブドウ糖が数個つながったものを確認する薬品として適切なものを，次の1～4から1つ選び，記号で答えなさい。

1　フェノールフタレイン液　　2　ベネジクト液

3　酢酸カーミン液　　4　石灰水

(2) 実験を終えたＫさんとＬさんは，Ｔ先生と次の会話をした。ＫさんとＬさんの発言が，実験の結果をもとにしたものとなるように，[あ]，[い]，[う]に入る試験管の記号として正しいものを，それぞれＡ～Ｈから１つずつ選び，記号で答えなさい。

なお，実験で使用した蒸留水や塩酸は，デンプンやニワトリの肉を分解しないことがわかっている。

Ｔ先生：　**表１**と**表２**から，どのようなことがわかりましたか。

Ｋさん：　試験管[あ]と試験管Ｈの比較から，酸性の液体に溶かすことで，ペプシンがはたらくことがわかりました。［実験２］で消化酵素をうすい塩酸に溶かしたのは，ペプシンがはたらく胃の中の環境に近い条件にするためだったのですね。

Ｔ先生：　そのとおりです。消化酵素がはたらく場所は体内であるため，消化酵素のはたらきを確認するには，体内の環境に近い条件を設定することが大切です。

Ｌさん：　なるほど。試験管[い]と試験管[う]の比較から，だ液に含まれるアミラーゼについても同じことがいえますね。

(3) 次の文章が，ヒトの体内でデンプンやタンパク質が分解・吸収される過程や，吸収された栄養分の利用について説明したものとなるように，[え]，[お]，[か]に入る適切な語を書きなさい。

デンプンは，アミラーゼや小腸の壁にある消化酵素のはたらきで，最終的にブドウ糖に分解される。また，タンパク質は，ペプシンやトリプシン，小腸の壁にある消化酵素のはたらきで，最終的に[え]に分解される。ブドウ糖や[え]は，小腸の壁にある柔毛内部の[お]に入り，肝臓を通って全身に運ばれる。

肝臓に運ばれたブドウ糖の一部は，[か]という物質に変えられて貯蔵される。また，体の各部に運ばれた[え]は，体をつくるタンパク質の材料に用いられる。

6　ＫさんとＬさんは，教科書で紹介されている陰極線に関する２つの実験を，それぞれまとめ，発表した。次は，ＫさんとＬさんが発表で使用したスライドである。次のページの(1)～(3)に答えなさい。

［Ｋさんのスライド］

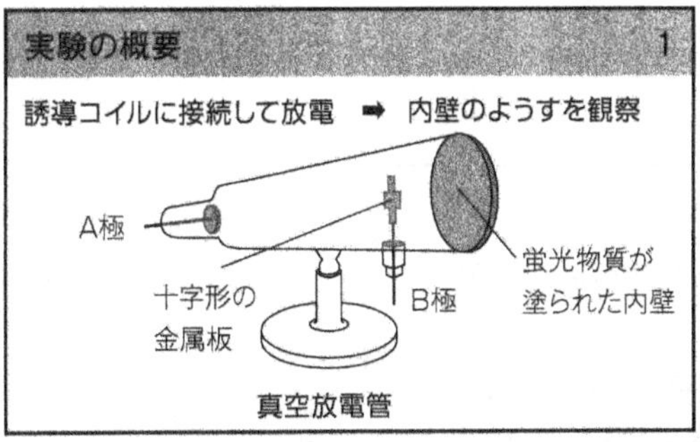

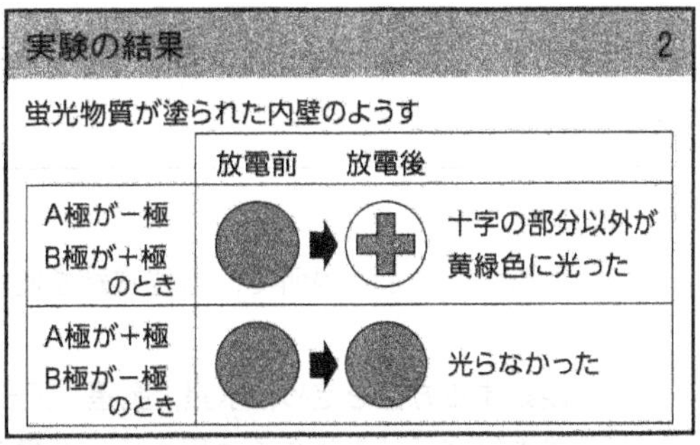

[L さんのスライド]

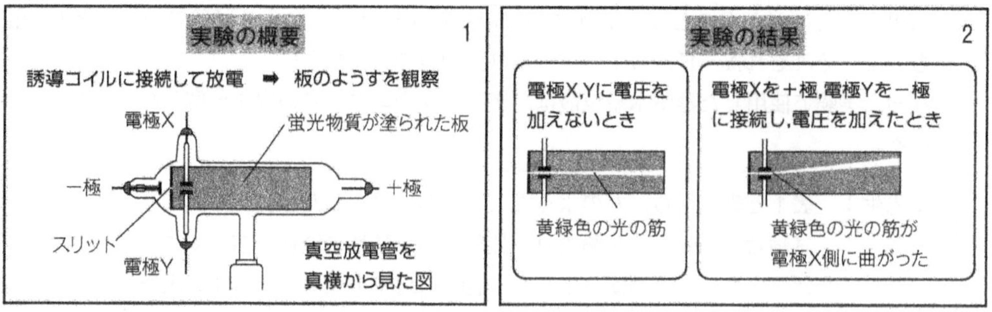

(1) 実験で用いられる誘導コイルは，電磁誘導を利用した装置である。電磁誘導とはどのような現象か。「電圧」という語を用いて述べなさい。

(2) ２人の発表を聞いたT先生は，陰極線の性質について，次の説明をした。下のア，イに答えなさい。

> ２人がまとめたどちらの実験からも，陰極線が直進することや，蛍光物質を光らせることがわかりますね。
> 他にも，Kさんがまとめた実験において，A極が－極，B極が＋極のときのみ内壁が光ったことから，陰極線が［ あ ］という性質をもつことや，金属板にさえぎられることがわかります。また，Lさんがまとめた実験からは，電極Xと電極Yの間に電圧を加えたときに黄緑色の光の筋が曲がったことから，陰極線が－の電気をもつこともわかりますね。

ア ［ あ ］に入る適切な語句を書きなさい。

イ 下線部について，黄緑色の光の筋が曲がったしくみと同じしくみによって起こる現象として最も適切なものを，次の１～４から選び，記号で答えなさい。

１ 息をふき入れた風船がふくらんだ。
２ プラスチック板を布でこすると紙がくっついた。
３ 磁石を近づけると方位磁針の針が動いた。
４ 虫めがねのレンズに入った光が曲がった。

(3) 現在では，陰極線は小さな粒子の流れであることがわかっている。この小さな粒子は何か。書きなさい。

7 Sさんは，2022年６月に，日本のある地点で惑星を観察した。次のページの(1)~(3)に答えなさい。

[観察]

① 見晴らしのよい場所で，方位磁針を使って東西南北を確認した。

② 観察する方位を定め，水星，金星，天王星，火星，木星，土星を観察し，それらの位置を地上の景色とともにスケッチをした。

図１

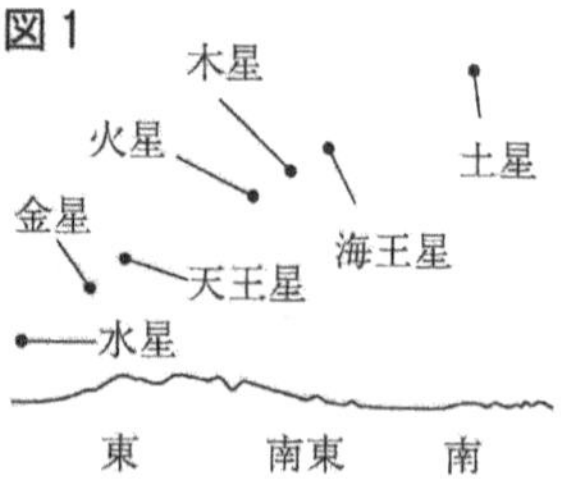

③　海王星については，天体シミュレーションソフトを用いて位置を確認し，前のページの図１のようにスケッチにかき入れた。

(1)　惑星が自ら光を出していないのに光って見える理由を述べなさい。

(2)　観察した惑星が，ほぼ一直線に並んでいると気づいたＳさんは，図２のように図１（前のページ）のスケッチに直線をかき入れた。次の文が，惑星がほぼ一直線に並んで見える理由を説明したものとなるように，［あ］に入る適切な語句を，下の１～４から１つ選び，記号で答えなさい。

図２

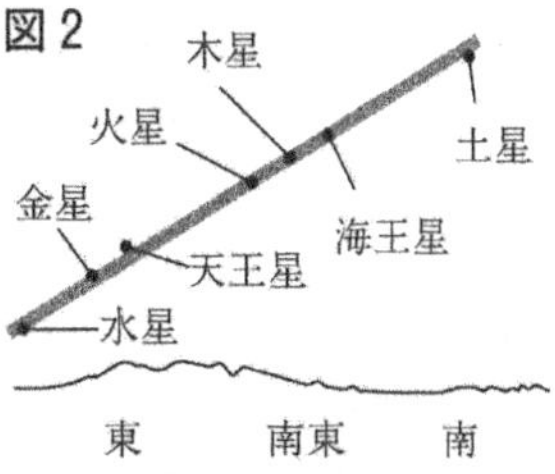

水星，金星，天王星，火星，木星，海王星，土星，地球のそれぞれの［あ］がほぼ同じだから。

１　自転する速さ　　２　自転軸の向き　　３　公転周期　　４　公転する面

(3)　図１について，次のア，イに答えなさい。

ア　惑星が図１のように観察された時刻として，最も適切なものを，次の１～４から選び，記号で答えなさい。

１　午前０時　　２　午前５時　　３　午後７時　　４　午後10時

イ　地球の北極側から見たとき，この日の惑星の配置を表した模式図として，最も適切なものを，次の１～４から選び，記号で答えなさい。

ただし，●は太陽の位置，●は太陽系の８つの惑星のうち，木星型惑星の位置を示しており，●を通る円はそれぞれの惑星の公転軌道を示している。

１

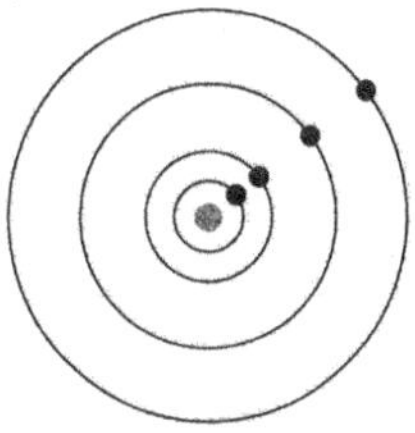

２

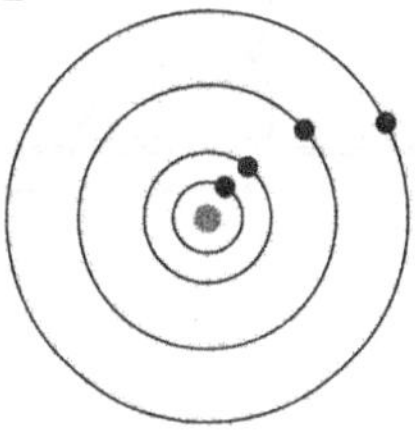

３

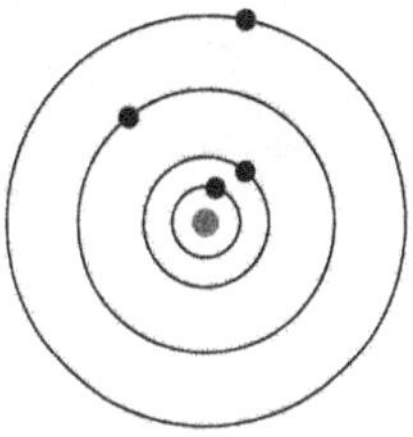

４

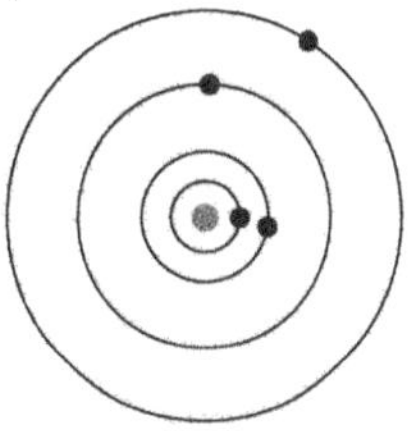

8　塩酸に溶ける金属と溶けない金属があることに疑問をもったＳさんは，Ｔ先生と次の会話をし，実験を行った。あとの(1)～(3)に答えなさい。

Ｓさん：　亜鉛と銅では，なぜ，亜鉛は塩酸に溶け，銅は塩酸に溶けないのでしょうか。

Ｔ先生：　すばらしい問いですね。亜鉛が塩酸に溶けるとき，亜鉛Znは［あ］の反応により亜鉛イオンZn^{2+}に変化しています。一方，亜鉛の表面では，塩酸の電離によって生じている水素イオンH^{+}が，$2H^{+} + 2e^{-} \rightarrow H_2$の反応により水素$H_2$に変化しています。

Ｓさん：　亜鉛は，原子の状態からイオンに変化し，水素は，イオンの状態から分子に変化していますね。亜鉛が水素よりもイオンになりやすいということでしょうか。

T先生：　よくわかりましたね。逆に，銅が塩酸に溶けないということは，銅が水素よりもイオンになりにくいということなのです。

Sさん：　亜鉛が水素よりイオンになりやすく，銅が水素よりイオンになりにくいということは，亜鉛が銅よりもイオンになりやすいということですね。

T先生：　そのとおりです。ただ，複数の金属について，水溶液中でのイオンへのなりやすさを比較したいのであれば，別の方法でも調べることができます。亜鉛と銅だけでなく，他の金属も含めて実験してみましょう。

[実験]

①　４種類の金属板（鉄板，銅板，亜鉛板，マグネシウム板）と，４種類の５％水溶液（硫酸鉄水溶液，硫酸銅水溶液，硫酸亜鉛水溶液，硫酸マグネシウム水溶液）を用意した。

②　**図１**のように，マイクロプレートの縦の列に同じ種類の金属板を入れ，マイクロプレートの横の列に同じ種類の水溶液を入れた。

③　それぞれの金属板が水溶液に溶けるかを観察した。

④　金属板が溶けたことを「○」，溶けなかったことを「×」として，実験の結果を**表１**にまとめた。

図１

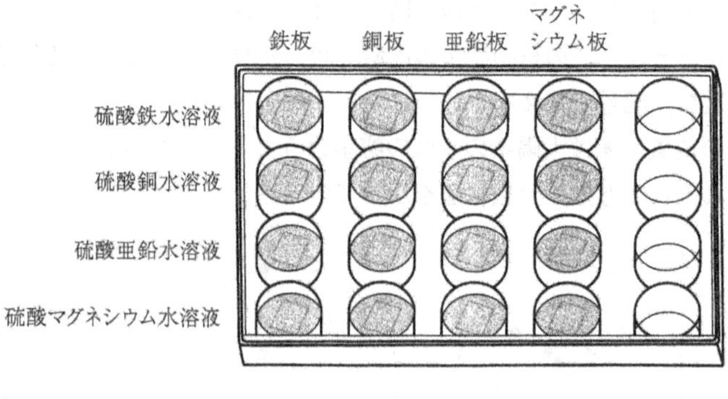

表１

	鉄板	銅板	亜鉛板	マグネシウム板
硫酸鉄水溶液	×	×	○	○
硫酸銅水溶液	○	×	○	○
硫酸亜鉛水溶液	×	×	×	○
硫酸マグネシウム水溶液	×	×	×	×

(1)　あ　に入る，亜鉛Znが亜鉛イオンZn^{2+}になる変化を，e^-を含む化学反応式で書きなさい。

(2)　マイクロプレートを用いた実験のように，少量の薬品と小さな器具を用いて行う実験のことを，マイクロスケール実験という。マイクロスケール実験の長所として適切なものを，あとの１～４から２つ選び，記号で答えなさい。

１　薬品の使用量を減らせるため，費用を安くすることができる。

２　目的の物質を，より効率よく多く得ることができる。

3　実験結果の誤差を小さくすることができる。

4　実験後に出る廃液の量を少なくすることができる。

(3)　水溶液中での金属や水素のイオンへのなりやすさについて，次のア，イに答えなさい。

ア　表1をもとに，鉄，銅，マグネシウムを，イオンになりやすいものから順に並べたものとして，適切なものを，次の1～6から1つ選び，記号で答えなさい。

1　鉄，銅，マグネシウム　　2　鉄，マグネシウム，銅

3　銅，鉄，マグネシウム　　4　銅，マグネシウム，鉄

5　マグネシウム，鉄，銅　　6　マグネシウム，銅，鉄

イ　Sさんは，T先生との会話と実験の結果をもとに，鉄，銅，亜鉛，マグネシウム，水素を，イオンになりやすいものから順に並べようとしたが，実験が不足しており，順番がわからない部分があった。次の文章が，追加で行うべき実験について述べたものとなるように，[い]，[う]，[え]に入る適切な語を書きなさい。

鉄，銅，亜鉛，マグネシウム，水素のうち，「[い]と[う]のどちらがイオンになりやすいか」がわかっていない。そのため，「[い]と[え]が反応するかどうか」を調べると，鉄，銅，亜鉛，マグネシウム，水素を，イオンになりやすいものから順に並べることができる。

9　Kさんは，みそ汁を作っているときに，なべの底に沈んでいた豆腐が，煮込むことによって浮いてきたことに疑問をもち，Lさんと次の会話をし，実験を行った。あとの(1)～(3)に答えなさい。ただし，100gの物体の重さを1Nとする。

Kさん：　豆腐は水に沈むと思っていたけれど，煮込んだら浮いてきて，火を消したあとも浮いたままだったんだ。水の対流が原因ではなさそうだけれど，なぜだろう。

Lさん：　水に浮いてきたということは，煮込む前と後で浮力が変化したのではないかな。

Kさん：　そうだね。浮力の変化の原因には，質量の変化や体積の変化が考えられるよね。

Lさん：　2種類の粘土を使って，これらのことを調べてみようよ。

[実験1]

①　2種類の粘土A，Bを，それぞれ100mLはかりとった後，図1のように糸を取り付けて形を整えた。

②　1Lメスシリンダーに500mLの水を入れた。

③　①の粘土Aをばねばかりにつるし，空気中でのばねばかりの値を記録した。

④　粘土Aを②のメスシリンダーの水の中にすべて入れ，ばねばかりの値とメスシリンダーの目盛りの値を記録した。

⑤　粘土Aを粘土Bに変え，②～④を行った。

⑥　実験の結果を表1にまとめた。

図1

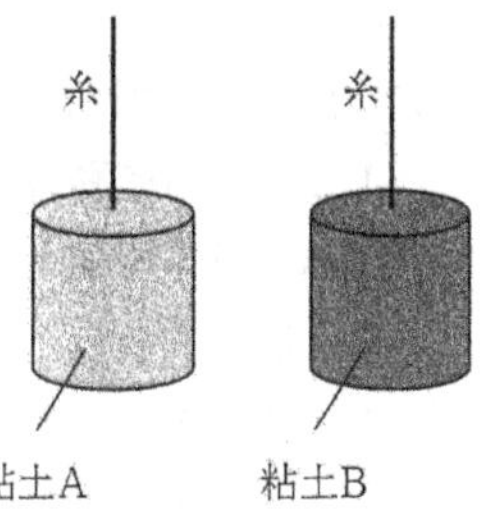

表1

	空気中		水の中	
	ばねばかりの値	メスシリンダーの目盛りの値	ばねばかりの値	メスシリンダーの目盛りの値
粘土A	1.6 N	500 mL	0.6 N	600 mL
粘土B	2.0 N	500 mL	1.0 N	600 mL

［実験2］

①　2種類の粘土A，Bを，それぞれ160 g はかりとった後，**図2**のように糸を取り付けて形を整えた。

②　1 Lメスシリンダーに500mLの水を入れた。

③　①の粘土Aをばねばかりにつるし，空気中でのばねばかりの値を記録した。

④　粘土Aを②のメスシリンダーの水の中にすべて入れ，ばねばかりの値とメスシリンダーの目盛りの値を記録した。

⑤　粘土Aを粘土Bに変え，②～④を行った。

⑥　実験の結果を**表2**にまとめた。

図2

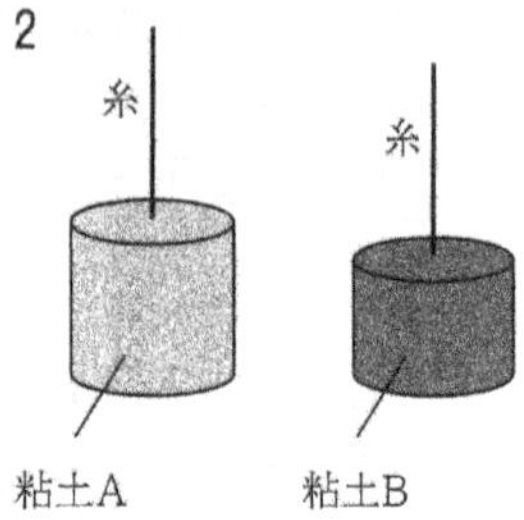

表2

	空気中		水の中	
	ばねばかりの値	メスシリンダーの目盛りの値	ばねばかりの値	メスシリンダーの目盛りの値
粘土A	1.6 N	500 mL	0.6 N	600 mL
粘土B	1.6 N	500 mL	0.8 N	580 mL

(1)　豆腐の原材料であるダイズは，子葉が2枚の植物である。被子植物のうち，ダイズのように，子葉が2枚の植物のなかまを何というか。書きなさい。

(2)　**図3**は，豆腐の種類の1つである木綿豆腐をつくる主な工程を表した模式図である。あとのア，イに答えなさい。

ア　豆乳に凝固剤を加えると，豆乳が固まる。凝固剤の1つである硫酸カルシウム$CaSO_4$に含まれる，カルシウムイオンと硫酸イオンの数の比として適切なものを，次の**1**～**5**から1つ選び，記号で答えなさい。

1　4：1　　**2**　2：1

3　1：1　　**4**　1：2

5　1：4

図3

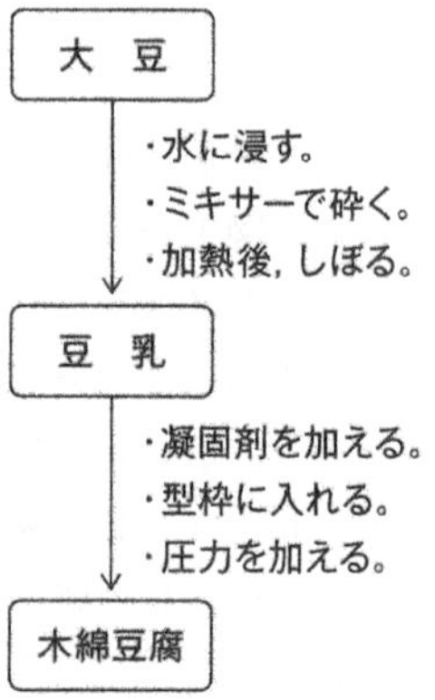

イ　木綿豆腐は，凝固剤で固まった豆乳をくずして型枠に入れ，図４のように，上から圧力を加えて型枠の穴から水を抜いてつくる。

図４において，型枠のふたは１辺10cmの正方形，型枠のふたとおもりは合わせて200ｇとするとき，木綿豆腐の上面に加わる圧力は何Paか。求めなさい。

図４

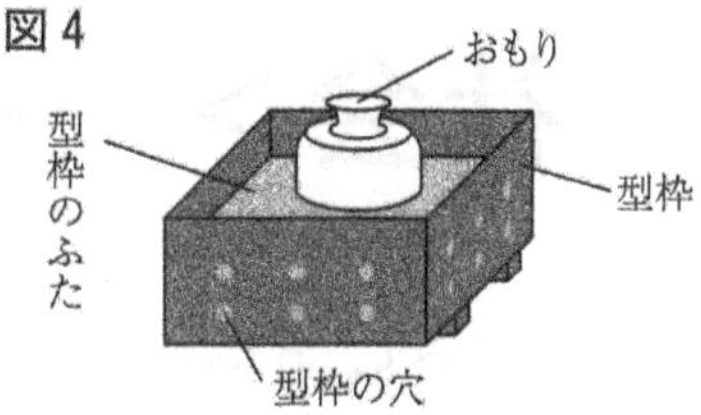

(3)　ＫさんとＬさんは，実験後，Ｔ先生と次の会話をした。下のア，イに答えなさい。

Ｌさん：　Ｔ先生，実験の結果は，前のページの**表1**，**表２**のようになりました。このことから，浮力は，水の中に入れた物体の体積と関係があることがわかりました。

Ｔ先生：　結論をどのように導きましたか。

Ｌさん：　**表１**から，［実験１］では［あ］ということがわかりました。また，**表２**から，［実験２］では［い］ということがわかりました。

これらのことから，浮力の大きさは，質量ではなく，体積と関係があると考えました。

Ｔ先生：　よく考えましたね。アルキメデスの原理によると，「物体にはたらく浮力の大きさは，その物体が押しのけた液体の重さに等しい。」とされています。

つまり，「物体の重さ」と「その物体と同じ体積の水の重さ」を比較して，「物体の重さ」の方が小さいと，物体は水に浮くことになります。

Ｋさん：　そうなのですね。これらの実験の結果をふまえると，なべの底に沈んでいた豆腐が浮いてきたのは，煮込むことによって，豆腐の［う］ので，「豆腐の重さ」より「豆腐が押しのけた水の重さ」が大きくなったからというわけですね。

Ｔ先生：　そのとおりです。実験の結果をもとに正しく考察できましたね。

ア　Ｌさんの発言が，それぞれの実験の結果と合うように，［あ］，［い］に入る適切な語句を，次の１～３からそれぞれ１つずつ選び，記号で答えなさい。ただし，同じ記号を選んでもよい。

1　粘土Ａにはたらく浮力の大きさは，粘土Ｂにはたらく浮力の大きさより大きい
2　粘土Ａにはたらく浮力の大きさは，粘土Ｂにはたらく浮力の大きさより小さい
3　粘土Ａにはたらく浮力の大きさと，粘土Ｂにはたらく浮力の大きさは等しい

イ　Ｋさんの発言が，実験の結果をもとにした考察となるように，［う］に入る適切な語句を書きなさい。

<社会>

時間 50分 満点 50点

1 図Iをみて，あとの(1)~(7)に答えなさい。

図I

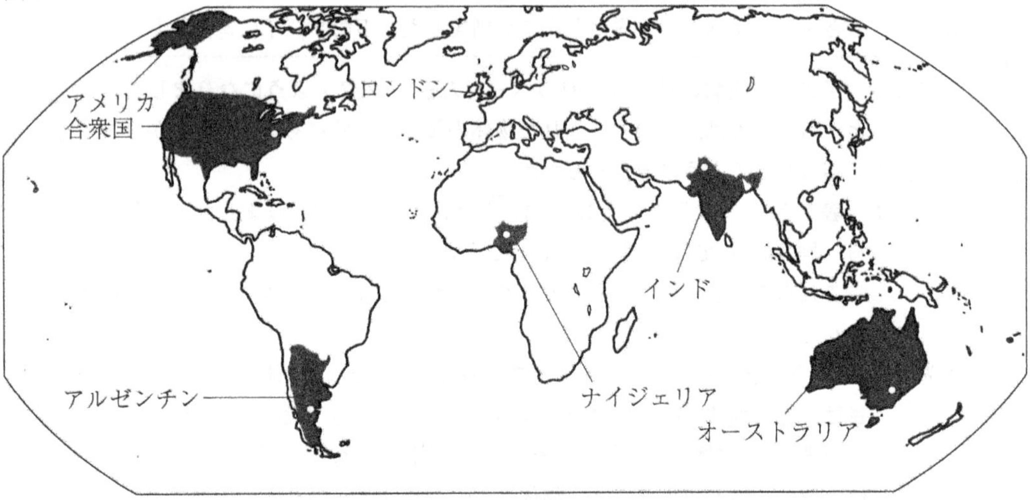

（注）図I中の○は■で示されたそれぞれの国の首都の位置を表している。

(1) 図I中のロンドンを通る，経度0度の経線を何というか。答えなさい。

(2) 図I中の■で示した5か国について述べた文として正しいものを，次の1～4から一つ選び，記号で答えなさい。

1 5か国のうち，南半球に位置する国は二つである。

2 5か国のうち，ユーラシア大陸に位置する国は二つである。

3 5か国のうち，首都の経度が西経で表示される国は三つである。

4 5か国のうち，最も早く1月1日を迎える国はアメリカ合衆国である。

(3) アルゼンチンの首都周辺には，図IIにみられるような草原が広がり，小麦の栽培や牧畜が行われている。この草原を何というか。答えなさい。

図II

(4) 表Iは，図I中の■で示した5か国に関するデータをまとめたものである。ナイジェリアにあてはまるものを，表I中の1～5から一つ選び，記号で答えなさい。

表I （2020年）

国名	人口（千人）	1人あたりのGNI（ドル）	輸出総額（百万ドル）	輸出額1位の品目と，その額が総額に占める割合（%）
1	208,327	1,946	34,900	原油 (75.4)
2	1,396,387	1,910	275,489	機械類 (11.8)
3	25,670	54,251	245,046	鉄鉱石 (32.7)
4	335,942	64,310	1,430,254	機械類 (24.6)
5	45,036	8,138	54,884	植物性油かす (13.8)

（世界国勢図会2022/23により作成）

(5) 次の文は，インドに関するものである。文中の（**あ**）に入る，適切な語を答えなさい。

> インドで最も多くの人々が信仰している（ **あ** ）教は，インドの社会や人々の暮らしに大きな影響を与えている。図Ⅲは，（ **あ** ）教を信仰する人々が，沐浴という儀式を行っているようすである。

図Ⅲ

(6) アメリカ合衆国は，世界有数の農業国である。表Ⅱは，とうもろこしと小麦の生産量と輸出量について，世界全体に占める国別の割合をまとめたものである。表Ⅱ中の（**い**），（**う**）にはとうもろこしと小麦のいずれかが，【**X**】，【**Y**】には生産量と輸出量のいずれかがあてはまる。（**い**）と【**X**】にあてはまるものの組み合わせとして正しいものを，下の１～４から一つ選び，記号で答えなさい。

表Ⅱ　(2020年)

（ い ）		（ う ）	
【 X 】の国別の割合	【 Y 】の国別の割合	【 X 】の国別の割合	【 Y 】の国別の割合
アメリカ合衆国 26.9%	アメリカ合衆国 31.0%	ロシア 18.8%	中国 17.6%
アルゼンチン 19.1%	中国 22.4%	アメリカ合衆国 13.2%	インド 14.1%
ブラジル 17.9%	ブラジル 8.9%	カナダ 13.2%	ロシア 11.3%
その他 36.1%	その他 37.7%	その他 54.8%	その他 57.0%

（世界国勢図会2022/23により作成）

1　いー小麦　Xー生産量　　2　いーとうもろこし　Xー生産量

3　いー小麦　Xー輸出量　　4　いーとうもろこし　Xー輸出量

(7) オーストラリアについて，図Ⅳは1966年と2021年のオーストラリアに暮らす移民の出身州の傾向を示したものである。図Ⅳから読み取れることを，「白豪主義」という語を用いて説明しなさい。

図Ⅳ

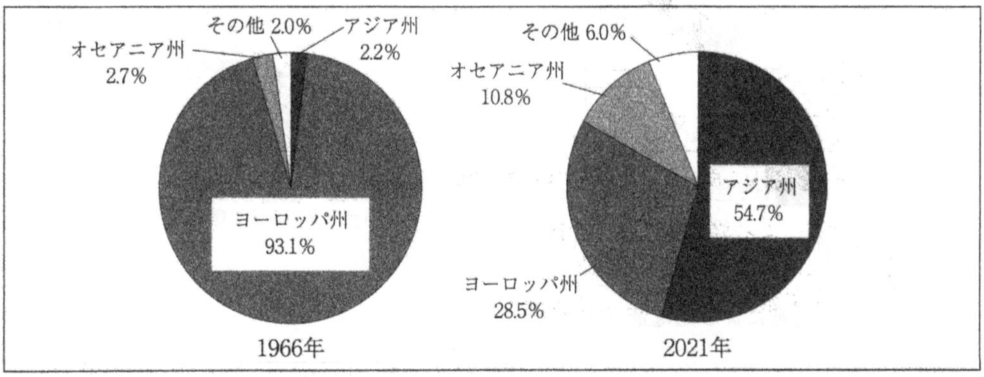

(注) グラフは，各年のオーストラリアに暮らす移民の出身地について，多い方から順に20の国と地域を抽出して作成している。

（オーストラリア政府統計により作成）

2　次の(1)~(5)に答えなさい。

(1)　日本列島の近海には，海岸線に沿うように，深さおよそ200mまでの平たんな海底がみられる。このような海底を何というか。答えなさい。

(2)　表Ⅰは，東京向けのじゃがいもとキャベツの出荷量上位五つの都道府県について，全国に占める各都道府県の割合をまとめたものである。表Ⅰを用いて，東京向けのキャベツの出荷量上位５県のうち，関東地方の県が全国に占める割合を，【例】にならって，解答用紙のグラフにかきなさい。ただし，数値は小数第１位を四捨五入して取り扱うこと。

表Ⅰ　　　　　　　　　　　　　　　　(2021年)

じゃがいも		キャベツ	
都道府県名	割合	都道府県名	割合
北海道	56.2%	群馬県	25.9%
鹿児島県	16.2%	愛知県	23.7%
長崎県	15.9%	千葉県	21.4%
静岡県	3.7%	神奈川県	11.1%
茨城県	3.4%	茨城県	8.0%

（東京都中央卸売市場資料により作成）

【例】　東京向けのじゃがいもの出荷量上位５道県のうち，九州地方の県が全国に占める割合（%）

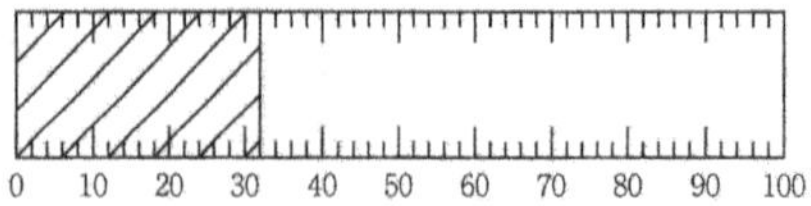

東京向けのキャベツの出荷量上位５県のうち，関東地方の県が全国に占める割合（%）

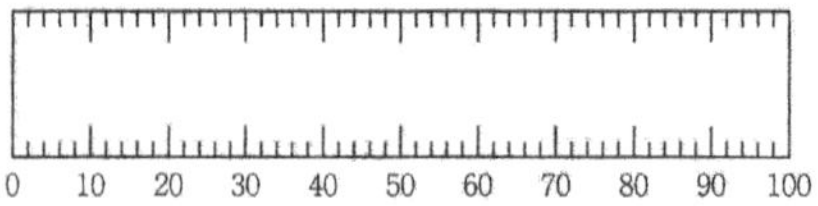

(3)　図Ⅰの**あ**，**い**は，情報通信業の売上高（2018年）と電子部品・デバイス・電子回路の製造品出荷額等（2019年）のいずれかについて，全国１位から15位までの都道府県を示したものである。**あ**，**い**から情報通信業の売上高（2018年）を示す図を選び，さらに，下のＡ～Ｃの指標のうち，上位を占める都道府県が情報通信業の売上高（2018年）と同じような傾向を示すものを選んだ場合，二つの組み合わせとして正しいものを，あとの１～６から一つ選び，記号で答えなさい。

図Ⅰ　　　　　あ　　　　　　　　　　　　　　い

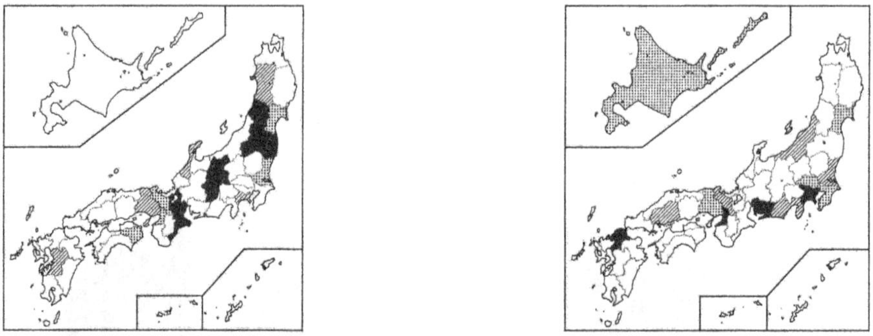

（注）■は１位～５位，▒は６位～10位，▨は11位～15位を表す。

（データでみる県勢2022年版により作成）

Ａ　鉄道による旅客輸送量（2019年）
Ｂ　一人あたり医療費（2018年）
Ｃ　水力発電による発電量（2020年）

	1	2	3	4	5	6
情報通信業の売上高 同じような傾向を示す指標	あ Ａ	あ Ｂ	あ Ｃ	い Ａ	い Ｂ	い Ｃ

(4)　図Ⅱは，日本のおもな港の貿易額を示したものであり，図Ⅱ中の（う），（え）には，東京国際空港と成田国際空港のいずれかが，D，Eには輸入額と輸出額のいずれかがあてはまる。（う）とEにあてはまるものの組み合わせとして正しいものを，次の１～４から一つ選び，記号で答えなさい。

1　う－東京国際空港　　E－輸入額
2　う－東京国際空港　　E－輸出額
3　う－成田国際空港　　E－輸入額
4　う－成田国際空港　　E－輸出額

図Ⅱ

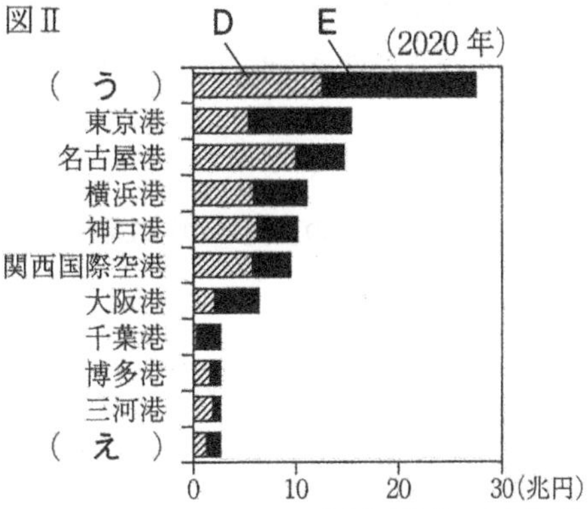

(財務省資料により作成)

(5)　社会科の授業で都市について学習したGさんは，人口が集中する大都市での人々の暮らしに興味をもち，調べ学習を行った。これについて，次のア，イに答えなさい。

ア　Gさんは，郊外と都心部との間で移動する人が多いことを，データを示しながら発表した。次は，Gさんが使用した発表原稿の一部である。文中の［お］にあてはまるデータとして最も適切なものを，下の１～４から選び，記号で答えなさい。

> 大都市では，郊外と都心部との間で通勤・通学などにより移動する人が多くいます。郊外と都心部の［お］を調べると，郊外では通勤・通学などで流入する人よりも流出する人のほうが多く，都心部ではその逆の傾向を示すことがわかります。

1　人口密度　　　　　　2　昼間人口と夜間人口のちがい
3　産業別人口の割合　　4　65歳以上人口の割合

イ　Gさんは，東京都内を歩いているときに，図Ⅲのように地下鉄駅の入り口が階段を数段上った後に下る構造になっているものを見つけた。そこで，隅田川下流域周辺の地形図（２万5000分の１）を用いて資料Ⅰを作成し，地理院地図を用いて資料Ⅱを作成して，図Ⅲのよ

図Ⅲ

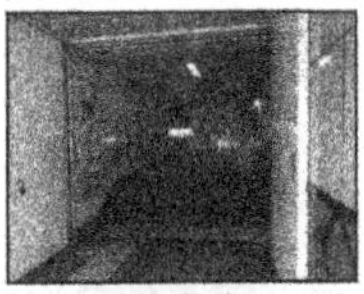
「門前仲町駅」の入り口

「木場駅」の入り口

「東陽町駅」の入り口

資料Ⅰ　地下鉄「門前仲町駅」から「東陽町駅」までGさんが歩いた経路

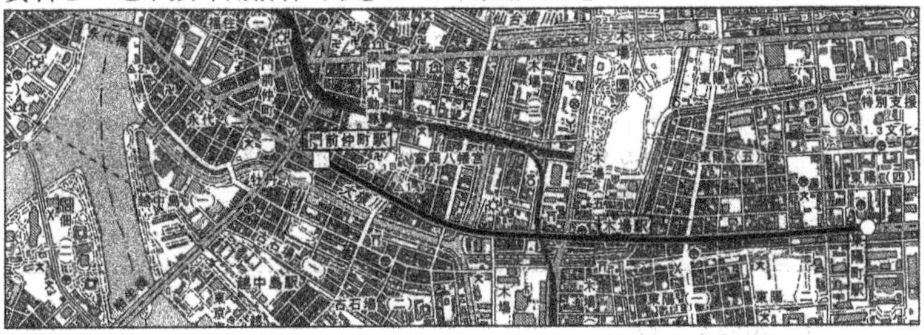

資料Ⅱ　資料Ⅰの経路に沿った断面

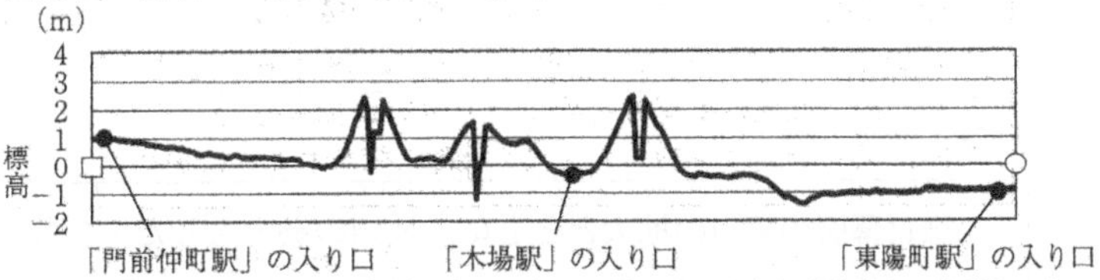

(注)　資料Ⅱ中の□と○は，資料Ⅰ中の□と○に対応する。高さは強調して表現してある。
(地理院地図により作成)

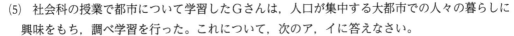

うな構造になっている理由を考察した。(前のページ) 資料Ⅰ，資料Ⅱを参考にして，図Ⅲのような構造になっている理由を説明しなさい。

(資料Ⅰは編集の都合により縮小してあります。)

3　Hさんは，茶の歴史について調べ，次の発表原稿A～Dを作成した。これについて，あとの(1)～(4)に答えなさい。

発表原稿A

> ①最澄は，中国にわたり仏教の新しい教えを日本に伝えるとともに，中国から茶の種子を持ち帰り，比叡山のふもとで茶の栽培をはじめました。

発表原稿B

> 栄西は，②12世紀後半，中国から茶を飲む習慣を日本に伝えました。また，③鎌倉幕府3代将軍の源実朝が病気のときには，茶を献上しました。

発表原稿C

> 茶の湯が④大名や大商人たちの交流の場として流行しました。豊臣秀吉に仕えた[　　　　]は，質素なわび茶の作法を完成させました。

発表原稿D

> イギリスで茶が流行すると，中国から多くの茶が輸入されました。やがて，⑤両国の間に貿易上の問題が発生し，アヘン戦争が起こりました。

(1)　発表原稿Aについて，下線部①の人物がひらいた宗派として正しいものを，次の1～4から一つ選び，記号で答えなさい。

1　真言宗　　2　浄土真宗　　3　時宗　　4　天台宗

(2)　発表原稿Bについて，次のア，イに答えなさい。

ア　下線部②について，12世紀後半の日本と中国との関係に関するできごととして最も適切なものを，次の1～4から選び，記号で答えなさい。

1　足利義満は，中国から与えられた証明書を貿易船に持たせ，勘合貿易を行った。
2　菅原道真は，中国で不安定な政治が続いたため，使者の派遣の停止を訴えた。
3　平清盛は，中国との貿易の利益に目をつけ，兵庫の港を整備した。
4　小野妹子は，中国の進んだ制度や文化を取り入れるために，中国に派遣された。

イ　下線部③に関連して，資料Ⅰは鎌倉幕府の執権であった北条泰時が制定した御成敗式目の一部である。Hさんは，資料Ⅰを参考にして，御成敗式目の特徴についてまとめた。Hさんのまとめが正しいものとなるように，(あ) にあてはまる語と，[い] にあてはまる語句の組み合わせとして正しいものを，次のページの1～4から一つ選び，記号で答えなさい。

資料Ⅰ

> 有力者を知るものは得をし，そうでないものは損をするという不公平な裁判は問注所そのものが信頼を失ってしまうので禁止する。それぞれの言い分は裁判中に述べること。

Hさんのまとめ

> 鎌倉幕府の権力の拡大とともに，地頭の勢力もしだいに強まり，荘園領主との間で争いが起こった。特に，(　あ　) 後は，西日本にも東日本の武士が地頭として進出した

ため，現地の支配権をめぐって争いが拡大した。こうした状況に対応するため，幕府は御成敗式目を制定し，［い］裁定を下すように努めた。

1　あ－承久の乱　い－公平な　　2　あ－承久の乱　い－卸家人に有利な

3　あ－壬申の乱　い－公平な　　4　あ－壬申の乱　い－御家人に有利な

⑶　前のページの発表原稿Cについて，次のア，イに答えなさい。

ア　下線部④に関連して，戦国大名の中には，領国を治めるために独自の法を制定する者もいた。このような法を何というか。答えなさい。

イ　［　　］にあてはまる人物は誰か。答えなさい。

⑷　前のページの発表原稿Dについて，次のア，イに答えなさい。

ア　下線部⑤に関連して，Hさんは，資料Ⅱ，資料Ⅲを用いてアヘン戦争が起こった原因について考察した。下のHさんの考察が正しいものとなるように，［う］に適切な内容をおぎない，文を完成させなさい。

資料Ⅱ　イギリス・中国・インドの三角貿易（19世紀）

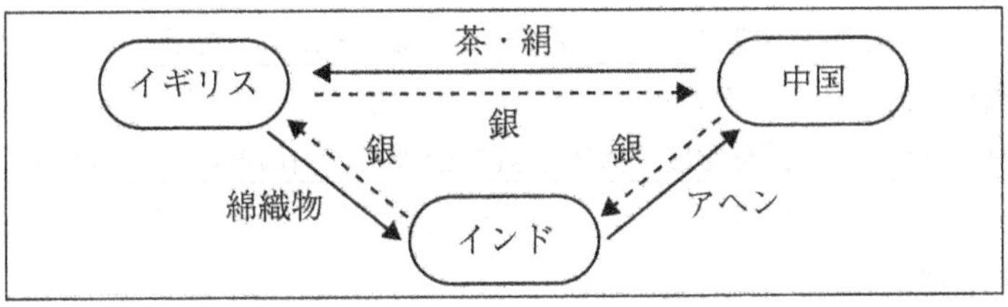

資料Ⅲ　広州における中国のアヘン密輸入額と中国からの銀流出額

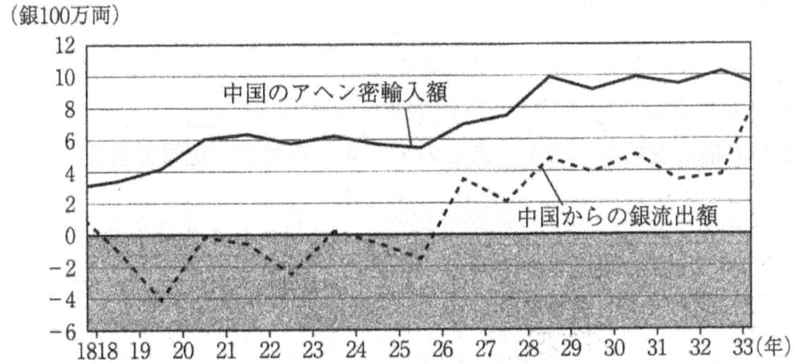

（注）銀流出額が－の場合は，中国への流入額を示す。

（岩波講座世界歴史 21により作成）

Hさんの考察

三角貿易により，［う］。そのため，中国がアヘンをきびしく取りしまると，イギリスが中国を攻撃し，アヘン戦争が起こった。

イ　Hさんは，アヘン戦争が日本に与えた影響について調べ，次のようにまとめた。次のページのHさんのまとめが正しいものとなるように，（え）にあてはまる法令の名称を答えなさい。

Hさんのまとめ

> アヘン戦争で中国が敗れたことを知った江戸幕府は，日本に接近してくる外国船に対する方針を定めた（　え　）を継続すると，外国との紛争をまねくおそれがあると判断し，この方針を転換した。

4　次は，Yさんが作成した山口県の産業に関するレポートである。これについて，あとの(1)～(5)に答えなさい。

〈幕末〉

・　①開国後，西洋の進んだ技術や文化を学ぶために，長州藩の若い藩士が留学した。

〈明治時代〉

・　繊維業の育成振興がはかられ，技術を学ぶために，②山口県の若者が官営模範工場に派遣された。

・　工業化の進展により石炭鉱業がさかんになった。

　→③無煙炭の炭鉱会社が設立され，1904年には海軍省によって買いあげられた。

〈大正時代・昭和初期〉

・　④第一次世界大戦の影響を受けて大戦景気をむかえ　山口県の産業も繁栄した。

・　工業地帯の形成が本格化し，セメント産業や化学工業，石炭鉱業などが発展した。

〈第二次世界大戦後〉

・　戦後，工場の誘致が行われ工業化が進んだ。

・　⑤世界的なエネルギー革命の影響を受けて，山口県でも，産業構造の転換がはかられた。

(1)　下線部①について，Yさんは，ペリー艦隊が日本に開国を要求した理由について，資料Ⅰ，資料Ⅱを用いて考察した。次のページのYさんの考察の［あ］，［い］にあてはまる語句の組み合わせとして最も適切なものを，あとの1～4から選び，記号で答えなさい。

資料Ⅰ　アメリカから日本へ向かう航路の比較

［新航路］…太平洋を横断する航路が実現すれば，蒸気船で，18日間で日本へ到着する。

［ペリーの航路］…2週間以上かけて大西洋をわたり，その後，約7か月かけて日本へ到着した。

資料Ⅱ　Yさんがまとめた，1851年のアメリカ国務長官の主張

・　大統領の考えは，カリフォルニアから中国へ太平洋を横断する蒸気船の航路を早期に確立することである。
・　その航路をアジア貿易に関心のあるわが国の商人たちに提供するための計画を進めなければならない。
・　この計画を進めるためには，わが国の蒸気船が往復の航海で必要とする石炭を，日本の国民から購入できる許可を得ることが望ましい。

Yさんの考察

アメリカが日本へ開国を迫ったのは，日本開国後に，［あ］ことを望み，日本をその航路の中継地や［い］にしたいと考えたからではないか。

1　あ－キリスト教を広め，アジアの香辛料を直接手に入れる　い－燃料用石炭の補給地
2　あ－キリスト教を広め，アジアの香辛料を直接手に入れる　い－燃料用石炭の輸出先
3　あ－ヨーロッパ諸国よりも有利にアジア貿易を行う　い－燃料用石炭の補給地
4　あ－ヨーロッパ諸国よりも有利にアジア貿易を行う　い－燃料用石炭の輸出先

(2)　下線部②について，図Ⅰは山口県の若者も派遣された官営模範工場で，1872年に群馬県に設立されたものである。この官営模範工場を何というか。答えなさい。

図Ⅰ

(3)　下線部③について，Yさんは，この炭鉱会社が海軍省によって買いあげられた背景に日露戦争の影響があることを知り，日露戦争が国内外に与えた影響について調べ，メモを作成した。（う）にあてはまる人物と，（え）にあてはまる条約の名前をそれぞれ答えなさい。

メモ

日露戦争の勝利は，のちに三民主義を発表し，中華民国を建国した（　う　）などに影響を与えた。一方，国内では，（　え　）で賠償金を得られなかったことから国民の不満が爆発し，日比谷焼き打ち事件などの暴動が起こった。

(4)　下線部④に関連して，次のア，イに答えなさい。

ア　次の１～３は，第一次世界大戦以降のできごとである。１～３のできごとを，年代の古い順に並べ，記号で答えなさい。

1　アジア・太平洋地域の国際体制について話し合うため，ワシントン会議が開かれた。
2　ドイツで，ファシズムをかかげる政党が民衆の支持を得て，初めて第一党となった。
3　世界恐慌のきっかけとなる株価の大暴落が，アメリカで起こった。

イ　大戦景気中の1917年に，山口県の生産物の総額は大幅な伸びを示したが，そうした好況下においても労働争議は発生した。そのことに疑問をもったYさんは，表Ⅰ，表Ⅱを見つけた。表Ⅰ，表Ⅱを参考にして，好況下の山口県で労働争議が発生した理由を説明しなさい。

表Ⅰ　山口県の品目別物価上昇率（1917年）

品目	米	牛肉	野菜	塩
前年比上昇率	47%	77%	57%	35%

（山口県史により作成）

表Ⅱ　山口県のある地域における工場労働者の賃金上昇率（1917年）

	工場労働者の賃金
前年比上昇率	7％

（山口県史により作成）

(5) 下線部⑤に関連して，日本では，おもに高度経済成長期に石炭から石油へのエネルギー源の転換が進んだ。高度経済成長期の日本で起こったできごととして正しいものを，次の１～４から一つ選び，記号で答えなさい。

1　日本初の女性国会議員の誕生　　2　サンフランシスコ平和条約の締結
3　環境庁の設置　　4　55年体制の崩壊

5 次は，Ｋさんが日本政府のおもな役割について調べたことをまとめたノートの一部である。これについて，あとの(1)~(7)に答えなさい。

Ｋさんのノートの一部

《日本政府のおもな役割》

政治的な役割	経済的な役割	国際社会における役割
・国民を尊重し，①人権保障の実現をめざす。 ・三権（立法，行政，②司法）のうち，行政を担当する。	・③景気の安定をはかる。 ・市場経済の公正さを保つ。（例：④労働者の保護など） ・⑤社会保障制度を整備する。	・⑥国際社会の課題の解決をめざし，⑦国際連合などの国際機関と協力して活動する。

(1) 下線部①に関連して，次のア，イに答えなさい。

ア　図Ⅰで表される，人権保障の実現のために欠かせないしくみを，「人の支配」に対して何というか。答えなさい。

イ　日本国憲法で保障されている社会権に含まれる権利を，次の１～４から一つ選び，記号で答えなさい。

1　請願権　　2　裁判を受ける権利
3　財産権　　4　勤労の権利

図Ⅰ

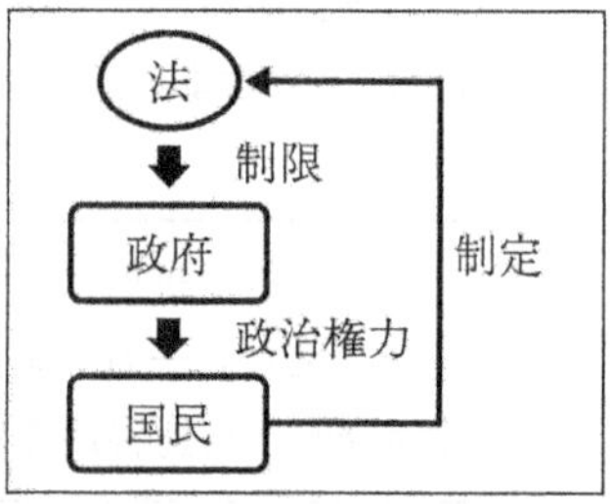

(2) 下線部②に関連して，次のＸ，Ｙは，裁判員制度のしくみに関して述べたものである。Ｘ，Ｙについて，その正誤の組み合わせとして正しいものを，下の１～４から一つ選び，記号で答えなさい。

Ｘ　制度の対象となるのは，重大な犯罪についての刑事裁判の第一審である。
Ｙ　有罪の場合，どのような刑罰を科すかという判断に，裁判員は加わらない。

1　Ｘ－正　Ｙ－正　　2　Ｘ－正　Ｙ－誤
3　Ｘ－誤　Ｙ－正　　4　Ｘ－誤　Ｙ－誤

(3) 下線部③に関連して，政府は日本銀行と協調して景気の安定をはかっている。次の文は，不景気のときに日本銀行が行う金融政策について説明したものである。文中の［あ］に適切な内容をおぎない，説明文を完成させなさい。

> 景気が悪くなると，日本銀行は，一般の金融機関から［あ］ことによって，世の中に出回るお金の量を増やそうとする。

(4)　下線部④に関連して，右の文は，労働基準法第32条の一部である。文中の（い），（う）にあてはまる数字をそれぞれ答えなさい。

> 第32条①　使用者は，労働者に，休憩時間を除き１週間について（　い　）時間を超えて，労働させてはならない。
> ②　使用者は，１週間の各日については，労働者に，休憩時間を除き１日について（　う　）時間を超えて，労働させてはならない。

(5)　下線部⑤に関連して，Ｋさんは，社会保障制度について詳しく調べるために，関係する本を書店で購入した。これについて，次のア，イに答えなさい。

ア　図Ⅱは，書店でのＫさんの行動を順に示したものである。図Ⅱにおいて，本の売買契約が成立したのはどの段階か。図Ⅱ中の１～４から一つ選び，記号で答えなさい。

図Ⅱ

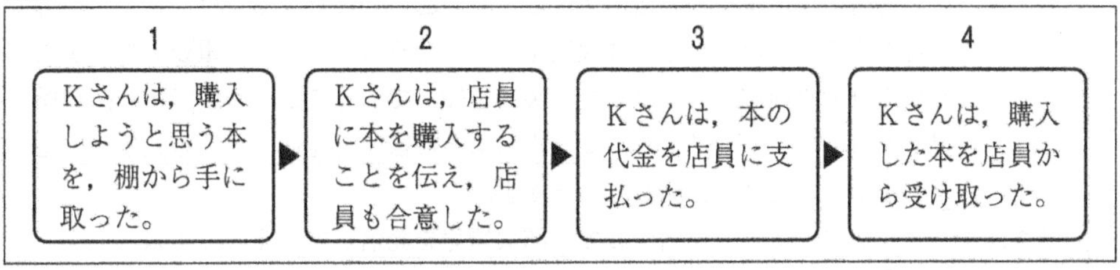

イ　Ｋさんは，購入した本に掲載されていた図Ⅲ，図Ⅳをみながら，Ｌさんと下のような会話をした。会話文の内容が，図Ⅲ，図Ⅳから読み取れる内容をふまえたものとなるように，［え］，［お］に適切な語句をそれぞれおぎない，文を完成させなさい。

図Ⅲ　日本の国民負担率の推移

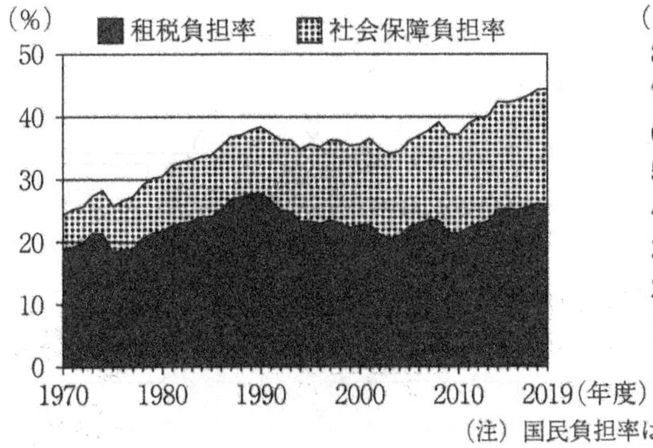

図Ⅳ　国民負担率の国際比較（2019年）

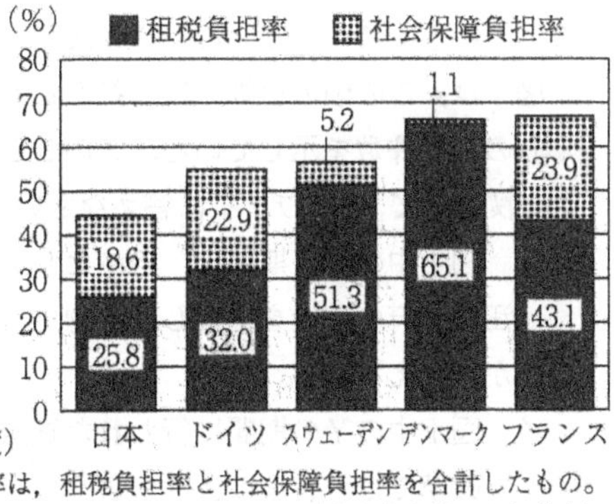

（注）国民負担率は，租税負担率と社会保障負担率を合計したもの。
（財務省資料により作成）

Ｋさん：　2019年度の日本の国民負担率は，1970年度に比べると［　え　］ことがわかるね。

Ｌさん：　そうだね。国民負担率の内訳をみると，スウェーデンやデンマークは他の国に比べて，［　お　］ことがわかるよ。

(6)　下線部⑥に関連して，発展途上国などにおいて，所得の低い人々が事業を始める際，金融機関が少額のお金を貸し出すしくみを何というか。答えなさい。

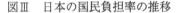

(7) 下線部⑦に関連して，安全保障理事会において，ある重要な決議案への投票結果が表Ⅰのようになった場合，賛成多数でも決議案が否決される。それはなぜか。簡潔に述べなさい。

表Ⅰ

賛成	常任理事国	4か国
	非常任理事国	9か国
反対	常任理事国	1か国
	非常任理事国	1か国

6 次は，防災についてのSさんと先生との会話である。これを読んで，あとの(1)～(4)に答えなさい。

Sさん： 今日は，①江戸時代に起こった災害について学習しましたが，災害への備えとして，どのようなことを心がける必要があるのでしょうか。

先　生： 災害時には，国や地方自治体による（ **あ** ）にたよるだけでなく，自分で自分の身を守る（ **い** ）や，住民同士で助け合う（ **う** ）が重要です。また，ふだんから身近な地域で起こりやすい災害を知っておくことも必要です。山口県では，県や市町のウェブサイトで，②災害による被害の可能性や　災害発生時の避難場所などを示した地図を公開していますよ。

Sさん： ③インターネットを活用して　防災情報を発信しているのですね。

(1) 文中の（**あ**）～（**う**）に入る語の組み合わせとして正しいものを，次の1～6から一つ選び，記号で答えなさい。

1 **あ**－共助 **い**－自助 **う**－公助　　2 **あ**－共助 **い**－公助 **う**－自助
3 **あ**－自助 **い**－共助 **う**－公助　　4 **あ**－自助 **い**－公助 **う**－共助
5 **あ**－公助 **い**－共助 **う**－自助　　6 **あ**－公助 **い**－自助 **う**－共助

(2) 下線部①について，1783年の浅間山の噴火などを原因として，「天明のききん」が起こった。図Ⅰは，この頃の百姓一揆と打ちこわしの発生件数を示している。このことに関連して，次のア，イに答えなさい。

図Ⅰ

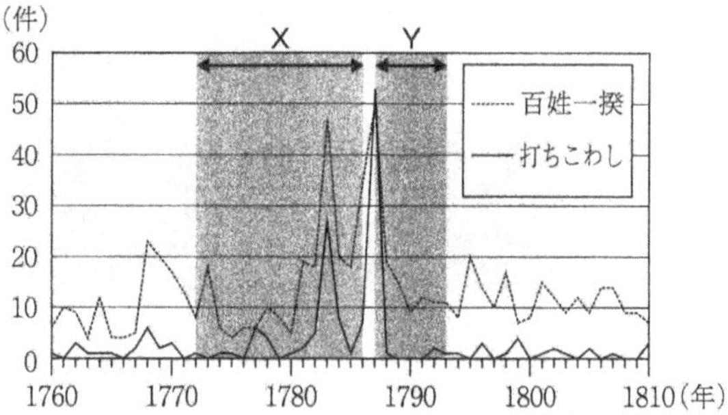

(百姓一揆総合年表により作成)

ア 図Ⅰ中の**X**の期間に，老中として江戸幕府の政治を主導した人物は誰か。答えなさい。

イ 図Ⅰ中の**Y**の期間に行われた寛政の改革では，各地に図Ⅱのような倉が設置された。次の文が，その目的を説明したものとなるように，図Ⅰから読み取れる内容をふまえ，[え]，[お]に適切な語句をそれぞれおぎない，文を完成させなさい。

図Ⅱ

> 1780年代には，「天明のききん」の発生により，[　え　]。そのため，寛政の改革では，各地に倉を設置し，[　お　]ことできさんに備えた。

(3)　下線部②について，各自治体が作成している，このような地図を何というか。答えなさい。

(4)　下線部③に関連して，次のア，イに答えなさい。

ア　家電製品や自動車など，さまざまなものがインターネットでつながることを何というか。次の１～４から一つ選び，記号で答えなさい。

１　AI　　２　IoT　　３　SNS　　４　VR

イ　すべての年代に防災情報が行き届くようにするために，自治体などが情報を発信する際に，どのようなことに注意する必要があるか。図Ⅲから読み取れることをふまえて，説明しなさい。

図Ⅲ　年代別インターネット利用率（2021年）

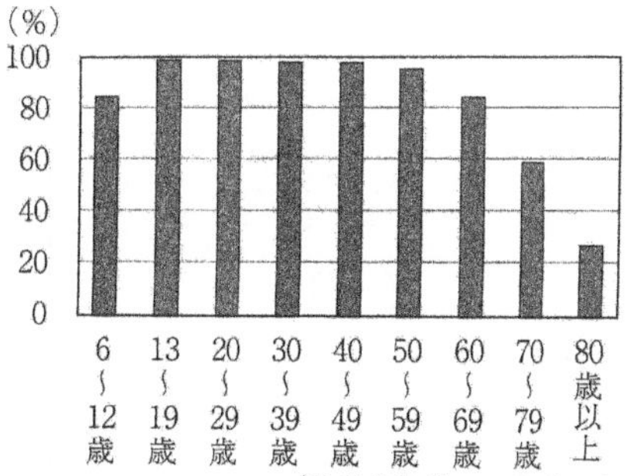

（総務省資料により作成）

案A

みんなの力を合わせよう！

案B

一人ひとりが輝こう！

注意

○　氏名は書かずに、1行目から本文を書くこと。
○　原稿用紙の使い方に従って、8行以上12行以内で書くこと。
○　段落は、内容にふさわしく適切に設けること。
○　読み返して、いくらか付け加えたり削ったりしてもよい。

㈠　【発表原稿の一部】の〰〰部の効果について説明したものとして最も適切なものを、次の1～4から選び、記号で答えなさい。

1　聞き手に考えさせることで発表内容に関心を持たせる効果。
2　一般的だとされる行動が誤りであることを検証する効果。
3　聞き手が発表内容を理解しているかどうかを確認する効果。
4　聞き手の視点を変えて調査方法への興味を持たせる効果。

㈡　Aさんのグループでは、発表原稿の内容の確認を行った。その際、Bさんが【発表原稿の一部】の——部について次のような【指摘】を行い、推敲を行うこととした。あとの【推敲文】の□に入る適切な内容を、二十五字以内で答えなさい。

【指摘】

「納得できます」とありますが、その根拠が示されていないために、話を聞いている人の中には、なぜそのように言うのか、分からない人もいるのではないでしょうか。

【推敲文】

この結果については、データ3をみると、□ことが分かるので、納得できます。

㈢　【発表原稿の一部】の□に入る適切な内容を、「信頼度」という言葉を用いて答えなさい。

五　次の㈠～㈢に答えなさい。

㈠　次の1～5について、——部の漢字は読み仮名を書き、片仮名は漢字に改めなさい。

1　彼が研究チームを率いるリーダーだ。
2　あの神社の境内には大きな木がある。
3　テッキョウまで川沿いを散歩する。
4　地図をシュクショウして印刷する。
5　ケワしい山道を登って頂上をめざす。

㈡　次の1～4の四字熟語について、══部の片仮名を漢字に改めたとき、他と異なる漢字になるものを一つ選び、記号で答えなさい。

1　タイ器晩成　　2　タイ願成就
3　タイ義名分　　4　タイ然自若

㈢　次の和歌を読んで、あとのア、イに答えなさい。

こずゑには吹くとも見えで《見えないで》桜花かほるぞ風のしるしなりける《風が吹いている証拠なのだなあ》

源《みなもとの》　俊頼《としより》

（「金葉和歌集《きんようわかしゅう》」から）

ア　「こずゑ」を現代仮名遣いで書き直しなさい。

イ　「風のしるしなりける」とあるが、何が「風のしるし」なのか。現代語で答えなさい。

六　ある中学校で、体育祭のスローガンを決めることになった。スローガンの候補は、次の案Aと案Bである。あなたは、どちらのスローガンがよいと考えるか。あなたの考えを、次の二つの条件とあとの注意に従って書きなさい。

条件
①　案A、案Bのどちらか一つを選ぶこと。
②　①で選んだものについて、よいと考えた理由を書くこと。

【資料】

メディアの利用の仕方について考えよう

令和3年度「情報通信メディアの利用時間と情報行動に関する調査」（総務省）から作成

データ１「いち早く世の中のできごとや動きを知る」ときに利用するメディア

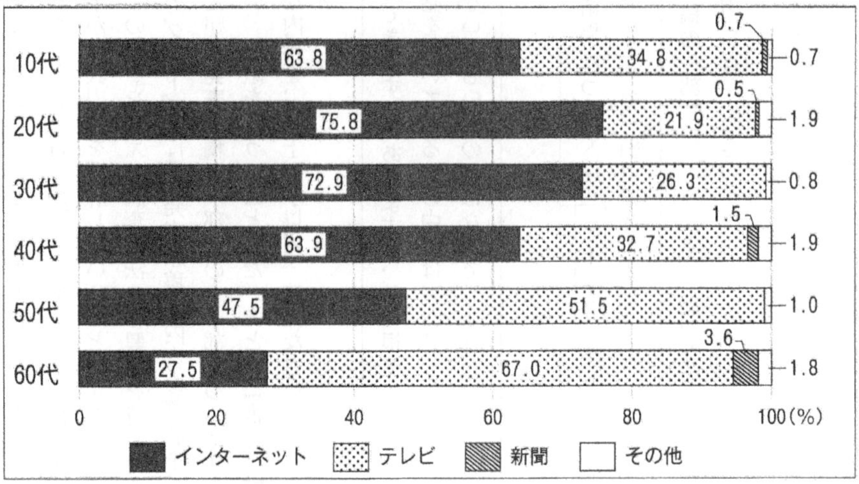

データ２「世の中のできごとや動きについて信頼できる情報を得る」ときに利用するメディア

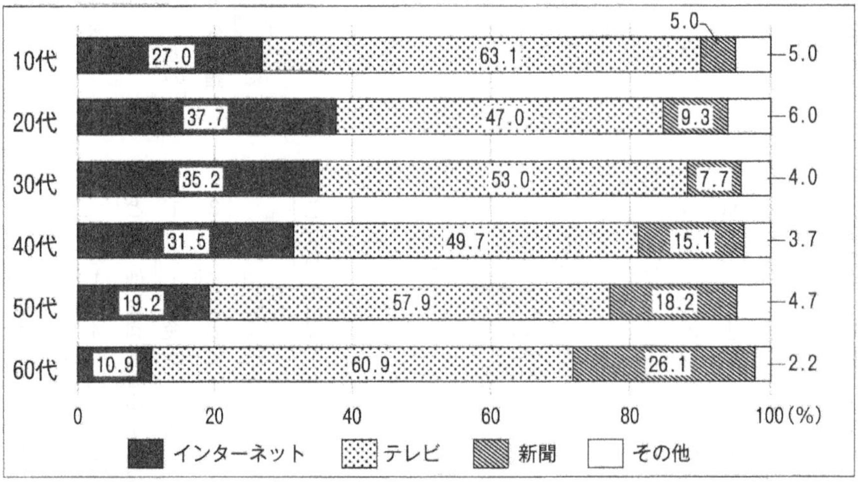

データ３　各メディアの信頼度※　　（数字は%）

	インターネット	テレビ	新聞
10代	31.2	70.2	66.0
20代	25.6	46.0	49.3
30代	25.5	55.9	51.4
40代	30.9	55.2	60.8
50代	31.6	66.3	69.4
60代	24.3	69.9	77.2

※　各メディアの信頼度
　それぞれのメディアについて「どの程度信頼できる情報があると考えているか」という質問に対し、「全部信頼できる」、「大部分信頼できる」と回答した割合のこと。

(三) 次の会話は、右の漢文を学習した際の、**A**さんと**B**さんのやりとりである。[Ⅰ]、[Ⅱ]に入る適切な内容を答えなさい。なお、[Ⅰ]には十字以内の現代語で答え、[Ⅱ]には書き下し文中から十五字以内で書き抜いて答えなさい。

Aさん　「論者」は、「性」は「善」、「情」は「悪」と言っています。「性」と「情」は全く別のものだと考えているようですね。

Bさん　そうですね。それに対し、筆者は「論者」の考えを批判した上で、「性」は「喜怒哀楽好悪欲」が心の中にある状態、「情」は「喜怒哀楽好悪欲」が[Ⅰ]状態だと説明しています。

Aさん　そのことについてですが、筆者が「性」と「情」を区別して説明しているので、私は、筆者も「論者」と同様に、「性」と「情」を別のものとして考えているような気がしました。それなのに、「性情は一なり」と述べているのは、どうしてでしょうか。

Bさん　たしかに、筆者は「性」と「情」を区別して説明をしていますね。しかし、「[Ⅱ]」と述べているので、「性」と「情」を切り離すことができない一体のものとして捉えていることが分かります。「性情は一なり」という言葉は、そのことを強調しているものだと考えられます。

四　次は、「メディアの利用の仕方」をテーマとして調べ学習を行ったAさんのグループが、発表をする際に用いる**【資料】**(次のページ)と**【発表原稿の一部】**である。よく読んで、あとの(一)~(三)に答えなさい。

【発表原稿の一部】

みなさんは世の中のできごとや動きを知りたいと思ったとき、どのようにして情報を得ていますか。そのときに、信頼できる情報を得るためにどのようなことを心がけていますか。私たちはメディアの利用の仕方について、信頼度に注目して調べてみました。

[データ1]からは、いち早く世の中のできごとや動きを知るとき、四十代以下の世代では、インターネットを利用する割合が過半数に達していることが分かります。しかし、[データ2]を見ると、世の中のできごとや動きについて信頼できる情報を得るときには、すべての世代でインターネットを利用する割合が低くなっています。この結果については、[データ3]を見ると納得できます。インターネットは出所が定かではない情報も混在しており、そのことが信頼度に影響していると、私たちは考えています。

[データ2]と[データ3]との比較からは、他にも気になることがあります。それは、各メディアに対する信頼度と実際に利用する割合との関係です。[データ2]を見ると、信頼できる情報を得るときにテレビを利用する割合は、すべての世代で、インターネットを利用する割合よりも高くなっているのに対し、新聞を利用する割合は、六十代を除き、インターネットを利用する割合よりも低くなっています。つまり、[　]ことが分かります。このことから、私たちは、信頼できる情報を得るために適切にメディアを利用できているのか、振り返る必要があるのではないかと考えました。

(二) 「私なりに」は、どの言葉を修飾しているか。最も適切なものを、次の1～4から選び、記号で答えなさい。

1 含んでいる　2 意味合いを
3 含んだ表現を　4 考えてみました

(三) 「噛み砕いて」のここでの意味として最も適切なものを、次の1～4から選び、記号で答えなさい。

1 分かりやすくして　2 何度も考察して
3 細かく分析して　4 関係を踏まえて

(四) 「まもる・つくる・つなげる」とあるが、それぞれの言葉について、筆者はどのような説明の仕方をしているか。最も適切なものを、次の1～4から選び、記号で答えなさい。

1 「まもる」と「つくる」は、その対象を有形のものに限定して実践事例を中心に説明し、「つなげる」は、その対象を無形のものに限定して抽象的なイメージを中心に説明している。
2 「まもる」と「つくる」は、それぞれ具体的な事例を二つの観点で整理して説明し、「つなげる」は、定義を明確にした上で、今後の課題を二つの観点で整理して説明している。
3 「まもる」と「つくる」は、それぞれ二通りの漢字表記をもとに内容を説明し、「つなげる」は、熟語を一つ加えることにより、その内容に広がりをもたせながら説明している。
4 「まもる」と「つくる」は、今後の社会に必要なことを個人的な見解に基づいて説明し、「つなげる」は、社会集団の形成過程について、歴史的な見解に基づいて説明している。

(五) 次の文が、筆者がサステイナビリティの和訳を「まもる・つくる・つなげる」とした理由をまとめたものとなるよう、Ⅰ には文章中から二十字以上二十五字以内の表現を書き抜いて答え、Ⅱ には適切な内容を四十字以内で答えなさい。

サステイナビリティの和訳を「まもる・つくる・つなげる」としたのは、この和訳が、Ⅰ を着実に踏まえた表現である上に、Ⅱ ことが期待できるためである。

三 次の漢文の書き下し文を読んで、あとの(一)～(三)に答えなさい。

性情《せいじやう》は一《いつ》なり。世に論者《弁論家》有りて曰《いは》く、「性は善にして、情は悪なり。」と。是《こ》れ徒《た》だに《これはただ》性情の名を識《し》るのみにして、性情の実《実質》を知らざるなり。喜怒哀楽好悪《きどあいらくかうを》欲《よく》の、未《いま》だ外に発せずして、心に存するは性なり。喜怒哀楽好悪欲の、外に発して行ひ《行動》に見《あらは》るるは情なり。性は情の本《もと》《本体》、情は性の用《働きである》なり。故に吾《われ》曰く、「性情は一なり。」と。

(「唐宋八大家文読本《とうそうはちたいかぶんとくほん》」から)

(一) 「世に論者有りて曰く」は、「世有論者曰」を書き下し文に改めたものである。書き下し文を参考にして「世ニ有リテ論 者 曰ク」に返り点を補いなさい。

(二) 「名を識るのみにして」のここでの内容として最も適切なものを、次の1～4から選び、記号で答えなさい。

1 名声を知っているだけで　2 うわべを分かっているだけで
3 評判を聞いているだけで　4 呼び名を示しているだけで

二　次の文章は、サステイナビリティの和訳について述べたものである。これを読んで、あとの㈠～㈤に答えなさい。

和訳を考える際には、まずは訳そうとしている概念の意味するところや細かなニュアンスを、誰にとってもわかりやすい言葉で説明できる必要があります。サステイナビリティがもともと含んでいる意味合いを取りこぼさないようにしながら日本語で説明するとしたら、どのような表現があるでしょうか。私なりに、サステイナビリティと持続可能な開発の概念が含んでいる「ある物や事を下から支え続けながら、次世代に手渡していく」という意味合いを含んだ表現を考えてみました。a色々な表現を検討しながらも、本章を書いている今日のところまでいちばん納得感があるのが、次の表現です。

サステイナビリティとは、今日まで私たちの社会のなかで大事にされてきたことをまもりながら、これから新しく私たちの社会のなかでb大切にされてほしいことをcきちんと大切にできるような仕組みをつくり、さらにそのような考え方を次世代につなげる、という考え方のこと。

サステイナビリティをこのようにとらえ直し、再定義した上で、ではその新しい和訳を考えてみると、それは「まもる・つくる・つなげる」がよいのではないかと考えています。

ここでの「まもる」は、「守る」であり「護る」です。これまで私たちの社会のなかで大切にされてきた物事や価値観を守り保全しながら、外から害を受けないようにかばい保護することです。これには自然環境や遺産など有形のものも、それぞれの地域の風土に根ざした※民俗芸能や信仰、※伝統知のdような無形のものも含まれます。「つくる」は、「作る」であり「創る」です。物理的なものや仕組みを作ることであり、アイデアや価値を創ることです。これには、低炭素社会への転換を図るために必要な環境技術の開発や、我々の社会に生まれる全ての子どもたちが毎日栄養のある食事を取ることができ、質のe高い教育を受けることができるようにするための仕組みというようなものも含まれます。

そして「つなげる」は、「繋《つな》げる」であり「継承（継いで承る）」です。人々がつながって「私たち」という共同的な主語を持つことであり、世代を超えたつながりを意味します。ここでのつなげるは、これまで私たちが社会としてまもってきたこと、これからの世の中をよりf良くするために新しくつくったことを、将来世代へと手渡していくことです。

こうしてサステイナビリティを「まもる・つくる・つなげる」ととらえると、いずれもが日常会話のなかでも頻繁に使う動詞ですから、より社会に広く浸透しやすくなるでしょう。また、これまで「持続可能な開発」と言われてきたものについても「まもり、つくり、次世代につなげる開発」と表現してみてもよさそうです。表現としてやや長いのがネックかもしれませんが、その場合には、「持続可能性とは、まもり、つくり、つなげることだよ」というように、難しい言葉をその意味を嚙《か》み砕いて子どもに教えるときのように、持続可能性の副題として使ってみるとよいと思います。

（工藤尚悟《くどうしょうご》「私たちのサステイナビリティ――まもり、つくり、次世代につなげる」から）

（注）※民俗芸能＝民間の習慣や信仰などに根ざして伝承されてきた芸能。
※伝統知＝地域において受け継がれてきた伝統的な知識や知恵。

㈠　「細かな」と同じ品詞であるものを、文章中の＝＝部a～fから二つ選び、記号で答えなさい。

「それなら、ぼくにも可能性はありますか？」

「あるかもしれません。もしあなたの志が一時的なものでなく本物であれば、可能性は十分にあります」

「そうですか！　あの、師匠が宮大工になったきっかけはどういうものだったんですか？　もしかして、代々※法隆寺の宮大工さんのお家《うち》なんですか？」

師匠は少し間をおいて、ほほえみながら首をふった。

「実は、わたしは関東の出身です。高校生のときに、修学旅行先の奈良の法隆寺を見て一目ぼれし、それからしつこく弟子入りを申しこみましたがことわられ、高校卒業後は他の宮大工のもとで修業してから、再度法隆寺の宮大工の※棟梁《とうりょう》に頼みこんで、弟子入りさせていただいたんですよ」

ああ、この師匠もそうだったのか！

「それじゃ、あの、師匠もたったの数時間で人生を決めちゃったんですね？」

うっかり本音が出てしまった。

師匠はクスクス笑ってうなずいた。

「そうですね。人生にはそういうこともあるわけです。天命、といいますか」

それから圭人と師匠は、三十分ぐらいしゃべった。歩は圭人のとなりで、ただだまって聞いていた。

（佐藤《さとう》まどか「スネークダンス」から）

（注）※宮大工＝神社・仏閣に携わる大工。　※クリエイティビティ＝創造性。
※法隆寺＝奈良にある木造建築の寺。　※棟梁＝大工を束ねる親方。

（一）「度」を楷書《かいしょ》で書いたときの総画数は何画か。数字で答えなさい。

（二）「写真」と同じ構成（組み立て）の熟語を、次の1〜4から一つ選び、記号で答えなさい。

1　花束　2　保温　3　救助　4　日没

（三）「見せ」の終止形を答えなさい。

（四）文章中の［　］に入る表現として最も適切なものを、次の1〜4から選び、記号で答えなさい。

1　もやもやと　2　しげしげと
3　こそこそと　4　すらすらと

（五）「それなら、ぼくにも可能性はありますか？」とあるが、なぜ「圭人」はそのような質問をしたのか。次の文がその説明となるよう、［　］に入る適切な内容を、「スケッチ」という言葉を用いて五十字以内で答えなさい。

「師匠」の講演を聞いて、宮大工になりたいと思った「圭人」は、［　］ことに気づき、自分にも宮大工になるために必要なものが備わっているのではないかと感じ、「師匠」にそれを確かめたいと考えたから。

（六）「人生にはそういうこともあるわけです」とあるが、「そういうこと」の指す内容は何か。二十字以内で答えなさい。

（七）右の文章中に見られる表現の特徴として最も適切なものを、次の1〜4から選び、記号で答えなさい。

1　「圭人」と「師匠」の会話を中心に場面を描写することで、対立する二人の緊張感が表現されている。

2　「師匠」や「圭人」が回想した内容を詳しく描写することで、場面の情景が重なり合って表現されている。

3　会話以外の部分で「圭人」の内面を描写することで、「圭人」の心情の変化が生き生きと表現されている。

4　「師匠」の笑っている様子を繰り返し描写することで、「師匠」の宮大工としての威厳が表現されている。

＜国語＞

時間　五〇分　満点　五〇点

一　イタリアのローマで生まれ育った「圭人《けいと》」は、古い町並みに魅力を感じ、それをスケッチすることを日常としていた。東京に移り住んでからもスケッチを続けていた「圭人」は、ある日、友人の「歩《あゆむ》」に誘われて※宮大工の「師匠《ししょう》」の講演会に参加した。次の文章は、講演後に「師匠」に話しかけた「圭人」が、自分のスケッチを見てもらっている場面である。よく読んで、あとの㈠～㈦に答えなさい。

「きみは、ローマに住んでいたのですね？」

びっくりした。

「え、どうしてわかるんですか？　写真を見て描いたとか、旅行で行ったとかじゃなくて、どうして住んでいたとわかるんですか？」

ふふっと、師匠がほほえんだ。

「なんというか、きみのスケッチには、執念のようなものがあるからね。いい意味でね」

「え、そうですか？」

「旅先でさらっとスケッチしたり、ネットで拾った写真を見て描いたりしても、こんな風には描けないでしょう。また、自らの※クリエイティビティを出そうと思って描こうとしても、こうはならないでしょう。これらのスケッチには、描く対象に対するあなたの多大なる敬意が表れている。それは、見ればわかりますよ」

返事ができなかった。

伝わっている。ぼくがなぜスケッチしていたか、この人には、ぼくの想いが伝わっているんだ。

師匠がページをめくっていき、歩の家の一角のスケッチを見ている。圭人は、今にも泣きだしそうなのを、やっとこらえている。

師匠は大きくうなずいてから、スケッチブックを閉じて、返してくれた。

「ありがとう。いいものを見せてもらいました」

圭人は深々と頭を下げた。

「師匠、あの……」

「なんでしょう」

「ぼくは今日、とても感動して……もしかすると、ぼくのやりたいものはこういうことだったんじゃないかって思ったんです」

「と、言いますと？」

「あの、宮大工になって、歴史的建造物を守っていくということです」

□　そんな言葉が口から出て、自分でもびっくりした。

「おい、そんなにいきなりか？」と、歩がひそひそ声でささやいた。

師匠はしばらくだまって、圭人を見つめていた。

「わたしの講演を聴いて、急に宮大工になりたいと思ったのですか？」

「はい。そういうのって、いけないのでしょうか」

師匠はクスッと笑った。

「きみは中学生？　高校生？」

「中学二年生です」

「そうですか。まだお若いですね。たったの一時間半で将来を決めるのは、性急かもしれません」

「……はい。でも、あの、宮大工になるには、なにか特別な才能が必要でしょうか？」

「うーん。情熱と執念、そして敬意でしょうか」

MEMO

大切なことはメモしておこうネ！

2023年度

解　答　と　解　説

《2023年度の配点は解答用紙集に掲載してあります。》

＜数学解答＞

1　(1)　-2　(2)　$\frac{1}{6}$　(3)　$32x-28$　(4)　3　(5)　$1+4\sqrt{6}$

2　(1)　$x=0,\ 4$　(2)　31度　(3)　ア　-8　イ　0　(4)　70回

3　(1)　$20a+51b<180$　(2)　式 $\begin{cases} x+y=200 \\ 0.3x+0.7y=80 \end{cases}$

カカオ含有率30％のチョコレートの重さ　150g

カカオ含有率70％のチョコレートの重さ　50g

4　(1)　エ　(2)　解説参照

5　(1)　ウ　(2)　解説参照

6　(1)　93　(2)　解説参照

7　(1)　右図　(2)　解説参照

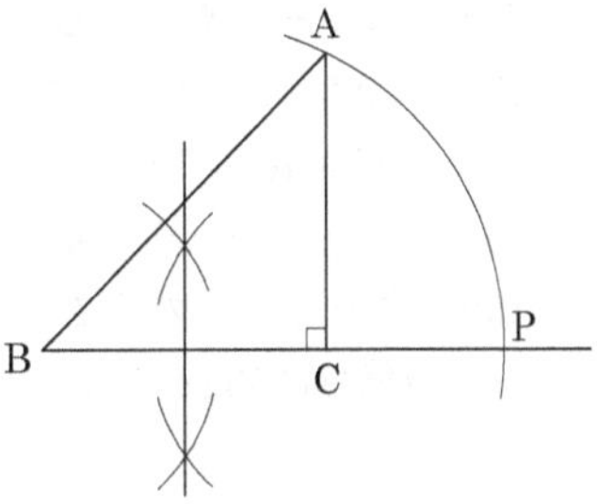

8　(1)　ア　(2)　$y=\frac{1}{2}x+\frac{11}{2}$

9　(1)　$\frac{120}{a}$(分)　(2)　$\frac{4}{3}\sqrt{5}$ m

＜数学解説＞

1　(数・式の計算，式の展開)

(1)　**(－)÷(＋)→(－)**となるので，$(-8)\div4=-(8\div4)=-2$

(2)　$\frac{5}{2}+\left(-\frac{7}{3}\right)=\frac{15}{6}+\left(-\frac{14}{6}\right)=\frac{1}{6}$

(3)　$4(8x-7)=4\times8x+4\times(-7)=32x-28$

(4)　$3a+b$に$a=-2$，$b=9$を代入すると，$3\times(-2)+9=-6+9=3$

(5)　**乗法公式$(x+a)(x+b)=x^2+(a+b)x+ab$**より，$(\sqrt{6}-1)(\sqrt{6}+5)=(\sqrt{6})^2+(-1+5)\times\sqrt{6}-1\times5=6+4\sqrt{6}-5=1+4\sqrt{6}$

2　(二次方程式，円，変域，資料の散らばり・代表値)

(1)　$(x-2)^2-4=0$　$(x-2)^2=4$　$x-2=\pm2$　$x=\pm2+2$　$x=0,\ 4$

(2)　右図1のように，円周上の点をA，B，C，Dと置く。点Cを含まない$\overset{\frown}{AB}$に対する円周角の定理より，$\angle ACB=\angle ADB=62°$となる。三角形の内角の和は180°なので，$\angle x=180°-(87°+62°)=31°$

図1

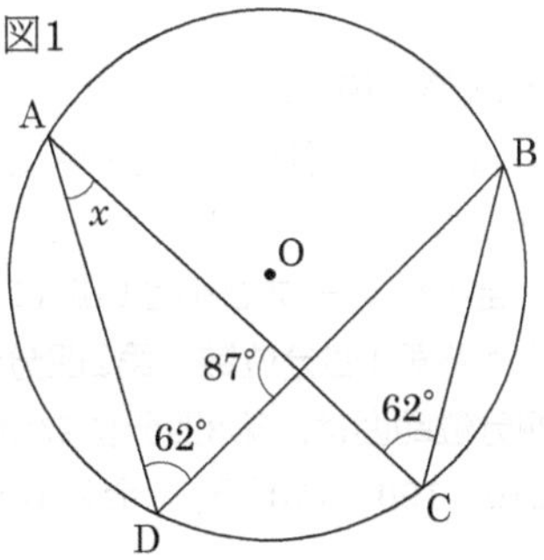

図2

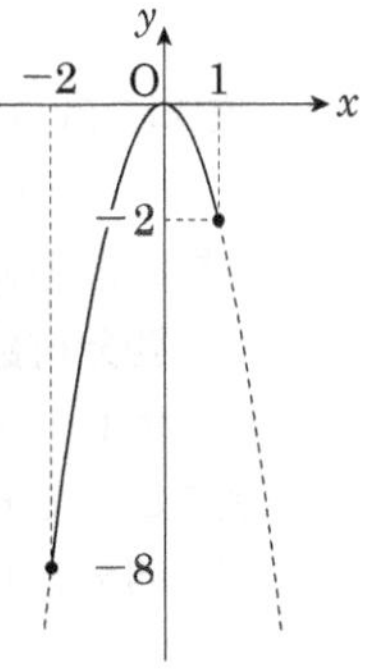

(3)　$y=-2x^2$について，xの変域が$-2\leqq x\leqq1$のときのグラフは右図2になる。$x=-2$のときyの値は最小となり，$y=-2\times(-2)^2=-8$，$x=0$のときyの値は最大と

なり，$y=-2\times0^2=0$になる。よって，yの変域は$-8\leqq y\leqq0$となる。

(4)　**度数分布表**から**最頻値**を求める場合には，最も度数の多い階級の階級値を求めればよい。最も度数の多い階級は60回以上80回未満の階級であるため，階級値は$\dfrac{60+80}{2}=70$となり，1日の閲覧数の最頻値は70(回)となる。

3　**(不等式，方程式の応用)**

(1)　1個あたりのエネルギーが20kcalのスナック菓子a個のエネルギーは，20(kcal)×a(個)＝$20a$(kcal)…①　1個あたりのエネルギーが51kcalのチョコレート菓子b個のエネルギーは，51(kcal)×b(個)＝$51b$(kcal)…②　①と②のエネルギーの総量が180kcalよりも小さいから，この数量の関係は$20a+51b<180$である。

(2)　カカオ含有率30％のチョコレートxgと，カカオ含有率70％のチョコレートygを混ぜて200gのチョコレートをつくるので，$x+y=200$…①　カカオ含有率30％のチョコレートのカカオの重さは$x\times0.3=0.3x$(g)，カカオ含有率70％のチョコレートのカカオの重さは$y\times0.7=0.7y$(g)，カカオ含有率40％のチョコレートのカカオの重さは$200\times0.4=80$(g)となるので，$0.3x+0.7y=80$…②　①×3－②×10より，$-4y=-200$　$y=50$…③　③を①に代入して，$x+50=200$　$x=150$。よって，カカオ含有率30％のチョコレートの重さは150g，カカオ含有率70％のチョコレートの重さは50gとなる。

4　**(平面図形の面積，相似な図形の体積比)**

(1)　Aのおうぎ形の面積は$\pi\times6^2\times\dfrac{60^\circ}{360^\circ}=\pi\times36\times\dfrac{1}{6}=6\pi\fallingdotseq18.84$(cm²)，Bのおうぎ形の面積は$\pi\times6^2\times\dfrac{6}{2\times\pi\times6}=18$(cm²)，Cの正三角形の面積は$6\times3\sqrt{3}\times\dfrac{1}{2}=9\sqrt{3}\fallingdotseq15.57$(cm²)となるので，Aの面積よりもBの面積の方が小さく，Aの面積よりもCの面積の方が小さい。

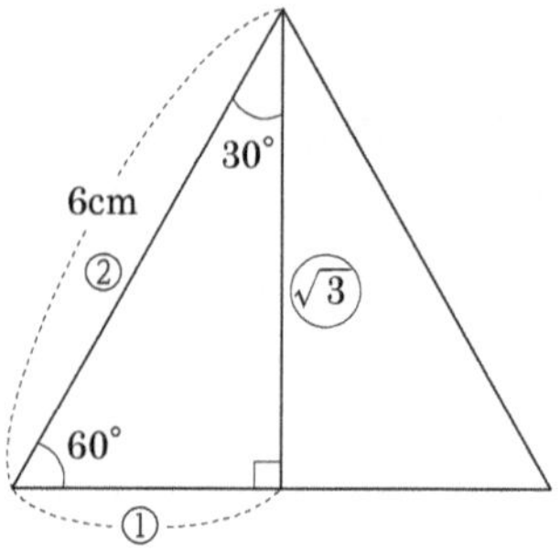

(補足説明1)　Cの正三角形の高さは右図のように，30°，60°，90°の直角三角形を作り考える。**30°，60°，90°の直角三角形の3辺の比は1：2：$\sqrt{3}$**であるため，正三角形の高さは$6\times\dfrac{\sqrt{3}}{2}=3\sqrt{3}$(cm)となる。

(補足説明2)　解説は$\pi\fallingdotseq3.14$，$\sqrt{3}\fallingdotseq1.73$として計算した場合の値である。

(2)　(例)Mサイズのカステラ1個とLサイズのカステラ1個の相似比は3：5である。よって，体積比は$3^3:5^3=27:125$である。Mサイズのカステラ4個とLサイズのカステラ1個の体積比は108：125である。同じ金額で買えるカステラの体積が大きいのはLサイズのカステラ1個の方だから，Lサイズのカステラを1個買う方が割安である。

5　**(資料の散らばり・代表値，確率)**

(1)　ア　令和2年と令和3年の1週間の総運動時間の最小値は30分だが，令和4年の1週間の総運動時間の最小値は10分であるので，正しくない。

イ　**四分位数**とは，全てのデータを小さい順に並べて4つに等しく分けたときの3つの区切りの値を表し，小さい方から**第1四分位数，第2四分位数，第3四分位数**という。第2四分位数は中央値のことである。**四分位範囲**は，第3四分位数から第1四分位数を引いた値で求められる。令和2年の四分位範囲は$210-100=110$(分)，令和3年の四分位範囲は$180-60=120$(分)，令和4年の四分位範囲は150－60＝90(分)となるため，正しくない。

ウ　すべての年で中央値が100分を超えている。よって，1週間の総運動時間が100分以上の人は25人以上いるといえる。

エ　令和4年の第3四分位数は150分で，令和2年の第3四分位数は210分である。全体の度数の合計数が同じであるとき，第3四分位数から最大値までの度数の合計も同じになるため，正しくない。

樹形図1

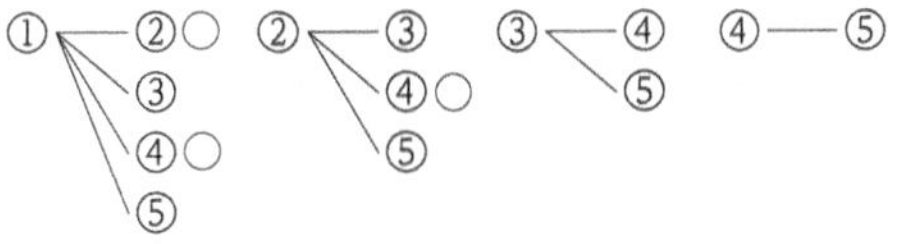

樹形図2

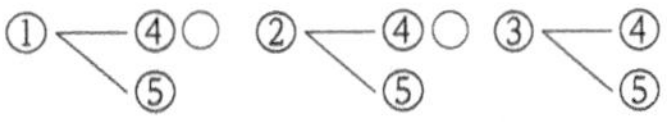

(2)　(説明)　(例)選び方Aのとき，くじの引き方を表すと樹形図1のようになり，全部で10通りある。このうち，2種目とも球技の種目が選ばれるのは，○印のついた3通りである。よって，この場合の確率は$\frac{3}{10}$である。一方，選び方Bのとき，くじの引き方を表すと樹形図2のようになり，全部で6通りある。このうち，球技の種目が選ばれるのは，○印のついた2通りである。よって，この場合の確率は$\frac{2}{6}=\frac{1}{3}$である。2つの確率を比べると，$\frac{3}{10}<\frac{1}{3}$だから，確率は選び方Bの方が高い。

6 (数の性質)

(1)　2けたの自然数の十の位の数をa，一の位の数をbと置くと，その数は$10a+b$と表される。また，十の位の数と一の位の数を入れかえた数は$10b+a$と表され，これらをひくと，$10a+b-(10b+a)=9a-9b$となる。$9a-9b=54$，$a-b=6$を満たすa，bの組み合わせは$(a,\ b)=(9,\ 3)$，$(8,\ 2)$，$(7,\ 1)$となるので，このなかで最大の自然数は93となる。

(2)　(例)$(2n+4)(2n+6)-2n(2n+2)=4n^2+20n+24-4n^2-4n=16n+24=8(2n+3)$　nは自然数だから，$2n+3$も自然数である。よって，$8(2n+3)$は8の倍数である。

7 (作図，三角形の合同の性質を利用した図形の証明)

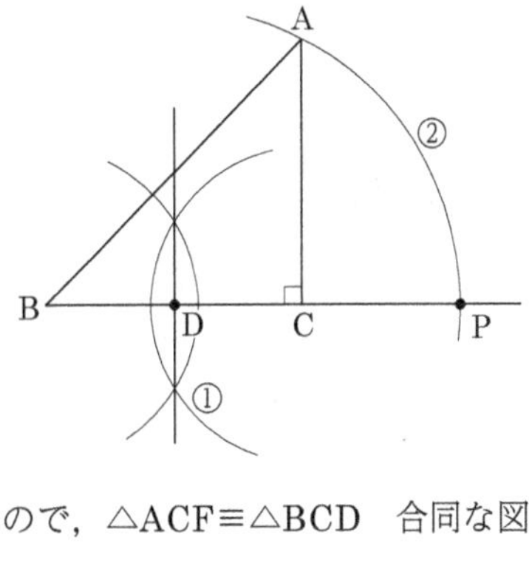

(1)　(着眼点)斜辺が$\sqrt{5}$の直角三角形をつくる。(長さが1，2，$\sqrt{5}$の直角三角形)　(作図手順)　①　点B，Cを中心とした円を描き，その交点を通る直線(辺BCの**垂直二等分線**)を引く。　②　①で引いた直線と辺BCの交点をDとし，点Dを中心に半径DAの円をかき，円と半直線BCの交点をPとする。

(2)　(証明)　(例)△ACFと△BCDで，仮定から，AC＝BC…①　∠ACF＝∠BCD＝90°…②　△AEDは直角三角形だから，∠CAF＋∠ADB＝90°…③　△BCDは直角三角形だから，∠CBD＋∠ADB＝90°…④　③，④から∠CAF＝∠CBD…⑤　①，②，⑤から，1辺とその両端の角がそれぞれ等しいので，△ACF≡△BCD　合同な図形の対応する辺の長さは等しいので，AF＝BD

8 (図形と関数・グラフの融合問題)

(1)　切片が等しいため，2直線はy軸で交わる。また，一次関数の傾きが負の数のとき，値が小さくなればなるほど，y軸に近づくため直線mをかき加えた図はアである。

(2)　点Aは$y=x^2$上にあるため，そのy座標は$y=(-3)^2=9$　A$(-3,\ 9)$となる。同様にして，点Bも$y=x^2$上にあるため，そのy座標$y=1^2=1$　B$(1,\ 1)$となる。点A，Bの中点をMとすると，

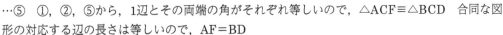

$M\left(\frac{-3+1}{2}, \frac{9+1}{2}\right)=(-1, 5)$となり，点Mを通り傾き$\frac{1}{2}$の直線の式を$y=\frac{1}{2}x+b$とする。直線$y=\frac{1}{2}x+b$に$x=-1$，$y=5$を代入すると，$5=\frac{1}{2}\times(-1)+b$　$b=5+\frac{1}{2}$　$b=\frac{11}{2}$　よって，$y=\frac{1}{2}x+\frac{11}{2}$となる。（追加説明1）$(x_1, y_1)$と$(x_2, y_2)$の**中点**の座標の求め方は$\left(\frac{x_1+x_2}{2}, \frac{y_1+y_2}{2}\right)$。（追加説明2）長方形のような**点対称**な図形は，**点対称の中心**（今回の場合点M）を通る直線によって二つの合同な図形に分けられる。そのため，長方形を2等分する直線は，長方形の対角線の交点を通る。

9　**（文字式の利用，比例の利用）**

(1)　自宅から公園までの距離は，毎時4kmの速さで30分（0.5時間）かかっているので，$4\times0.5=2$(km)。よって，毎時$a$kmの速さで自宅から公園までかかる時間は$2\div a=\frac{2}{a}$(時間)$=\frac{2}{a}\times60=\frac{120}{a}$(分)。

(2)　△ABCにおいて，**三平方の定理**を用いると，$AB^2+BC^2=CA^2$　$10^2+20^2=CA^2$　$CA^2=500$　$CA>0$より，$CA=10\sqrt{5}$(m)となる。よって，$MA=MB=MC=\frac{CA}{2}=\frac{10\sqrt{5}}{2}=5\sqrt{5}$(m)。また，△ACD＝四角形ABCD－△ABC$=\frac{800}{3}-\frac{1}{2}\times10\times20=\frac{800}{3}-100=\frac{500}{3}$($m^2$)，△ACDにおいて，底辺をCAとすると，高さはMDとなるため，$\frac{500}{3}=\frac{1}{2}\times CA\times MD$　$\frac{500}{3}=\frac{1}{2}\times10\sqrt{5}\times MD$　$MD=\frac{20\sqrt{5}}{3}$となる。$MD>MA$，$MD>MB$，$MD>MC$より，街灯が照らすことのできる地面の範囲は，円Oを中心とした半径MDの円にすればよいとわかる。円の半径と街灯の高さは比例しているため，MD：10＝（求めたい街灯の高さ）：2　（求めたい街灯の高さ）$=MD\times\frac{2}{10}=\frac{20\sqrt{5}}{3}\times\frac{1}{5}=\frac{4}{3}\sqrt{5}$となる。

（追加説明）△ABCは直角三角形であるから，円周角の定理の逆により，点A，B，Cは点Mを中心とした円の円周上にある。よって，MA＝MB＝MCが成り立つ。

＜英語解答＞

1　テスト1　No. 1　3　No. 2　2　No. 3　2　No. 4　1　テスト2　No. 1　2　No. 2　4　No. 3　3　No. 4　4　テスト3　(A)　map　(B)　Show　(C)　topic　(D)　(例)like a music festival better

2　(1)　(A)　1　(C)　3　(D)　2　(2)　were

3　(1)　shapes　(2)　1　(3)　3，5

4　(1)　3　(2)　4　(3)　2

5　(1)　ウ　(2)　(a)　1　(b)　4　(c)　3　(3)　(a)　made by　(b)　become an engineer

6　You should watch Japanese movies. You can learn various Japanese words used in our daily lives. If you practice using these words with your friends, you can speak Japanese better.

＜英語解説＞

1　(リスニング)

放送台本の和訳は，56ページに掲載。

2　(対話文読解：語句補充・前置詞・連語・名詞，語形変化・仮定法)

(全訳)　リー先生：こんにちは，ケンジ。私たちの学校へようこそ！　あなたは今朝，空港(A)<u>に</u>着いたのですよね？　お元気ですか？

ケンジ　：元気です。でもここは本当に暑いですね。

リー先生：ああ，あなたが意味していることは分かります。日本は今，冬ですよね？

ケンジ　：はい。僕は先週，友達とスキーを楽しみました。

リー先生：本当ですか？　私はスキーが大好きです。私が今，日本に(B)<u>いたら</u>なあ。

ケンジ　：(C)<u>ところで</u>，ここに来る途中，たくさんの独特な通りの名前を見かけました。

リー先生：ああ，それらはマオリの人たちが話す(D)<u>言葉</u>からきています。マオリの人たちは，私たちの国に先住しているのです。私たちは，彼らの文化を尊重しています。

ケンジ　：なるほど。僕は今，ニュージーランドのことをもっと知りたいです！

(1)　(A)　**arrive at ～「～に到着する」**　(C)　**by the way「ところで」**　(D)　**language「言葉，言語」**

(2)　(B)　**<I wish I were ～>「私が～だったらなあ」**。仮定法の文。**実現する可能性が低い，または可能性がないことについて，「～だったらなあ」と言う場合**に用いる。

3　(対話文読解：語句補充・記述・名詞，資料を用いた問題，内容真偽)

(全訳)　ユキ：私のプレゼンテーションでは，私のお気に入りの食べ物である，*かまぼこ*を紹介する予定なの。その歴史とレシピに関する2枚のスライドを作ったけど，私にはもう1枚必要なの。

アン：1枚目のスライドには，3枚の絵が見えるわね。それらは全部*かまぼこ*かしら？　<u>形</u>が同じではないわね。この1枚は，木の板の上に乗っていて，別の1枚は，かにの身みたいね。

ユキ：それらは違って見えるけど，それらは全部*かまぼこ*なの。実は，今は日本全国にいろんな種類のご当地*かまぼこ*があるのよ。私は以前，有名なご当地*かまぼこ*を食べたことがあるわ。それは笹の葉のようだったわ。

アン：本当に？　それは興味深いわね。それなら，プレゼンテーションでご当地*かまぼこ*を紹介するのはどう？

ユキ：あら，それはいいアイデアね！　私はもう1枚スライドを作って，いくつかの例を紹介してみるわ。

【発表スライド】

1　*かまぼこ*の歴史

・古い本によれば，この絵のよう*かまぼこ*は，1115年に宴会で食べられました。

・木の板の上に乗っている*かまぼこ*は，江戸時代に人気になりました。

・これは新しい種類の*かまぼこ*の絵です。それは，かにの身のように見えます。いくつかの会社が，約50年前にそれを作り始めました。

2　家で*かまぼこ*を作りましょう！

ステップ1	ステップ2	ステップ3	ステップ4
新鮮な魚を入手	魚をすり身にして，塩を加えます	約20分間すり身を蒸します	それを氷水で冷やします

(1)　1枚目の発表スライドの3枚の*かまぼこ*の絵を参照。それぞれ **shape**「形」が同じではないことが分かる。ただし，**空所の直後の be 動詞が are なので，複数形の shapes にする。**

(2)　アンの最後の発言から，ユキはご当地*かまぼこ*についてのスライドを作ると分かる。よって，1「色々なご当地*かまぼこ*」が適切。2「*かまぼこ*と私達の健康」3「*かまぼこ*会社の歴史」4「*かまぼこ*の作り方」

(3)　1「1115年の宴会では，かにの身のような*かまぼこ*が食べられた」(×)　1枚目の発表スライドの1つ目の絵と英文を参照。　2「*かまぼこ*は1165年に外国から来たと古い本に書かれている」(×)　発表スライドに記載なし。　3「約50年前に，新しい種類の*かまぼこ*が発明された」(○)　1枚目の発表スライドの3つ目の英文を参照。　4「木の板の上に乗っている*かまぼこ*は，日本の子供達の間で人気がある」(×)　1枚目の発表スライドの2つ目の絵と英文を参照。木の板の上に乗っている*かまぼこ*は，江戸時代に人気になったと書かれているが，日本の子供達の間で人気があるとは書かれていない。　5「人々は，家で*かまぼこ*を作るときの2番目のステップで，塩が必要である」(○)　2枚目の発表スライドのステップ2を参照。　6「人々が家で*かまぼこ*を作るとき，20分だけ必要である」(×)　2枚目の発表スライドを参照。ステップ3で20分必要だが，*かまぼこ*を作るためには，ステップ1，2，4にも時間を割く必要がある。

4　(長文読解：グラフを用いた問題，語句補充・選択，主題選択)

(全訳)　**【原稿】**

今日，私は盆栽についてみなさんにお話したいと思います。それが今，世界中で人気があることをみなさんは知っていますか？　英語の辞書に「bonsai」という単語があるのです。私はそれを知って驚きました。

グラフを見てください。2006年から2020年までの庭木を含めた盆栽の輸出額を見ることができます。2006年に，輸出額は23億円でした。それから，グラフによると，輸出額は(A)特に2016年から2017年にかけて大きく増加しました。そのとき何が起きたのでしょうか？　私は，2017年に日本で開催された大きな国際盆栽イベントが理由の1つだと思います。

グラフから，日本の盆栽が世界でより人気になっていることが分かります。しかし，現在，海外の人々は(B)伝統的な日本の盆栽を楽しむだけではありません。彼らは，彼らの新しい独創的な盆栽も楽しんでいます。熱帯の木を使って盆栽を作る人もいるのです！　彼らは，伝統的な盆栽文化から新しい盆栽文化を創造していると言えるでしょう。将来，伝統的な盆栽だけでなく，新しい独創的な盆栽も，世界中のより多くの人に愛されるようになるでしょう。

(1)　上記，全訳を参照。　1「2009年に45億円になりました」後の内容と合わない。　2「2016年に増加が止まりました」グラフと合わない。　4「2017年に再び120億円超えになりました」輸出額が120億円を超えたのは2017年が初めてなので，「再び」の部分がグラフと合わない。

(2)　上記，全訳を参照。　1「別の独創的な」2「彼らの独特な」3「他の新しい」

(3)　1「外国の辞書に『盆栽』という単語を発見できることがおもしろい」(×)　2「盆栽は世界中で発展しており，もっと人気になるだろう」(○)　3「伝統的な日本文化を守ることは難しいが，それは大切なことである」(×)　4「日本は伝統的な盆栽をもっと外国に売るべきだ」(×)

5 （長文読解・物語文：文の挿入，英問英答・選択・記述）

（全訳）　この前の夏，マサルはイギリスのロンドンでホームステイをした。彼はデイビッドと呼ばれる少年のいる家族のもとに滞在した。マサルもデイビッドも電車のファンだったので，彼らはすぐにいい友達になった。

ある日，デイビッドの母親が嬉しそうな顔で帰ってきた。「見て，君たち。」彼女は手に何か持っていた。デイビッドとマサルは，それらが電車の切符であることをすぐに理解した。デイビッドは，「僕達は電車で旅ができるの？」と尋ねた。彼女は，「そうよ！　今週末に電車でヨークに行きましょう！」と答えた。デイビッドは，「ヨークには鉄道博物館があるんだ。去年，その博物館についての本を僕に買ってくれたよね。僕は長い間ずっとそこに行きたかったんだ！」と続けた。母親は，「もちろん，私達は博物館に行けるわよ！」と言った。2人の男の子はとても興奮して，「ありがとう！　僕達は待ちきれないよ！」と言った。

土曜日に，彼らはロンドンからヨークまでの電車に乗った。電車の中で，少年達は窓からの街や山，川を見て楽しんだ。2時間後，彼らはついにヨークに着き，駅のすぐそばの博物館に入った。その博物館はとても大きく，彼らはそこに約300台の電車があることを知って驚いた。それらの多くはとても古く，彼らはイギリスの鉄道に関する多くのことを学んだ。驚いたことに，彼らは日本の*新幹線*も見つけた。彼らは2時間近く博物館を歩き回った。ウ　しかし，それは彼らにとって夢のようだったので，少年達は疲れを感じなかった。

3時に，彼らは家に帰るために駅へ戻った。すると，デイビッドが急に興奮して，「わあ，あの赤い電車を見て！」と言った。マサルは彼に，「あれは何？」と尋ねた。デイビッドは，「それは日本の会社によって作られた電車だよ。その会社が日本の技術で設計して，それはすごく速く走ることができるよ。それはとてもかっこいいな！」と答えた。彼は，「僕達はそれを頻繁に見ることができないから，僕達はとても運がいいよ。僕達は今，それに乗るべきだよ！」と続けた。彼の母親とマサルも賛成して，彼らはその電車に乗り込んだ。マサルはデイビッドから，その電車に関してもっといろいろと教わった。マサルは，「日本の鉄道は150年前にイギリスの技術の手助けで築かれ，今は日本の技術がイギリスの鉄道を発展させるために使われているんだ」と独り言を言った。日本とイギリスの間の強い絆が彼を嬉しくさせた。

イギリスでの彼のホームステイの後，彼はより熱心に勉強し始めた。彼は今，エンジニアになるという夢を持っている。彼は将来，イギリスの鉄道のプロジェクトのために働きたいと思っている。日本は今，イギリスのために，ヨーロッパで一番速く走ることができる新しい電車を設計している。

(1)　上記全訳を参照。

(2)　(a)　質問：「デイビッドとマサルを喜ばせるために，デイビッドの母親は何をしたか？」　1「彼女は彼らにヨークまでの電車の切符を買ってあげた」第2段落を参照。　(b)　質問：「マサルとデイビッドと彼の母親が訪れた博物館について，どれが正しかったですか？」　4「その博物館に滞在している間に，彼らは日本の電車を見た」第3段落6文目を参照。　(c)　質問：「ヨークからロンドンへの電車に乗っていたとき，マサルはなぜうれしく感じたのか？」　3「日本がイギリスと一緒に作業していることを知ったから」第4段落最後から2文目までを参照。

(3)　(a)　質問：「マサルが乗ったヨークからロンドンまでの電車に関しての特別な点は何だったか？」The train was made by a company with Japanese technology.「その電車は，日本の技術を持った会社によって作られた」第4段落4文目を参照。**受け身の文<be 動詞＋動詞の過去分詞形＋ by ～>「～によって…される［された］」**を使う。　(b)　質問：「なぜマサルは今，より熱心に勉強しているのか？」To become an engineer in the future.「将来，エンジニアになるため」最終段落1文目と2文目を参照。

6 (条件英作文)

(全訳)　アヤコ：ジュディ，あなたはいつ日本に来るつもりなの？

ジュディ：今度の9月から日本での勉強を始める予定よ。あっ，日本語を上達させるには5か月しかないわ！

アヤコ　：あなたはどのくらい日本語を勉強しているの？

ジュディ：3年間よ。私は日本語を読むのは大好きだけど，日本語を話すのは私にはまだ難しいわ。私はもっと上手く日本語を話したいわ。私は何をするべきかしら？　私に助言をちょうだい。

アヤコ　：いいわよ。(解答例訳)あなたは日本語の映画を見るべきね。私達の日常生活で使われるさまざまな日本の言葉を学ぶことができるわ。もしあなたが友達とこれらの言葉を使う練習をすれば，あなたはもっと上手に日本語を話すことができるわよ。

ジュディ：それはすばらしい考えね！　それをやってみるわ。ありがとう，アヤコ。

前後のジュディの発言内容と合うように書くこと。また，【注意】に書かれている条件にも注意する。

2023年度英語　放送を聞いて答える問題

〔放送台本〕

ただ今から，英語の学力検査を行います。はじめに，放送によるリスニングテストを行います。聞きながらメモをとっても構いません。それでは，テスト1から始めます。テスト1の問題を読みなさい。

対話はNo.1からNo.4まで4つあり，それぞれの対話の後に問いが続きます。なお，対話と問いは2回ずつくり返します。では，始めます。

No.1 *A:* Let's go to the zoo tomorrow. I want to see rabbits.
B: Sounds good. But it will rain tomorrow. How about this weekend? The weather will be good.
A: This weekend? OK. Let's go on Sunday.
Question: When are they going to visit the zoo?

No.2 *A:* Alex, can you go to the supermarket and buy some tomatoes now?
B: OK, Mom. I've just finished my homework. How many tomatoes do you need?
A: I need two for making pizza. Oh, I also need an onion! Please get one.
Question: What does Mom want Alex to do now?

No.3 *A:* How is your brother, Yuko? I hear he lives in Tokyo.
B: Oh, that's my sister, Mr. Smith. My brother left our home last April and lives in Sapporo now.
A: Really? I lived in Sapporo when I was young. I want to visit there again.

Question: Who is the person living in Sapporo now?

No. 4 *A:* Mike, let's have lunch at this restaurant. It's new and popular.
B: Sounds great, Lucy. But no one is in the restaurant. Is it open now?
A: Oh, look! The restaurant will open at 5: 00 p.m. today! Let's find another one.
Question: Why do Mike and Lucy decide to find another restaurant?

〔英文の訳〕

No. 1 A：明日動物園に行こう。私はウサギを見たいな。
B：いいね。でも明日は雨が降りそうだよ。今週末はどうかな？　天気がよくなるよ。
A：今週末？　いいよ。日曜日に行こう。
質問：彼らはいつ動物園を訪れる予定ですか？
答え：3　今度の日曜日。

No. 2 A：アレックス，今，スーパーマーケットに行ってトマトを何個か買ってきてくれない？
B：いいよ，ママ。僕はちょうど宿題を終えたところなんだ。何個のトマトが必要なの？
A：私はピザを作るために2個(のトマトが)必要なの。あら，私は玉ねぎも必要だわ！　1個買ってきてちょうだい。
質問：お母さんは今から何をアレックスにしてほしがっていますか？
答え：2　2個のトマトと1個の玉ねぎを買うこと。

No. 3 A：ユウコ，あなたの兄[弟]さんはどうですか？　彼は東京に住んでいるそうですね。
B：あら，それは私の姉[妹]ですよ，スミス先生。私の兄[弟]は，この前の4月に家を出て，今は札幌に住んでいます。
A：本当ですか？　私は若いときに札幌に住んでいました。私はまたそこを訪れたいです。
質問：現在，札幌に住んでいる人は誰ですか？
答え：2　ユウコの兄[弟]。

No. 4 A：マイク，このレストランで昼食を食べましょう。それは新しくて人気なのよ。
B：よさそうだね，ルーシー。でもレストランの中に誰もいないよ。それは今開いているの？
A：あら，見て！　このレストランは今日，午後5時に開くみたいね！　他を探しましょう。
質問：マイクとルーシーは，なぜ他のレストランを探すことにしたのですか？
答え：1　なぜなら，そのレストランが開いていないからです。

〔放送台本〕

次に，テスト2に移ります。テスト2の問題を読みなさい。対話はNo.1からNo.4まで4つあり，それぞれ2回くり返します。では，始めます。

No. 1 *A:* Lisa, it's time to go to school!
B: I'm looking for my notebook, father. I think I put it on my desk last night, but I can't find it.
A: You only have five minutes. Can I help you?

No. 2 *A:* Kenta, what will you try this year?
B: I'll study English hard, Ms. Green. My dream is to go to New York to study drama someday.
A: Oh, I remember that your dream is to be an actor!

No.3 *A:* Kaori, you look happy in this picture! Everyone's smiling. Are they your friends?

B: Yes. One boy in this picture, Satoshi, will leave Japan to study in Italy next week, so we took a picture together.

A: I see. Which one is Satoshi in the picture?

No. 4 *A:* When we go to see the baseball game tomorrow, we should go to the stadium by bike.

B: Why? We can take a bus. The stop is just in front of the stadium, right?

A: Yes. But, actually, we need a lot of time because the streets around the stadium are always full of cars.

〔英文の訳〕

No. 1 A：リサ，学校へ行く時間だぞ！

B：私はノートを探しているの，お父さん。昨晩，私の机の上に置いたと思うのだけれど，それが見つからないのよ。

A：あと5分しかないぞ。手伝おうか？

答え：2　ありがとう，お願い。

No. 2 A：ケンタ，あなたは今年は何に挑戦するつもりですか？

B：僕は英語を一生懸命に勉強するつもりです，グリーン先生。僕の夢は，劇を勉強するために，いつかニューヨークへ行くことです。

A：あっ，あなたの夢が役者になることなのを思い出したわ。

答え：4　はい，僕はいつか世界中で人気になりたいです。

No. 3 A：カオリ，あなたはこの写真の中でうれしそうに見えるね！　みんながほほえんでいるよ。彼らは君の友達？

B：そうよ。写真の中の1人の男の子のサトシは，イタリアで勉強するために，来週に日本を去るから，私達は一緒に写真を撮ったのよ。

A：そうなんだね。その写真の中でどれがサトシなの？

答え：3　彼は私の側で黄色のＴシャツを着ている男の子よ。

No. 4 A：私達が明日，野球の試合を観に行くとき，私達は自転車で球場まで行くべきです。

B：なぜですか？　私達はバスに乗ることができます。バス停はちょうど球場の前ですよね？

A：はい。でも，実は，球場の周りの通りがいつも車でいっぱいなので，私達には多くの時間が必要です。

答え：4　なるほど。あなたの考えは私のものよりもよりよく聞こえます。

〔放送台本〕

次に，テスト3に移ります。テスト3の問題と，問題の下にある【ワークシート】を読みなさい。今から，ShotaとMizukiの対話を2回くり返します。では，始めます。

Shota: Do you have any idea, Mizuki?

Mizuki: Yes. I think we can make an English map of our town and give it to the foreign students. On the map, we can show them our favorite places, such as shops and restaurants. I want to put some photos on it, too.

Shota: Good. English information will be very helpful for them.

Mizuki: Yes. Also, I believe the map can be a good topic when we talk with the students. Now, tell me your idea, Shota.

Shota: OK. I think we and the foreign students should have time to know each other first. So, my idea is to have a festival at school. I have two ideas. The first one is a music festival. We can enjoy our brass band's performance and singing songs together. The second one is a sports festival. We can play sports such as volleyball and badminton. We can communicate through sports.

Mizuki: Each festival has good points. I believe we can enjoy the festivals together.

Shota: Thank you. But if you choose one, which festival do you like better?

以上で，リスニングテストを終わります。次の問題に移ってください。

〔英文の訳〕

ショウタ：ミズキ，何かアイデアはある？

ミズキ　：うん。私たちは自分たちの町の英語の地図を作って，それを外国の生徒達にあげることができると思うの。その地図上で，私たちは，お店やレストランのような，自分たちのお気に入りの場所を示すことができるわ。私はそれに写真も載せたいの。

ショウタ：いいね。英語の情報は，彼らにとってとても役に立つだろうからね。

ミズキ　：うん。それに，私達が生徒達と話すときに，その地図はいい話題の1つになりうると私は信じているわ。それじゃあ，私にあなたのアイデアを教えてよ，ショウタ。

ショウタ：いいよ。僕達と外国の生徒達は，最初にお互いを知るための時間を持つべきだと思うんだ。だから，僕のアイデアは学校でお祭りをすることだよ。僕には2つのアイデアがあるんだ。1つ目は音楽祭だね。僕達はブラスバンドの演奏を楽しみ，一緒に歌を歌うことを楽しむことができるよ。2つ目はスポーツ祭だ。僕達はバレーボールやバトミントンのようなスポーツをすることができる。僕達はスポーツを通じてコミュニケーションが取れる。

ミズキ　：それぞれのお祭りによい点があるわね。私達は一緒にお祭りを楽しむことができると私は信じているわ。

ショウタ：ありがとう。でも，もし君が1つを選ぶなら，どちらのお祭りが好き？

〔【ワークシート】の全訳〕

お話しましょう！

もし何人かの外国の生徒達が私達の学校に来たら，私達は彼らのために何ができるか？

〈私のアイデア〉

★英語の(A)地図を作る

①　彼らに私達のお気に入りの場所(B)を見せる

→ お店

レストラン…

②　何枚かの写真をそれに載せる

→私達が彼らと話すときに，それはいい(C)話題の1つになりうる。

【ショウタの最後の質問に対する答え】

私は(D)(例)音楽祭の方が好きです。

＜理科解答＞

1　(1)　重力　　(2)　おもりの位置エネルギーの減少する量が，位置Aから位置Bまで移動するときと，位置Aから位置Cまで移動するときで等しいから。

2　(1)　1　　(2)　4　　3　(1)　H_2O　　(2)　2　　4　(1)　偏西風　　(2)　3

5　(1)　2　　(2)　あ　D　　い　A　　う　E　　(3)　え　アミノ酸　　お　毛細血管　　か　グリコーゲン

6　(1)　コイル内部の磁界が変化することで，コイルに電圧が生じる現象。
(2)　ア　－極から出る　　イ　2　　(3)　電子

7　(1)　恒星からの光を反射しているから。　　(2)　4　　(3)　ア　2　　イ　3

8　(1)　$Zn \rightarrow Zn^{2+} + 2e^-$　　(2)　1，4　　(3)　ア　5　　イ　い　鉄　　う　水素　　え　塩酸

9　(1)　双子葉類　　(2)　ア　3　　イ　200Pa　　(3)　ア　あ　3　　い　1　　イ　体積が大きくなった

＜理科解説＞

1　(力のはたらき，運動とエネルギー)

(1)　重力は，地球上のすべての物体にはたらいている。

(2)　位置エネルギーの大きさは，物体の高さによって決まる。図1と図2では，位置Aどうしの高さが等しく，BとCの高さもそれぞれ等しいので，位置B，Cでの**位置エネルギー**は等しい。よって，位置AからB，Cへ移動したときに増加した**運動エネルギー**も等しいことになる。ゆえに速さが等しくなる。

2　(動物の体のつくり，生物のつながり)

(1)　草食動物の門歯は草をかみ切るため，臼歯は草をすりつぶすために都合が良いつくりとなっている。植物は消化しにくいため，草食動物の消化管は，肉食動物よりも通常長い。

(2)　カンジキウサギとオオヤマネコは，数の増減を繰り返しながら，最終的には最初の個体数のつり合いとほぼ等しい位置まで戻る。よって3か4となる。このうち，カンジキウサギが増加するとオオヤマネコが増加し，カンジキウサギが減少するとオオヤマネコが減少しているものを選ぶと4となる。

3　(化学変化，気体の性質)

(1)　塩化コバルト紙は，水によって青色から赤色(桃色)に変化する。

(2)　この実験では少なくとも2種類の気体が発生したことが確認できる。1つ目の気体は，三角フラスコAのBTB溶液に溶けた気体で，水に溶けやすく水溶液がアルカリ性を示すもとになる気体であることがわかる。2つ目の気体は，水に少し溶けるため，三角フラスコAではわからなかったが，三角フラスコBのBTB溶液にとけ，酸性を示す気体である。

4　(気象)

(1)　地球の中緯度帯の上空を常に西から東へふいている風を，**偏西風**という。

(2)　**寒冷前線**が通過したときの時刻になるので，表1より気温が急に下がり，風向が南寄りから

北寄りに変化した時刻を読み取る。

5 (消化，吸収)

(1) ベネジクト液は，ブドウ糖や，ブドウ糖がいくつかつながったものをふくむ水溶液に加えて加熱すると，赤褐色の沈殿を生じる。

(2) ペプシンと肉が入っており，水溶液の性質だけが異なる試験管DとHを比べることで，ペプシンが酸性ではたらく消化酵素であることを確認できる。また，試験管Aではだ液ははたらいているが，試験管Eではだ液ははたらいていない。つまり，体内と同じ環境にすることで消化液のはたらきがよくなることを確かめることができる。

(3) 最終的に，デンプンはブドウ糖に，タンパク質はアミノ酸に分解されてから，小腸の柔毛内の毛細血管に吸収されて肝臓に運ばれる。肝臓では，一時的な栄養分の貯蔵やつくりかえを行う。

6 (真空放電)

(1) コイルの内部の磁界を変化させると，コイルに電圧が生じる現象を，電磁誘導という。

(2) ア　**電子は－極から＋極へ向かって進む**ので，B極に－極，A極に＋極をつないでしまうと，電子が蛍光物質が塗られた内壁と逆向きに進むので，内壁は光らない。　イ　－の電気を帯びた電子が＋の電気に引き寄せられる原理によるものなので，静電気による2を選ぶ。

(3) 陰極線は，－の電気を帯びた電子の流れである。

7 (天体)

(1) 太陽系の惑星が光って見えるのは，太陽(恒星)の光を反射しているためである。

(2) 太陽系の惑星は，太陽を中心としてほぼ同じ平面上を異なる軌道で公転している。

(3) ア　**金星が東の空に見えているので，観察した時刻は明け方**である。　イ　太陽系の中では，地球は太陽に非常に近い位置を公転しているので，太陽(の極めて近くにある地球)から見て，東から天王星，木星，海王星，土星の順に並んでいるものを選ぶ。

8 (イオン)

(1) 亜鉛原子は，電子を2個失うことで亜鉛イオンになる。

(2) マイクロスケール実験を行うことで，実験に必要な資源を少なく抑えることができる。実験で生じた廃液は，害が出ないように処理をして廃棄する必要があるため，廃棄物処理の観点から見ても，環境によいといえる。

(3) ア　金属板が溶けたことを表す○が多いほど，イオンになりやすいといえる。よって，イオンへのなりやすさは，**マグネシウム＞亜鉛＞鉄＞銅**となる。　イ　4つの金属のイオンへのなりやすさは，マグネシウム＞亜鉛＞鉄＞銅のようになる。また会話文より，亜鉛と水素では，亜鉛のほうがイオンになりやすいことがわかる。ただし，水素が鉄よりもイオンになりやすいかどうかがわからない。よって，鉄を塩酸に加えたとき，水素が発生するかどうかを調べる実験が必要である。

9 (総合問題)

(1) 被子植物は，子葉の数，葉脈や根，茎の維管束のようすなどによって，双子葉類と単子葉類に分けることができる。

(2) ア $CaSO_4 \rightarrow Ca^{2+} + SO_4{}^{2-}$のように電離する。よって，電離によって生じる陽イオンと陰イオンの数の比は1：1である。 イ 200gのおもりにはたらく重力は2Nであることから，2〔N〕÷(0.1×0.1)〔m²〕＝200〔Pa〕

(3) ア **浮力〔N〕＝空気中でのばねばかりの値〔N〕－水中でのばねばかりの値〔N〕**で求められる。実験1からは，粘土Aにはたらく浮力は，1.6－0.6＝1.0〔N〕，粘土Bにはたらく浮力は，2.0－1.0＝1.0〔N〕で等しいことがわかる。実験2からは，粘土Aにはたらく浮力が1.6－0.6＝1.0〔N〕，粘土Bが1.6－0.8＝0.8〔N〕であり，粘土Aにはたらく浮力のほうが大きいことがわかる。 イ 水中にある体積が大きくなるほど浮力は大きくなる。よって，煮込んだ豆腐の体積が大きくなると，浮力も大きくなるといえる。

＜社会解答＞

1 (1) 本初子午線 (2) 1 (3) パンパ (4) 1 (5) ヒンドゥー (6) 4
(7) 白豪主義が実施されていた1966年は，ヨーロッパ州からの移民の割合が大きかったが，白豪主義が廃止された後の2021年は，アジア州などからの移民の割合が大きくなっている。

2 (1) 大陸棚 (2) 右図

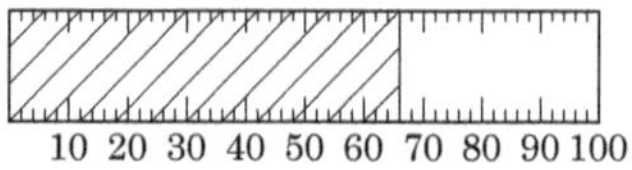

(3) 4 (4) 3 (5) ア 2
イ この区間は標高が低く，大雨や洪水が発生した際に，水が地下鉄駅内に流れ込むのを防ぐため。

3 (1) 4 (2) ア 3 イ 1 (3) ア 分国法 イ 千利休
(4) ア 中国のアヘン密輸入額が増加し，中国からの銀流出額が増加した
イ 異国船打払令

4 (1) 3 (2) 富岡製糸場 (3) う 孫文 え ポーツマス条約
(4) ア 1→3→2 イ 物価の上昇に賃金の上昇が追いついていないため。 (5) 3

5 (1) ア 法の支配 イ 4 (2) 2 (3) 国債を買い取る (4) い 40
う 8 (5) ア 2 イ え 増えている お 租税負担率が高い (6) マイクロクレジット (7) 常任理事国が1か国でも反対すると可決できないため。

6 (1) 6 (2) ア 田沼意次 イ え 百姓一揆や打ちこわしが増加した
お 米をたくわえさせる (3) ハザードマップ (4) ア 2 イ インターネットの利用率が低い高齢者などにも，十分に情報が行き届くように注意する必要がある。

＜社会解説＞

1 (地理的分野－世界の地形・産業・人口などに関する問題)

(1) **イギリス**の**ロンドン郊外**にあった**旧グリニッジ天文台**を通り，**北極と南極を結ぶ線**である。

(2) **アルゼンチンとオーストラリアが南半球に位置している**ことから判断すればよい。ユーラシア大陸に位置するのはインドだけであることから，2は誤りである。首都が西経に位置するのはアメリカ合衆国とアルゼンチンだけであることから，3は誤りである。**東経180度＝西経180度の日付変更線**に最も近いのはオーストラリアであることから，4は誤りである。

(3) アルゼンチン中部・ウルグアイ全域からブラジル最南部の**ラプラタ川流域に広がる草原地帯**

のことである。

(4)　ナイジェリアがアフリカ大陸最大の産油国であることから判断すればよい。2はインド，3はオーストラリア，4はアメリカ合衆国，5はアルゼンチンである。

(5)　古代インドのアーリア人の生活規範・価値観・信仰の総称であるバラモン教から聖典やカースト制度を引き継いで，土着の神々や崇拝様式を吸収しながら形成されてきた多神教である。

(6)　小麦の生産量1位の国は中国であることから，うが小麦であることが分かる。とうもろこしの生産量上位は，アメリカ合衆国・アルゼンチン・ブラジルであることから，いがとうもろこしでXが生産量であることが分かる。これらを併せて判断すればよい。

(7)　1901年から1973年まで，オーストラリアで実施されていた白人優先主義とそれに基づく非白人への排除政策が白豪主義であることに注目すると，政策が行われている時期と廃止後では，移民の中心がヨーロッパ州からアジア州に変わったことが読み取れるはずである。その流れを説明すればよい。

2　(地理的分野－日本の地形・産業・貿易・地形図の読み取りなどに関する問題)

(1)　日本近海では東シナ海に広がる好漁場であり，様々な海底資源の埋蔵が確認されている場所である。

(2)　東京向けのキャベツ出荷量上位5位までの都道府県の内，関東地方に位置するのは，群馬県・千葉県・神奈川県・茨城県であることから，25.9(%)＋21.4(%)＋11.1(%)＋8.0(%)＝66.4(%)をグラフに描けばよい。

(3)　長野県の諏訪湖周辺は電子部品・デバイス・電子回路の製造が盛んな地域であることに注目すると，あが該当するので，いが情報通信業の売上高を示していることが分かる。また，いで印がついている都道府県には新幹線が通っている共通点があることから，鉄道による旅客輸送量が多いことが分かる。これらを併せて判断すればよい。

(4)　貿易額1位の港は成田国際空港である。また，東京港は輸入額が輸出額より多い港である。これらを併せて判断すればよい。

(5)　ア　通勤・通学で人が移動する点に注目すると，昼間人口と夜間人口がふさわしい内容であると判断できる。　イ　資料Ⅱから読み取れる標高の低さに注目し，大雨や洪水時に，水が地下鉄駅内に流れ込むことと併せて説明すればよい。

3　(歴史的分野－茶の歴史を切り口にした問題)

(1)　唐から帰国した最澄が806年に開いた宗派である。1は空海，2は親鸞，3は一遍が開いたものである。

(2)　ア　平清盛が1162年から大輪田泊の修築工事を始めたことから判断すればよい。1は1404年から始まった日明貿易，2は894年の遣唐使停止，4は607年の遣隋使派遣のことである。　イ　鎌倉時代の出来事とあることから，あは1221年の承久の乱であることが分かる。1232年に鎌倉幕府3代執権北条泰時が制定した御成敗式目は，公平な裁判の基準を定めた最初の武家法である。これらを併せて判断すればよい。壬申の乱は，672年に起きた天智天皇の息子である大友皇子と，弟である大海人皇子による跡継ぎ争いのことである。

(3)　ア　戦国大名が支配地内の裁判の公平性を保ち，家臣や領民を統制するためにまとめたものである。　イ　わび茶を完成させ，茶聖と称されている人物である。

(4)　ア　資料Ⅲから，中国のアヘン密輸入額が増加することに伴って，中国から銀が流出していることが読み取れる点に注目して説明すればよい。　イ　1825年に江戸幕府が定めた，日本沿岸に接近した外国船は発見次第砲撃するように命じたものである。

4　(歴史的分野－山口県の産業を切り口にした問題)

(1)　資料Ⅰ・Ⅱから，日本への新航路ができればアメリカがアジア貿易で有利になると考えていることと，貿易船の航行に必要な石炭の補給地を必要としていることが読み取れるはずである。

(2)　フランスの技術を導入して建設された，日本で最初の官営工場である。

(3)　中国の国民党の基本綱領に採用され中華民国憲法にその趣旨が示されている，民族主義・民権主義・民生主義の重要性を主張した三民主義を発表し，中国革命の父と称される人物である。　え　アメリカ合衆国大統領セオドア・ルーズベルトの仲立ちにより，日本の全権小村寿太郎とロシアの全権ウィッテとの間で調印された条約である。

(4)　ア　1は1921年，2は1932年，3は1929年のことである。　イ　表Ⅰ・Ⅱを比較すると，工場労働者の賃金上昇率が物価の上昇率に遠く及ばないことが分かるはずである。

(5)　日本の高度経済成長期が1954年12月から1973年11月までであることから判断すればよい。1は1946年，2は1951年，3は1971年，4は1993年のことである。

5　(公民的分野－日本政府の役割を切り口にした問題)

(1)　ア　専横的な国家権力の支配を排除して，権力を法で拘束するという考え方である。　イ　社会を生きていく上で人間が人間らしく生きるための権利のことである。選択肢の4は日本国憲法第27条の規定である。1は国や地方公共団体に対して苦情や要請などを申し立てる権利，2は請求権，3は自由権の内容である。

(2)　裁判員裁判は，くじで選ばれた裁判員6名と裁判官3名が，重大な犯罪に関する刑事裁判の第一審を対象に行われるものである。この裁判では，有罪・無罪の判断及び有罪の場合は量刑も決定することとなっている。なお決定方法は，少なくとも1名以上の裁判官を含む多数決となっている。

(3)　市中に流通するお金の量を増やすために日本銀行が買い取るものを考えればよい。

(4)　1日8時間，1週間40時間ということは，5日間働けば労働基準法の規定を満たすことになることから，週休二日の根拠となる規定である。

(5)　ア　民法97条の規定により，売主の承諾が買主に到達したときに売買契約が成立したことになることから判断すればよい。　イ　え　図Ⅲから，日本の国民負担率は1970年度の25％程度から，2019年度の45％程度に変化していることから判断すればよい。　お　図Ⅳから，租税負担率はスウェーデンが51.3％，デンマークが65.1％であることから判断すればよい。

(6)　バングラデシュのグラミン銀行が起源と言われ，極少額の返済，グループに対して貸し付け返済を怠るとグループ全体が連帯責任を負う制度，定期的返済などの特色を持つしくみである。

(7)　国際連合安全保障理事会の常任理事国である，アメリカ合衆国・イギリス・フランス・ロシア・中華人民共和国の五大国が拒否権を持っていることに注目して説明すればよい。

6　(総合問題－防災を切り口にした問題)

(1)　国・地方公共団体が公の存在であること，住民同士はその地域で共に生活していることから判断すればよい。

(2)　ア　商人の財力に注目し，運上金・冥加金などを徴収することによって幕府財政を改善しようとしたが，最終的には行き過ぎた拝金主義となり，賄賂政治と批判されて失脚することとなった人物である。　イ　え　図Ⅰから，1780年代以降に百姓一揆や打ちこわしが増加していることが読み取れる。 お　図Ⅱが倉であることから，ききんに備えて何を蓄えたかを考えればよい。

(3)　自然災害が発生したときの被害を予測して，**被災想定地域**や**被害の範囲**，**避難場所**や**避難経路**などを**記載した地図**である。

(4)　ア　もののインターネットと呼ばれる**Internet of Things**の略称である。1は**人工知能**，3は人と人との交流を手助けするしくみである**Social Networking Service**の略称，4は**仮想現実**のことである。　2　イ　図Ⅲから，高齢者のインターネット利用率の低下が読み取れる点に注目して説明すればよい。

＜国語解答＞

一　(一)　9　(二)　2　(三)　見せる　(四)　4　(五)　(例)宮大工に必要な情熱，執念，敬意のうちの執念と敬意を，「師匠」が自分のスケッチから感じ取っていた
(六)　(例)たった数時間で人生を決めてしまうこと。　(七)　3

二　(一)　a，b　(二)　4　(三)　1　(四)　3　(五)　Ⅰ　サステイナビリティがもともと含んでいる意味合い　Ⅱ　(例)日常会話のなかでよく使う動詞を用いて表現することで，社会に広く浸透しやすくなる

三　(一)　聿ニ有リテ二謂者一曰ク　(二)　2　(三)　Ⅰ　(例)行動に現れている　Ⅱ　性は情の本，情は性の用なり

四　(一)　1　(二)　(例)インターネットの信頼度が他のメディアに比べて低い
(三)　(例)信頼度が高いメディアと認識していても，必ずしも利用する割合が高いわけではない

五　(一)　1　ひき　2　けいだい　3　鉄橋　4　縮小　5　険　(二)　4
(三)　ア　こずえ　イ　(例)桜の花の香りがすること。

六　(例)　私は，体育祭で大切なのは力を合わせることだと思うので，案Aがよいと考えます。
体育祭では，入場行進，応援合戦，各学年で行う団体競技など，全員で動きを合わせたり，チームとして協力したりしなければならない場面が数多くあります。リーダーや運動が得意な人だけががんばってもうまくいきません。また，当日だけでなく，準備や練習のときにもみんなで意見を出し合ったり，協力して作業をしたりすることで，体育祭がより充実したものになると思います。だから，私は案Aがよいと考えます。

＜国語解説＞

一　**(小説―情景・心情，内容吟味，文脈把握，指示語の問題，脱文・脱語補充，熟語，筆順・画数・部首，品詞・用法，表現技法・形式)**

(一)　総画数は，9画。

(二)　「写真」は，下の語が上の語の目的語になる組み合わせ。　1「花束」は上の語が下の語の修飾語の組み合わせ。　2「保温」は下の語が上の語の目的語になる組み合わせ。　3「救助」は似た意味の語の組み合わせ。　4「日没」は主語・述語の関係の組み合わせ。

(三)　終止形は基本形と同じ。動詞の言い切りはウ段。「見せる」はサ行下一段活用動詞。

(四)　初めは言いよどんでいた主人が，自分のやりたいことを**詳しくなめらかに話す様子**を表現する語を入れる。

（五）　師匠は，圭人のスケッチを見て，執念と敬意が表れていると言ってくれた。**宮大工になるために必要な才能として挙げられた「情熱と執念，そして敬意」の三つのうち，執念と敬意の二つを師匠は自分のスケッチから感じ取ってくれた**ので，可能性があるかも知れないと考え，師匠に確かめたかったのだ。

（六）　**指示語が指し示す内容は傍線部の前**にある。圭人の言葉から「たったの数時間で人生を決め」たことだと読み取る。

（七）　本文は**会話が多い**が，「泣き出しそうなのを，やっとこらえている」「びっくりした」「うっかり本音が出て」など，合間に見られる圭人の心の描写により，**圭人の心情の動きがよく分かる文章**だ。1は「対立する二人」という点，2は「回想した内容」という点，4は「宮大工としての威厳が表現」されているとした点が不適切である。

二　（論説文―大意・要旨，内容吟味，文脈把握，脱文・脱語補充，語句の意味，文と文節，品詞・用法）

（一）　傍線部「細かな」は，**自立語で物事の様子・状態を説明している語だ。活用があり，言い切りが「～だ」になる**ので，形容動詞である。　a「色々な」と，b「大切に」も，自立語で物事の状態の説明をする語であり，言い切りが「～だ」なので形容動詞。　c「きちんと」は自立語で活用がなく，動詞「つくり」を修飾する連用修飾語だから副詞。　d「ような」は付属語で活用がある助動詞。基本形は「ようだ」。　e「高い」と，f「良く」は，自立語で物事の状態の説明をする語である。活用があり，「～い」で言い切るので形容詞。

（二）　**どう考えたか**というと，「私なりに」考えたのである。したがって，「考える」を修飾している。

（三）　噛み砕けば細かくなるわけだから，**小さく易しく分かりやすくする**という意味合いになる。

（四）　「まもる」は「守る」「護る」，「つくる」は「作る」「創る」と表記して言葉の意味を説明している。また「つなげる」は「繋げる」「継承」と表記して世代を超えたつながりをも示している。ここから3が正解。1は「対象を有形のものに限定して」とした点，2は「具体的な事例」や「今後の課題」を挙げたとする点，4は「個人的な見解」「歴史的な見解」に基づいたとする点が不適切である。

（五）　サステイナビリティの和訳を考える際，文章の冒頭で筆者は「サステイナビリティがもともと含んでいる意味合いを取りこぼさないようにしながら日本語で説明するとしたら，どのような表現があるでしょうか。」と述べている。ここから［Ⅰ］に入れる，**和訳の際に着実に踏まえるべきことは「サステイナビリティがもともと含んでいる意味合い」だ**ということがわかる。さらに，「サステイナビリティを『まもる・つくる・つなげる』こととととらえると，いずれもが日常会話のなかでも頻繁に使う動詞ですから，より社会に広く浸透しやすくなるでしょう」とあるので，［Ⅱ］に入れる，**期待できることは，日常会話で頻繁に使う動詞を使って表現しているので，より社会に広く浸透しやすくなることだ**とまとめられよう。

三　（漢文―大意・要旨，文脈把握，脱文・脱語補充，漢文の口語訳，表現技法・形式）

【現代語訳】　生まれつきの性質と感情は同一である。世の中に弁論家がいて言うことに「生まれつきの性質は善だが，感情は悪である。」と。これはただ性と情の名称を知っているだけで，性と情の実質を知らないのだ。喜怒哀楽好悪欲がまだ表に出ないで，心の中に存在しているのは性である。喜怒哀楽好悪欲が表に出て行動に見受けられるのは情である。性は感情の本体であり，感情は性の働きである。だから，私は言う，「性情は同一である」と。

(一)　読む順は，世→論→者→有→曰。「有」は「論」「者」の**二字返って読むので，一・二点**を用いる。

(二)　「名を識るのみにして」は，**性情の実(実質)を知らないこと**でもあるから，うわべを分っているだけという状態である。

(三)　Ⅰ　「喜怒哀楽好悪欲の，外に発して行ひに見るるは情なり」とあるので，**行動に現れている状態**だ。　Ⅱ　Bさんの最後の発言に「「性情は一なり」という言葉は，そのことを強調しているものだと考えられます。」とある。書き下し文の「**故に**我曰く、「性情は一なり。」と。」あるので，「故に」の直前を書き抜く。

四　(会話・議論・発表―内容吟味，脱文・脱語補充)

(一)　質問することで，聞き手は**質問に対する答えを考えるようになる**。その考える行為は，これから展開される話題にも波及されていく。

(二)　**インターネットを利用する割合が低い根拠**を答える。各メディアの信頼度を調べたデータ3からは，**他のメディアと比較してインターネットの信頼度が全ての世代で低いこと**がわかり，これがインターネット利用の割合が低い根拠となる。

(三)　**各メディアに対する信頼度と実際に利用する割合との関係**に気になることがあるとする文脈のまとめ部分である。新聞への信頼度が高くても，新聞よりインターネットを利用しているという調査結果からわかるのは，**信頼度が高いメディアであったとしても，利用の割合が高いというわけではない**ということだ。ここをまとめて解答とする。

五　(漢字の読み書き，熟語，仮名遣い，表現技法・その他)

(一)　1　「率」の訓読みは「ひき・いる」，音読みは「リツ」「ソツ」。　2　神社の構内。　3　「鉄」は，かねへん＋「失」。「矢」ではない。　4　「縮」の訓読みは「ちぢ・む」，音読みは「シュク」。　5　「険」と「検」の混同に注意する。

(二)　1　「大器晩成」は，すぐれた器量の人は往々にして遅れて大成するということ。　2　「大願成就」は，大きな願いがかなうこと。　3　「大義名分」は，他に対して後ろめたさを感じないで，何かをやってのけるだけの恥ずかしくない理由。　4　「泰然自若」は，落ち着いて物事に動じず，いつもと変わらないこと。

(三)　ア　現代仮名遣いにすると，「ゐ」は「イ」，「ゑ」は「エ」，「を」は「オ」になる。
イ　**「ぞ」を付けて強調している内容**こそが，「風のしるしなりける」の主部である。したがって「風のしるし」であるのは，「桜花かほる」ことだ。これを訳して答えればよい。

六　(作文)

二つのスローガンの違いをふまえ，どちらがよいかを考えよう。Aは協力・協調性を重視しているし，Bは個々の活躍に重きを置いている。**体育祭を成功させるために必要なこと，もしくはあなたが大切にしたいポイントは何かをまず明確にする**とよい。そうすれば，どちらがふさわしいスローガンかを決めることができる。スローガンが決まったら，なぜそれがよいと考えたのかを，根拠を示して説明していこう。**段落構成は二段落**がよいだろう。第一段落で，どちらのスローガンを選んだのか明確に示す。そして第二段落では，その理由を説明するという構成がいい。

MEMO

大切なことはメモしておこうネ！

2022年度

★★★★★★★★★★★★★★★★★★★★★★★★

入　試　問　題

●くわしい解説……51ページ

＜数学＞　時間　50分　満点　50点

1　次の(1)～(5)に答えなさい。

(1)　$8-(-5)$ を計算しなさい。

(2)　$\frac{2}{5}\div\left(-\frac{1}{10}\right)$ を計算しなさい。

(3)　$(-4a)^2\times 3b$ を計算しなさい。

(4)　$(6x+y)-(9x+7y)$ を計算しなさい。

(5)　$(a+3)(a-3)$ を計算しなさい。

2　次の(1)～(4)に答えなさい。

(1)　直方体の形をした水そうがあり，水そうの底から7㎝の高さまで水が入っている。この水そうに，毎分3㎝ずつ水面が上がるように水を入れる。水を入れ始めてから x 分後の水そうの底から水面までの高さを y ㎝としたとき，水そうが満水になるまでの x と y の関係について，y を x の式で表しなさい。ただし，x の変域はかかなくてよい。

(2)　右の表は，山口県の19市町別の人口密度（1㎢あたりの人数）を度数分布表にまとめたものである。

19市町の中央値が含まれている階級を，次のア～エから1つ選び，記号で答えなさい。

ア　100人以上200人未満
イ　200人以上300人未満
ウ　300人以上400人未満
エ　400人以上500人未満

1km²あたりの人数（人）			度数（市町）
以上		未満	
0	～	100	5
100	～	200	3
200	～	300	3
300	～	400	2
400	～	500	1
500	～	600	4
600	～	700	1
計			19

（令和3年人口移動統計調査などにより作成）

(3)　次の条件①と条件②の両方を満たす数を答えなさい。

条件①　4より大きく5より小さい無理数である
条件②　2乗すると18より小さい整数となる

(4)　次のページの図のような平行四辺形ABCDで，辺CD上にあり，頂点C，Dと重ならない点を

E，線分ACと線分BEの交点をFとする。

このとき，△ABCと面積が等しい三角形を，次の**ア**～**エ**から１つ選び，記号で答えなさい。

ア　△ACE　　**イ**　△BCE

ウ　△ABE　　**エ**　△BCF

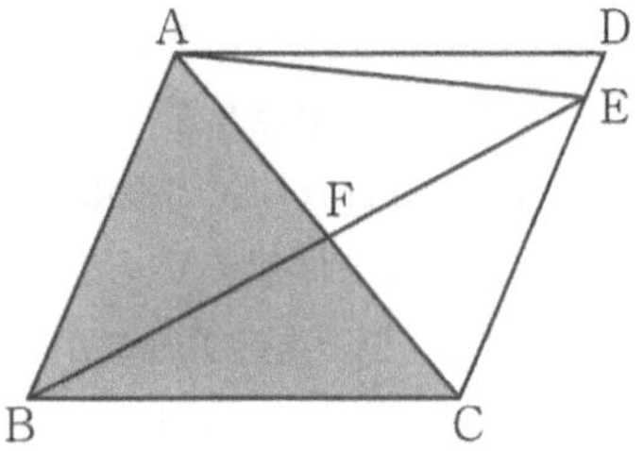

3　ＳさんとＴさんは，インターネットを利用する機会が増えたので，データ量や通信量に興味をもった。

次の(1)，(2)に答えなさい。

(1)　Ｓさんのタブレット端末には，１枚３MB（メガバイト）の静止画が a 枚，１本80MBの動画が b 本保存されており，それらのデータ量の合計は500MBよりも小さかった。この数量の関係を不等式で表しなさい。なお，MBとは，情報の量を表す単位である。

(2)　ＳさんとＴさんはそれぞれ，アプリケーションソフトウェア（以下，「アプリ」という。）ＰとＱを使用したときの，インターネットの通信量を調べた。下の表はその結果である。アプリＰ，Ｑはどちらも，使用時間と通信量が比例することがわかっている。

	アプリＰの使用時間	アプリＱの使用時間	アプリＰとアプリＱの通信量の合計
Ｓさんの結果	20分	10分	198 MB
Ｔさんの結果	5分	30分	66 MB

このとき，アプリＰの１分間あたりの通信量を x MB，アプリＱの１分間あたりの通信量を y MBとして連立方程式をつくり，アプリＰ，Ｑの１分間あたりの通信量をそれぞれ求めなさい。なお，MBとは，情報の量を表す単位である。

4　空間図形について，あとの(1)，(2)に答えなさい。

(1)　**図１**のような直径ABが６㎝の半円がある。線分ABを軸としてこの半円を１回転してできる立体の体積を求めなさい。ただし，円周率は π とする。

図１

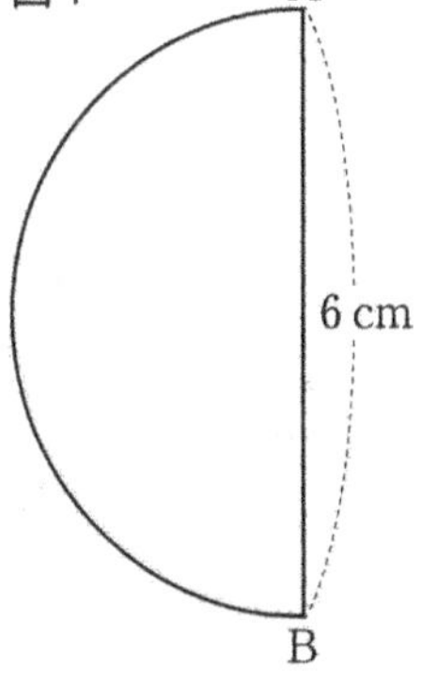

⑵　**図２**は１辺の長さが１ｍである立方体である。この立方体を，ある３つの頂点を通る平面で切り取ると，立体Ｘと立体Ｙができる。**図３**は立体Ｘの投影図である。

立体Ｘの体積をＶ，立体Ｙの体積をＶ′としたとき，体積の比Ｖ：Ｖ′を，次の**ア～エ**から１つ選び，記号で答えなさい。

ア　Ｖ：Ｖ′＝１：１

イ　Ｖ：Ｖ′＝３：１

ウ　Ｖ：Ｖ′＝５：１

エ　Ｖ：Ｖ′＝７：１

図２

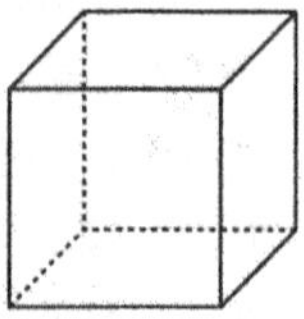

図３

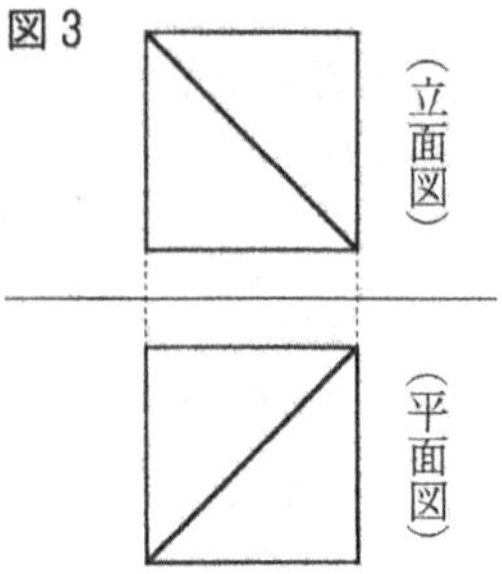

5　ＡさんとＢさんは花壇に花の苗を植える計画を立てた。

次の⑴，⑵に答えなさい。

⑴　買ってきた花の苗を５人で植えると，１人あたり70個植えることになる。

買ってきた花の苗を a 人で植えると，１人あたり何個植えることになるか。a を使った式で表しなさい。

⑵　ＡさんとＢさんは，買ってきた花の苗の一部を使って**図１**のように，花の苗を三角形の辺上に同じ数ずつ植えることにした。例えば，花の苗を三角形の辺上に４個ずつ植えると，**図２**のようになる。ただし，●は花の苗を表す。

図１

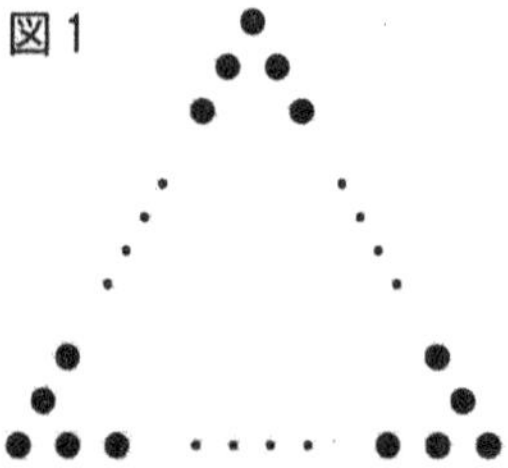

図２

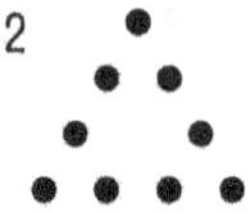

Ａさんは，三角形の辺上に n 個ずつ植えるときの，苗の合計を次のように考えた。

Ａさんの考え

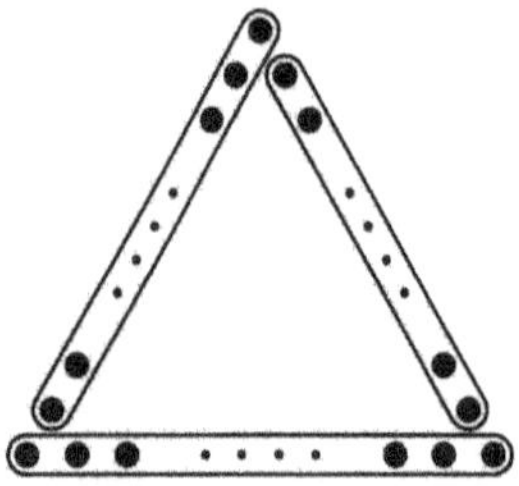

左の図のように，三角形の底辺にある n 個の苗をすべて数えると，左の辺は（$n-1$）個数えることになる。さらに右の辺は（$n-2$）個数えることになるから，苗の合計は，

$n+(n-1)+(n-2)$（個）

一方で，Bさんは別の考え方で，$\{3(n-2)+3\}$ 個と考えた。

Bさんの考え方について，**Aさんの考え**のかき方にならって，解答用紙の●を囲んだうえで説明しなさい。

[6] 大小２個のさいころについて，次の**操作**を行うとき，次の(1)，(2)に答えなさい。ただし，この大小２個のさいころは，どの目が出ることも同様に確からしいものとする。

操作

大小２個のさいころを同時に１回投げて，出た目の数の和を記録する。

(1) 下の表は，**操作**を10回くり返したときの記録Aと50回くり返したときの記録Bを整理したものである。また，**説明**は，表をもとに記録Aと記録Bの散らばりの度合いについてまとめたものである。

目の数の和	2	3	4	5	6	7	8	9	10	11	12
10回くり返したときの記録A	0	0	1	1	3	1	1	2	0	1	0
50回くり返したときの記録B	3	4	6	6	6	8	4	4	7	1	1

説明

記録Aの四分位範囲は [ア] ，記録Bの四分位範囲は５である。記録Aと記録Bの四分位範囲を比較すると，記録 [イ] の方が散らばりの度合いが大きい。

説明が正しいものとなるように，[ア] には，あてはまる数を求め，[イ] には，A，Bのうち適切な記号を答えなさい。

(2) **操作**を多数回くり返していくと，目の数の和が６，７，８になる回数が他よりも多くなっていくことがわかっている。

大小２個のさいころを同時に１回投げたとき，目の数の和が６以上８以下になる確率を求めなさい。ただし，答えを求めるまでの過程もかきなさい。

[7] 関数 $y=ax^2$ について，次の(1)，(2)に答えなさい。

(1) 関数 $y=x^2$ について，x の値が１から２まで増加したときの変化の割合は３である。x の値が -3 から -1 まで増加したときの変化の割合を求めなさい。

(2) 次のページの図のように，関数 $y=x^2$ のグラフ上に x 座標が２となる点Aをとる。また，$a>0$ である関数 $y=ax^2$ のグラフ上に x 座標が -3 となる点Bをとる。

△OABの面積が８となるとき，a の値を求めなさい。

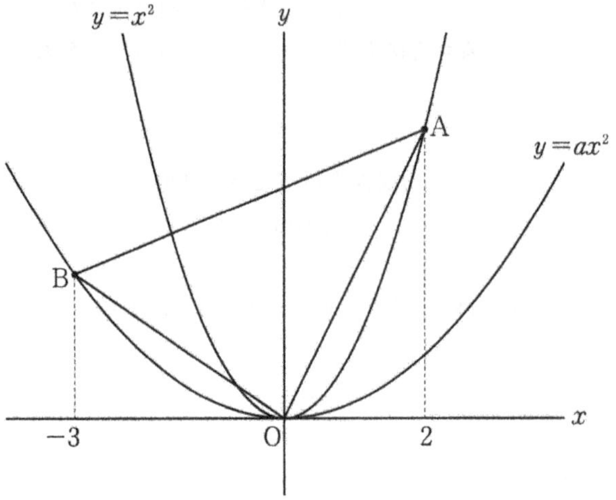

8　三角形に関連して，次の(1)，(2)に答えなさい。

(1)　**図１**のように，∠ABC＝70°，∠ACB＝30°である△ABCがある。辺AC上に点D，辺BC上に点Ｅをとり，∠BDE＝55°，∠BED＝90°であるような直角三角形BEDをつくりたい。このとき，点Ｅを定規とコンパスを使って作図しなさい。ただし，作図に用いた線は消さないこと。

図１

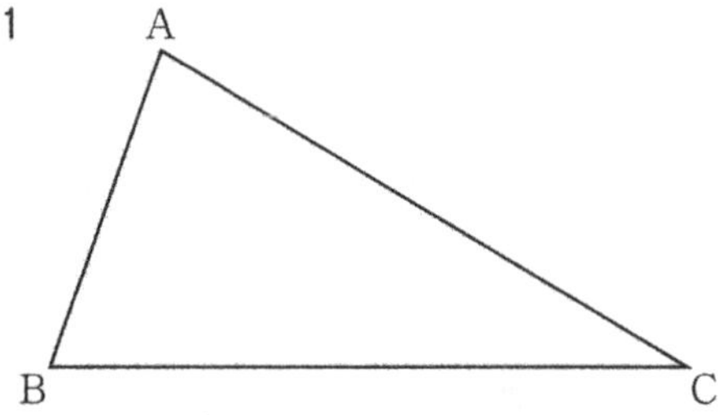

(2)　**図２**のような△ABCがあり，∠ABCの二等分線と辺ACの交点をＰとする。また，線分BPの延長上にあり，CP＝CQとなる点Qをとる。

このとき，BA：BC＝AP：CPであることを証明しなさい。

図２

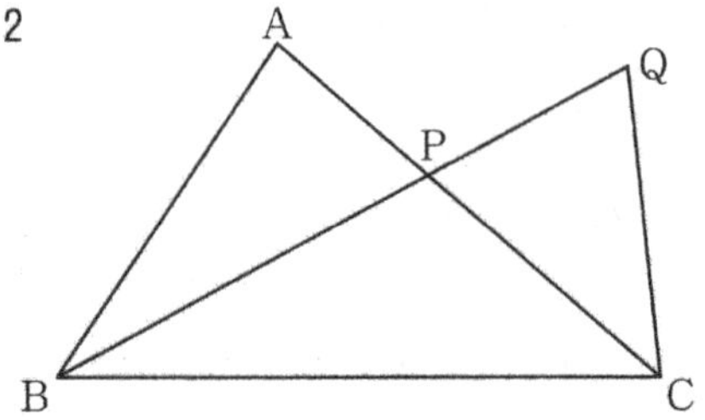

9　ある中学校では，体育祭の準備を行っている。次の(1)～(3)に答えなさい。

(1)　Ｓさんは，倉庫にある玉入れ用の玉の中に，使える玉が何個あるか確認することにした。そこで，無作為に抽出した20個の玉を調べると，そのうち15個が使える玉であった。

玉が全部で413個あることが分かっているとき，使える玉はおよそ何個と推定されるか。小数第１位を四捨五入した概数で答えなさい。

(2)　Ｔさんのクラスでは，ダンスの隊形について話し合っている。ダンスは運動場に用意された縦18m，横22mの長方形の形をした区域の中で踊ることになっている。

図1は，Tさんが考えた隊形を示しており，長方形の対角線の交点を中心とした半径7 mの円Oと，4つの同じ大きさの円A，B，C，Dを表したものである。円A，B，C，Dは，円Oより小さく，長方形のとなり合う2辺と円Oに接している。

円A，B，C，Dの半径をx mとしたとき，xの値を求めなさい。

図1

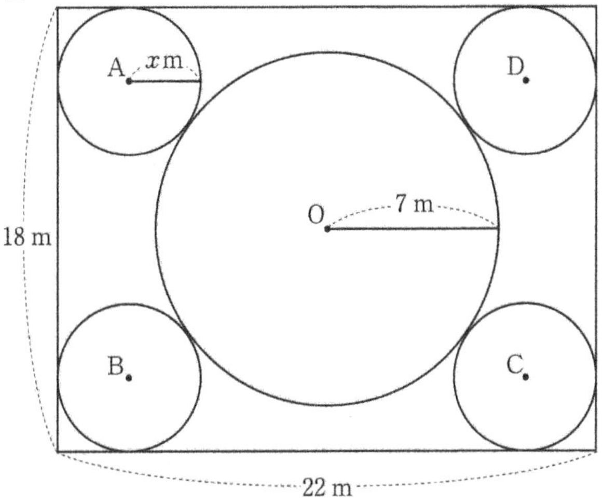

(3)　Uさんは，運動場に200m走のトラック（走路）をつくることになった。そこで，陸上競技用のトラックのつくり方について調べ，以下のようにつくることにした。

トラックのつくり方

①　半径がr mの2つの半円と，縦の長さが$2r$ m，横の長さがb mの長方形を組み合わせる。

②　①の図形の外側に，幅が1 mの4つのレーンをつくり，内側から第1レーン，第2レーン，第3レーン，第4レーンとする。

③　各レーンのゴール位置は同じライン上とし，トラックを走る距離を各レーンすべて200mにする。そのため，第1レーンのスタート位置に対し，第2レーン，第3レーン，第4レーンのスタート位置をそれぞれ前方にずらす。

次のページの**図2**は**トラックのつくり方**をもとにつくったイメージ図である。第1レーン，第4レーンのスタート位置の最も内側の点を，それぞれA，Bとする。①の2つの半円のうち，ゴール位置のある方の半円の中心を点Cとする。

実際にトラックをつくるために，Uさんは**図2**を使ってクラスメイトに下のように説明した。

この説明が正しいものとなるように，［ア］，［イ］にあてはまる数を求めなさい。また，［ア］については，答えを求めるまでの過程もかきなさい。ただし，円周率はπとする。

各レーンで走る距離は，各レーンの内側にある線の長さを測るものとする。

第4レーンのスタート位置は，第1レーンのスタート位置より［ア］mだけ前方にずらす必要がある。$r=21$としてつくると，∠ACBの大きさは［イ］度となる。

図2

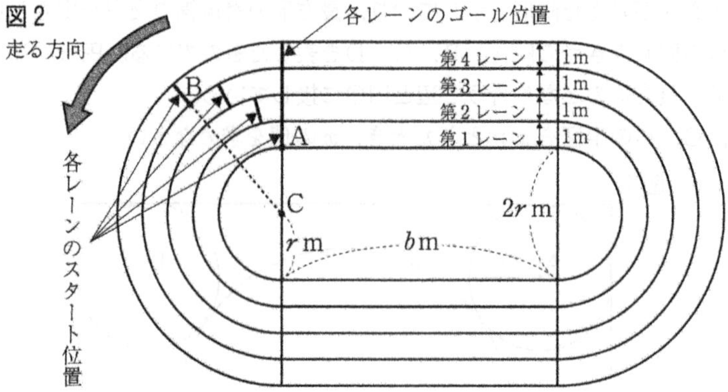
走る方向
各レーンのゴール位置
各レーンのスタート位置
A
B
C
第4レーン
第3レーン
第2レーン
第1レーン
1m
1m
1m
1m
2r m
r m
b m

<英語>　時間　50分　満点　50点

1　放送によるリスニングテスト

テスト1　4つの対話を聞いて，対話の内容に関するそれぞれの問いの答えとして最も適切なものを，1～4から1つずつ選び，記号で答えなさい。

No.1　1　Two hot dogs.　2　Two hot dogs and an apple juice.
　3　Three hot dogs.　4　Three hot dogs and an apple juice.

No.2　1　In a gym.　2　In a plane.
　3　In a library.　4　In a supermarket.

No.3　1　Because he needs to get to school by nine.
　2　Because he'll have a game tomorrow.
　3　Because he needs to practice soccer.
　4　Because he'll play a video game.

No.4　1　To clean the students' desks.
　2　To take a desk to her classroom.
　3　To clean the windows right now.
　4　To take a box to the English room.

テスト2　4つの対話を聞いて，それぞれの対話に続く受け答えとして最も適切なものを，1～4から1つずつ選び，記号で答えなさい。

No.1　1　Yes, you should make *sushi*.
　2　Yes, you can walk to the restaurant.
　3　No, you should not eat it.
　4　No, you can't make it at home.

No.2　1　Oh, thank you for your help.
　2　Now, I have a high fever.
　3　OK.　Show me your computer.
　4　Great.　It was too easy for you.

No.3　1　Sorry.　I must do my homework.
　2　No.　I watched it last month.
　3　I see.　You can join us.
　4　Sure.　I've seen it twice.

No.4　1　You can give her the same flowers.
　2　She doesn't like flowers, right?
　3　How about a cup with a picture of flowers?
　4　I am looking for flowers for my grandmother.

テスト3　あなたは，3日間の「イングリッシュ・デイ」（英語に親しむイベント）に参加している。

今から，そのイベント初日における先生の話を聞いて，その内容に合うように，【ワークシート】の下線部(A)，(B)，(C)に，それぞれ話の中で用いられた英語１語を書きなさい。
また，下線部(D)には，先生の質問に対するあなたの返答を，４語以上の英語で書きなさい。

【ワークシート】

English Day

● Activities

Day 1	English ＿(A)＿ activity and presentation
Day 2	Going to a ＿(B)＿
Day 3	Making our ＿(C)＿ short movie in English

● Q&A

No. 1 I ＿＿＿＿(D)＿＿＿＿.

2 次は，*Taro* と留学生の *Ann* との対話の一部である。これを読んで，あとの(1)，(2)に答えなさい。

Ann: How do you usually spend New Year's Day?

Taro: Well, I go to my grandmother's house with my family ＿(A)＿ we have special food such as *ozoni*. Have you ever (B)(eat) *ozoni*?

Ann: No. What's that?

Taro: It's a Japanese traditional soup dish for New Year's Day. We ＿(C)＿ it *ozoni*.

Ann: A special dish for New Year's Day? That sounds interesting.

Taro: On New Year's Day this year, my aunt came to see us with her son. He was too little to eat *ozoni* well, so I helped him. I like to ＿(D)＿ little children. We enjoyed *ozoni* together.

（注） spend ～ ～を過ごす

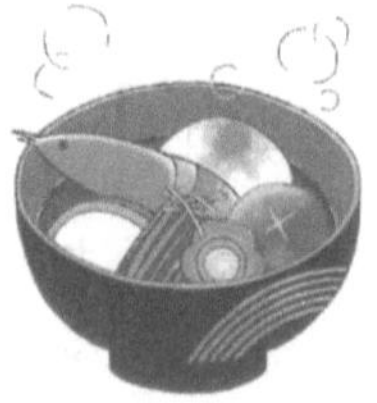

⑴　下線部(A), (C), (D)に入る最も適切なものを，それぞれ1～4から選び，記号で答えなさい。

(A)　1　that　　2　while　　3　which　　4　and

(C)　1　give　　2　call　　3　try　　4　show

(D)　1　come from　　2　arrive at　　3　take care of　　4　be famous for

⑵　下線部(B)の（　）の中の語を，適切な形にして書きなさい。

3　次は，アメリカに留学中の*Nami*と，友人の*Chris*との対話の一部である。対話文と次のページの【ウェブサイト】を読んで，下の⑴～⑶に答えなさい。

Chris: Nami, what are you looking at?

Nami: This is a website about a photo book. I'll make a photo book with the pictures I took in this city.

Chris: That's a good idea. What kind of photo book will you make?

Nami: Well, I think I'll order a medium photo book.

Chris: How about a cover?

Nami: I know soft covers of all sizes are (c　　　) than hard covers. But I'll choose a hard cover photo book. And I'll make it gloss-finished.

Chris: Sounds good. I'm sure it'll be nice.

（注）photo book(s)　フォトブック（写真を各ページに印刷し製本したもの）　order ～　～を注文する
cover(s)　表紙　hard　硬い，厚手の　gloss-finished　つや出し加工の

⑴　【ウェブサイト】の内容に合うように，対話文中の下線部に入る適切な英語1語を書きなさい。ただし，（　）内に与えられた文字で書き始めなさい。

⑵　対話と【ウェブサイト】の内容によると，*Nami*が購入しようとしているフォトブックの値段はいくらになるか。次の1～4から1つ選び，記号で答えなさい。

1　20 dollars
2　30 dollars
3　35 dollars
4　40 dollars

⑶　【ウェブサイト】から読み取れる内容と一致するものを，次の1～6から2つ選び，記号で答えなさい。

1　People can order a photo book through the Internet.
2　Sending pictures is the first step to make a photo book.
3　There are four different sizes of photo books.
4　All the photo books people can order have thirty pages.
5　The shop needs a week to finish making a photo book.
6　People can receive a photo book at the shop.

【ウェブサイト】

Green City Photo Book Shop

Search

Order a Photo Book from This Website!

You have only 3 steps.

Easy!

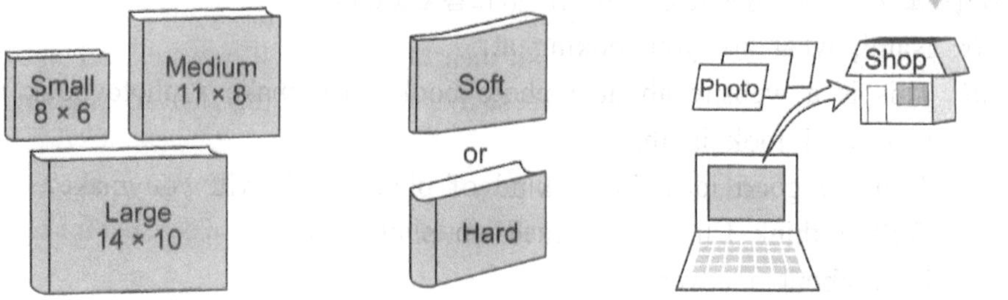

Step 1 Choose a size.

Step 2 Choose a cover.

Step 3 Send your photos online.

The Type of Photo Books

Size	Soft Cover (20 pages)	Hard Cover (20 pages)
Small (8 × 6 inches)	$ 10	$ 25
Medium (11 × 8 inches)	$ 15	$ 30
Large (14 × 10 inches)	$ 18	$ 40

Option	Gloss-finished	+ $5

● We need **3 days** to print and make a photo book. When it's ready, we will send it to you. If you come to our shop, you can get it more quickly.

Create Your Photo Book Now!

（注） online　オンラインで　　inch(es)　インチ（長さの単位，1インチはおよそ2.5センチメートル）
option　オプション（追加メニュー）

4 次の英文を読んで，あとの(1)～(3)に答えなさい。

Masato and Tom are junior high school students. They have been friends for

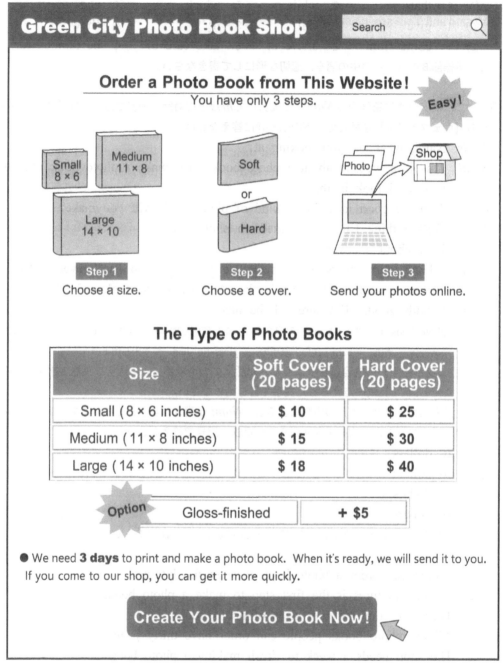

a year and Tom has learned how to speak Japanese well during his stay in Japan.

Tom is interested in Japanese culture, especially *manga*. Masato also likes it and they often enjoy talking about the stories. Tom is also interested in *kendo*. He often practices it with Masato. They have had a great time together. But Tom is going to leave Japan and go back to London this July.

On Saturday in June, Masato and Tom went to school to practice *kendo*. After they finished practicing *kendo*, they talked about their homework. It was still difficult for Tom to do homework for Japanese classes alone, so they often did it together and Masato helped Tom. The homework for the weekend was to make *tanka*. They learned about *tanka* in a Japanese class. Tom said, "I don't know how to make *tanka* well. Show me your *tanka* first, please!" Masato said, "[ア] I wish I could show you a good one, but making *tanka* is also not easy for me."

Then, Ms. Oka, the teacher of *kendo*, came to them and said, "[イ] Are you talking about *tanka*?" Masato remembered that Ms. Oka loved making *tanka*. Masato sometimes saw her good *tanka* in the school newspaper. Masato said, "Yes. We're trying to make *tanka*, but we have no idea. Could you tell us how to make it? It's our homework!" Ms. Oka smiled and said, "OK. [ウ] You can make *tanka* freely." "Freely? But *tanka* has a rule about rhythm," Masato said. She said, "Of course it has some rules. [エ] But I think the most important thing is to make *tanka* freely with the words born from your heart. Talk with your heart. Then, you can make good *tanka*."

Masato repeated Ms. Oka's words in his heart and remembered the days with Tom. He thought, "We have enjoyed many things. Saying good-bye to Tom will be sad. But we have to grow in each place for our future. It may be hard but I believe we can." Masato decided to make *tanka* about this feeling and send it to Tom. He thought it would be a good present.

When Masato and Tom left school, Masato looked up at the sky. It was so blue. They stopped and looked at it for a while together. Then, Masato started making his first *tanka* for Tom.

（注） rhythm　リズム（ここでは短歌の５－７－５－７－７のリズムのこと）　heart　心
good-bye　さようなら　present　贈り物　for a while　しばらくの間

(1) 次の英文が入る最も適切な箇所を，本文中の [ア] ～ [エ] から選び，記号で答えなさい。
Making *tanka* is not so difficult.

(2) 次の(a)～(d)の質問に対する答えとして，本文の内容に合う最も適切なものを，それぞれ１～４から選び，記号で答えなさい。

(a) What do Masato and Tom usually enjoy together?

1 Creating a story about *kendo*.

2 Studying English.

3　Talking about *manga*.
4　Listening to *tanka*.

(b)　Why did Masato and Tom often do homework for Japanese classes together?
1　Because Tom needed Masato's help to do it.
2　Because Masato was interested in teaching.
3　Because Tom liked Japanese classes very much.
4　Because making *tanka* was easy for Masato.

(c)　How did Masato know that Ms. Oka made good *tanka*?
1　By buying Ms. Oka's book.
2　By learning about it in a Japanese class.
3　By talking with Tom.
4　By reading the school newspaper.

(d)　What did Masato decide to make *tanka* about?
1　About a good present from Masato to Tom.
2　About the memories with Tom and their future.
3　About the beautiful blue sky in July.
4　About Ms. Oka's words to Masato.

⑶　次は，本文の内容についての【質問】である。この【質問】に対する適切な答えとなるように，【答え】の下線部に適切な英語４語を書きなさい。

【質問】

According to Ms. Oka, what should Masato do to make good *tanka*?

【答え】

He should ＿＿＿＿＿＿＿＿ and make *tanka* freely.

5　次は，Saori が英語の授業で発表する際に用いた【グラフ】(graph) と【原稿】である。これらを読んで，あとの⑴～⑶に答えなさい。

【グラフ】

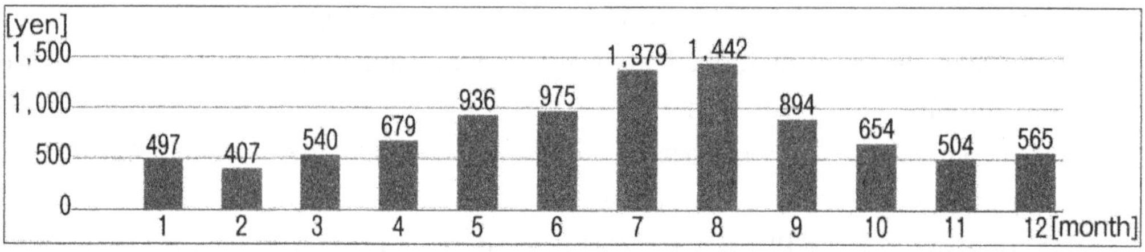

※ 2017 年～2019 年の平均値である。

【原稿】

Do you often eat ice cream?　The graph shows how much money a family used for ice cream in a month on average in Japan.　According to the graph, ＿＿(A)＿＿.

It's hot in summer especially in these months, so I'm sure many people like to eat cold food. Then, the spending on ice cream decreases from August to November.

However, the spending increases in December and decreases again in January. That's interesting. That means ＿(B)＿ is not the only reason to eat ice cream. Then, why do people buy ice cream in cold December? I'll look for more information and find out the reason.

(注) show(s) ～　～を示す　on average　平均して　spending(on ～)　(～についての) 支出
decrease(s)　減る　find out ～　～を見つけ出す

(1) 【原稿】の文脈に合うように，下線部(A)に入る最も適切なものを，次の１～４から選び，記号で答えなさい。

1　ice cream sold in June is as popular as ice cream sold in October
2　a family used more than one thousand yen for ice cream in July and August
3　more than eight hundred kinds of ice cream are sold in summer
4　in May, a family used about nine hundred yen for ice cream

(2) 下線部(B)に入る最も適切なものを，次の１～４から選び，記号で答えなさい。

1　hot weather　　2　variety of ice cream
3　cold season　　4　changes in life

(3) Saoriの発表全体のテーマとして，最も適切なものを，次の１～４から選び，記号で答えなさい。

1　The easy way to make delicious ice cream at home
2　The important information to save money
3　The funny reason to buy ice cream in cold winter
4　The interesting change of the spending on ice cream

6　次は，*Kenta*とALTの*Smith*先生との授業中の対話の一部である。あなたが*Kenta*ならば，来日したばかりの*Smith*先生に何を伝えるか。対話文を読んで，[　　]に*Smith*先生に伝えることを書きなさい。ただし，下の【注意】に従って書くこと。

Ms. Smith: It's very hot in Japan now, but I know Japan has other seasons, too. Can anyone tell me about the seasons in Japan?

Kenta: Yes. I'll tell you about the next season. It's autumn. It's a good season for going out.

Ms. Smith: OK. What can I enjoy when I go out in autumn?

Kenta: [　　　　　　　　　　　　　　　　]

Ms. Smith: Thank you. I'm looking forward to going out in autumn in Japan!

(注) autumn　秋　go(ing) out　外出する　look(ing) forward to ～　～を楽しみにする

【注意】

① 対話の流れに合うように，20語以上30語以内の英語で書くこと。文の数はいくつでもよい。符号（. , ? ! など）は，語数に含めないものとする。

② 内容的なまとまりを意識して，具体的に書くこと。

③ 解答は，解答用紙の【記入例】に従って書くこと。

＜理科＞

時間　50分　　満点　50点

1　図１の１～５のカードは，原子またはイオンの構造を模式的に表したものである。下の⑴，⑵に答えなさい。ただし，電子を●，陽子を◎，中性子を○とする。

図１

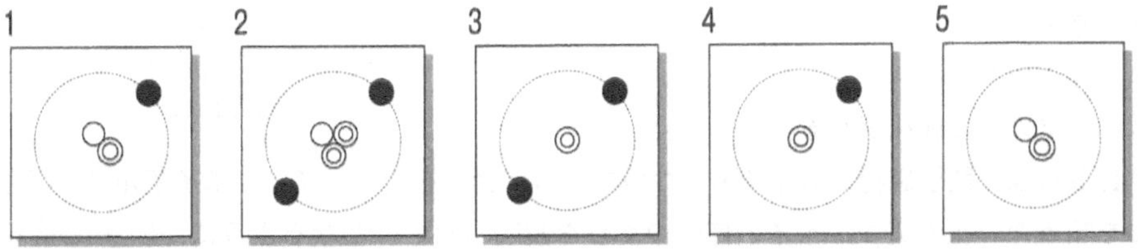

⑴　イオンを表しているものを，図１の１～５からすべて選び，記号で答えなさい。

⑵　図１の１で表したものと同位体の関係にあるものを，図１の２～５から１つ選び，記号で答えなさい。

2　カーリングでは，氷の上で目標に向けて，図１のようにストーンを滑らせる。ストーンは，選手が手をはなした後も長い距離を進み続けるが，徐々に減速して止まったり，別のストーンに接触して速さや向きを変えたりする。次の⑴，⑵に答えなさい。

図１

⑴　氷の上を動いているストーンが徐々に減速するのは，動いている向きと反対の向きの力がストーンの底面にはたらくからである。このように，物体どうしがふれ合う面ではたらき，物体の動きを止める向きにはたらく力を何というか。書きなさい。

⑵　図２は，静止しているストーンＢと，ストーンＢに向かって動いているストーンＡの位置を真上から見たものであり，⇧は，ストーンＡの動いている向きを表している。

また，図３は，ストーンＢにストーンＡが接触したときの位置を真上から見たものであり，•――→は，２つのストーンが接触したときに，ストーンＢがストーンＡから受けた力を表している。

２つのストーンが接触したとき，ストーンＡがストーンＢから受けた力を，図３に矢印でかきなさい。なお，作用点を「•」で示すこと。

図２

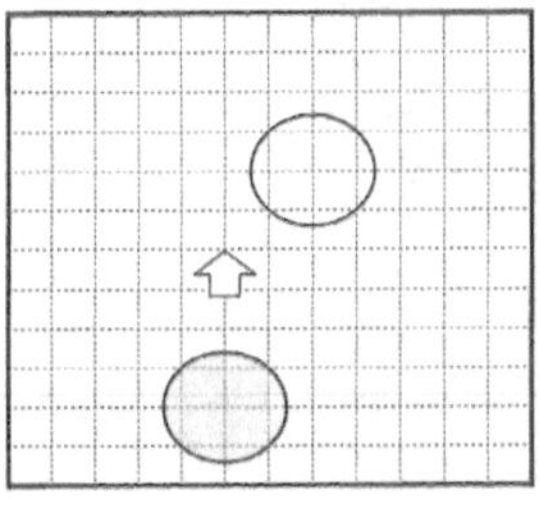

図３

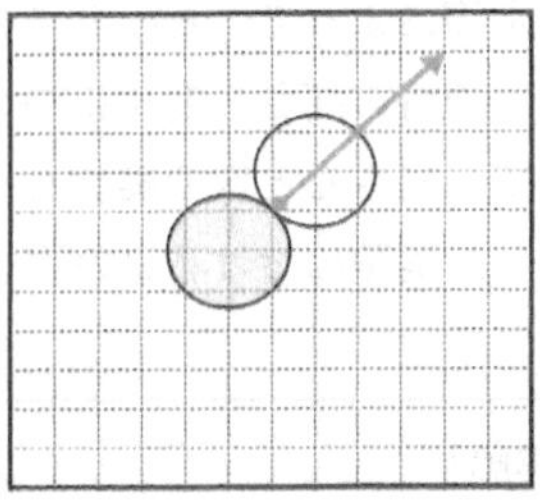

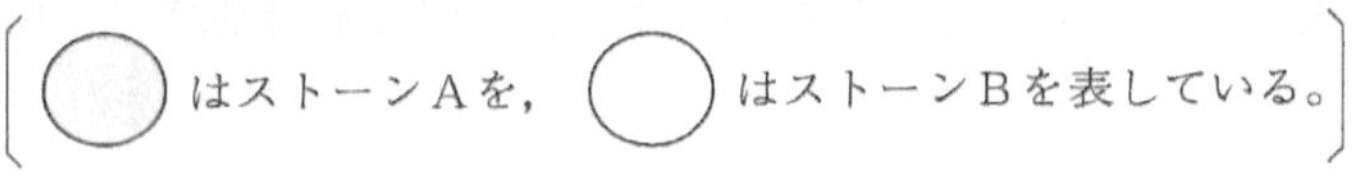

3　Kさんは，正月飾りにウラジロやイネといった植物が使われていることに興味をもち，植物の体のつくりにおける共通点や相違点を調べ，図1のように分類した。次の⑴，⑵に答えなさい。

図1

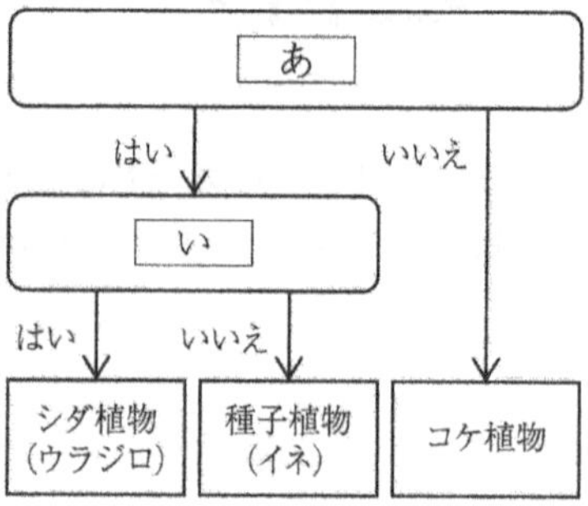

⑴　あ，い にあてはまる文を，次の1～4からそれぞれ1つずつ選び，記号で答えなさい。

1　種子をつくる。
2　胞子をつくる。
3　維管束がある。
4　子房の中に胚珠がある。

⑵　Kさんは，種子植物であるイネについてさらに調べを進め，イネが単子葉類に分類されることを知った。次の文が，イネの体のつくりを説明したものとなるように，(　)の中のa～dの語句について，正しい組み合わせを，下の1～4から1つ選び，記号で答えなさい。

> 葉脈が（a　網状脈　　b　平行脈）で，（c　主根と側根からなる根　　d　ひげ根）をもつ。

1　aとc　　2　aとd　　3　bとc　　4　bとd

4　ある中学校では，図1のような緊急地震速報を受信したという想定で避難訓練を実施した。次の⑴，⑵に答えなさい。

図1

> **緊急速報（訓練）**
>
> 緊急地震速報
>
> ●●で地震発生。強いゆれに備えてください。

⑴　地震の規模の大小を表す値を何というか。書きなさい。

⑵　次の文が，緊急地震速報について説明したものとなるように，(　)の中のa～dの語句について，正しい組み合わせを，下の1～4から1つ選び，記号で答えなさい。

> 地震発生後，地震計で感知した（a　P波　　b　S波）を直ちに解析することで，各地の（c　初期微動　　d　主要動）の到達時刻やゆれの大きさなどを予測し，伝えるしくみである。

1　aとc　　2　aとd　　3　bとc　　4　bとd

5　Lさんは，図1のような，長さの異なる水筒に飲み物を入れるとき，水筒によって，音の高さの変化のしかたが異なることに気づいた。この音の高さの変化について調べるため，太さが同じ試験管を用いて，Mさんと次の実験を行った。あとの⑴～⑶に答えなさい。ただし，実験における息の吹きかけ方は同じとする。

図1

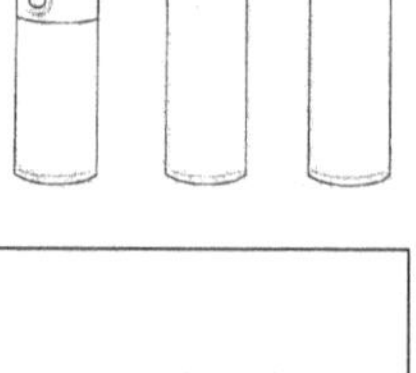

［実験］

①　図2（次のページ）のような太さが同じで，長さが14cmの試験管A，16cmの試験管B，

18㎝の試験管Cを用意した。

② ①の試験管Aに，底から水面までの高さが2㎝になるように水を入れた。

③ **図3**のように，②の試験管の上端に息を吹きかけ，発生した音を，タブレット端末のアプリケーションで解析し，音の振動数を求めた。

④ ②の試験管に水をさらに加え，底から水面までの高さを，4㎝，6㎝，8㎝，10㎝に変えて，③の操作を行った。

⑤ 試験管Aを，試験管B，試験管Cに変えて，②～④の操作を行った。

⑥ 実験の結果を**表1**にまとめた。

図2

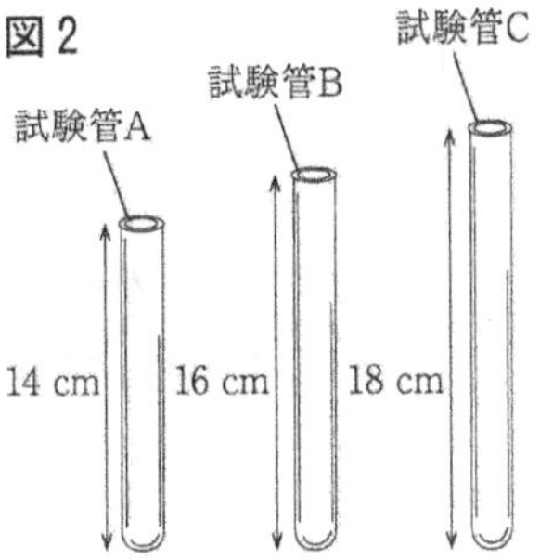

図3

表1

底から水面までの高さ〔cm〕	2	4	6	8	10
試験管Aの音の振動数〔Hz〕	708	850	1063	1417	2125
試験管Bの音の振動数〔Hz〕	607	708	850	1063	1417
試験管Cの音の振動数〔Hz〕	531	607	708	850	1063

⑴ 実験において，音をタブレット端末に伝えたものは何か。書きなさい。

⑵ **図4**は，531Hzのおんさを鳴らした後にオシロスコープの画面に表示された波形の1つである。また，次の**1**～**4**の中には，1063Hzのおんさを鳴らした後にオシロスコープの画面に表示された波形が2つある。

図4をもとにして，1063Hzのおんさを鳴らした後にオシロスコープの画面に表示された波形を，次の**1**～**4**から2つ選び，記号で答えなさい。ただし，オシロスコープが示す1目盛りの大きさはすべて等しいものとする。

図4

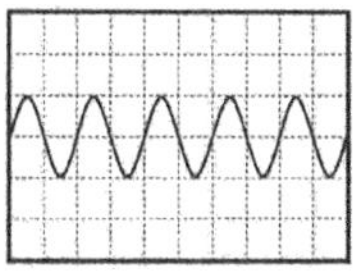

1

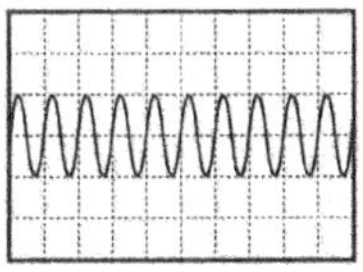

2

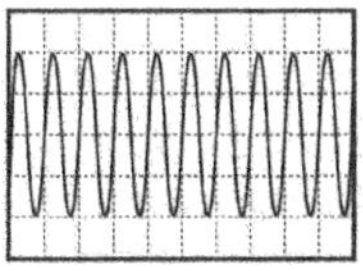

3

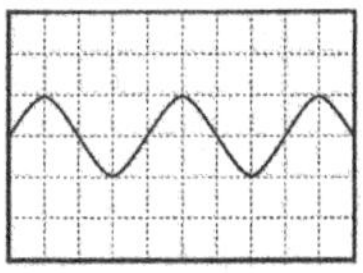

4

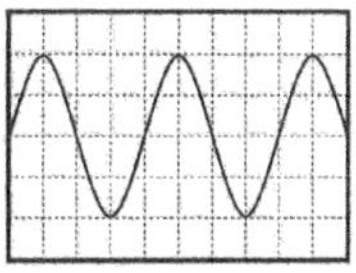

⑶ LさんとMさんは，次のページの ┆　┆ のような会話をした。LさんとMさんの発言が，実験の結果をもとにしたものとなるように，次のページのア，イに答えなさい。

Lさん：　表1から，音の振動数は，[あ]の長さによって決まることがわかるね。

Mさん：　水筒に飲み物を入れるとき，音の高さの変化のしかたが異なるというLさんの気づきも，表1をもとに科学的に説明できそうだね。

Lさん：　太さが同じで長さの異なる水筒に飲み物を入れるとき，入れ始めの音の高さは，長い水筒ほど[い]ということだよね。

Mさん：　他にも，表1からは，太さが同じで長さの異なる水筒に同じ量の飲み物を入れるとすると，[う]水筒ほど，入れ始めから入れ終わりまでの音の振動数が大きく変化することもわかるよ。

ア　[あ]に入る適切な語句を，「試験管」という語を用いて答えなさい。

イ　[い]，[う]に入る語句について，正しい組み合わせを，次の1～4から1つ選び，記号で答えなさい。

	い	う
1	低い	短い
2	低い	長い
3	高い	短い
4	高い	長い

6　学校で飼育しているヒメダカを用いて，次の観察を行った。あとの(1)～(4)に答えなさい。

[観察]

①　図1のように，水を入れたチャック付きのポリエチレン袋にヒメダカを入れ，チャックを閉めた。

②　①のヒメダカの尾びれの血管を，顕微鏡で観察し，タブレット端末で動画を撮影した。

③　撮影した動画をもとに，図2のように，スケッチをかき，気づきをまとめた。

図1

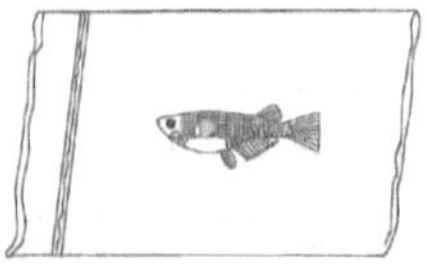

図2

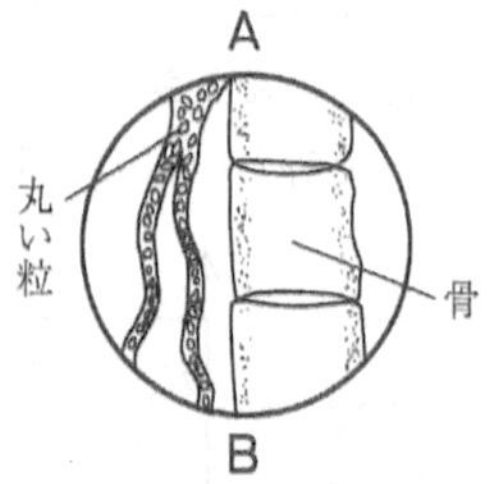

<気づき>

・　骨に沿って血管が見られた。骨は，血管より太かった。

・　血管内に，たくさんの(ア)丸い粒が見えた。(イ)丸い粒は，B側からA側に流れていた。

・　(ウ)血管がA側からB側へ枝分かれしていた。枝分かれした血管は，元の血管より細くなっていた。

(1)　飼育を続けていると，ヒメダカが産卵し子が卵からかえるようすを確認することができた。このように，親が卵を産んで，卵から子がかえるふやし方を何というか。書きなさい。

(2)　図2の下線(ア)は赤血球であり，体のすみずみに酸素を運ぶはたらきがある。次のページのア，イに答えなさい。

ア　血液は，赤血球などの固形成分と液体成分からなる。血液中の液体成分を何というか。書きなさい。

イ　赤血球が酸素を体のすみずみに運ぶことができるのは，赤血球にふくまれるヘモグロビンがどのような性質をもっているからか。簡潔に述べなさい。

(3)　**図2**のスケッチにおいて，ヒメダカの頭部は，A，Bのどちらの方向にあるか。書きなさい。また，そのように判断した根拠となる<**気づき**>を，**図2**の下線(イ)，(ウ)から1つ選び，記号で答えなさい。

(4)　**図3**は，ヒトの心臓のつくりと血液の流れを模式的に表しており，➔は，心臓に出入りする血液が流れる方向を示している。

　ヒメダカが，ヒトと同じセキツイ動物であることをふまえ，**図3**を参考にして，ヒメダカの血液の流れを表した模式図として正しいものを，次の1～4から1つ選び，記号で答えなさい。

図3

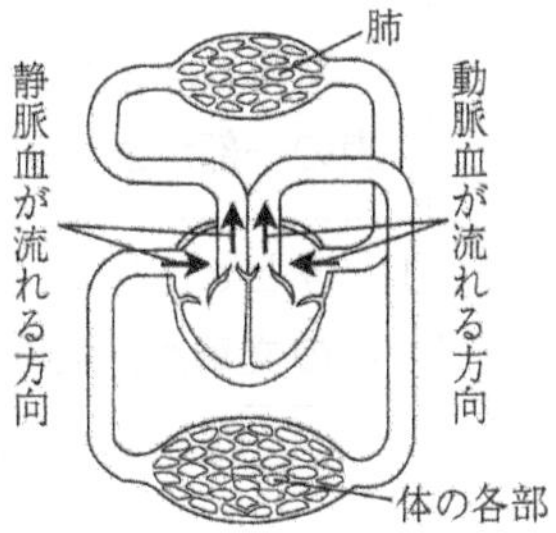

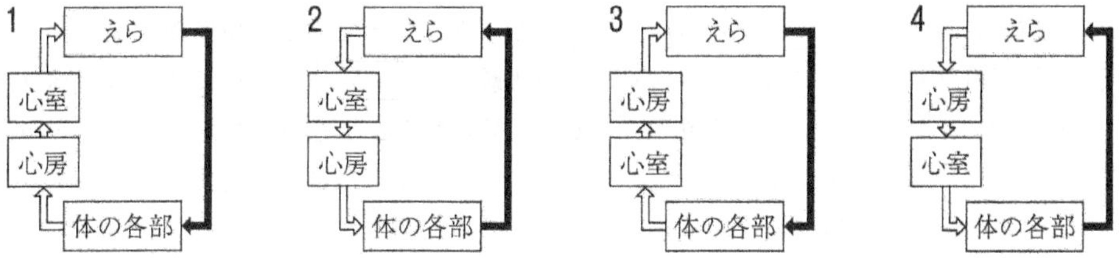

〔⇨ は静脈血の流れを，➡ は動脈血の流れを示している。〕

7　ペットボトルを利用して，次の実験を行った。あとの(1)～(3)に答えなさい。

[実験]

①　炭酸飲料用のペットボトルに水を少量入れた。

②　①のペットボトルに，線香の煙を少量入れた。

③　②のペットボトルを氷水で冷やすと，白いくもりが発生した。

④　③のペットボトルを氷水から取り出し，**図1**のように，ポンプ付きのふたをして閉めた。

⑤　ポンプを20回押して空気を入れると，白いくもりが消えた。

⑥　栓を外してペットボトル内の空気を勢いよく出すと，再び白いくもりが発生した。

図1

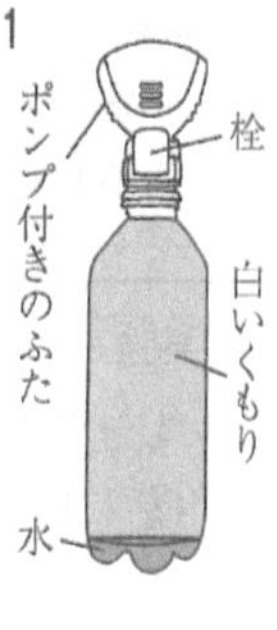

(1)　各地の天気は，降水を伴わない場合，空全体を雲が占める割合で決められている。くもりの天気記号として正しいものを，次の1～4から1つ選び，記号で答えなさい。

(2)［実験］の②において，ペットボトルに線香の煙を入れたのは，白いくもりが発生しやすくす

るためである。線香の煙を入れることで白いくもりが発生しやすくなるのはなぜか。その理由を簡潔に述べなさい。

(3) 自然界では，空気が上昇気流によって運ばれることで雲が発生する。また，［実験］の③の白いくもり，［実験］の⑥の白いくもりのいずれかは，自然界における雲と同じしくみで発生したものである。次のア，イに答えなさい。

ア 次の文が，自然界で上昇気流が生じる原因について述べたものとなるように，(　)の中のa～dの語句について，正しい組み合わせを，下の1～4から1つ選び，記号で答えなさい。

> 寒気と暖気がぶつかり（a　暖気が寒気を　　b　寒気が暖気を）おし上げたり，地表の一部が強く（c　熱せられ　　d　冷やされ）たりすることで生じる。

1　aとc　　2　aとd　　3　bとc　　4　bとd

イ 次の文章が，実験の考察となるように，[あ]，[い]に入る適切な語を書きなさい。また，[う]に入る適切なものを，［実験］の③，⑥から1つ選び，③，⑥の記号で答えなさい。

> 自然界では，上空に行くほど大気の[あ]が下がる。上昇気流によって空気が上空に運ばれると，[あ]が下がり，[い]が下がることで雲が発生する。
> ［実験］の③と⑥の白いくもりのうち，［実験］の[う]の白いくもりは，ペットボトル内の空気の[あ]が下がり，[い]が下がることで発生した。もう一方の白いくもりは，ペットボトル内の空気の[い]のみが下がることで発生した。
> このことから，自然界における雲と同じしくみで発生したものは，［実験］の[う]の白いくもりである。

8 水溶液によって電流の流れやすさが異なることを学んだSさんは，次の［仮説1］を立て，［実験1］を行った。あとの(1)～(3)に答えなさい。

［仮説1］

電流が流れる水溶液どうしを混ぜると，混ぜる前の水溶液と比べて電流がもっと流れるようになる。

［実験1］

① 2％の塩酸と2％の水酸化ナトリウム水溶液を用意した。
② ①の塩酸を4mLずつ4個のビーカーにはかりとり，それぞれ液A_1～液A_4とした。
③ ①の水酸化ナトリウム水溶液を4mLずつ4個のビーカーにはかりとり，それぞれ液B_1～液B_4とした。
④ **図1**（次のページ）のように2つの液を混ぜ，8mLの液C～液Eをつくった。
⑤ **図2**（次のページ）のように，ビーカーに入った液A_1に，十分に洗浄した炭素電極を入れ，電源装置，電流計を直列につないだ。
⑥ 電源装置のスイッチを入れ，3Vの電圧を加えた。

⑦　10秒後に電流計の値〔mA〕を読みとり，電源装置のスイッチを切った。

⑧　⑤の液A_1を，液B_1，液C，液D，液Eに変えて，⑤～⑦の操作を行った。

⑨　実験の結果を，**表1**にまとめた。

図1

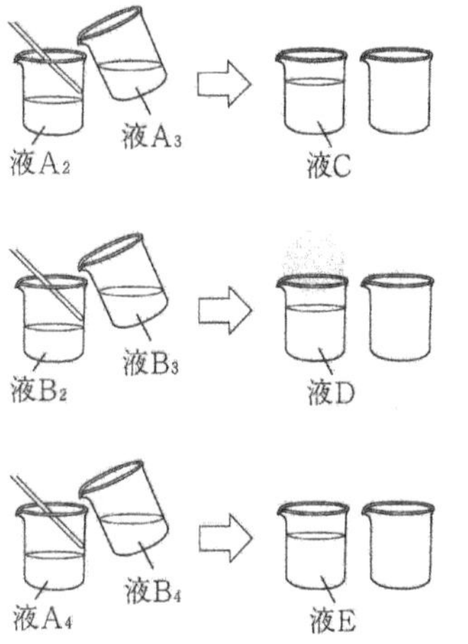

図2

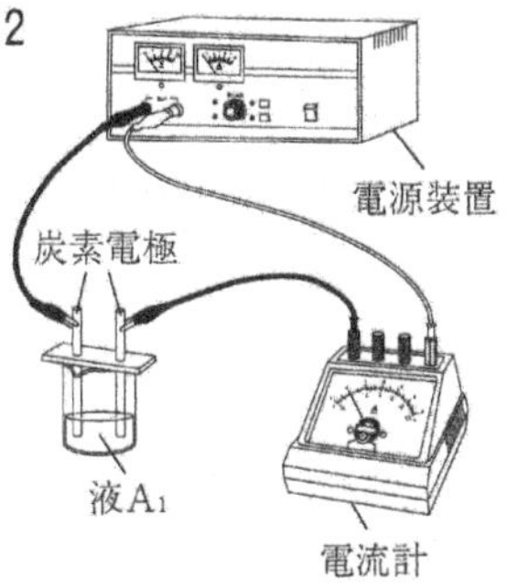

表1

	液A_1	液B_1	液C	液D	液E
液の体積〔mL〕	4	4	8	8	8
電流計の値〔mA〕	22	12	22	12	5

(1)　水に溶けると水溶液に電流が流れる物質を何というか。書きなさい。

(2)　［実験１］の⑥では，液A_1で塩化水素HClの電気分解が起こった。塩化水素の電気分解を，化学反応式で書きなさい。

(3)　［実験１］を終えたSさんは，T先生と，次の［　　］のような会話をした。下のア，イに答えなさい。

Sさん：　混合後の液の電流計の値が，混合前の液の電流計の値よりも大きくなることはありませんでした。

T先生：　同じ液どうしを混ぜた場合も，異なる液どうしを混ぜた場合も，［仮説１］が誤っていることがわかったのですね。
　実験の結果をもとに，さらに調べてみたいことはありますか。

Sさん：　はい。表１のように，液Eの電流計の値が，液A_1や液B_1の電流計の値と比べて小さくなったことに興味があります。いつも小さくなるのでしょうか。

T先生：　それでは，新しい仮説を立てて，実験を行ってみましょう。

ア　下線部のように，液Eの電流計の値が小さくなったのは，液中のイオンの量が減少したことが関係している。液中のイオンの量が減少したのはなぜか。その理由を簡潔に述べなさい。

イ　Sさんは，この会話の後，T先生のアドバイスをもとに，次のページの［仮説２］を立て，［仮説２］を適切に検証することができるよう次のページの［実験２］を計画した。［あ］に入る語句として最も適切なものを，次の１～４から選び，記号で答えなさい。

１　混合後の液の体積　　２　混合前の塩酸の体積　　３　混ぜる順序　　４　混ぜる割合

[仮説２]

２％の塩酸と２％の水酸化ナトリウム水溶液の混合において，「 あ 」と「混合後の液の電流の流れにくさ」には関係がある。

[実験２]

① ２％の塩酸と２％の水酸化ナトリウム水溶液を，**表２**のように混ぜた液Ｆ～液Ｊをつくる。

表２

	液Ｆ	液Ｇ	液Ｈ	液Ｉ	液Ｊ
２％の塩酸の体積〔mL〕	2	3	4	5	6
２％の水酸化ナトリウム水溶液の体積〔mL〕	6	5	4	3	2

② ［実験１］の**図２**のように，ビーカーに入れた液Ｆに，十分に洗浄した炭素電極を入れ，電源装置，電流計を直列につなぐ。

③ 電源装置のスイッチを入れ，３Ｖの電圧を加える。

④ 10秒後に電流計の値〔mA〕を読みとり，電源装置のスイッチを切る。

⑤ ②の液Ｆを，液Ｇ～液Ｊに変えて，②～④の操作を行う。

⑥ 実験の結果をまとめる。

9 Ｙさんは，素材となる金属の違いによって調理器具の特徴が異なることを知り，Ｚさんと次の［　　］のような会話をし，実験を行った。あとの(1)～(5)に答えなさい。

Ｙさん： プロの料理人は，使う食材や調理方法によって，銅やアルミニウム，鉄など，素材の違うフライパンを使い分けているらしいよ。

Ｚさん： そういえば，理科の実験でカルメ焼きをつくったとき，銅のお玉を使っていたけれど，銅の性質が関係しているのかもしれないね。

Ｙさん： 金属には，熱が伝わりやすい性質や，温まりやすく冷めやすい性質があると学習したけれど，それらの性質は，金属の種類によって異なるのかな。

Ｚさん： おもしろそうだね。実験で確かめてみようよ。

[実験１]

① **図１**のように，縦20㎝，横20㎝，厚さ0.5㎜の銅板に油性ペンで対角線を引き，頂点Ａから４㎝，８㎝，12㎝の対角線上に，点Ｂ，点Ｃ，点Ｄをとった。

② ①の銅板の表面全体に，ろうを薄くぬった。

③ **図２**（次のページ）のように，②の銅板をスタンドに固定し，銅板の点Ａの部分をガスバーナーで加熱した。

④ 加熱すると同時にストップウォッチのスタートボタンを押

図１

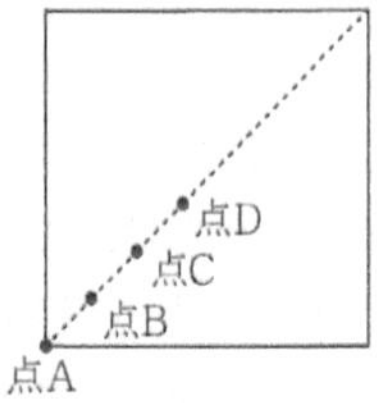

した。

⑤　点B，点C，点D上のろうがとけた時間を測定し記録した。

⑥　銅板の加熱を止め，室温になるまで放置した。

⑦　②～⑥を２回繰り返した。

⑧　①の銅板を，アルミニウム板，鉄板に変えて，①～⑦の操作を行った。

⑤　記録した時間を平均したものを，**表１**にまとめた。

図２

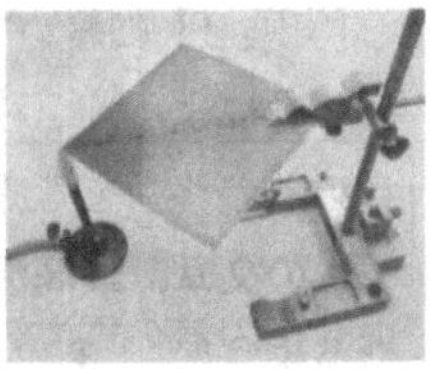

［実験２］

①　ビーカーに水を入れ，ガスバーナーで加熱し，水を沸とうさせた。

②　①の水に，一辺が２㎝の立方体の銅を入れ，１分間放置した。

③　②の銅をすばやく取り出し，室温の水30ｇの中に入れた。

④　③の水の温度を，デジタル温度計を用いて測定し，記録した。

⑤　②の銅を，アルミニウム，鉄に変えて，②～④の操作を行った。

⑥　記録した時間と水の温度を，**図３**にまとめた。

表１

	銅	アルミニウム	鉄
点B〔秒〕	5	6	13
点C〔秒〕	28	33	88
点D〔秒〕	62	87	415

図３

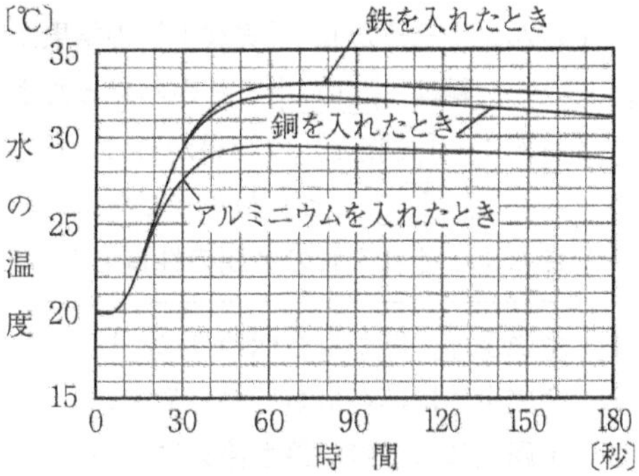

⑴　調理する際，手を近づけることで，フライパンが温まっていることを確認することができる。これは，熱が赤外線などの光として放出されているからである。このように，物体の熱が光として放出される現象を何というか。書きなさい。

⑵　下線部に関連して，金属より冷めにくい性質をもつ岩石は，調理器具の素材に用いられることがある。火成岩のうち，花こう岩などのように，マグマが地下でゆっくり冷えて固まった岩石を何というか。書きなさい。

⑶　**図４**は，［実験１］において，ある金属板を加熱したときのようすである。

次の文が，**表１**をもとに**図４**を説明したものとなるように，（　）の中のａ～ｅの語句について，正しい組み合わせを，次のページの**１**～**６**から１つ選び，記号で答えなさい。

図４

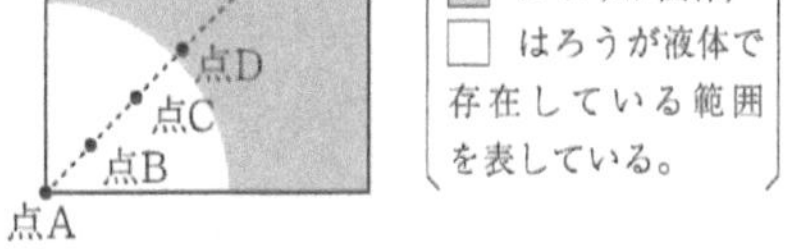

図４は，加熱し始めてから（ａ　20秒後　　ｂ　80秒後）の（ｃ　銅　　ｄ　アルミニウム　　ｅ　鉄）板のようすである。

1　aとc　2　aとd　3　aとe　4　bとc　5　bとd　6　bとe

(4)［実験2］において，水の温度が最高温度に達した後も測定を続けたのは，水から空気への熱の移動による，1秒間あたりの温度変化を見積もるためであり，見積もった値を用いて，空気への熱の移動を考慮した最高温度を推定することができる。

次の文が，最高温度に達した後の1秒間あたりの温度変化の求め方について説明したものとなるように，［あ］に入る適切な語句を，［X］に入る適切な数値を，それぞれ書きなさい。

> 図3から，最高混度に達した後の水の温度の下がり方が一定なので，例えば，アルミニウムを入れたときの，60秒と180秒の［あ］を［X］で割ると，1秒間あたりの温度変化を見積もることができる。

(5) YさんとZさんは，次の［　］のような会話をした。YさんとZさんの発言が，実験の結果と合うように，［い］，［う］に入る適切な語句を，下の1～4から1つ選び，それぞれ記号で書きなさい。

> Zさん：実験前にYさんが考えていたとおり，金属の性質は，金属の種類によって異なっているといえるね。
> Yさん：そうだね。［実験1］の結果から，同じ面積で同じ厚さの3種類の金属のうち，銅は，［い］ことがわかったよ。
> Zさん：［実験2］の結果からは，同じ体積で同じ温度の3種類の金属のうち，鉄は，［う］こともわかったね。
> Yさん：それぞれの金属の性質を知っていると，料理するとき役に立ちそうだね。

1　金属全体に熱が最も伝わりにくい
2　金属全体に熱が最も伝わりやすい
3　金属全体の温度が最も冷めにくい
4　金属全体の温度が最も冷めやすい

＜社会＞

時間　50分　　満点　50点

1　Kさんは，中部地方の自然環境と生活・文化について興味をもち，調べ学習を行った。図Ⅰは，Kさんが使用した地図である。これについて，あとの(1)～(6)に答えなさい。

(1)　図Ⅰ中の**ア**には，もともと山地の谷であった部分に海水が入り込んでできた，小さな岬と湾が連続する入り組んだ海岸がみられる。このような海岸を何というか。答えなさい。

(2)　中部地方の太平洋側では，温室やビニールハウスを用いて野菜や花などを栽培する農業がさかんである。このような農業を何というか。答えなさい。

(3)　Kさんは，中部地方と関東地方の工業の違いに着目し，図Ⅱを用いて工業のようすを比較した。図Ⅱ中の**a**～**c**は，中京工業地帯，北関東工業地域，京葉工業地域のそれぞれについて，製造品出荷額等の品目別の割合を示したものである。**a**～**c**が示す工業地帯または工業地域の名称の組み合わせとして正しいものを，下の1～6から一つ選び，記号で答えなさい。

図Ⅰ

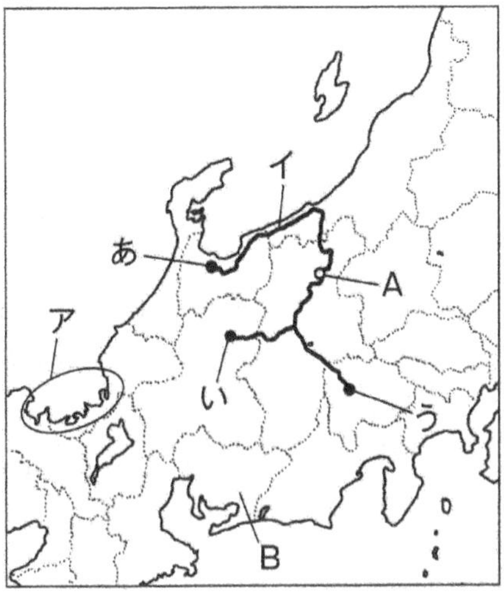

図Ⅱ

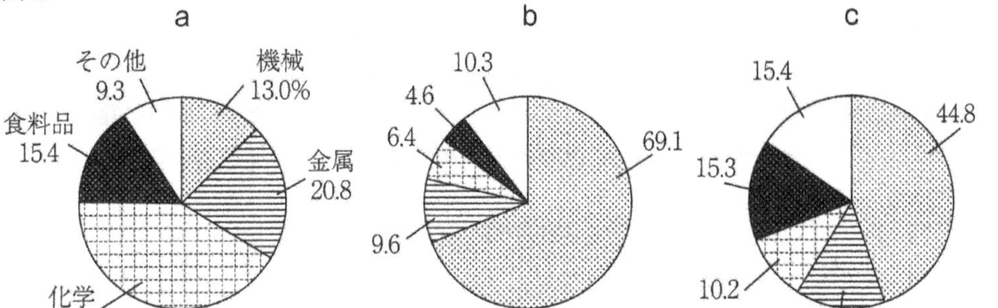

（注）データは2018年のものである。
（日本国勢図会2021/22により作成）

1　a－中京工業地帯　　b－北関東工業地域　　c－京葉工業地域
2　a－中京工業地帯　　b－京葉工業地域　　c－北関東工業地域
3　a－北関東工業地域　　b－中京工業地帯　　c－京葉工業地域
4　a－北関東工業地域　　b－京葉工業地域　　c－中京工業地帯
5　a－京葉工業地域　　b－中京工業地帯　　c－北関東工業地域
6　a－京葉工業地域　　b－北関東工業地域　　c－中京工業地帯

(4) 図Ⅰ中の**イ**は，図Ⅰ中の**A**の都市と**あ**～**う**の三つの都市を結ぶ経路の例を示したものである。右の表Ⅰは，Kさんがそれぞれの経路について，インターネットで調べた自動車での最短の所要時間と総走行距離を示したものであり，下の図Ⅲは，それぞれの経路の高低差を示したものである。**A**から**い**までの経路について示したものを，表Ⅰ中の**X**～**Z**および図Ⅲ中の**d**～**f**からそれぞれ一つ選び，記号で答えなさい。

表Ⅰ

	所要時間	総走行距離
X	131分	153.0km
Y	217分	147.3km
Z	177分	213.9km

（注）各都市の市役所を基準として算出している。

図Ⅲ

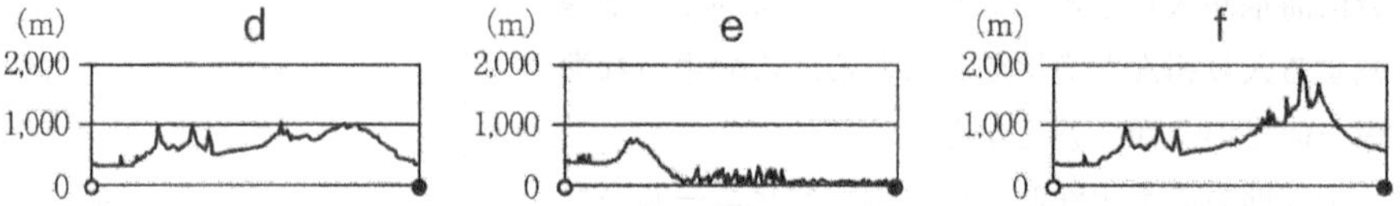

（注）図Ⅲ中の○と●は，図Ⅰ中の○と●と対応する。また，d～fそれぞれの○と●の間の実際の距離はすべて異なる。高さは強調して表現してある。

（地理院地図により作成）

(5) 高度経済成長期に人口分布の変化が起こったことを学習したKさんは，中部地方を**B**県と**B**県以外の八つの県に分け，それぞれについて人口の社会増減数の推移を調べ，図Ⅳ，図Ⅴを作成した。

図Ⅳ，図Ⅴを参考にして，日本における高度経済成長期の人の移動の特徴を説明しなさい。

図Ⅳ **B**県の社会増減数の推移

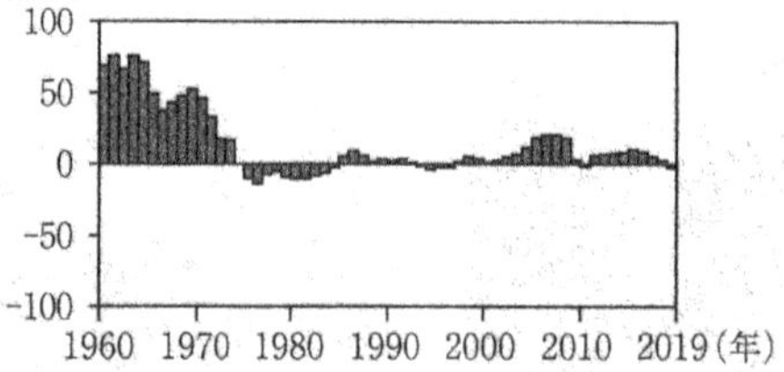

図Ⅴ **B**県以外の八つの県における社会増減数の推移

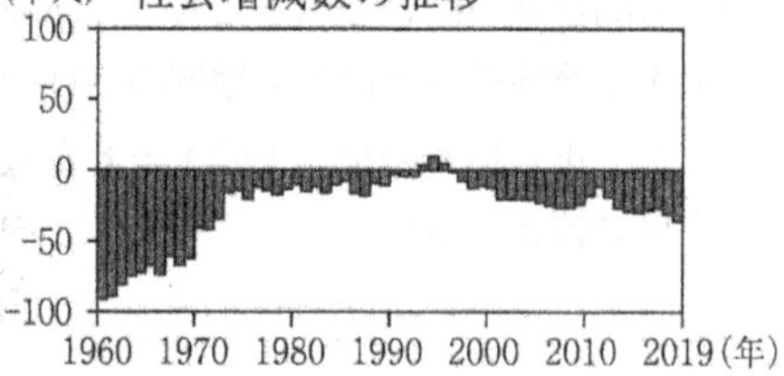

（注）社会増減数は「転入数－転出数」を表す。

（RESAS（地域経済分析システム）- 人口増減 - により作成）

(6) 図Ⅵは，静岡県牧之原市の地形図（2万5千分の1）の一部である。図Ⅵの範囲から読み取れることとして最も適切なものを，あとの1～4から選び，記号で答えなさい。

図Ⅵ

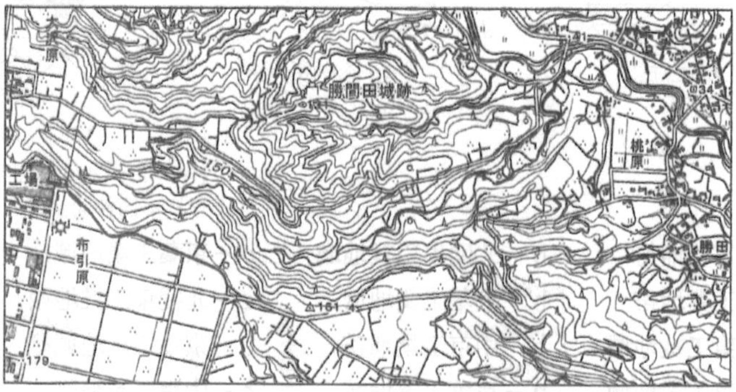

1 「勝間田城跡」から見下ろすと，「布引原」付近の茶畑がよくみえる。

2 「勝間田城跡」周辺の森林は，針葉樹林よりも広葉樹林が多くみられる。

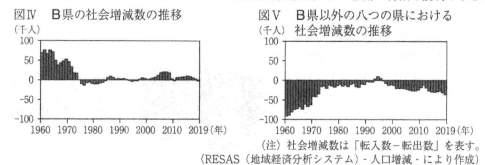

3　二つの三角点の地図上の直線距離は約４cmなので，実際の距離は約２kmである。

4　「桃原」の西側には，谷に位置する果樹園がいくつかみられる。

2　Aさんのクラスでは，生徒が興味のある国を一つずつ選び，それぞれ調べることにした。次の図Ⅰ中の①～⑳は，生徒が選んだ国の位置を示している。これについて，あとの⑴～⑷に答えなさい。

図Ⅰ

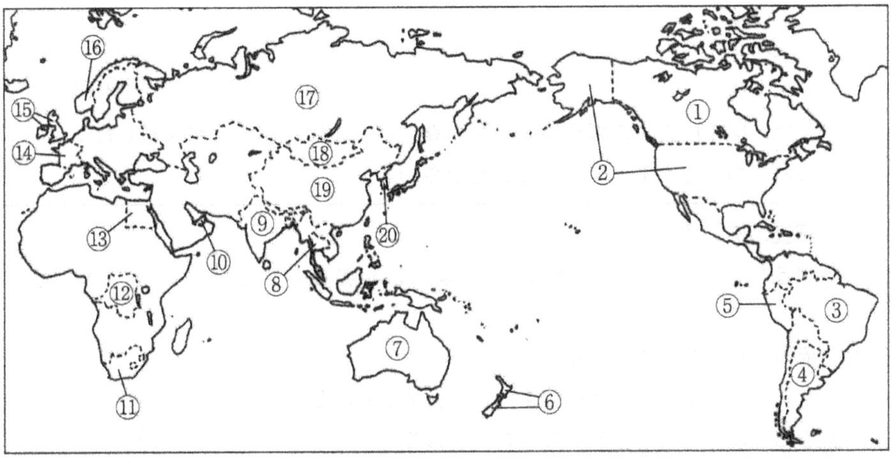

⑴　図Ⅰ中の①～⑳の国について述べた文として正しいものを，次の１～４から一つ選び，記号で答えなさい。

1　北半球に位置する国より，南半球に位置する国の方が多い。

2　世界を六つの州に分けた場合，アフリカ州に属する国が最も多い。

3　世界で最も人口が多い国と世界で最も面積が大きい国が含まれている。

4　領土内を，本初子午線が通っている国は含まれていない。

⑵　下の二つの写真は，Aさんが調べている国に関するものである。Aさんが調べている国を，図Ⅰ中の⑤，⑧，⑬，⑭から一つ選び，記号で答えなさい。

この国にある世界遺産

この国で伝統的に放牧されている家畜

⑶　Bさんは，図Ⅰ中の②の国が，世界有数の農産物の輸出国であることを，資料Ⅰともう一つの資料を組み合わせて説明しようとしている。Bさんが使用する資料として最も適切なものを，次のページの１～４から選び，記号で答えなさい。

資料Ⅰ　世界の穀物類の生産量に占める⑲，②，⑨の国の割合（2017年）

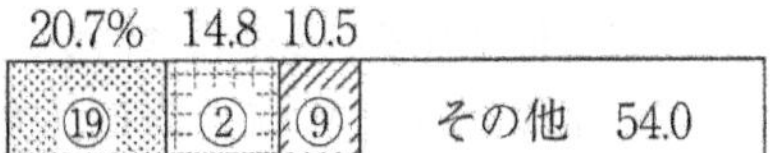

1

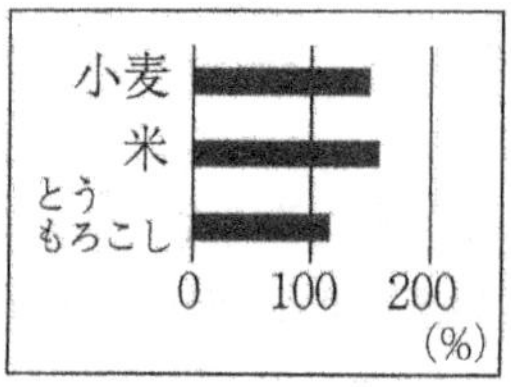

②の国のおもな農産物の自給率

2

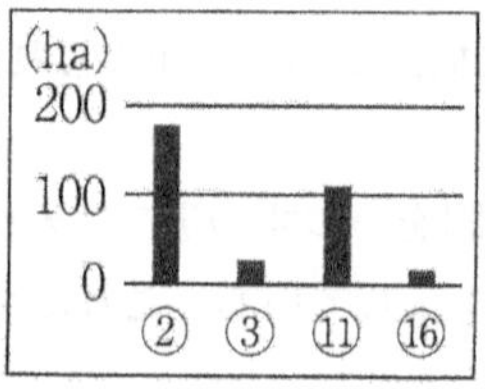

②，③，⑪，⑯の国の農業従事者１人当たりの農地面積

3

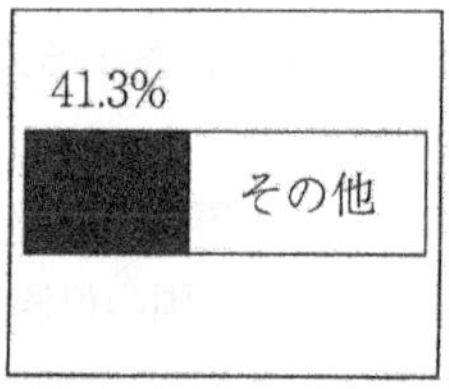

②の国の国土面積に占める農地の割合

4

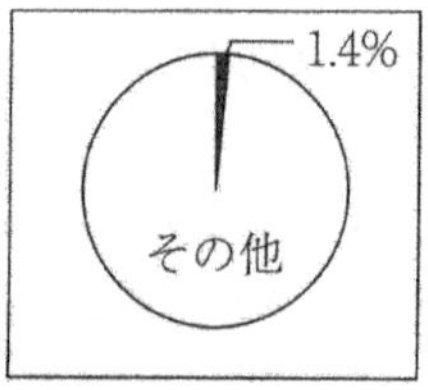

②の国の総就業人口に占める農林水産人口の割合

（注）データは2017年のものである。（世界国勢図会2020/21などにより作成）

(4) Cさんは，図Ⅰ中の⑩の国に興味をもち調べた。次は，Cさんが作成したレポートの一部である。これについて，下のア～エに答えなさい。

1 調査のテーマ

アラブ首長国連邦の経済は，どのように発展してきたのか。

2 仮説（テーマに対する予想）

サウジアラビアなどと同じように，石油を輸出して得た利益をもとに，経済が発展してきたのではないか。

3 調査方法

教科書や地図帳，インターネットを利用して，産業や貿易の特徴，ⓐアラブ首長国連邦の人々の生活や文化，ⓑ世界の石油産業の状況について調べる。

アラブ首長国連邦にある世界で最も高いビル

4 調査結果と考察

アラブ首長国連邦は，原油を輸出して得た利益をもとに，経済発展をとげてきた。しかし，表Ⅰから分かるように，石油などの資源は，［ あ ］ため，表Ⅱから分かるように，近年は，ⓒ原油の輸出のみに頼る経済からの脱却を進めている。

表Ⅰ エネルギー資源の採掘が可能な年数（2017年）

資 源	年 数
石油	50年
天然ガス	53年
石炭	134年

表Ⅱ アラブ首長国連邦の輸出品上位４品目が輸出総額に占める割合（%）

1990年		2017年	
原油	74.7	機械類	21.1
機械類	3.3	原油	12.4
繊維品	2.6	石油製品	9.5
アルミニウム	1.9	貴金属装身具	7.4

（データブック オブ・ザ・ワールド2021年版などにより作成）

ア 下線部ⓐについて，アラブ首長国連邦をはじめとする西アジアの国々で，最も多くの人々に信仰されている宗教は何か。答えなさい。

イ 下線部ⓑについて，表Ⅲ（次のページ）は西アジアのおもな産油国の原油産出量を示しており，図Ⅱ（次のページ）は，各国の値の100万の位を四捨五入した上で，主題図にまとめたものである。アラブ首長国連邦に該当する部分を，他の国の例にならって作成しなさい。

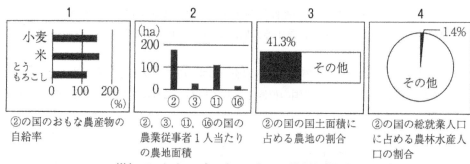

表Ⅲ　　　　　　　　　　　(2019年)

国　　名	原油産出量 (万ｋＬ)
サウジアラビア	56,898
イラク	27,271
アラブ首長国連邦	18,095

(世界国勢図会2020/21により作成)

図Ⅱ

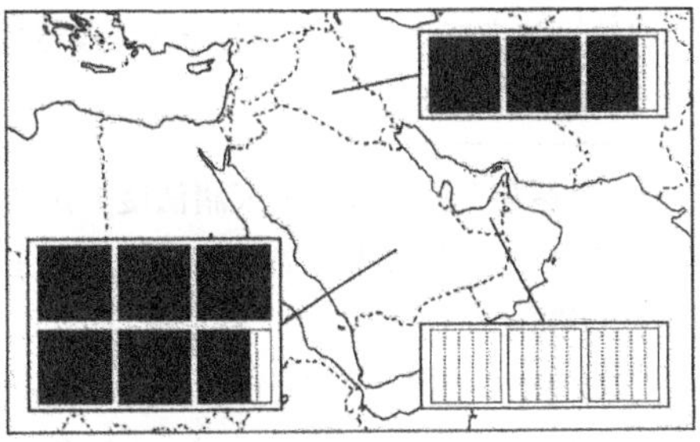

ウ　レポート中の あ に適切な語句をおぎない，文を完成させなさい。

エ　下線部ⓒのように，特定の資源や作物の輸出によって成り立つ経済を何というか。答えなさい。

3　Hさんは，江戸時代までの道の歴史と人々との関わりを調べ，発表の準備のために次のスライドA～Dを作成した。これについて，あとの⑴～⑸に答えなさい。

スライドA

戦国大名は，物資の輸送，敵からの防御，家臣との連絡などのため，道づくりに力を入れた。

①織田信長

スライドB

②五街道をはじめ全国各地の道が整備され，③参勤交代や旅行などに利用された。

五街道の起点 日本橋

スライドC

源頼朝が鎌倉幕府を開いたあと，幕府によって新たな道の整備が進められた。

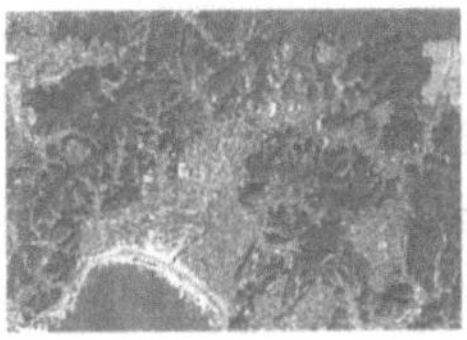

現在の鎌倉の写真

スライドD

④平城京の中央に幅約70メートルの道が南北にしかれ，碁盤目状に土地が区画された。

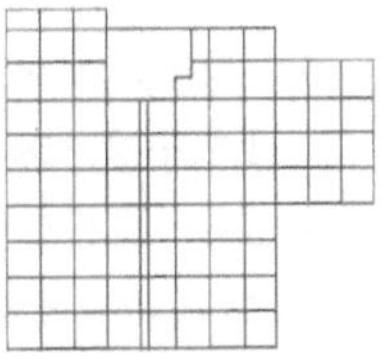

平城京の区画割

⑴　スライドAに関連して，下線部①が行った政策について述べた文として正しいものを，次の1～4から一つ選び，記号で答えなさい。

1　欧米の文化を取り入れ，道路沿いにガス灯やれんが造りの建物を建設した。

2　各地の特産物や布を納める調・庸を，人々が自分で都まで運ぶことを定めた。

3　米などを運ぶため，西廻り航路や東廻り航路などの海上交通網を整備した。

4　流通のさまたげになっていた各地の関所を廃止し，交通の便をはかった。

⑵　スライドBに関連して，あとのア，イに答えなさい。

ア　次の文は，下線部②に関連する書物についてHさんが説明したものである。文中の（あ）にあてはまる人物は誰か。答えなさい。

（　あ　）が書いた『東海道中膝栗毛』は，人々の旅行への興味をかきたてた。

イ　Hさんは，下線部③について調べ，発表原稿と図Ⅰにまとめた。発表原稿を参考にして，（い）にあてはまる都市名を答えなさい。

発表原稿

> 　参勤交代とは，武家諸法度で定められた制度で，これによって将軍と大名の主従関係が明確になりました。
> 　また，図Ⅰから分かるように，長州藩は，藩内だけでなく，（　い　）でも多くの経費を使っており，参勤交代が経済的な負担になっていたと考えられます。

図Ⅰ　長州藩の経費のうち銀で支出されたものの内訳（1754年）

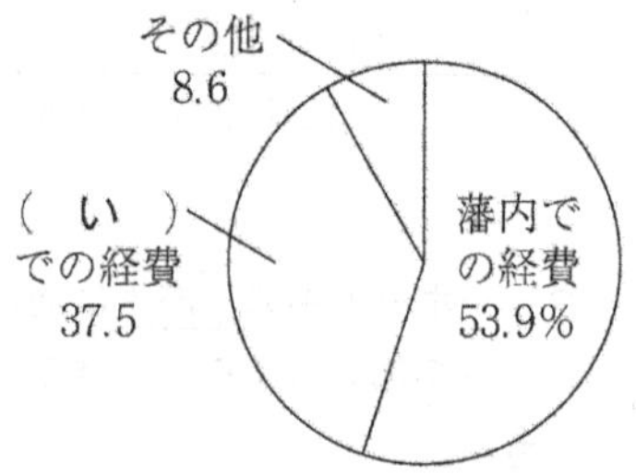

（萩市史第一巻などにより作成）

(3)　スライドCに関連して，次のア，イに答えなさい。

ア　Hさんは，スライドCについて詳しく説明するため，資料Ⅰを作成した。スライドCを参考にして，資料Ⅰ中の［う］にあてはまる語句と（え）にあてはまる語の組み合わせとして正しいものを，次の1～4から一つ選び，記号で答えなさい。

資料Ⅰ

> 　源頼朝が幕府を開いた鎌倉は，［　う　］であった。また，鎌倉に入るまでの道には，右の写真のような（　え　）が設けられた。

1　う－広大な盆地に位置し，陸上交通の要　　　え－切通し
2　う－広大な盆地に位置し，陸上交通の要　　　え－水城
3　う－三方を山に囲まれ，南は海に面している地　　え－切通し
4　う－三方を山に囲まれ，南は海に面している地　　え－水城

イ　Hさんは，スライドCと同時期の世界の歴史について調べる中で，十字軍の遠征路に興味をもち，図Ⅱを作成した。次のX，Yは，図Ⅱおよび十字軍に関して述べたものである。X，Yについて，その正誤の組み合わせとして正しいものを，次のページの1～4から一つ選び，記号で答えなさい。

図Ⅱ　1202年に出発した十字軍の遠征路

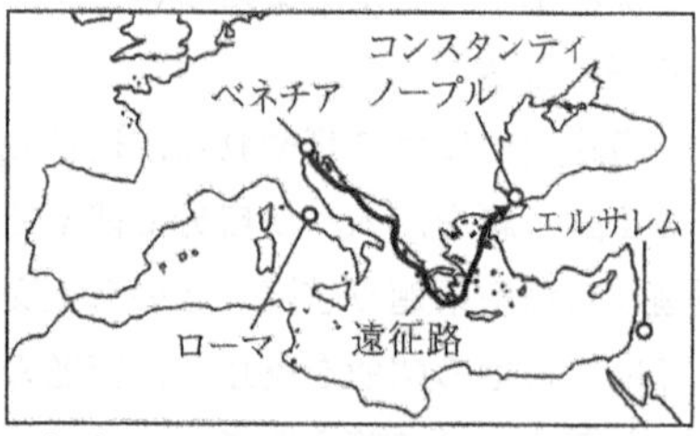

（注）➡は，遠征路の出発地から到着地までの道のりを示している。

X　十字軍の遠征の影響により，東西の人やものの交流がさかんになった。
Y　この遠征で，十字軍の当初の目的である，聖地の奪回に成功した。

1　X－正　Y－正
2　X－正　Y－誤
3　X－誤　Y－正
4　X－誤　Y－誤

⑷　スライドDに関連して，下線部④が当時の中国の都にならってつくられたことに着目したHさんは，同時期の日本と他国とのつながりについて調べ，図Ⅲ，資料Ⅱを作成した。

資料Ⅱ中のペルシャ産のガラス細工は，日本にどのようにしてもたらされたのか。図Ⅲ，資料Ⅱを参考にして説明しなさい。

図Ⅲ

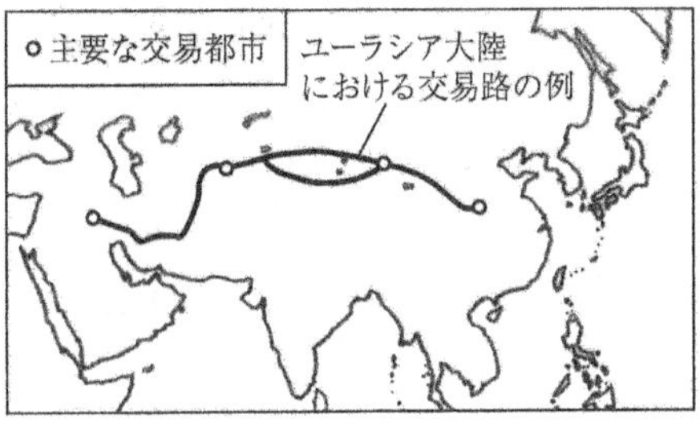

資料Ⅱ

下の宝物は，日本に伝えられ，東大寺の正倉院におさめられている，西アジアのペルシャ産のガラス細工である。

この時期に，日本は大陸の進んだ文化や制度を取り入れようと，遣唐使を派遣した。遣唐使は，菅原道真の意見で中止が決定されるまで，十数回にわたり派遣された。

⑸　スライドA～Dを，内容の年代が古い順に並べ，記号で答えなさい。

4　SさんとYさんは，社会科の授業で学習したことについて，それぞれ興味があることを，美術館や文書館などのウェブサイトで調べた。次はその一部である。これについて，あとの⑴～⑹に答えなさい。

Sさんのレポート：美術館の絵からみえる世界の歴史

ボッティチェリ作「春」

この絵は，ギリシャ神話の花の女神や美の三女神などが描かれ，春の喜びを表している。①古代ギリシャ・ローマの文化をもとにした芸術の特徴がよく表れている。

ダヴィド作「ナポレオンの戴冠式」

この絵は，ナポレオンが国民投票を経て皇帝になったときのようすを描いている。ナポレオンはヨーロッパの大半を支配した。その結果，②自由と平等など，この国で起きた革命の成果が広まった。

Yさんのレポート：山口県文書館の資料からわかる日本の歴史

資料Ⅰ

資料Ⅰは，鹿児島県令から山口県令へ送られた電報である。政府軍が③鹿児島の城山を攻撃し，西郷隆盛その他を打ち取ったり降伏させたりしたという内容が書かれている。

資料Ⅱ

資料Ⅱは，山口県の養蚕の歴史をまとめた『山口県之蚕糸業』という冊子である。山口県には，明治時代末期から大正時代にかけて，岩国，萩などに④製糸工場があった。

資料Ⅲ

資料Ⅲは，陸軍参謀次長に，名古屋の状況を伝えた書簡である。暴動の原因はすべて米価の高騰であること，シベリア出兵に動員する兵士のための食料調達が，一層の米不足を招いていることなど，⑤この年に起きた暴動のようすが書かれている。

資料Ⅳ

資料Ⅳは，⑥1970年に大阪で日本万国博覧会が開催されたときに配布された広告である。「万国博がやってくる」「規模も内容もケタはずれ」といったキャッチフレーズや，明るいデザインに，当時の雰囲気がよく表れている。

(1) 下線部①について，このような芸術作品を生んだ，14世紀頃から西ヨーロッパ各地に広がった芸術，学問などの新しい風潮を何というか。答えなさい。

(2) 下線部②に関連して，次のア，イに答えなさい。

ア　この革命で，自由と平等，人民主権，言論の自由，私有財産の不可侵などを唱えて発表されたものを，次の1～4から一つ選び，記号で答えなさい。

1　権利の章典　　2　人権宣言

3　独立宣言　　4　大西洋憲章

イ　自由と平等の精神は，日本にも明治時代に欧米の近代化の背景となる思想として紹介された。明治時代に欧米のようすや思想を日本に紹介した人物のうち，『学問のすゝめ』の中で「天は人の上に人をつくらず」という言葉を残した人物は誰か。答えなさい。

(3) 下線部③について，この戦いが起こった時期を，右の年表の1～4から一つ選び，記号で答えなさい。

年	できごと	
1868	戊辰戦争の開始	
		1
1871	廃藩置県	
		2
1873	徴兵令	
		3
1876	帯刀の禁止	
		4
1881	自由党の結成	

⑷　下線部④に関連して，Ｙさんは，生糸が日本の主要な輸出品であったことに興味をもち，図Ⅰ，図Ⅱを用いて，明治時代初期と大正時代初期の日本の貿易のようすを比較したところ，生糸以外の品目にも大きな変化がみられることに気づいた。図Ⅱにおいて，図Ⅰよりも綿花の輸入が大幅に増加している理由を，図Ⅱの輸出品目に着目し，解答欄の書き出しに続けて説明しなさい。

図Ⅰ　明治時代初期の日本の貿易(1868年)

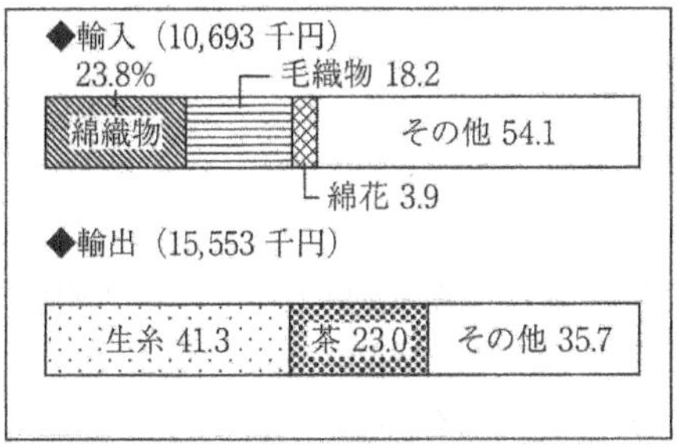

図Ⅱ　大正時代初期の日本の貿易(1915年)

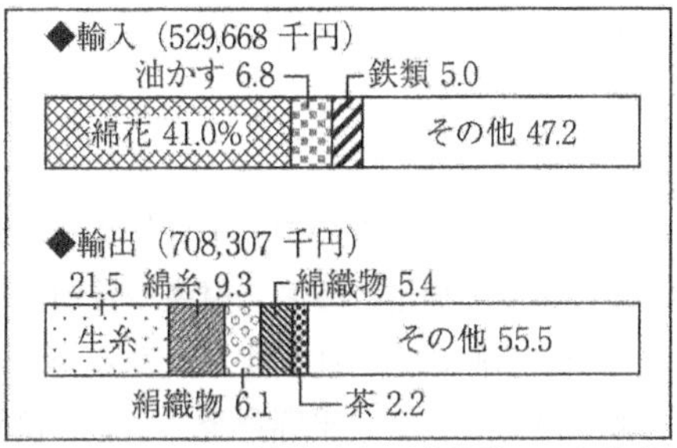

（明治大正国勢総覧により作成）

⑸　下線部⑤に関連して，この年に起こったできごとを，次の１～４から一つ選び，記号で答えなさい。

1　立憲政友会の原敬が首相となり，本格的な政党内閣が組織された。

2　藩閥政治を批判する護憲運動により，桂太郎内閣が退陣した。

3　10年後に国会を開くことを約束する，国会開設の勅諭が出された。

4　第１回衆議院議員選挙が行われ，自由民権派の政党の議員が多数をしめた。

⑹　下線部⑥に関連して，次の１～４は，第二次世界大戦後から日本万国博覧会の開催までの日本の経済に関するできごとである。１～４を年代の古い順に並べ，記号で答えなさい。

1　池田勇人内閣によって，国民所得倍増計画が発表された。

2　ＧＨＱの指示で，日本の産業や経済を支配してきた財閥の解体が始まった。

3　国民総生産が，資本主義国の中でアメリカに次ぐ第２位となった。

4　朝鮮戦争の軍需物資の生産を引き受け，特需景気が起こった。

5　次は，生徒と先生の会話の一部である。これを読んで，あとの⑴～⑺に答えなさい。

生徒：　今年の４月から，成年年齢が引き下げられるそうですね。どのような経緯で，成年年齢が20歳から18歳へと引き下げられることになったのですか。

先生：　日本における成年年齢は，明治９年以来，20歳とされていました。ところが近年，①公職選挙法の選挙権年齢や，②日本国憲法の改正手続きにおける国民投票の投票権年齢が満18歳以上と定められるなど，18歳，19歳の若者にも国政上の重要な事項の判断に参加してもらうための政策が進められてきました。こうした流れをふまえて，市民生活に関する基本法である民法においても，18歳以上の人を成年として取り扱うのが適当ではないかという議論がされるようになりました。また，③国際社会においても，成年年齢を18歳とするのが主流です。このようなことから，④国会での審議を経て，成年年齢が18歳に引き下げられることになりました。

生徒：　成年年齢に達すると，市民生活を送るうえで，未成年のときと比べてどのような違いがあるのですか。

先生：　例えば，保護者の同意を得なくても，⑤自動車など高額な商品を購入することができます。ただ，現在でも，成年年齢を迎えた直後の若者が，⑥消費者トラブルにあう事例が多くみられるので注意が必要です。

生徒：　成年年齢を迎えると大人の仲間入りだから，個人の判断でさまざまなことができるということですね。以前，授業で学んだ「権利・⑦義務・責任」についての内容を思い出しました。

(1)　下線部①について，次のア，イに答えなさい。

ア　日本の選挙の原則のうち，財産や性別などに関係なく，満18歳以上のすべての国民に選挙権を保障する原則を，次の１～４から一つ選び，記号で答えなさい。

１　直接選挙　　２　平等選挙　　３　秘密選挙　　４　普通選挙

イ　表Ⅰは，公職選挙法が改正され，選挙権年齢が満18歳以上に引き下げられてから行われた国政選挙の実施年月について示したものである。表Ⅰ中の（あ）にあてはまる年を答えなさい。また，そのように判断した理由を，日本国憲法の規定にもとづいて，簡潔に述べなさい。

表Ⅰ

実施年月	国政選挙
2016年７月	第24回参議院議員通常選挙
2017年10月	第48回衆議院議員総選挙
（　あ　）年７月	第25回参議院議員通常選挙
2021年10月	第49回衆議院議員総選挙

（注）再選挙，増員選挙，補欠選挙は含まない。

(2)　下線部②について，日本国憲法を改正するためにはどのような手続きが必要か。「各議院」と「過半数」という二つの語を用いて説明しなさい。

(3)　下線部③に関連して，次のア，イに答えなさい。

ア　国際社会では，さまざまな地域で国際協力の体制がみられる。図Ⅰ中の　で示された国と地域からなる政府間協力の枠組みを，次のページの１～４から一つ選び，記号で答えなさい。

図Ⅰ

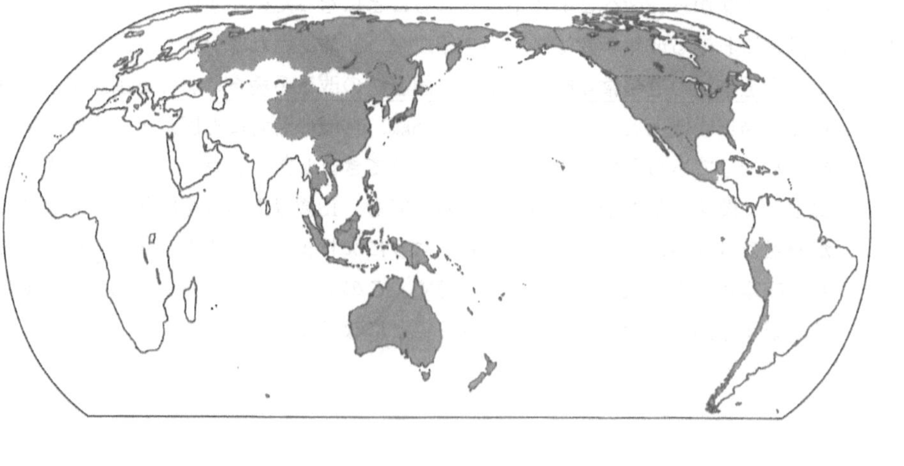

1　APEC　　2　AU　　3　ASEAN　　4　EU

イ　国際社会における課題として，南南問題がある。南南問題とは，どのような問題か。「格差」という語を用いて，簡潔に説明しなさい。

(4)　下線部④について，表Ⅱは，日本の国会の種類について，大まかにまとめたものである。表Ⅱ中の（ a ）～（ c ）にあてはまる語の組み合わせとして正しいものを，下の１～６から一つ選び，記号で答えなさい。

表Ⅱ

（ a ）	会期は150日間で，毎年１回，１月に召集される。
（ b ）	内閣または，いずれかの議院の総議員の４分の１以上の要求があった場合に召集される。
（ c ）	衆議院解散後の総選挙の日から30日以内に召集される。

1　a－臨時会　b－常会　c－特別会
2　a－臨時会　b－特別会　c－常会
3　a－常会　b－臨時会　c－特別会
4　a－常会　b－特別会　c－臨時会
5　a－特別会　b－臨時会　c－常会
6　a－特別会　b－常会　c－臨時会

(5)　下線部⑤に関連して，図Ⅱは，ものやサービスが自由に売買される市場における自動車の需要量，供給量，価格の関係を示したものであり，図Ⅱ中のｘとｙは，需要曲線または供給曲線である。技術の進歩によって自動車の生産効率が上がった場合，一般的にｘまたはｙのどちらがどのように移動するか。移動のようすを示したものとして最も適切なものを，次の１～４から選び，記号で答えなさい。

図Ⅱ

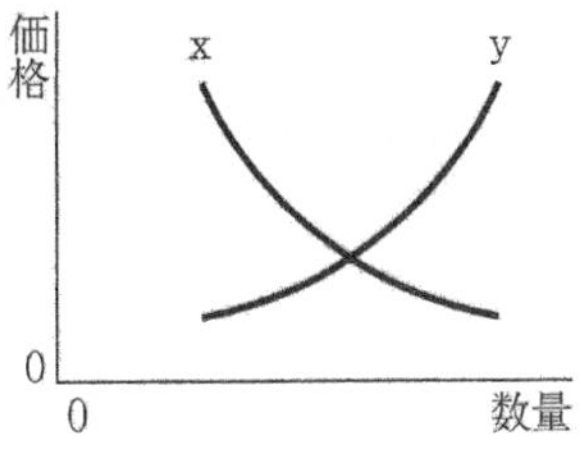

1

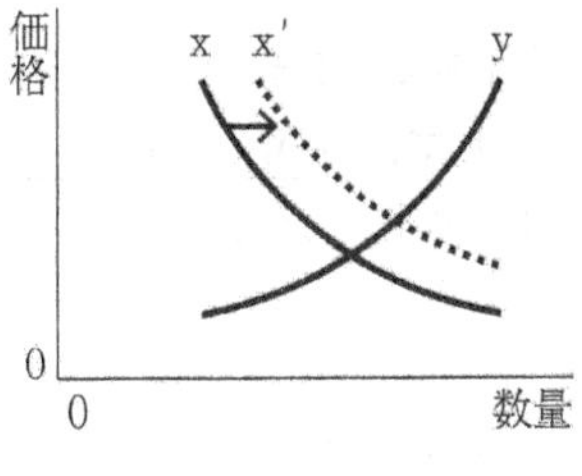

2

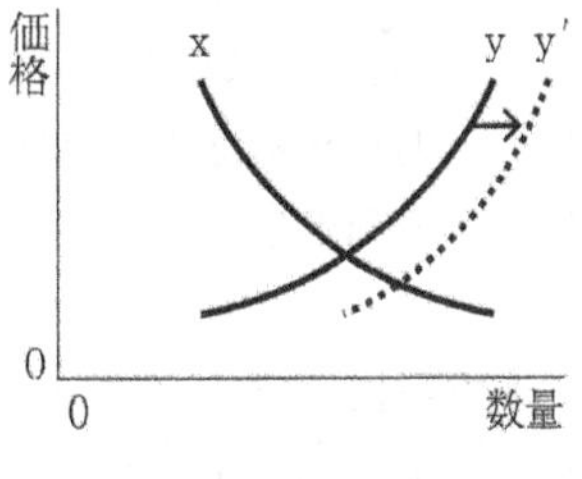

3

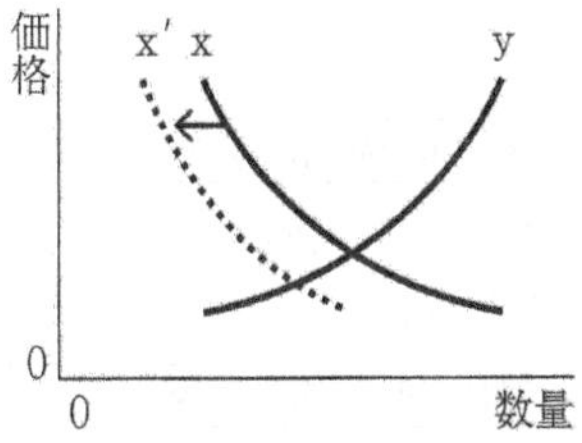

4

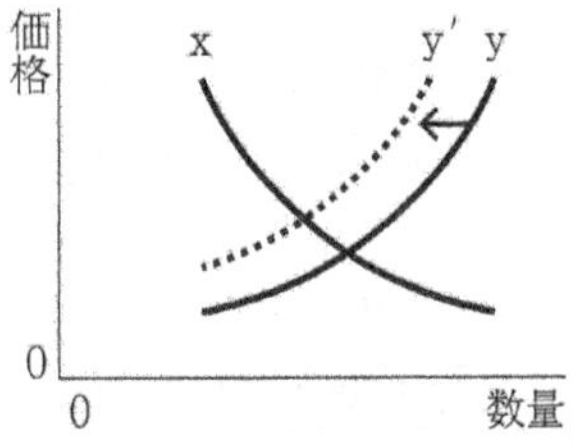

（注）x′はxの移動後の，y′はyの移動後の曲線をそれぞれ示している。

(6)　下線部⑥に関連して，消費者を保護する制度として，日本で1994年に制定された，欠陥商品により消費者が被害を受けた際に，その損害賠償を企業に義務づけた法律を何というか。答えなさい。

(7)　下線部⑦に関連して，国民の義務の一つに納税の義務がある。国民はさざまな税金を負担する一方で，納めた税金は社会保障などに支出される。表Ⅲは，日本の社会保障制度について，大まかにまとめたものである。表Ⅲ中の（い）にあてはまる語を答えなさい。

表Ⅲ

種　類	内　容
社会保険	医療保険，介護保険，雇用保険，年金保険など
社会福祉	高齢者福祉，児童福祉，障がい者福祉，母子福祉など
（　い　）	感染症予防，公害対策，下水道整備，廃棄物処理など
公的扶助	生活保護（生活，住宅，教育，医療などの扶助）など

6　Nさんのクラスでは，地球規模の課題の中から関心のあるテーマを一つ選んで，レポートを作成することにした。次は，Nさんが作成したレポートの一部である。これについて，あとの(1)～(6)に答えなさい。

地球温暖化についてのレポート

【地球温暖化とは】

・　地球温暖化とは，大気中に二酸化炭素などの温室効果ガスが増えることで，地球の気温が高くなっていく現象である。

・　地球温暖化の進行は，干ばつ，洪水，①海面の上昇などを引き起こし，自然環境や私たちの生活に大きな影響を及ぼすため，②地球環境問題の一つとして世界各国で対策が進められている。

【地球温暖化への対策】

・　日本をはじめとする世界各国で，温室効果ガスの増加をおさえるための取り組みとして，③再生可能エネルギーを利用した発電の普及が進められている。

太陽光を利用した発電施設

【国際社会における取り組み】

1992年：国連環境開発会議（地球サミット）

当時の④国際連合加盟国のほぼすべてに相当する172か国が参加して，気候変動枠組条約が調印された。

1997年：気候変動枠組条約第３回締約国会議（ＣＯＰ３）

二酸化炭素などの温室効果ガスの排出量について，1990年を基準年として削減目標を定める⑤京都議定書が採択された。

2015年：気候変動枠組条約第21回締約国会議（ＣＯＰ21）

温室効果ガス排出量の削減目標について，京都議定書にかわる新たな枠組みとして，⑥産業革命前からの気温上昇を２℃未満におさえることなどを定めた協定が採択された。

⑴　下線部①に関連して，今から約１万年前に地球が温かくなって海面が上昇し，現在の日本列島の姿ができあがった。このころの日本列島で暮らす人々のようすを述べた文として最も適切なものを，次の１～４から選び，記号で答えなさい。

1　たて穴住居に住み，狩猟や採集，漁を中心に生活した。

2　太陽の動きをもとに，１年を365日とする太陽暦を発明した。

3　王や豪族の墓として，各地に前方後円墳などの古墳をつくった。

4　稲作をさかんにおこない，収穫した米を高床倉庫にたくわえた。

⑵　下線部②に関連して，環境問題に関する日本の法律について，次の１～３を，制定された年の古い順に並べ，記号で答えなさい。

1　環境基本法

2　公害対策基本法

3　循環型社会形成推進基本法

⑶　下線部③について，Ｎさんは，ある再生可能エネルギーの普及を進めているブラジルの取り組みについて興味をもち，図Ⅰ～Ⅲを作成した。図Ⅰ，図Ⅱ中の（あ）にあてはまる再生可能エネルギーは何か。図Ⅲを参考にして，答えなさい。

図Ⅰ　ブラジルの発電量の内訳（2019年）

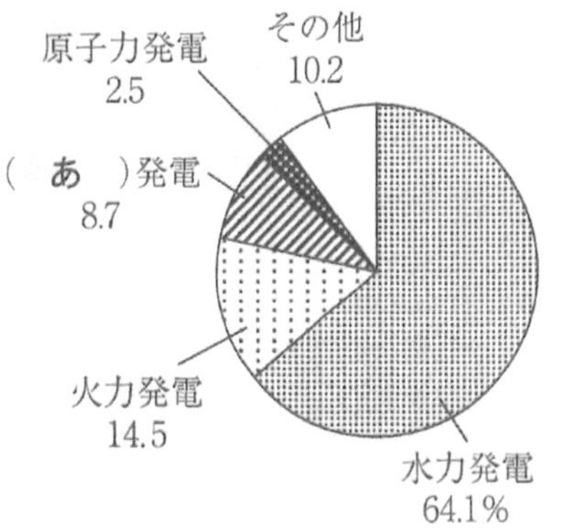

（アメリカ合衆国エネルギー省資料により作成）

図Ⅱ　ブラジルの（　あ　）による発電量の推移

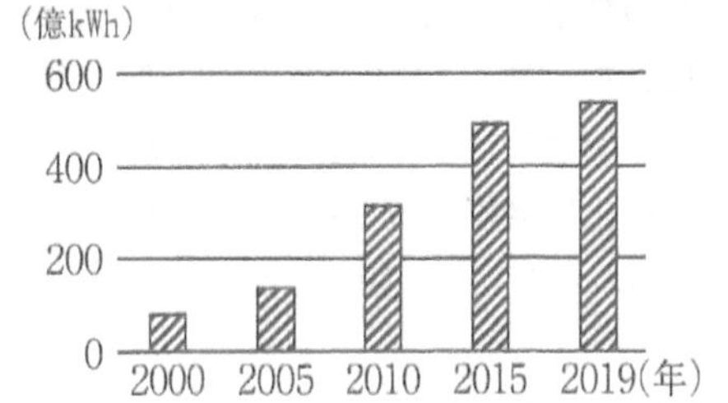

（アメリカ合衆国エネルギー省資料により作成）

図Ⅲ　ブラジルのさとうきびの生産量と砂糖の生産量の推移

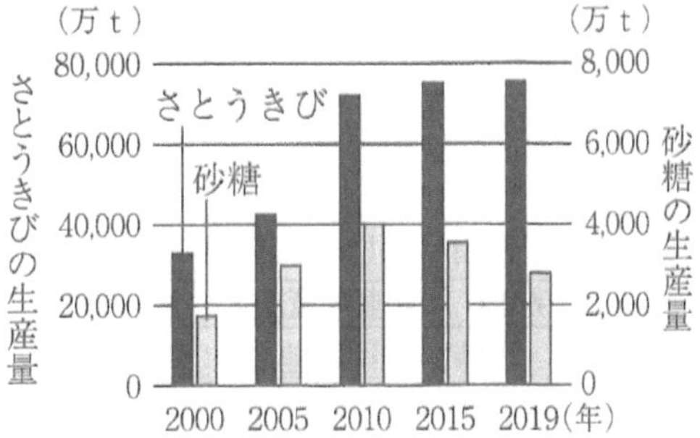

（国際連合食糧農業機関資料により作成）

⑷　下線部④について，図Ⅳは1985年から1995年までの国際連合の加盟国総数の推移を示したものである。図Ⅳ中のＸの期間において加盟国総数が大幅に増加している理由について，Ｎさんは，社会科の授業で学習した図Ⅴのできごとを参考にして考察した。次のページのＮさんの考察が正しいものとなるように，（い）に適切な語を，［う］に適切な語句をそれぞれおぎない，文を完成させなさい。

（図Ⅳ，図Ⅴは次のページにあります。）

図Ⅳ　国際連合の加盟国総数の推移

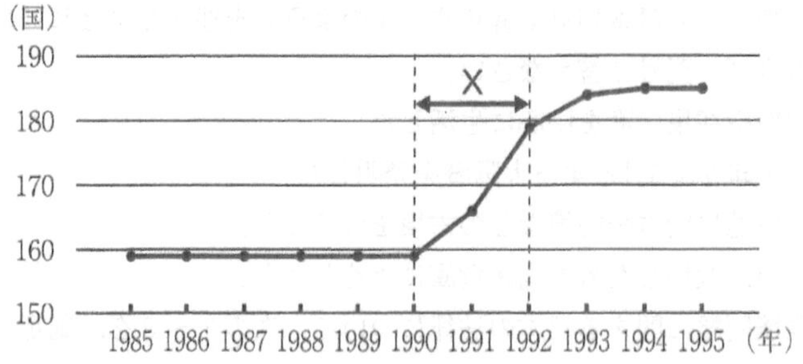

（国際連合広報センター資料により作成）

図Ⅴ

ベルリンの壁の崩壊
（1989年）

Nさんの考察

> 図Ⅴのできごとを踏まえると，図Ⅳ中のXの期間に国際連合の加盟国総数が大幅に増加しているおもな理由は，1989年に（　い　）が終結し，Xの期間に［　う　］ことによって，多くの国々が独立を果たして国際連合に加盟したからではないか。

(5)　下線部⑤に関連して，図Ⅵから，2018年の世界全体の二酸化炭素排出量は，京都議定書の基準年と比較して増加したことが読み取れる。図Ⅶ，表Ⅰ，表Ⅱから読み取れることを関連付けながら，2018年の世界全体の二酸化炭素排出量が増加した理由として考えられることを，説明しなさい。

図Ⅵ　世界全体の二酸化炭素排出量

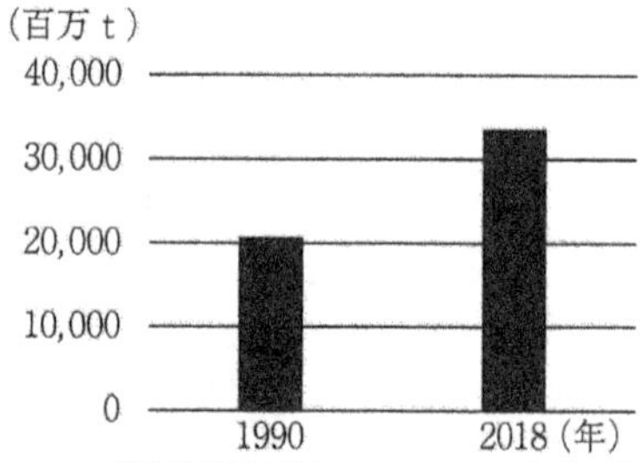

（世界国勢図会2021/22により作成）

図Ⅶ　おもな京都議定書締約国の人口１人当たりのＧＤＰ

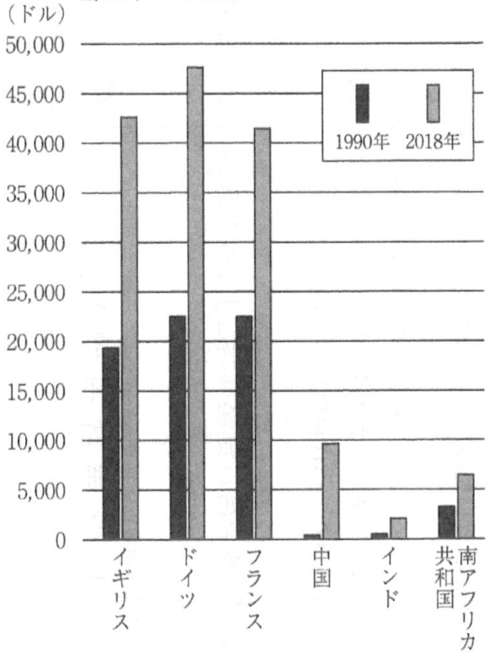

(世界国勢図会2021/22などにより作成)

表Ⅰ　おもな京都議定書締約国の1990年を基準年とした二酸化炭素排出量の増減率(2018年)

国名	増減率（%）
イギリス	−35.9
ドイツ	−26.0
フランス	−12.4
中国	＋356.1
インド	＋335.5
南アフリカ共和国	＋75.4

(世界国勢図会2021/22により作成)

表Ⅱ　おもな京都議定書締約国の1990年を基準年とした温室効果ガス排出量の削減目標値(%)

国名	2008年から2012年まで	2013年から2020年まで
イギリス	−８	−20
ドイツ	−８	−20
フランス	−８	−20
中国	目標値なし	
インド	目標値なし	
南アフリカ共和国	目標値なし	

⑹　下線部⑥の協定の名称は何か。答えなさい。

(三) 次の漢文と書き下し文、現代語訳を読んで、あとのア、イに答えなさい。

漢文	故ニ曰ク、「巧詐ハ不ト如カ拙誠ニ。」 （「韓非子《かんぴし》」から）
書き下し文	故《ゆゑ》に曰《いは》く、「巧詐《かうさ》は拙誠《せつせい》に如《し》かず。」と。
現代語訳	だから、「巧みに表面をとりつくろうようなやり方は、つたなくても心のこもったやり方には及ばない」と言われている。

ア 書き下し文を参考にして、「巧詐ハ不ト如カ拙誠ニ。」に返り点を補いなさい。

イ この漢文の内容を踏まえると、日常生活で心がけるとよいことはどのようなことか。最も適切なものを、次の1～4から選び、記号で答えなさい。

1 計画を最優先して物事を進めること。
2 不器用でも実直に行動すること。
3 言葉でうまく人を得意にさせること。
4 変化に柔軟に対応していくこと。

六 次に示す二人の先人の言葉を読んで、あなたの考えをあとの注意に従って書きなさい。なお、作文は二段落構成とし、一段落目には二つの言葉から感じ取ったことをまとめて書き、二段落目には「あなたの未来」についての考えを書きなさい。

・あなたが今まく種はやがて、あなたの未来となって現れる。
（夏目《なつめ》漱石《そうせき》）

・未来とは、あなたが予知しようとするものではなく、自分で可能にするものだ。
（サン＝テグジュペリ）

注意
○ 氏名は書かずに、1行目から本文を書くこと。
○ 原稿用紙の使い方に従って、8行以上12行以内で書くこと。
○ 読み返して、いくらか付け加えたり削ったりしてもよい。

注目したのは、「言い方」の中にある［Ⅰ］の表現のように、尊敬語と謙譲語の使い分けができていないことです。この二つの使い分けを、よく理解していきたいと思いました。

データ2 からは、「十六～十九歳」と「二十代」の認識には共通点と相違点があるということが分かります。隣接する年齢層ではあるものの、調査対象の全年齢層の中で比較すると、相違点として［Ⅱ］ということが挙げられ、そのことがこのグラフから読み取れる大きな特徴となっています。なぜこのような結果になったのか、大変興味があります。

そして、《基本調査》の⑧の「語句や慣用句・ことわざの使い方」にも注目しました。この項目については、乱れを感じている人の割合はそれほど高くありません。しかし、データ3 を見ると、慣用句「浮足立つ」については、本来とは異なる意味で認識している人の方が多くなっていました。ここから考えると、《基本調査》においてこの項目の数値がそれほど高くない原因は、人々が慣用句を本来とは異なる意味で認識していることに気づいていないためである、ということが分かります。言葉の意味が時代とともに変化することは自然なことではありますが、本来の意味を理解することも大切だと思いました。

(一) 【発表原稿の一部】の［Ⅰ］に入る内容として最も適切なものを、次の1～6から選び、記号で答えなさい。

1 アとイ　2 アとオ　3 イとエ
4 ウとオ　5 ウとエ　6 エとオ

(二) 【発表原稿の一部】の［Ⅱ］に入る適切な内容を、文脈に即して答えなさい。

(三) Aさんのグループでは、発表原稿の内容の確認を行った。その際、Bさんが【発表原稿の一部】の～～～部の内容について次のような指摘を行い、グループでもう一度調べ直すことにした。［　］に入る適切な内容を「全体の傾向」という言葉を用いて二十五字以内で答えなさい。

確かに、慣用句を異なる意味で認識して本来の意味に気づいていない人が多いことは、この項目の数値が低いことの原因の一つであるようにも思いますが、［　］ことは、適切ではないと思います。慣用句の捉え方に関する事例をもっと調べてみませんか。

五

次の(一)～(三)に答えなさい。

(一) 次の1～5について、――部の漢字は読み仮名を書き、片仮名は漢字に改めなさい。

1 海の方から快い潮風が吹いてきた。
2 お金の出納を記録する。
3 父のキョウリは鹿児島県だ。
4 時間になればスミやかに移動しなさい。
5 涼しい場所に野菜をチョゾウする。

(二) 次のA、Bの文中の［　］に共通して入る四字熟語を答えなさい。ただし、漢数字の「千」を含むものとする。

A グローバル化に対する人々の意識は［　］であるため、議論が必要だ。

B 器の形は、それを作る職人によって［　］であり、それぞれに味わいがある。

イ □ に入る表現として最も適切なものを、古文中の═══部a～dから選び、記号で答えなさい。

四　次は、「国語に対する認識」をテーマとして調べ学習を行ったAさんのグループが、発表をする際に用いる【資料】と【発表原稿の一部】である。よく読んで、あとの㈠～㈢に答えなさい。

【資料】

国語に対する認識　～令和元年度「国語に関する世論調査」(文化庁)より～

《基本調査》国語で乱れを感じているところ（複数回答可）

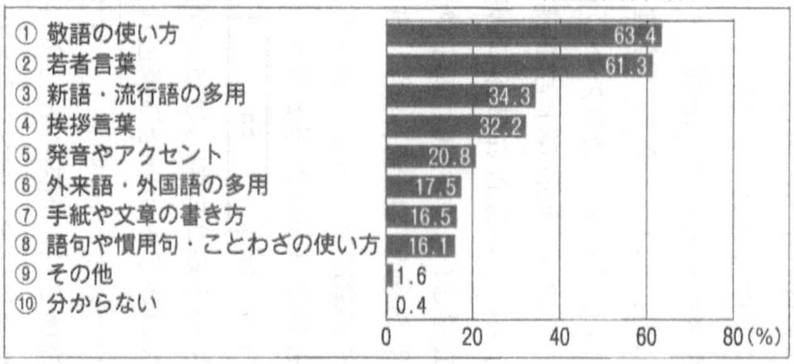

データ1　(①について) 気になる表現　　(数字は%)

	言い方 ※ 下線部が気になる表現	気になる	気にならない	その他
ア	規則でそうなってございます。	81.5	15.8	2.7
イ	こちらで待たれてください。	81.3	17.2	1.5
ウ	お歩きやすい靴を御用意ください。	78.0	20.0	2.0
エ	お客様が参られています。	77.4	20.7	1.9
オ	昼食はもう頂かれましたか。	67.5	29.8	2.7

データ2　(①、②について) 乱れていると答えた人の割合（年齢層別）

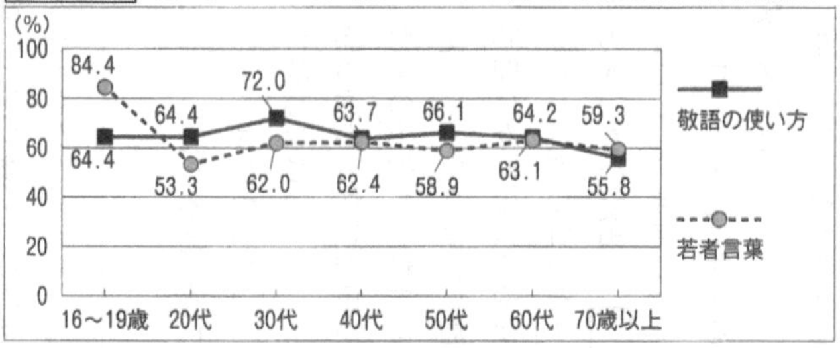

データ3　(⑧について) 慣用句「浮足立つ」の意味とは

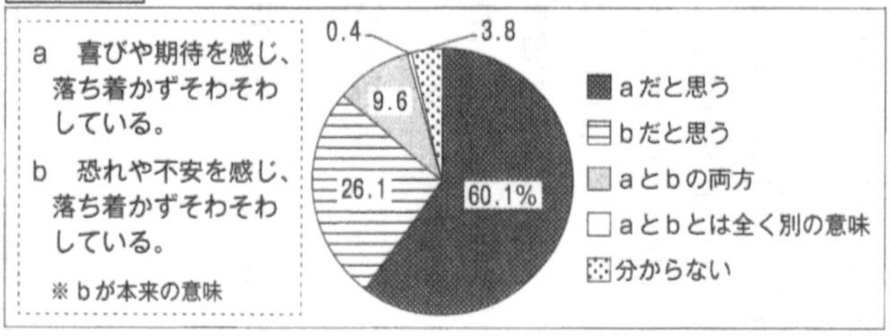

【発表原稿の一部】

私たちは、国語に対する認識について調べてみました。まず、《基本調査》の結果からは、①の「敬語の使い方」と②の「若者言葉」に乱れを感じている人の割合がともに六割を超えていることが分かります。そのうち「敬語の使い方」については、データ1に気になる表現を挙げています。この中で私たちが

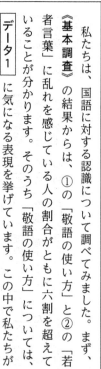

れば、供のものにいひつけて、「まけよ」といはせて ａ行過《ゆきすぎ》しを、魚うるをのこよびとどめて、「関取のまけるといふはいむ《さける》べき事なり」といひければ、谷風立《たち》かへり「買へ買へ」といひて ｂかはせたるもをかしかりき。これは谷風のまくる《まける》にあらず、魚うるをのこの方をまけさする事なれば、さのみ《それほど》忌《い》むべきことには ｃあらざるを、「かへかへ」といひしは ｄちとせきこみし《少しあせって早とちりをした》と見えたり。是《これ》は予《私》が若かりし時まのあたり見たる事なりき。

（「仮名世説《かなせせつ》」から）

（注）※関取＝すもうにおける上位の力士のこと。
※谷風梶之助＝江戸時代に活躍した力士。
※日本橋本船町＝近世の江戸の地名。

㈠　「かはん」を現代仮名遣いで書き直しなさい。

㈡　「魚うるをのこよびとどめて」の解釈として最も適切なものを、次の１～４から選び、記号で答えなさい。

１　魚を売っている男が、谷風に声をかけて
２　魚を売っている男が、谷風に魚を売って
３　魚を売っている男に、谷風が声をかけて
４　魚を売っている男に、谷風が魚を売って

㈢　次の会話は、右の古文を学習した際の、ＡさんとＢさんのやりとりである。よく読んで、あとのア、イに答えなさい。

Ａさん　このお話の中で、力士として勝負にこだわる谷風は、「まける」という言葉に対して敏感に反応し、早とちりをしてしまいましたね。

Ｂさん　そうですね。「これは谷風のまくるにあらず、魚うるをのこの方をまけさする事なれば」とあるように、ここで「まける」のは谷風ではなく、魚を売っている男の方ですよね。「まける」という動作の主体が変わっています。

Ａさん　そのとおりです。そのように考えると、魚を売っている男は、結果的に「まける」という言葉がもつ二つの意味をうまく使ったと言えますね。

Ｂさん　ところで、このお話が収められている「仮名世説」は、筆者が聞いたうわさ話や実際に経験したことを書きとめたものであるようです。このお話は、筆者が目にしたことについて感想を述べる形式になっています。

Ａさん　すると、「　　」までが、筆者が見た内容ですね。この後から、筆者の感想や説明が始まっています。短い話ですが、構成がまとまっていますね。

ア　「魚を売っている男は、結果的に「まける」という言葉がもつ二つの意味をうまく使った」とあるが、それは「魚を売っている男」が、「まける」という言葉をどのような意味で使ったということか。「まける」という言葉がもつ二つの意味を明らかにしながら説明しなさい。

9 また、自分がこれまでに出会った人のこと、あるいは、ニュース番組や書籍を通じて知った人たちのことを思い出してみましょう。多様な人がいるはずです。異なった人生を歩んでいればいるほど、異なった考え方をするでしょう。異なった考えの人と対話することが、深く考えるきっかけになります。異なった人の意見が貴重であることに気がつけば、異なった人に興味や関心をもてるようになります。

（河野《こうの》哲也《てつや》「問う方法・考える方法　「探究型の学習」のために」から。一部省略がある）

（注）※先ほどの＝この文章以前の箇所で、筆者は「地方創生」について触れている。

(一) 「身につけて」とあるが、「つけ」と同じ活用形であるものを、文章中の――部a～dから一つ選び、記号で答えなさい。

(二) 「意見」の「見」と同じ意味で用いられている「見」を含む熟語を、次の1～4から一つ選び、記号で答えなさい。

1 見聞　2 会見　3 発見　4 見解

(三) 「勝手に思い込んでいた」とあるが、それはどのような思い込みか。次の文がその説明となるよう、□に入る適切な内容を、文章中から三十字以内で抜き出し、初めと終わりの五字で答えなさい。

町おこしとは□ことという思い込み。

(四) 「自分が立っている足元を見直してみる」とあるが、この比喩表現と同じ内容を述べているものとして最も適切なものを、次の1～4から選び、記号で答えなさい。

1 自明だとされている通説について、自分なりにその内容を新たに分析すること。
2 ある問題を解決しようとするとき、科学的なデータを根拠として検討すること。
3 他者との対話をすすめるにあたって、それぞれの社会的な立場を考慮すること。
4 芸術作品を創作する際に、習得した表現技法を組み合わせながら制作すること。

(五) 「その他者は、できれば自分と違えば違うほどいいでしょう」とあるが、筆者がこのように述べているのはなぜか。文章の内容に即して、八十字以内で説明しなさい。

(六) 前のページの文章における段落と段落の関係について説明したものとして最も適切なものを、次の1～4から選び、記号で答えなさい。

1 1段落の説明とは反する内容を2段落で主張し、3段落では異なる話題を挙げて問題提起をしている。
2 1段落で定義した内容を4段落で再定義し、9段落では具体的な方策を挙げてさらに論を進めている。
3 5段落では3段落で否定した内容を再度否定し、8段落でその具体例を挙げて主張の根拠としている。
4 5段落では4段落で述べた主張と対立する意見を示し、6段落ではさらに具体的な課題を挙げている。

三

次の古文を読んで、あとの(一)～(三)に答えなさい。

※関取《せきとり》※谷風《たにかぜ》梶《かぢ》之《の》助《すけ》、小角力《こずまう》を供につれ 弟子を供として連れて ※日本橋本船《ほんふな》町を通りける時、鰹《かつを》をかはんとしけるに価《あたひ》いと高かりけ

4 嫌悪　5 羞恥　6 嫉妬

㈥ 前のページの文章中にみられる表現の特徴として最も適切なものを、次の1～4から選び、記号で答えなさい。

1 絵の内容を色彩感覚豊かに記述することで、描かれた人物と周囲との関係を具体的に読者に伝えている。

2 特定の登場人物の視点から説明することで、その場面の切迫した状況を冷静に詳しく読者に伝えている。

3 端的な言葉で複数の会話を叙述することで、生き生きとした人物像を臨場感をもって読者に伝えている。

4 擬人法を用いながら情景を描写することで、幻想的な雰囲気の中で絵の価値について読者に伝えている。

二 次の文章を読んで、あとの㈠～㈥に答えなさい。なお、1～9は、それぞれの段落を示す番号である。

1 「深く考える」とは、どういうことでしょうか。それは、自分が普段から、知らず知らずのうちに身につけてしまっている考え方や、「当たり前」と一方的に思い込んでいる自分の常識を、あらためて検討してみるということです。

2 たとえば、※先ほどの「地方創生」というテーマでaいえば、「町おこしと言うときに、何を〝おこす〟のか」という問いが出てきました。町おこしというと、町が賑《にぎ》やかになり、お店にはたくさん人が来て、経済的に潤う光景を頭に浮かべないでしょうか。それが町おこしの目的だと頭から信じて、勝手に思い込んでいたのです。

3 しかしそもそも、私たちは自分の町をどうしたいのでしょうか。私たちにとって「住みやすい町」とはどういう町でしょうか。その町で、私たちは、どのような生活や人生を送ろうとしているのでしょうか。自分たちの思い込みを排除して、はじめから考え直そうとしているときに、テーマを深くb考えられるようになっているのです。

4 当然視されていること、常識と思われていること、昔から信じ込まれていること、これらをもう一度掘り起こして、考え直してみることが「深く考える」ことの意味です。それは自分が立っている足元を見直してみる態度だといえるでしょう。そうして考え直してみた結果、「もとのままでもよい」という結論がc出るときもありますし、「部分的に改善していくほうがよい」という結論が出るときもありますし、「大きくd変えたほうがよい」「全面的に新しいものにしたほうがよい」という結論が出るときもあるでしょう。

5 科学の発見も、芸術の新しい表現も、斬新なイベントも、創造的なことはすべて、当然とされていることを一旦疑ってみる態度から生まれてくるのです。そしてこうした態度は、科学や芸術の分野だけではなく、日常生活にも当てはめてみるべきなのです。

6 しかしながら、自分の思い込みや古い常識に、自分だけで気がつくことはなかなか難しいものです。自分の周りの人たちも一緒に信じてしまっている思い込みならなおさらです。

7 それに気がつかせてくれるのが、自分とは異なる他者との対話です。その他者は、できれば自分と違えば違うほどいいでしょう。

8 生徒同士で対話する場合では、年齢はほとんど同じで、社会的立場はまさしく学校の生徒です。その意味で、かなり似た部分の多い他者なのですが、それでもあなたの友人は、あなたには話していない意外なことを考え、普段は見せない意外な側面を持っているものです。

「そりゃあ、ルイくんの絵は、上手だから……みんなで一緒に見たいなあって思うけど……」

「まゆちゃんの絵も、みんなが一緒に見たいなあって思ってるよ」

実弥子がそう言ったとき、ルイがその言葉にかぶせるように「見せてよ」と言った。

まゆちゃんは、少し照れたような表情を浮かべて、ルイにちらりと視線を送ってからD背筋を伸ばした。

「わかった。モデルのルイくんが見たいって言うなら、見せないわけにはいかないよね」

（東直子《ひがしなおこ》「階段にパレット」から）

（注）※希一＝実弥子の夫。

㈠ 次の1～4の行書のうち、点画の省略がみられるものはどれか。一つ選び、記号で答えなさい。

1 描　2 作　3 情　4 視

㈡ 文章中の══部a、bの文節と文節の関係は、次の1～4のどれにあたるか。一つ選び、記号で答えなさい。

1 主語・述語の関係　2 修飾・被修飾の関係

3 並立（対等）の関係　4 補助の関係

㈢ 次の文の□には「慎重」の対義語が入る。その対義語を二字の熟語で答えなさい。

よく考えて、□に判断しないように気をつけよう。

㈣ 「実弥子ははっとする」とあるが、「実弥子」はどのようなことに気づいたのか。次の文がそれを説明したものとなるよう、□に入る適切な内容を、「ルイ」の絵に関する。記述を踏まえて五十字以内で答えなさい。

「ルイ」の絵に関する「まゆ」のつぶやきから、絵は□ということに気づいた。

㈤ 次は、文章中の〰〰部A～Dにみられる「まゆ」の様子の変化について【ノート】にまとめたものである。【ノート】が文章の内容に即したものとなるよう、Ⅰ、Ⅱに入る語として最も適切なものを、あとの1～6からそれぞれ選び、記号で答えなさい。また、Ⅲに入る適切な内容を、文章中から六字で書き抜きなさい。

【ノート】

○ まゆの様子	○ 変化のきっかけとなった言葉の内容（発言した人物）
A 自分の絵を隠すように覆いかぶさった ― Ⅰ	
↓	・まゆより年下の三年生である（ルイ）
B 数度まばたきをした ― 不安	
↓	・Ⅲが新しく生まれる（実弥子）
C 長い睫毛を伏せてしばらく考えた ― 思案	
↓	・絵は描いた人だけのものではない（実弥子）
D 背筋を伸ばした ― Ⅱ	
	・まゆの描いた絵を見たい（実弥子とルイ）

1 失望　2 自慢　3 鼓舞

＜国語＞

時間　五〇分　満点　五〇点

一　次の文章は、「実弥子《みやこ》」の絵画教室に通っている小学生の「ルイ」、「まゆ」、「ゆず」たちがお互いを描き、その絵を見せ合っている場面である。「実弥子」は、「なんのために絵を描くのか」と以前尋ねられ、うまく答えることができなかったことを気にしていた。よく読んで、あとの㈠～㈥に答えなさい。

ルイが描いたまゆちゃんは、今にも絵の中から飛び出してきそうだった。a細密に b描かれた鉛筆の下書きの上に、慎重に絵の具が塗り重ねられていた。筆先を使って髪の毛や眉や睫毛《まつげ》が一本一本描かれ、瞳には淡い光がともっていた。まゆちゃんの顔によく似ていると同時に、その心の奥にある芯の強さを感じさせる。頬や指先、膝がしらには淡い桃色がかすかな青を滲《にじ》ませながら置かれていた。生き生きと血の通う、エネルギーの充《み》ちた子どもの身体なのだということを、実物以上に伝えているようだった。

「ルイくん、すばらしいね……」

実弥子は、ルイの絵のすばらしさを伝えるための言葉を探そうとしてうまく見つからず、口ごもった。

「わあ、すごい……。これが私……？」

「まゆちゃんに、にてる」

ゆずちゃんが、感心して言った。

「なんだろう、これ……。こんなふうに描いてもらうと、自分が今、ちゃんと生きてここにいるんだって、気がついた気がする……」

まゆちゃんがつぶやいた。実弥子ははっとする。

ルイが、まゆちゃんをモデルに絵を描いた。ただそれだけの、シンプルなこと。でも、描かれた絵の中には、今まで見えていなかったその人が見えてくる。言葉では言えない、不思議な存在感を放つ姿が。

ルイと※希一《きいち》、それぞれの母親がふと口にした「なんのために絵を描くのか」という問いの答えが、もしかするとこうした絵の中にあるのではないかと、実弥子は思った。

「ねえ、ルイくんって、何年生？」まゆちゃんが訊《き》いた。

「三年」

「うわあ、私より二コも下なんだあ。やだなあ、こっちは、見せるのはずかしすぎる」

まゆちゃんがA自分の絵を隠すように。覆いかぶさった。

「まゆちゃん、絵はね、描き上がったときに、描いた人を離れるんだよ」

実弥子がやさしく言った。

「え？　離れる……？　どういうことですか？」

まゆちゃんが、絵の上に手をのせたまま顔を上げた。

「でき上がった絵は、ひとつの作品だから、でき上がった瞬間に、作者の手から離れて、まわりに自分を見てもらいたいな、という意志が生まれるのよ。それは作品自体の心。描いた人の心とは別に、新しく生まれるの」

「……ほんとに？」

まゆちゃんの眉が少し下がり、不安そうにB数度まばたきをした。

「そうよ。たとえば、今ルイくんの描いたこの絵は、ルイくんだけのものだって思う？　ルイくんだけが見て、満足すれば、それでいいと思う？」

実弥子の質問に、まゆちゃんはC長い睫毛を伏せてしばらく考えた。

MEMO

大切なことはメモしておこうネ！

2022年度

解答と解説

《2022年度の配点は解答用紙集に掲載してあります。》

＜数学解答＞

1　(1)　13　(2)　-4　(3)　$48a^2b$　(4)　$-3x-6y$　(5)　a^2-9

2　(1)　$y=3x+7$　(2)　イ　(3)　$\sqrt{17}$　(4)　ウ

3　(1)　$3a+80b<500$　(2)　式$\begin{cases}20x+10y=198\\5x+30y=66\end{cases}$，アプリP　9.6MB　アプリQ　0.6MB

4　(1)　$36\pi\,\mathrm{cm}^3$　(2)　ウ

5　(1)　$\dfrac{350}{a}$(個)　(2)　解説参照

6　(1)　ア　3，イ　B

(2)　$\dfrac{4}{9}$(求める過程は解説参照)

7　(1)　-4　(2)　$a=\dfrac{2}{9}$

8　(1)　右図　(2)　解説参照

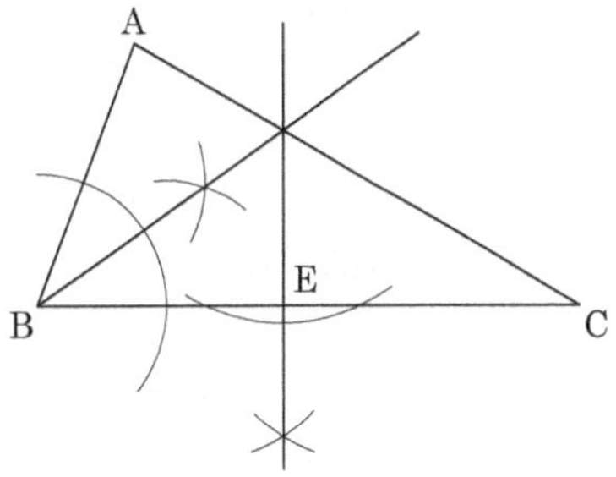

9　(1)　およそ310個　(2)　$x=3$

(3)　ア　6πm(求める過程は解説参照)　イ　45度

＜数学解説＞

1　(数・式の計算，式の展開)

(1)　正の数・負の数をひくには，符号を変えた数をたせばよい。$8-(-5)=8+(+5)=8+5=13$

(2)　異符号の2数の商の符号は負で，絶対値は2数の絶対値の商だから，$\dfrac{2}{5}\div\left(-\dfrac{1}{10}\right)=-\left(\dfrac{2}{5}\div\dfrac{1}{10}\right)=-\left(\dfrac{2}{5}\times\dfrac{10}{1}\right)=-4$

(3)　$(-4a)^2=(-4a)\times(-4a)=16a^2$だから，$(-4a)^2\times3b=16a^2\times3b=48a^2b$

(4)　$(6x+y)-(9x+7y)=6x+y-9x-7y=6x-9x+y-7y=-3x-6y$

(5)　**乗法公式$(a+b)(a-b)=a^2-b^2$**より，$(a+3)(a-3)=a^2-3^2=a^2-9$

2　(一次関数，資料の散らばり・代表値，平方根，平行線と面積)

(1)　毎分3cmずつ水面が上がるように水を入れるとき，水を入れ始めてからx分間で上がった水面の高さは，$3\times x=3x$(cm)　最初に，水そうの底から7cmの高さまで水が入っていたから，水を入れ始めてからx分後の水そうの底から水面までの高さ$y$cmは，$y=3x+7$と表される。

(2)　**中央値**は資料の値を大きさの順に並べたときの中央の値。市町の数は19市町で奇数だから，人口密度の小さい方から10番目の市町が含まれている**階級**が，中央値の含まれている階級。200人未満には$(5+3=)$8市町が含まれていて，300人未満には$(8+3=)$11市町が含まれているから，人口密度の小さい方から10番目の市町が含まれている階級，すなわち，中央値の含まれている階級は，200人以上300人未満の階級。

(3)　4より大きく5より小さい無理数を$\sqrt{x}$とすると，$4<\sqrt{x}<5$より，$\sqrt{16}<\sqrt{x}<\sqrt{25}$だから，$\sqrt{17}$，$\sqrt{18}$，$\sqrt{19}$，$\sqrt{20}$，$\sqrt{21}$，$\sqrt{22}$，$\sqrt{23}$，$\sqrt{24}$の8個が考えられる。このうち，2乗すると18より小さい整数となるのは，$(\sqrt{17})^2=17$，$(\sqrt{18})^2=18$より，$\sqrt{17}$である。

(4)　ア　**平行四辺形は対角線によって面積が2等分される**から，△ABC＝△ACD＝△ACE＋△ADE　よって，△ACEの面積は△ADEの分だけ，△ABCの面積より小さい。　イ　AB//DCで，**平行線と面積の関係**より，△BCE＝△ACEだから，アと同様にして，△BCEの面積は△ABCの面積より小さい。　ウ　AB//DCで，平行線と面積の関係より，△ABE＝△ABC　エ　**高さが等しい三角形の面積比は，底辺の長さの比に等しい**から，CF＜ACより△BCF＜△ABCとなる。

3　(不等式，方程式の応用)

(1)　1枚3MBの静止画a枚のデータ量は，$3\times a=3a$(MB)…①　1本80MBの動画b本のデータ量は，$80\times b=80b$(MB)…②　①と②のデータ量の合計が500MBよりも小さかったから，この数量の関係は$3a+80b<500$である。

(2)　Sさんの結果から，$20x+10y=198$　両辺を2で割って，$10x+5y=99$…①　Tさんの結果から，$5x+30y=66$…②　②×2－①より，$60y-5y=132-99$　$55y=33$　$y=0.6$　これを①に代入して，$10x+5\times0.6=99$　$x=9.6$　よって，1分間あたりの通信量は，アプリPが9.6MB，アプリQが0.6MBである。

4　(回転体の体積，切断と体積比)

(1)　できる立体は，半径が3cmの球である。**半径rの球の体積は$\frac{4}{3}\pi r^3$**だから，求める体積は$\frac{4}{3}\pi\times3^3=36\pi$ (cm^3)

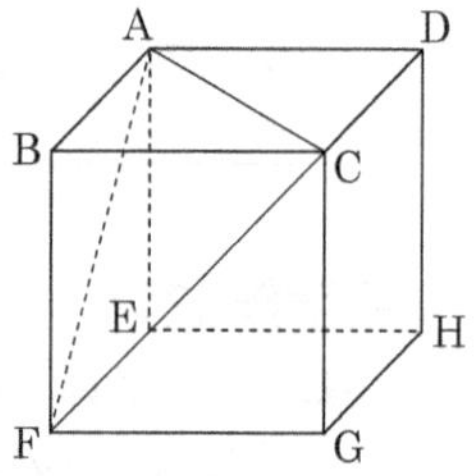

(2)　立体Xと立体Yは，右図のように，立方体ABCD－EFGHを3つの頂点A，C，Fを通る平面で切り取ったものであり，立体Yは底面が△ABC，高さがBFの三角錐である。これより，$V'=\frac{1}{3}\times$△ABC$\times$BF$=\frac{1}{3}\times\left(\frac{1}{2}\times AB\times BC\right)\times BF=\frac{1}{3}\times\left(\frac{1}{2}\times1\times1\right)\times1=\frac{1}{6}$(m^3)

V＝(立方体ABCD－EFGHの体積)－V'$=1^3-\frac{1}{6}=\frac{5}{6}$(m^3)　$V:V'=\frac{5}{6}:\frac{1}{6}=5:1$

5　(規則性)

(1)　買ってきた花の苗の個数は，5人で植えると1人あたり70個植えることになるから，$70\times5=350$(個)　この花の苗を，a人で植えると，1人あたり植える個数は，$350\div a=\frac{350}{a}$(個)

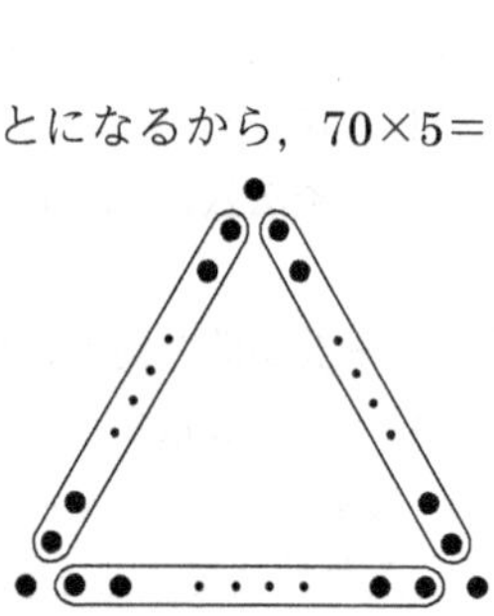

(2)　(説明)　(例)右の図のように，三角形の各辺上に植えてある苗のうち，両端を除くと$(n-2)$個ずつ数えることになるから，苗は$3(n-2)$個となる。また，除いた苗は3個あるから，苗の合計は，$3(n-2)+3$(個)

6　(資料の散らばり・代表値，確率)

(1)　**四分位数**とは，全てのデータを小さい順に並べて4つに等しく分けたときの3つの区切りの値を表し，小さい方から**第1四分位数，第2四分位数，第3四分位数**という。第2四分位数は中央値のことである。**四分位範囲**は，第3四分位数から第1四分位数を引いた値で求められる。記録Aの第1四分位数は目の数の和の小さい方から3番目の6，第3四分位数は目の数の和の大きい方から3番目の9だから，四分位範囲は9－6＝3…ア　**四分位範囲はデータの散らばりの度合いを表す指標として用いられる。**記録Aと記録Bの四分位範囲を比較すると，記録B…イの方が大きく，散らばりの度合いが大きい。

(2)　(求める過程)　(例)2個のさいころの目の出方は全部で36通りある。このうち，目の数の和が6以上8以下になる場合は，(1，5)，(2，4)，(3，3)，(4，2)，(5，1)，(1，6)，(2，5)，(3，4)，(4，3)，(5，2)，(6，1)，(2，6)，(3，5)，(4，4)，(5，3)，(6，2)の16通りある。したがって，求める確率は，$\frac{16}{36}=\frac{4}{9}$

7　(図形と関数・グラフ)

(1)　$y=x^2$について，$x=-3$のとき$y=(-3)^2=9$，$x=-1$のとき$y=(-1)^2=1$　よって，xの値が-3から-1まで増加したときの**変化の割合**は$\frac{1-9}{-1-(-3)}=\frac{-8}{2}=-4$である。

(2)　点Aは$y=x^2$上にあるから，そのy座標は$y=2^2=4$　よって，A(2，4)　また，点Bは$y=ax^2$上にあるから，そのy座標は$y=a\times(-3)^2=9a$　よって，B$(-3,\ 9a)$　2点A，Bからx軸へそれぞれ垂線AC，BDを引く。△OAB＝台形ABDC－△AOC－△BOD＝$\frac{1}{2}\times(\mathrm{AC}+\mathrm{BD})\times\mathrm{CD}-\frac{1}{2}\times\mathrm{OC}\times\mathrm{AC}-\frac{1}{2}\times\mathrm{OD}\times\mathrm{BD}=\frac{1}{2}\times(4+9a)\times\{2-(-3)\}-\frac{1}{2}\times4\times2-\frac{1}{2}\times9a\times3=\frac{5}{2}(4+9a)-4-\frac{27}{2}a=9a+6$　これが8に等しくなるとき，$9a+6=8$より，$a=\frac{2}{9}$

8　(作図，図形の証明)

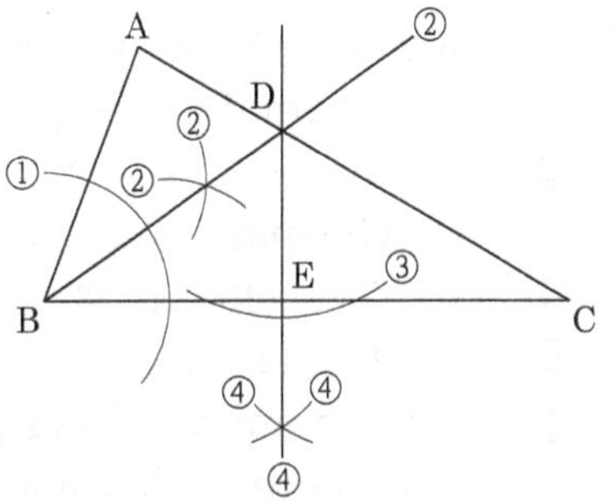

(1)　(着眼点)　△BEDについて，∠DBE＝180－∠BDE－∠BED＝180－55－90＝35(°)より，∠DBE＝$\frac{1}{2}$∠ABCだから，点Dは∠ABCの二等分線上にある。また，点Eは，点Dから辺BCに引いた垂線との交点である。
(作図手順)　次の①～④の手順で作図する。　①　点Bを中心とした円を描き，辺AB，BC上に交点をつくる。
②　①でつくったそれぞれの交点を中心として，交わるように半径の等しい円を描き，その交点と点Bを通る直線(∠ABCの二等分線)を引き，辺ACとの交点をDとする。　③　点Dを中心とした円を描き，辺BC上に交点をつくる。　④　③でつくったそれぞれの交点を中心として，交わるように半径の等しい円を描き，その交点と点Dを通る直線(点Dから辺BCに引いた垂線)を引き，辺BCとの交点をEとする。(ただし，解答用紙には点Dの表記は不要である。)

(2)　(証明)　(例)△BAPと△BCQで，線分BQは∠ABCの二等分線だから，∠ABP＝∠CBQ…①　**対頂角は等しい**ので，∠APB＝∠QPC…②　仮定から，△CPQはCP＝CQの二等辺三角形だから，∠QPC＝∠PQC…③　②，③から，∠APB＝∠PQC　よって，∠APB＝∠CQB…④　①，④から，2組の角がそれぞれ等しいので，△BAP∽△BCQ　**相似な図形の対応する辺の比は等しい**ので，BA：BC＝AP：CQ　CP＝CQだから，BA：BC＝AP：CP

9　(標本調査，円の半径，線分の長さ，角度)

(1)　**標本**における使える玉の比率は，$\frac{15}{20}=\frac{3}{4}$　よって，**母集団**における使える玉の比率も$\frac{3}{4}$と推測すると，倉庫にある玉入れ用の玉413個の中に，使える玉は，$413\times\frac{3}{4}=309.75$より，およそ

310個と推定される。

(2)　線分AOを引く。線分AOの長さは大小2つの円の半径の和だから，$AO=x+7$(m)　点Aを通り長方形の縦の辺に平行な直線と，点Oを通り長方形の横の辺に平行な直線との交点をHとして，直角三角形AOHを考える。図形の対称性を考慮すると，AH＝{(長方形の縦の辺の長さ)－(小さい円の半径)×2}÷2＝$\{18-x\times2\}\div2=9-x$(m)　OH＝{(長方形の横の辺の長さ)－(小さい円の半径)×2}÷2＝$\{22-x\times2\}\div2=11-x$(m)　△AOHに**三平方の定理**を用いると，$AH^2+OH^2=AO^2$より，$(9-x)^2+(11-x)^2=(x+7)^2$　整理して，$x^2-54x+153=0$　$(x-3)(x-51)=0$　ここで，$0<x<7$であるから$x=3$

(3)　[ア]　(求める過程)　(例)第1レーンの1周の長さは，半径rmの円の周の長さと長さbmの線分の2本分の長さの和だから，$(2\pi r+2b)$mである。また，第4レーンの1周の長さは，半径$(r+3)$mの円の周の長さと長さbmの線分の2本分の長さの和だから，$\{2\pi(r+3)+2b\}$mである。よって，求める長さは，$\{2\pi(r+3)+2b\}-(2\pi r+2b)=6\pi$(m)

[イ]　ゴール位置から第4レーンのスタート位置までの距離6πmは，半径$21+3=24$(m)の円の周の長さ$2\pi\times24=48\pi$(m)の$\frac{6\pi}{48\pi}=\frac{1}{8}$である。これより，**中心角の大きさは弧の長さに比例する**から，$\angle ACB=360\times\frac{1}{8}=45$(°)

＜英語解答＞

[1]　テスト1　No. 1　1　No. 2　3　No. 3　2　No. 4　4　テスト2　No. 1　2　No. 2　3　No. 3　1　No. 4　3　テスト3　(A)　writing　(B)　river　(C)　original　(D)　want to visit Australia

[2]　(1)　(A)　4　(C)　2　(D)　3　(2)　eaten

[3]　(1)　cheaper　(2)　3　(3)　1, 6

[4]　(1)　ウ　(2)　(a)　3　(b)　1　(c)　4　(d)　2　(3)　talk with his heart

[5]　(1)　2　(2)　1　(3)　4

[6]　You can enjoy taking pictures on a mountain.　In autumn, many trees on a mountain become colorful.　Yellow and red trees are very beautiful, so you can take good pictures.

＜英語解説＞

[1]　(リスニング)

放送台本の和訳は，58ページに掲載。

[2]　(対話文読解：語句補充・接続詞・文の構造・連語，語形変化・現在完了)

(全訳)　アン　：あなたはふつう，新年をどのように過ごすの？

タロウ：ええと，僕は家族と祖母の家へ行って，(A)そして僕たちはお雑煮のような特別な食べ物を食べるんだ。きみは今までにお雑煮(B)を食べたことはある？

アン　：いいえ。それは何？

タロウ：それは元日のための日本の伝統的なスープ料理だよ。僕たちはそれをお雑煮(C)と呼ぶんだ。

アン　：元日のための特別な料理？　それは興味深く聞こえるわね。

タロウ：今年の元日には，僕のおばさんが彼女の息子さんと，僕たちに会いに来てくれたんだ。彼は小さくてお雑煮をうまく食べられなかったから，僕が彼を手助けしたよ。僕は小さな子ども(D)を世話することが好きなんだ。僕たちはいっしょにお雑煮を楽しんだよ。

(1)　(A)　全訳を参照。前後に文があるので，**文と文をつなぐ働きをする接続詞**が入ると判断する。and「そして」　(C)　**<call + A + B>「AをBと呼ぶ」**　(D)　**take care of ～「～の世話をする」**

(2)　(B)　**<Have you ever＋過去分詞～?>「あなたは今までに～したことがありますか？」**

3　(対話文読解：語句補充・記述・比較，資料を用いた問題，内容真偽)

(全訳)　クリス：ナミ，きみは何を見ているの？

ナミ　：これはフォトブックについてのウェブサイトよ。私がこの市で撮った写真でフォトブックを作るつもりなの。

クリス：それはいい考えだね。きみはどんな種類のフォトブックを作るつもりなの？

ナミ　：ええと，私は中サイズのフォトブックを注文すると思うわ。

クリス：表紙はどうなの？

ナミ　：すべてのサイズのやわらかい表紙は，硬い表紙よりも安いことはわかっているの。でも私は硬い表紙のフォトブックを選ぶつもりよ。そして私はそれをつや出し加工にするつもりよ。

クリス：いいね。きっとそれはすてきになるよ。

【ウェブサイト】

グリーン市フォトブック店　　検索

このウェブサイトからフォトブックを注文してください!

たったの3ステップです。

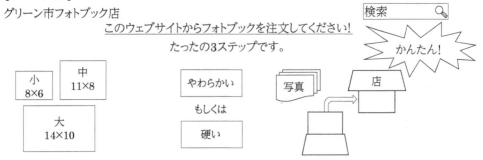

かんたん!

ステップ 1
サイズを選択してください。

ステップ 2
表紙を選択してください。

ステップ 3
オンラインで写真を送ってください。

フォトブックの種類

サイズ	やわらかい表紙(20ページ)	硬い表紙(20ページ)
小(8×6インチ)	10ドル	25ドル
中(11×8インチ)	15ドル	30ドル
大(14×10インチ)	18ドル	40ドル

オプション　つや出し加工 ＋ 5 ドル

●フォトブックの印刷と作成のために3日必要です。準備ができましたら，私たちがあなたにそれを送ります。もしあなたが私たちのお店に来られるなら，あなたはより早くそれを受け取ることができます。

あなたのフォトブックを今作る！

(1)　ウェブサイトの表示金額を参照。すべてのサイズのやわらかい表紙が，硬い表紙よりも金額が安いと分かる。空所の後にthanがあるので，cheap「安い」の比較級であるcheaperが適切。

(2)　ナミの2番目，3番目の発言と，ウェブサイトの表示金額を参照。

(3)　1「人々はインターネットを通じてフォトブックを注文することができる」(○)　ウェブサイトの前半に，「このウェブサイトからフォトブックを注文してください」と書かれている。
2「写真を送ることは，フォトブックを作るための最初のステップである」(×)　ウェブサイトの前半から，写真を送ることはステップ3だとわかる。　3「4つの異なるサイズのフォトブックがある」(×)　ウェブサイトの半ばから，フォトブックのサイズは，小・中・大の3種類だとわかる。　4「人々が注文できるすべてのフォトブックは30ページである」(×)　ウェブサイトの半ばから，フォトブックのページ数は20ページだとわかる。　5「そのお店は，フォトブックを作り終えるために1週間必要になる」(×)　ウェブサイトの後半の●で始まる文を参照。
6「人々は，お店でフォトブックを受け取ることができる」(○)　ウェブサイトの後半の●で始まる文を参照。

4　(長文読解・物語文：文の挿入，英問英答・選択・記述)

(全訳)　マサトとトムは中学生だ。彼らは1年間ずっと友達で，トムは日本での滞在中に日本語の上手な話し方を学んでいる。

トムは日本の文化，特に漫画に興味がある。マサトもそれが好きで，彼らはしばしばその話について話すことを楽しむ。トムは剣道にも興味がある。彼はマサトとしばしばそれを練習する。彼らはずっといっしょにすばらしい時間を過ごしている。でもトムがこの7月に日本を去ってロンドンに戻る予定なのだ。

6月の土曜日に，マサトとトムは剣道を練習するために学校へ行った。彼らが剣道の練習を終えた後，彼らは自分たちの宿題について話した。それはトムにとって，ひとりでするのはまだ難しい国語の宿題だったので，彼らはしばしばそれをいっしょにやり，マサトはトムを手伝った。その週末の宿題は短歌をつくることだった。彼らは国語の授業で短歌について学んだ。トムは，「僕は上手な短歌の作り方を知らないよ。最初にきみの短歌を僕に見せてよ！」と言った。マサトは，「僕がきみにいいものを見せてあげられたらいいけど，短歌をつくることは僕にとっても簡単じゃないよ」と言った。

そのとき，剣道の先生であるオカ先生が彼らのところへ来て，「あなたたちは短歌について話しているのですか？」と言った。マサトは，オカ先生が短歌をつくることが大好きだということを思い出した。マサトはときどき，学校新聞で彼女のいい短歌を見ていた。マサトは，「はい。僕たちは短歌をつくろうとしているのですが，全然わからないんです。僕たちにそれのつくり方を教えてくださいませんか？　それが僕たちの宿題なんです！」と言った。オカ先生はほほ笑んで，「いいですよ。ウ　短歌をつくることはそんなに難しくありませんよ。あなたたちは自由に短歌をつくることができます」と言った。「自由に？　でも短歌にはリズムに関する規則がありますよ」とマサトが言った。彼女は，「もちろんそれにはいくつかの規則があります。でも一番大切なことは，あなたたちの心から生まれた言葉で自由に短歌をつくることだと私は思います。あなたたちの心と話してください。そうすれば，あなたたちはいい短歌をつくることができますよ」と言った。

マサトは彼の心の中でオカ先生の言葉を繰り返して，トムとの日々を思い出した。彼は，「僕たちはたくさんのことを楽しんだ。トムにさようならを言うことは悲しくなるだろう。でも僕たちは自分たちの将来のために，それぞれの場所で成長しなければならない。それは大変かもしれないけど，僕は僕たちならできると信じている」と思った。マサトはこの気持ちについての短歌をつくって，それをトムに送る決心をした。彼はそれがよい贈り物になるだろうと思った。

マサトとトムが学校を出たとき，マサトは空を見上げた。それはとても青かった。彼らは立ち止まり，しばらくの間いっしょにそれを見上げた。そのとき，マサトはトムのために最初の短歌をつくり始めた。

(1)　上記全訳を参照。

(2)　(a)　質問：「マサトとトムはふだん，何をいっしょに楽しんでいるか？」　3「漫画について話すこと」第2段落2文目を参照。　(b)　質問：「マサトとトムはなぜ，国語の授業の宿題をしばしばいっしょにするのか？」　1「なぜならトムがそれをするためにマサトの助けが必要だから」第3段落3文目を参照。　(c)　質問：「マサトはどのようにして，オカ先生がよい短歌をつくったことを知ったか？」　4「学校新聞を読むことによって」第4段落3文目を参照。
(d)　質問：「マサトは何についての短歌をつくることを決心したか？」　2「トムとの思い出と自分たちの将来について」第5段落1文目から，第5段落最後から2文目までを参照。

(3)　質問：「オカ先生によると，よい短歌をつくるためにマサトは何をするべきか？」
He should talk with his heart and make tanka freely.「彼は自分の心と話して，短歌を自由につくるべきである」第4段落最後から2，3文目を参照。

5　(対話文読解：グラフを用いた問題，語句補充・選択，主題選択)

(【原稿】全訳)　あなたはよくアイスクリームを食べますか？　このグラフは，日本で一家族がひと月に平均して，どのくらいお金をアイスクリームに使ったかを示します。このグラフによると，(A)一家族が7月と8月には，アイスクリームに1,000円以上使いました。夏，特にこれらの月は暑いので，きっと多くの人が冷たい食べ物を食べることが好きなのだと思います。それから，アイスクリームについての支出は，8月から11月にかけて減ります。

しかし，支出は12月に増えて，1月に再び減ります。それは興味深いです。それは(B)暑い気候がアイスクリームを食べるための唯一の理由ではないということを意味します。それから，なぜ人々は寒い12月にアイスクリームを買うのでしょうか？　私はもっと情報を探して，理由を見つけ出します。

(1)　上記，全訳を参照。　1「6月に売られるアイスクリームは，10月に売られるアイスクリームと同じくらい人気がある」　3「夏には800種類以上のアイスクリームが売られている」
4「5月には，一家族がアイスクリームに約900円使った」

(2)　上記，全訳を参照。　2「アイスクリームの多様性」　3「寒い季節」　4「生活の変化」

(3)　1「自宅でおいしいアイスクリームを作る簡単な方法」(×)　2「お金を節約するための大切な情報」(×)　3「寒い冬にアイスクリームを買うことのおもしろい理由」(×)　4「アイスクリームについての支出の興味深い変化」(○)

6　(条件英作文)

(全訳)　スミス先生：日本は今，とても暑いですが，私は日本には他の季節もあることを知っています。だれか私に日本の季節について教えてくれませんか？

ケンタ　　：はい。僕があなたに次の季節について教えます。それは秋です。それは外出するのによい季節です。

スミス先生：わかりました。私が秋に外出したときに，私は何を楽しむことができますか？

ケンタ　　：(解答例訳)あなたは山での写真撮影を楽しむことができます。秋には，山の多くの木々が色鮮やかになります。黄色と赤色の木々がとても美しいので，あなたはよい写真を撮ることができます。

スミス先生：ありがとうございます。私は日本での秋に外出することを楽しみにしています。

前後のスミス先生の発言内容と合うように書くこと。また，【注意】に書かれている条件にも注意する。

2022年度英語　放送を聞いて答える問題

〔放送台本〕

ただ今から，英語の学力検査を行います。はじめに，放送によるリスニングテストを行います。聞きながらメモをとっても構いません。それでは，テスト1から始めます。テスト1の問題を読みなさい。

対話はNo. 1からNo. 4まで4つあり，それぞれの対話の後に問いが続きます。なお，対話と問いは2回ずつくり返します。では，始めます。

No.1 *A:* Hi, two hot dogs, please.
B: Sure. It'll be three dollars. Do you want something to drink?
A: No, thank you.
Question: What does the customer want?

No.2 *A:* Excuse me, how long can I keep these books?
B: For two weeks. You can borrow ten books here.
A: I see. Thank you.
Question: Where are they talking?

No.3 *A:* Mom, I'll get up at six tomorrow.
B: Why will you get up early, John? Do you have anything to do?
A: Usually, we start practicing table tennis at nine, but tomorrow, we'll have a game and I need to get to school by eight.
Question: Why will John get up early tomorrow?

No.4 *A:* I finished cleaning the desks, Mr. Brown. Should I clean the windows, too?
B: Thank you, Yuko. But before that, can you carry this box to the English room?
A: OK. I'll do it now.
Question: What does Mr. Brown ask Yuko to do?

〔英文の訳〕

No. 1 A：こんにちは，ホットドッグを2つください。
B：いいですよ。3ドルになります。何か飲み物はほしいですか？
A：いいえ，結構です。
質問：お客さんは何をほしがっていますか？
答え：1　2つのホットドッグ。

No. 2 A：すみません，私はこれらの本をどのくらい借りておくことができますか？
B：2週間です。ここでは10冊借りることができますよ。

A：わかりました。ありがとうございました。
質問：彼らはどこで話していますか？
答え：3　図書館内で。

No. 3　A：ママ，僕は明日6時に起きるよ。
B：どうして早く起きるつもりなの，ジョン？　何かするべきことがあるの？
A：ふだん，僕たちは9時に卓球の練習を始めるけど，明日は，僕たちは試合があって，僕は8時までに学校に到着する必要があるんだ。
質問：ジョンはどうして明日は早起きするつもりなのですか？
答え：2　なぜなら彼は明日，試合があるからです。

No. 4　A：机の掃除が終わりましたよ，ブラウン先生。私は窓も掃除すべきですか？
B：ありがとう，ユウコ。でもその前に，この箱をイングリッシュルームへ運んでくれるかな？
A：わかりました。今それをやります。
質問：ブラウン先生は，ユウコに何をするように頼んでいますか？
答え：4　箱をイングリッシュルームへ持って行くこと。

〔放送台本〕

次に，テスト2に移ります。テスト2の問題を読みなさい。対話はNo. 1からNo. 4まで4つあり，それぞれ2回くり返します。では，始めます。

No.1　*A:* Where can we eat delicious *sushi* in this city?
B: I know a very good restaurant.
A: Really? Is it near here?

No.2　*A:* Ichiro, can you help me now?
B: Sure. What's the matter?
A: My computer doesn't start today. What should I do?

No.3　*A:* Have you seen this movie?
B: No, I haven't. But my friends say it's interesting.
A: I'm going to see it with my brother this weekend. Why don't you come with us?

No.4　*A:* Excuse me, I'm looking for something good for my grandmother's birthday.
B: OK. Well, what is her favorite thing?
A: She likes flowers, and I gave her flowers last year. This year, I want to give her something different.

〔英文の訳〕

No. 1　A：この市内で，私たちはどこでおいしい寿司を食べることができますか？
B：私はとてもよいレストランを知っていますよ。
A：本当ですか？　それはここの近くですか？
答え：2　はい，あなたはそのレストランへ歩いて行けます。

No. 2　A：イチロウ，今私を助けてくれない？
B：もちろん。どうしたの？

A：私のコンピュータが今日は動かないのよ。私はどうするべきかしら？
答え：3　わかったよ。きみのコンピュータを僕に見せて。

No. 3　A：あなたはこの映画を見たことがありますか？
B：いいえ，ありません。でも私の友達がそれはおもしろいと言っていますよ。
A：私は今週末に，兄(弟)とそれを見る予定なんです。私たちといっしょに来ませんか？
答え：1　ごめんなさい。私は宿題をしなければなりません。

No. 4　A：すみません，私は祖母の誕生日に何かいいものを探しているのですが。
B：わかりました。ええと，彼女のお気に入りのものは何ですか？
A：彼女は花が好きで，私は去年彼女に花をあげました。今年，私は彼女に何か違うものをあげたいのです。
答え：3　花の絵柄のあるカップはいかがですか？

〔放送台本〕

次に，テスト3に移ります。テスト3の問題と，問題の下にある【ワークシート】を読みなさい。今から，先生の話を2回くり返します。では，始めます。

Good morning, everyone. Now, I'll tell you about what we're going to do during our English Day. Today, we'll have an English writing activity in the morning. In the afternoon, you'll have a presentation. Tomorrow, we'll go to a river. I'll show you how to catch big fish! On the last day, we'll make a short movie. You'll write your original story and make the movie in English. Let's have a good time together, and make your English better!

OK then, let's start the writing activity now. Enjoy writing and sharing your ideas in a group. First, I'll ask you some questions, so write your ideas on the paper. Question number one. What country do you want to visit? Write your answer now.

以上で，リスニングテストを終わります。

〔英文の訳〕

おはようございます，みなさん。今から，私がみなさんに，私たちがイングリッシュ・デイの間に何をする予定かについてお伝えします。今日，私たちは午前中に，英語を書く活動をします。午後は，みなさんが発表を行います。明日，私たちは川へ行きます。私がみなさんに大きな魚の捕まえ方をお見せしましょう！　最後の日は，私たちは短い映画を作ります。みなさんは独自のお話を書き，英語で映画を作ります。いっしょにいい時間を過ごして，みなさんの英語をよりよくしましょう！

はいそれでは，今から英語を書く活動を始めましょう。書くことと，グループ内でみなさんの考えを共有することを楽しんでください。最初に，私がみなさんにいくつかの質問をしますので，紙にみなさんの考えを書いてください。一つ目の質問。みなさんはどの国を訪問したいですか？　今から皆さんの回答を書いてください。

［【ワークシート】の全訳］

イングリッシュ・デイ

●活動

1日目	英語(A)<u>を書く</u>活動と発表
2日目	(B)<u>川</u>へ行くこと
3日目	私たちの(C)<u>独自の</u>短い映画を英語で作ること

●質問と回答

1番　私は(D)オーストラリアを訪れたいです。

＜理科解答＞

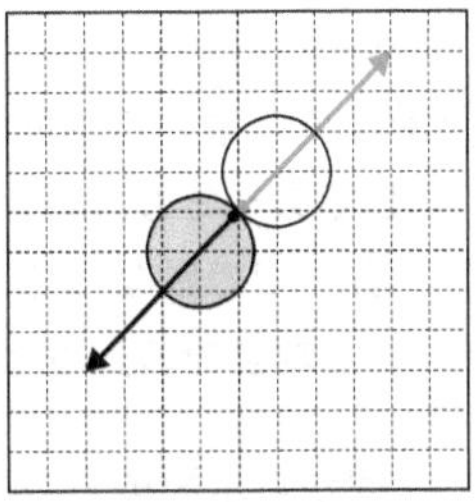

1　(1)　3，5　(2)　4　2　(1)　摩擦力　(2)　右図

3　(1)　あ　3　い　2　(2)　4

4　(1)　マグニチュード　(2)　2

5　(1)　空気　(2)　1，2

(3)　ア　水面から試験管の上端まで　イ　1

6　(1)　卵生　(2)　ア　血しょう　イ　酸素の多いところでは酸素と結びつき，酸素の少ないところでは酸素をはなす性質。

(3)　方向　A　根拠　(ウ)　(4)　1

7　(1)　4　(2)　線香の煙がしんの役割を果たすことで，ペットボトル内の水蒸気が水滴になりやすくなるから。　(3)　ア　3　イ　あ：圧力　い：温度　う：⑥

8　(1)　電解質　(2)　$2HCl \rightarrow H_2 + Cl_2$

(3)　ア　水素イオンと水酸化物イオンが反応し，水になったから。　イ　4

9　(1)　熱放射　(2)　深成岩　(3)　5　(4)　あ　水の温度の差　X　120

(5)　い　2　う　3

＜理科解説＞

1　(原子とイオン)

(1)　原子は陽子◎と電子●の数が等しい。イオンは◎と●の数が異なる。

(2)　同位体は，陽子◎と電子●の数は同じだが，中性子○の数が異なる原子どうしの関係をいう。

2　(力の規則性)

(1)　物体の動く向きと逆向きにはたらき，物体の動きを妨げるようにはたらく力を，摩擦力という。

(2)　ストーンAがストーンBに力を加えたとき，ストーンAは同時にストーンBから一直線上にはたらき，逆向きで同じ大きさの力を受けている。この2力は，**作用・反作用**の関係にある。

3　(植物の分類)

(1)　あ　シダ植物と種子植物で維管束があるのに対し，コケ植物には維管束がない。　い　シダ植物は胞子でふえるが，種子植物は種子でふえる。

(2)　単子葉類の植物は，葉脈が平行に通っており，根はひげ根からなる。

4　(地震)

(1)　地震の表し方には2通りあり，地面のゆれの程度を表す「**震度**」のほかに，地震の規模を表す「**マグニチュード**」がある。

(2)　震源付近にある地震計がP波とS波のうち，速さの速いP波の発生を感知すると，気象庁で各地の主要動の大きさやゆれの発生時刻などを予測し，地震の発生を事前に知らせるしくみを緊急地震速報という。

5 (音)

(1) 音源から出た音は，空気を通ってタブレット端末まで伝わる。

(2) 1063〔Hz〕÷531〔Hz〕=2.0…〔倍〕より，1063Hzを表す波形は，図4よりも波の数がおよそ2倍となっている。

(3) ア 底から水面までの高さが2cmの場合に着目すると，試験管の底から水面までの長さが同じであっても，表1から試験管A～Cでは振動数がそれぞれ異なることがわかる。このとき，試験管A～Cで異なっているのは試験管の上端から水面までの長さである。よって，水面から試験管の上端までの長さと振動数を求め，表にまとめると，次のようになる。

底から水面までの高さ〔cm〕		2	4	6	8	10	振動数の差〔Hz〕(b)−(a)
試験管A（14cm）	水面から試験管の上端までの長さ〔cm〕	12	10	8	6	4	−
	振動数〔Hz〕	708(a)	850	1063	1417	2125(b)	1417
試験管B（16cm）	水面から試験管の上端までの長さ〔cm〕	14	12	10	8	6	−
	振動数〔Hz〕	607(a)	708	850	1063	1417(b)	810
試験管C（18cm）	水面から試験管の上端までの長さ〔cm〕	16	14	12	10	8	−
	振動数〔Hz〕	531(a)	607	708	850	1063(b)	532

この表の色のついた部分に着目すると，水面から試験管の上端までの長さが等しい場合，振動数も等しくなっていることがわかる。 イ 上の表より，試験管全体の長さが短くなるほど，最多の振動数(b)と最小の振動数(a)の差が大きくなっていることがわかる。

6 (動物の体のつくり)

(1) 卵を産んでなかまをふやす生物のふえ方を，卵生という。

(2) ア 血液中の液体成分は血しょうで，養分や不要物を運搬するはたらきがある。 イ ヘモグロビンは，酸素の多いところでは酸素と結びつき，酸素の少ないところでは酸素をはなす性質をもつ。この性質を利用することによって，全身の細胞に酸素を届けることができる。

(3) 体の末端に向かうにしたがって，血管の枝分かれが多くなる。よって，尾びれの先端はB側，頭部はA側となる。

(4) 魚類は，心房と心室が1つずつしかない。えらでとり入れた酸素を多くふくむ血液は，そのまま全身に送り届けられる。体内を循環した血液は心房から心室を通り，えらへ送られる。

7 (雲のでき方)

(1) 1は雨，2は霧，3は晴れである。

(2) 煙の粒子が，水蒸気が水滴に変化するときの核となる。

(3) ア 上昇気流は，温かい空気の密度が小さくなるために上昇することで発生する。 イ 上空ほど大気の圧力が低いため，空気は上昇することによって膨張する。これによって温度が下がり，雲が発生する。「う」に当てはまるのは，白いくもりが発生した実験③と⑥のうち，**圧力と温度の両方が下がった**⑥となる。自然界で雲は，大気の圧力と温度がそれぞれ下がることで生じる。

8 (イオン)

(1)　物質のうち，水に溶けると電離するため，水溶液に電流が流れるようになる物質を，電解質という。

(2)　**塩化水素→水素＋塩素**となる。化学反応式では，矢印の左右で原子の種類と数が等しくなるようにする。

(3)　ア　液Eでは酸とアルカリを混合しているため，中和が起こり，イオンの数が減少している。
イ　液F～Jはすべて，全体の体積が8mLとなっている。また，それぞれの液で塩酸と水酸化ナトリウム水溶液の体積の割合がすべて変化しているので，2種類の薬品を混ぜる割合を変えて実験を行っている。

9 (総合問題)

(1)　物体の熱を赤外線などの光として放出することで熱が伝わることを，熱放射という。

(2)　マグマが冷え固まってできた岩石をまとめて火成岩という。火成岩のうち，等粒状組織をもつ岩石を深成岩，斑状組織をもつ岩石を火山岩という。

(3)　熱が点Cを越え，点Dまで伝わるのは，銅ならば28～62秒，アルミニウムなら33～87秒，鉄ならば88～415秒の間である。よって，適切な組み合わせはアルミニウムにおける80秒後の結果と考えられる。

(4)　60秒から180秒までの120秒間で，アルミニウムを入れた水温は一定の割合で低下している。よって，温度変化は規則的になっているとみなせることから，この間に変化した水の温度を120秒で割ることで，1秒間あたりの水温の変化を求めることができる。

(5)　実験1では，金属のあたたまりやすさを調べており，銅は熱が最も速く伝わるため，ろうがとけ出すのが早い。実験2では，同じ温度の金属を水に入れたときの冷めやすさを調べており，鉄が他の金属よりも高温を保っていることから，冷めにくいことがわかる。

＜社会解答＞

1　(1)　リアス海岸　(2)　施設園芸農業　(3)　5　(4)　表Ⅰ　Y　図Ⅲ　f
(5)　地方から大都市へ多くの人が移住した。　(6)　4

2　(1)　3　(2)　⑤　(3)　1　(4)　ア　イスラム教　イ　右図
ウ　採掘できる年数が限られている　エ　モノカルチャー経済

3　(1)　4　(2)　ア　十返舎一九　イ　江戸　(3)　ア　3　イ　2
(4)　シルクロードを経て唐に集まり，遣唐使によって，唐から日本にもたらされた。
(5)　D→C→A→B

4　(1)　ルネサンス　(2)　ア　2　イ　福沢諭吉　(3)　4　(4)　(産業革命によって)綿糸や綿織物の大量生産が可能となり，輸出が増えたことで，原料の綿花を大量に必要としたから。　(5)　1　(6)　2→4→1→3

5　(1)　ア　4　イ　あ　(2019年)年　(理由)　参議院では，3年ごとに議員の半数を改選

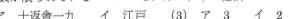

するため。　(2)　各議院の総議員の3分の2以上の賛成で国会が発議し，国民投票で過半数の賛成が必要。　(3)　ア　1　イ　発展途上国の間で格差が広がっている問題。
(4)　3　(5)　2　(6)　製造物責任法　(7)　公衆衛生

6　(1)　1　(2)　2→1→3　(3)　バイオマス　(4)　い　冷戦　う　ソ連が解体した
(5)　温室効果ガス排出量の削減目標値が定められていない発展途上国において，二酸化炭素排出量が増加している。　(6)　パリ協定

＜社会解説＞

1　(地理的分野－中部地方に関する問題)

(1)　アが若狭湾であることから判断すれば良い。

(2)　ビニールハウスが施設であることから判断すれば良い。

(3)　aは**化学工業の割合が高い**ことから，**京葉工業地域**であることが分かる。Bは**機械工業の割合が高い**ことから**中京工業地帯**であることが分かる。これらを併せて判断すれば良い。

(4)　あは富山市，いは高山市，うは甲府市，Aは長野市である。富山は海沿いにあること，高山は高地にあること，長野から甲府には高速道路があること，これらを併せて判断すると，長野・富山間はZ・e，長野・高山間はY・f，長野・甲府間はX・dとなることが分かる。

(5)　B県は愛知県である。人口が増加している背景には，**中京工業地帯の中心都市**の一つである**豊田市**があり，**三大都市圏を構成する名古屋市**もあることが挙げられる。その他の県は人口が減少していることが分かる。これらを併せて説明すれば良い。

(6)　桃原の西側に**果樹園**(ό)があることから判断すれば良い。勝間田城跡から見た布引原は尾根を越えた先にあたることから**茶畑**(∴)は見えないので，1は誤りである。勝間田城跡周辺にあるのは**針葉樹林**(Λ)であることから，2は誤りである。**縮尺25000分の1**とあることから，**地図上の1cmは実際は25000cm＝250m**となり，4cmは4×250＝1000mとなることから，3は誤りである。

2　(地理的分野－世界の国々に関する問題)

(1)　**世界で最も人口が多い国である中国**が⑲，**世界で最も面積が広い国であるロシア**が⑰に描かれていることから判断すれば良い。南半球に位置するのは③④⑤⑥⑦⑪⑫の7か国，残りの13か国は北半球に位置することから，1は誤りである。アフリカ州は3か国，アジア州は⑧⑨⑱⑲⑳の5か国であることから，2は誤りである。**本初子午線は**⑮の**イギリスを通過**していることから，4は誤りである。

(2)　**世界遺産がマチュピチュ**，家畜がラマであることから，**ペルー**を示す⑤であると判断できるはずである。

(3)　資料Ⅰで穀物の生産量が多いことが説明できる。輸出が多いことの背景には，自給率が高いことが挙げられるので，そのことを説明できる資料を選べば良い。

(4)　ア　西暦610年に創始者である**預言者ムハンマド**が啓示を受け，その後布教をしていった宗教である。神(アッラー)への信仰を絶対視し，**聖典はコーラン**である。　イ　100万の位を四捨五入すると，1億8000万kLとなることから判断すれば良い。　ウ　表Ⅰにそれぞれのエネルギー資源の採掘可能年数が示されていることに注目すれば良い。　エ　その国の産業構造が1つまたは2・3品目の輸出向けの農産物や鉱物資源の生産に特化している経済のことである。

3 (歴史的分野－江戸時代までの道の歴史と人々との関わりに関する問題)

(1) **室町時代の関所**では**通行料を徴収**していたので，人々の自由な交通の妨げになると考えた織田信長は，関所を廃止し，自由な交通の実現を目指した。1は明治時代，2は奈良・平安時代，3は江戸時代のことである。

(2) ア 江戸時代後期，化政文化を代表する戯作者である。 イ **参勤交代**は，**江戸と国元とを一年おきに在住する仕組み**であることから判断すれば良い。

(3) ア うは，鎌倉は，北に位置する六国見山(147.4m)の他，標高150m前後の山々に囲まれた地形であることから判断すれば良い。えは，**山や丘を切り開いて通した道**であることから判断すればよい。三方を山に囲まれた鎌倉に入るためには，化粧坂などの7つの切通しを通らなくてはならなかった。 イ 十字軍の遠征の結果，コショウなどの香辛料がヨーロッパに伝わるなどの影響があったことから，Xは正しい。1202年に始まった第4回十字軍はヴェネツィア商人を中心に編制され，1204年にコンスタンティノープルを占領し，ラテン帝国を建国したが，これは，聖地回復という十字軍の本来の目的からは大きく逸脱したものであったことから，Yは誤りである。これらを併せて判断すれば良い。

(4) 資料Ⅰから，中国と中東が交易路，すなわち**シルクロード**で結ばれていることが読み取れる。資料Ⅱから，日本から中国に**遣唐使**が派遣されていたことが読み取れる。これらを併せて説明すれば良い。

(5) Aは安土桃山時代，Bは江戸時代，Cは鎌倉時代，Dは奈良時代であることから判断すれば良い。

4 (歴史的分野－資料を切り口にした世界の歴史，日本の歴史に関する問題)

(1) 再生・復活を意味するフランス語で，古典古代の文化を復興しようとする文化運動の総称として用いられているものである。

(2) ア フランス革命の初期，**1789年に国民議会で採択された宣言**である。1は1689年にイギリスで出されたもの，3は1776年にアメリカで出されたもの，4は1941年にアメリカとイギリスの目標として出されたものである。 イ **慶應義塾大学の創立者**である。

(3) 鹿児島の城山を政府軍が攻撃したのは，最後の士族の反乱と呼ばれる**1877年の西南戦争**のことである。

(4) 輸出では綿糸・綿織物といった工業製品が増加していることが読み取れる。輸入では，原料である綿花が増加していることが読み取れる。これらを併せて説明すれば良い。

(5) 米騒動は1918年の出来事であることから判断すれば良い。**原敬内閣**は，米騒動の混乱の責任をとって総辞職した**寺内正毅内閣の後に組閣**された内閣である。2は1913年，3は1881年，4は1890年のことである。

(6) 1は1960年，2は1945年から47年，3は1968年，4は1950年から55年のことである。

5 (公民的分野－選挙・憲法改正・世界経済などに関する問題)

(1) ア 不当な差別のない状態で行われる選挙のことである。 イ **日本国憲法第46条**の規定に基づき，参議院議員通常選挙は3年ごとに実施されることから判断すれば良い。

(2) **日本国憲法第96条**の規定である。

(3) ア 太平洋に面した国々が加盟していることから，**アジア太平洋経済協力**であることが分かる。2はアフリカ連合，3は東南アジア諸国連合，4はヨーロッパ連合のことである。 イ 南半球に集中している発展途上国の間で，資源を産出する国とそうでない国との間に経済格差が生じていることに注目して説明すれば良い。

(4)　**日本国憲法第52・53・54条**の規定から判断すれば良い。なお，常会の会期は国会法の規定によるものである。

(5)　xが需要曲線，yが供給曲線である。自動車の生産効率が上がると，生産台数が増加することになるので，yが右に動き，価格は低下することが分かるはずである。

(6)　機械などの工業製品だけではなく，食料品も製造物の対象に含むことによって，より広い範囲での消費者保護実現を目指した法律である。

(7)　**日本国憲法第25条**の規定である。

6　**(総合問題－地球環境を切り口にした問題)**

(1)　**今から1万年以上前は旧石器時代**であることから判断すれば良い。**日本で太陽暦が採用されたのは明治時代**の1873年であることから，2は誤りである。**古墳が造られたのは3世紀半ばから6世紀半ばにかけての古墳時代**であることから，3は誤りである。**稲作が行われるようになったのは紀元前3世紀から紀元後4世紀にかけての弥生時代**であることから，4は誤りである。

(2)　1は1993年，2は1967年，3は2000年にそれぞれ公布されている。

(3)　資料Ⅲから，さとうきびの生産量が増えているにもかかわらず，砂糖の生産量が減少していることが読みとれる。したがって，この差額分が発電の燃料として使用されていることになる。これは，太陽エネルギーを使って，水と二酸化炭素から植物が作りだした再生可能な有機資源となることから判断すれば良い。

(4)　いは，**アメリカとソ連の間の，直接は戦火を交えない対立**のことである。うは，1922年に成立したソビエト社会主義共和国連邦が15の共和国で構成されおり，1991年の解体でそれぞれが独立国になったことに注目して説明すれば良い。

(5)　図Ⅵから，世界全体の二酸化炭素排出量が増加していることが読み取れる。表Ⅰ・Ⅱから，二酸化炭素排出量が増加している国は，削減目標を設定されていない国であることが読み取れる。そして，図Ⅶから，削減目標が設定されていない国は人口1人当たりのGDPが低い国であることが分かる。これらを併せて説明すれば良い。

(6)　**2015年にフランスのパリで採択**，2016年に発効された，気候変動抑制に関する多国籍間の国際的な協定である。

＜国語解答＞

一　(一)　4　　(二)　2　　(三)　軽率　　(四)　(例)描かれた人の心の奥やエネルギーに充ちた姿を実物以上に伝え，その人のもつ存在感を表すことができる。

(五)　Ⅰ　5　　Ⅱ　3　　Ⅲ　作品自体の心　　(六)　3

二　(一)　d　　(二)　4　　(三)　町が賑やか～済的に潤う　　(四)　1　　(五)　(例)対話の相手となる他者が自分と異なった考え方をしているほど，より一層思い込みや古い常識に気づくことができ，それらを排除して根本から深く考えることにつながるから。

(六)　2

三　(一)　かわん　　(二)　1　　(三)　ア　(例)「まける」という言葉を「値段を下げる」という意味ではなく，「勝負に負ける」という意味で使ったということ。　　イ　b

四　(一)　6　　(二)　(例)「若者言葉」に乱れを感じている割合は「十六～十九歳」が最も高いのに対し，「二十代」は最も低い　　(三)　(例)　一つの事例を見ただけで全体の傾向と

して断言する

五 (一)　1　こころよ　2　すいとう　3　郷里　4　速　5　貯蔵　(二)　千差万別
(三)　ア　巧詐ハ不レ如カ二拙誠ニ一。　イ　2

六 (例)　二つの言葉から，私は今努力を重ねることが，未来の自分を創造するのだと感じ取りました。自分から進んで行動することが成長へとつながり，夢は実現するのだと思います。
　私は，将来地域を活性化する仕事に就きたいと考えています。その第一歩として，先日地域のお祭りのボランティアガイドとして，来場者にお祭りの由来や地域の魅力について紹介しました。これからも積極的に地域と関わり，多くの人との交流を通して自分を成長させ，私の思い描く理想の未来を実現可能なものにしていきたいと思います。

＜国語解説＞

一　(小説一情景・心情，内容吟味，文脈把握，脱文・脱誤補充，漢字の読み書き，熟語，筆順・画数・部首，品詞・用法，表現技法・形式)

(一)　しめすへんは，4画だが，行書だと3画になる。

(二)　「細密に」は**どのように「描かれた」かを説明する文節**だ。従って二つは修飾・被修飾の関係。

(三)　「慎重」の対義語は，軽はずみであるという内容の熟語になる。

(四)　傍線部のあとの段落に実弥子の心中が語られているので，ここから気づいたことが読み取れる。「描かれた絵の中には……存在感を放つ姿が。」から，絵は**言葉にできない不思議な存在感を表現する**と気づいたのだ。そのことにはルイが描いた絵が**心の奥にあるものやエネルギーに充ちた姿**を表現していると感じたから気づけた。五十字の字数指定があるので，この二つの要素を含めてまとめるとちょうどよいだろう。

(五)　Ⅰ の前で「見せるのははずかしすぎる」と言っていることから「羞恥」が入る。Ⅱ は絵を見せることを恥ずかしがっていたが見せる決心をした際の気持ちだ。見せようと決心し背筋を伸ばすのは**気合いを入れた証拠**である。**自分を励ましている**のだから「鼓舞」が適切。Ⅲ **はまゆが数度まばたきをした際の美弥子の言葉から抜き出す**。新しく生まれるものを6字で探すと「作品自体の心」だ。

(六)　本文には子ども達と実弥子との**さまざまな会話が織り込まれており，臨場感**が出ている。1「絵の内容を色彩感覚豊かに記述」していない。2「特定の登場人物の視点から説明」されていない。4「擬人法を用い」ていない。

二　(論説文一大意・要旨，内容吟味，文脈把握，段落・文章構成，脱文・脱語補充，熟語，品詞・用法)

(一)　傍線部「つけ」は**「て」に接続するので連用形**。　a 「いえ」は**「ば」に接続するので仮定形**。　b 「考え」は**可能の助動詞「られる」に接続するので未然形**，　c 「出る」は**名詞「とき」に接続するので連体形**，　d 「変え」は**「た」に接続するので連用形**。

(二)　「意見」の「見」には**考えの意味**が含まれる。したがって「見解」(あるものごとについての見方や考え方)。

(三)　勝手な思い込みは，**「町おこし」といわれてまず頭に浮かぶものと同じものだ**。したがって「町おこしというと，町が賑やかになり，お店にはたくさんの人が来て，経済的に潤う光景を頭に浮かべないでしょうか。」という部分から抜き出せる。

(四)　「自分が立っている足元を見直してみる」ということは，**あたりまえだと思っていること**(自明のこと）を，改めて考え直したり見直したりするということだ。2のように科学的なデータを根拠とするのではなく，3のように社会的な立場を考慮するものでもなく，4のように新たな作品を作り出すことを前提に行われることでもない。

（五）「深く考える」きっかけは，[9]段落にあるように「異なった考えの人と対話すること」だ。なぜなら，そうした人と対話することで[6]段落「自分の思い込みや古い常識」に気づくことができる。したがって，**対話の相手が自分と違えば違うほど，自分の思い込みや古い常識に気づいて，それらにとらわれず，ものごとの根本を深く考えることにつながる**のである。

（六）[1]で定義した「深く考える」ということを[2]・[3]で具体例を挙げた後に，[4]で再度「深く考える」ことの意味を示して定義し直している。さらに，まとめの[9]段落では「深く考える」ための方策を示して論じている。

[三] （古文―大意・要旨，文脈把握，古文の口語訳，仮名遣い）

【現代語訳】 関取の谷風梶之助は，弟子をお供として連れて日本橋本船町を通りかかったとき，鰹を買おうとしたが，値段が高かったので，供のものに言いつけて「（値段を）まけろ」と言わせて通り過ぎようとしたところ，魚売りの男が谷風に声をかけて「関取が負けるというのは避けるべきことだ」と言ったので，谷風は戻ってきて「買え買え」といって魚を買わせたのもおもしろいことだ。これは谷風が負けるというのではなく，魚売りの男に値段をまけさせることであるから，それほど避けることでもないものを，「買え買え」と谷風が言ったのは，少し焦って早とちりをしたのだと思われる。これは私が若いころに見たことである。

（一）語中・語尾の「は・ひ・ふ・へ・ほ」は，現代仮名遣いで「ワ・イ・ウ・エ・オ」にする。

（二）「関取のまけるといふはいむべき事なり」という言葉は**魚うるをのこが谷風に向けて発した**ものであり，魚**の売買が生じる前**のことである。この二点をおさえて，選択肢を選ぶ。

（三）ア 「まける」には，**「値段を下げる」という意味と「勝負に負ける」という二つの意味**を持たせている。魚売りの男は，値段を下げられては困るので，関取なら「まける（負ける）」のは忌み嫌う言葉でしょうといって「まけない（値段を下げない）」で魚を売りつけることに成功したのだ。　イ 「をかしかりき」というのが，筆者が昔見た出来事への端的な感想だ。ここから筆者の感想などが始まると考えてよい。従ってその直前までが見た内容である。

[四] （会話・議論・発表―脱文・脱語補充，作文）

（一）尊敬語を用いるべきなのに謙譲語になっている表現を見つける。　エ 「来る」のは**お客様の行為なので尊敬語「いらっしゃる」**にする。「参る」は謙譲語。　オ 「食べる」のは**相手の行為なので尊敬語「召し上がる」**にする。「いただく」は謙譲語。

（二）二つの年代の大きな相違点を調べる。若者言葉について乱れていると回答した割合が「16～19歳」は**最も高く**，「20代」は**最も低い**ということがグラフからわかる。

（三）Bさんは「事例をもっと調べてみませんか」と提案していることをおさえる。「浮き足立つ」の**事例一つだけを見て全体の傾向だとしてしまうのは適切ではない**と考えたので，もっと調べようという指摘を行ったのだ。

[五] （漢字の読み書き，熟語，表現技法・その他，漢文）

（一）1　気持ちよく感じられる。　2　支出と収入。お金の出し入れ。　3　生まれ育った土地。　4　物事を手早くするようす。　5 「貯」の11画目以降は「丁」。「寸」にしない。

（二）多種多様である，という意味の「千」を含む四字熟語にするので「千差万別」となる。

(三)　ア　読む順は，巧→詐→拙→誠→如(しか)→不(ず)となる。「如」を読んでから「不」の一字に戻るのでレ点，拙誠の二字を読んでから「如」に戻るので一・二点を用いる。　イ「つたなくても心のこもったやり方」とは，不器用だが実直であるということだ。

六 (作文)

二つの言葉から読み取れることは，今行う努力によって，未来になりたい自分が形作られていくということである。このことを一段落にまとめる。そして次段落に，自分が考える将来の「なりたい自分」を設定し，そのために今できることは何かという考えをまとめていくとよいだろう。実際に取り組んでいることを具体例としてあげてもわりやすい。今と未来のつながりを意識して書いていこう。

MEMO

大切なことはメモしておこうネ！

山口県公立高等学校

2021年度

★★★★★★★★★★★★★★★★★★★★★★★★

入 試 問 題

2021
年
度

●くわしい解説……47ページ

2021年　山口県公立高校入試　出題範囲縮小内容

令和２年５月13日付け２文科初第241号「中学校等の臨時休業の実施等を踏まえた令和３年度高等学校入学者選抜等における配慮事項について（通知）」を踏まえ，以下通りの配慮があった。

○変更点１
学力検査全ての教科に選択問題を設定

○変更点２
学校指定教科検査の中止

※ただし，令和３年度限りの特例措置とする。

【全体のイメージ】

令和２年度

		<各学校のオプション>			
学力検査（必須）	＋	面接	小論文	実技検査	学校指定教科検査 （国・数・英）

▼

令和３年度

学力検査（必須） 選択問題の設定	＋	面接	小論文	実技検査	中止

＜数学＞

時間　50分　　満点　50点

【注意】 4 から 7 は選択問題で，この中から３題を選んで解答しなさい。解答した選択問題の番号（４～７のいずれか）を，解答用紙の問題番号欄に記入しなさい。

1 ～ 3 は，共通問題です。すべての問題に解答しなさい。

1　次の(1)～(5)に答えなさい。

(1)　$-7+9$ を計算しなさい。

(2)　$\frac{15}{2}\times\left(-\frac{4}{5}\right)$ を計算しなさい。

(3)　$10a-(6a+8)$ を計算しなさい。

(4)　$27ab^2\div 9ab$ を計算しなさい。

(5)　$3(2x-y)+4(x+3y)$ を計算しなさい。

2　次の(1)～(4)に答えなさい。

(1)　次の □ にあてはまる不等号を答えなさい。

> 小数第１位を四捨五入すると40になる数を x とする。
> このとき，x のとりうる値の範囲は，$39.5 \leqq x$ □ 40.5 である。

(2)　２つの整数 m，n について，計算の結果がいつも整数になるとは限らないものを，次のア～エから１つ選び，記号で答えなさい。

ア　$m+n$　　イ　$m-n$　　ウ　$m\times n$　　エ　$m\div n$

(3)　y は x に反比例し，$x=3$ のとき $y=2$ である。y を x の式で表しなさい。

(4)　底面が１辺６㎝の正方形で，体積が96cm^3である四角すいの高さを求めなさい。

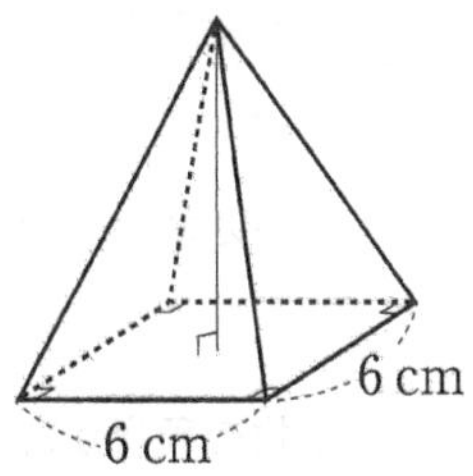

3 表１，表２は，それぞれＡ中学校の３年生全員25人とＢ中学校の３年生全員75人が行った長座体前屈の記録を度数分布表にまとめたものである。

表１ Ａ中学校

階級（cm）	度数（人）
以上　　未満	
20 ～ 30	1
30 ～ 40	5
40 ～ 50	9
50 ～ 60	6
60 ～ 70	4
計	25

表２ Ｂ中学校

階級（cm）	度数（人）
以上　　未満	
20 ～ 25	2
25 ～ 30	3
30 ～ 35	6
35 ～ 40	8
40 ～ 45	10
45 ～ 50	15
50 ～ 55	12
55 ～ 60	10
60 ～ 65	7
65 ～ 70	2
計	75

次の⑴，⑵に答えなさい。

⑴ **表１**をもとに，Ａ中学校の３年生全員の記録の最頻値を，階級値で答えなさい。

⑵ Ａ中学校とＢ中学校の３年生全員の記録を比較するために，階級の幅をＡ中学校の10cmにそろえ，**表３**のように度数分布表を整理した。

記録が60cm以上70cm未満の生徒の割合は，どちらの中学校の方が大きいか。60cm以上70cm未満の階級の相対度数の値を明らかにして説明しなさい。

表３

階級（cm）	度数（人）	
	Ａ中学校	Ｂ中学校
以上　　未満		
20 ～ 30	1	5
30 ～ 40	5	14
40 ～ 50	9	25
50 ～ 60	6	
60 ～ 70	4	
計	25	75

4 ～ 7 は，選択問題です。

4 **≪選択問題≫**

確率について，次の⑴～⑶に答えなさい。

⑴ あたる確率が $\frac{2}{7}$ であるくじを１回引くとき，あたらない確率を求めなさい。

⑵ １枚の硬貨があり，その硬貨を投げたとき，表が出る確率と裏が出る確率はいずれも $\frac{1}{2}$ である。

この硬貨を多数回くり返し投げて，表が出る回数を a 回，裏が出る回数を b 回とするとき，次の**ア**～**エ**の説明のうち，正しいものを2つ選び，記号で答えなさい。

ア　投げる回数を増やしていくと，$\frac{a}{b}$ の値は $\frac{1}{2}$ に近づいていく。

イ　投げる回数を増やしていくと，$\frac{a}{a+b}$ の値は $\frac{1}{2}$ に近づいていく。

ウ　投げる回数が何回でも，a の値が投げる回数と等しくなる確率は0ではない。

エ　投げる回数が偶数回のとき，b の値は必ず投げる回数の半分になる。

(3)　右の図のような，数字1，2，3，4，5が1つずつ書かれた5枚のカードが入った袋がある。

袋の中のカードをよく混ぜ，同時に3枚取り出すとき，取り出した3枚のカードに書かれた数の和が3の倍数となる確率を求めなさい。

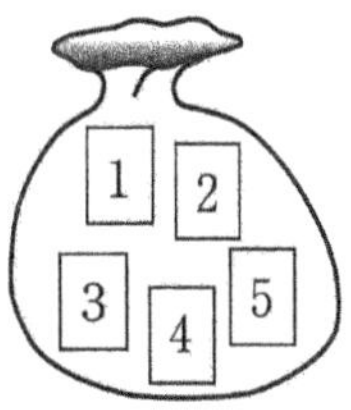

5　≪選択問題≫

平方根や二次方程式について，次の(1)～(3)に答えなさい。

(1)　14の平方根のうち，正の数であるものを答えなさい。

(2)　次の [　　] にあてはまる数を求めなさい。

> 二次方程式 $x^2-2x+a=0$ の解の1つが $1+\sqrt{5}$ であるとき，$a=$ [　　] である。

(3)　差が1である大小2つの正の数がある。これらの積が3であるとき，2つの数のうち，大きい方を求めなさい。

6　≪選択問題≫

関数 $y=ax^2$ について，次の(1)～(3)に答えなさい。

(1)　次の [　　] にあてはまる数を答えなさい。

> 関数 $y=5x^2$ のグラフと，x 軸について対称なグラフとなる関数は $y=$ [　　] x^2 である。

(2)　関数 $y=-\frac{3}{4}x^2$ について，次の**ア**～**エ**の説明のうち，正しいものを2つ選び，記号で答えなさい。

ア　変化の割合は一定ではない。

イ　x の値がどのように変化しても，y の値が増加することはない。

ウ　x がどのような値でも，y の値は負の数である。

エ　グラフの開き方は，関数 $y=-x^2$ のグラフより大きい。

(3)　右の図のように，２つの放物線①，②があり，放物線①は関数 $y=-\frac{1}{2}x^2$ のグラフである。また，放物線①上にある点Aの x 座標は４であり，直線AOと放物線②の交点Bの x 座標は－３である。

　このとき，放物線②をグラフとする関数の式を求めなさい。

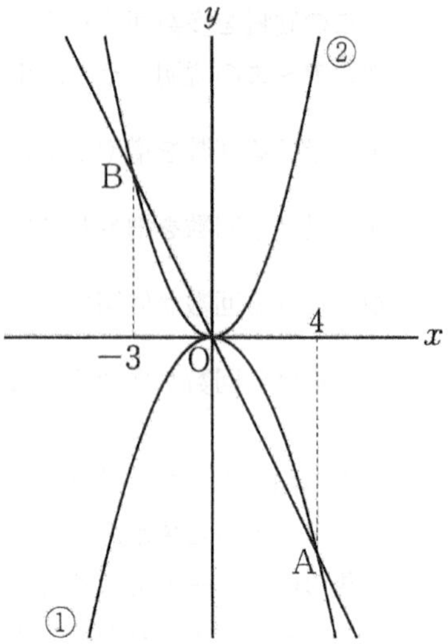

7　≪選択問題≫

　図１のような，点Oを中心とする半径４の円Oと，**図２**のような，点O′を中心とする半径２の円O′がある。

図１

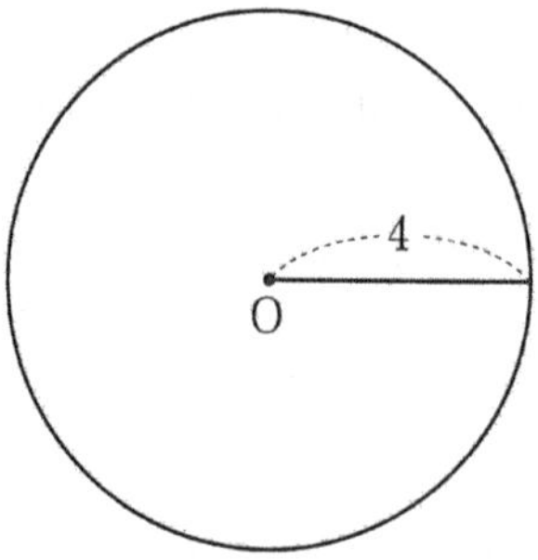

図２

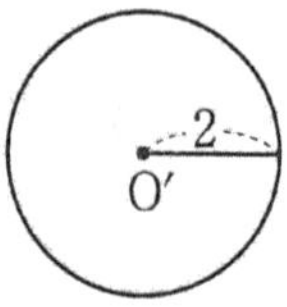

　次の(1)～(3)に答えなさい。

(1)　次の □ にあてはまる数を求めなさい。

円Oと円O′の面積比は，□：１である。

(2)　**図３**において，２点O′，Aは円Oの周上にあり，２点B，Cは直線OO′と円O′の交点である。

　線分OA上に，AC//DBとなるような点Dをとったとき，線分ADの長さを求めなさい。

図３

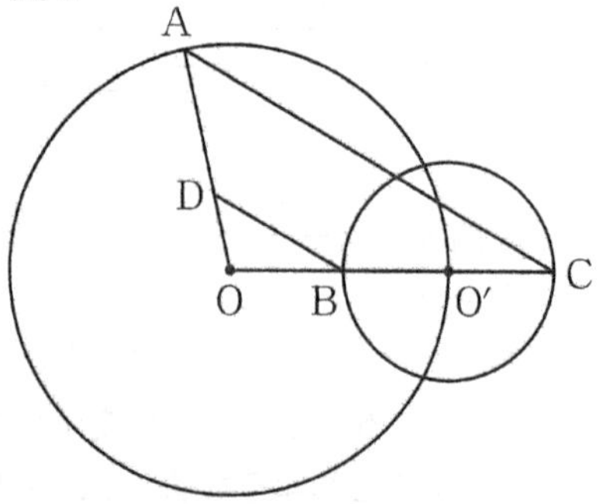

(3)　**図４**において，点Oと点O′は同じ位置にあり，３点E，F，Gは円Oの周上にある。また，２点H，Iは，それぞれ線分OF，OGと円O′の交点であり，点Jは弧HI上にある。

∠GEF＝55°であるとき，∠HJIの大きさを求めなさい。

図４

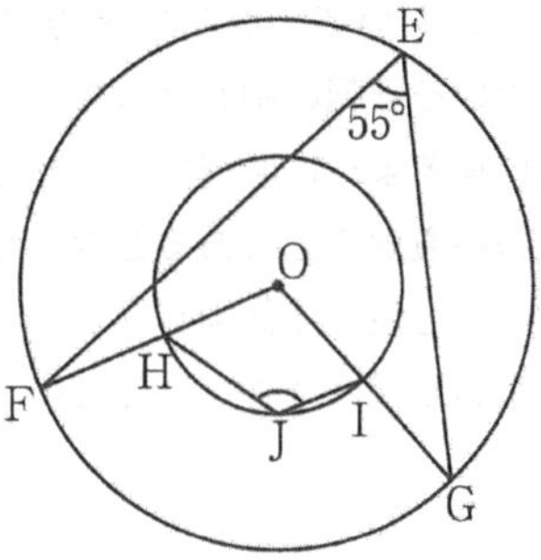

※点O′は点Oと重なっている。

8 ～ 10 は，共通問題です。すべての問題に解答しなさい。

8　一次関数について，次の(1)，(2)に答えなさい。

(1)　下の表は，yがxの一次関数であり，変化の割合が－３であるときのxとyの値の関係を表したものである。表中の□にあてはまる数を求めなさい。

x	…	2	…	5	…
y	…	8	…	□	…

(2)　下の図のように，２つの一次関数$y=-x+a$，$y=2x+b$のグラフがあり，x軸との交点をそれぞれP，Qとし，y軸との交点をそれぞれR，Sとする。

次の**説明**は，PQ＝12，RS＝９のときの，aとbの値を求める方法の１つを示したものである。

説明中の□にあてはまる，aとbの関係を表す等式を求めなさい。また，a，bの値をそれぞれ求めなさい。

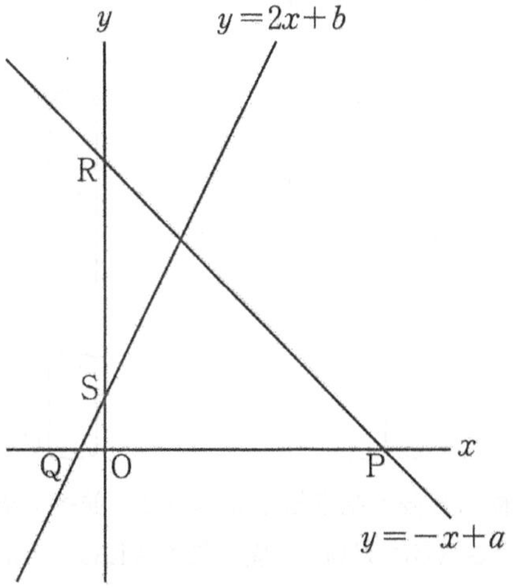

説明

PQ＝12より，

□　……①

RS＝９より，

$a-b=9$　……②

①，②を連立方程式として解くと，

a，bの値を求めることができる。

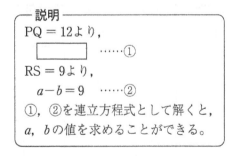

9 図形の回転移動について，次の(1)，(2)に答えなさい。

(1) **図１**において，点Ｐを頂点にもつ四角形を，点Ｏを回転の中心として，点Ｐが点Ｑの位置に移るように回転移動させる。

点Ｏが直線ℓ上にあるとき，点Ｏを定規とコンパスを使って作図しなさい。ただし，作図に用いた線は消さないこと。

図１

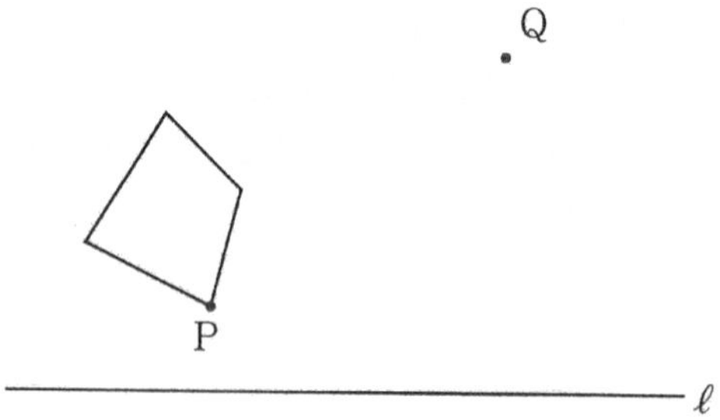

(2) **図２**において，△DBEは△ABCを，点Bを回転の中心として，DE//ABとなるように回転移動したものである。

線分ACと線分BDの交点をF，線分ACの延長と線分DEの交点をGとするとき，△FDA≡△FGBであることを証明しなさい。

図２

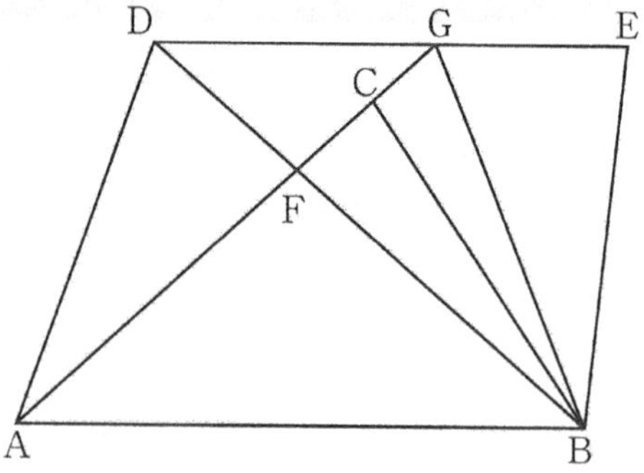

10 Ｙさんのクラスでは文化祭で，集めた空き缶を並べて大きな長方形の絵にする空き缶アートをつくることになった。

Ｙさんは，空き缶アートの大ささや，並べる空き缶の個数を確認するため，**図１**のように，空き缶を底面が直径6.6㎝の円で高さが12.2㎝の円柱として考えることにした。また，２個の空き缶を縦に並べると，**図２**のように0.3㎝重なった部分ができた。

この空き缶を**図３**のように並べて空き缶アートにし，正面から見たものを長方形ABCDと表す。

図１

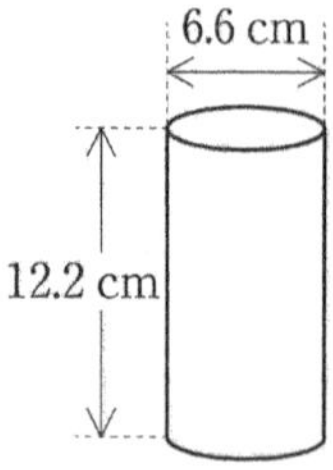

図２

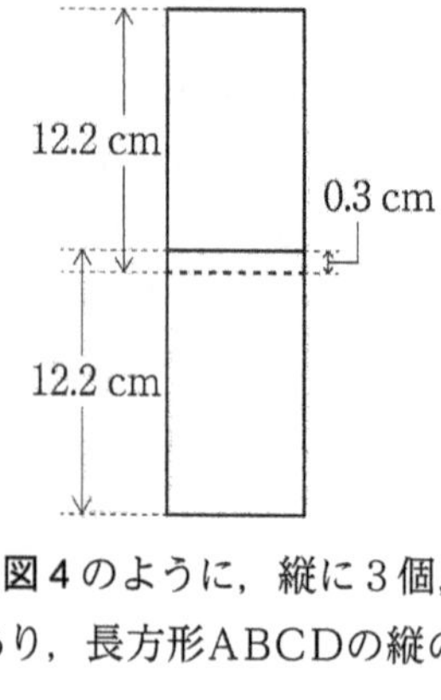

図３

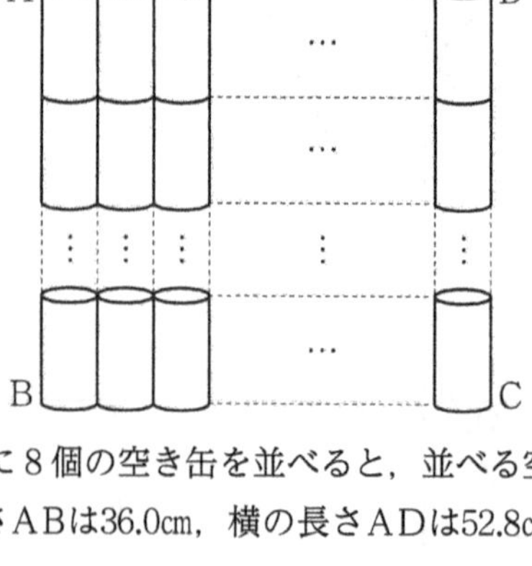

例えば，次のページの**図４**のように，縦に３個，横に８個の空き缶を並べると，並べる空き缶の個数の合計は24個であり，長方形ABCDの縦の長さABは36.0㎝，横の長さADは52.8㎝となる。

次の(1)～(3)に答えなさい。

(1) 縦に20個の空き缶を並べるとき，横に並べる空き缶の個数に比例しないものを，次の**ア～エ**から１つ選び，記号で答えなさい。

ア　並べる空き缶の個数の合計

イ　長方形ABCDの横の長さ

ウ　長方形ABCDの４辺の長さの合計

エ　長方形ABCDの面積

図４

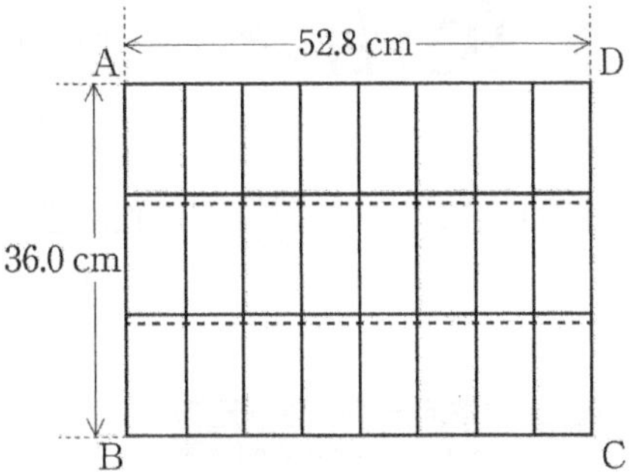

(2) 横に105個の空き缶を並べ，横の長さADが，縦の長さABより300㎝長い空き缶アートをつくる。

このとき，縦に並べる空き缶の個数を x 個として一次方程式をつくり，縦に並べる空き缶の個数を求めなさい。ただし，答えを求めるまでの過程も書きなさい。

(3) Ｙさんは，余った空き缶と，文字を書いた長方形の用紙を使い，案内板をつくることにした。

図５のように，長方形の用紙PQRSを，３個の空き缶が互いに接するように並べて縦に重ねたものに巻きつける。線分PQが空き缶の底面に垂直になるように巻きつけると，用紙の左右の端が2.0㎝重なった。**図６**は，巻きつける様子を真上から見たものである。

このとき，**図５**の長方形の用紙PQRSの横の長さPSを求めなさい。ただし，円周率はπとする。

図５

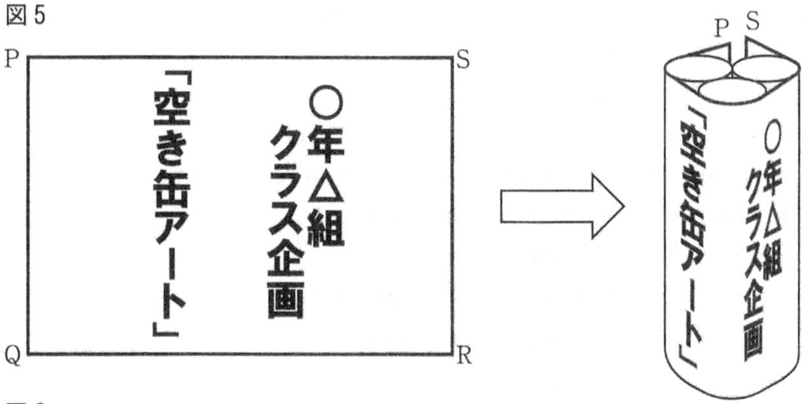

図６

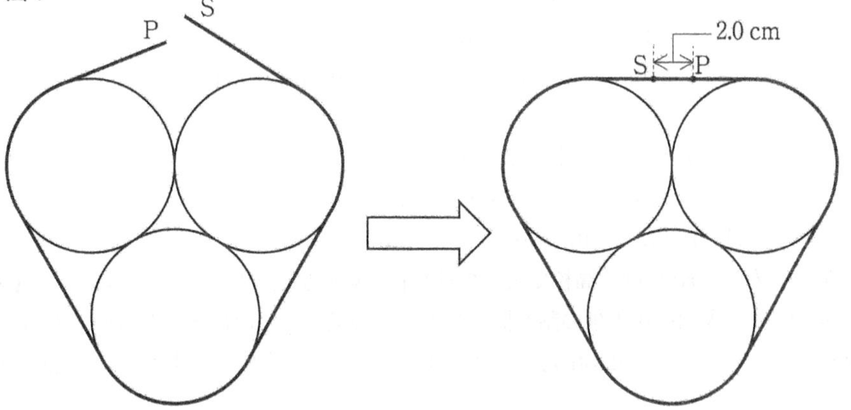

＜英語＞　時間 50分　満点 50点

【注意】 2 から 5 は選択問題で，この中から３題を選んで解答しなさい。解答した選択問題の番号（２～５のいずれか）を，解答用紙の問題番号欄に記入しなさい。

1 は，共通問題です。

1 放送によるリスニングテスト

テスト１　４つの対話を聞いて，対話の内容に関するそれぞれの問いの答えとして最も適切なものを，１～４から１つずつ選び，記号で答えなさい。

No.1　1 Science.　2 Music.
　　　3 English.　4 Math.

No.2　1 Her dog.　2 Her uncle's dog.
　　　3 Her teacher's dog.　4 Her grandfather's dog.

No.3　1 Two days.　2 Three days.
　　　3 Four days.　4 Five days.

No.4　1 January 1.　2 January 2.
　　　3 December 1.　4 December 2.

テスト２　４つの対話を聞いて，それぞれの対話に続く受け答えとして最も適切なものを，１～４から１つずつ選び，記号で答えなさい。

No.1　1 Nice to meet you, too.　2 Thank you very much.
　　　3 Good morning, Kazuo.　4 You're welcome.

No.2　1 Then do you have another color?
　　　2 No. Do you want a large one?
　　　3 That's really good for you and me.
　　　4 Yes. I like shopping very much.

No.3　1 Really? You have a lot of homework.
　　　2 All right. I think I can finish it soon.
　　　3 Sorry. I am eating dinner with my brother now.
　　　4 OK. You want to go to that restaurant with me.

No.4　1 Yes, I did so at the station.
　　　2 No, I'm fine, thank you.
　　　3 Well, you can take a bus there.
　　　4 Then, the train was late again.

テスト３　中学生のKenは，高校で英語の体験授業に参加している。次のページの【メモ】は，KenがALTのWilson先生の話を聞きながら，授業のはじめに書いたものである。

今から，そのときのWilson先生の話を聞いて，その内容に合うように，下線部(A)，(B)，(C)

にはそれぞれ話の中で用いられた英語１語を，下線部(D)には場面にふさわしい４語以上の英語を書きなさい。

【メモ】

About today's class

1. We should not be ___(A)___ of speaking English.

2. We should talk with students from ___(B)___ junior high schools.

We can make new ___(C)___.

After the class

We will ___(D)___. It's about the events at this school.

2 ～ 5 は，選択問題です。

2 ≪選択問題≫

次は，*Shin* とオーストラリアから来た留学生の *Beth* との対話の一部である。２人は，紙幣(banknote)について話をしている。これを読んで，下の(1)～(3)に答えなさい。

Beth: Shin, this is a banknote of Australia. It's made of special plastic.

Shin: Special plastic?

Beth: Yes. It's (A)(strong) than paper, so people can use it for a long time.

Shin: That's great.

Beth: I think that (B)(people / the banknotes / in / use) Japan are also special.

Shin: What do you ___(C)___ ?

Beth: They have wonderful pictures. For example, the picture of Mt. Fuji on the banknote is so beautiful.

Shin: Wow, it's interesting to learn about the banknotes ___(D)___ in each country.

(1) 下線部(A)の（　）の中の語を，適切な形にして，英語１語で書きなさい。

(2) 下線部(B)の（　）の中の語句を，本文の内容に合うように並べかえて書きなさい。

(3) 下線部(C)，(D)に入る最も適切なものを，それぞれ１～４から選び，記号で答えなさい。

(C)　1 support　2 mean　3 cover　4 produce

(D)　1 use　2 uses　3 using　4 used

3 ≪選択問題≫

次は，小学校で職場体験をした留学生の *Emily* と，受け入れ先の小学校の担当者である岡先生（*Mr. Oka*）との対話の一部である。2人は，その日の体験について話をしている。これを読んで，下の(1)～(3)に答えなさい。

Mr. Oka: Emily, you worked very hard today.

Emily: Thank you. I'm tired because I have (A)(be) busy since this morning.

Mr. Oka: In the English class, you found (B)(couldn't / who / a boy / speak) English well and you helped him.

Emily: Yes, it was hard ＿(C)＿ him to talk in English. But he began to enjoy talking in English after I helped him. I was glad because he looked happy.

Mr. Oka: Good. Did you have a good time today?

Emily: Yes! I think I did my ＿(D)＿ !

(1) 下線部(A)の（　）の中の語を，適切な形にして，英語1語で書きなさい。

(2) 下線部(B)の（　）の中の語句を，本文の内容に合うように並べかえて書きなさい。

(3) 下線部(C)，(D)に入る最も適切なものを，それぞれ1～4から選び，記号で答えなさい。

(C)　1 in　2 by　3 under　4 for

(D)　1 best　2 problem　3 health　4 nothing

4 ≪選択問題≫

次は，*Naoko* と留学生の *Sindy* との対話の一部である。2人は，古い町並みを散策しながら話をしている。これを読んで，下の(1)～(3)に答えなさい。

Naoko: Sindy, look at that. It's the (A)(old) house in this city.

Sindy: I can feel its history. Do you know (B)(built ／ it ／ when ／ was)?

Naoko: About two hundred years ago.

Sindy: Wow! Is there anyone ＿(C)＿ in the house now?

Naoko: No, but Mr. Yamada once lived there.

Sindy: Who is Mr. Yamada?

Naoko: He was born in this city, and later, he was known ＿(D)＿ a great doctor. He saved many people.

Sindy: I see. I want to know more about him.

(1) 下線部(A)の（　）の中の語を，適切な形にして，英語1語で書きなさい。

(2) 下線部(B)の（　）の中の語を，本文の内容に合うように並べかえて書きなさい。

(3) 下線部(C)，(D)に入る最も適切なものを，それぞれ1～4から選び，記号で答えなさい。

(C)　1 live　2 lives　3 living　4 to live

(D)　1 as　2 at　3 from　4 on

5 ≪選択問題≫

次は，*Tetsu* と留学生の *Paul* との対話の一部である。2人は，*Paul* の歓迎会の後に話をしている。これを読んで，下の(1)～(3)に答えなさい。

Paul: Thank you for (A)(play) the guitar for me, Tetsu. That was great. How (B)(you / long / practiced / have) it?

Tetsu: For ten years. My mother is a guitar teacher.

Paul: You're lucky! I want to play the guitar well like you. Could you teach me ＿(C)＿ to play it?

Tetsu: Sure. Let's practice together! You can come to my house this Saturday. I'll also ＿(D)＿ my mother to join us.

Paul: That's nice! Thank you.

(1) 下線部(A)の（　）の中の語を，適切な形にして，英語1語で書きなさい。

(2) 下線部(B)の（　）の中の語を，本文の内容に合うように並べかえて書きなさい。

(3) 下線部(C)，(D)に入る最も適切なものを，それぞれ1～4から選び，記号で答えなさい。

(C)　1 what　2 able　3 want　4 how

(D)　1 listen　2 ask　3 have　4 speak

6 ～ 8 は，共通問題です。すべての問題に解答しなさい。

6 *Yui* は，アメリカから来た留学生の *Tom* と，いちご狩り（strawberry picking）についての外国人向けの【広告チラシ】（15ページ）を見ながら話をしている。次は，そのときの *Yui* と *Tom* の対話の一部である。英文と【広告チラシ】を読んで，あとの(1)～(4)に答えなさい。

Yui: Hi, Tom. You wanted to know some places to visit with your family from America, right? I found a good place.

Tom: Really? Where is it? Tell me about it.

Yui: Sure. Look at this. This is about strawberry picking at a farm in this city.

Tom: Interesting! I'm sure we all will enjoy it very much. But is it expensive?

Yui: I don't think so. ＿＿(A)＿＿ in your family?

Tom: There are four people, my father, my mother, my sister, and me.

Yui: How old is your sister? The fee is (B)(d　　　) between an adult and a child.

Tom: Oh, I see. She's nine years old, so she can enjoy it at the child's fee. Well, the fee is also (B)(d　　　) depending on the month, right?

Yui: Yes, it is. When will they come?

Tom: They will arrive on March 29 and stay here for a week.

Yui: I see. Then you should wait for a few days for a better fee.

Tom: (C) That's right. I'll do that.

Yui: I hope you can enjoy the day!

（注）　farm　農園　　fee　料金　　adult　大人　　at the child's fee　子ども料金で
depending on ～　～によって

【広告チラシ】

Strawberry Picking

at ＊＊＊＊ Strawberry Farm

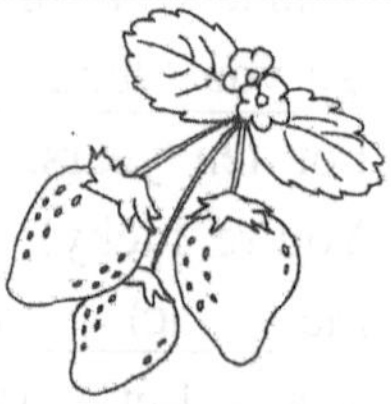

You can pick and eat strawberries for one hour.

We open our farm from 10 a.m. to 5 p.m. between Tuesday and Sunday.

Fee

	December - March	April - May
Adult	1,600 yen	1,300 yen
Child (5-12 years old)	1,300 yen	1,000 yen

We also have

a pack of strawberries	400 yen
a strawberry ice cream	250 yen
experience of making strawberry juice	800 yen
experience of making strawberry jam	1,500 yen

Please make a reservation before you visit our farm.

You need to call : 083-＊＊＊-＊＊＊＊
or send us an e-mail : ＊＊＊＊＊＊＊＊＊@＊＊＊＊.jp

★ If you make a reservation by e-mail, we will give you a ticket for a strawberry ice cream !

（注）　strawberry（strawberries）　いちご　　pick ～　～を摘《つ》む　　yen　円（通貨の単位）
pack(s)　パック　　jam　ジャム　　make a reservation　予約する　　ticket　チケット

⑴　下線部(A)に，場面にふさわしい５語以上の英語を書きなさい。

⑵　【広告チラシ】の内容に合うように，下線部(B)に共通して入る適切な英語１語を書きなさい。ただし，(　)内に与えられた文字で書き始めなさい。

⑶　下線部(C)のThatが表す内容として最も適切なものを，次の１～４から選び，記号で答えなさい。

1　Tom's family should visit the farm in April.
2　Tom's family should leave Japan on March 29.
3　Tom's family should wait for Tom until March 29.
4　Tom's family should arrive in America before April.

⑷　【広告チラシ】から読み取れる内容と一致するものを，次の１～６から２つ選び，記号で答えなさい。

1　You cannot eat strawberries while you are picking them.
2　You can try strawberry picking for eight hours every day.
3　You can enjoy making jam by using strawberries.
4　If you have one thousand yen, you can buy three packs of strawberries.
5　The farm tells people to visit it after they make a reservation.
6　If you call the farm, you can get a pack of strawberries.

7　中学生のMisatoは，Misatoの家にホームステイをしている留学生のNancyとともに，祖母のYasukoの家を訪れた。次の英文は，そのときのことについて書かれたものである。この英文を読んで，あとの⑴～⑶に答えなさい。

One day in summer, Misato visited her grandmother's house with Nancy. Misato said, "Speaking of summer, I like wearing a *yukata*. [ア] Do you know about *yukatas*?" Nancy said, "Yes. *Yukatas* are traditional Japanese summer clothes, right? I've worn a *kimono* before, but I've never worn a *yukata*. I want to wear a *yukata* some day." Misato said, "Now I have a good idea!"

Then Misato's grandmother, Yasuko, brought tea for them. Misato said to her, "Nancy wants to wear a *yukata*. Can you help her? I'll wear a *yukata*, too. And we will enjoy fireworks together. [イ]" Yasuko said, "That's a good idea. Is this your first time to wear a *yukata*, Nancy?" Nancy said, "Yes. I've wanted to wear a *yukata* for a long time."

After they had tea, Yasuko showed them some *yukatas*. There were various colors and patterns, so Nancy was surprised. She said, "I like the red flowers on this *yukata*. It's so cute. [ウ]" Misato said, "Why don't you wear it? It's my *yukata* now, but my mother also wore it when she was young. My grandmother made it." Nancy said, "Wow! You've kept it for many years."

Yasuko helped Nancy when she wore the *yukata*. Nancy looked happy. Yasuko said, "I'm glad you wear this *yukata*. I think a *yukata* is more than just clothes, because people can pass it to the next generation. When they wear it, they can feel the tradition." Nancy said, "I agree. I think I can understand it. [エ] I'm glad I had a chance like this." Yasuko and Misato smiled.

That evening, they all wore *yukatas* and enjoyed small fireworks in the garden. Yasuko said, "I hope this will be a good memory for you." Nancy said, "I learned a lot from you today. It's nice to give something to the next generation. I want to look for it in my country." Misato and Nancy looked at Yasuko and they all smiled. Yasuko looked happy.

（注） speaking of ～　～と言えば　some day　いつか　fireworks　花火　various　様々な
patterns　模様　more than ～　～を超えた　pass(ed) ～ to…　～を…に伝える
generation　世代　tradition　伝統

(1) 次の英文が入る最も適切な箇所を，本文中の [ア] ～ [エ] から選び，記号で答えなさい。
I think it will be a good experience for her.

(2) 次の(a)，(b)の質問に対する答えとして，本文の内容に合う最も適切なものを，それぞれ１～４から選び，記号で答えなさい。

(a) How did Nancy feel when Yasuko showed her some *yukatas*?
1 She was sad because they were too small to wear.
2 She was happy because wearing them was easier than wearing *kimonos*.
3 She was surprised to see various colors and patterns.
4 She was excited to know that Yasuko made them for her.

(b) Why did Yasuko think a *yukata* was not just clothes?
1 Because Nancy wanted it when she was young.
2 Because people could feel the tradition by wearing it.
3 Because she could give it to Nancy as a present.
4 Because it took a lot of time to make an original *yukata*.

(3) 次の英文は，ホームステイを終えて帰国したNancyが，Misatoにあてて書いた手紙の一部である。本文の内容に合うように，次の下線部①～③に入る適切な英語を，１語ずつ書きなさい。ただし，(　) 内に与えられた文字で書き始めなさい。

I was happy to have a ①(c　　　) to wear a *yukata*. It was my first time! You and your mother wore the ②(s　　　) *yukata* before, right? I think it's nice to pass something to the next generation.

When I got home, my mother cooked tomato soup for me. It was passed to her from my grandmother! If I have a child in the ③(f　　　), I'll cook the soup for my child like my mother.

8 Natsumi のクラスでは，英語の授業で，クラスメートに勧めたい場所について英語で発表することになった。次は，Natsumi が発表のために作った日本語の【メモ】と，【メモ】にもとづいて書いた英語の【原稿】である。これらを読んで，下の(1)，(2)に答えなさい。

【メモ】

> **勧めたい場所** … 市立美術館
>
> **ポイント**
>
> ・ 美術館の日本庭園は来館者に人気がある。
>
> → 売店近くのソファーに座ると，窓越しに見える庭園がとても美しい。
>
> ・ 毎週末の午後に，小さなコンサートが開かれる。
>
> → 音楽を聞いて，素敵な時間を過ごせる。

【原稿】

> Hello, everyone. I recommend the city art museum.
>
> I like its Japanese garden. It's ＿＿(A)＿＿ among visitors. You can see it through the ＿＿(B)＿＿ when you sit on a sofa near the museum shop. It's very beautiful.
>
> You can also enjoy a small concert in the afternoon. It's held every ＿＿(C)＿＿. You'll have a good time by listening to music.
>
> I want you to enjoy the pictures, the garden, and music there some day. (D)<u>If you have any questions, please ask me.</u> Thank you.

（注） recommend ～ ～を勧める visitors 来館者 some day いつか

(1) 【メモ】の内容に合うように，【原稿】の下線部(A)～(C)に入る適切な英語を，1語ずつ書きなさい。

(2) 下線部(D)を受けて，あなたが英語で質問をするとしたら，どのような質問をするか。あなたの考える質問を，6語以上の英語で書きなさい。

＜理科＞

時間　50分　　満点　50点

【注意】 1 から 4 は選択問題で，この中から３題を選んで解答しなさい。解答した選択問題の番号（１～４のいずれか）を，解答用紙の問題番号欄に記入しなさい。

1 ～ 4 は，選択問題です。

1 ≪選択問題≫

図１のように，うすい塩酸を入れたビーカーに亜鉛板と銅板を入れ，モーターにつながった導線Ａを亜鉛板に，導線Ｂを銅板に接続したところ，プロペラが矢印の方向に回転した。次の⑴～⑶に答えなさい。

図１

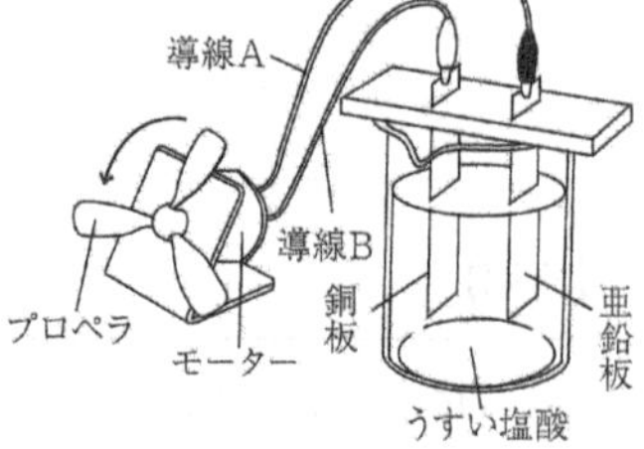

⑴　図１では，物質がもっている化学エネルギーを，電気エネルギーに変えてプロペラを回転させている。このように，化学エネルギーを，電気エネルギーに変換する装置を何というか。書きなさい。

⑵　図１のうすい塩酸と亜鉛板，銅板の代わりに，さまざまな水溶液と金属板を用いて，プロペラが回転するかを調べた。プロペラが回転する水溶液と金属板の組み合わせとして適切なものを，次の１～４から１つ選び，記号で答えなさい。

	水溶液	導線Ａに接続した金属板	導線Ｂに接続した金属板
1	うすい水酸化ナトリウム水溶液	アルミニウム板	銅板
2	うすい水酸化ナトリウム水溶液	亜鉛板	亜鉛板
3	エタノール水溶液	アルミニウム板	銅板
4	エタノール水溶液	亜鉛板	亜鉛板

⑶　導線Ａを銅板に，導線Ｂを亜鉛板につなぎ変えると，プロペラが回転した。導線をつなぎ変えた後のプロペラが回転するようすは，つなぎ変える前のプロペラが回転するようすと比較して，どのようになるか。最も適切なものを，次の１～４から選び，記号で答えなさい。

1　回転の向きは変わらず速さが大きくなる。
2　回転の向きは変わらず速さが小さくなる。
3　回転の速さは変わらず向きが反対になる。
4　回転の向きも速さも変わらない。

2 ≪選択問題≫

次のページの図１は，地球が太陽のまわりを公転するようすを，公転面に垂直な方向から見た模式図であり，Ａ～Ｄは北半球における春分，夏至，秋分，冬至のいずれかの地球の位置を示している。あとの⑴～⑶に答えなさい。

⑴　太陽とそのまわりを公転する天体を，まとめて何というか。書きなさい。

⑵　冬至の地球の位置を示すものとして適切なものを，図１のA～Dから１つ選び，記号で答えなさい。

⑶　地軸は，公転面に垂直な方向から約23.4°傾いている。地球の位置が図１のCのとき，地軸が公転面に垂直であるとすると，地軸が傾いているときと比較して，日本では，どのような変化が起こるか。適切なものを，次の１～４から１つ選び，記号で答えなさい。

1　昼間の長さが長くなる。
2　太陽の南中高度が低くなる。
3　日の入りの時刻が遅くなる。
4　日の出の時刻が早くなる。

図１

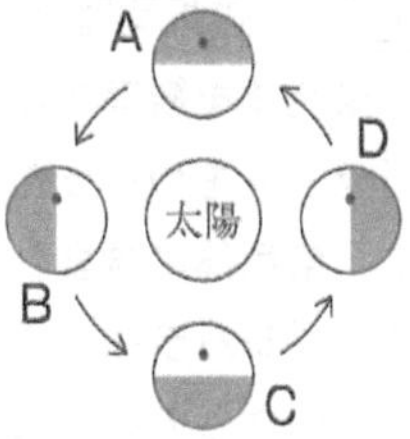

（■は，太陽の光があたっていない部分を示している。
・は，北極の位置を示している。）

3　≪選択問題≫

エナメル線を数回巻いたコイルをつくり，図１のような装置を組んだ。コイルに一定の大きさの電圧をかけると，端子Aから端子Bの向きに電流が流れ，コイルが連続して回転した。

図２は，図１のコイルを，端子A側から見た模式図であり，コイルに，端子Aから端子Bの向きに電流が流れると，矢印の向きに力がはたらくことを示している。次の⑴～⑶に答えなさい。

図１

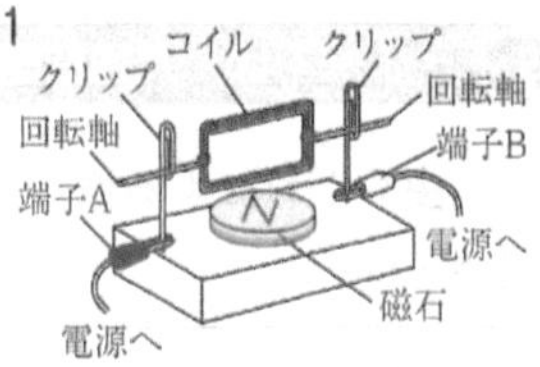

（コイルを連続して回転させるため，回転軸になる部分の一方は，エナメルを全部はがし，もう一方は，半分だけはがしている。）

図２

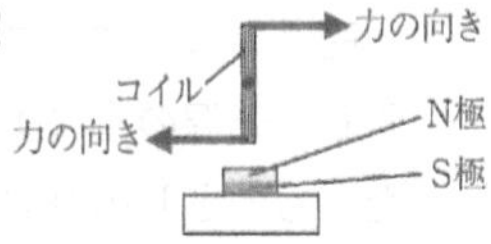

〔端子A側から見た模式図〕

⑴　流れる向きが一定で変わらない電流を何というか。書きなさい。

⑵　電流の向きを，端子Bから端子Aの向きに変えると，コイルにはたらく力の向きはどのようになるか。適切なものを，次の１～４から１つ選び，記号で答えなさい。

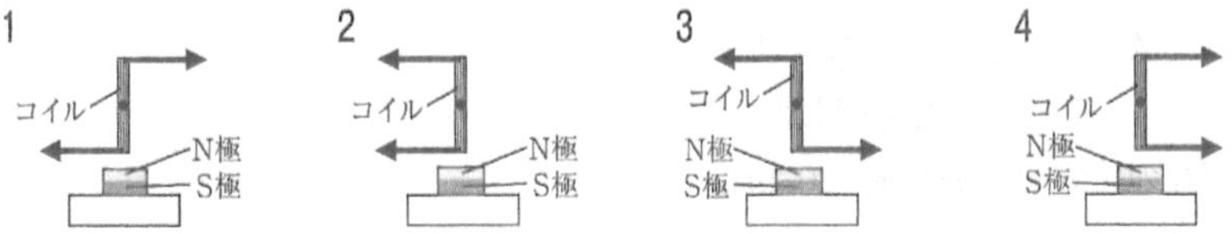

〔端　子　A　側　か　ら　見　た　模　式　図〕

⑶　図１のコイルにはたらく力を大きくする操作として，適切なものを，次の１～４から１つ選び，記号で答えなさい。ただし，コイルにかかる電圧は変わらないものとする。

1　電気抵抗の大きいエナメル線でつくったコイルに変える。
2　コイルのエナメル線の巻数を少なくする。
3　磁石を裏返してS極を上に向ける。
4　磁石をより磁力の大きい磁石に変える。

4 ≪選択問題≫

染色体を観察するため，ソラマメの根の先端部分を切りとり，スライドガラスにのせて，プレパラートをつくった。次の(1)～(3)に答えなさい。

(1) 染色体に含まれている，遺伝子の本体は何という物質か。書きなさい。

(2) プレパラートをつくるとき，細胞を１つ１つ離れやすくするために用いる薬品として，最も適切なものを，次の１～４から選び，記号で答えなさい。

１ うすい食塩水　２ うすい塩酸　３ ベネジクト液　４ 酢酸オルセイン液

(3) 次の文が，染色体の特徴を説明したものとなるように，(　)の中のａ～ｄの語句について，正しい組み合わせを，下の１～４から１つ選び，記号で答えなさい。

> １つの細胞の中にある染色体の数は，（ａ　生物の種類によって決まっている　ｂ　どの生物でも同じである）。また，染色体の形や位置は，細胞分裂の過程で，（ｃ　変化する　ｄ　変化しない）

１ ａとｃ　２ ａとｄ　３ ｂとｃ　４ ｂとｄ

5 ～ 9 は，共通問題です。すべての問題に解答しなさい。

5

虫めがねによる像のでき方について調べるために，次の実験を行った。あとの(1)～(4)に答えなさい。

[実験]

① 図１のように，Ｌの文字を切り抜いた黒い画用紙を用意した。

② 図２のように，スタンドの上に光源を設置し，光源の上に①の画用紙を置いた。また，ものさしの０の目盛りを画用紙の位置とし，虫めがねの位置を，０の目盛りの位置から30.0cmになるように固定した。

③ 半透明の紙でつくったスクリーンに，はっきりとした像ができるようにスクリーンの位置を調節し，その位置を記録した。

④ ②の虫めがねの位置を，25.0cm，20.0cm，15.0cm，10.0cm，5.0cmにかえて，③の操作を行った。

⑤ 記録したそれぞれのスクリーンの位置を，表１にまとめた。

図１

図２

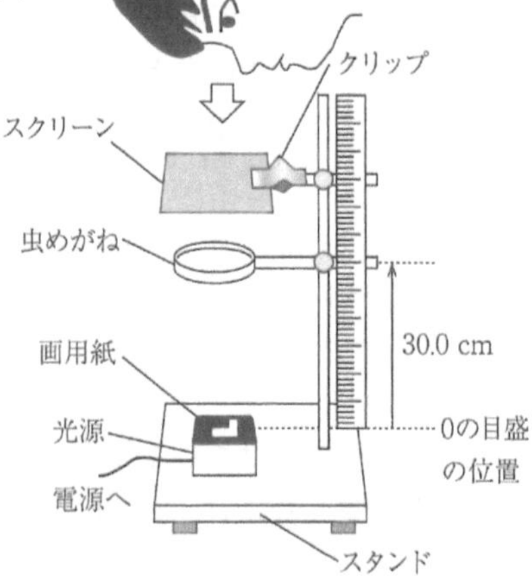

表１

虫めがねの位置〔cm〕	30.0	25.0	20.0	15.0	10.0	5.0
スクリーンの位置〔cm〕	40.9	36.8	33.3	32.1	50.0	－

※「－」は，はっきりとした像ができなかったことを示している。

⑴　虫めがねを通った光のように，光が異なる物質の境界へ進むとき，境界の面で光が屈折する。光の屈折が原因で起こる現象として，最も適切なものを，次の１～４から選び，記号で答えなさい。

１　風のない日に，湖の水面に周りの景色がうつる。

２　底にコインを置いたカップにそっと水を注ぐと，水を注ぐ前には一部しか見えていなかったコインの全体が見える。

３　平面の鏡の前に立つと，鏡に自分の姿がうつる。

４　光が線香のけむりにあたると，光がいろいろな方向に散らばり，光の道すじが見える。

⑵　虫めがねの位置が，０の目盛りの位置から15.0cmのとき，図２の矢印⇩の方向から観察すると，スクリーンにどのような向きの像ができるか。適切なものを，次の１～４から１つ選び，記号で答えなさい。

1

2

3

4

〔　は，スクリーンをクリップではさんでいる位置を示している。〕

⑶　［実験］で調べた中で，スクリーンにできた像が一番大きかったのは，虫めがねの位置が何cmのときか。次の１～５から１つ選び，記号で答えなさい。

１　30.0cm　　２　25.0cm　　３　20.0cm　　４　15.0cm　　５　10.0cm

⑷　［実験］の④において，虫めがねの位置が5.0cmのとき，スクリーンにはっきりとした像ができなかった理由を，虫めがねとスクリーンとの間の光の道すじに着目し，「焦点距離」という語を用いて述べなさい。

6　Ｋさんのクラスでは，酸化銅と炭素の反応について調べるため，１班から５班に分かれて，次の実験を行った。あとの⑴～⑶に答えなさい。

［実験］

①　空の試験管Ａの質量をはかった。

②　班ごとに，酸化銅6.00ｇと表１に示した質量の炭素をはかりとり，よく混ぜ合わせた後，空の試験管Ａに入れた。

③　図１のように，試験管Ａにゴム栓をし，ゴム管やピンチコック，ガラス管をつけ，ガラス管の先を，石灰水が入った試験管Ｂに入れた。

④　ピンチコックを開け，ガスバーナーで十分に加熱すると，気体が発生し，石灰水が白くにごった。

図１

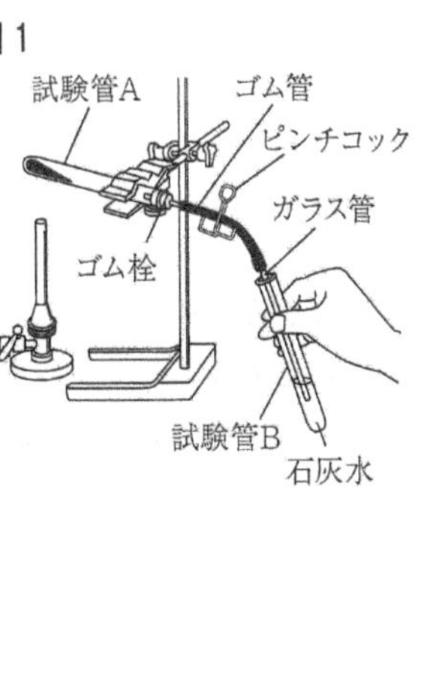

⑤ 気体が発生しなくなった後，試験管A内の物質のようすを観察した。

⑥ 石灰水が入った試験管Bからガラス管を取り出し，加熱を止め，ピンチコックを閉めた。

⑦ 試験管A内の物質が冷めたことを確認し，ゴム栓をはずして，物質の入った試験管Aの質量をはかった。

⑧ 「①ではかった質量」と「⑦ではかった質量」の差から，加熱後の試験管A内の物質の質量を計算で求めた。

⑨ 各班の実験結果を，**表1**にまとめた。

表1

	1班	2班	3班	4班	5班
用いた炭素の質量〔g〕	0.15	0.30	0.45	0.60	0.75
①ではかった質量〔g〕	22.21	22.56	22.52	22.33	22.85
⑦ではかった質量〔g〕	27.81	27.76	27.32	27.28	27.95
⑧で求めた質量〔g〕	5.60	5.20	4.80	4.95	5.10
⑤で観察した物質のようす	赤色物質と黒色物質		赤色物質	赤色物質と黒色物質	

(1) ［実験］の④では，酸化銅から酸素をうばう化学変化が起きた。このように，酸化物から酸素をうばう化学変化を何というか。書きなさい。

(2) ［実験］の⑥において，加熱後にピンチコックを閉めなければならないのはなぜか。その理由を簡潔に述べなさい。

(3) KさんとLさんは，実験の結果をもとに考察し，「炭素の質量」と「炭素が酸化銅からうばった酸素の質量」の比について，次の［　　］のような会話をした。あとのア，イに答えなさい。

Kさん：「炭素の質量」と「炭素が酸化銅からうばった酸素の質量」の比を計算してみたら3：8になったけれど，Lさんの考えを教えてくれないかな。

Lさん：私は，3班で用いた炭素の質量と，用いた炭素が酸化銅からうばった酸素の質量を比べて，3：8を導いたよ。
用いた炭素が酸化銅からうばった酸素の質量は，酸化銅の質量から，3班の［　　　］を引くと，求めることができたよ。Kさんは，どう考えたの。

Kさん：私は，2班と3班の実験結果に注目して計算したよ。

Lさん：2班では，酸化銅がまだ残っていると思うけれど，どうやって計算したのかな。

Kさん：3班の実験と比べることで，2班の実験では，酸化銅をすべて反応させるために，あと0.15gの炭素が必要だったことがわかるよ。

Lさん：なるほど。2班と3班の実験後の質量の差を考えると，計算ができそうだね。

Kさん：はい。2班と3班の実験後の試験管A内の物質の質量の差である0.40gは，0.15gの炭素がうばうことができる酸素の質量になると思うよ。

Ｌさん：　確かにそうだね。２つの班の実験結果を比較するという，Ｋさんの考え方はおもしろいね。２班と３班の組み合わせ以外でも，質量の比を計算できる班の組み合わせはあるのかな。

ア　□　にあてはまる語句を，次の１～４から１つ選び，記号で答えなさい。

1　空の試験管Ａの質量
2　加熱後の物質の入った試験管Ａの質量
3　加熱前の試験管Ａ内の物質の質量
4　加熱後の試験管Ａ内の物質の質量

イ　下線部について，実験結果から，「炭素の質量」と「炭素が酸化銅からうばった酸素の質量」の比が３：８であることを計算できる班の組み合わせとして，適切なものを，次の１～４から１つ選び，記号で答えなさい。ただし，計算に用いる数値は，**表１**の実験結果のみとする。

1　１班と２班　　2　１班と５班　　3　２班と４班　　4　４班と５班

7　Ｍさんは，山口県の各地で見られる岩石について調べてまとめた。あとの(1)～(4)に答えなさい。

山　口　県　の　岩　石

【目的】

山口県の各地で見られる岩石の種類や，その岩石ができた時代を調べる。

【調べた方法】

現地で岩石を観察し(ア)スケッチした。観察した岩石について，博物館の資料やインターネットなどを利用して調べた。

【調べた岩石とその内容】

① 下関市（地点Ａ）で観察した岩石

中生代の泥岩であった。この岩石に(イ)シジミの化石が含まれていたことから，湖などで地層ができたと考えられる。

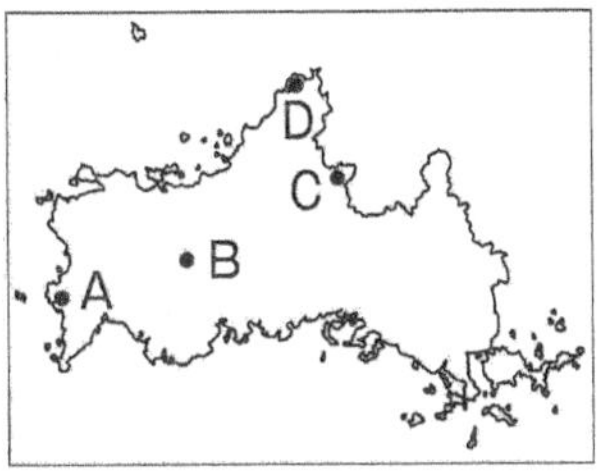

② 美祢市（地点Ｂ）で観察した岩石

古生代の石灰岩であった。この岩石に(ウ)サンゴの化石が含まれていたことから，あたたかくて浅い海で地層ができたと考えられる。

③ 山口市（地点Ｃ）で観察した岩石

新生代の安山岩であった。この地域では，(エ)マグマが冷えて固まったドーム状の形の火山が多く見られる。

④ 萩市（地点Ｄ）で観察した岩石

新生代のれき岩であった。この地域では，(オ)れき岩，砂岩，泥岩などが分布していることがわかった。

(1) 下線(ア)について，スケッチのしかたとして，最も適切なものを，次の１～４から選び，記号で答えなさい。

１ 観察しにくいところは推測してかく。　２ 細い線で輪かくをはっきりと表す。

３ 濃く表すために線を二重にかく。　４ 立体感を出すために影をつける。

(2) 下線(イ)，(ウ)のような化石が地層に含まれていると，地層ができた当時の環境を推定することができる。このように，地層ができた当時の環境を推定することができる化石を何というか。書きなさい。

(3) 火山にはいろいろな形がある。傾斜がゆるやかな形の火山があるのに対し，下線(エ)になる理由を，「マグマのねばりけ」という語を用いて，簡潔に述べなさい。

(4) 下線(オ)は，れき，砂，泥が海底や湖底に堆積し，長い間にすき間がつまって固まったものである。

図１は，川から運ばれてきた，れき，砂，泥が，海底で堆積したようすを表した模式図である。

川から運ばれてきた，れきや砂が，河口の近くで堆積しやすいのはなぜか。その理由を，泥との違いに着目して，簡潔に述べなさい。

図１

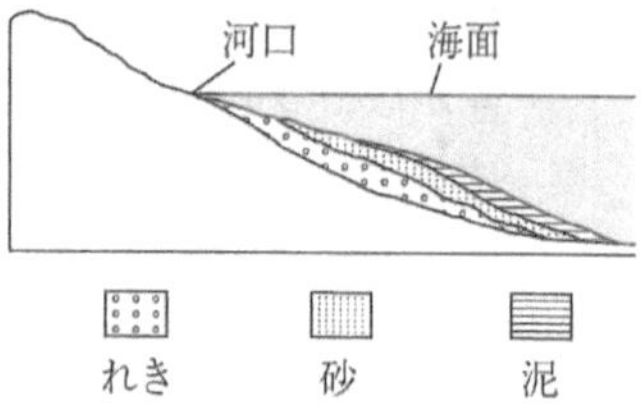

8 Ｎさんは，校庭に咲く白い花の植物の観察を，継続的に行った。次は，観察記録の一部である。あとの(1)～(4)に答えなさい。

８月25日（火）16：15　晴れ　気温 32.8 ℃

花の中央には１本のめしべ，めしべのまわりには，６本のおしべが見られた。おしべの先端には(ア)小さな袋があった。

葉は細長い形で，葉脈は平行脈であることから，この植物は，被子植物の中の(イ)単子葉類に分類されると考えられる。

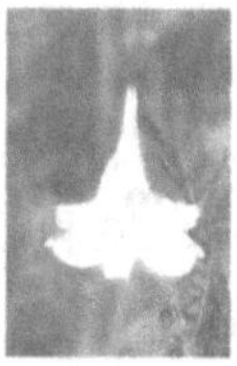

９月21日（月）16：10　晴れ　気温 24.5 ℃

がく，花弁，おしべが枯れて，植物の先端のめしべが太く成長していた。

太く成長した植物の先端の色は緑色だった。

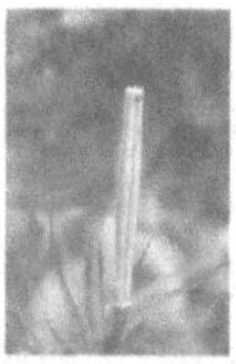

11月26日（木）16：10　曇り　気温 16.3 ℃

さらに太く成長した植物の先端は茶色になり，乾燥して裂け，中には小さな粒がたくさん入っていた。

入っていた小さな粒は，種子であると考えられる。

12月22日（火）16：20　　晴れ　気温 9.8 ℃

植物を土から掘り起こして，根の観察を行ったところ，多数の細い根があった。根を持ち帰って，その根の先端を双眼実体顕微鏡で観察すると，(ウ)さらに細い毛のようなものが生えていた。

(1)　下線(ア)の中には，花粉が入っている。この小さな袋を何というか。書きなさい。

(2)　下線(イ)について，茎を輪切りにしたときの断面における維管束の並び方は，双子葉類の維管束の並び方と比較して，どのような特徴があるか。述べなさい。

(3)　図１は，被子植物の花の模式図である。図１で，受精した後，種子になる部分はどこか。該当する部分をぬりつぶし，その名称を書きなさい。

図１

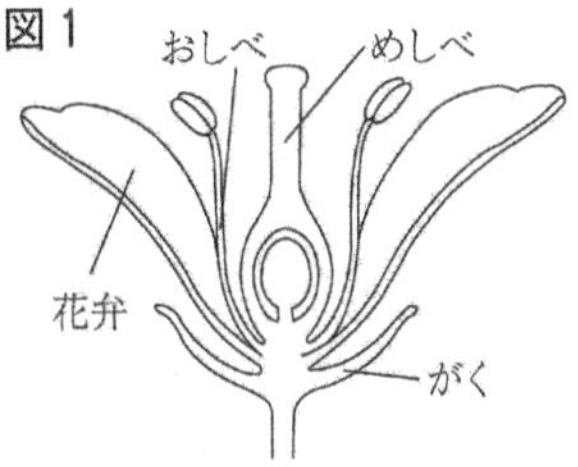

(4)　下線(ウ)があることにより，土の中の水や水に溶けた養分を効率よく吸収することができるのはなぜか。その理由を簡潔に述べなさい。

9　Ｙさんは，調理実習で行った，本みりんを加熱してエタノールを蒸発させる「煮切り」に興味をもち，次の実験を行った。あとの(1)～(3)に答えなさい。

［目的］

本みりんを蒸留して取り出された液体の「密度」を測定することで，エタノールが取り出されるようすを調べる。

［実験］

①　２ cm^3 の位置に，油性ペンでしるしをつけた試験管を６本用意した。

②　本みりん $30cm^3$ をはかり，枝付きフラスコに入れた。

③　ガスバーナーの炎を調節し，図１のように，本みりんを加熱した。

④　液体が，試験管に２ cm^3 たまったら，素早く次の試験管に交換した。

⑤　④の操作を繰り返した。

⑥　液体が，６本目の試験管に２ cm^3 たまったところで，ガスバーナーの火を消した。

⑦　図２のように，メスシリンダーを電子てんびんにのせ，電子てんびんの表示を０にした。

⑧　⑦のメスシリンダーに，それぞれの試験管に取り出された液体を入れ，質量と体積を測定した。

⑨　⑧で測定した液体の質量と体積から，それぞれ

図１

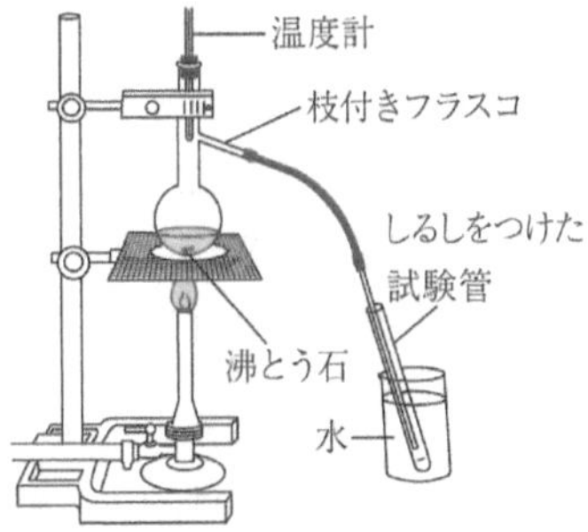

図２

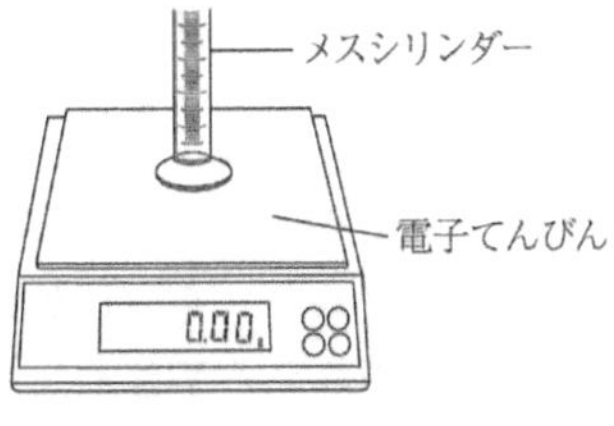

の試験管に取り出された液体の密度を小数第２位まで求めた。

⑩　⑧で測定した液体の質量と体積および⑨で求めた密度を，**表１**にまとめた。

表１

	１本目	２本目	３本目	４本目	５本目	６本目
質量〔g〕	1.68	1.74	1.78	1.92	1.99	2.02
体積〔cm^3〕	2.02	2.05	1.98	2.01	2.03	2.02
密度〔g/cm^3〕	0.83	0.85	0.90	0.96	0.98	1.00

(1)　本みりんの特有の甘みは，原料に含まれるデンプンなどが分解されることでつくられている。デンプンを分解する消化酵素を何というか。書きなさい。

(2)　Ｙさんは，本みりんの「煮切り」を，電子レンジで行う方法があることも知った。消費電力が1200Wの電子レンジで60秒間加熱する場合，消費する電力量は何Whか。求めなさい。

(3)　**図３**は，25℃における，エタノール水溶液の質量パーセント濃度と密度との関係を表したものである。Ｙさんは，**表１**と**図３**をもとに考察した。

図３

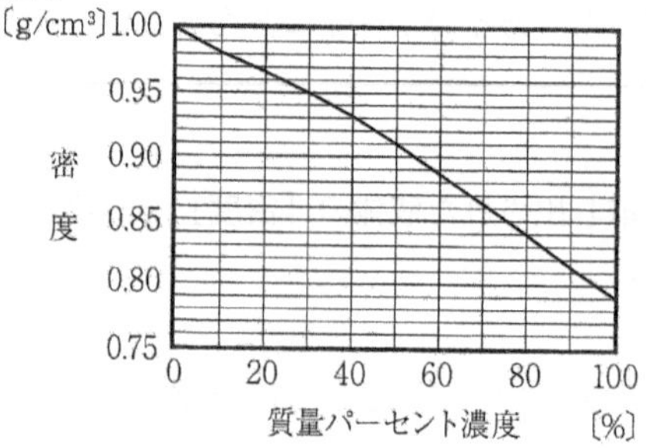

次のア，イに答えなさい。ただし，本みりんに含まれる物質は，水とエタノールのみとし，水とエタノールの密度は，それぞれ1.00 g/cm^3，0.79 g/cm^3とする。

ア　次の文が，**表１**と**図３**をもとにした考察となるように，(　)の中のａ～ｄの語句について，正しい組み合わせを，下の**１**～**４**から選び，記号で答えなさい。

> １本目に取り出された液体の密度が，0.79 g/cm^3より大きいことから，１本目に取り出された液体は，(ａ　純粋なエタノール　　ｂ　水とエタノールの混合物）であると考えられる。また，取り出された液体の密度が，本数を重ねるごとに，徐々に大きくなることから，含まれるエタノールの質量パーセント濃度は，徐々に（ｃ　大きく　ｄ　小さく）なることがわかる。

１　ａとｃ　　**２**　ａとｄ

３　ｂとｃ　　**４**　ｂとｄ

イ　実験を終えたＹさんは，Ｔ先生と，次のページの [ ] のような会話をした。Ｙさんの発言が，実験の結果と合うように，[あ]，[い] に入る適切な数字を書きなさい。

Yさん：　本みりんからエタノールが取り出されるようすや，取り出された液体の密度と質量パーセント濃度との関係を調べることができました。

T先生：　エタノール水溶液の質量パーセント濃度は，火を近づけたときのようすからも調べることができますよ。

例えば，今の実験室の室温で，取り出された液体に火を近づけたとき，液体が燃えたら，含まれているエタノールが50％以上であるといえます。

Yさん：　わかりました。では，50％以上であると考えられる，［　あ　］本目から［　い　］本目が燃えることを確かめてみます。

＜社会＞

時間　50分　　満点　50点

【注意】 1 から 4 は選択問題で，この中から３題を選んで解答しなさい。解答した選択問題の番号（１～４のいずれか）を，解答用紙の問題番号欄に記入しなさい。

1 ～ 4 は，選択問題です。

1 ≪選択問題≫

次の⑴～⑶に答えなさい。

⑴ 次の文は，高度経済成長期にみられたできごとについて説明したものである。文中の（ア）に適切な語をおぎない，文を完成させなさい。

> 経済が発展した一方で，企業の生産活動による大気汚染や水質汚濁などの（　ア　）が発生した。なかでも，イタイイタイ病，水俣病，四日市ぜんそく，新潟水俣病の患者らが起こした裁判は，四大（　ア　）裁判と呼ばれた。

⑵ 次の文は，情報化の進展について説明したものである。文中の（イ）にあてはまる語として最も適切なものを，下の１～４から選び，記号で答えなさい。

> コンピューターやインターネットなどの情報通信技術（ICT）の発達によって，情報化が進んだ。このような社会で生活していくためには，情報を正しく活用する能力である「情報（　イ　）」を身につけることが大切である。

１　リデュース　　２　リテラシー

３　アセスメント　　４　マニフェスト

⑶ 第二次世界大戦後に起こったできごととして正しいものを，次の１～４から一つ選び，記号で答えなさい。

１　ワイマール憲法がつくられた。

２　ポーツマス条約が結ばれた。

３　辛亥革命が起こった。

４　アジア・アフリカ会議が開かれた。

2 ≪選択問題≫

次の⑴～⑶に答えなさい。

⑴ ヨーロッパ連合（EU）が導入している共通の通貨は，多くの加盟国で自国の通貨にかえて使用されている。この共通の通貨を何というか。答えなさい。

⑵ 国際連合において，子どもの権利条約にもとづき，子どもがすこやかに育つ環境を確保するために活動する機関を何というか。次の１～４から一つ選び，記号で答えなさい。

１　UNHCR　　２　UNICEF　　３　WHO　　４　WTO

(3) 図Ⅰは，2019年における，政府開発援助（ODA）の総額に占めるおもな国の割合を示したものであり，図Ⅰ中の**A**～**D**は，アメリカ合衆国，イギリス，ドイツ，日本のいずれかである。**A**にあてはまる国を，次の1～4から一つ選び，記号で答えなさい。

1　アメリカ合衆国　　2　イギリス
3　ドイツ　　4　日本

図Ⅰ

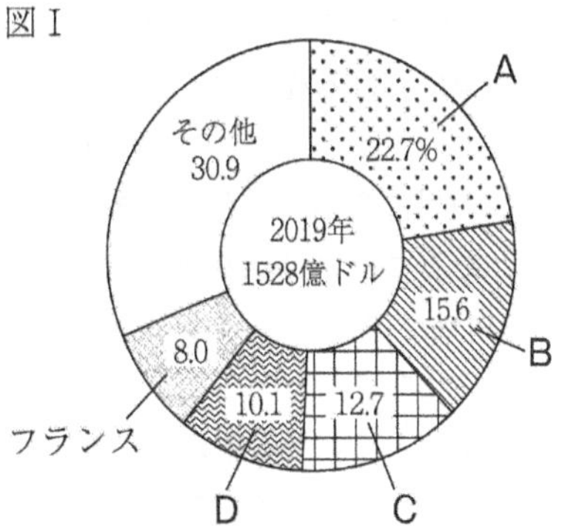

（世界国勢図会2020/21により作成）

3 ≪選択問題≫

次の(1)～(3)に答えなさい。

(1) 政党政治において，政権を担当する政党または政党の連合のことを，野党に対して何というか。答えなさい。

(2) 日本国憲法には，さまざまな人権が規定されている。しかし，社会の変化にともなって，日本国憲法に直接的には規定されていない権利が主張されるようになった。このような権利として最も適切なものを，次の1～4から選び，記号で答えなさい。

1　裁判を受ける権利　　2　団体行動権　　3　知る権利　　4　財産権

(3) 図Ⅰは，日本の三審制のもとで行われる，裁判の流れの一例を示したものである。図Ⅰ中の（a）～（c）にあてはまる語の組み合わせとして適切なものを，下の1～4から一つ選び，記号で答えなさい。

図Ⅰ

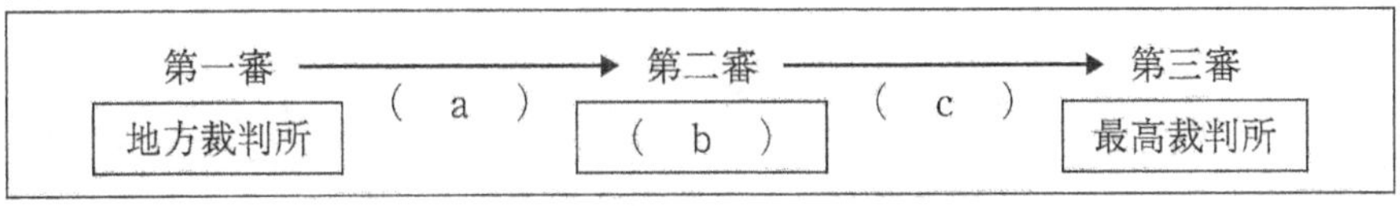

1　a－上告　b－家庭裁判所　c－控訴　　2　a－控訴　b－家庭裁判所　c－上告
3　a－上告　b－高等裁判所　c－控訴　　4　a－控訴　b－高等裁判所　c－上告

4 ≪選択問題≫

次の(1)～(3)に答えなさい。

(1) 図Ⅰは，経済の流れを大まかに示したものである。図Ⅰ中の**ア**には，家族や個人として経済活動を営む単位を表す語が入る。その語は何か。答えなさい。

図Ⅰ

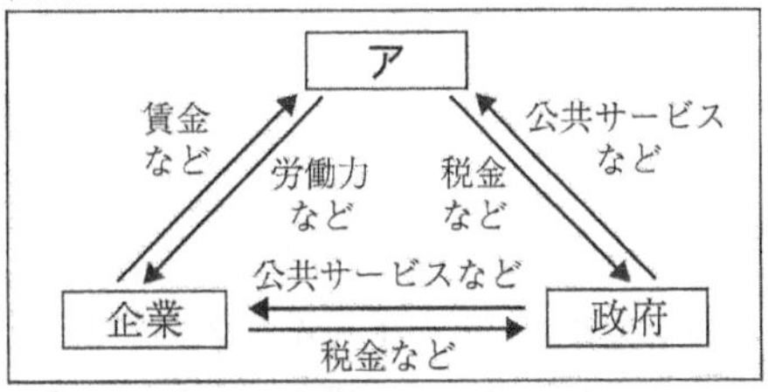

(2) 日本の税金のうち，直接税にあたるものを，次の1～4から一つ選び，記号で答えなさい。

1　消費税　　2　関税
3　ゴルフ場利用税　　4　所得税

(3) 図IIのA～Cのグラフは，日本の製造業における売上高，企業数，従業者総数のいずれかについて，中小企業と大企業の割合を示したものである。A～Cにあたるグラフの組み合わせとして正しいものを，次の1～4から一つ選び，記号で答えなさい。

図II

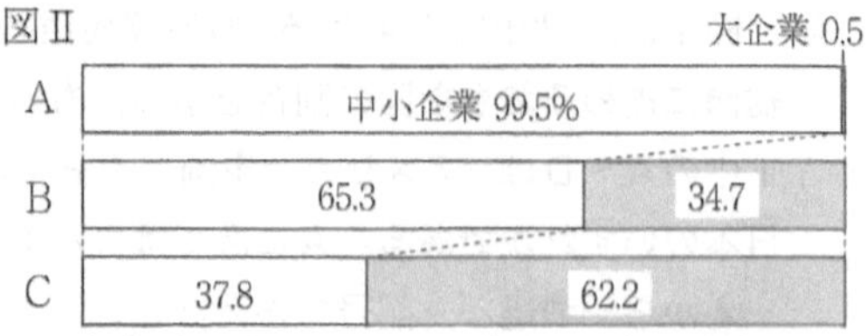

（注）売上高は2015年，企業数，従業者総数は2016年のものである。
（中小企業白書2020年版により作成）

1　A－従業者総数　B－企業数　C－売上高
2　A－従業者総数　B－売上高　C－企業数
3　A－企業数　B－従業者総数　C－売上高
4　A－企業数　B－売上高　C－従業者総数

5 ～ 8 は，共通問題です。すべての問題に解答しなさい。

5 社会科の授業でヨーロッパについて学習したTさんは，イギリスに興味をもち，調べた。図Iは，Tさんが使用した地図である。これについて，あとの(1)～(7)に答えなさい。

図I

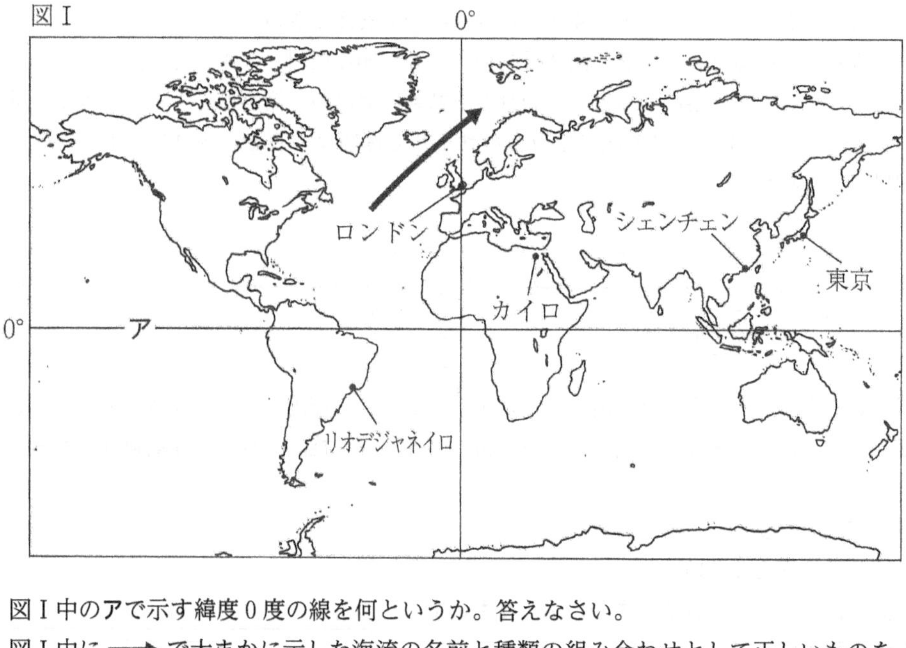

(1) 図I中のアで示す緯度0度の線を何というか。答えなさい。

(2) 図I中に ━➡ で大まかに示した海流の名前と種類の組み合わせとして正しいものを，次の1～4から一つ選び，記号で答えなさい。

1　北大西洋海流－寒流　　2　北大西洋海流－暖流
3　リマン海流－寒流　　4　リマン海流－暖流

(3) 次のページの1～4のグラフは，それぞれ図I中のリオデジャネイロ，ロンドン，カイロ，東京のいずれかの都市の雨温図である。このうち，ロンドンの雨温図にあてはまるものを一つ選び，記号で答えなさい。

1

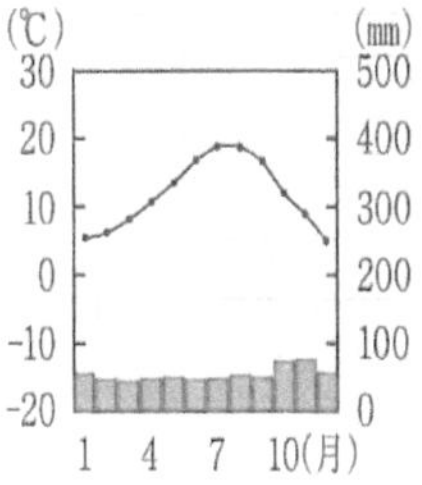

2

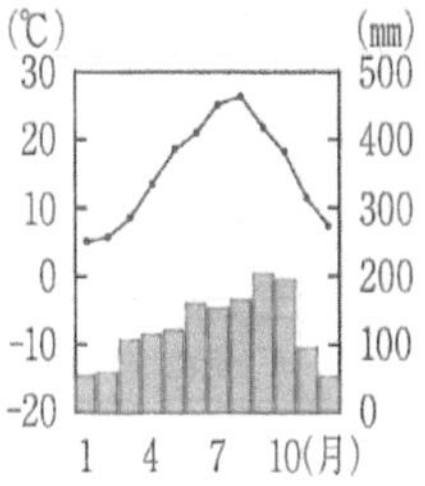

3

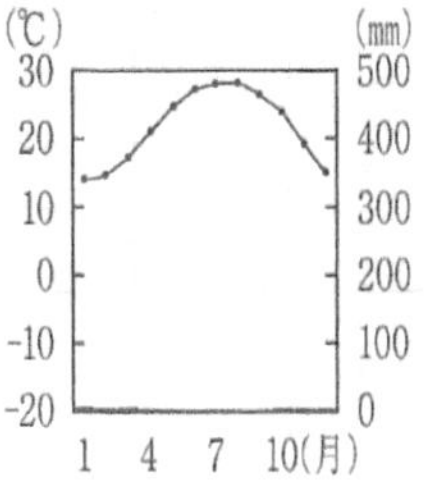

4

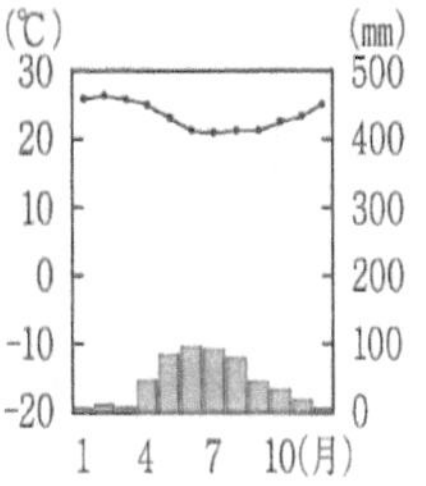

(理科年表令和２年度版により作成)

(4) 図Ⅰ中のリオデジャネイロの標準時の基準となる経線の経度は，西経45度である。リオデジャネイロと東京との時差は何時間か。答えなさい。ただし，サマータイム（夏の一定期間に，時刻を１時間早めること）は考えないものとする。

(5) 図Ⅰ中のシェンチェンは，イギリスの植民地であったホンコンに隣接する都市であり，1979年に中国で最初の経済特区が設けられた。中国がシェンチェンなどに経済特区を設けた理由を，「外国企業」という語を用いて説明しなさい。

(6) 図Ⅱは，ロンドンを中心とし，中心からの距離と方位が正しい地図である。この地図上で，ロンドンから東の方角に地球上を一周するとして，1番目と２番目に通過する大陸の組み合わせとして正しいものを，次の１～４から一つ選び，記号で答えなさい。

	1番目	2番目
1	アフリカ大陸	南極大陸
2	アフリカ大陸	オーストラリア大陸
3	ユーラシア大陸	南極大陸
4	ユーラシア大陸	オーストラリア大陸

図Ⅱ

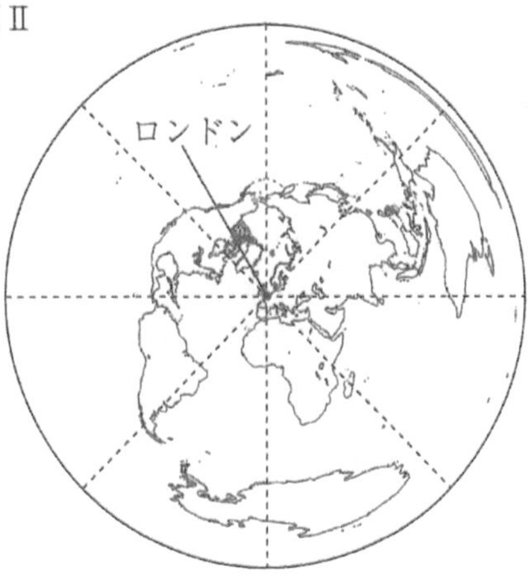

(注)　‥‥‥は，８方位を示している。

(7) Ｔさんは，図Ⅰ中のリオデジャネイロ，ロンドン，カイロ，シェンチェンの４つの都市の2010年から2030年までの人口と人口予測について調べ，次のページの表Ⅰを作成した。図Ⅲは，表Ⅰをもとに，４つの都市の2010年の値を100として，2020年と2030年の値をあらわしたグラフである。ロンドンの未完成の部分について，記入されているものにならって作成し，図Ⅲを完成させなさい。

表Ⅰ

都市＼年	2010年（十万人）	2020年（十万人）	2030年（十万人）
リオデジャネイロ	124	135	144
ロンドン	80	93	102
カイロ	169	209	255
シェンチェン	102	124	145

（注）2010年は推計人口で，2020年と2030年は将来推計人口である。

（世界国勢図会2020/21により作成）

図Ⅲ

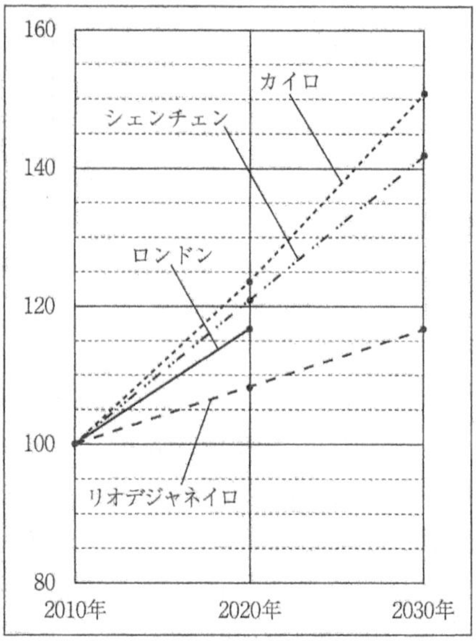

6　Hさんは，16世紀までの日本と外国とのかかわりについて調べ，まとめることにした。次は，その一部である。これについて，あとの(1)～(6)に答えなさい。

～中国とのかかわり～

7～9世紀

日本から遣唐使が派遣され，①唐の制度や文化が取り入れられました。

復元された遣唐使船

12世紀

平清盛は，②宋との貿易に力を入れ，瀬戸内海の航路や港を整備しました。

13世紀

元から二度にわたって元軍が襲来しました。③幕府軍は元軍との戦いに苦戦しながらも，これを退けました。

～ヨーロッパとのかかわり～

13世紀

マルコ・ポーロが，日本を「黄金の国ジパング」としてヨーロッパに紹介しました。

16世紀

- ○　④ポルトガル人やスペイン人が日本を訪れ，⑤南蛮貿易がはじまりました。
- ○　イエズス会の宣教師フランシスコ・ザビエルが，⑥キリスト教の布教をはじめました。

日本に来た南蛮船と南蛮人

⑴　下線部①について，次のア，イに答えなさい。

ア　710年，唐の都長安にならって奈良盆地につくられた都を何というか。答えなさい。

イ　Hさんは，唐の制度にならって定められた班田収授法と，それにもとづく税制についてまとめた。次は，その一部である。（ａ），（ｂ）に入る，適切な語を答えなさい。

・　班田収授法とは，６歳以上のすべての人々に（　ａ　）と呼ばれる土地が与えられた制度である。
・　この制度により，（　ａ　）を与えられた人々は，稲の収穫量の約３％を税として納めた。この税は（　ｂ　）と呼ばれた。

⑵　下線部②に関連して，表Ⅰは，宋から帰国した僧が開いた禅宗について示したものである。表Ⅰ中の（ｃ），（ｄ）にあてはよる人物の組み合わせとして正しいものを，次の１～４から一つ選び，記号で答えなさい。

表Ⅰ

日本で開いた教え	臨済宗	曹洞宗
開いた僧	（　ｃ　）	（　ｄ　）

１　ｃ－栄西　ｄ－親鸞《しんらん》

２　ｃ－栄西　ｄ－道元

３　ｃ－法然　ｄ－親鸞

４　ｃ－法然　ｄ－道元

⑶　下線部③について，資料Ⅰは，元軍と戦う幕府軍の武士が描かれた絵である。この戦いで幕府軍が元軍に苦戦した理由の一つを，資料Ⅰを参考に，それまで日本の武士の戦いではみられなかった武器に着目して，簡潔に説明しなさい。

資料Ⅰ

⑷　下線部④に関連して，図Ⅰは，15世紀末に，インドに到達したバスコ・ダ・ガマの航路を示した地図である。バスコ・ダ・ガマが，海路でインドをめざすことになったのはなぜか。当時のヨーロッパの人々が求めた品物と，陸路の貿易をにぎっていた勢力にふれて，説明しなさい。

図Ⅰ

⑸　下線部⑤について，南蛮貿易で，日本から最も多く輸出された品物として適切なものを，次の１～４から一つ選び，記号で答えなさい。

１　銀　　２　生糸　　３　米　　４　砂糖

(6) 下線部⑥に関連して，豊臣秀吉が，キリスト教の布教を禁止するために行った政策について述べた文として最も適切なものを，次の１～４から選び，記号で答えなさい。

1　平戸のオランダ商館を長崎の出島に移して，外国との交流を制限した。
2　日本人が海外へ渡ることや，海外に渡っていた日本人の帰国を禁止した。
3　長崎がイエズス会に寄進されたことを知り，キリスト教宣教師を国外に追放した。
4　キリスト教徒を発見するため，キリストの像などを踏ませる絵踏を行った。

7　Nさんは，山口県と同規模の人口の県があることを知り，山口県とそれらの県の特色について調べた。図Ⅰ中の　　　は，山口県とそれらの県を示したものである。これについて，あとの(1)～(7)に答えなさい。

図Ⅰ

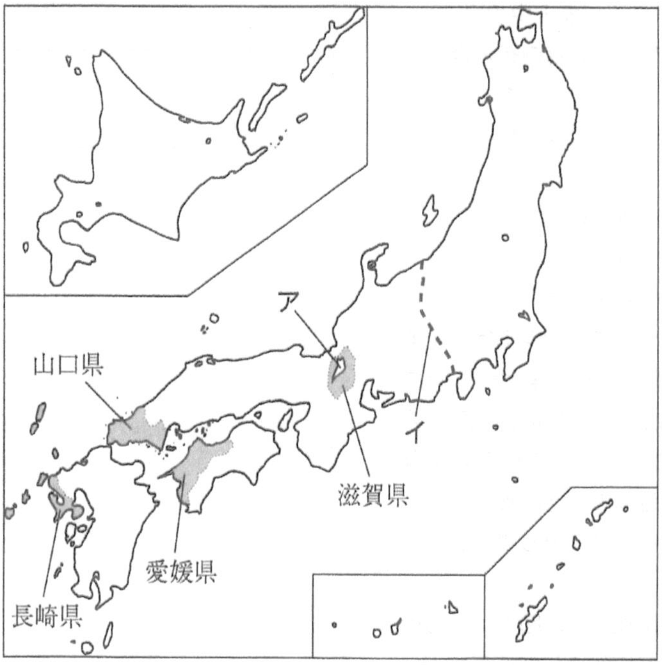

(1) 図Ⅰ中のアは，近畿地方に住む多くの人に水を供給する湖である。アの湖を何というか。答えなさい。

(2) 図Ⅰ中のイの線を西端とした，日本列島の地形を東西に分けている帯状の地域を何というか。答えなさい。

(3) 九州地方の一部や中国・四国地方の一部では，野菜などの生長を早めて出荷時期をずらす工夫をした栽培方法がよくみられる。このような栽培方法を何というか。答えなさい。

(4) 日本を７地方に区分したとき，近畿地方の範囲を示した地図として正しいものを，次のページの１～４から一つ選び，記号で答えなさい。

1　　　2　　　3　　　4

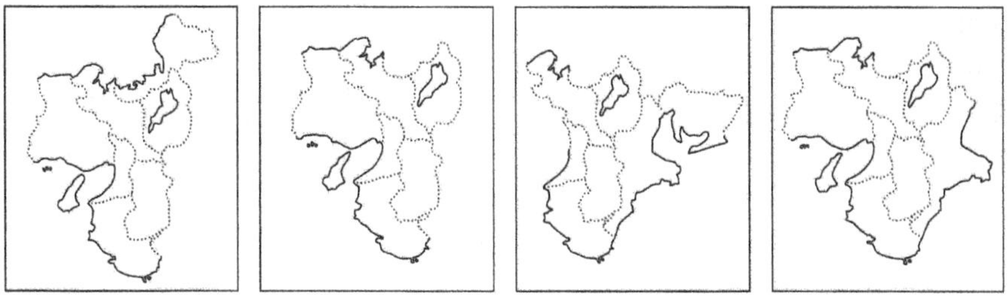

（注）……は，府境と県境を示している。

⑸　愛媛県などの瀬戸内地域が年間を通して降水量が少ない理由を，図Ⅱを参考にして，簡潔に説明しなさい。

図Ⅱ

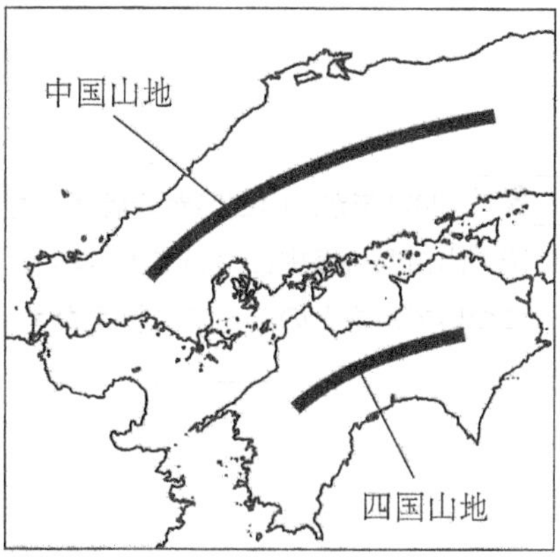

⑹　表Ⅰは，図Ⅰ中の　　で示した４つの県に関するデータをまとめたものである。山口県にあてはまるものを，表Ⅰ中の１～４から一つ選び，記号で答えなさい。

表Ⅰ　　（漁業生産量は2019年，それ以外は2017年）

県	農業産出額（億円）	おもな産出物		製造品出荷額（億円）	おもな製造品		漁業生産量（t）	海岸線距離（km）
		米	果実		化学	鉄鋼		
1	676	236	48	61,307	18,752	6,319	23,759	1,504
2	1,259	164	537	42,008	3,125	1,185	138,404	1,704
3	1,632	131	156	18,478	126	365	274,405	4,171
4	647	362	8	78,229	10,624	1,125	377	−

（データでみる県勢2020年版などにより作成）

⑺　Nさんは，長崎県の稲佐山山頂付近からの景色が観光資源となっていることに興味をもち，次のページの図Ⅲを用いて，稲佐山山頂付近の三角点と，長崎ロープウェイの「淵神社駅」付近の標高の差を調べた。図Ⅲ中の稲佐山山頂付近の三角点とA地点の標高の差として最も近いものを，次のページの１～４から選び，記号で答えなさい。

1　100m
2　200m
3　300m
4　400m

図Ⅲ

（国土地理院25,000分の１地形図による）

8　2021年が，山口県が設置されて150周年であることを知ったＲさんとＳさんは，江戸時代以降の山口県の歴史について調べ学習を行い，レポートを作成した。次は，その一部である。これについて，あとの(1)～(7)に答えなさい。

> **山口県の歴史**
>
> 江戸時代
>
> ①幕藩体制のもとで，毛利氏一族が治めていた。
>
> 19世紀になると，江戸幕府では②天保の改革が行われる一方，長州藩では財政改革が行われた。
>
> 改革に成功した長州藩などにより，江戸幕府は倒された。
>
> 明治時代
>
> 成立した③新政府は近代化を進め，1871年に廃藩置県を行い，山口県が設置された。
>
> 廃藩置県後，長州藩出身の木戸孝允と［ア］は，④岩倉使節団の一員として欧米を視察し，国力を充実させることが必要であると感じた。
>
> 帰国後，［ア］は初代の内閣総理大臣となり，大日本帝国憲法の制定に力をつくした。
>
> 憲法の発布後，1890年に行われた第１回⑤衆議院議員総選挙では，山口県から７人が当選した。
>
> 
>
> ［ア］の写真

(1)　下線部①について，Ｒさんは，江戸幕府による大名の区別について，次の資料Ⅰにまとめた。資料Ⅰ中の［a］～［c］にあてはまる語の組み合わせとして正しいものを，次のページの１～４

資料Ⅰ

> **大名の区別**
> ・［a］（徳川氏の親戚）
> ・［b］（関ヶ原の戦い以前から徳川氏に従った）
> ・［c］（関ヶ原の戦い以後に徳川氏に従った）

から一つ選び，記号で答えなさい。

1　a－親藩　b－外様　c－譜代

2　a－親藩　b－譜代　c－外様

3　a－譜代　b－外様　c－親藩

4　a－譜代　b－親藩　c－外様

⑵　下線部②で行われた政策について述べた文として正しいものを，次の１～４から一つ選び，記号で答えなさい。

1　株仲間をつくることを奨励し，干拓工事や，蝦夷地の調査を行った。

2　裁判の基準となる公事方御定書を定め，庶民の意見を聞く目安箱を設置した。

3　株仲間を解散させ，江戸に出ている農民を故郷の村に帰らせる政策を行った。

4　儒学を奨励し，極端な動物愛護を定めた生類憐みの令を出した。

⑶　下線部③に関連して，新政府は近代化を進めるなかで，１週間を７日，１年を365日とする暦を採用した。この暦を何というか。答えなさい。

⑷　レポート中 ア にあてはまる人物は誰か。答えなさい。

⑸　下線部④に関連して，次のア，イに答えなさい。

ア　岩倉使節団が視察した国のうち，プロイセンの首相ビスマルクのもとで統一された国を，次の１～４から一つ選び，記号で答えなさい。

1　イギリス　　2　イタリア　　3　フランス　　4　ドイツ

イ　岩倉使節団が欧米に派遣されたおもな目的を，新政府の外交課題に着目して，簡潔に説明しなさい。

⑹　下線部⑤に関連して，図Ⅰは，衆議院議員総選挙における日本の有権者数の推移を示したものである。図Ⅰを参考に，選挙権の納税額による制限が廃止された時期を読み取り，その時期の日本の社会のようすを表した文として最も適切なものを，次の１～４から選び，記号で答えなさい。

図Ⅰ

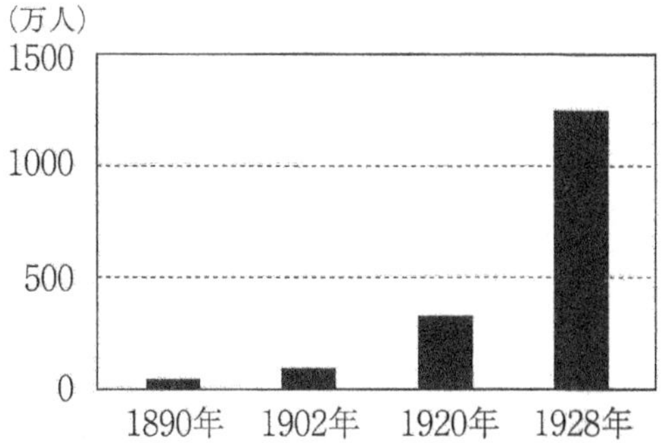

(日本の長期統計系列により作成)

1　文化の大衆化が進み，ラジオ放送がはじまった。

2　官営の八幡製鉄所が建設されるなど，重工業化がはじまった。

3　学制が公布され，全国各地に小学校がつくられた。

4　政府が米や砂糖などを，配給制や切符制にした。

(7) Sさんは，廃藩置県以降の都道府県の数について，黒板を使ってRさんに説明した。黒板に書かれた内容を参考に，Sさんの説明の イ に適切な語句をおぎない，文を完成させなさい。

黒板に書かれた内容

1871年 7月	3府302県
1871年12月	3府72県
1879年	3府36県
1888年	3府43県
1943年	1都2府43県
1946年	1都1道2府42県
1972年	1都1道2府43県

（数字でみる日本の100年により作成）

Sさんの説明

1972年に県の数が43になった理由は，アメリカ合衆国から日本に イ からです。

(一)　□ に入る内容として最も適切なものを次の1～4から選び、記号で答えなさい。

1　好きな作家がいること
2　周囲からの働きかけ
3　読者の自発的な行動
4　時間が十分にあること

(二)　**Bさん**の最後の発言を踏まえて、「読書の楽しさ」について、自身の経験を踏まえながら、次の注意に従って文章を書きなさい。

注意

○　氏名は書かずに、1行目から本文を書くこと。
○　原稿用紙の使い方に従って、8行以上12行以内で書くこと。
○　段落は、内容にふさわしく適切に設けること。
○　読み返して、いくらか付け加えたり削ったりしてもよい。

七 は、共通問題です。

【資料】

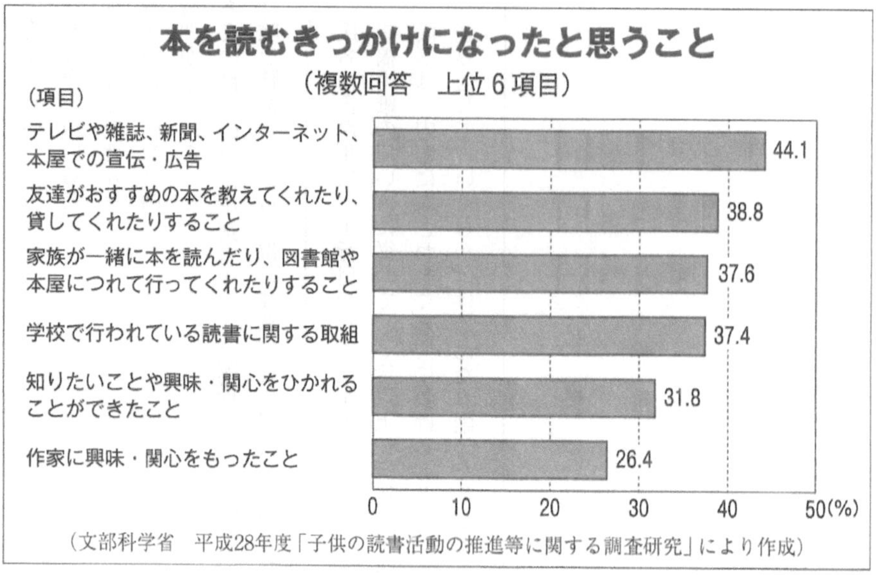

七　ある中学校の図書委員会では、読書活動の活性化のために「図書だより」で特集を組むこととした。次の会話は、その内容について話し合いを行ったときのものである。よく読んで、あとの㈠、㈡に答えなさい。

司会者　「図書だより」の特集の内容について考えるために、インターネットで参考になるものを調べていると、この【資料】を見つけました。これは、中学生にとって何が本を読むきっかけになっているかを調べたものです。

Aさん　普段本を読まない人には、読書のきっかけが必要ですから、この【資料】は役に立ちそうです。

Bさん　私もそう思います。これを見ると、きっかけとして一番高い割合になっている項目は、テレビなどのメディア上や本屋での宣伝や広告ですね。

Cさん　そうですね。また、上から二番目、三番目、四番目の項目を見てみると、共通しているのは□であるといえますね。このことを踏まえて、読書のきっかけになるような特集を考えてみませんか。

Aさん　それなら、「私のおすすめ」という特集を組んで、本を読むことが好きな生徒が、お気に入りの本を紹介するのはどうでしょう。【資料】からも、友達からの本の紹介が、きっかけとして効果的であることが分かります。

司会者　なるほど。では、次の特集テーマは「私のおすすめ」として、生徒による本の紹介文を掲載しましょう。この特集をきっかけに、読書活動を活性化させたいですね。

Bさん　そうですね。より多くの人に読書の楽しさを感じてもらえるといいですね。

3　不《ず》レ能《ハ》レ決《スルコト》　4　不《ず》能《ハ》レ決《スルコト》

(二)「乃ち周に如く」とあるが、田を取り合っていた虞と芮の国の領主が周の国を訪れた理由として最も適切なものを、次の1～4から選び、記号で答えなさい。

1　田の所有について西伯の考えを聞くため。
2　田を西伯に差し出したいと申し出るため。
3　田の問題の解決に困る西伯を助けるため。
4　田を周のものとした西伯に反論するため。

(三)「倶に其の田を譲りて取らず」とあるが、虞と芮の領主がそのようにしたのはなぜか。次の文がそれを説明したものとなるよう、［　　］に入る適切な内容を、十五字以内の現代語で答えなさい。

周の人々が［　　］姿を見て、国の領主である自分たちの行動を反省したから。

六　《選択問題》

次の文章は、ある中学校の生徒が公民館の職員に宛《あ》てて書いた、お礼状の下書きの一部である。よく読んで、あとの(一)～(三)に答えなさい。

拝啓　日差しもすっかり和らぎ、1野原の草花にも秋を感じる2季節となりましたが、いかがお過ごしでしょうか。

さて、3先日はお忙しいところ私たちのインタビューを受けていただき、ありがとうございました。4資料を用いて地域の歴史を分かりやすく教えてくださり、たいへん勉強になりました。

その中で特に心に残ったのが、特産品についての説明です。特産品には、地域の風土に合わせた、先人の知恵と技が生かされていることが分かり、感動しました。昔のことを見つめ直すことで、今まで知らなかった考え方や知識を得ることができました。［　　］

よろしければ、今度、私たちがまとめたレポートを持って公民館に行きますので見てください。どうぞよろしくお願いします。

(一)　文章中の〰〰部1～4のうち、和語に該当するものを一つ選び、記号で答えなさい。

(二)　［　　］に、直前の一文の内容を含む四字熟語を用いて表現するとき、最も適切なものを、次の1～4から選び、記号で答えなさい。

1　いつも未来をしっかり見つめ、自分の目標に向かって「日進月歩」の精神で成長していきたいと思います。
2　「一喜一憂」せずに取り組んだ先人のように、何事にも平常心を保って取り組んでいきたいと思います。
3　状況に応じて適切な行動をとることができるように、「臨機応変」な対応を心がけていきたいと思います。
4　「温故知新」という言葉があるように、これからも歴史から学ぶ姿勢を大切にしていきたいと思います。

(三)　「行きますので見て」について、ここで用いられているすべての動詞を、それぞれ適切な尊敬語または謙譲語に改めて、次の文の［　　］に入るよう、五字以上十五字以内で答えなさい。

よろしければ、今度、私たちがまとめたレポートを持って公民館に［　　］ください。

4　覚えた内容が不十分なままだと、それを他人に教えることはできるはずがない。

㈢　右の古文の中で芸の上達のために大切なことは何であると筆者は述べているか。「継続」という言葉を用いて、十五字以内の現代語で説明しなさい。

四　《選択問題》

次の古文は、故郷である都を離れ、二か月余り鎌倉に滞在している筆者が、渡り鳥を眺めて和歌を詠《よ》んだ場面である。よく読んで、あとの㈠～㈢に答えなさい。

聞《きき》なれし虫の音《ね》も漸《やうやう》よはり果て（次第に消え果てていき）、松吹《ふく》峰の嵐のみぞいとど（松を吹き下ろす山頂からの強い風だけが）はげしくなりまされる（ますますはげしくなっていく）。懐土の心（故郷を恋しく思う心）に催されて、つくづくと都の方をながめやる折しも（そのとき）、一行《ひとつら》の（一列に連なる）※雁《かり》がね雲にきえ行《ゆく》も哀《あはれ》なり。

帰るべき春をたのむの雁がねも（春には再び故郷に帰ることを頼みにして田の面の雁がねも）※啼《なき》てや旅の空に出《いで》にし（出たのであろうか）

（「東関紀行《とうかんきこう》」から）

（注）　※雁がね＝雁。渡り鳥の一種。　※啼＝「鳴」と同じ。

㈠　「たのむ」には、「頼む」と、「田の面《も》」のなまった「たのむ」の両方の意味が含まれている。このような和歌の修辞法（表現技法）を何というか。次の1～4から一つ選び、記号で答えなさい。

1　序詞　　2　枕詞　　3　掛詞　　4　係り結び

㈡　「聞なれし虫の音も漸よはり果て、松吹峰の嵐のみぞいとどはげしくなりまされる」とあるが、この部分で表現されていることとして最も適切なものを、次の1～4から選び、記号で答えなさい。

1　風が強まる春の始まり　　2　草木が生い茂る初夏
3　虫の音が響く秋の盛り　　4　寒くて厳しい冬の到来

㈢　「雁がね」に筆者は自分のどのような心情を重ねているか。次の文がそれを説明したものとなるよう、□に入る適切な内容を、十五字以内の現代語で答えなさい。

雁がねと同じように自分も故郷から遠い地にいるため、□としみじみ感じている

五　《選択問題》

次の漢文の書き下し文は、周の国の「西伯《せいはく》」と呼ばれていた人物が、虞《ぐ》や芮《ぜい》など、まわりの国々をまとめていたときの話である。「西伯」は人望があり、公平な判断ができる人物と言われていた。よく読んで、あとの㈠～㈢に答えなさい。

西伯徳を修め（いつくしみ深い政治を行い）、※諸侯之《これ》に帰《き》す（西伯に従っていた）。虞・芮田を争ひ（田を取り合って）決すること能《あた》はず（解決することができなかった）。乃《すなは》ち（そこで）周に如《ゆ》く。界に入りて（周の国に入って）耕す者を見るに、皆畔《あぜ》を（あぜ道を）遜《ゆづ》り（譲り）、民の俗皆長に譲る（人々はみな年長者を敬っていた）。二人※慙《は》ぢ、相（互いに）謂《い》ひて曰く、「吾が争ふ所は、周人（周の人）の恥づる所なり」と。乃ち西伯を見ずして還《かへ》り、倶《とも》に其《そ》の田を譲りて（譲り合って）取らず。

（「十八史略《じゅうはっしりゃく》」から）

（注）　※諸侯＝各国の領主。　※慙＝「恥」と同じ。

㈠　「決すること能はず」は「不能決」を書き下し文に改めたものである。書き下し文を参考にして「不《ず》能ハレ決スルコト」に返り点を補うとき、正しいものを次の1～4から一つ選び、記号で答えなさい。

1　不《ず》レ能ハ二決スルコト一　　2　不《ず》三能ハ二決スルコト一

五字以内で答えなさい。

絵画は□ものであるから。

(四) 「文字が成立する場」とあるが、それはどのような場合か。五十字以内で説明しなさい。

(五) X段落が文章中で果たしている役割の説明として最も適切なものを、次の1～4から選び、記号で答えなさい。

1 これまで述べてきた「文字」について内容を整理する事柄を示し、「絵画」との差異を改めて明確にしている。
2 これまで述べてきた「文字」について異なる視点からの説明を補足し、「絵画」との共通点を強調している。
3 これまで述べてきた「文字」と「絵画」の両方の性質をあわせもつ記号を示し、これまでの論を否定している。
4 これまで述べてきた「文字」と「絵画」について新たな具体例を挙げて対比し、問題提起を繰り返している。

(六) 「具体的な事物の特徴をうまくつかんだ文字」について、文章の内容を踏まえた「象形文字」の例として正しいものを、次の1～4から一つ選び、記号で答えなさい。

1 「中」という字は、あるものを一線で貫く様子を記号化して示すことで抽象的な「なか」という意味を表す。
2 「湖」という字は、「水」を表す「氵」と「コ」という音を表す「胡」から成り「みずうみ」という意味を表す。
3 「雨」という字は、雲から水滴が降ってきている様子を模式的に描いて示すことで「あめ」という意味を表す。
4 「計」という字は、「いう」を表す「言」と数の「十」を組み合わせることで「かぞえる」という意味を表す。

三～六は、選択問題です。

三 《選択問題》

次の古文は、日本の伝統芸能である「狂言」を学ぶときの心構えを説いたものである。よく読んで、あとの(一)～(三)に答えなさい。

昔人いふ。器用なる者は頼みて《(自分の器用さを)あてにして》必ず油断あり。不器用なる者は我身をかへりみ《気にかけ》、遅れじと嗜《たしな》むゆへ《遅れまいと励むので》追ひ越す。※学文もかくの如《ごと》く《このようである》と言へり。器用なる者は早合点《はやがてん》して《覚えたつもりになり》根を深く問はず、なほざりなり《いい加減である》。覚えねば問はぬに同じ。心に入《いり》よく覚えたる事も忘るるは常の習ひ、いかに賢く器用なりと覚えぬことはなるまじ《どれほど賢く器用だとしても覚えていないことはうまくいくはずがない》。不器用なる者の、退屈なく精を出《いだ》したるは※藝《げい》になづまず《行きなやまず》、後によくなる《少しずつ上達する》と言へり。

（「わらんべ草《ぐさ》」から）

（注）※学文＝学問。　※藝＝修練によって身についた技能。「芸」と同じ。

(一) 「かへりみ」を現代仮名遣いで書き直しなさい。

(二) 「覚えねば問はぬに同じ」の解釈として最も適切なものを、次の1～4から選び、記号で答えなさい。

1 物事を中途半端に覚えていると、信頼を失って質問をしてくる者がいなくなる。
2 物事をしっかりと覚えていないと、学んだことを深く追究することができない。
3 覚えたことはよく忘れてしまうので、たびたび疑問が生じることは仕方がない。

二 次の文章を読んで、あとの㈠～㈥に答えなさい。

文字の起源は絵画であると一般に信じられている。そしてその理解はおおむね正しい。山があれば、それを表す文字として人々は山の絵を描き、水が流れるさまを描いたものを、川を表す文字とした。

文字の萌芽《ほうが》期の段階では、世界の文字は非常によく似た形のものだった。しかし絵画はそのままでは文字になりえない。絵画として描かれる事物は、原則的に世界中でただそれ一つしか存在しない。だからこそ肖像画というジャンルが成立するのであり、ごく普通の絵画でも、たとえば渓流を泳ぐ魚の絵は、水槽に1カわれている金魚や、マーケットに売られている鯛《たい》を描いたものではないし、カゴに盛られたリンゴは画家の目の前（あるいは2ノウリ）にあるリンゴであって、果物屋の店頭に3ナラでいるそれではない。

それに対して文字では、指し示す実体に対する普遍性が要求される。「魚」という漢字は、正月の膳を飾った鯛というような特定の魚ではなく、世界中のあらゆる魚類を指し示すことができなければならない。[　]文字とは絵画として描かれる※フォルムに普遍性をあたえたものと定義できるだろう。

実際の例をあげる。ある人がこれから山登りに出かけるとする。その人が登ろうとする山は、富士山のように左右均等になだらかに広がった山かもしれないし、※槍ヶ岳《やりがたけ》のように頂上が鋭く尖《とが》っている山かもしれない。標高三千メートルを超える高い山かもしれないし、たかだか五百メートルくらいの、山よりむしろ丘と呼ぶべきものかもしれない。だからその人が登ろうとする山を絵に描くなら、富士山と槍ヶ岳とでは、あるいは高山と丘程度の低い山とでは描き方がちがって当然である。

しかしそれが山である限りは、地表から4隆起した土塊であることは確実で、そのことは山をかたどったフォルムで表現することができる。だから「山」というフォルムを見れば、だれでも山という事物を思い浮かべることが可能となる。そしてこの場合、「山」が示しているのは富士山などの特定の山ではなく、どの山でもかまわない。ここに文字が成立する場がある。

X 目に見える実体のある事物を表す文字を作ろうとして、事物のもっとも端的な特徴を抽出し、具体的かつ「絵画的」に描いたものを象形文字という。ただしこれはあくまで「絵画的」に描いたものであって、絵画そのものではない。なぜならばそこに呈示されるフォルムは、指し示す実体に対しての普遍性をもつものでなければならないからである。そして普遍性をあたえられるがゆえに、その描写は必ずしも写実的である必要はない。「山」という漢字で表される山の峰が、必ずしも三つあるとは限らない。

このように具体的な事物の特徴をうまくつかんだ文字を特に多く含んでいるのが、漢字である。

（阿辻哲次《あつじてつじ》「日本人のための漢字入門」から。一部省略がある）

（注）　※フォルム＝形。形状。　※槍ヶ岳＝長野県と岐阜県の境界にある山。

㈠ 文章中の～～部1～4について、片仮名は漢字に改め、漢字は読み仮名を書きなさい。

1 カわれ　2 ノウリ　3 ナラんで　4 隆起

㈡ [　] に入る語として最も適切なものを、次の1～4から選び、記号で答えなさい。

1 なぜなら　2 しかし　3 まして　4 つまり

㈢ 「絵画はそのままでは文字になりえない」とあるが、それは「絵画」がどのようなものであるからだと、筆者は述べているか。次の文がそれを説明したものとなるよう、[　] に入る適切な内容を、二十

「今日も暑くなりそうだな」

とうさんが、フキと油揚げのみそ汁をすすりながら、つぶやいた。

朝の食卓は、いつもと変わらない。

カッコウの声が聞こえる。

引っ越してから、朝、テレビを見なくなった。

山から届く音を聞きながら食べる朝ごはん。

つぐみも、早起きしていつもよりおなかがすいたのか、箸の動きが忙しい。

「あのさ、やっぱり、山梨の高校に行くことにした」

ぼくはとうさんとかあさんにむかっていった。

この青い空の下で、家族と生きていく。

開け放した扉のむこうで、アサガオの花が小さくゆれた。

（森島《もりしま》いずみ「ずっと見つめていた」から）

（注）※ピコ＝犬の名前。

㈠　次は、「放」という漢字を楷書《かいしょ》体で書いたものである。黒ぬりのところは何画めになるか。数字で答えなさい。

㈡　文章中の〰〰部1、2について、漢字は読み仮名を書き、片仮名は漢字に改めなさい。

1　鎮座　　2　スジ

㈢　「動か」と同じ活用形であるものを、次の1～4から一つ選び、記号で答えなさい。

1　参考として君の意見を聞きたい。

2　明日はサッカーの練習に行こう。

3　博物館には二十分問歩けば着く。

4　これから彼は友人に会うらしい。

㈣　「ぼくは、そっと、つぐみの横に座りなおした」とあるが、それはなぜか。文章の内容に即して説明しなさい。

㈤　「空は朱色と紫色のグラデーションに染まり、その色はしだいにあざやかに光をふくんでかがやきだす」とあるが、ここで表現されている色彩は、空以外のものを描いている部分でも表現を変えて用いられている。その空以外のものが描かれている部分を、文章中から六字で書き抜きなさい。

㈥　「そのとき、気づいたんだ」とあるが、「ぼく」はどのようなことに気づいたのか。次の文がそれを説明したものとなるよう、□に入る適切な内容を、四十字以内で答えなさい。

アサガオと同じように、□ということ。

㈦　「今日も暑くなりそうだな」以降の文章における表現の特徴について説明したものとして最も適切なものを、次の1～4から選び、記号で答えなさい。

1　動植物が擬音語や擬態語を用いて生き生きと表現され、それによって山里の自然の豊かさが強調されている。

2　対句表現や反復法が用いられることで文章にリズム感が生まれ、朝の活気ある忙しい様子が伝わってくる。

3　体言止めや簡潔な表現を用いて日常が描かれ、その中でふいに語られる主人公の決意が印象づけられている。

4　それまでの主人公の視点の語りから客観的な語りに変わることで、朝食の場面への転換が表現されている。

＜国語＞

時間 五〇分 満点 五〇点

【注意】 三 から 六 は選択問題で、この中から3題を選んで解答しなさい。解答した選択問題の番号（三～六のいずれか）を、解答用紙の問題番号欄に記入しなさい。

一、二 は、共通問題です。すべての問題に解答しなさい。

一 主人公の「越《えつ》」は、両親と妹（「つぐみ」）の四人で、「つぐみ」の療養のために東京から山梨の山里へ移住した。一家は最初、その地になじめず、中学生の「越」も東京の高校に進学しようかと悩んでいた。しかし、次第に人々との交流が始まり、「つぐみ」の健康も回復に向かっていた。次の文章は、夏の夜明け前、「越」が「つぐみ」に話しかける場面である。よく読んで、あとの㈠～㈦に答えなさい。

「何やってんだ？」

つぶやいて、ガラス越しによく見ると、つぐみの前にアサガオの鉢がある。ぼくはガラス戸を静かに引いて、外に出た。つぐみは濡《ぬ》れ縁《えん》にじっと座ったまま動かなかった。※ピコが少しシッポをふったけど、つぐみを気づかうように、すぐに伏せをした。

「おい。何してんだ」

ぼくが、小声でつぐみの耳元にささやきかけると、つぐみはぼくのほうをむかず、アサガオのつぼみをただじっと見つめている。

「アサガオが、咲くの。どんなふうに咲くのか、見てるんだよ」

ぼくは黙りこんだ。つぐみは、息もころしているみたいに、微動だにせず、アサガオのつぼみを見つめている。

ぼくはそのつぐみの横顔を、じっと見つめた。それは、ぼくにとっては長い長い時間だったけど、本当の時間にすれば、たったの三十秒ぐらいかもしれなかった。

そしてそれからもじっと動かずに、つぐみはひたすらアサガオのつぼみを見つめつづけた。

ぼくは、そっと、つぐみの横に座りなおした。

盆地のむこう側に1鎮座する大きな黒い富士山の頂の左側が、きらりと光り、その光がゆっくりと時間をかけて少しずつふくらんだ。

やがて、光はいくつもの2スジに分かれ、山肌を這《は》いながら人間たちの住む町へと下りていった。空は朱色と紫色のグラデーションに染まり、その色はしだいにあざやかに光をふくんでかがやきだす。

「寒くない？」と聞いた。

つぐみは、かすかに首を横にふった。目は何分も、きっと何十分も、アサガオのつぼみにむけられたまま。

飽きないのかな。ぼくは考えた。こんなに長いこと、小さなひとつの花のつぼみを見つめつづけるなんて、ぼくにはきっとできない。

そのとき、気づいたんだ。

つぐみの中で、時間はこんなふうに流れていたんだ、って。

ぼくの、弱くて小さかった妹は、しっかりと自分の時間の流れを持って生きてきたのか。

アサガオは咲いた。一時間以上かけて、人間の目ではとうていわからない速度で、ゆっくりと、そしてしっかりと咲いた。

朝焼け色の花だった。

2021年度

解 答 と 解 説

《2021年度の配点は解答用紙集に掲載してあります。》

＜数学解答＞

※4～7は選択問題

1 (1) 2 (2) -6 (3) $4a-8$ (4) $3b$ (5) $10x+9y$

2 (1) ＜ (2) エ (3) $y=\frac{6}{x}$ (4) 8cm

3 (1) 45cm (2) 解説参照

4 (1) $\frac{5}{7}$ (2) イ，ウ (3) $\frac{2}{5}$

5 (1) $\sqrt{14}$ (2) -4 (3) $\frac{1+\sqrt{13}}{2}$

6 (1) -5 (2) ア，エ (3) $y=\frac{2}{3}x^2$

7 (1) 4 (2) $\frac{8}{3}$ (3) 125°

8 (1) -1 (2) (式)$a+\frac{b}{2}=12$，$a=11$，$b=2$

9 (1) 右図 (2) 解説参照

10 (1) ウ (2) 33個(解は解説参照)

(3) $6.6\pi+21.8$cm

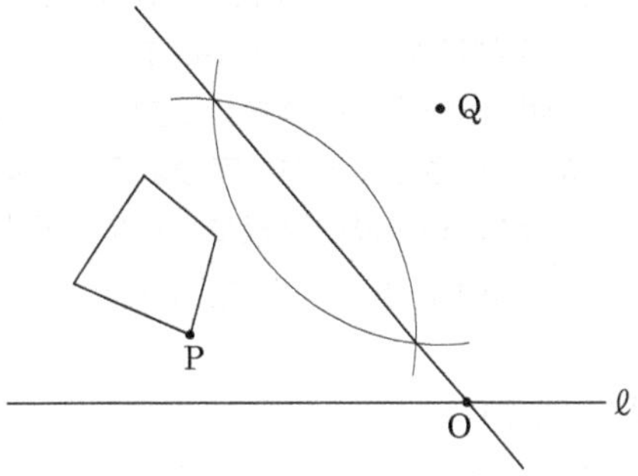

＜数学解説＞

1 (数・式の計算)

(1) 異符号の2数の和の符号は絶対値の大きい方の符号で，絶対値は2数の絶対値の大きい方から小さい方をひいた差だから，$-7+9=(-7)+(+9)=+(9-7)=2$

(2) 異符号の2数の積の符号は負で，絶対値は2数の絶対値の積だから，$\frac{15}{2}\times\left(-\frac{4}{5}\right)=-\left(\frac{15}{2}\times\frac{4}{5}\right)=-6$

(3) $10a-(6a+8)=10a-6a-8=(10-6)a-8=4a-8$

(4) $27ab^2\div9ab=\frac{27ab^2}{9ab}=\frac{27\times a\times b\times b}{9\times a\times b}=3b$

(5) 分配法則を使って，$3(2x-y)=3\times2x+3\times(-y)=6x-3y$，$4(x+3y)=4\times x+4\times3y=4x+12y$だから，$3(2x-y)+4(x+3y)=(6x-3y)+(4x+12y)=6x-3y+4x+12y=6x+4x-3y+12y=10x+9y$

2 (不等式，数の性質，比例関数，四角すいの高さ)

(1) 小数第1位を四捨五入すると40になる数をxとすると，xで40より小さい数は39.5以上の数であり，40より大きい数は40.5未満の数だから，xのとりうる値の範囲を不等号を使って表すと，$39.5\leqq x<40.5$である。

(2) 2つの整数m，nについて，$m+n$，$m-n$，$m\times n$の計算結果はいつも整数になるが，$m\div n$は，例えば，$6\div3=2$のように，mがnの倍数のときの計算結果は整数になるが，例えば，$4\div3=\frac{4}{3}$のように，mがnの倍数ではないときの計算結果は整数にならない。

(3)　**yはxに反比例する**から，xとyの関係は$y=\frac{a}{x}$と表せる。$x=3$のとき$y=2$だから，$2=\frac{a}{3}$　$a=2\times3=6$　xとyの関係は，$y=\frac{6}{x}$と表せる。

(4)　四角すいの高さを$h$cmとすると，(四角すいの体積)$=\frac{1}{3}\times$底面積$\times$高さより，$96=\frac{1}{3}\times6\times6\times h=12h$　$h=\frac{96}{12}=8$　四角すいの高さは，8cmである。

3　**(資料の散らばり・代表値)**

(1)　**度数分布表**の中で**度数**の最も多い**階級**の**階級値**が**最頻値**だから，度数が9人で最も多い40cm以上50cm未満の階級の階級値$\frac{40+50}{2}=45$(cm)が最頻値

(2)　(説明)　(例)60cm以上70cm未満の階級について，**相対度数**はA中学校が0.16，B中学校が0.12だから，生徒の割合はA中学校の方が大きい。　(補足説明)　問題の表3を完成させると右の表のようになる。これより，60cm以上70cm未満の階級について，相対度数はA中学校が$\frac{4}{25}=0.16$，B中学校が$\frac{9}{75}=0.12$である。

階級(cm)	度数(人)	
	A中学校	B中学校
以上　未満		
20 ～ 30	1	5
30 ～ 40	5	14
40 ～ 50	9	25
50 ～ 60	6	22
60 ～ 70	4	9
計	25	75

4　**(確率)**

(1)　一般に，ことがらAについて，**(Aの起こる確率)＋(Aの起こらない確率)＝1**　が成り立つ。したがって，くじを1回引くとき，(あたる確率)＋(あたらない確率)＝1より，(あたらない確率)＝1－(あたる確率)$=1-\frac{2}{7}=\frac{5}{7}$である。

(2)　1枚の硬貨を投げたとき，表が出る確率と裏が出る確率がいずれも$\frac{1}{2}$であるということは，この硬貨を多数回くり返し投げて，表が出る回数をa回，裏が出る回数をb回とするとき，$a=\frac{a+b}{2}$，$b=\frac{a+b}{2}$に近づくという意味をもっている。よって，投げる回数を増やしていくと，$\frac{a}{b}$の値は$\frac{a}{b}=a\div b=\frac{a+b}{2}\div\frac{a+b}{2}=1$に近づいていく。アの説明は正しくない。また，投げる回数を増やしていくと，$\frac{a}{a+b}$の値は$\frac{a}{a+b}=a\div(a+b)=\frac{a+b}{2}\times\frac{1}{a+b}=\frac{1}{2}$に近づいていく。イの説明は正しい。確率は「**あることがらの起こることが期待される程度を表す数**」だから，投げる回数が何回でも，すべて表が出る場合も考えられ，aの値が投げる回数と等しくなる確率は0ではない。ウの説明は正しい。また，投げる回数が偶数回のとき，bの値は必ず投げる回数の半分になるとはいえない。エの説明は正しくない。

(3)　袋の中から同時に3枚のカードを取り出すときの，すべての取り出し方の場合の数と，袋の中に残る2枚のカードを選ぶ，すべての選び方の場合の数は等しい。袋の中に残る2枚のカードの選び方は，(1，2)，(1，3)，(1，4)，(1，5)，(2，3)，(2，4)，(2，5)，(3，4)，(3，5)，(4，5)の10通り。5枚のカードに書かれた数の和は，$1+2+3+4+5=15$より，3の倍数であり，**3の倍数の数から3の倍数の数を引いた差は3の倍数**だから，取り出した3枚のカードに書かれた数の和が3の倍数となるのは，残った2枚のカードに書かれた数の和が3の倍数となるときで，～～を付けた4通り。よって，求める確率は，$\frac{4}{10}=\frac{2}{5}$　(補足説明)　3の倍数の数から3の倍数の数を引い

た差は3の倍数となることの証明　m，nを整数とすると，3の倍数である2つの数はそれぞれ，$3m$，$3n$と表される。これより，3の倍数の数から3の倍数の数を引いた差は，$3m-3n=3(m-n)$と表され，$m-n$は整数であるから，$3(m-n)$は3の倍数である。よって，3の倍数の数から3の倍数の数を引いた差は3の倍数となる。

5 (平方根，二次方程式)

(1)　**正の数aの平方根のうち，正の方を$\sqrt{a}$，負の方を$-\sqrt{a}$と表す**から，14の平方根のうち，正の数であるものは$\sqrt{14}$である。

(2)　xについての二次方程式$x^2-2x+a=0$…①　の解の1つが$1+\sqrt{5}$だから，①に$x=1+\sqrt{5}$を代入して，$(1+\sqrt{5})^2-2\times(1+\sqrt{5})+a=0$　$\{1^2+2\times1\times\sqrt{5}+(\sqrt{5})^2\}-(2+2\sqrt{5})+a=0$　$6+2\sqrt{5}-2-2\sqrt{5}+a=0$　$a=-4$

(3)　差が1である大小2つの正の数のうち，小さい方の数をxとすると，大きい方の数は$x+1$と表される。これらの2つの正の数の積が3であるとき，$x(x+1)=3$　$x^2+x-3=0$　**解の公式**より，$x=\frac{-1\pm\sqrt{1^2-4\times1\times(-3)}}{2\times1}=\frac{-1\pm\sqrt{1+12}}{2}=\frac{-1\pm\sqrt{13}}{2}$　xは正の数だから，$x=\frac{-1+\sqrt{13}}{2}$

よって，大きい方の数は，$\frac{-1+\sqrt{13}}{2}+1=\frac{1+\sqrt{13}}{2}$

6 (関数$y=ax^2$，関数とグラフ)

(1)　**関数$y=ax^2$で，aの絶対値が等しく，符号が反対である2つのグラフは，x軸について対称となる**から，関数$y=5x^2$のグラフと，x軸について対称なグラフとなる関数は$y=-5x^2$である。

(2)　$y=-\frac{3}{4}x^2$について，$x=2$のとき$y=-\frac{3}{4}\times2^2=-3$，$x=4$のとき$y=-\frac{3}{4}\times4^2=-12$，$x=6$のとき$y=-\frac{3}{4}\times6^2=-27$だから，$x$の値が2から4まで増加するときの**変化の割合**は$\frac{-12-(-3)}{4-2}=-\frac{9}{2}$，$x$の値が4から6まで増加するときの変化の割合は$\frac{-27-(-12)}{6-4}=-\frac{15}{2}$で，変化の割合は一定ではない。アの説明は正しい。$y=-\frac{3}{4}x^2$について，$x<0$の範囲では，$x$の値が増加するとき$y$の値は増加し，$x>0$の範囲では，$x$の値が増加するとき$y$の値は減少する。イの説明は正しくない。$y=-\frac{3}{4}x^2$について，$x=0$のとき$y=-\frac{3}{4}\times0^2=0$である。ウの説明は正しくない。**関数$y=ax^2$について，$a$の値の絶対値が大きいほど，グラフの開き方は小さい。**$\frac{3}{4}<1$であるから，関数$y=-\frac{3}{4}x^2$より，関数$y=-x^2$の方が，グラフの開き方は小さい。エの説明は正しい。

(3)　点Aは$y=-\frac{1}{2}x^2$上にあるから，そのy座標は$y=-\frac{1}{2}\times4^2=-8$　よって，A(4，−8)　直線AOの傾き$=\frac{-8-0}{4-0}=-2$　よって，直線AOの式は，$y=-2x$　点Bは直線AO上にあるから，そのy座標は，$y=-2\times(-3)=6$　よって，B(−3，6)　放物線②をグラフとする関数の式を$y=ax^2$とすると，$y=ax^2$は点Bを通るから，$6=a\times(-3)^2=9a$　$a=\frac{2}{3}$　よって，放物線②をグラフとする関数の式は，$y=\frac{2}{3}x^2$

7 (相似な図形，面積比，線分の長さ，角度)

(1)　**大きさの異なる円はすべて相似な関係にある**から，円O∽円O'であり，**相似比**は，(円Oの半径)：(円O'の半径)＝4：2＝2：1　**相似な図形では，面積比は相似比の2乗に等しい**から，円Oと円O'の面積比は，$2^2:1^2=4:1$である。

(2)　AC//DBより，**平行線と線分の比についての定理**を用いると，OA：AD＝OC：BC　AD＝

$\dfrac{\mathrm{OA}\times\mathrm{BC}}{\mathrm{OC}}=\dfrac{\mathrm{OA}\times2\mathrm{O'C}}{\mathrm{OO'}+\mathrm{O'C}}=\dfrac{\mathrm{OA}\times2\mathrm{O'C}}{\mathrm{OA}+\mathrm{O'C}}=\dfrac{4\times2\times2}{4+2}=\dfrac{8}{3}$

(3)　$\overset{\frown}{\mathrm{FG}}$に対する中心角と円周角の関係から，$\angle\mathrm{GOF}=2\angle\mathrm{GEF}=2\times55^\circ=110^\circ$　点Jを含まない方の$\overset{\frown}{\mathrm{HI}}$に対する中心角と円周角の関係から，$\angle\mathrm{HJI}=\dfrac{1}{2}\angle\mathrm{HOI}=\dfrac{1}{2}(360^\circ-\angle\mathrm{GOF})=\dfrac{1}{2}(360^\circ-110^\circ)=125^\circ$

8　(一次関数)

(1)　表中の□にあてはまる数をxとすると，この一次関数のグラフの傾きは，$\dfrac{x-8}{5-2}=\dfrac{x-8}{3}$　一次関数では，変化の割合は一定で，グラフの傾きに等しいから，$\dfrac{x-8}{3}=-3$　$x-8=-9$　$x=-1$

(2)　x軸上の点は，そのy座標の値が0だから，点Pのx座標は，$y=-x+a$に$y=0$を代入して，$0=-x+a$　$x=a$　よって，$\mathrm{P}(a,\ 0)$　同様にして，点Qのx座標は，$y=2x+b$に$y=0$を代入して，$0=2x+b$　$x=-\dfrac{b}{2}$　よって，$\mathrm{Q}\left(-\dfrac{b}{2},\ 0\right)$　$y=-x+a$の切片はaだから，$\mathrm{R}(0,\ a)$　同様にして，$y=2x+b$の切片はbだから，$\mathrm{S}(0,\ b)$　PQ=(点Pのx座標)−(点Qのx座標)$=a-\left(-\dfrac{b}{2}\right)=a+\dfrac{b}{2}$　これが12に等しいから，$a+\dfrac{b}{2}=12$…①　RS=(点Rのy座標)−(点Sのy座標)$=a-b$　これが9に等しいから，$a-b=9$…②　①の両辺を2倍して，$2a+b=24$…③　②+③より，$3a=33$　$a=11$　これを，②に代入して，$11-b=9$　$b=2$

9　(作図，合同の証明)

(1)　(着眼点)　回転移動では，対応する点は，回転の中心からの距離が等しいからPO=QO。2点P，Qからの距離が等しい点は，線分PQの垂直二等分線上にあるから，点Oは線分PQの垂直二等分線と直線ℓとの交点である。　(作図手順)　次の①～②の手順で作図する。　①　点P，Qをそれぞれ中心として，交わるように半径の等しい円を描く。　②　①でつくった交点を通る直線(線分PQの垂直二等分線)を引き，直線ℓとの交点をOとする。

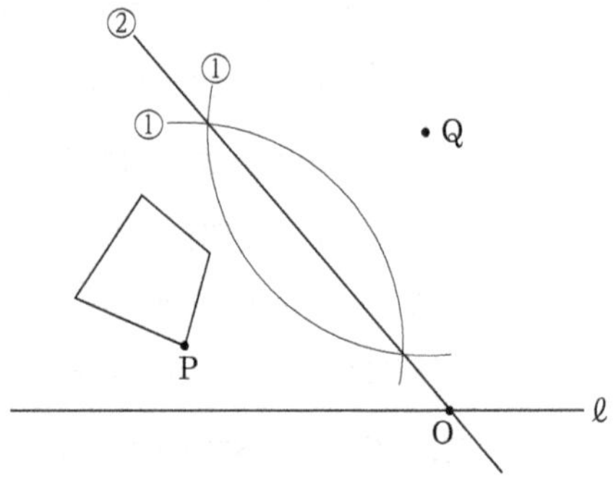

(2)　(証明)　(例)△FDAと△FGBで，対頂角は等しいので，∠AFD=∠BFG…①　△DBEは△ABCを回転移動したものなので，∠CAB=∠EDB　よって，∠FAB=∠FDG…②　DE//ABより，錯角は等しいので，∠FAB=∠FGD…③　∠FBA=∠FDG…④　②，③より，∠FDG=∠FGD　よって，△FGDは二等辺三角形だから，FD=FG…⑤　②，④より，∠FAB=∠FBA　よって，△FABは二等辺三角形だから，FA=FB…⑥　①，⑤，⑥より，2組の辺とその間の角がそれぞれ等しいので，△FDA≡△FGB

10　(比例関数，方程式の応用，線分の長さ)

(1)　横に並べる空き缶の個数をx個とする。並べる空き缶の個数の合計をy個とするとき，$y=20\times x=20x$だから，yはxに比例する。長方形ABCDの横の長さを$y$cmとするとき，$y=6.6\times x=6.6x$だから，yはxに比例する。長方形ABCDの4辺の長さの合計を$y$cmとするとき，$y=\{12.2\times20-0.3\times(20-1)+6.6\times x\}\times2=13.2x+476.6$だから，$y$は$x$の一次関数である。長方形ABCDの面積を$y\mathrm{cm}^2$とするとき，$y=\{12.2\times20-0.3\times(20-1)\}\times(6.6\times x)=1572.78x$だから，$y$は$x$に比例する。

(2)（解）（例）横の長さADが，縦の長さABより300cm長いので，$AB=6.6\times105-300=393$…① また，縦の長さABを，xを用いて表すと，$AB=12.2\times x-0.3\times(x-1)$…② ①，②より，$12.2\times x-0.3\times(x-1)=393$　$11.9x=392.7$　$x=33$　したがって，縦に並べる空き缶の個数は33個である。

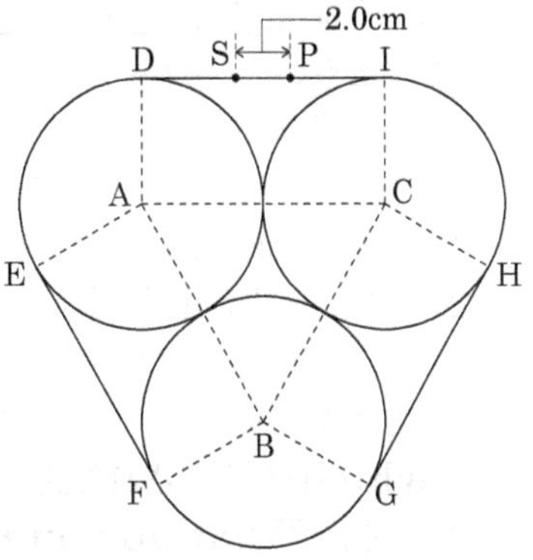

(3) 右図で，点A，B，Cは空き缶の底面の中心を表す。点D，E，F，G，H，Iは巻きつけた長方形の用紙と空き缶の側面との接点を表す。これより，△ABCはAB＝BC＝CA＝6.6cmの正三角形である。**接線と接点を通る半径は垂直に交わる**ことから，四角形DACI，四角形FBAE，四角形HCBGは合同な長方形である。また，おうぎ形ADE，おうぎ形BFG，おうぎ形CHIは半径が3.3cm，中心角が120°の合同なおうぎ形である。以上より，長方形の用紙PQRSの横の長さPSは
$PS=EF+GH+ID+\overset{\frown}{DE}+\overset{\frown}{FG}+\overset{\frown}{HI}+2.0=AB\times3+\overset{\frown}{DE}\times3+2.0=6.6\times3+2\pi\times3.3\times\frac{120^\circ}{360^\circ}\times3+2.0=6.6\pi+21.8$(cm)

＜英語解答＞

※2～5は選択問題

1　テスト1　No. 1　4　No. 2　2　No. 3　3　No. 4　1　テスト2　No. 1　2　No. 2　1　No. 3　2　No. 4　3　テスト3　(A)　afraid　(B)　other　(C)　friends　(D)　watch a short video

2　(1)　(A)　stronger　(2)　(B)　the banknotes people use in　(3)　(C)　2　(D)　4

3　(1)　(A)　been　(2)　(B)　a boy who couldn’t speak　(3)　(C)　4　(D)　1

4　(1)　(A)　oldest　(2)　(B)　when it was built　(3)　(C)　3　(D)　1

5　(1)　(A)　playing　(2)　(B)　long have you practiced　(3)　(C)　4　(D)　2

6　(1)　(A)　How many people are there　(2)　(B)　different　(3)　(C)　1　(4)　3，5

7　(1)　イ　(2)　(a)　3　(b)　2　(3)　①　chance　②　same　③　future

8　(1)　(A)　popular　(B)　window　(C)　weekend
(2)　(D)　Can we walk in the garden

＜英語解説＞

1　（リスニング）
放送台本の和訳は，55ページに掲載。

2　（対話文読解：語形変化・比較，語句の並べ換え・関係代名詞の省略，連語，分詞の形容詞用法）
（全訳）ベス：シン，これはオーストラリアの紙幣よ。特殊なプラスチックでできているの。

シン：特殊なプラスチック？
ベス：ええ。紙よりも(A)丈夫なので，長期間使用できるのよ。
シン：すごいね。
ベス：日本(B)で人々が使用する紙幣も特殊だと思うな。
シン：どういう(C)意味？
ベス：素晴らしい絵が入っているよね。例えば，紙幣に富士山の絵はとても美しいわ。
シン：わあ，それぞれの国で(D)使用される紙幣について学ぶことはおもしろいね。

(1) (A) strong(丈夫な)という形容詞の比較級，stronger。**直後のthan(〜よりも)がヒント。**

(2) (B) <I think that＋主語the banknotes＋動詞are…>「私は紙幣は…だと思う」が，この文の骨組みとなる部分。 <the banknotes ← people use in Japan>「紙幣←日本で人々が使う」のまとまりが，接続詞thatの後ろの主語の働き。**目的格の関係代名詞that[which]が省略された文。**

(3) (C) **What do you mean?**「どういう意味ですか？」 定型表現として覚えよう。
(D) <the banknotes ← used in each country>「紙幣←それぞれの国で使われる」**過去分詞(used)の形容詞的用法。**

3 (対話文読解：語形変化・現在完了，語句の並べ換え・関係代名詞，語句補充・前置詞，連語)

(全訳) 岡先生 ：エミリー，今日は一生懸命働きましたね。
エミリー：ありがとうございます。今朝から(A)ずっと忙しかったので疲れました。
岡先生 ：英語の授業で，君は英語が(B)あまり話せない男の子を見つけて，助けてあげていましたね。
エミリー：はい，彼(C)にとって英語で話すことは難しかったです。でも，私が手伝ってあげた後は，英語で話すことを楽しみだしました。彼が楽しそうだったのでうれしかったです。
岡先生 ：よかった。今日は楽しく過ごしましたか？
エミリー：はい！ (D)ベストを尽くせたと思います！

(1) (A) since(〜以来)を目印として，**現在完了<have＋過去分詞been>の形にする。**

(2) (B) <a boy ← who couldn't speak…>「男の子 ← …を話すことができなかった」**主格の関係代名詞who。<先行詞＋who＋助動詞[動詞]>の語順。**

(3) (C) **<形式主語It is 〜 for(人) to 動詞の原形…>「(人)にとって…することは〜だ」**
(D) **連語<do one's best>「ベストを尽くす」**

4 (対話文読解：語形変化・最上級，語句の並べ換え・間接疑問文，語句補充・不定詞，受け身)

(全訳) ナオコ ：シンディー，あれを見て。この町で(A)一番古い家だよ。
シンディー：歴史を感じるわね。(B)それはいつ建てられたのか分かる？
ナオコ ：およそ200年前よ。
シンディー：わあ！ 今，あの家には(C)だれかが住んでいるの？
ナオコ ：いいえ。でもかつて，山田さんがそこに住んでいたわ。
シンディー：山田さんというのはだれなの？
ナオコ ：彼はこの町で生まれて，その後，立派な医者(D)として知られたのよ。たくさんの人の命を救ったの。
シンディー：なるほど。その人についてもっと知りたいな。

(1) (A) 形容詞old(古い)の最上級。直前のthe，後ろのin(〜の中で)がヒント。

(2) (B) **間接疑問文。<Do you know / 疑問詞when＋主語it＋be動詞was＋過去分詞 built?>「あなたは知っていますか / それがいつ建てられたかを」という語順。** 疑問詞の後ろは＜主語＋動詞の語順＞になることに注意。動詞部分は，**<be動詞＋過去分詞>「～される[された]」という形の受け身形。**

(3) (C) **分詞の形容詞的用法。<anyone ← living in the house now>「だれか←今その家に住んでいる」という語順。** 現在分詞living（住んでいる）が直前の名詞anyone（だれか）を修飾。 (D) **<be known as ～>「～として知られている」**という意味の，受け身形の連語表現。

5 (対話文読解：語形変化・動名詞，語句の並べ換え・現在完了形，語句補充・不定詞)

(全訳) ポール：私のためにギターを(A)弾いてくれてありがとう，テツ。素晴らしかったよ。(B)どのくらいの期間練習をしてきたの？

テツ　：10年間だよ。母がギターの先生なんだ。

ポール：君はラッキーだね！　君のように私もギターを弾きたいな。ギターの(C)弾き方を私に教えてくれることは可能かな？

テツ　：いいよ。一緒に練習しよう！　今週の土曜日に我が家においでよ。母にも私たちに加わるよう(D)頼んでみるよ。

ポール：それはいいね！　ありがとう。

(1) (A) **<Thank you for＋～ing>「～してくれてありがとう」。前置詞(for)の後ろは動名詞(～ing)**

(2) (B) <How long have you＋過去分詞…>「あなたはどれくらいのあいだ～してきたのか？」。**疑問詞how long（どれくらい）を用いた現在完了形<have＋過去分詞>，継続用法「(ずっと)～している」。**

(3) (C) **<teach＋(人)＋how to＋動詞の原形…>「(人)に…する方法を教える」**

(D) **<ask＋(人)to＋動詞の原形…>「(人)に…するようにたのむ」**

6 (対話文読解：語句補充・記述，語句の解釈・指示語，図・表などを用いた問題)

(全訳) ユイ：こんにちは，トム。あなたはアメリカから来る家族と訪れるといい場所を知りたがっていたわよね？　良い場所を見つけたわ。

トム：ほんとう？　それはどこ？　そのことについて教えて。

ユイ：いいわよ。これを見て。この町の農園のいちご狩りについてよ。

トム：おもしろそうだね！　私たちみんなでとても楽しめると思うな。でも値段は高いの？

ユイ：私はそうは思わないわ。あなたの家族は(A)何人いるの？

トム：4人だよ。父，母，妹，そして私だよ。

ユイ：あなたの妹さんは何歳？　料金は，大人と子どもでは(B)違うのよ。

トム：あ，そうなんだ。彼女は9歳だから，子ども料金で楽しめるよね。そうか，料金は月によっても(B)違うんだよね？

ユイ：そうよ。彼らはいつ来られるの？

トム：3月29日に着いて，1週間ここに滞在する予定だよ。

ユイ：なるほど。じゃあ，もっと料金が安くするのに，2，3日待つといいわよ。

トム：(C)その通りだね。そうするよ。

ユイ：当日，楽しんでね！

【広告チラシ】

＊＊＊＊いちご農園での
いちご狩り

1時間いちご狩りをして，食べることができます。

火曜日から日曜日，午前10時から午後5時まで営業しております。

料金

	12月－3月	4月－5月
大人	1,600円	1,300円
子ども(5－12歳)	1,300円	1,000円

下記もご利用ください

いちご1パック	400円
ストロベリーアイスクリーム	250円
ストロベリーアイスクリーム作り体験	800円
ストロベリージャム作り体験	1,500円

事前に予約を入れてください。

080－***-****へ電話をするか，*********@****.jpへメールをお送りください。

★メールでご予約された場合，ストロベリーアイスクリームと交換できるチケットを差し上げます！

(1)　(A)　直後のトムの返答につながる質問文を考える。**＜How many＋名詞の複数形people＋疑問文の語順are there …？＞**「…何人いますか？」

(2)　(B)　形容詞 different「違った」

(3)　(C)　1「トムの家族は4月に農園を訪れたほうがいい」 下線部は，直前のユイの発言を指す。【広告チラシ】の料金欄を参照。4月は3月よりも料金が安くなる。

(4)　1　いちご狩りをしているあいだ，いちごを食べることはできない。(×)　2　毎日8時間，いちご狩りをやってみることができる。(×)　3　いちごを使ってジャム作りを楽しめる。(○)　上記【広告チラシ】の訳を参照。　4　1,000円あれば，3パックのいちごを買える。(×)
5　農園は，予約をしてから訪れるように言っている。(○)　上記【広告チラシ】の訳を参照。
6　農園に電話をするなら，1パックのいちごがもらえる。(×)

7　(長文読解・物語文：文の挿入，英問英答，メモ・手紙・要約文などを用いた問題)

(全訳)　夏のある日，ミサトは祖母の家をナンシーと訪れた。ミサトは，「夏と言えば，私は浴衣を着るのが好き。浴衣について知ってる？」と言った。ナンシーは，「うん。浴衣は日本の伝統的な衣服でしょ？　私は以前，着物を着たことがあるけど，浴衣を着たことはないわ。いつか浴衣を着てみたい」と言った。ミサトは，「そうだ，いい考えがある！」と言った。

そのとき，ミサトの祖母であるヤスコが，彼女たちにお茶を持ってきた。ミサトは彼女に，「ナンシーは浴衣を着たいと思っているの。手伝ってもらえる？　私も浴衣を着るつもり。そして一緒に花火を楽しむ予定なの。イ　それは彼女にとっていい経験になると思うわ」と言った。ヤスコは，「それはいい考えね。ナンシー，あなたは浴衣を着るのは初めてなの？」と言った。ナンシーは，「はい。私は長い間，浴衣を着たいと思ってきました」と言った。

お茶を飲んだ後，ヤスコは彼女たちにいくつかの浴衣を見せた。様々な色や模様があったので，ナンシーは驚いた。彼女は，「この浴衣の赤い花が気に入ったわ。とってもかわいい」と言った。ミサトは，「それを着てみたらどう？　今は私の浴衣だけど，母が若いころに着ていたものでもあるのよ。祖母がそれを作ったの」と言った。ナンシーは,「わあ！　長い間それを保管してきたのね」と言った。

ヤスコはナンシーがその浴衣を着るのを手伝った。ナンシーはうれしそうだった。ヤスコは,「あなたがこの浴衣を着てくれて私はうれしいわ。浴衣はただの衣服ではないと私は思うの。それを次の世代に伝えることができるから。それを着ると，人はその伝統を感じることができるわ。」と言った。ナンシーは,「同感です。私もそれが理解できると思います。このような機会を持てたことがうれしいです」と言った。ヤスコとミサトは微笑んだ。

その晩，彼女たちはみんなで浴衣を着て，庭で小さな花火大会を楽しんだ。ヤスコは,「あなたにとってこれがいい思い出になってくれればと思っているわ」と言った。ナンシーは,「私は今日，あなたから多くのことを学びました。次の世代に何かを渡すというのは素敵ですね。私は自分の国でそれを探してみたいと思います」と言った。ミサトとナンシーはヤスコを見て，そしてみんなでにっこりと笑った。ヤスコはうれしそうな表情をしていた。

(1)　上記全訳を参照。

(2)　(a)　質問：「ナンシーは，ヤスコが自分に浴衣を見せてくれた時どう感じたか？」　3　彼女は，様々な色や模様を見て驚いた。第3段落2文目を参照。　(b)　質問：「なぜヤスコは，浴衣はただの衣服ではないと思ったのか」　2　なぜならそれを着ることによって，人は伝統を感じることができるから。第4段落4，5文目を参照。

(3)　(手紙全訳)　浴衣を着る①機会があってうれしかったわ。初めてだった！　あなたとあなたのお母さんが以前，②同じ浴衣を着たのよね？　何かを次の世代に伝えるというのは素敵なことだと思うわ。

私が家に帰って来たら，母が私にトマトスープを作ってくれたの。それは祖母から母へと伝えられたものよ！　③将来私に子どもができたら，母のように自分の子どもにそのスープを作ってあげるつもりよ。

①～③　上記，手紙全訳を参照。

8　(条件英作文)

(【原稿】全訳)　こんにちは，みなさん。市立美術館を私はお勧めします。

私はそこにある日本庭園がお気に入りです。そこは来館者に(A)人気があります。売店近くのソファに座ると，(B)窓越しにそれが見えます。とても美しいです。

午後には，小さなコンサートを楽しむこともできます。毎(C)週末に，それは開かれます。音楽を聞いて，素敵な時間が過ごせます。

私は皆さんに，そこにある絵画，庭園，そして音楽をいつか楽しんでほしいです。(D)もし質問があれば，私に尋ねてください。ありがとうございました。

(1)　(A)～(C)　本文の【メモ】，および上記の，【原稿】全訳を参照。

(2)　(D)　(解答例訳)　「私たちは庭園のなかを歩くことができますか？」

2021年度英語　放送を聞いて答える問題

〔放送台本〕

ただ今から，英語の学力検査を行います。問題用紙の中に挟んである解答用紙を取り出しなさい。はじめに，放送によるリスニングテストを行います。聞きながらメモをとっても構いません。

それでは，テスト1から始めます。テスト1の問題を読みなさい。

対話はNo. 1からNo. 4まで4つあり，それぞれの対話のあとに問いが続きます。なお，対話と問いは2回ずつくり返します。それでは，問題に入ります。

No. 1 *A:* Alex, what's your favorite subject?
B: I like math very much. How about you, Sakura?
A: I like music. Singing songs is fun.
Question: What is Alex's favorite subject?

No. 2 *A:* Hi, Haruka. You are walking a cute dog.
B: Thanks, Pat. But this dog is not mine. My uncle lives near my house, and sometimes I walk his dog.
A: Oh, I see.
Question: Whose dog is Haruka walking?

No. 3 *A:* Shota, you're a good tennis player! Do you often practice tennis?
B: Yes! I practice it on Monday, Tuesday, Thursday and Saturday every week.
A: Wow, you practice it well.
Question: How many days does Shota practice tennis every week?

No. 4 *A:* When is your birthday, Yumi?
B: It's December 2. Could you tell me your birthday, Mr. Smith?
A: Well, my birthday is the first day of the year! So I can eat a birthday cake on New Year's Day!
Question: When is Mr. Smith's birthday?

〔英文の訳〕

No. 1 A：アレックス，あなたの好きな科目は何？
B：数学が大好き。君はどう，サクラ？
A：私は音楽が好き。歌を歌うのは楽しいわ。
質問：アレックスの好きな科目は何ですか？
答え：4　数学です。

No. 2 A：やあ，ハルカ。かわいい犬を散歩させているんだね。
B：ありがとう，パット。でもこの犬は私のじゃないの。おじが私の家の近くに住んでいて，彼の犬を時々散歩させているの。
A：ああ，そうなんだ。
質問：ハルカはだれの犬を散歩させていますか？
答え：2　彼女のおじさんの犬です。

No. 3 A：ショウタ，あなたはテニスが上手ね！　よく練習するの？
B：うん！　毎週，月，火，木，土に練習するよ。
A：わあ，よく練習しているんだね。
質問：毎週何日ショウタはテニスを練習していますか？
答え：3　4日です。

No. 4 A：誕生日はいつ，ユミ？
B：12月2日です。あなたの誕生日はいつですか，スミス先生。

A：えーと，1年の最初の日だよ！　だからお正月にバースデーケーキを食べられるんだ。
質問：スミス先生の誕生日はいつですか？
答え：1　1月1日です。

〔放送台本〕

次に，テスト2に移ります。テスト2の問題を読みなさい。今から，対話を2回ずつくり返します。では，始めます。

No. 1　*A:* Kazuo, look at this chocolate cake. I made it yesterday.
B: Oh, it looks nice. Can I try it?
A: Yes. Here you are.

No. 2　*A:* May I help you? Are you looking for a bag?
B: Yes, I like this bag, but do you have a brown one?
A: Sorry. We don't have that color right now.

No. 3　*A:* John, dinner is ready.
B: Can you wait for a few minutes, Mom? I want to finish my homework.
A: No problem. Please do it first. Then you can enjoy your dinner.

No. 4　*A:* Excuse me. I'd like to go to the library. Can I go there by train?
B: Well, you can go there by train. But you have to walk for about 20 minutes from the station.
A: Oh, really? Are there any good ways to get there?

〔英文の訳〕

No. 1　A：カズオ，このチョコレートケーキを見て。私が昨日作ったの。
B：わあ，おいしそうだね。食べてもいい？
A：ええ。どうぞ。
答え：2　どうもありがとう。

No. 2　A：いらっしゃいませ。バッグをお探しですか？
B：はい，このバッグが気にったのですが，茶色はありますか？
A：すみません。ただ今，その色のはありません。
答え：1　では，別の色はありますか？

No. 3　A：ジョン，夕食ができたわよ。
B：少し待ってもらえる，ママ？　宿題を終わらせたいんだ。
A：いいわよ。終えてしまって。それから夕食を楽しんで。
答え：2　分かった。すぐに終わると思う。

No. 4　A：すみません。図書館に行きたいのですが。電車でそこへ行けますか？
B：えーと，電車で行けますよ。でも，駅から20分歩かなくてはいけません。
A：え，本当ですか？　そこへ行く良い方法がありますか？
答え：3　えーと，そこでバスに乗れます。

〔放送台本〕

次に，テスト3に移ります。テスト3の問題と，問題の下にある【メモ】を読みなさい。今から，

Wilson先生の話を2回くり返します。では，始めます。

Hi, everyone. Welcome to our high school. I'm Mike Wilson. Today, you'll join our English class. Now, I'll tell you two important things for the class.

First, don't be afraid of speaking English. You don't have to speak perfect English. The most important thing is to enjoy the communication. Second, try to talk with a lot of students. Today, students around you come from other junior high schools. I know it's not easy to talk to them. But it's a good chance to make new friends.

After the class, I'll show you a short video. It's about the events like the school festival at this school. I hope you'll be interested in them. Now let's start the class!

以上で，リスニングテストを終わります。

〔英文の訳〕

こんにちは，みなさん。私たちの高校へようこそ。私はマイク・ウィルソンです。今日，あなたたちはこの英語の授業に参加します。今から，授業で大事な2つのことを話します。

1つ目に，英語を話すのを恐れないでください。パーフェクトな英語を話す必要はありません。一番大切なのはコミュニケーションを楽しむことです。2つ目に，多くの生徒と話すようにしてください。今日，あなたのまわりの生徒は他の中学校から来ています。彼らと話すのが簡単ではないことはわかります。でも，新しい友人を作るいいチャンスです。

授業の後，皆さんにショートビデオを見せます。この学校の学校祭に似たイベントに関してのものです。興味を持ってくれればと思います。では，授業を始めましょう！

〔メモの英文訳〕

今日の授業について

1　私たちは英語を話すことを(A)恐れるべきではない。

2　私たちは(B)他の中学校から来た生徒と話すべき。新しい(C)友人を作れる。

授業後

私たちは(D)ショートビデオを見る予定。それはこの学校のイベントについて。

<理科解答>

※1～4は選択問題

1　(1)　化学電池　(2)　1　(3)　3

2　(1)　太陽系　(2)　A　(3)　2

3　(1)　直流　(2)　3　(3)　4

4　(1)　DNA　(2)　2　(3)　1

5　(1)　2　(2)　4　(3)　5　(4)　画用紙と虫めがねの距離が焦点距離より近いため，虫めがねを通った光は広がり，実像ができないから。

6　(1)　還元　(2)　試験管A内に空気中の酸素が入るのを防ぐため。
(3)　ア　4　イ　1

7　(1)　2　(2)　示相化石　(3)　傾斜がゆるやかな形の火山ができるマグマと比べて，

マグマのねばりけが大きいから。 (4) れきや砂は，泥よりも粒が大きいため，早く沈むから。

8 (1) やく (2) 双子葉類は輪のように並んでいるが，単子葉類は茎全体に散らばっている。

(3) (該当する部分) 右図 (名称) 胚珠

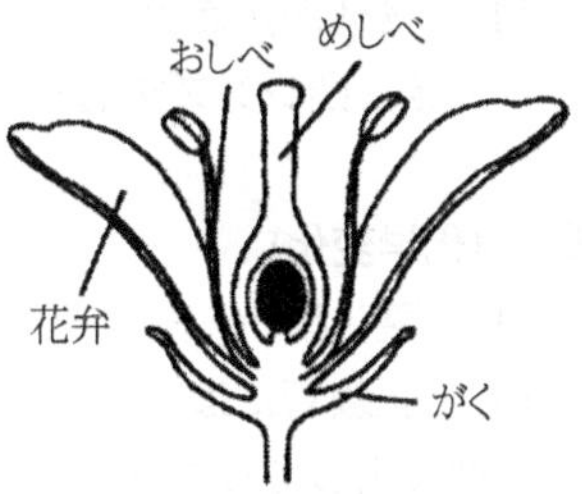

(4) 根の表面積が大きくなるから。

9 (1) アミラーゼ (2) 20〔Wh〕

(3) ア 4 イ あ：1 い：3

＜理科解説＞

1 (化学電池)

(1) 電池は，化学エネルギーを電気エネルギーに変換する道具である。

(2) **電解質の水溶液と，異なる種類の金属2枚**を用いると，化学電池となる。

(3) 水溶液の濃度が変わっていないため，プロペラが回転する速さは変わらない。この電池では，**銅板が＋極，亜鉛板が－極**になっているため，銅板と亜鉛板をつなぎかえると，プロペラの回転する向きは反対になる。

2 (天体)

(1) 太陽と，そのまわりを回転している天体を，まとめて太陽系という。

(2) 冬至のとき，北極は太陽から最も遠くなる。

(3) 地軸が公転面に対して垂直になると，昼と夜の長さや日の入り・日の出の時刻が一年中同じになり，南中高度も春分・秋分のときと一年中同じになる。

3 (磁界)

(1) 電流には，直流のように向きや大きさが常に同じ電流や，交流のように向きや大きさがたえず変化する電流がある。

(2) 電流の向きを変えると，電流が磁界によって受ける力の向きも逆になる。

(3) コイルを流れる電流の大きさが大きくなったり，コイルの巻き数をふやしたり，より強い磁石を用いたりすることで，電流が磁界から受ける力は大きくなる。

4 (遺伝)

(1) 遺伝子の本体はデオキシリボ核酸で．略号がDNAである。

(2) あたためたうすい塩酸につけることで，細胞どうしの結合を切りやすくする。

(3) 染色体の数は，生物の種類によって決まっている。また，染色体の状態は，細胞分裂の時期によって変化する。

5 (凸レンズ)

(1) 水中の物体から出て水面に入射した光は，水面で屈折して観察者まで届く。

(2) スクリーンにうつる実像は，凸レンズによって，実物と**上下左右が逆向き**になる。スクリーンを裏側から観察していることに気をつける。

(3) 実像をできるだけ大きくするためには，物体から凸レンズまでの距離をできるだけ小さくすればよい。

(4)　物体が焦点上，または，物体が焦点距離よりも内側にあるとき，実像ができない。これらのとき，凸レンズを通った物体の光は交わることはないため実像ができない。

6　(化学変化)

(1)　酸化物から酸素をとり去る化学変化を，**還元**という。

(2)　試験管には，還元された高温の銅が入っているため，加熱後の試験管に空気が入ると銅が再び酸化してしまう恐れがある。

(3)　ア　(炭素が酸化銅からうばった酸素の質量)＝(酸化銅の質量)－(加熱後の試験管A内の物質の質量)で求められる。　イ　1班から3班の結果は，炭素の増加の質量が0.15gで，これに対して質量の減少が0.40gずつとなり，同じ割合になっている。

7　(地層と岩石)

(1)　スケッチするときは，細く削った鉛筆を使い，重ね書きなどをせずに輪郭をはっきりとかく。

(2)　地層が堆積した当時の環境を推定するための手掛かりとなる化石を，**示相化石**という。

(3)　マグマのねばりけが強いと，溶岩が流れにくくなるため，ドーム状の形の火山となる。

(4)　粒の大きさが大きいものから順に，**れき＞砂＞泥**となっており，粒の大きさが大きいものほど河口付近に堆積する。

8　(植物)

(1)　おしべの先端のやくで花粉がつくられる。

(2)　被子植物のうち，単子葉類と双子葉類は，それぞれ茎の維管束の状態が異なっている。

(3)　胚珠が種子になり，子房が果実になる。被子植物では，子房の中に胚珠がある。

(4)　根の表面に根毛があることによって，土と接する面積が増大し，水を吸収する効率がよくなる。

9　(総合問題)

(1)　アミラーゼは，デンプンを麦芽糖などに分解する。

(2)　**電力量〔Wh〕＝電力〔W〕×時間〔h〕**より，1200〔W〕×$\frac{1}{60}$〔h〕＝20〔Wh〕

(3)　ア　密度が0.79g/cm^3であれば，その液体は質量パーセント濃度が100％のエタノールといえるが，実験では0.79g/cm^3よりも大きいので，水をふくんでいるといえる。
イ　質量パーセント濃度が50％となるときの密度は，図3より，0.91g/cm^3である。密度は，水をふくむ割合が大きくなるほど0.91g/cm^3より大きくなり，エタノールをふくむ割合が大きくなるほど0.91g/cm^3よりも小さくなる。よって，液体の密度が0.91g/cm^3より小さい液体を選ぶ。

<社会解答>

※1～4は選択問題

1　(1)　公害　(2)　2　(3)　4

2　(1)　ユーロ　(2)　2　(3)　1

3　(1)　与党　(2)　3　(3)　4

4　(1)　家計　(2)　4　(3)　3

5　(1)　赤道　(2)　2　(3)　1　(4)　12時間
(5)　外国企業を受け入れて，資本や技術を導入するため。　(6)　4　(7)　右図

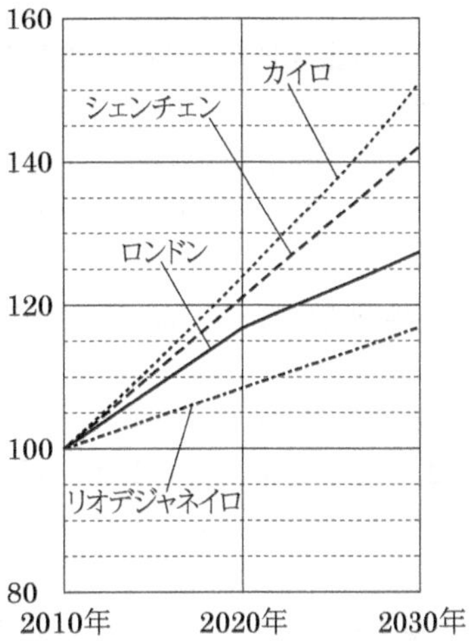

6　(1)　ア　平城京　イ　a　口分田　b　租
(2)　2　(3)　元軍が，武器に火薬を使ったから。
(4)　香辛料の貿易を，イスラム商人やイタリア商人がにぎっていたから。　(5)　1　(6)　3

7　(1)　琵琶湖　(2)　フォッサマグナ　(3)　促成栽培　(4)　4　(5)　湿った季節風が，中国山地や四国山地にさえぎられるため。
(6)　1　(7)　3

8　(1)　2　(2)　3　(3)　太陽暦　(4)　伊藤博文
(5)　ア　4　イ　不平等条約を改正すること。
(6)　1　(7)　沖縄が返還された

＜社会解説＞

1　(歴史的分野－高度経済成長期・情報化・世界のできごとに関する問題)

(1)　企業の活動により環境が破壊され，引き起こされた社会的災害のことである。

(2)　**リテラシーとは識字能力**のことである。情報と組み合わせることで，情報を自己の目的に適合するように使える能力のことを表すようになったものである。

(3)　**第二次世界大戦は1945年に終戦**となったことから判断すれば良い。1は1919年，2は1905年，3は1911年，4は1955年のことである。

2　(公民的分野－EU・国際連合・ODAに関する問題)

(1)　**1999年に導入**された通貨で，現在EU加盟の27か国中19か国で導入されている。

(2)　**国連児童基金(UNICEF)**は，1946年に設立された，国際連合総会の補助機関である。本部はニューヨークに置かれている。1は国連難民高等弁務官事務所，3は世界保健機関，4は世界貿易機関のことである。

(3)　二国間援助を中心に進めているアメリカ合衆国が世界最大のODA実施国である。Bはドイツ，Cはイギリス，Dは日本である。

3　(公民的分野－政党・人権・裁判に関する問題)

(1)　政権を構成し行政を担当する政党のことである。政権を担当するには議会の過半数を占めることが必要であるが，単独で実現できない場合は複数の政党との連立によることもある。

(2)　1は**日本国憲法第32条**，2は**日本国憲法第28条**，4は**日本国憲法第29条**に規定されていることから判断すれば良い。

(3)　第一審から第二審の上級裁判所に不服を申し立てることが控訴であり，第二審から第三審の上級裁判所に不服を申し立てることが上告であること，地方裁判所の上級裁判所にあたるのは高等裁判所であることから判断すれば良い。

4　(公民的分野－経済・税金・企業の状況に関する問題)

(1)　一家の生活を維持する経済のことである。

(2)　**税金を負担する者と納税する者が同じ税金を直接税，異なる税金を間接税**ということから判断すれば良い。間接税は価格に転嫁されていることにも注目する必要がある。

(3)　従業員数が300人以上の企業が大企業，299人以下が中小企業であること，大企業の工場数は少ないが，一人当たり生産額が大きいことを併せて判断すれば良い。

5　(地理的分野－世界地理に関する問題)

(1)　自転する天体の重心を通り，天体の自転軸に垂直な平面が天体表面を切断する線のことである。赤道より北が北半球，南が南半球と呼ばれる。

(2)　**イギリスの西側の海は大西洋**であること，**赤道方面からの海流は暖流**であること，これらを併せて判断すれば良い。リマン海流は日本海を南下する寒流である。

(3)　ロンドンの気候帯は温帯であり，年間を通して一定の降水量があることから判断できる。2は東京，3はカイロ，4はリオデジャネイロの雨温図である。

(4)　**日本標準時子午線は，東経135度**である。したがって，**西経45度との経度の差は，135＋45＝180度**となる。**地球は24時間で自転**していることから，**360÷24＝15度となり，経度15度が時差1時間**にあたることとなる。したがって，**2地点間の時差は180÷15＝12時間**となる。

(5)　経済発展のために，外国企業の受け入れに関して，法的に特別な地位を与えられている地域が経済特区であることを説明すれば良い。

(6)　**ロンドンの緯度・経度は，北緯51度・経度0度**である。**その地点から真東に向かう**ということは，**太平洋上にある南緯51度・経度180度線地点に向かう**ことになる。したがって，ユーラシア大陸とオーストラリア大陸を通過することが分かるはずである。**アフリカ大陸はロンドンの南に位置**しており，**南極地域は南緯60度以南**であることから通過していないことが分かる。

(7)　2010年を100としたときのそれぞれの数値は，2020年は93÷80×100＝116.25，2030年は102÷80×100＝127.5となることが分かる。これを基に作図すれば良い。

6　(歴史的分野－16世紀までの日本と外国との関わりに関する問題)

(1)　ア　**元明天皇**の時代に遷都した都である。　イ　a　律令制度において民衆に支給された農地で，**男子は2段，女子にはその3分の2である1段120歩**が与えられた。　b　**口分田1段につき2束2把の割合で課せられた税**で，国司の元に納められたものである。

(2)　**栄西は臨済宗，道元は曹洞宗，法然は浄土宗，親鸞は浄土真宗**の開祖である。

(3)　資料Ⅰの右に幕府軍，左に元軍が配置されている。両軍の間に，**火薬が爆発している「てつはう」と呼ばれる武器**が描かれていることに注目して説明すれば良い。

(4)　海路による貿易を進めたかった背景に，陸路であるシルクロードを利用して行われた胡椒に代表される香辛料の取引は，イスラム商人やイタリア商人が主体となっていたことが挙げられる点に注目して説明すれば良い。

(5)　南蛮貿易の輸出品は，銀・刀・漆器・海産物などで，輸入品は中国産の生糸・絹織物の他，鉄砲・火薬などが挙げられる。

(6)　**豊臣秀吉が1587年にバテレン追放令を出した**ことから判断すれば良い。1は1641年，2は1635年，4は1628年ごろから，江戸幕府が行ったものである。

7　(地理的分野山口県・滋賀県・愛媛県・長崎県に関する問題)

(1)　**滋賀県の面積の6分の1を占める，日本一面積の広い湖**である。

(2)　ドイツ人地質学者であるナウマンが発見した，新潟県の糸魚川から静岡市にかけて続く，大地溝帯と呼ばれる断層である。

(3)　冬でも暖かい気候を利用して，ビニールハウス内で夏野菜を冬に栽培して出荷する栽培方法である。時期外れに出荷することで，高値での取引が見込める利点がある。

(4)　近畿地方には，大阪府・京都府・兵庫県・滋賀県・奈良県・和歌山県・三重県の2府5県が含まれていることから判断すれば良い。

(5)　瀬戸内地域は，中国山地・四国山地の間に位置しており，雨を降らせる大きな要因である，夏の南東からの季節風や冬の北西からの季節風がさえぎられていることが読み取れる。ここに注目して説明すれば良い。

(6)　海岸線距離が示されていないことから，4は内陸県である滋賀県であると分かる。海岸線距離が一番長いことから，3は島の多い長崎県であると分かる。農業産出額に占める果実の額が多いことから，2はみかんの栽培が盛んな愛媛県であると分かる。以上のことから，残された1が山口県であると分かるはずである。

(7)　縮尺25000分の1とあることから，図Ⅲの等高線は10mごとに描かれていることが分かる。したがって，A地点の標高は30m，三角点の標高は332mであることが読み取れるので，2地点の標高の差は300mだと分かるはずである。

8　(歴史的分野－山口県を切り口にした問題)

(1)　江戸幕府は，徳川氏の親戚である親藩と関ヶ原の戦い以前からの家臣である譜代大名を，江戸近郊及び主要地域に配置し，関ヶ原の戦い以降の家臣である外様大名は江戸から遠い地域に配置することで，江戸を守ろうとした。

(2)　1830年から始まった，老中水野忠邦による改革である。その政策にあった，株仲間の解散と人返しの法の内容を示しているのが3である。1は老中田沼意次によるもの，2は8代将軍徳川吉宗によるもの，4は5代将軍徳川綱吉によるものである。

(3)　諸外国と暦を合わせる必要性が大きくなったので，明治5年(1872年)12月2日までは月の満ち欠けに基づく太陰暦が用いられていたが，翌12月3日を明治6年(1873年)1月1日とする形で，地球が太陽の周りを回る周期に基づく太陽暦の導入が行われた。

(4)　初代内閣総理大臣とあることから，伊藤博文であることが分かるはずである。

(5)　1871年の普仏戦争の勝利を受けて，首相ビスマルクの指導の下に成立した，プロイセン国王をドイツ皇帝に戴く体制である。

(6)　25歳以上の男子に選挙権を与える普通選挙法の成立が，1925年であることから判断すれば良い。ラジオ放送の開始は1925年，官営の八幡製鉄所の操業開始は1901年，学制公布は1872年，米などの主食の配給制開始は1941年のことである。

(7)　太平洋戦争が終結した1945年の翌年にあたる1946年に減った1つの県が沖縄県であることに注目し，1972年5月15日に沖縄県は返還されたことを説明すれば良い。

＜国語解答＞

※三～六は選択問題

一　(一)　3　(二)　1　ちんざ　2　筋　(三)　2　(四)　(例)じゃまをしないように，アサガオの花を見ているつぐみに寄りそおうと考えたから。　(五)　朝焼け色の花

(六)　(例)つぐみもしっかりとした自分の時間の流れを持って，ゆっくりと着実に成長している　(七)　3

二　(一)　1　飼　2　脳裏　3　並　4　りゅうき　(二)　4　(三)　(例)原則的に世界中でただ一つしか存在しない事物を描く　(四)　(例)特定の事物をかたどったフォルムに，他の同種の事物を思い浮かべることができるような普遍性がある場合。　(五)　1　(六)　3

三　(一)　かえりみ　(二)　2　(三)　(例)油断せずに努力を継続すること。

四　(一)　3　(二)　4　(三)　(例)故郷が恋しくて早く帰りたい

五　(一)　3　(二)　1　(三)　(例)あぜ道を譲り，年長者を敬う

六　(一)　1　(二)　4　(三)　(例)うかがいますので御覧になって

七　(一)　2　(二)　(例)　読書の楽しさは，読む人それぞれが自由に想像できることだと思います。

授業で，友達と同じ本の一場面を絵に描いたことがありました。完成した絵を見せ合ったとき，同じ場面について描いたのに，登場人物や背景の描き方が全く違っていて驚きました。同じ本を読んでも，読む人によって思い描く世界がそれぞれに異なるということを実感しました。また，友達と語り合うことで，自分の世界も広がるように感じました。

これからも，読書を通して自由に想像することを楽しんでいきたいです。

＜国語解説＞

一　(小説―情景・心情，内容吟味，文脈把握，漢字の読み書き，筆順・画数・部首，品詞・用法，表現技法・形式)

(一)　総画数は8画である。

(二)　1　その場所にどっかりと座っているという意味。　2　「筋」は上の部分が「竹」。

(三)　傍線「動か」は，**「～ない」に続くので未然形**。1は希望の助動詞「たい」に続く。**「たい」は連用形接続**の助動詞だ。2は「う」に続くので未然形。3は「ば」に続くので仮定形。4は推定の助動詞「らしい」に続く。**「らしい」は終止形接続**の助動詞だ。

(四)　つぐみは微動だにせずアサガオの花を見つめ続けている。その**あまりの真剣さに，ぼくは身体の弱い妹に，気遣いながら寄りそおう**と考えているのだ。

(五)　「朱色と紫色のグラデーション」は**朝焼けの描写**であることがヒントだ。咲いたアサガオを「朝焼けの色の花だった」と書いている。

(六)　気づいたことは傍線の後の「こんなふう」，つまり「**妹は，しっかりと自分の時間の流れを持って生きてきた**のか」ということだ。ぼくは，病弱な妹がアサガオの開花と同様に，**ゆっくりであるがしっかりと成長している**ことに気づいたのだ。

(七)　3のように，**「朝ごはん」という体言止め**があり，簡潔で短い文で朝の情景が書かれている。**短文の力強さによって，ぼくの決意がより印象深く伝わる効果**がある。1の擬音語・擬態語，2の対句・反復は用いられていない。4は「客観的な語り」とあるが，ぼくの目から見つめた朝食の場面が描かれているので不適切だ。

二　(論説文―大意・要旨，内容吟味，文脈把握，接続語の問題，脱文・脱語補充，漢字の読み書き)

(一)　1　「飼」の，しょくへんは8画目をしっかり止める。　2　意識に浮かぶ考えや記憶の一部分。　3　「並」の訓読みは「なら・ぶ」，音読みは「ヘイ」。　4　周囲に比べてその部分だけが

著しく高く盛り上がること。

(二)　□の前の内容をまとめとして説明する文が□の後に続くので「つまり」が適切だ。

(三)　文字は「指し示す実体に対する普遍性が要求される」ものだ。それなのに傍線部の直後にあるように**「絵画として描かれる事物は，原則的に世界中でただそれ一つしか存在しない」から，普遍性を求める文字に絵画は合わない**のだ。

(四)　「山」の具体例を挙げて説明している部分を用いて、「山」を「ある事物」に置き換えてまとめよう。**ある事物をかたどったフォルムを見れば，だれでも同じ種の事物を思い浮かべることが可能になる場において文字が成立する**のだ。このとき，**表したフォルムに求められる性質は普遍性**である。このキーワードを必ず含めて指定字数でまとめる。

(五)　「山」という象形文字の説明が述べられている段落だ。ここでは，象形文字は絵画ではないことを述べている。絵画的に描いたものであるなら山の峰は三つ必要だが，文字には普遍性が与えられるので写実的である必要はなく，山の峰は必ずしも三つあるとは限らないのだ。ここに示されているのは**普遍性のある「文字」とこの世に一つしか存在しない「絵画」との差異**である。

(六)　選択肢の中から，**事物の端的な特徴を抽出して具体的に描いた普遍性のある象形文字**を探す。3の「雨」は，雨の降る特徴的な様子を模して描いた象形文字である。

三　(古文―大意・要旨，文脈把握，仮名遣い)

【現代語訳】　昔の人は言った。器用な者は(自分の器用さを)あてにして必ず油断する。不器用な者はわが身を気にかけ遅れまいと励むので(器用な者を)追い越す。学問もこのようである。器用な者は覚えたつもりになり奥深くに追求せず，いい加減である。覚えなければ深く追求しないのと同じだ。こころに入ってよく覚えたことでも忘れてしまうのは当然のことで，どれほど賢く器用だとしても覚えていないことがうまくいくはずがない。不器用な者が，暇を惜しまず精を出している(努力を続ける)のは技能に行き悩むことはなく，少しずつ上達すると言った。

(一)　語中・語尾の「は・ひ・ふ・へ・ほ」は，現代仮名遣いで「ワ・イ・ウ・エ・オ」にする。

(二)　「ね」・「ぬ」は打消しの助動詞「ぬ」である。これをふまえて現代語訳すれば解答が導ける。

(三)　芸の上達に**大切なのは，「退屈なく精を出したる」こと**(努力を続けること)だ。一方もっとも**危険なのは「油断」**である。これらを用いてまとめよう。

四　(古文―情景・心情，文脈把握，表現技法・形式)

【現代語訳】　聞きなれた虫の鳴き声も次第に消え果ていき，松を吹き下ろす山頂からの強い風だけがますますはげしくなっていく。故郷を恋しく思う心に誘われて，つくづくと都の方をながめていたそのとき，一列に連なる雁が雲に消えていくのもしみじみと趣がある。

春には再び故郷に帰ることを頼みにして田の面の雁がねも啼いて空へと旅立ったのであろうか

(一)　**一つの語に二つの同音異義の意味を含める技法を掛詞**という。

(二)　「虫の音」が聞こえなくなるのは，**生命が枯れる「冬」の季節に入る**からだ。また強く激しい風は吹き下ろすという描写から**木枯らしのように冷たい風**だと読み取れる。最後の歌から春を待ちわびていることがわかり，今は冬の到来の時期である。

(三)　筆者は「帰るべき春をたのむ」と詠んでいるので，**故郷を恋しく思っていることと早く帰りたいということ**を含めて心情をまとめる。

五　(漢文―内容吟味，脱文・脱語補充，表現技法・形式)

【現代語訳】　西伯はいつくしみ深い政治を行い，各国の領主は西伯に従っていた。虞・芮は田を取り合って解決することができなかった。そこで周に行った。周の国に入って耕す者を見ていると，みんなあぜ道を譲り，人々はだれもが長者を敬っていた。二人は恥ずかしく思い，互いに言うことには，「我々が争っていることは，周の人にとっては恥ずかしいことだ。」と。そして西伯に会うことなく帰って，お互いにその田を譲り合って奪わなかった。

(一)　「不」は「能」の後に，その「能」は「決」のあとに，それぞれ一字返って読む。したがっていずれにも**レ点**を用いる。

(二)　西伯が治める周は争いがなかったので，争いの多い領主は**西伯に助言を求めよう**としたのだ。

(三)　虞と芮の領主が周の国で見たのは，**「皆畔を遜り，民の俗皆長に譲る」という様子**だ。

六　(散文―熟語，ことわざ・慣用句，敬語・その他)

(一)　訓読み＋訓読みの組み合わせ。

(二)　□の前に「昔のことを見つめ直すことで，今まで知らなかった考え方や知識を得ることができました」とあるので，「温故知新」が適切だ。

(三)　「行く」のは，自分たちの行為なので，へりくだり謙譲語を用いる。「伺う」「参る」などがよい。「見る」のは相手の行為なので，尊敬語を用いる。「御覧になる」「～られる」などがよい。

七　(会話・議論・発表―脱文・脱語補充，作文)

(一)　二番目の項目の友達が薦めてくれた点，三番目の項目の家族が関わっている点，四番目の項目の学校の取り組みという点をふまえると，いずれも自分自身の自発的な行動というよりは**外部からの働きかけがあるということが共通点**として見出される。

(二)　自分が考える「読書の楽しさ」について述べる作文だ。どんなときに「本を読むのは楽しい」と感じたか，自分の経験を例に挙げて説明しよう。序論・本論・結論の三段落を設けてもよいが，字数も多くないので二段落構成でも構わない。まず初めの段落で，「読書の楽しさは～である。」と明記する。そして，次段落ではそう考える根拠となった体験・経験を説明する。そして最後にまとめを書くという構成がよいだろう。

山口県公立高等学校

2020年度

入 試 問 題

●くわしい解説……55ページ

＜数学＞　時間　50分　満点　50点

1　次の⑴～⑸に答えなさい。

⑴　$3+(-5)$ を計算しなさい。

⑵　$6^2 \div 8$ を計算しなさい。

⑶　$-2a+7-(1-5a)$ を計算しなさい。

⑷　$(9a-b)\times(-4a)$ を計算しなさい。

⑸　$x=-1$，$y=\frac{7}{2}$ のとき，x^3+2xy の値を求めなさい。

2　次の⑴～⑷に答えなさい。

⑴　y は x に比例し，$x=6$ のとき $y=-9$ である。y を x の式で表しなさい。

⑵　$\sqrt{45n}$ が整数になるような自然数 n のうち，最も小さい数を求めなさい。

⑶　家から公園までの800mの道のりを，毎分60mで a 分間歩いたとき，残りの道のりが b mであった。残りの道のり b を，a を使った式で表しなさい。

⑷　右の図のような長方形ABCDがある。辺CDを軸として，この長方形を１回転させてできる立体の体積を求めなさい。ただし，円周率は π とする。

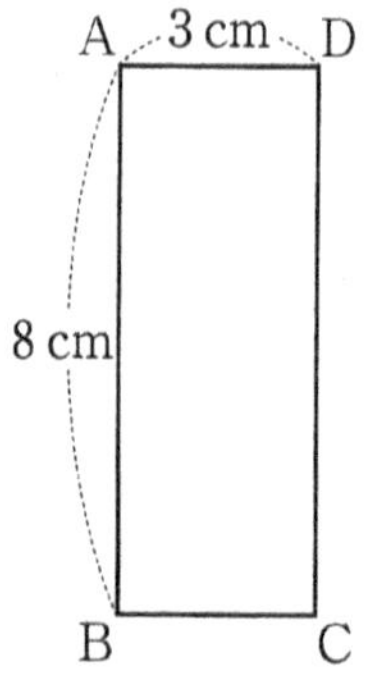

3　ある中学校の生徒30人を対象として，「インターネットを学習に利用する時間が平日１日あたりにどのくらいあるか」についてアンケート調査を行った。**表**は，その結果をまとめたものであり，**図**は**表**をもとに作成した度数分布多角形（度数折れ線）である。

（**表**，**図**は次のページにあります。）

次の⑴，⑵に答えなさい。

⑴　**表**や**図**から読み取れることとして正しいものを，次の**ア**～**エ**から１つ選び，記号で答えなさい。

ア　階級の幅は120分である。

イ　最頻値は10人である。

ウ　利用する時間が40分以上120分未満の生徒は全体の半数以下である。

エ　度数が２人以下の階級は４つである。

(2)　**表**や**図**をもとに，アンケート調査の対象となった生徒30人の利用する時間の平均値を，階級値を用いて求めなさい。

表

階級（分）	度数（人）
以上　　未満	
0 ～ 20	6
20 ～ 40	10
40 ～ 60	8
60 ～ 80	4
80 ～ 100	0
100 ～ 120	2
計	30

図

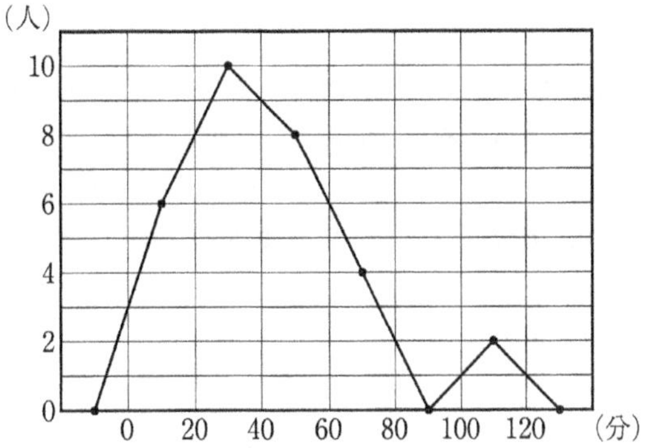

4　関数 $y=\frac{1}{4}x^2$ のグラフについて，次の(1)，(2)に答えなさい。

(1)　関数 $y=\frac{1}{4}x^2$ のグラフ上に，y 座標が５である点は２つある。この２つの点の座標をそれぞれ求めなさい。

(2)　右の図のように，関数 $y=\frac{1}{4}x^2$ のグラフと正方形ABCDがある。２点A，Dの y 座標はいずれも24であり，２点B，Cは x 軸上の点で，x 座標はそれぞれ－12，12である。

関数 $y=\frac{1}{4}x^2$ のグラフ上にある点のうち，正方形ABCDの内部および辺上にあり，x 座標，y 座標がともに整数である点の個数を求めなさい。

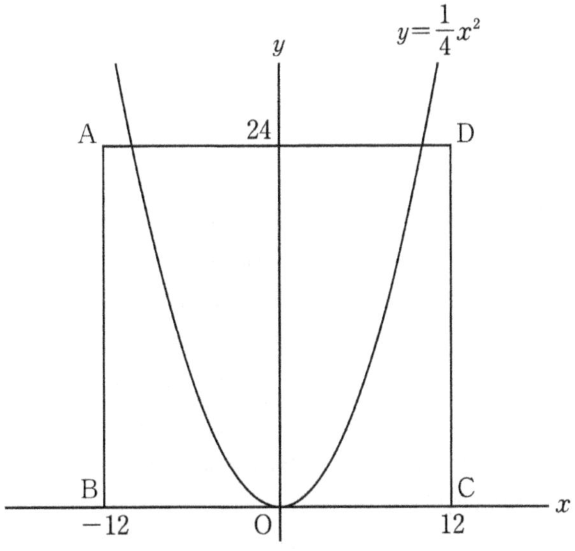

5　自然数 a, b, c, m, n について，2次式 x^2+mx+n が $(x+a)(x+b)$ または $(x+c)^2$ の形に因数分解できるかどうかは，m, n の値によって決まる。

例えば，次のように，因数分解できるときと因数分解できないときがある。

・$m=6$, $n=8$ のとき，2次式 x^2+6x+8 は $(x+a)(x+b)$ の形に因数分解できる。

・$m=6$, $n=9$ のとき，2次式 x^2+6x+9 は $(x+c)^2$ の形に因数分解できる。

・$m=6$, $n=10$ のとき，2次式 $x^2+6x+10$ はどちらの形にも因数分解できない。

次の(1)，(2)に答えなさい。

(1)　2次式 x^2+mx+n が $(x+a)(x+b)$ の形に因数分解でき，$a=2$, $b=5$ であったとき，m, n の値を求めなさい。

(2)　右の図のような，1から6までの目が出るさいころがある。

このさいころを2回投げ，1回目に出た目の数を m，2回目に出た目の数を n とするとき，2次式 x^2+mx+n が $(x+a)(x+b)$ または $(x+c)^2$ の形に因数分解できる確率を求めなさい。ただし，答えを求めるまでの過程もかきなさい。なお，このさいころは，どの目が出ることも同様に確からしいものとする。

6　右の図のように，円周上に4点A，B，C，Dがあり，∠ABC＝80°，∠ACD＝30° である。線分CD上にあり，∠CBP＝25° となる点Pを，定規とコンパスを使って作図しなさい。ただし，作図に用いた線は消さないこと。

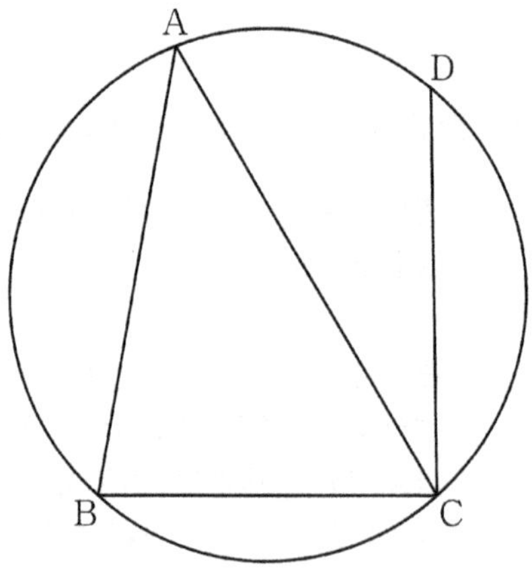

7　AさんとBさんは，ある遊園地のアトラクションに入場するため，開始時刻前にそれぞれ並んで待っている。このアトラクションを開始時刻前から待つ人は，図のように，6人ごとに折り返しながら並び，先頭の人から順に 1，2，3，…の番号が書かれた整理券を渡される。並んでいる人の位置を図のように行と列で表すと，例えば，整理券の番号が27の人は，5行目の3列目となる。

次の(1)，(2)に答えなさい。

(1)　Aさんの整理券の番号は75であった。Aさんは，

図

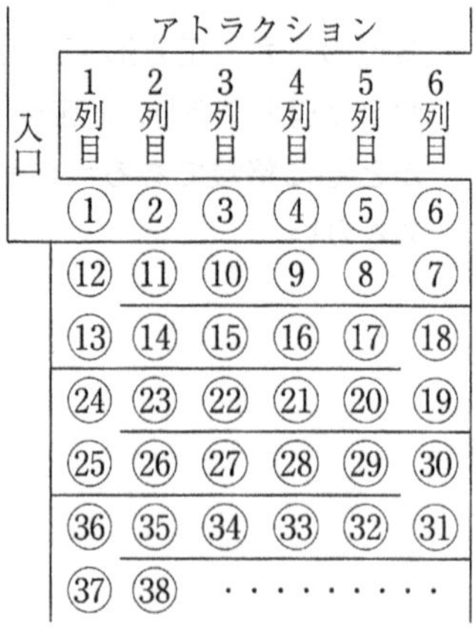

何行目の何列目に並んでいるか。求めなさい。

(2)　自然数 m，n を用いて偶数行目のある列を $2m$ 行目の n 列目と表すとき，$2m$ 行目の n 列目に並んでいる人の整理券の番号を m，n を使った式で表しなさい。

また，偶数行目の５列目に並んでいるＢさんの整理券の番号が，４の倍数であることを，この式を用いて説明しなさい。

8　右の図のように，正方形ABCDと正三角形BCEがあり，線分CEと線分BDの交点をＦ，線分BAの延長と線分CEの延長の交点をＧ，線分ADと線分CGの交点をＨとする。

このとき，次の**説明**により ∠AEG＝45° であることがわかる。

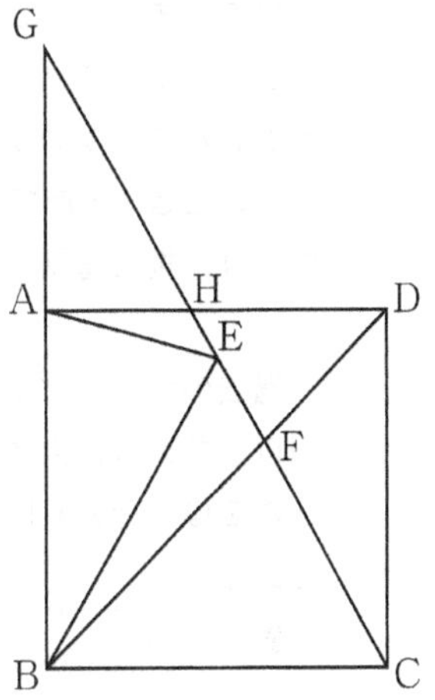

説明

正方形や正三角形の性質より，△BCGで，∠CBG＝90°，∠BCG＝60° だから∠BGC＝30°である。また，△BAEは BA＝BE の二等辺三角形であり，∠ABE＝30° だから，∠BAE＝75°である。

△AEGにおいて，三角形の $\boxed{a}$ は，それととなり合わない２つの $\boxed{b}$ の和に等しいので，△AEGで，

30°＋∠AEG＝75° となる。よって，∠AEG＝45° である。

次の(1)～(3)に答えなさい。

(1)　**説明**の下線部が表す性質は，どんな三角形においても成り立つ。

$\boxed{a}$，$\boxed{b}$ にあてはまる語句の組み合わせとして正しいものを，次の**ア**～**エ**から１つ選び，記号で答えなさい。

ア　$\boxed{a}$：内角　$\boxed{b}$：内角　　**イ**　$\boxed{a}$：外角　$\boxed{b}$：外角
ウ　$\boxed{a}$：内角　$\boxed{b}$：外角　　**エ**　$\boxed{a}$：外角　$\boxed{b}$：内角

(2)　△AEG≡△FDC を証明しなさい。その際，**説明**の中にかかれていることを使ってよい。

(3)　BC＝２㎝ のとき，線分FHの長さを求めなさい。

9　今年開催される東京オリンピック・パラリンピックにＴ中学校出身の選手が出場することになり，その選手が出場する競技のテレビ中継を，中学校のある地域の人たちとＴ中学校の体育館を会場として観戦することになった。

そこで，Ｔ中学校では，オリンピック・パラリンピックについての調べ学習や，観戦のための準備をすることにした。

次の(1)，(2)に答えなさい。

(1)　Ａさんのクラスでは，調べ学習を行う時間に，オリンピック・パラリンピックのメダルにつ

いて考えることになった。

次の(ア)，(イ)に答えなさい。

(ア)　今回の東京オリンピック・パラリンピックの際に授与されるメダルについて調べたところ，不要となって回収された小型家電から金属を取り出して作られることがわかった。**表１**は，小型家電のうち，携帯電話とノートパソコンのそれぞれ１台あたりにふくまれる金と銀の平均の重さを示したものである。

表１

	金	銀
携帯電話	0.05 g	0.26 g
ノートパソコン	0.30 g	0.84 g

また，Ｔ市で回収された携帯電話とノートパソコンから，合計で金190 g，銀700 g が取り出されたことがわかった。

このとき，Ｔ市で回収された携帯電話を x 台，ノートパソコンを y 台として連立方程式をつくり，携帯電話，ノートパソコンの台数をそれぞれ求めなさい。

(イ)　過去のオリンピックにおける日本のメダル獲得数を調べたところ，金メダルの獲得数が10個以上であった大会が６回あることがわかった。

表２は，その６回の大会①～⑥における金，銀，銅メダルの獲得数についてまとめたものである。

表２中の a ， b にあてはまる数を求めなさい。

表２

	①	②	③	④	⑤	⑥	最大値	中央値	最小値
金メダル	12	16	10	a	13	11	16	12.5	10
銀メダル	8	9	8	5	8	7	9	8	5
銅メダル	21	12	14	b	8	7	21	10	7
合　計	41	37	32	29	29	25			

(2)　Ａさんのクラスでは，会場づくりについて考えることになった。

次の(ア)，(イ)に答えなさい。

(ア)　体育館に設置する大型スクリーンを白い布で作ることを考えた。

教室にある長方形のスクリーンを調べたところ，横と縦の長さの比が 16：9 で，横の長さが２ｍであった。

教室にある長方形のスクリーンと形が相似で，面積が８倍の大型スクリーンを作るとき，縦の長さは何ｍにすればよいか。求めなさい。

(イ)　体育館で観戦する人に応援用のうちわを配ることを考えた。うちわを販売しているＰ社，Ｑ社の２つの会社の販売価格を調べたところ，Ｐ社は購入枚数にかかわらず１枚あたり125円であり，Ｑ社は購入枚数に応じて価格が５種類設定されており，例えば，80枚購入すれば80枚すべてが200円で購入できる。図は，400枚以下の購入枚数と１枚あたりの価格の関係をグラフに表したものである。

３万円でできるだけ多くのうちわを購入することを考える。図をもとに，より多くのうちわを購入できるのはＰ社，Ｑ社のどちらか答え，そのときに購入できるうちわの最大枚数を求めなさい。

図

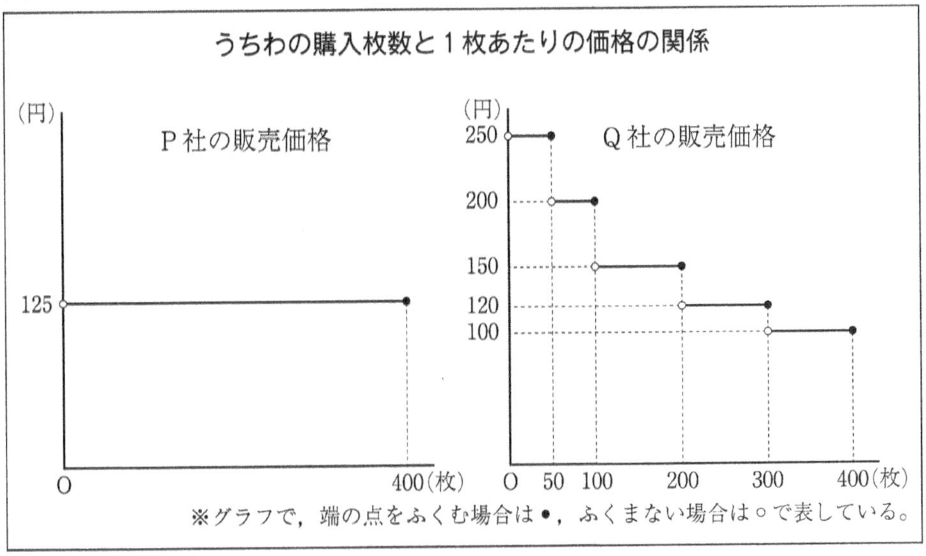

令 2 山口県

受検番号	

数学解答用紙

得 点	* 点

＊印の欄には何も記入しないこと。

1 ＊

(1)	(2)	(3)
(4)	(5)	

2 ＊

(1)	$y=$	(2)	
(3)	$b=$	(4)	cm^3

3 ＊

(1)		(2)	分

4 ＊

(1)	（ ，5），（ ，5）
(2)	個

5 ＊

(1)	$m=$	$n=$
(2)	解 答え	

6 ＊

作図

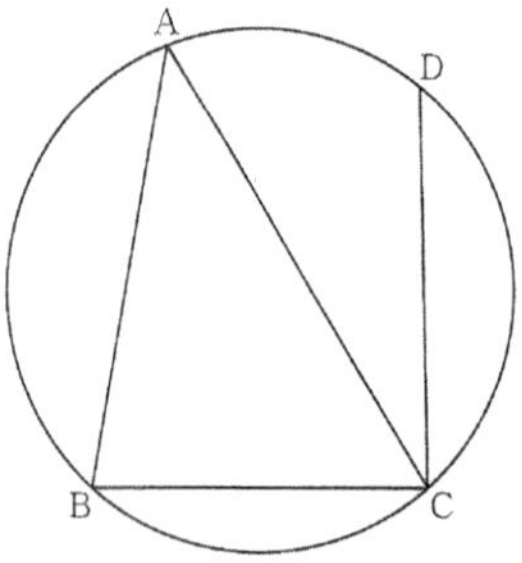

7 ＊

(1)	行目の 列目
(2)	式 説明

8 ＊

(1)	
(2)	証明
(3)	cm

9 ＊

(1)	(ア)	式 { 携帯電話 台，ノートパソコン 台
	(イ)	a b
(2)	(ア)	m
	(イ)	社，最大 枚

※この解答用紙は167％に拡大していただきますと，実物大になります。

＜学校指定教科検査問題＞

時間，実施教科数に応じて，１教科15分，２教科40分，３教科65分，満点15点

1　校庭に「山口」の人文字をつくることになった。

図１のように，「山」の文字は，BC＝FE＝ a m，AD＝CE＝ $2a$ m とし，点Dは線分CEの中点で，線分BC，AD，FEはそれぞれ線分CEに垂直であり，「口」の文字は１辺の長さが b mの正方形である。

図１

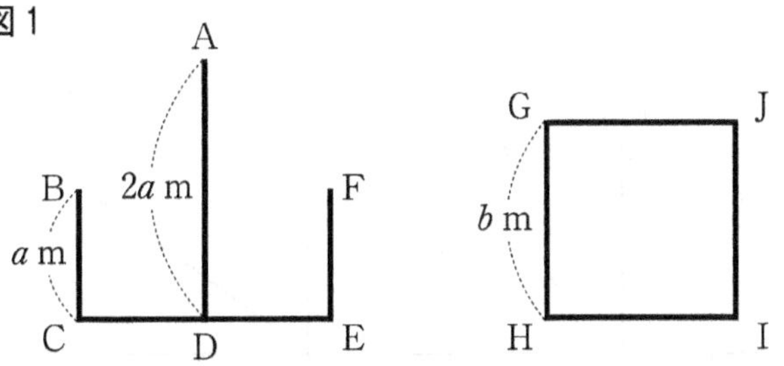

次の(1)，(2)に答えなさい。

(1)　長さ a，b を自然数とし，校庭にかいた文字の上に，次の**ルール**にしたがって生徒が立ち，人文字をつくる。

ルール

・点A～Ｊに１人ずつ立つ。

・点A～Ｊに立っている生徒から１ｍごとに１人ずつ立つ。

例えば，**図２**は $a=2$，$b=3$ として生徒が立つ位置を●で表したものであり，「山」と「口」の人文字をつくるのに必要な人数は，それぞれ13人と12人である。

図２

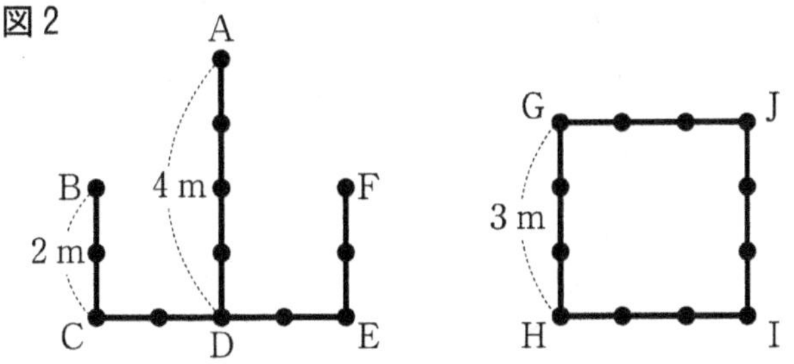

次の(ア)，(イ)に答えなさい。

(ア)　$a=3$ とするとき，「山」の人文字をつくるのに必要な人数を求めなさい。

(イ)　「山」と「口」の人文字をつくるのに必要な人数をそれぞれ a，b を使った式で表しなさい。

(2)　人文字をつくるために，校庭に円を２つかき，その円の中に１文字ずつ「山」と「口」をできるだけ大きくかくことにする。

次の(ア)，(イ)に答えなさい。

(ア)　「口」の文字を円の中にできるだけ大きくかくと，**図３**（次のページ）のように４点G，

H，I，Jが円の周上になる。円の半径をr mとするとき，rをbを使った式で表しなさい。また，rとbの関係を表したグラフとして，最も適切なものを次のア～エの中から選び，記号で答えなさい。

図3

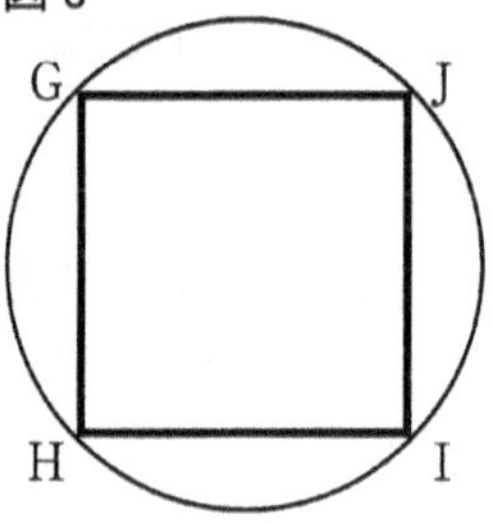

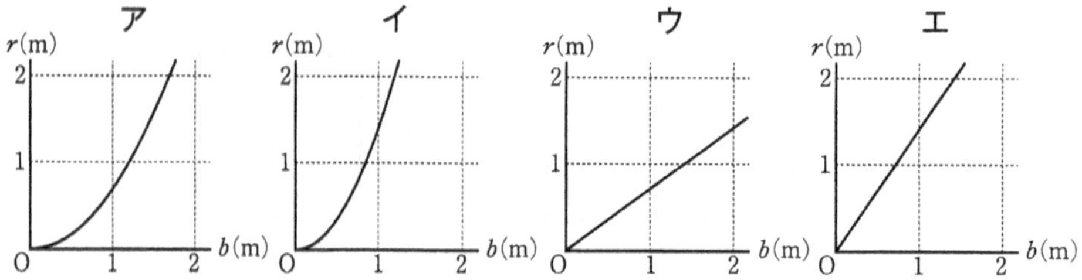

(イ) 「山」の文字を円の中にできるだけ大きくかくと，3点A，C，Eが円の周上になる。線分CEの長さを8 mとするとき，円の半径を求めなさい。

また，図4のように，円Oの周上に点Aをとったとき，点Cを定規とコンパスを用いて作図しなさい。ただし，作図に用いた線は消さないこと。

図4

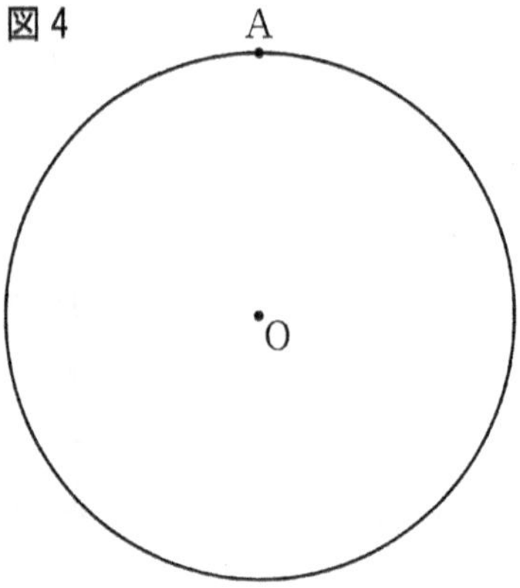

令 2 山口県

受検番号	

学校指定教科検査（数学）解答用紙

得 点	点

1

(1)	(ア)	人
	(イ)	「山」の人文字をつくるのに必要な人数 （人）
		「口」の人文字をつくるのに必要な人数 （人）
(2)	(ア)	式 $r=$
		グラフ

(2)	(イ)	m
		作図 図 4 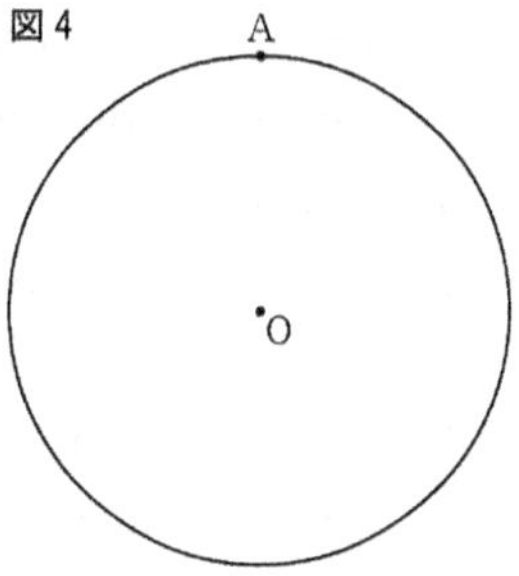

※この解答用紙は154％に拡大していただきますと，実物大になります。

＜英語＞

時間 50分 満点 50点

1 放送によるリスニングテスト

テスト1 4つの対話を聞いて，対話の内容に関するそれぞれの問いの答えとして最も適切なものを，1～4から1つずつ選び，記号で答えなさい。

No.1
1 To the lake.
2 To the library.
3 To the zoo.
4 To the stadium.

No.2
1 Because she practiced hard with her friends.
2 Because she won the English speech contest.
3 Because Alex took part in the English speech contest.
4 Because Alex studied Japanese with his teacher.

No.3
1 To do his homework.
2 To play tennis with his friends.
3 To find a good restaurant.
4 To come home by six.

No.4
1 She took her umbrella to Ms. Kelly.
2 She borrowed an umbrella from Ms. Kelly.
3 She looked for a new umbrella for Ms. Kelly.
4 She went home without an umbrella.

テスト2 4つの対話を聞いて，それぞれの対話に続く受け答えとして最も適切なものを，1～4から1つずつ選び，記号で答えなさい。

No.1
1 Good. I'm glad she's at home.
2 OK. I'll call again later.
3 I see. Do you want to leave a message?
4 Hello, Natsuki. How are you?

No.2
1 Thanks. Please cut these carrots.
2 All right. I can't help you.
3 Sorry. I haven't washed the potatoes yet.
4 I don't think so. Please help me.

No.3
1 Four days a week.
2 Every Saturday.
3 Ten o'clock in the morning.
4 Only a few minutes.

No.4
1 Yes. You found my name on it.
2 No. I've never sent him a letter.
3 Sure. I'll do it now.
4 Of course. I finished my homework.

テスト３　図書委員をしているKenは，来月の図書だよりで，先生のお勧めの本について紹介することになった。次の【メモ】は，KenがWhite先生に，お勧めの本について質問したときに書いたものである。

今から，そのときの２人の対話を聞いて，その内容に合うように，下線部(A)には場面にふさわしい３語以上の英語を，下線部(B)，(C)，(D)にはそれぞれ対話の中で用いられた英語１語を書きなさい。

【メモ】

Ms. White's favorite book: *The Adventure of Tony*

- It was a present given ____(A)____ when she was in elementary school.
- It's about a young boy, Tony.
- Tony has a lot of ___(B)___ in his adventure.
- Tony's ___(C)___ finally comes true.
- ___(D)___ English is used.

2　次は，*Minami*と留学生の*Beth*との対話の一部である。２人は，和菓子（*wagashi*）の店で話をしている。これを読んで，下の(1)～(3)に答えなさい。

Beth:　I visited this *wagashi* shop for the first ___(A)___ .

Minami:　Really?　I (B)(buy) "*sakuramochi*" in this shop last week.　It was very good.

Beth:　Oh, there are many kinds of *wagashi* here!　Which one is "*sakuramochi*"?

Minami:　Look.　This is "*sakuramochi*".　Do you want to ___(C)___ it or choose another *wagashi*?　Which one do you want to eat?

Beth:　Oh, that's a very difficult question for me.　Each *wagashi* in this shop is so (D)(can't / beautiful / that / eat / I) it.

Minami:　Then, let's take some pictures ___(E)___ we eat *wagashi*.　Later, we can enjoy looking at the beautiful *wagashi* in the pictures.

Beth:　That's a good idea!

(1)　下線部(A)，(C)，(E)に入る最も適切なものを，それぞれ１～４から選び，記号で答えなさい。

(A)	1　house	2　food	3　flower	4　time
(C)	1　teach	2　find	3　try	4　build
(E)	1　before	2　but	3　of	4　with

(2)　下線部(B)の（　）の中の語を，適切な形にして書きなさい。

(3)　下線部(D)の（　）の中の語を，本文の内容に合うように並べかえなさい。

3 カナダに留学中の *Yuta* は，ホームステイ先の中学生 *Robin* と，校内に掲示された「クリーンアップ・デー（cleanup day）」の【ポスター】を見ながら話をしている。次は，そのときの *Yuta* と *Robin* の対話の一部である。英文と【ポスター】を読んで，あとの⑴～⑸に答えなさい。

Robin: Yuta, I'm going to join this event this weekend. People walk and pick up trash on the streets.

Yuta: That's great. There are three routes, right?

Robin: Yes. I'm going to clean the streets around Blue Beach. ＿＿(A)＿＿ with me?

Yuta: Of course, yes.

Robin: The event will (B)(s＿＿) at 9:00 a.m. We should go to City Park by 8:50.

Yuta: OK. Oh, will the city collect some items we don't need?

Robin: That's right. I'm going to take my magazines to City Park.

Yuta: I can help you if you have many magazines to carry.

Robin: Thanks. Oh, wait. You're studying English, so you can have some of the magazines if you want.

Yuta: Really? I can improve my English by reading them. I think (C) that is one of the ways to reduce waste.

Robin: You're right.

Yuta: Now I'm looking forward to the cleanup day very much. But I think I should clean my room first.

Robin: Wow, every day is cleanup day for you!

（注） cleanup 清掃　pick up trash ごみを拾う　route(s) ルート
Blue Beach ブルー・ビーチ　items 物品　improve ～ ～を上達させる
reduce waste ごみを減らす　look(ing) forward to ～ ～を楽しみにする

⑴ 下線部(A)に，場面にふさわしい３語以上の英語を書きなさい。

⑵ 【ポスター】の内容に合うように，下線部(B)に入る適切な英語１語を書きなさい。ただし，（　）内に与えられた文字で書き始めなさい。

⑶ 下線部(C)の that が指す内容として最も適切なものを，次の１～４から選び，記号で答えなさい。

1 cleaning the streets every year
2 carrying heavy things together
3 buying magazines to study English
4 reusing things that others don't need

⑷ 次の質問に対する答えとして，本文と【ポスター】の内容に合う最も適切なものを，次の１～３から選び，記号で答えなさい。

Which route is Robin going to clean?

1 Route A.
2 Route B.
3 Route C.

⑸ 【ポスター】から読み取れる内容と一致するものを，次の１～６から２つ選び，記号で答えなさい。

1 In the event, people clean the streets in the evening.
2 If it rains, the city will have the cleanup day in November.
3 People who clean Route B must come to South High School by 8:50.
4 People can't choose the route they'll clean in the event.
5 People don't have to bring gloves and plastic bags for the cleanup.
6 The city collects only books, magazines and newspapers.

【ポスター】

（注） gloves （作業用の）手袋　cans 缶　plastic bottles ペットボトル

4 次の英文を読んで，あとの(1)～(3)に答えなさい。

One day, Ichiro went to a library with his friends, Akira and Kota. They studied there for two hours in the morning and felt a little tired. Kota said, "I feel hungry. How about going to eat something?" Ichiro said, "Good idea! Let's have lunch now." [ア] It was almost noon. They decided to walk to an *okonomiyaki* restaurant near the library.

When Ichiro, Akira and Kota went into the restaurant, a lot of people were already there. It was lucky for the boys to find a table. Next to their table, there were two women. They were talking in a language the boys didn't know. When the boys were waiting for their *okonomiyaki*, one of the women asked Ichiro's group in English, "Hi, are you high school students?" [イ] The boys looked at each other. "We're from Spain and studying at college near here," she said and smiled. Ichiro expected someone to answer the question. After a little while, Akira answered, "Yes. We're high school students." Ichiro was surprised because Akira didn't speak a lot at school. He respected Akira's courage. The women were friendly and Akira continued to talk with them in English. He looked very happy. Gradually, Ichiro wanted to talk with them, too. [ウ] So, he asked them with courage, "Do you often eat *okonomiyaki*?" One of the women looked at him and said with a smile, "Yes. I often come to this restaurant. I especially like to put cheese on my *okonomiyaki*." "I like cheese, too! It's very good on *okonomiyaki*," Ichiro said. After Ichiro, Kota also talked to the women. Then, the Japanese boys and the women from Spain enjoyed talking in English and eating good *okonomiyaki* together. Ichiro thought that the *okonomiyaki* tasted better than usual.

When the boys were walking along a river to go back to the library, they talked about their experience at the *okonomiyaki* restaurant. Their English was not so good. [エ] Ichiro said, "At first, we were afraid of speaking English. But with a little courage, we were able to enjoy talking with the women from Spain. That's great, right?" Akira and Kota agreed with him. They were all excited because of their new experience at the restaurant. Then Ichiro continued, "I know it's difficult for us to communicate with others, especially in foreign languages. But I think we can do it if we have some courage. I believe courage is the key to communication." Akira and Kota understood Ichiro's idea because they shared the same good time together. *Okonomiyaki* made them full and their courage filled their hearts with joy.

（注） next to ～ ～の隣に college 大学 expected ～ to... ～が…することを期待した
courage 勇気 continued (to ～)(～し)続けた gradually 次第に
with a smile 笑顔で tasted ～ ～な味がした than usual いつもより
communicate with ～ ～とコミュニケーションを図る believe ～ ～だと信じる

key to ～　～への鍵　full　満腹の

filled their hearts with joy　彼らの心を喜びで満たした

⑴　次の英文が入る最も適切な箇所を，本文中の ア ～ エ から選び，記号で答えなさい。

But they were able to have a good time with the women from Spain.

⑵　次の(a)～(c)の質問に対する答えとして，本文の内容に合う最も適切なものを，それぞれ１～４から選び，記号で答えなさい。

(a)　What did the boys decide to do when they felt tired?

1　To study for two hours.

2　To visit an *okonomiyaki* restaurant.

3　To go to another library.

4　To watch TV at home.

(b)　Why did Ichiro try to talk to the women from Spain?

1　Because Akira enjoyed talking with the women.

2　Because he wanted to know about their country.

3　Because Kota stopped talking in English.

4　Because everyone there was quiet and didn't speak English.

(c)　According to Ichiro, what was necessary for communication?

（注）according to ～　～によると

1　Courage to learn a foreign language.

2　Courage to walk along the river.

3　Courage to talk to others.

4　Courage to study abroad.

⑶　次の英文は，Ichiro が宿題で書いた作文の一部である。本文の内容に合うように，次の下線部①～③に入る適切な英語を，１語ずつ書きなさい。ただし，（　）内に与えられた文字で書き始めなさい。

I went to an *okonomiyaki* restaurant with my friends and we ①(m　　　) two women from Spain there. They talked to us in English. We were afraid of using English at first, but we enjoyed talking with them very much. The *okonomiyaki* tasted so good!

We were ②(e　　　) to have a new experience at the restaurant. It's difficult to understand each other, especially when we talk in foreign languages. But I believe we can do it if we have some courage. We learned something important by ③(s　　　) the same good time together.

5　Sayaのクラスでは，2学期からSayaのクラスに留学してくるBrianのために，英語の授業で，グループに分かれて学校紹介をすることになった。次は，Sayaのグループが作った日本語の【メモ】と，【メモ】にもとづいて書いた英語の【原稿】である。これらを読んで，下の⑴，⑵に答えなさい。

【メモ】

- 市内で最も歴史の長い中学校の一つである。
- 生徒数は約580名である。
- 大半の生徒が徒歩で通学するが，一部の生徒は自転車で通学する。
- 学校の前に大きな公園がある。

※　最後の部分で，学校のよい点を1つ紹介する。

【原稿】

Hi, Brian.　We're going to tell you about our school.

It's one of the junior high schools which have the ＿＿(A)＿＿ history in our city.　We have about five ＿＿(B)＿＿ and eighty students.　Most of them walk to school, but some of them come to school by bike.　There is a big park in ＿＿(C)＿＿ of our school.

Now, we want to tell you about one good point of our school.

＿＿＿＿＿＿＿＿(D)＿＿＿＿＿＿＿＿.

We hope you'll enioy your new school life with us!

⑴　【メモ】の内容に合うように，【原稿】の下線部(A)～(C)に適切な英語1語を書きなさい。

⑵　【原稿】の下線部(D)には，「学校のよい点」を紹介する英語が入る。「学校のよい点」を自由に想像し，4語以上の英語を書きなさい。

令　2　　山口県

受検番号	

英語解答用紙

得点	＊　　　点

＊印の欄には何も記入しないこと。

1　＊

	No. 1	No. 2	No. 3	No. 4
テスト1				

	No. 1	No. 2	No. 3	No. 4
テスト2				

テスト3	(A)	It was a present given ＿＿＿＿ when she was in elementary school.				
	(B)		(C)		(D)	

2　＊

(1)	(A)		(C)		(E)	
(2)	(B)					
(3)	(D)	Each *wagashi* in this shop is so ＿＿＿＿ it.				

3　＊

(1)	(A)	＿＿＿＿ with me?
(2)	(B)	
(3)	(C)	
(4)		
(5)		

4　＊

(1)						
(2)	(a)		(b)		(c)	
(3)	①		②		③	

5　＊

(1)	(A)		(B)		(C)	
(2)	(D)	＿＿＿＿.				

※この解答用紙は154％に拡大していただきますと，実物大になります。

＜学校指定教科検査問題＞

時間，実施教科数に応じて，１教科15分，２教科40分，３教科65分，満点15分

1　*Madoka* は，家庭科の授業で調べた「ほうれん草 (spinach) に含まれるビタミンC (vitamin C)」について，英語の授業で発表した。次は，*Madoka* が発表の際に用いた【グラフ】(graph) と【原稿】の一部である。これらを読んで，あとの(1)～(5)に答えなさい。

【グラフ】

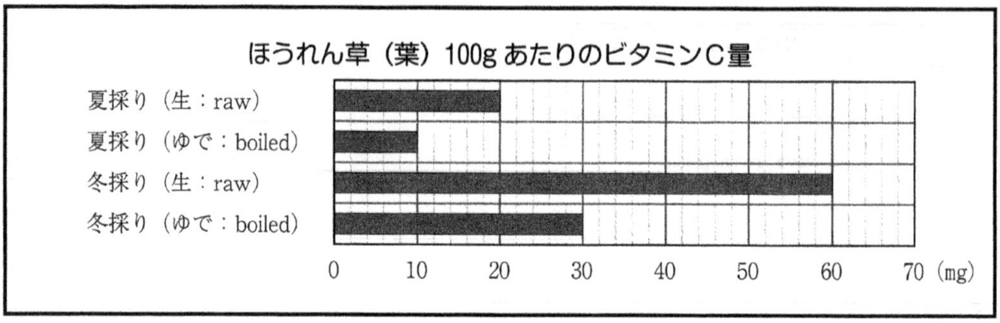

（日本食品標準成分表2015年版（七訂）により作成）

【原稿】

Vegetables have vitamins, and they're good for our health. I'll tell you some interesting information about the amount of vitamin C in vegetables.

Let's take spinach as an example. Look at this graph. I found two interesting things.

First, winter spinach has more vitamin C than summer spinach. [(A)] Like spinach, it increases in their best seasons, too.

Second, raw spinach has more vitamin C than boiled spinach. 100g of raw winter spinach has 60mg of vitamin C. But when it's boiled, it (B)(l　　　) half of its vitamin C.

So if you want to take in a lot of vitamin C from spinach, it's best to eat raw winter spinach. But it's difficult for us to eat raw spinach. Compared with raw ＿＿(C)＿＿ spinach, boiled winter spinach has more vitamin C. So eating boiled winter spinach is a better choice for us.

Now, I know that eating vegetables in their best seasons is a good way to take in a lot of vitamins. When I cook, I want to use vegetables in their best seasons. This is my idea to stay healthy. Of course, there are some other ideas. (D)<u>What do you usually do to stay healthy other than eating something good for your health?</u>

（注）vegetables　野菜　　information　情報　the amount of～　～の量
take～as an example　～を例に挙げる　　more～than ...　…よりも多くの～
half　半分　　take in～　～を摂取する　　compared with～　～と比較すると
choice　選択　　stay healthy　健康を保つ　　other than～　～の他に

(1) 次の１～３は，本文中の [(A)] に入る英文である。１～３を文脈に合うように最も適切な順に並べかえ，記号で答えなさい。

1 What do you think about the amount of vitamin C in other vegetables?

2 Because of this, the amount of its vitamin C increases in its best season, winter.

3 Of course, we can eat spinach in every season now, but it's originally a winter vegetable.

(2) 【グラフ】の内容に合うように，下線部(B)に入る適切な英語１語を書きなさい。ただし，（　）内に与えられた文字で書き始めなさい。

(3) 【グラフ】の内容に合うように，下線部(C)に入る適切な英語１語を書きなさい。

(4) *Madoka* の発表について，司会の *Mark* が，クラスメートに質問を求めた。次は，そのときの対話の一部である。下線部に，場面にふさわしい４語以上の英語を書きなさい。

Mark:　Thank you for the speech.　Now everyone, do you have any questions?

Student A:　Yes. ________________ the information?

Madoka:　I found it by using the Internet.

Student A:　All right.　Thank you.

(5) 下線部(D)の質問に，あなたならどのように答えるか。次の【条件】に従って文章を書きなさい。

【条件】

① １文目は，次の書き出しに続けて，下線部に英語で書くこと。

I usually ______________________________________.

② １文目に続けて，その内容をより具体的に，20語以上30語以内の英語で書くこと。英語は２文以上になってもよい。符号（.,?! など）は，語数に含めないものとする。

③ 文と文のつながりを意識して，内容的にまとまりのある文章とすること。

④ 解答は，解答用紙の記入例に従って書くこと。

令　2　　山口県

受検番号	

学校指定教科検査（英語）解答用紙

得　点	点

1

(1)	(A)	→ →
(2)	(B)	
(3)	(C)	
(4)		______ the information?
(5)		I usually ______ .

20語

30語

（記入例）

Hi ,	how	are	you ?	I'm
a	high	school	student	now .

※この解答用紙は159％に拡大していただきますと，実物大になります。

＜理科＞

時間　50分　　満点　50点

1　図1のように2本のプラスチックのストローA，Bをティッシュペーパーでよくこすり，図2のように，ストローAを竹ぐしにかぶせ，ストローBを近づけると，2本のストローはしりぞけ合った。次の⑴，⑵に答えなさい。

図1

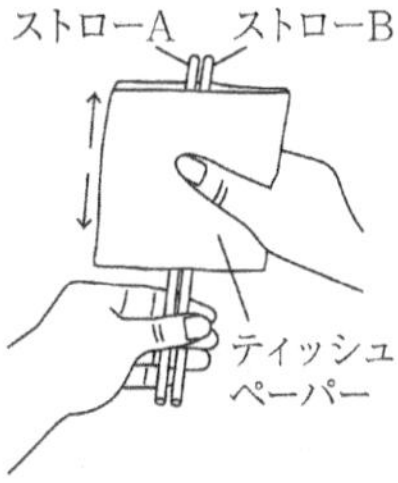

図2

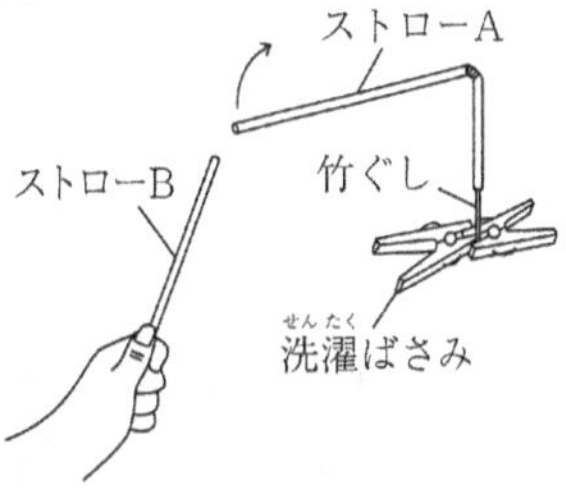

⑴　プラスチックと紙のように異なる種類の物質を，たがいにこすり合わせたときに発生する電気を何というか。書きなさい。

⑵　図3のように，竹ぐしにかぶせたストローAに，ストローAをこすったティッシュペーパーを近づけた。次の文が，このとき起きる現象を説明したものとなるように，(　)内のa～dの語句について，正しい組み合わせを，下の1～4から1つ選び，記号で答えなさい。

図3

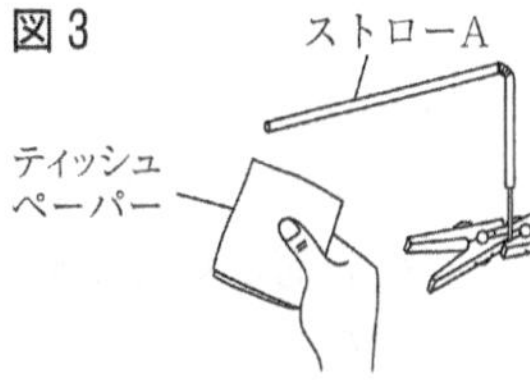

> 竹ぐしにかぶせたストローAと，ストローAをこすったティッシュペーパーは，（a　同じ種類　　b　異なる種類）の電気を帯びているため，たがいに（c　引き合う　　d　しりぞけ合う）。

1　aとc　　2　aとd　　3　bとc　　4　bとd

2　60℃の水100gを入れた2つのビーカーに，それぞれ塩化ナトリウムとミョウバンを加えてとかし，飽和水溶液をつくり，図1のようにバットに入れた水の中で冷やした。

このとき，ミョウバンは結晶として多くとり出すことができたのに対し，塩化ナトリウムはほとんどとり出すことができなかった。

次の⑴，⑵に答えなさい。

⑴　水溶液における水のように，溶質をとかしている液体を何というか。書きなさい。

⑵　塩化ナトリウムが結晶としてほとんどとり出すことができなかったのはなぜか。図2をもとに，「温度」と「溶解度」という語を用いて，簡潔に述べなさい。

図1

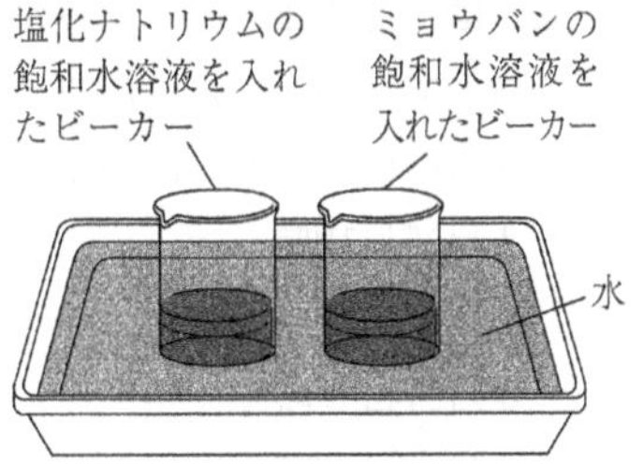

図2

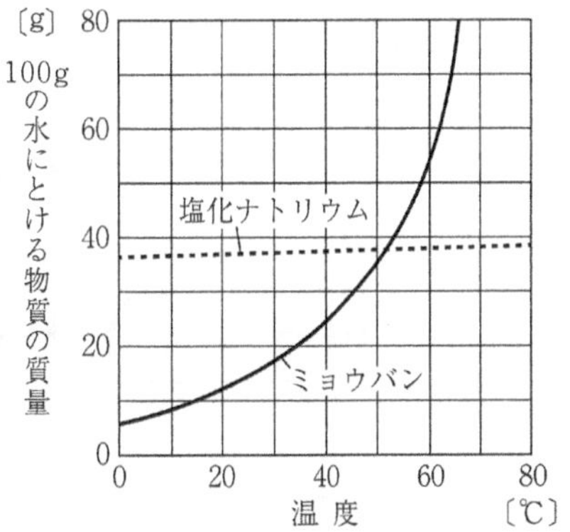

3　ジャガイモのいもを，水を入れた皿に置いておくと，**図1**のように芽が出て成長し，新しい個体となった。このように，植物や動物などにおいて，親の体の一部から新しい個体がつくられることを無性生殖という。次の(1)，(2)に答えなさい。

図1

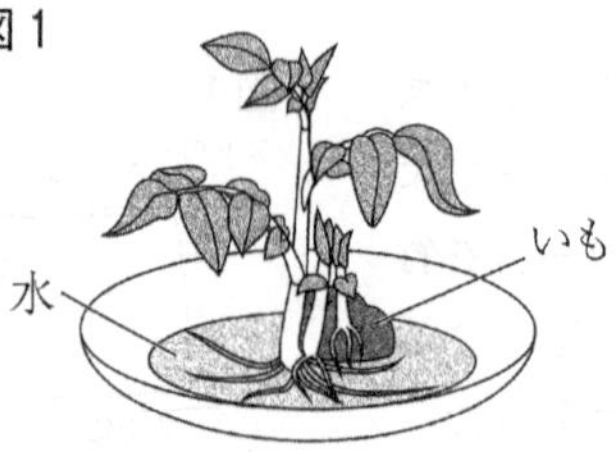

(1)　さまざまな生物にみられる無性生殖のうち，ジャガイモなどの植物において，体の一部から新しい個体ができる無性生殖を何というか。書きなさい。

(2)　無性生殖において，親の体の一部からつくられた新しい個体に，親と全く同じ形質が現れるのはなぜか。理由を簡潔に述べなさい。

4　**図1**のように，氷を入れた大型試験管を用いて，金属製のコップの中に入れた水の温度を下げていき，コップの表面がくもり始める温度を測定した。次の(1)，(2)に答えなさい。

(1)　コップの表面がくもったのは，コップの表面にふれている空気が冷やされて，空気中の水蒸気の一部が水滴となったためである。このように，空気中の水蒸気が冷やされて水滴に変わり始めるときの温度を何というか。書きなさい。

図1

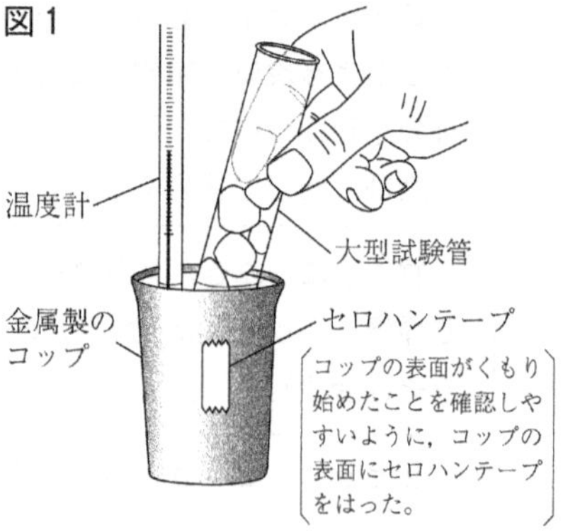

(2)　**図2**は，ある年の4月15日から17日にかけての気温と湿度をまとめたものである。**図2**の期間において，**図1**のようにコップの表面がくもり始める温度を測定したとき，その温度が最も高くなるのはいつか。次の1～4から1つ選び，記号で答えなさい。

1　4月15日12時

2　4月16日16時

3　4月17日8時

4　4月17日16時

図2

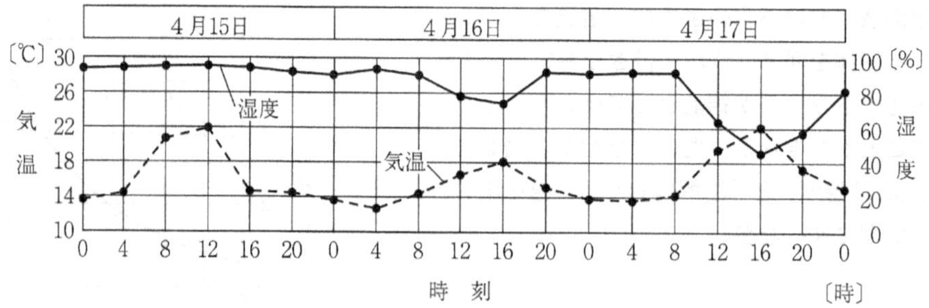

5　AさんとBさんは，刺激に対する反応について調べるために，次の実験を行った。下の(1)～(4)に答えなさい。

［実験］
① 30cmのものさしを用意した。
② **図1**のように，Aさんは，ものさしの上端を持ち，ものさしの0の目盛りをBさんの手の位置に合わせた。また，AさんとBさんはお互いに空いている手をつなぎ，Bさんは目を閉じた。
③ Aさんは，つないだ手を強くにぎると同時に，ものさしをはなした。Bさんは，つないだ手が強くにぎられたのを感じたら，すぐものさしをつかんだ。
④ **図2**のように，ものさしが落下した距離を測定した。
⑤ ②～④の操作をさらに4回繰り返した。**表1**はその結果である。
⑥ 5回測定した距離の平均値を求めた。

図1
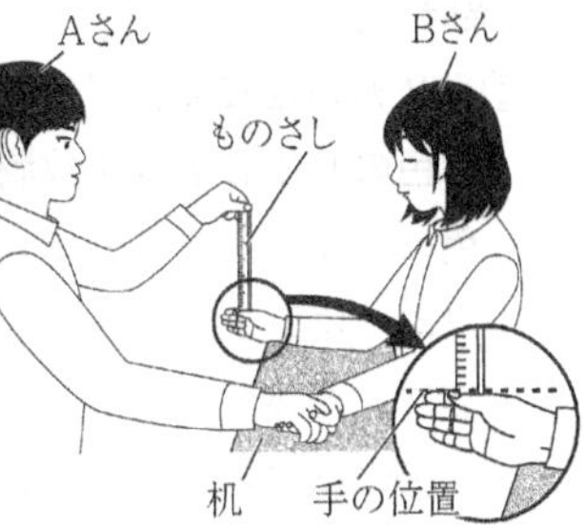

図2
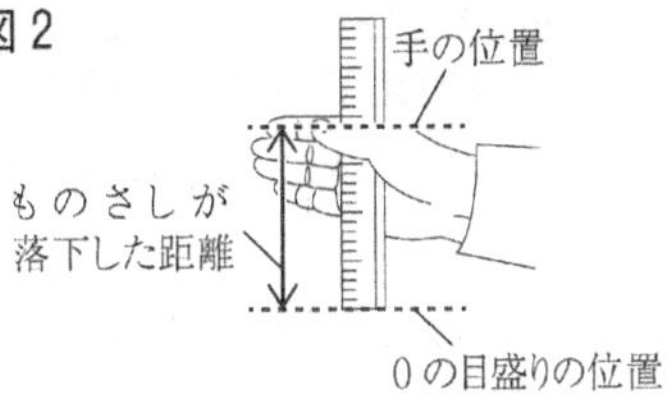

表1

	1回目	2回目	3回目	4回目	5回目
ものさしが落下した距離〔cm〕	19.0	20.8	18.5	20.0	19.2

(1) **図3**は，Bさんがつないだ手を強くにぎられてから，刺激が信号に変えられ，反対側の手でものさしをつかむまでの，信号が伝わる経路を示したものである。**図3**の［a］，［b］にあてはまる末しょう神経の名称をそれぞれ書きなさい。

図3

にぎられた手の皮ふ → ［a］ → 中枢神経 → ［b］ → 反対側の手の筋肉

(2) 実験においてより正しい値を求めるためには，［実験］の⑤，⑥のように繰り返し測定し，平均値を求める必要がある。その理由を簡潔に述べなさい。

(3) **図4**は，30cmのものさしが落下する時間と落下する距離の関係を示したものである。**図4**と，［実験］の⑥で求めた距離の平均値から，手を強くにぎられてから反対側の手でものさしをつかむまでの時間として最も適切なものを，次の**1**～**4**から選び，記号で答えなさい。

1　0.19秒　　**2**　0.20秒
3　0.21秒　　**4**　0.22秒

図4
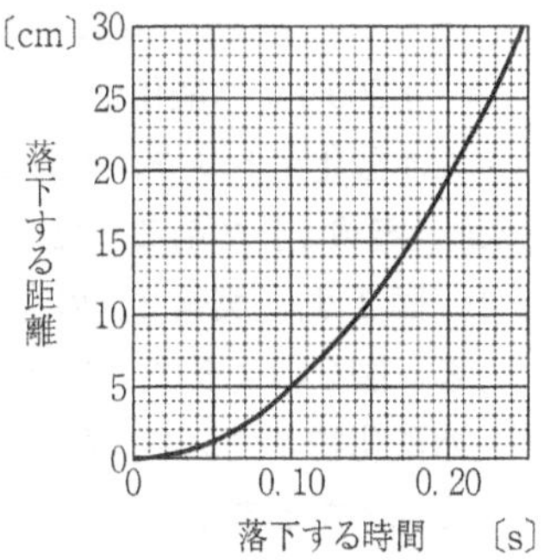

(4) 手で熱いものにふれたとき，熱いと感じる前に思わず手を引っこめる反応は，反射の一つであり，危険から体を守ることに役立っている。この反応が，［実験］の③の下線部のような意識して起こす反応に比べて，短い時間で起こるのはなぜか。「せきずい」という語を用いて，その理由を簡潔に述べなさい。

6　Yさんは，酸とアルカリの反応について調べるために，次の実験を行った。下の(1)〜(4)に答えなさい。

［実験１］

①　２％の塩酸４cm^3を入れた試験管に，緑色のＢＴＢ溶液を数滴加えると，黄色に変化した。この試験管にマグネシウムリボンを入れると，図１のＡのように，気体が発生した。

②　①の試験管に，こまごめピペットで２％の水酸化ナトリウム水溶液を少しずつ加えていくと，図１のＢのように，しだいに気体の発生が弱くなった。

③　さらに水酸化ナトリウム水溶液を加えていくと，図１のＣ，Ｄのように，気体が発生しなくなり，水溶液の色が緑色に変化した後，青色になった。

図１

	A	B	C	D
試験管のようす	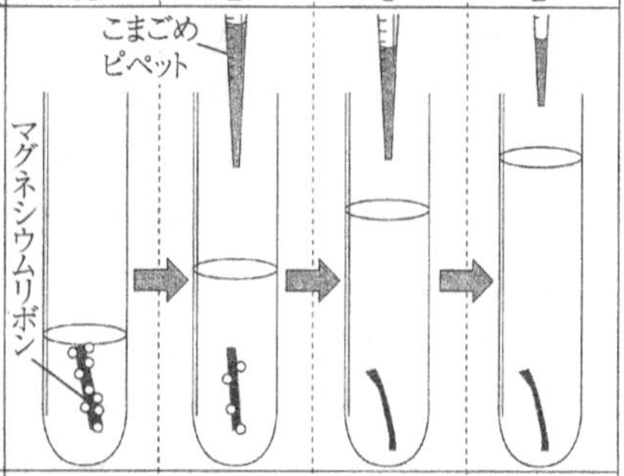			
水溶液の色	黄色	黄色	緑色	青色
気体発生のようす	さかんに発生した。	発生が弱くなった。	発生しなくなった。	

Yさんは，酸とアルカリの種類をかえて，［実験２］を行った。

［実験２］

①　うすい硫酸をビーカーに入れた。

②　①のビーカーに，こまごめピペットでうすい水酸化バリウム水溶液を少しずつ加えた。

(1)　［実験１］の①で発生した気体の性質として最も適切なものを，次の１〜４から選び，記号で答えなさい。

1　フェノールフタレイン溶液を赤色に変化させる。　　2　特有の刺激臭がある。

3　ものを燃やすはたらきがある。　　4　空気より密度が小さい。

(2)　水300ｇに水酸化ナトリウムを加えて，［実験１］の②の下線部をつくった。このとき，加えた水酸化ナトリウムは何ｇか。小数第２位を四捨五入し，小数第１位まで求めなさい。

(3)　［実験１］で起こった，塩酸と水酸化ナトリウム水溶液の反応を化学反応式で書きなさい。

(4)　図２は，［実験２］の②の操作をモデルで示したものである。図２のように，水素イオンH^+が６個存在する硫酸に，水酸化物イオンOH^-が４個存在する水酸化バリウム水溶液を加えたとする。

このとき，反応後にビーカー内に残っている「バリウムイオン」と「硫酸イオン」の数はいくつになるか。次の**ア**〜**キ**からそれぞれ１つずつ選び，記号で答えなさい。

ア　０個　　**イ**　１個　　**ウ**　２個　　**エ**　３個

オ　４個　　**カ**　５個　　**キ**　６個

図２

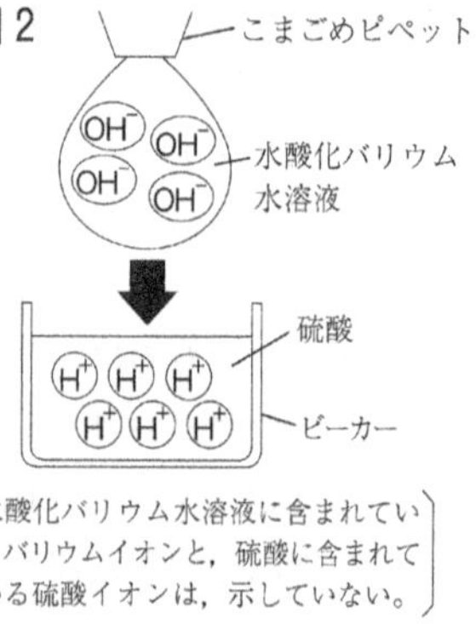

（水酸化バリウム水溶液に含まれているバリウムイオンと，硫酸に含まれている硫酸イオンは，示していない。）

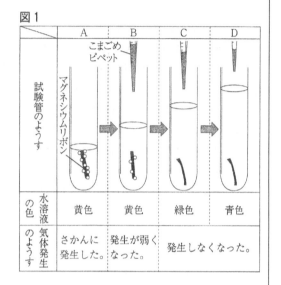

7　小球の運動について調べるために，次の実験を行った。小球とレールの間の摩《ま》擦《さつ》や空気の抵抗はないものとして，次のページの(1)～(4)に答えなさい。

［実験］

① 図1のように，目盛りをつけたレールを用いて，斜面と水平面がなめらかにつながった装置を作り，0の目盛りの位置をP_0点とした。

図1

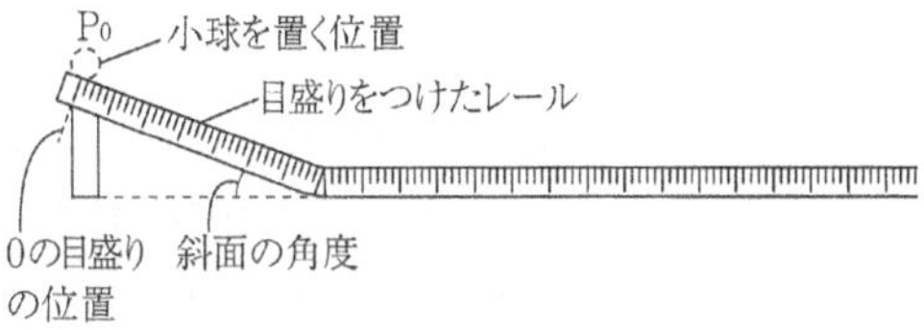

② 斜面の角度を20°にした。

③ 小球をP_0点に置いた。

④ 小球から静かに手をはなした。このときの小球の運動をビデオカメラで撮影した。

⑤ 図2のように，②の斜面の角度を30°，40°にかえて，②～④の操作を繰り返した。

図2

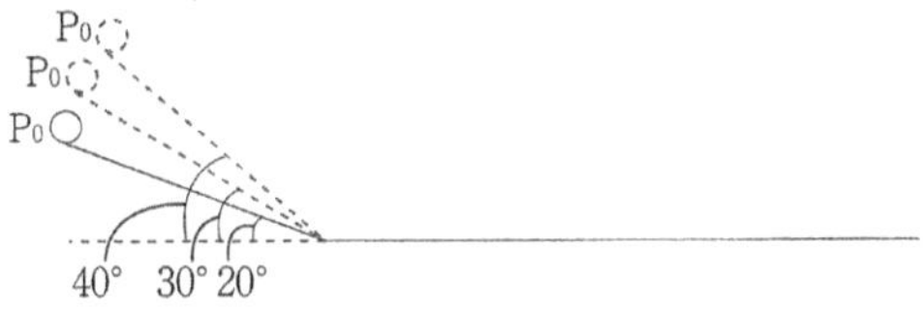

〔装置と小球を模式的に表している。〕

⑥ 表1は，小球を手からはなして0.1秒後，0.2秒後，0.3秒後，……，0.8秒後の小球の位置をそれぞれP_1，P_2，P_3，……，P_8とし，2点間の小球の移動距離をまとめたものである。

なお，図3は，斜面の角度を20°としたときの小球の位置を示したものである。

図3

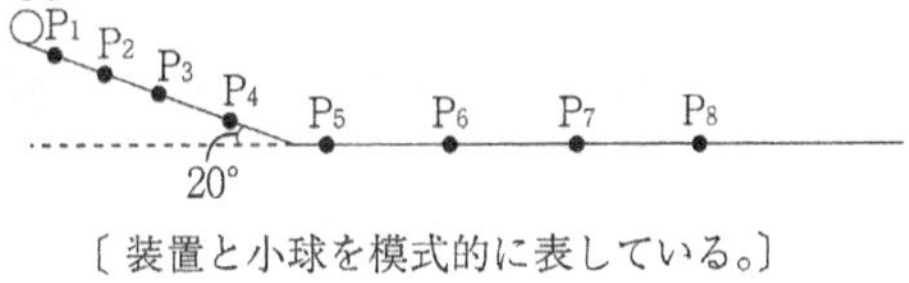

〔装置と小球を模式的に表している。〕

表1

斜面の角度	2点間の小球の移動距離〔cm〕							
	P_0P_1	P_1P_2	P_2P_3	P_3P_4	P_4P_5	P_5P_6	P_6P_7	P_7P_8
20°	1.7	5.0	8.4	11.7	14.8	15.3	15.3	15.3
30°	2.5	7.4	12.3	17.0	18.5	18.5	18.5	18.5
40°	3.1	9.4	15.7	20.6	21.0	21.0	21.0	21.0

⑦ 表1から，斜面を下る小球の速さは一定の割合で大きくなるが，斜面の角度を大きくすると，速さの変化の割合が大きくなることが確かめられた。

(1)　斜面の角度を20°としたときのP_2P_3間の平均の速さは，P_1P_2間の平均の速さの何倍か。表1から，小数第2位を四捨五入して，小数第1位まで求めなさい。

(2)　図4は，P_6の位置で水平面上を運動している小球にはたらく重力を矢印で表したものである。重力以外に小球にはたらく力を，図4に矢印でかきなさい。なお，作用点を「•」で示すこと。

図4

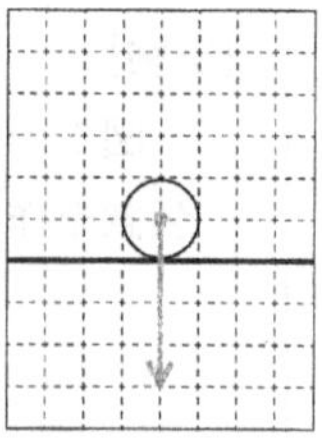

(3)　[実験]の⑦の下線部のようになるのはなぜか。理由を簡潔に述べなさい。

(4)　図1の装置を用いて，図5のように，斜面の角度を20°にし，小球を高さhの位置から静かにはなした。次に，斜面の角度を30°にかえ，小球を高さhの位置から静かにはなした。

このときの「小球の速さ」と小球をはなしてからの「経過時間」の関係を表すグラフとして，最も適切なものを，次の1～4から選び，記号で答えなさい。

図5

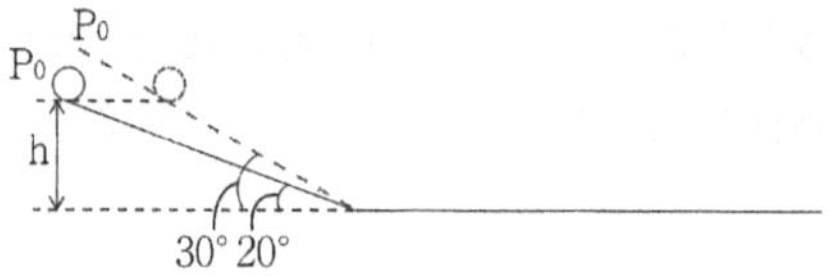

〔装置と小球を模式的に表している。〕

1

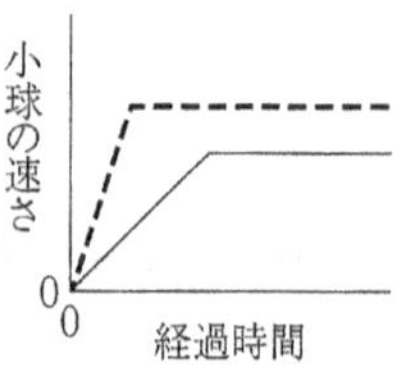

2

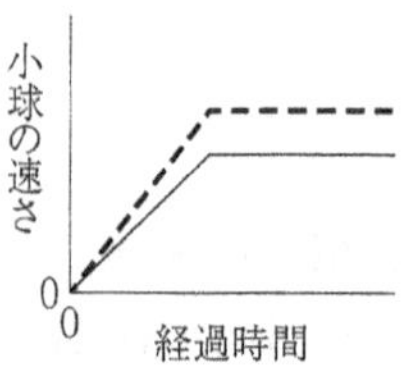

3

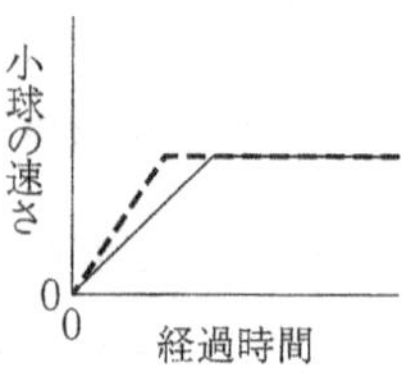

4

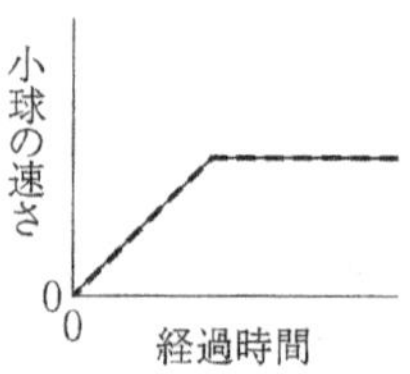

〔———は20°のときの小球の速さを，-----は30°のときの小球の速さを表している。〕

8　Yさんは，地層の重なりや広がりに興味をもち，次の観察と調査を行った。あとの(1)～(4)に答えなさい。

[観察]

①　砂，れき，火山灰の層がみられる地層を，(ア)ルーペで観察し，粒の大きさを調べた。

②　火山灰を採集し，ルーペで観察すると，(イ)多数の鉱物が含まれていた。

別のある地域の地層について，インターネットを用いて次の[調査]を行った。

[調査]

①　ある地域のあ地点，い地点，う地点，え地点の柱状図を収集し，次のページの図1のようにまとめた。

②　この地域の標高を調べ，次のページの図2のようにまとめた。

図1

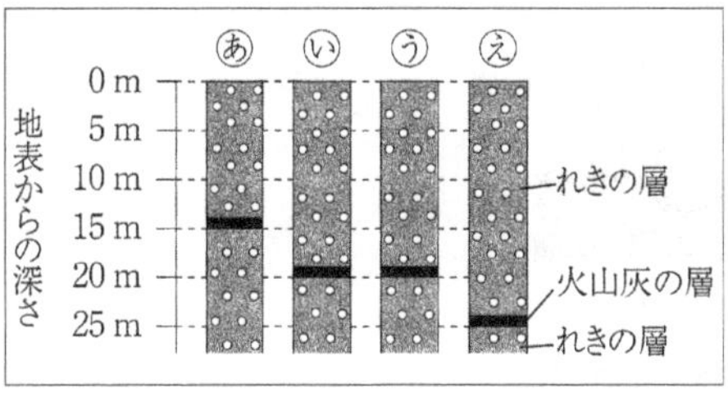

図2

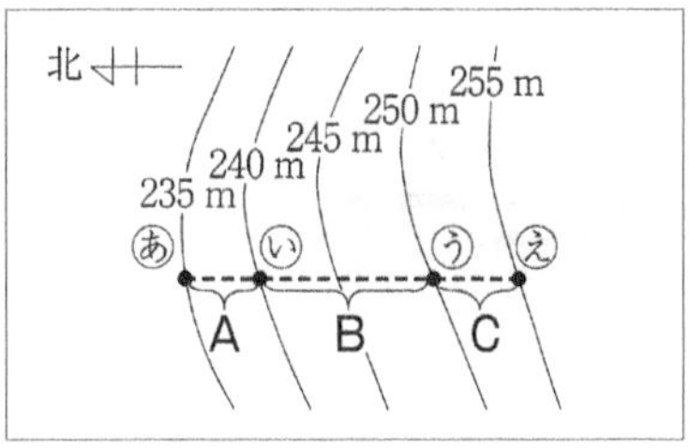

Yさんは，T先生と，図1，2を見ながら，次の［　］のような会話をした。

Yさん：　この地域にも火山灰の層がみられますね。

T先生：　この火山灰の層は，現在の九州地方の火山が約7300年前に噴火したときにふき出した火山灰が堆積したものであることが分かっているそうです。

Yさん：　そうすると，火山灰の層の下にある，れきの層は，約7300年前以前に堆積したということですね。

T先生：　そのとおりです。火山灰の層は，(ウ)離れた地層を比較する手がかりになりますね。

Yさん：　はい。各地点の柱状図とこの地域の標高をもとに，火山灰の層を水平方向につなげてみたところ，(エ)火山灰の層がずれているところがあることもわかりました。

T先生：　よく気づきましたね。

⑴　下線(ア)について，地表に現れている地層を観察するときのルーペの使い方として，最も適切なものを，次の1～4から選び，記号で答えなさい。

1　ルーペは目に近づけて持ち，地層に自分が近づいたり離れたりしてピントを合わせる。
2　ルーペは目から離して持ち，地層に自分が近づいたり離れたりしてピントを合わせる。
3　自分の位置を固定し，ルーペを地層に近づけたり離したりしてピントを合わせる。
4　自分の位置を固定し，地層と自分の中間の位置にルーペを構えてピントを合わせる。

⑵　下線(イ)は，「有色の鉱物」と「無色・白色の鉱物」に分けられる。「無色・白色の鉱物」を，次の1～4から1つ選び，記号で答えなさい。

1　キ石　　2　チョウ石　　3　カクセン石　　4　カンラン石

⑶　火山灰の層が，下線(ウ)となるのはなぜか。簡潔に述べなさい。

⑷　下線(エ)のようになっている原因は，あ地点からえ地点の間に，図3の模式図のような断層が1か所あるからである。この断層による火山灰の層のずれは，図2のA～Cのいずれかの「区間」の下にある。その「区間」として最も適切なものを，図2のA～Cから選び，記号で答えなさい。ただし，この地域の火山灰の層は水平に堆積しているものとする。

図3

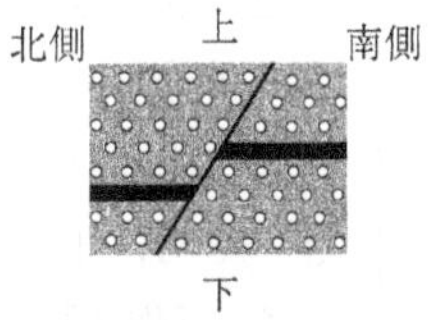

また，この断層ができるときに「地層にはたらいた力」を模式的に表した図として適切なも

のを，次の１，２から１つ選び，記号で答えなさい。

１

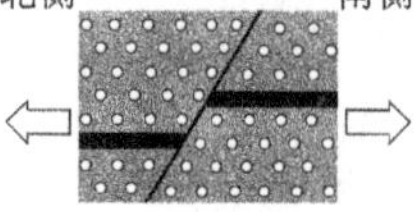

２

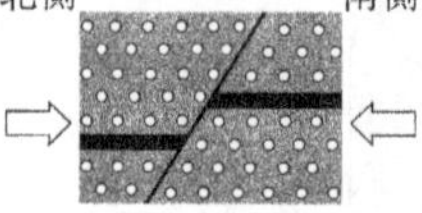

〔⇨は地層にはたらいた力の向きを示している。〕

9　ＡさんとＢさんは，消化を促す胃腸薬《いちょうやく》にタンパク質を分解する消化酵素が含まれていることを知り，そのはたらきを調べようと考え，次の作業と実験を行った。あとの(1)～(4)に答えなさい。

胃腸薬と，(ア)タンパク質を主成分とする脱脂粉乳《だっしふんにゅう》（牛乳からつくられる加工食品）を用意し，胃腸薬のはたらきについて次の仮説を立て，下の作業と実験を行った。

<仮説Ⅰ>白くにごった脱脂粉乳溶液は，胃腸薬によって徐々に分解され透明になる。

［作業］

液の「透明の度合い」を測定するために，**図１**のような二重十字線をかいた標識板をつくり，**図２**のようにメスシリンダーの底に標識板をはりつけた「装置」をつくった。

この装置で透明の度合いを測定する手順を**図３**のようにまとめた。

図１

図２

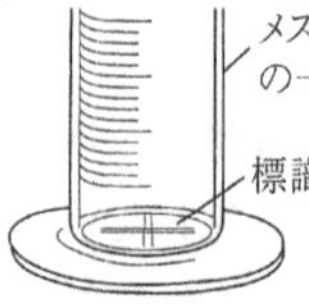

図３

<透明の度合いを測定する手順>

１　下の図のように，矢印⇨の方向から標識板を見ながら，装置に液を注ぐ。

２　二重十字線がはっきり見えなくなったところで注ぐのをやめる。

３　このときの液の深さをものさしではかって透明の度合いとする。

➡ 深いほど，透明の度合いが大きい。

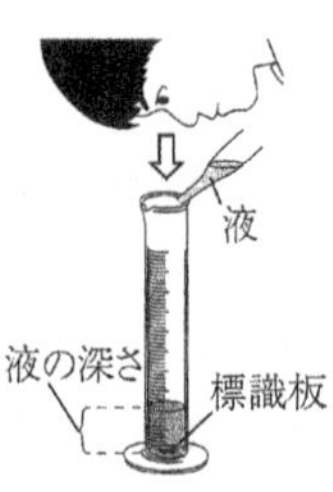

［実験１］

①　三角フラスコに水と胃腸薬を入れてよく混ぜ，「酵素液」とした。

②　ビーカーに水90mLと脱脂粉乳0.5ｇを入れてよく混ぜ「脱脂粉乳溶液」とし，**図４**のように，①の三角フラスコと一緒に40℃の水を入れた水そうに入れた。

図４

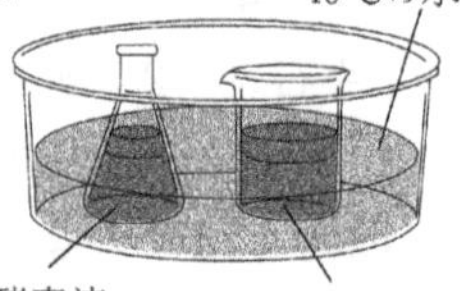

③　酵素液10mLを②のビーカーに加え，よく混ぜると同時にストップウォッチのスタートボタンを押した。

④　０分，１分，２分，……，10分経過したときに，ビーカーからとった液の透明の度合いを，［作業］でつくった装置を用いて測定した。

⑤　結果を**表１**（次のページ）にまとめた。透明の度合いは，時間の経過とともに大きくなった。

表1

経過した時間〔分〕	0	1	2	3	4	5	6	7	8	9	10
透明の度合い〔mm〕	8	8	8	9	11	13	16	20	25	31	37

AさんとBさんは，さらに，次の仮説を立て，下の実験を行った。

<仮説Ⅱ>　胃腸薬のはたらきの強さは，温度が高いほど大きくなる。

［実験2］

①　［実験1］の②の水そうの水温を50℃，60℃にかえて，［実験1］と同様の操作を行った。

②　結果を，［実験1］の結果と合わせて，図5のようにまとめた。

図5

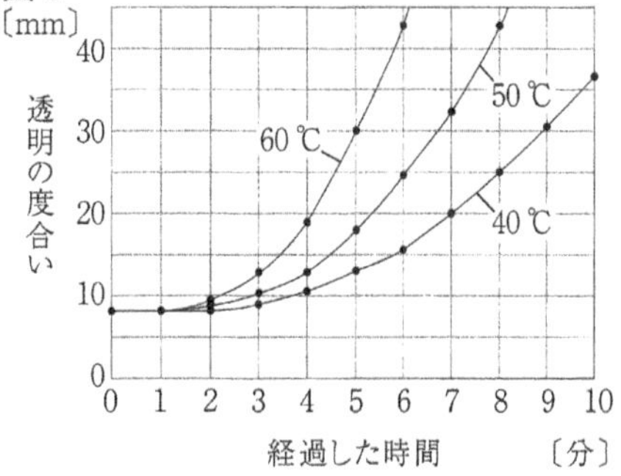

⑴　下線(ア)は有機物であり，砂糖やほかの有機物と同じように，燃やすとある気体を発生する。酸素が十分ある条件で有機物を燃やしたときに，水蒸気以外に共通して発生する気体を化学式で書きなさい。

⑵　脱脂粉乳溶液が白くにごって見えるのは，脱脂粉乳溶液にタンパク質の分子が多数集まってできた粒子が含まれており，この粒子に光が当たっていろいろな方向にはね返るためである。光がでこぼこした面に当たって，いろいろな方向にはね返ることを何というか。答えなさい。

⑶　<仮説Ⅰ>を正しく検証するためには，［実験1］の対照実験を行う必要がある。次の文が，その対照実験の計画を示したものとなるように，［あ］に入る物質と，［い］に入る適切な語句を書きなさい。

［実験1］の③においてビーカーに加える液を［　あ　］10mLにかえ，②～④の操作と同様の操作を行い，ビーカー内の液が［　　い　　］であることを確かめる。

⑷　AさんとBさんは，図5をもとに，<仮説Ⅱ>が正しいと言えるかどうかについて，次の［　］のような会話をした。Bさんの発言が，<仮説Ⅱ>が正しいと言える根拠を示したものとなるように，図5をもとにして，［　］に入る適切な語句を書きなさい。

Aさん：　胃腸薬のはたらきの強さは，透明の度合いが変化するのにかかる時間を比較することで判断することができるよね。

Bさん：　はい。例えば，透明の度合いが20㎜から30㎜になるまでの時間は，［　　　　］ね。

Aさん：　そうだね。だから，仮説Ⅱは正しいと言えるね。

令 2 山口県

受検番号	

理科解答用紙

得点	* 点

＊印の欄には何も記入しないこと。

1

(1)	
(2)	

2

(1)	
(2)	

3

(1)	
(2)	

4

(1)	
(2)	

5

(1)	a	
	b	
(2)		
(3)		
(4)		

6

(1)		
(2)	g	
(3)		
(4)	バリウムイオン	硫酸イオン

7

(1)	倍
(2)	図4 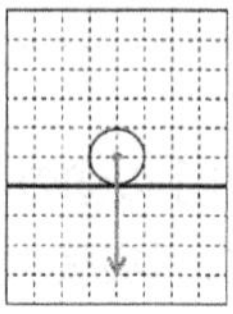
(3)	
(4)	

8

(1)		
(2)		
(3)		
(4)	区間	地層にはたらいた力

9

(1)		
(2)		
(3)	あ	
	い	
(4)		

※この解答用紙は167%に拡大していただきますと，実物大になります。

<社会>

時間　50分　満点　50点

1　次の(1)～(3)に答えなさい。

(1)　資料Ⅰは，弥生時代に使用された青銅器である。この青銅器を何というか。次の１～４から一つ選び，記号で答えなさい。

資料Ⅰ

１　銅鐸

２　銅鏡

３　銅剣

４　銅矛

(2)　資料Ⅱは，16世紀のドイツで宗教改革を始めた人物の肖像画である。この人物は誰か。次の１～４から一つ選び，記号で答えなさい。

資料Ⅱ

１　ワシントン

２　バスコ・ダ・ガマ

３　ルター

４　ナポレオン

(3)　1853年，アメリカ合衆国のペリーが浦賀に来航し，江戸幕府に日本の開国を要求した結果，1854年，幕府はアメリカ合衆国と条約を結び，開国した。この条約を何というか。答えなさい。

2　次の(1)～(3)に答えなさい。

(1)　次の文は，日本国憲法第25条の一部である。この条文で保障されている権利を何というか。下の１～４から一つ選び，記号で答えなさい。

第25条①　すべて国民は，健康で文化的な最低限度の生活を営む権利を有する。

１　団結権　　２　勤労の権利

３　教育を受ける権利　　４　生存権

(2)　次の表Ⅰは，物価の変動について，大まかにまとめたものである。表Ⅰ中の（　）に入る，適切な語を答えなさい。

表Ⅰ

（　　　　）	好況（好景気）のときに，物価が上がり続ける現象のこと。
デフレーション	不況（不景気）のときに，物価が下がり続ける現象のこと。

(3)　国際連合において，拒否権をもつ５か国の常任理事国と，10か国の非常任理事国とで構成される機関を何というか。次の１～４から一つ選び，記号で答えなさい。

１　総会　　２　安全保障理事会

３　経済社会理事会　　４　国際司法裁判所

3　次の(1)～(3)に答えなさい。

(1)　資料Ⅰは，川が山間部から平野や盆地に出たところに土砂がたまってできた地形の写真である。このような地形を何というか。答えなさい。

資料Ⅰ

(2)　図1は，日本周辺の海流を ⟶ で大まかに示したものである。図Ⅰ中のA～Dの海流のうち，寒流の組み合わせとして最も適切なものを，次の1～4から選び，記号で答えなさい。

1　A・B
2　B・C
3　A・D
4　C・D

図Ⅰ

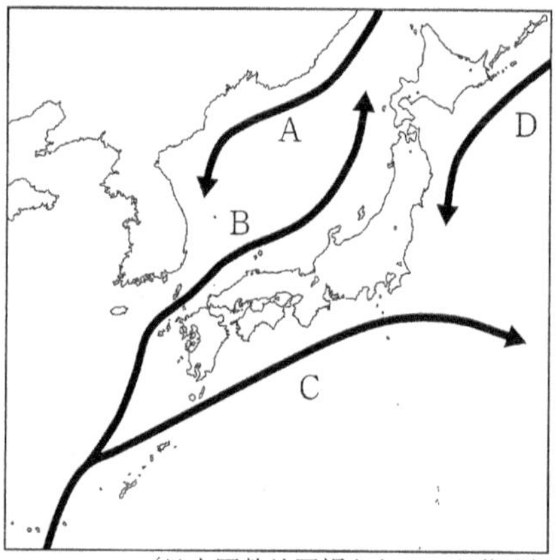

（日本国勢地図帳などにより作成）

(3)　次の説明文にあてはまる国を，下の1～4から一つ選び，記号で答えなさい。

> この国では，1970年代末から2015年まで，「一人っ子政策」とよばれる人口の増加を抑えるための政策が進められた。
> また，経済を発展させるために，1979年以降，沿岸部のシェンチェンなどに外国企業を受け入れる経済特区が設けられた。

1　アメリカ合衆国　　2　中国　　3　タイ　　4　ガーナ

4　Hさんのクラスは，文化祭での展示に向け，税の歴史について調べた。次のページの配置図は，展示の配置と内容を大まかに示したものである。これについて，あとの(1)～(8)に答えなさい。

(1)　下線部①について，701年に，唐の制度にならってつくられた律令を何というか。答えなさい。

(2)　下線部②について，室町幕府が税を課した，お金の貸し付けなどを行っていた金融業者を何というか。次の1～4から二つ選び，記号で答えなさい。

1　土倉　　2　飛脚　　3　惣　　4　酒屋

配置図

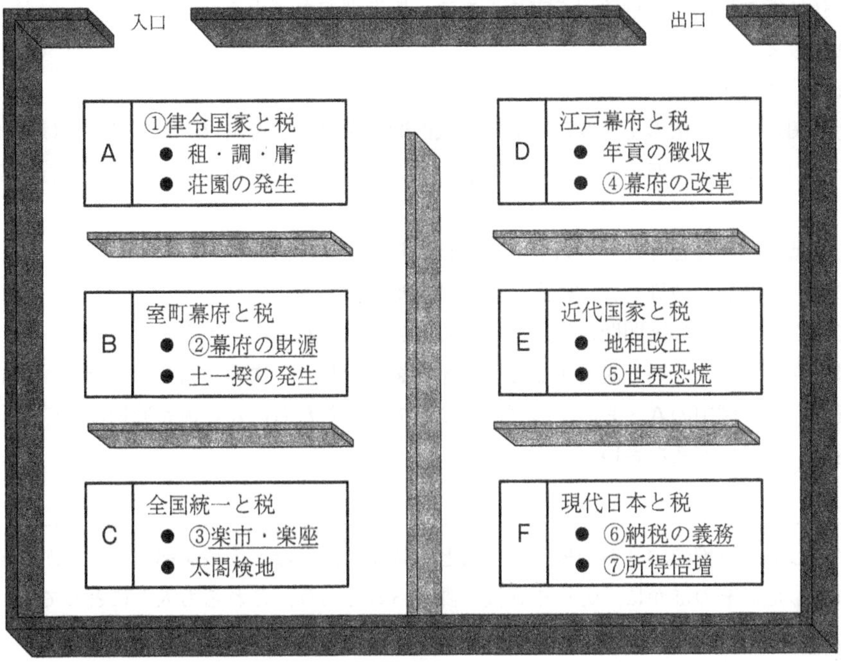

⑶　下線部③について，織田信長によって楽市令が出されたのは何世紀か。答えなさい。

⑷　下線部④に関連して，江戸幕府の老中であった田沼意次が，幕府の財政を立て直すため，貿易や開発に力を入れたことのほかに，商工業者に対して行った政策の内容を，「税」という語を用いて説明しなさい。

⑸　下線部⑤に対処するため，イギリスなどが実施した，本国と植民地との間で経済圏をつくり，高い税をかけて外国の商品をしめ出す政策を何というか。答えなさい。

⑹　下線部⑥に関連して，次の資料Ⅰは，Hさんが作成した展示資料の一部である。また，a，bの文は，所得税と消費税のいずれかの特徴を述べたものである。資料Ⅰのグラフ中の［ア］，［イ］と，a，bの文のうち，消費税を示しているものの組み合わせとして正しいものを，次のページの１～４から一つ選び，記号で答えなさい。

資料Ⅰ

【所得税と消費税の税収額の推移】

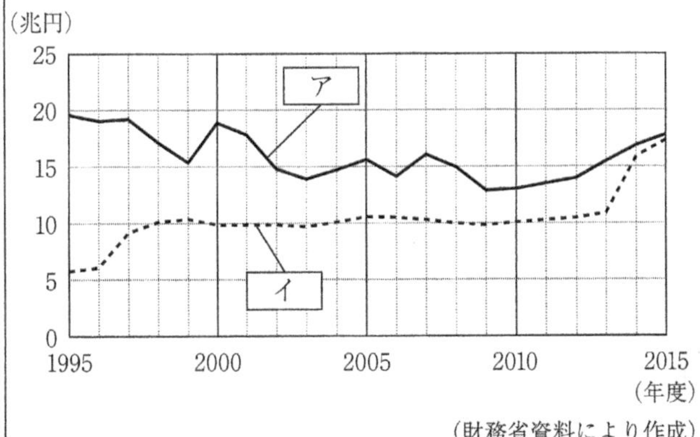

(財務省資料により作成)

○　2008年の世界金融危機の際には，日本経済も大きな影響を受け，戦後最大のマイナス成長となった。

○　消費税は，所得税に比べて景気の変動を受けにくい。

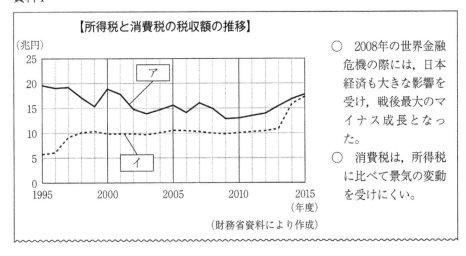

ａ　所得に関係なく税率が一定で，低所得者ほど所得にしめる税負担の割合が高い。

ｂ　税の支払い能力に応じた税負担を求めるため，累進課税が適用されている。

１　ア－ａ　　２　ア－ｂ

３　イ－ａ　　４　イ－ｂ

⑺　下線部⑦に関連して，次の１～３は，池田勇人内閣が所得倍増をスローガンにかかげた1960年以降の日本のできごとである。１～３のできごとを，年代の古い順に並べ，記号で答えなさい。

１　中東での戦争の影響を受けて，石油危機が起こり，高度経済成長が終わった。

２　投資によって株価と地価が異常に高くなるバブル経済が崩壊した。

３　各地で起こっていた公害問題に対応するため，公害対策基本法が制定された。

⑻　Ｎさんは，展示資料について説明するための原稿を作成した。次の資料Ⅱは，その一部である。資料Ⅱは，配置図中のＡ～Ｆのどの展示について説明したものか。最も適切なものを，Ａ～Ｆから選び，記号で答えなさい。

資料Ⅱ

　人々に対して，収穫の約３％の稲や，絹などの特産物，布などの税を納めることが義務づけられました。そのほかに，労役《ろうえき》や兵役《へいえき》も課せられており，これらも人々にとって重い負担でした。

５　Ｋさんのクラスでは，公民の学習のまとめとして，模擬選挙を行うことにした。最初に各班で模擬政党を結成し，公約を一つずつ考えた。次は，各党が考えた公約である。これについて，あとの⑴～⑸に答えなさい。

ア党：医療制度を充実させ，安心して健康に暮らせる社会をめざします。

イ党：地方自治へのさらなる住民参加を呼びかけ，地域活性化を推進します。

ウ党：企業間の健全な競争をうながし，経済の発展に努めます。

エ党：国際社会と協力しながら，持続可能な社会の形成に努めます。

オ党：食料の安定供給のため，食料自給率を向上させます。

⑴　**ア党**の公約に関連して，自己決定の観点から，医師は治療方法などについて患者に十分な説明を行うべきだと考えられている。このような考え方を何というか。次の１～４から一つ選び，記号で答えなさい。

１　メディアリテラシー

２　クーリング・オフ

３　フェアトレード

４　インフォームド・コンセント

(2)　**イ党**では，公約を考えるにあたって，各自が興味をもったことについて調べることにした。次は，**イ党**に所属するＫさんが作成したメモである。(**あ**) に適切な語をおぎない，文を完成させなさい。

＜メモ＞

○　**中学生も住民投票**

平成15年５月11日，長野県平谷《ひらや》村で，市町村合併の賛否を問う住民投票が実施された。この住民投票では，事前に制定された条例にもとづいて，中学生にも投票の資格が与えられ，実際に投票を行った。

○　**感想**

地方自治は「(　　あ　　) の学校」であると言われるが，平谷村の中学生にとって，この経験は地方自治について，そして，(　　あ　　) について考えるきっかけになったのではないかと思う。

(3)　**ウ党**の公約に関連して，企業の健全な競争をうながすために制定された独占禁止法の運用を担当する行政機関を何というか。答えなさい。

(4)　**エ党**の公約について，「持続可能な社会」とはどのような社会のことか。「現在の世代」と「将来の世代」という二つの語を用いて説明しなさい。

(5)　Ｋさんのクラスでは模擬選挙の前に，公開討論会を行うことにした。次は，**オ党**が公開討論会で使用するポスターと，原稿である。原稿中の **い** に適切な語句をおぎない，文を完成させなさい。

＜ポスター＞

日本の食料自給率の向上に向けて

【私たちが考えた具体的政策】

・　米の生産者と，製粉業者，パンや菓子といった商品のメーカー・小売業者が連携して，米粉の利用を促進する体制を確立する。

・　米の消費量を増やすため，お米・ごはん食の栄養・健康面でのよさなどをわかりやすく紹介するパンフレットを作成する。

【日本の食料自給率の現状】

資料Ⅰ　日本の食料自給率の推移
(供給熱量ベース)

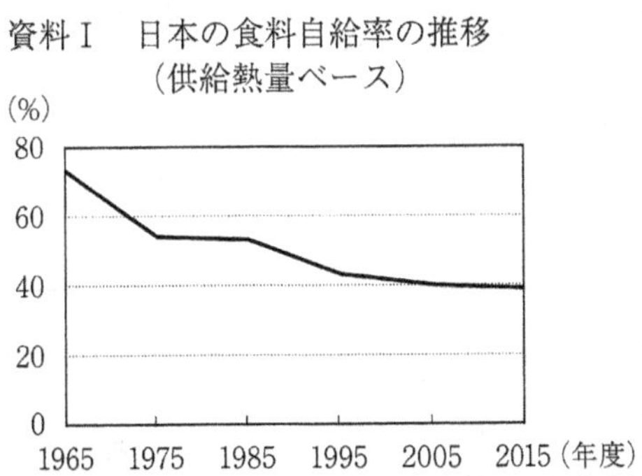

(農林水産省資料により作成)

資料Ⅱ　日本の品目別食料自給率の変化
(供給熱量ベース)

品目	1965年度(%)	2015年度(%)
米	100	99
畜産物	47	17
油脂類	33	3
小麦	28	15
魚介類	110	62
野菜	100	76

(農林水産省資料により作成)

資料Ⅲ　国民1人・1日当たり供給熱量の変化

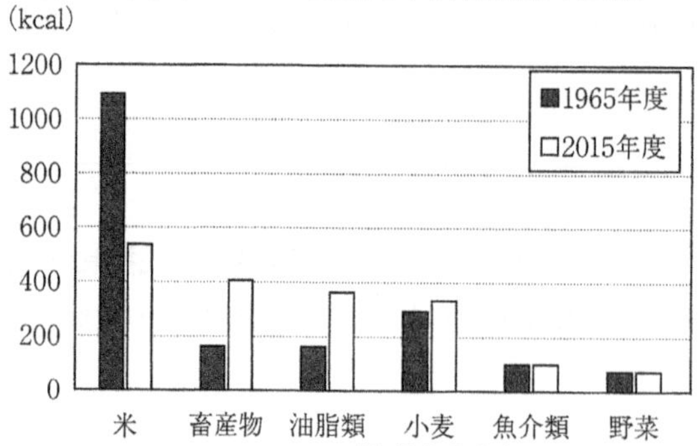

（農林水産省資料により作成）

（注）資料Ⅰ～Ⅲにおける供給熱量とは，国民に対して供給された食料の重量を熱量に換算して示したもの。

＜原稿＞

・　資料Ⅰから資料Ⅲをふまえて，私たちが考えた政策を発表します。
・　資料Ⅰから，日本の食料自給率は，1965年度から2015年度にかけて低下していることが読み取れます。
・　資料Ⅱと資料Ⅲから，［　い　］ことが食料自給率の低下の一因であると言えます。
・　以上のことから，食料自給率を向上させるためには，お米・ごはん食を奨励することが有効であると考えます。

6　昨年秋に，日本で開催されたラグビーワールドカップを見たTさんは，南半球の国々に興味をもち，アルゼンチン，南アフリカ共和国，オーストラリアについて調べることにした。これについて，あとの⑴～⑸に答えなさい。

⑴　図Ⅰは，北回帰線より南を省略してかかれた地図である。図Ⅰ中の［　　］で囲んだ**あ**～**う**にあてはまる図を，次のページの**A**～**C**からそれぞれ選び，記号で答えなさい。

図Ⅰ

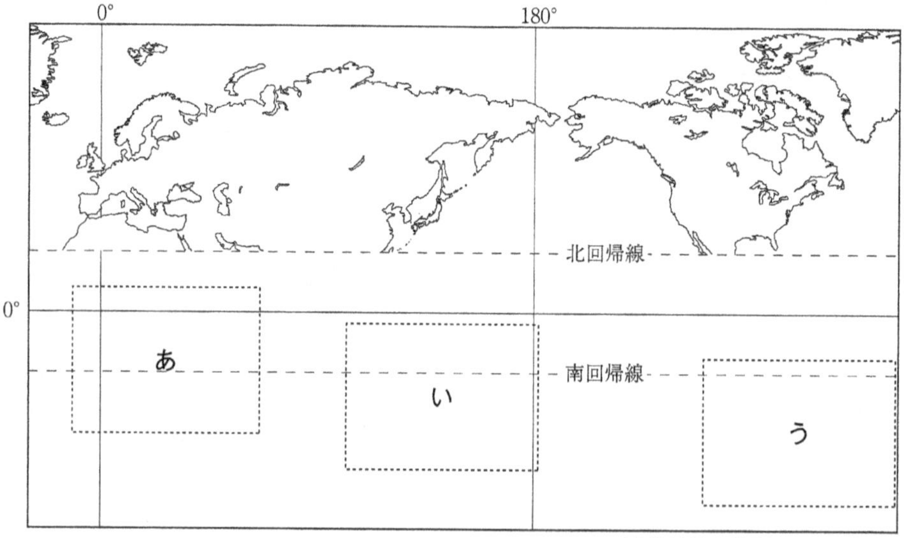

（中学校社会科地図により作成）

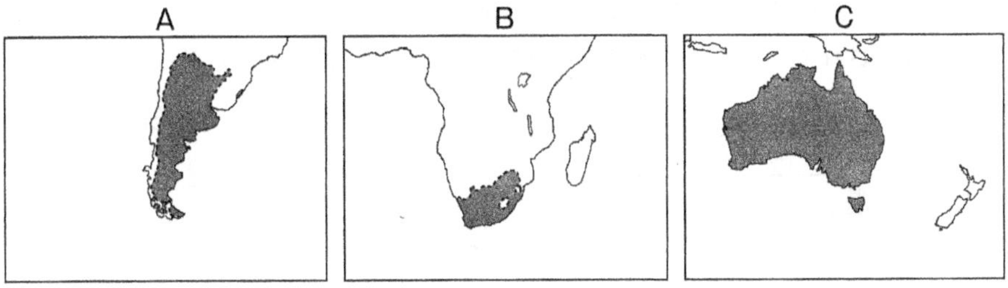

（注） A～Cの縮尺はすべて同じであるが，図Ⅰとの縮尺は異なる。

⑵　世界には，高くけわしい山脈や島々が連なる造山帯が二つある。このうち，アルゼンチンとチリの国境をなすアンデス山脈と，日本列島とが，ともに属する造山帯を何というか。答えなさい。

⑶　昨年のラグビーワールドカップで優勝した南アフリカ共和国は，異なる人種どうしの和解や協調を進めている。これは，1990年代にヨーロッパ系以外の人々を差別する政策が廃止されたためである。この廃止された政策を何というか。答えなさい。

⑷　Tさんは，オーストラリアについてレポートを作成するために，資料を集めた。資料Ⅰ，資料Ⅱは，その一部である。次のア～ウに答えなさい。

ア　オーストラリアは，世界を六つの州に区分した場合，何という州に属するか。答えなさい。

イ　資料Ⅰは，オーストラリアの1963年と2015年における輸出額の品目別の割合を示したものである。資料Ⅰ中のa，bにあてはまる品目を，次の１～４からそれぞれ選び，記号で答えなさい。

１　石炭　　２　石油　　３　羊毛　　４　コーヒー

資料Ⅰ　オーストラリアの輸出品の変化

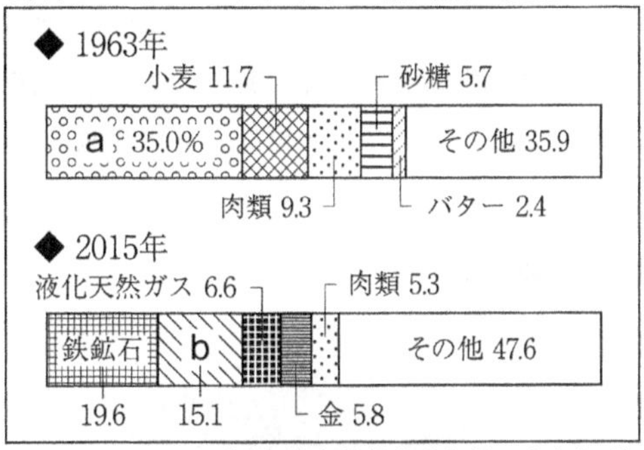

（国際連合貿易統計年鑑により作成）

ウ　Tさんは，2017年に日本に輸入された鉄鉱石の約6割がオーストラリア産であり，日本の製鉄はオーストラリアと関係が深いことを知った。

　資料Ⅱは，現在の日本における主な製鉄所の所在地を示したものである。これらの製鉄所は，どのような場所に立地しているか。輸送手段に着目して説明しなさい。

資料Ⅱ　日本の主な製鉄所の所在地

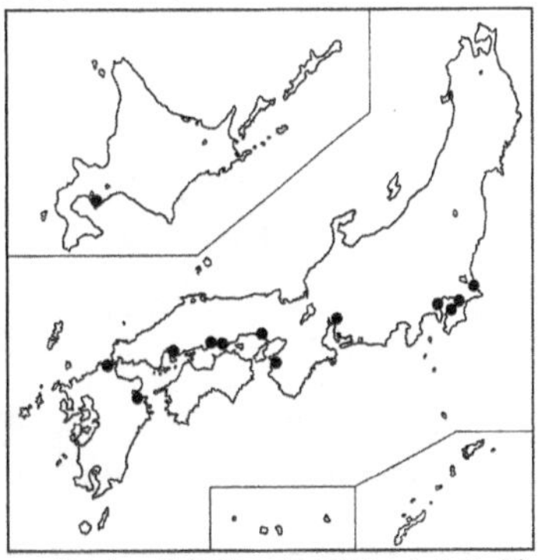

（日本の鉄鋼業2018年版により作成）

⑸　Tさんは，ラグビーワールドカップをきっかけに，ラグビーの競技人口にも興味をもち，表

Ⅰの資料をもとに図Ⅱのような統計地図を作成することにした。図Ⅱ中の未記入の二つの県について，記入されている都県の例にならって作業を行い，図を完成させなさい。

表Ⅰ

都県名	ラグビー競技人口(人)
茨城県	1,809
栃木県	676
群馬県	1,916
埼玉県	4,178
千葉県	3,125
東京都	13,153
神奈川県	7,098

(注) ラグビー競技人口は，日本ラグビーフットボール協会に登録されている人数である。

(日本ラグビーフットボール協会 2018年度事業報告により作成)

図Ⅱ　関東地方のラグビー競技人口

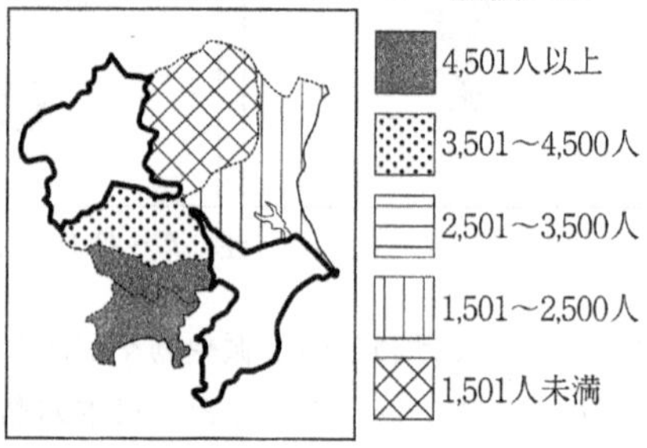

7　Sさんは，かつて日本の都が置かれていたことから古都と呼ばれている奈良・京都に興味をもち，調べ学習を行った。あとの(1)，(2)に答えなさい。

(1)　Sさんは，奈良・京都の文化遺産について調べ，まとめることにした。次は，その一部である。これについて，下のア～エに答えなさい。

◆　東大寺

・　奈良時代に聖武天皇が，仏教の教えを中心にして，国を守るために建てた。
・　源平の争乱で①平氏に焼かれたが，貴族や武士だけでなく民衆などの支援によって再建された。
・　南大門には，力強い動きを表す，②彫刻作品が置かれている。

◆　二条城

・　徳川家康により築城され，以後，江戸幕府の将軍が京都を訪れたときの宿泊所となった。
・　二の丸御殿は，③桃山文化を代表する建築物である。
・　1867年（慶応3年），15代将軍徳川慶喜が，④大政奉還を発表した場所である。

ア　下線部①に関連して，武士として初めて政治の実権をにぎった平清盛について述べた文として正しいものを，次の1～4から一つ選び，記号で答えなさい。

1　摂政になり，仏教や儒教の考え方を取り入れた十七条の憲法を定めた。

2　太政大臣になり，一族を朝廷の高い位につけ，各地の公領を支配した。

3　征夷大将軍になり，家来となった武士に守護や地頭の職を与えた。

4　執権になり，元軍の襲来では，博多湾に石の防壁を築き抵抗した。

イ　下線部②は，運慶らによって制作されたものである。南大門にある，この作品を何というか。答えなさい。

ウ　下線部③について，資料Ⅰは，桃山文化を代表する絵画である。この絵画をかいた人物は誰か。答えなさい。

資料Ⅰ

エ　下線部④とは，どのようなことか，「朝廷」という語を用いて，簡潔に述べなさい。

⑵　Ｓさんは，京都の文化遺産などの観光地を家族と一緒にめぐるコースを考えることにした。次は，Ｓさんが考えたコースである。これについて，次のページのア～カに答えなさい。

ホテル

↓（徒歩）

東寺：⑤空海にゆかりのある寺院

↓（徒歩）

西本願寺：豊臣秀吉が寄付した土地に建てられた寺院

↓（徒歩）

レストラン：昼食は，⑥京野菜を使った料理

↓（⑦京都市営バス：西本願寺前　⇒　二条城前）

⑧二条城：徳川慶喜が大政奉還を発表した城

↓（ＪＲ山陰本線：二条駅　⇒　嵯峨嵐山駅）

天龍寺：足利尊氏が，元との交易で資金を得て建てた寺院

↓（徒歩）

渡月橋：⑨嵐山周辺散策と写真撮影

↓（ＪＲ山陰本線：嵯峨嵐山駅　⇒　京都駅）

ホテル

ア 下線部⑤が，9世紀の初めに唐から帰国した後，仏教の新しい宗派を広めた。この宗派を何というか。次の1～4から一つ選び，記号で答えなさい。

1 真言宗　2 天台宗　3 浄土宗　4 日蓮宗

イ 下線部⑥について，Sさんは，賀茂なすや九条ねぎなどの京野菜が京都市の郊外や周辺地域で生産されていることを知った。東京や京都などの大都市から距離の近い地域に，野菜や生花などを生産する農業が多くみられる理由を説明しなさい。

ウ 下線部⑦を運営する京都市交通局のような国や地方公共団体などが経営する公企業に対して，個人企業や法人企業のような民間企業を何というか。答えなさい。

エ 下線部⑧について調べていたSさんは，「入城料」をクレジットカードで支払えることを知った。クレジットカードで商品を購入する際の利点を，支払い方法にふれながら，「現金」という語を用いて説明しなさい。

オ 下線部⑨について，Sさんは，嵐山周辺を散策するルートを決めるため，図Ⅰを使用した。図Ⅰの範囲から読み取れることとして正しいものを，次の1～4から一つ選び，記号で答えなさい。

1 ①の範囲には，茶畑が広がっている。

2 郵便局が最も近くにある駅は，有栖川駅である。

3 ②の神社は，標高100mよりも低い位置にある。

4 天龍寺庭園は，渡月橋の北東の方向にある。

図Ⅰ

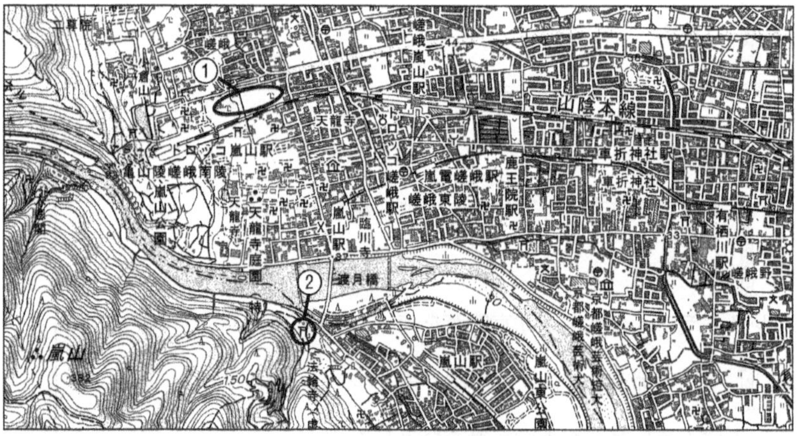

（国土地理院25,000分の1地形図による）

カ 表Ⅰは，国内の宿泊旅行のうち，近畿地方2府5県を目的地とした，旅行目的別の延べ旅行者数を示したもので，図Ⅱは，近畿地方2府5県における国宝（建造物）指定件数である。京都府にあてはまるものを，表Ⅰ，図Ⅱ中のA～Dから一つ選び，記号で答えなさい。なお，表Ⅰと図Ⅱ中のA～Dは，それぞれ同じ府県である。

（表Ⅰ，図Ⅱは次のページにあります。）

表Ⅰ　　(2017年)

府県名	観光・レクリエーション（千人）	出張・業務（千人）
A	7,975	4,075
B	7,647	1,240
兵庫県	7,542	2,187
三重県	5,983	1,072
C	3,332	266
D	2,087	230
滋賀県	1,804	766

（観光庁資料により作成）

図Ⅱ

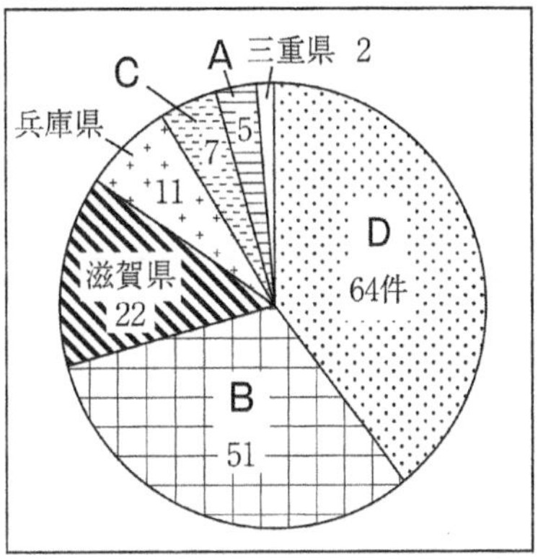

（注）指定件数は，2019年12月１日現在のものである。

（文化庁資料により作成）

令 2 山口県

受検番号	

社会解答用紙

得 点	* 点

＊印の欄には何も記入しないこと。

1 ＊

(1)	
(2)	
(3)	

2 ＊

(1)	
(2)	
(3)	

3 ＊

(1)	
(2)	
(3)	

4 ＊

(1)		
(2)		
(3)	世紀	
(4)		
(5)		
(6)		
(7)	→ →	
(8)		

5 ＊

(1)	
(2)	
(3)	
(4)	
(5)	

6 ＊

(1)	あ		い		う	
(2)						
(3)						
(4)	ア	州				
	イ	a		b		
	ウ					
(5)	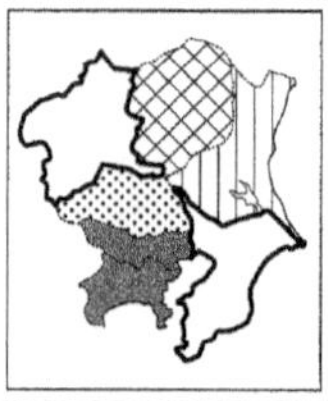					

7 ＊

(1)	ア	
	イ	
	ウ	
	エ	
(2)	ア	
	イ	
	ウ	
	エ	
	オ	
	カ	

※この解答用紙は167％に拡大していただきますと，実物大になります。

令二　山口県

受検番号

学校指定教科検査（国語）解答用紙

得点　　点

一

(一)		
(二)	実在する事物A	
	非実在の事物B	
(三)		
(四)	Ⅰ	
	Ⅱ	

※この解答用紙は143％に拡大していただきますと、実物大になります。

（鈴木宏子《すずきひろこ》「古今和歌集の創造力」から。一部省略がある）

（注）※レトリック＝言葉を美しく巧みに用いて効果的に表現する技法。
※花＝梅、桜などの春の花のこと。
※捨象＝抽象する際に、本質的でない種類の性質を捨て去ること。
※思惟＝思考。

㈠ **文章二**の「相違」と同じ構成（組み立て）の熟語を、次の1～5から二つ選び、記号で答えなさい。

1 意思　2 急増　3 開幕　4 仮定　5 難易

㈡ **文章一**に「実在する事物Aを非実在の事物Bと見なす」とあるが、**文章二**の「み吉野の山辺に咲ける桜花雪かとのみぞあやまたれける」の和歌において、「実在する事物A」と「非実在の事物B」に当てはまるものを、和歌の中からそれぞれ書き抜きなさい。なお、「実在する事物A」は二字、「非実在の事物B」は一字で書き抜くこと。

㈢ **文章三**に「思いがけない本質が鮮やかに立ち現われてくる」とあるが、どういうことか。文章の内容に即して、七十字以内で説明しなさい。

㈣ **文章一**から**文章三**までを読んだ**Aさん**と**Bさん**は、**文章二**にある「Ⅱ類〈自然と人事の見立て〉」について調べてみた。次の会話の［Ⅰ］、［Ⅱ］に入る適切な内容を、それぞれ十字以内で答えなさい。

Aさん　「Ⅱ類〈自然と人事の見立て〉」とありますが、ここでの「人事」とは「人が作ったもの」ということのようです。

Bさん　自然のものを人が作ったものに見立てる、ということですね。

Aさん　「古今和歌集」の和歌で確認してみましょう。この歌はどうでしょうか。

浅緑《あさみどり》糸よりかけて白露を玉にもぬける春の柳か
（春上・二七・僧正遍昭）
新芽をつけた緑の糸を垂らして、まるで玉を貫いたように白露をちりばめている、そんな春の柳である。

Bさん　この和歌の中では、自然の「白露」を、人事である「玉」、つまり宝玉に見立てていますね。共通点は「丸く輝く」ということでしょうか。また、新芽をつけた「柳」の細い枝を、「糸」に見立ててもいます。

Aさん　見立てが二つも入っているのですね。それぞれの見立てを関連付けて考えてみると、この和歌全体では、［Ⅰ］を、［Ⅱ］に見立てて詠《よ》んでいることになりますね。見立てることで、和歌のイメージは大きく広がっていきますね。

〈学校指定教科検査問題〉

時間　実施教科数に応じて、一教科十五分、二教科四〇分、三教科六五分

満点　一五点

一　次の**文章一**から**文章三**までを読んで、あとの㈠～㈣に答えなさい。なお、**文章一**から**文章三**までの出典はいずれも同じである。

文章一

和歌における見立ては、「視覚的な印象を中心とする知覚上の類似に基づいて、実在する事物Ａを非実在の事物Ｂと見なす※レトリックである」と定義することができる。

文章二

「見立て」の歌は『古今集』の中に百首あまり見られるが、それらは性格の異なる二つのパターンに大別することができる。

Ⅰ類〈自然と自然の見立て〉

Ⅱ類〈自然と人事の見立て〉

同じ見立てではあるが、この二つにはさまざまな点で相違が認められる。

まず『古今集』に見られるⅠ類〈自然と自然の見立て〉には、次のようなものがある。

雪→※花　花→雪　花→波　波→花　雲→花　雪→月　空→海

菊→星　白菊→波　滝→雲　鶴→波……

Ⅰ類は、「雪・花・波・月・雲」などごく限られた範囲の、白い印象を喚起する景物を中心として行なわれている。王朝の歌人たちは「白」という色に特別な美を見いだしていたらしい。そして多くの場合「Ａ→Ｂ」「Ｂ→Ａ」の双方向の見立てが成り立つ、つまりＡとＢに互換性があるという特徴が見られる。Ⅰ類は、選び抜かれた「白く美しい物」のあいだで閉じている。

Ⅰ類の中で最も歌数が多いのは、雪から花、あるいは花から雪への〈雪と花の見立て〉である。

み吉野《よしの》の山辺に咲ける桜花雪かとのみぞあやまたれける（春上・六〇・紀友則）

吉野山の辺りに咲いている桜の花は、まるで雪かとばかり見誤られることだ。

文章三

ところで、見立てによって結びつけられるＡとＢは、本当に似ているのだろうか。たとえば〈桜と雪の見立て〉の場合。「桜」は春に地上で咲く植物であり、一方の「雪」は冬に空から降ってくる天象である。この二つは本来まったく異なるのではないか。本当は似ていない二つの物を、「白さ」という印象深いたった一つの類似性を取り出すことによって、半ば強引に結びつけてしまう、言い換えれば、それ以外の属性はすべて※捨象してしまう。このような潔《いさぎよ》いほどの取捨選択と誇張とが、「見立て」というレトリックの命である。

実のところ「桜」は「雪」よりも「梅」に似ているが、「桜」を「梅」に見立てたところで、あまり面白くない。本当は似ていない「桜」と「雪」を結びつけることから、二つに共通する「真っ白な美しさ」が、あらためて認識されるのである。「見立てる」ことによって、それまで何気なく見ていたものの中から、思いがけない本質が鮮やかに立ち現われてくる。見立てというレトリックには、和歌の場合のようにＡとＢとが固定していてもなお、発見的※思惟《しい》と驚きが伴っている。

令二 山口県

受検番号

国語解答用紙

*印の欄には何も記入しないこと。

得点 * 点

一 *
(一) 画
(二)
(三)
(四)
(五)
(六)
(七)

二 *
(一) 1 2 なく
(二)
(三)
(四)
(五)
(六)
(七) Ⅰ Ⅱ

三 *
(一)
(二)
(三)

四 *
(一) 聖人終身言フモ治ヲ
(二)
(三) Ⅰ Ⅱ

五 *
1 て 2 3 び 4 5

六 *
(一)
(二) 1 2 3 4 5 6 7 8 9 10 11 12

※この解答用紙は167%に拡大していただきますと、実物大になります。

ね。また、表を見ると、事業系廃棄物由来と家庭系廃棄物由来の二つに分かれることや、それらの主な内容についても分かりますね。

司会者　こうしてみると、由来ごとに解決すべき課題がありそうですね。では、食品ロスを減らすためには、どのような対策が必要だと思いますか。

Bさん　中学生にも実行可能なものを考えて、みんなで取り組んでいくとよいと思います。それから、食品ロスの内容のうち、どれかに絞って考えると、効果的な対策が見つかるのではないでしょうか。

Cさん　なるほど。それでは、対策として「□をなくす」というのはどうでしょう。これなら私たちにも取り組めて、両方の由来からの食品ロスを減らすことにもつながります。

Aさん　いいですね。では、そのことを対策として示して、この問題への関心を高めるポスターを作成しましょう。

司会者　食品ロスに限らず、社会をよりよくするためには、私たち一人ひとりの普段の心がけが大切ですね。

【資料】

食品ロスについて

○　食品ロスとは

・　本来食べることができるのに捨てられる食品

○　食品ロスの発生量について

・　年間643万トン

・　1日当たりにすると大型(10トン)トラック1,760台分

○　食品ロスの発生状況について

	主な内容
※事業系廃棄物由来（年間352万トン）	※規格外品　返品　売れ残り　食べ残し
※家庭系廃棄物由来（年間291万トン）	食べ残し　※過剰除去　※直接廃棄

(注)

※　事業系廃棄物由来
　食品産業から発生する食品廃棄物に由来。

※　家庭系廃棄物由来
　家庭から発生する食品廃棄物に由来。

※　規格外品
　製造過程での印字ミス（賞味期限、消費期限など）や型くずれ等により販売できなくなった食品のこと。

※　過剰除去
　野菜や果物の皮を厚くむきすぎたり、取り除きすぎたりしたもの。

※　直接廃棄
　冷蔵庫に入れたままで消費期限切れになるなど、調理されず、何も手がつけられずに廃棄される食品。

（消費者庁資料などにより作成）

(一)　□に入る語句として最も適切なものを、示された**【資料】**の中から書き抜きなさい。

(二)　**司会者**の最後の発言を踏まえて、あなたが「社会をよりよくするために心がけていきたいこと」について、自分の体験に触れながら、次の注意に従って文章を書きなさい。

注意

○　氏名は書かずに、1行目から本文を書くこと。

○　原稿用紙の使い方に従って、8行以上12行以内で書くこと。

○　段落は、内容にふさわしく適切に設けること。

○　読み返して、いくらか付け加えたり削ったりしてもよい。

之《これ》を善くせしむる※者は、其の詩に非ざるなり。
うまく歌わせるもの

※鸚鵡《あうむ》能《よ》く言へども、言に長ぜしむべからず。是《こ》れ何となれ
言葉を発することができるが、　言葉を上達させることはできない

ば則《すなは》ち其の言ふ所を得れども、其の言ふ所以を得ざればなり。
人の発する言葉を身につけられるが　得られないからである

故《ゆゑ》に迹《あと》に循《したが》ふ者は、能く迹を生ずる者に非ざるなり。
先人の足跡をなぞる者　自分の足跡を残せる人物

（「淮南子《えなんじ》」から）

（注）※聖人＝高い学識や人徳をもつ、理想的な人。
※者＝「物」と同じ。もの。
※鸚鵡＝鳥の名前。人の言葉をまねる。

㈠　「聖人終身治を言ふも」は、「聖人終身言治」を書き下し文に改めたものである。書き下し文を参考にして、「聖 人 終 身 言フモ 治ヲ」に返り点を補いなさい。

㈡　「詩」とあるが、「聖人」の例において、この「詩」に対応する語は何か。書き下し文の中から書き抜きなさい。

㈢　次の会話は、「迹に循ふ者は、能く迹を生ずる者に非ざるなり」の解釈に関する、AさんとBさんのやりとりである。［Ⅰ］、［Ⅱ］に入る適切な内容を答えなさい。なお、［Ⅰ］には五字以内の現代語で答え、［Ⅱ］には最も適切なものを、あとの1～4から選び、記号で答えなさい。

> **Aさん**　「鸚鵡」の例では、鸚鵡は人の言葉の［Ⅰ］ことはできるが、言葉を上達させることはできないということが、書かれていました。
>
> **Bさん**　そうですね。この鸚鵡の例と対応させて考えてみると、「迹に循ふ者」の例は、ただ単に先人の考えをそのまま受け入れたり、先人の行動をそのまま行ったりするだけで、後世に名前を残すことはできないということになりますね。
>
> **Aさん**　つまり、後世に自分の名前を残せるような人物は、物事を行うときの［Ⅱ］をもっているということでしょうね。

1　根本となるもの　　2　表面に現れているもの
3　規則に沿うもの　　4　形式を重視したもの

五　次の1～5について、――部の漢字は読み仮名を書き、片仮名は漢字に改めなさい。

1　あの山を隔てた向こう側に海がある。
2　作家が辛苦の末に大作を完成させた。
3　休日に、友人とアソびに出かける。
4　吹奏楽部の演奏会にショウタイされた。
5　調理室をいつもセイケツに保つ。

六　ある中学校では、食品ロスについて調べ学習をしている。次の会話は、クラスで食品ロスについて話し合いを行ったときのものである。よく読んで、あとの㈠、㈡に答えなさい。

司会者　それでは、みなさんがまとめた【資料】をもとに、食品ロスの対策について話し合いましょう。

Aさん　一日当たりの食品ロス発生量は、膨大《ぼうだい》な量になっています

㈣「相手の心をとらえるもの」とあるが、筆者はこれをどのようなものであると述べているか。最も適切なものを、次の1～4から選び、記号で答えなさい。

1　与えられたテーマに沿うもの
2　聞き手にとって興味のあるもの
3　話し手にとって切実なもの
4　誰にでもわかる一般的なもの

㈤「この発想」とはどのような発想か。説明しなさい。

㈥「インターネットの存在は、日々の生活や仕事の中で不可欠なものです」とあるが、なぜ「不可欠」と言えるのか。文章の内容に即して説明しなさい。

㈦「自分あっての情報」とはどういうことか。次の文がそれを説明したものとなるよう、Ⅰには文章中から二十五字以内の表現を書き抜いて答え、Ⅱには適切な内容を「自分の固有の立場」という言葉を用いて、四十字以内で答えなさい。

現代社会は、多くの情報であふれているが、情報の質やⅠはさまざまであるため、Ⅱことで、情報を活用することができるということ。

三　次の古文を読んで、あとの㈠～㈢に答えなさい。

※吾《われ》にしたがひて物まなばむともがらも《学問をしようという諸君も》、わが後に、又よきかむがへのいできたらむには《考えが出たときは》、かならず《決して》わが説になづみそ《こだわるな》。わがあしきゆゑをいひて、よき考へをひろめよ。すべておのが《私が》人をしふるは、※道をあきらかにせむ《しよう》となれば、かにもかくにも《ともかくも》、道をあきらかにせむぞ、吾を用ふるには有《あり》ける《大切にすることであるよ》。道を思はで《考えずに》、いたづらに《むだに》われをたふとまんは《尊重すること》、わが心にあらざるぞかし。

（「玉勝間《たまかつま》」から）

（注）　※吾＝私。ここでは、筆者。　※道＝真理。

㈠「をしふる」を現代仮名遣いで書き直しなさい。

㈡「わがあしきゆゑをいひて、よき考へをひろめよ」の解釈として最も適切なものを、次の1～4から選び、記号で答えなさい。

1　師である私の説をしっかりと理解することで、あなたの考えを深めていきなさい。
2　師である私の説のよさを伝えていくと同時に、あなたの考えも伝えていきなさい。
3　師である私の説を無理に理解しようとせず、あくまでもあなたの考えにこだわりなさい。
4　師である私の説がよくない理由を示し、あなたがよいとする考えを伝えていきなさい。

㈢「わが心にあらざる」とは、「私の本意ではない」という意味であるが、ここでの「私の本意」とは何か。そのことについて述べた部分を、古文中から十字以内で書き抜きなさい。

四　次の漢文の書き下し文を読んで、あとの㈠～㈢に答えなさい。

※聖人終身治を言ふも、用ひる所は其の言に非《あら》ざるなり《聖人は生涯国の治め方について発言するが、（人を動かすために）用いるのは、言葉ではないのである》。言ふ所以《ゆゑん》を用ひるなり《発言のもととなる心を用いるのである》。歌ふ者は詩有り。然《しか》れども人をして《人に歌を》

相手の心をとらえるものがあることになります。

ですから、対話では、「何が言いたいのか」ということが常に大切であるわけです。

「何が言いたいのかがbわからない」対話は、テーマが明らかでないのと同様、「何を話しているのかわからない」ということになりますね。その「テーマ」について「何が言いたいのか」がはっきりと相手に見えなければなりません。

ところが、その「言いたいこと」がなかなか見出せないあなたには、どのような課題があるのでしょうか。

「言いたいこと」を見出すために、あなたは、おそらくまず「情報の収集を」と考えていませんか。情報がなければ、構想がc立てられない、だから、まず情報を、というのがあなたの立場かもしれません。

しかし、この発想をまず疑ってみてください。

情報といえば、まずテレビでしょうか。それから、もちろんのこと、インターネットの存在は、日々の生活や仕事の中で不可欠なものです。インターネットの普及は、情報の概念を大きく変えたといっても過言ではないでしょう。インターネットの力によって、世界中のさまざまな情報が瞬時にして地球上のあらゆるところまで伝わるようになりました。その他、ラジオ、新聞、1ザッシ等を含めた、各種のメディアの力による情報収集の方法を、わたしたちは無視するわけにはいきません。しかも、こうしたメディアが、あなた自身の自覚・無自覚にかかわらず、いつの間にかわたしたちの仕事や生活のための情報源になっているということはもはや否定できない事実でしょう。

しかし、よく考えてみてください。それらの情報の速さと量は、決して情報の質そのものを高めるわけではないのです。たとえば、インターネットが一般化するようになってから、世界のどこかでd起きた一つの事件について、地球上のすべての人々がほぼ同時に知ることが可能になりました。しかし、その情報の質は実にさまざまであり、決して同じではないのです。しかも、その情報をもとにしたそれぞれの人の立場・考え方は、これまた千差万別です。

こう考えると、一つの現象をめぐり、さまざまな情報が蝶《ちょう》のようにあなたの周囲を飛び回っていることがわかるはずです。大切なことは、そうした諸情報をどのようにあなたが自分の目と耳で切り取り、それについて、どのように自分のことばで語ることができるか、ということではないでしょうか。

もし、自分の固有の立場を持たなかったら、さまざまな情報を追い求めることによって、あなたの思考はいつの間にか停止を2余儀なくされるでしょう。※言説資料による、さまざまな情報に振り回されて右往左往する群衆の一人になってしまうということです。

だからこそ、情報あっての自分であり、同時に、自分あっての情報なのです。

(細川英雄《ほそかわひでお》「対話をデザインする――伝わるとはどういうことか」から)

(注) ※言説資料＝言葉で説明された資料。

(一) 文章中の〜〜部1、2について、片仮名は漢字に改め、漢字は読み仮名を書きなさい。

1 ザッシ　2 余儀なく

(二) 文章中の＝＝部a〜dのうち、上一段活用の動詞を一つ選び、記号で答えなさい。

a し　b わから　c 立て　d 起き

(三) 「切り口」とあるが、ここでの「切り口」と同じ意味をもつ熟語として最も適切なものを、次の1〜4から選び、記号で答えなさい。

1 目印　2 観点　3 技術　4 方式

宙の切れっぱし。でもそこには、でっかい泥だんごが浮かんでいるのだ。そのせいだろうか。とんでもなく遠いはずなのに、なぜか、遠いと感じない。

駿馬はぶるっと身震いした。

（黒川裕子《くろかわゆうこ》「天《てん》を掃《は》け」から）

（注）※アイピース＝望遠鏡で、目を付けてのぞきこむ部分。
※シーイング＝天体観測の際に、望遠鏡で見たときの星の像の見え具合。
※黄色くん＝駿馬が父親から譲り受けた天体望遠鏡の愛称。

㈠「乾」を楷書《かいしょ》で書いたときの総画数は何画か。数字で答えなさい。

㈡「視野」の「野」と同じ意味で用いられている「野」を含む熟語を、次の1～4から一つ選び、記号で答えなさい。

1　原野　2　野鳥　3　野望　4　分野

㈢「見せていた」とあるが、この述語に対する主語を、文中から一文節で書き抜きなさい。

㈣「穏やかな」と同じ品詞であるものを、次の1～4から一つ選び、記号で答えなさい。

1　校舎を照らした夕日はきれいだった。
2　この時期にしては小春日和で暖かかった。
3　君のような人は信頼されるだろうよ。
4　この本は面白くて時間が経つのを忘れる。

㈤「それに似ている」とはどういうことか。次の文がその説明となるよう、□に入る適切な表現を、文章中から五字以内で書き抜きなさい。

月が□に似ているということ。

㈥「すばるの声は心なしかはずんでいるような気がする」とあるが、このときの「すばる」の気持ちを、文章の内容に即して説明しなさい。

㈦「駿馬はぶるっと身震いした」とあるが、このときの「駿馬」の心情を説明したものとして最も適切なものを、次の1～4から選び、記号で答えなさい。

1　遠く離れたモンゴルと日本が、空間を超えて一つの空でつながっていることを知り、一体感に浸っている。
2　月を眺めているうちに、時間を超えて幼稚園児の頃の記憶が鮮やかによみがえり、懐かしさを覚えている。
3　遥《はる》かかなたにある月を、空間を超えて間近にあるもののように感じ、かつてない感覚に心が高ぶっている。
4　時間を超えて存在している月を見て、有限である自分自身の存在のはかなさを実感し、途方に暮れている。

二

次の文章を読んで、あとの㈠～㈦に答えなさい。

「国際化」について対話することになった場合、一口に「国際化」といっても、その間口はたいへん広いし、その辺の資料を切り貼りして話すだけでいいならば、それほど悩むことはないでしょう。インターネットで検索すれば、それこそ数千、数万という記事が引き出せます。

問題は、「国際化」という切り口で、あなた自身に何が話せるか、なのです。

ということは、たとえ与えられたテーマだとaしても、その対話は、「自分でなければ話せないもの」でなければ意味がないことになります。だれにでも話せるような、新鮮味のないものは、あなたが話す必要はないはずです。

そのためには、たとえ話題そのものは一般的なものであっても、あなたにとってどれだけ切実であるか、というところが重要で、ここに

＜国語＞

時間 五〇分 満点 五〇点

一 「駿馬《しゅま》」は両親の仕事の関係で五歳のときにモンゴルへ移り住み、中学校入学時に帰国し、すおう町へ越してきた。中学二年生の夏、たった一人で小惑星の発見をめざす同級生「すばる」と出会う。次の文章は、「すばる」と一緒に、「駿馬」が生まれて初めて天体望遠鏡で月の観測を行っている場面である。よく読んで、あとの㈠～㈦に答えなさい。

低いささやき声に引き寄せられるように、ふらふらと望遠鏡に近づいた。

しゃがんで、※アイピースをのぞきこむ。

――でけえ。

圧倒されてしばらく声も出ない。

なんてロックな眺めなんだろうか。でっかい岩のかたまりって感じ。視野いっぱいに、ちょっとくすんだ銀色の月がみっしりとつまっている。

まだモンゴルに行く前の幼稚園児だったころ、よく手のひらいっぱいの泥だんごをつくって、表面がツルツルになるまでムキになってこすった。一晩外に置いておくと、砂が白く乾いて、ところどころはがれて、昨日は見えなかったデコボコが見えてくる。それに似ている。

左横から光が当たって、球面の右三分の一ほどが欠けている、その不完全なすがた。きわが真っ黒にニジんでいるせいか、付近の凹凸《おうとつ》がより立体的に見える。泥っぽい水たまりみたいに見える大きな影が、左上から、ひとつ、ふたつ、みっつ。そこに、いくつもの線条がひっかき傷みたいに走っている。上部に浮きあがった無数のクレーターが、月の肌を、雨がふって乾いたあとの砂地のように見せていた。

「いま、あんたは月を上下逆さまに見ている。北東……向かって像の左端から、危機の海に、豊かの海、人類がはじめて着陸した静かの海、そして晴れの海。一番大きな影は、本州がすっぽり入る雨の海の、ちょうど半分。今度はクレーターだ。上から、クラビウス、マギヌス、ティコ……特に大きいのがデランドル」

すぐ近くで、穏やかなささやきが聞こえる。聞き逃してしまいそうなほど声が小さいのは、きっと、いま駿馬が見ているものを知っていて、それを邪魔したくないからだ。

この瞬間、手を伸ばして、あのデランドルというクレーターのふちに指先でふれたらどんな感じだろう――。

「何でゆらゆらゆれてんの？」

川底の石を見ているみたいに、月の像がゆれている。

「言っただろ。晴れてても上層に激しい気流があったりすると、星像がゆれて見える。これがさっき言ってた、※シーイングが悪いってことだ」

悪いと言いながら、すばるの声は心なしかはずんでいるような気がする。

「けっこういいだろ。望遠鏡って」

熱い興奮が腹の底からせりあがってきて、こめかみがずきっとした。

いま、この※黄色くんを通して、よくわからないほどすごいものを見ているのではないだろうか。それはただのすおう町の夜空ではなく、草原でいつも見上げていた落っこちてきそうな星空ともまたどこかちがう。同じなのに、ちがって見える。言葉にするなら、これは宇

2020年度

解答と解説

《2020年度の配点は解答用紙集に掲載してあります。》

＜数学解答＞

1　(1)　-2　(2)　$\frac{9}{2}$　(3)　$3a+6$　(4)　$-36a^2+4ab$　(5)　-8

2　(1)　$y=-\frac{3}{2}x$　(2)　5　(3)　$b=800-60a$

　(4)　$72\pi\,\mathrm{cm}^3$

3　(1)　ウ　(2)　42分

4　(1)　$(2\sqrt{5},\ 5)$，$(-2\sqrt{5},\ 5)$　(2)　9個

5　(1)　$m=7$，$n=10$　(2)　$\frac{7}{36}$(求める過程は解説参照)

6　右図

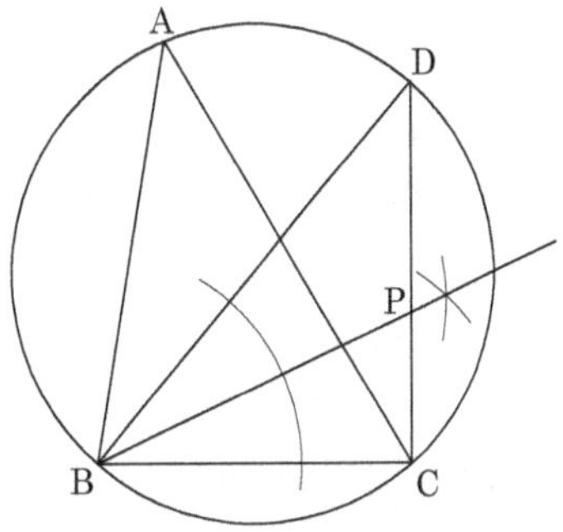

7　(1)　13行目の3列目　(2)　$12m-n+1$(説明は解説参照)

8　(1)　エ　(2)　解説参照　(3)　$\frac{6-2\sqrt{3}}{3}$cm

9　(1)　(ア)　(式)$\begin{cases}0.05x+0.30y=190\\0.26x+0.84y=700\end{cases}$　(答え)$\begin{cases}\text{携帯電話 1400台}\\\text{ノートパソコン 400台}\end{cases}$

　(イ)　a　16　b　8　(2)　(ア)　$\frac{9\sqrt{2}}{4}$m　(イ)　Q社，最大250枚

＜数学解説＞

1　(数・式の計算，式の値)

(1)　異符号の2数の和の符号は絶対値の大きい方の符号で，絶対値は2数の絶対値の大きい方から小さい方をひいた差だから，$3+(-5)=(+3)+(-5)=-(5-3)=-2$

(2)　$6^2=6\times6=36$　だから，$6^2\div8=36\div8=\frac{36}{8}=\frac{9}{2}$

(3)　$-2a+7-(1-5a)=-2a+7-1+5a=-2a+5a+7-1=3a+6$

(4)　分配法則を使って，$(9a-b)\times(-4a)=9a\times(-4a)-b\times(-4a)=-36a^2+4ab$

(5)　$x=-1$，$y=\frac{7}{2}$のとき，$x^3+2xy=(-1)^3+2\times(-1)\times\frac{7}{2}=-1-7=-8$

2　(比例関数，平方根，文字を使った式，回転体の体積)

(1)　**yはxに比例する**から，xとyの関係は　$y=ax$　と表せる。$x=6$，$y=-9$を代入して，$-9=a\times6$　$a=-\frac{3}{2}$　よって，$y=-\frac{3}{2}x$

(2)　$\sqrt{45n}$が整数になるのは，$\sqrt{\ }$の中が(自然数)^{2}の形になればいい。$\sqrt{45n}=\sqrt{3^2\times5\times n}$より，このような自然数$n$は$5\times$(自然数)^{2}と表され，このうちで最も小さい数は$5\times1^2=5$

(3)　家から公園までの800mの道のりを，毎分60mでa分間歩いたときの歩いた道のりは，**(道のり)＝(速さ)×(時間)**より，毎分60m×a分間＝60amだから，残りの道のりbmは　$b=800-60a$

(4)　できる立体は底面の半径が3cm，高さが8cmの円柱だから，その体積は　底面積×高さ＝$\pi\times3^2\times8=72\pi\,\mathrm{cm}^3$

3 (資料の散らばり・代表値)

(1) **階級の幅**は20分－0分＝20分である。アは正しくない。**度数分布表**の中で**度数**の最も多い**階級**の**階級値**が**最頻値**だから，度数が10人で最も多い20分以上40分未満の階級の階級値$\frac{20+40}{2}=30$分が最頻値。イは正しくない。利用する時間が40分以上120分未満の生徒は$8+4+0+2=14$人で全体の人数30人の半数以下である。ウは正しい。度数が2人以下の階級は，80分以上100分未満の階級と，100分以上120分未満の階級の2つである。エは正しくない。

(2) **平均値＝$\frac{\{(\text{階級値})\times(\text{度数})\}\text{の合計}}{(\text{度数の合計})}$** より，アンケート調査の対象となった生徒30人の利用する時間の平均値を，階級値を用いて求めると (10分×6人＋30分×10人＋50分×8人＋70分×4人＋90分×0人＋110分×2人)÷30人＝1260分÷30人＝42分

4 (図形と関数・グラフ)

(1) 関数$y=\frac{1}{4}x^2$…① のグラフ上で，y座標が5である点のx座標は，①に$y=5$を代入して $5=\frac{1}{4}x^2$ $x^2=20$ $x=\pm\sqrt{20}=\pm2\sqrt{5}$ よって，①のグラフ上で，y座標が5である2つの点の座標は，$(2\sqrt{5},\ 5)$と$(-2\sqrt{5},\ 5)$である。

(2) ①のグラフ上で，y座標が24である点のうち，$x>0$である点のx座標は，①に$y=24$を代入して $24=\frac{1}{4}x^2$ $x^2=96$ $x=\sqrt{96}$ ここで，$\sqrt{81}<\sqrt{96}<\sqrt{100}$ より $9<\sqrt{96}<10$ だから，①のグラフ上にある点のうち，正方形ABCDの内部および辺上にあり，x座標が正の整数である点は$x=1$から9の9個。このうち，y座標も整数である点は，$y=\frac{1}{4}\times2^2=1$，$y=\frac{1}{4}\times4^2=4$，$y=\frac{1}{4}\times6^2=9$，$y=\frac{1}{4}\times8^2=16$ の4個。以上より，**放物線がy軸に関して線対称**であり，原点Oもx座標，y座標がともに整数である点であることを考慮すると，①のグラフ上にある点のうち，正方形ABCDの内部および辺上にあり，x座標，y座標がともに整数である点の個数は4個×2＋1個＝9個である。

5 (因数分解，確率)

(1) **乗法公式$(x+a)(x+b)=x^2+(a+b)x+ab$**より，$a=2$，$b=5$のとき，$(x+a)(x+b)=(x+2)(x+5)=x^2+(2+5)x+2\times5=x^2+7x+10$ だから，$m=7$，$n=10$

(2) (求める過程)(例)さいころを2回投げるときの目の出方は全部で36通りである。このうち，2次式x^2+mx+nが因数分解できる場合は，目の出方を$(m,\ n)$と表すと，次の7通りである。(2，1)，(3，2)，(4，3)，(4，4)，(5，4)，(5，6)，(6，5) したがって，求める確率は$\frac{7}{36}$

6 (作図)

(着眼点) $\overset{\frown}{AD}$に対する**円周角**なので，∠ABD＝∠ACD＝30° よって，∠CBD＝∠ABC－∠ABD＝80°－30°＝50°だから，点Pは∠CBDの二等分線上にある。 (作図手順) 次の①～③の手順で作図する。 ① 線分BDを引く。 ② 点Bを中心とした円を描き，線分BC，BD上に交点を作る。 ③ ②で作ったそれぞれの交点を中心として，交わるように半径の等しい円を描き，その交点と点Bを通る直線(∠CBDの二等分線)を引き，線分CDとの交点をPとする。

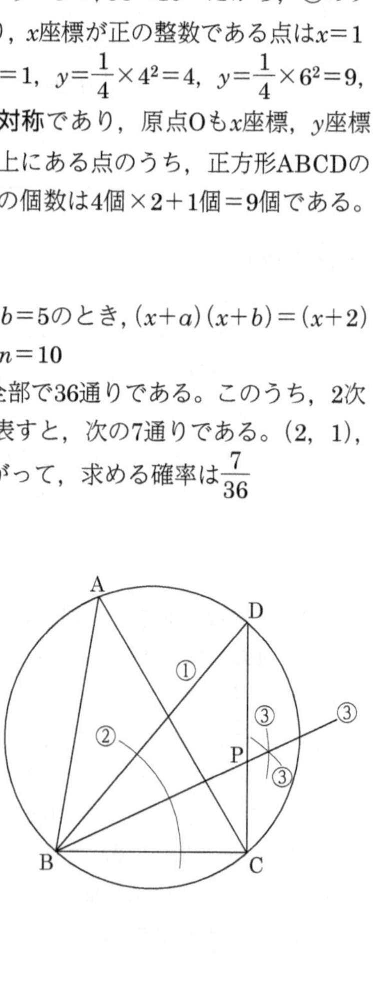

7 (規則性)

(1)　偶数行目の1列目に並んでいる人の整理券の番号は，行数に6をかけた数だから，$75=12\times 6+3$より，Aさんは，$12+1=13$行目の3列目に並んでいる。

(2)　(説明)(例)Bさんの整理券の番号は，偶数行目の5列目だから，$12m-n+1=12m-5+1=4(3m-1)$となる。mは自然数だから，$3m-1$は整数であり，$4(3m-1)$は4の倍数である。したがって，Bさんの整理券の番号は，4の倍数となる。　(補足説明)$2m$行目の1列目に並んでいる人の整理券の番号は，行数に6をかけた数だから，$2m\times 6=12m$　$2m$行目のn列目に並んでいる人の整理券の番号は，1列目に並んでいる人の番号より$n-1$小さい数だから，$2m$行目のn列目に並んでいる人の整理券の番号は，$12m-(n-1)=12m-n+1$

8　(図形の証明，三平方の定理，線分の長さ)

(1)　三角形の3つの内角を$\angle a$，$\angle b$，$\angle c$とし，$\angle a$ととなり合う外角を$\angle d$とすると，三角形の3つの内角の和は180°であることから，$\angle a+\angle b+\angle c=180°$より，$\angle b+\angle c=180°-\angle a$…①　また，となり合う内角と外角の和は180°であることから，$\angle a+\angle d=180°$より，$\angle d=180°-\angle a$…②　①，②より，$\angle d=\angle b+\angle c$だから，どんな三角形においても，**三角形の外角は，それととなり合わない2つの内角の和に等しい。**

(2)　(証明)(例)△AEGと△FDCで，説明より∠AEG=45°，$\angle \mathrm{FDC}=90°\times\frac{1}{2}=45°$だから，∠AEG=∠FDC…①　BG//CDより，錯角は等しいので，∠AGE=∠FCD…②　∠ABE=∠BGC=30°より，△EBGは二等辺三角形だから，GE=BE…③　正方形ABCDと正三角形BCEの辺の長さは等しいので，CD=BE…④　③，④より，GE=CD…⑤　①，②，⑤より，1辺とその両端の角がそれぞれ等しいので，△AEG≡△FDC

(3)　△BCGは**30°，60°，90°の直角三角形で，3辺の比は$2:1:\sqrt{3}$**だから，$\mathrm{GB}=\sqrt{3}\mathrm{BC}=2\sqrt{3}$cm　GC=2BC=4cm　△AEG≡△FDCより，$\mathrm{CF}=\mathrm{GA}=\mathrm{GB}-\mathrm{AB}=(2\sqrt{3}-2)$cm　△AHGは30°，60°，90°の直角三角形で，3辺の比は$2:1:\sqrt{3}$だから，$\mathrm{GH}=\frac{2}{\sqrt{3}}\mathrm{GA}=\frac{2}{\sqrt{3}}(2\sqrt{3}-2)=\left(4-\frac{4\sqrt{3}}{3}\right)$cm　以上より，$\mathrm{FH}=\mathrm{GC}-\mathrm{GH}-\mathrm{CF}=4-\left(4-\frac{4\sqrt{3}}{3}\right)-(2\sqrt{3}-2)=\frac{6-2\sqrt{3}}{3}$cm

9　(方程式の応用，資料の散らばり・代表値，相似の利用，関数とグラフ)

(1)　(ア)　T市で回収された携帯電話をx台，ノートパソコンをy台としたとき，取り出された金の重さの合計の関係から，$0.05x+0.30y=190$…①　取り出された銀の重さの合計の関係から，$0.26x+0.84y=700$…②　①の両辺を20倍して，$x+6y=3800$…③　②の両辺を50倍して，$13x+42y=35000$…④　④−③×7より，$6x=8400$　$x=1400$　これを③に代入して，$1400+6y=3800$　$y=400$　以上より，T市で回収された携帯電話は1400台，ノートパソコンは400台である。

(イ)　大会④における金メダルと銅メダルの獲得数の関係から，$a+5+b=29$より，$a+b=24$…

(i)　6回の大会における金メダルの獲得数に関して，最大値が16，最小値が10であることから，$10\leqq a\leqq 16$であることがわかる。このうち，金メダルの獲得数の**中央値**が12.5となるのは，$a=13$，14，15，16のときである。そのそれぞれのaの値に対応するbの値は，$b=11$，10，9，8であるが，銅メダルの獲得数の中央値が10となるのは$b=8$のときだから，以上より，$a=16$，$b=8$と決まる。

(2)　(ア)　教室にある長方形のスクリーンの縦の長さは，横の長さの$\frac{9}{16}$だから，$2\mathrm{m}\times\frac{9}{16}=\frac{9}{8}\mathrm{m}$　**相似な図形では，面積比は相似比の2乗に等しい**から，教室にある長方形のスクリーンと大型スクリーンの面積比が1：8のとき，相似比は$\sqrt{1}:\sqrt{8}=1:2\sqrt{2}$　以上より，大型スクリーン

の縦の長さは　$\frac{9}{8}$m×$2\sqrt{2}$＝$\frac{9\sqrt{2}}{4}$m　にすればよい。

（イ）　仮に，P社で3万円で購入できる最大のうちわの枚数は，30000円÷125円＝240枚　この枚数をQ社で購入した場合，1枚あたり120円になるから，代金の合計は120円×240枚＝28800円で，30000円未満である。Q社で3万円で購入できる最大のうちわの枚数は，30000円÷120円＝250枚　以上より，より多くのうちわを購入できるのはQ社であり，最大250枚購入できる。

＜数学解答＞（学校指定教科検査）

1　（1）（ア）　19人　　（イ）「山」の人文字をつくるのに必要な人数　$6a+1$（人）　「口」の人文字をつくるのに必要な人数　$4b$（人）

（2）（ア）　式　$r=\frac{\sqrt{2}}{2}b$,　グラフ　ウ

（イ）　5m,　作図　右図

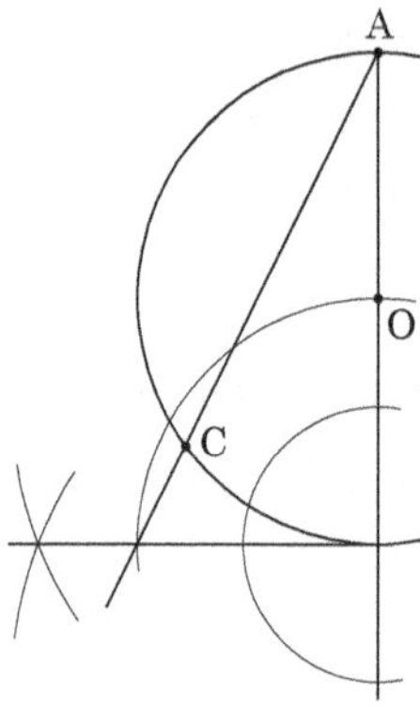

＜数学解説＞

1　（規則性，文字を使った式，三平方の定理，作図）

（1）（ア）　$a=3$とするとき，BC＝FE＝a＝3m，AD＝CE＝$2a$＝2×3＝6mだから，線分BC，FE上に立つ生徒の人数はそれぞれ　$\frac{3\text{m}}{1\text{m}}+1=4$人，線分AD，CE上に立つ生徒の人数はそれぞれ　$\frac{6\text{m}}{1\text{m}}+1=7$人　点C，D，Eで生徒が重複することを考慮すると，「山」の人文字をつくるのに必要な人数は　4人×2＋7人×2－3人＝19人

（イ）　前問(ア)と同様に考えると，線分BC，FE上に立つ生徒の人数はそれぞれ　$\frac{a\text{m}}{1\text{m}}+1=(a+1)$人，線分AD，CE上に立つ生徒の人数はそれぞれ　$\frac{2a\text{m}}{1\text{m}}+1=(2a+1)$人　点C，D，Eで生徒が重複することを考慮すると，「山」の人文字をつくるのに必要な人数は　$(a+1)\times2+(2a+1)\times2-3=(6a+1)$人　また，線分GH，HI，IJ，JG上に立つ生徒の人数はそれぞれ　$\frac{b\text{m}}{1\text{m}}+1=(b+1)$人　点G，H，I，Jで生徒が重複することを考慮すると，「口」の人文字をつくるのに必要な人数は　$(b+1)\times4-4=4b$人

（2）（ア）　**直径に対する円周角は90°**だから，∠HGJ＝90°より，線分HJは円の直径である。また，GH＝GJより，△HGJは**直角二等辺三角形で，3辺の比は1：1：$\sqrt{2}$**だから，HJ＝$2r$＝GH×$\sqrt{2}$＝$\sqrt{2}b$　よって，$r=\frac{\sqrt{2}}{2}b$…①　また，$\sqrt{2}<\sqrt{4}$　より　$\sqrt{2}<2$だから，$\frac{\sqrt{2}}{2}<1$　rとbの関係を表した①のグラフは，原点を通り傾きが1より小さい直線だから，最も適切なグラフはウ

図1

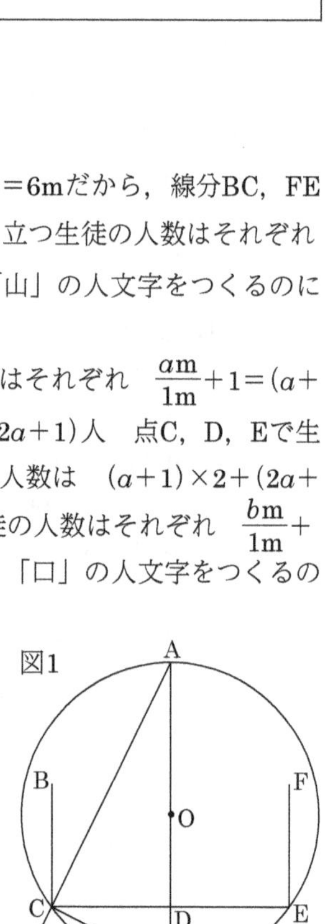

（イ）（円の半径）「山」の文字を円の中にできるだけ大きくかいた図を右図1に示す。問題の条件より，AD＝CE＝8m，CD＝4m

より，△ACDで三平方の定理を用いると，$AC=\sqrt{AD^2+CD^2}=\sqrt{8^2+4^2}=4\sqrt{5}$ m　△ACD∽△AGCより，AC：AG＝AD：AC　$AG=\frac{AC^2}{AD}=\frac{(4\sqrt{5})^2}{8}=10$m　以上より，円の半径は $\frac{AG}{2}=\frac{10}{2}=5$m　（作図の着眼点）　前ページ図1のように，点Gを通り直線ADに垂直な直線上にOG＝GHとなる点Hをとり，線分AHと円Oとの交点をCとすると，△AHG∽△ACDより，AD：CD＝AG：HG＝2：1であるから，点Cは問題の条件を満足する。（作図手順）　右図2のように，次の①～⑤の手順で作図する。　①　直線AOを引き，円Oとの交点をGとする。　②　点Gを中心とした円を描き，直線AO上に交点を作る。　③　②で作ったそれぞれの交点を中心として，交わるように半径の等しい円を描き，その交点と点Gを通る直線(点Gを通り直線AOに垂直な直線)を引く。　④　点Gを中心とした半径OGの円を描き，③で引いた直線との交点をHとする。　⑤　直線AHを引き，円Oとの交点をCとする。（ただし，解答用紙には点G，Hの表記は不要である。）

図2

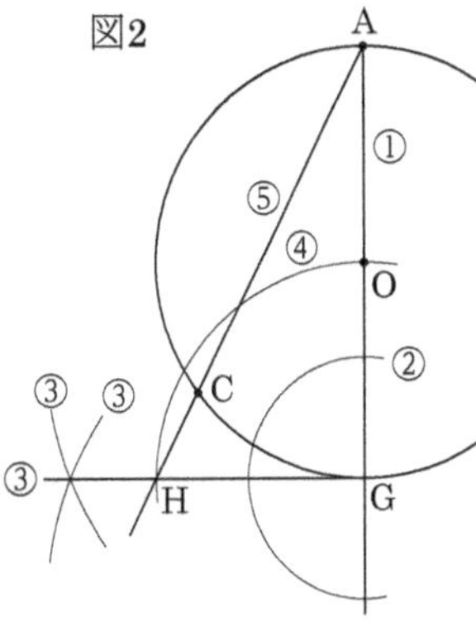

＜英語解答＞

1　テスト1　No.1　2　No.2　2　No.3　4　No.4　2　テスト2　No.1　2　No.2　1　No.3　4　No.4　3　テスト3　(A)　by her uncle　(B)　problems　(C)　dream　(D)　Easy

2　(1)　(A)　4　(C)　3　(E)　1　(2)　(B)　bought　(3)　(D)　beautiful that I can't eat

3　(1)　(A)　Will you come　(2)　(B)　start　(3)　(C)　4　(4)　3　(5)　2，5

4　(1)　エ　(2)　(a)　2　(b)　1　(c)　3　(3)　①　met　②　excited　③　sharing

5　(1)　(A)　longest　(B)　hundred　(C)　front　(2)　(D)　Our school festival is fun.

＜英語解説＞

1　(リスニング)

放送台本の和訳は，62ページに掲載。

2　(語形変化・適語選択・語句の並べ換え：連語，不規則動詞の過去形，接続詞，)

(全訳)

ベス　：私，(A)初めて和菓子のお店を訪れたわ。

ミナミ：本当？　私は先週，このお店で「桜餅」を(B)買ったわ。とってもおいしかった。

ベス　：わあ，ここにはたくさんの種類の和菓子があるわ！　どれが「桜餅」なの？

ミナミ：ほら。これが「桜餅」よ。あなたはそれを(C)試してみたい？　それとも別の和菓子を選びたい？　どれを食べたい？

ベス　：あー，それは私にとってとても難しい質問だな。このお店のそれぞれの和菓子はとても(D)美しいので食べられないわ。

ミナミ：じゃあ，和菓子を食べる(E)前に，写真を何枚か撮りましょう。あとで，和菓子の写真を見て楽しめるわ。

ベス　：それはいい考えね！

(1)　(A)　**<for the first time>「初めて」**　(C)　try「試す」　(E)　<接続詞before＋主語＋動詞…>「…する前に」

(2)　(B)　'last week'「先週」という語句があるので，'buy'「買う」の過去形，'bought'「買った」にする。

(3)　(D)　**<so~that＋主語＋動詞…>「とても～なので…である」**

3　(対話文読解：語句補充・選択と記述，内容真偽，図・表などを用いた問題)

ロビン：ユウタ，僕は今週末のこのイベントに参加するつもりだよ。人々が歩いて道のごみを拾うんだ。

ユウタ：それはいいことだね。3つのルートがあるんだよね？

ロビン：うん。僕は，Blue Beach周辺の通りを清掃するつもり。僕と一緒に(A)来ない？

ユウタ：もちろん参加するよ。

ロビン：イベントは9時に(B)始まる予定だよ。8時50分までにCity Parkに行かなければね。

ユウタ：わかった。あ，市は僕たちが必要としない物品を集めるの？

ロビン：そのとおり。僕はCity Parkに雑誌を持っていくつもりだよ。

ユウタ：運ぶ雑誌が多ければ手伝うよ。

ロビン：ありがとう。あ，待って。君は英語を学習中だから，その中の何冊か欲しければ持って行っていいよ。

ユウタ：本当？　それを読んで，ぼくの英語は上達するな。(C)それはごみを減らす一つの方法だと僕は思うな。

ロビン：そうだね。

ユウタ：清掃の日が今からとても楽しみになってきたよ。でも，僕は自分の部屋をまず掃除するべきだと思う。

ロビン：わあ，君にとっては毎日が清掃日だね！

【ポスター】

グリーン市清掃デー

～シティーパークに来てください～

2019年10月26日，土曜日　午前9:00～10:30

（雨天の場合，清掃デーは11月2日になります。）

道に落ちているごみを拾おう！

8:50までにシティーパークに来てください。お好きなどのルートでも清掃していただけます。市は皆さんに手袋とビニール袋をお渡しします。

（清掃ルートの地図）

不要な物品を持ってきてください！

★持ってこれる物品

本／雑誌／新聞／缶／ペットボトル／衣類

(1) (A) <Will you come～>自分と一緒に来るように**相手を誘う表現。**

(2) (B) 【ポスター】上部の，開始時間を参照。'9:00 a.m. － 10:30 a.m.'とある。

(3) (C) 4 他の人が必要としないものを再利用すること。 直前のロビンの発言から判断する。上記全訳を参照。**このthatは接続詞ではなく，「それ」という意味の，指示代名詞。前の発言内容を指す。** (接続詞thatの場合は，後ろに＜主語＋動詞＞が続く。)

(4) 質問：ロビンはどの道を清掃するつもりですか？ ロビンの2番目の発言2文目を参照。

(5) 1 そのイベントでは，人々は夕方に通りを清掃する。(×)

2 もし雨が降ったなら，市は11月に清掃デーを開催する。(○) 【ポスター】上部のカッコ内の情報を参照。

3 ルートBを清掃する人は8時50分までに，South High Schoolに来なければいけない。(×)

4 人々はそのイベントで清掃するルートを選べない。(×)

5 人々は清掃のための手袋とビニール袋を持ってくる必要はない。(○) 【ポスター】の中の地図の上にある囲みの中の，英文3文目を参照。

6 市は本と雑誌，新聞だけを集める。(×)

4 (長文読解・物語文：文の挿入，英問英答，メモ・手紙・要約文などを用いた問題)

(全訳)

ある日，イチローは友人のアキラとコウタと一緒に図書館へ行った。彼らは午前中，そこで2時間勉強し少しの疲れを感じた。コウタが，「僕はお腹がすいたな。何か食べにいくのはどう？」と言った。イチローは，「いい考えだね！ 今からお昼を食べよう」と言った。もうすぐ正午であった。彼らは，図書館近くのお好み焼き屋に行くことに決めた。

イチロー，アキラ，そしてコウタがお好み焼き屋へ入ると，そこにはすでに大勢の人がいた。テーブルが1つ見つかったのはラッキーだった。彼らのテーブルのとなりには2人の女性がいた。彼女たちは，彼らが知らない言葉で話していた。三人が自分たちのお好み焼きを待っていると，女性の一人がイチローたちのグループに英語で尋ねてきた。「こんにちは，あなたたちは高校生ですか？」 少年たちはお互いを見合わせた。「私たちはスペインから来て，この近くの大学で勉強しています」と言って，微笑んだ。イチローは，誰かがその質問に答えることを期待した。少しして，アキラが，「はい。僕たちは高校生です」と答えた。アキラは学校ではあまり多くを語らないので，イチローは驚いた。彼はアキラの勇気に尊敬の念を持った。女性たちはフレンドリーで，アキラは彼女たちと英語で話し続けた。彼はとても楽しそうだった。次第に，イチローも彼らと話したくなった。それで，彼は勇気を出して彼らに尋ねた，「お好み焼きはよく食べるのですか？」 女性の一人が笑顔で言った，「はい，このお店によく来ます。私は特に，お好み焼きにチーズをのせるのが好きです」「僕もチーズが好きなんです！ お好み焼きにとっても合いますよね」とイチローは言った。イチローの後，コウタもまた，女性たちと話した。そして，この日本の少年たちとスペインから来た女性たちは，英語で話をしたり，おいしいお好み焼きを一緒に食べることを楽しんだ。お好み焼きはいつもよりおいしい味がする，とイチローは思った。

少年たちは図書館へ戻るために川沿いを歩いていた時，お好み焼き屋での自分たちの体験を話していた。彼らの英語はあまり上手ではなかった。エ しかし彼らは，スペインから来た女性たちと楽しい時間を過ごすことができた。イチローは，「最初，僕たちは英語を話すのを怖がっていたよね。でも少し勇気を出してスペインから来た女性たちと楽しんで話すことができた。それってすごいことだよね？」と言った。アキラとコウタは彼の言うことに同意した。彼らは皆，お好み焼き屋での新たな体験が理由で，とてもウキウキしていた。そしてイチローが続けた，「とりわけ外国語で他の人とコミュニケーションを図るのは僕たちにとって難しいことだよね。でも少しの勇気を出すことで，僕たちにはそれができるんだと思うな。勇気がコミュニケーションへの鍵だと僕は思うよ」 アキラとコウタはイチローの意見が理解できた。なぜなら彼らは一緒に楽しい時間を共有できたからだ。お好み焼きは彼らを満腹にさせ，彼らの示した勇気は彼らの心を喜びで満たした。

(1)　上記全訳を参照。**挿入する英文は，接続詞 'But ….'「しかし…」で始まっていることがヒント。**直前の内容は，この挿入文の内容と逆になっていると判断する。

(2)　(a)「少年たちは疲れを感じたとき，何をすることに決めたか？」　2「お好み焼屋に行くこと」 第1段落最終文を参照。　(b)「なぜイチローは，スペインから来た女性たちと話そうとしたのか？」　1「なぜならアキラがその女性たちと楽しく話していたから」 空所ウの直前の3文を参照。　(c)「イチローによると，コミュニケーションに必要なのは何か？」　3「ほかの人に話しかける勇気」 最終段落最後から3～5文目を参照。

(3)　(イチローの作文和訳)

僕は友人とお好み焼屋へ行き，そこでスペインから来た2人の女性に①会った。彼女たちは僕たちに英語で話しかけてきた。僕たちは最初，英語を使うのが怖かったが，彼女たちととても楽しく話せた。お好み焼きがとてもおいしかった！

お好み焼屋で新たな経験ができて僕たちはとても②ウキウキした。お互いに理解し合うということは難しいことだが，外国語で話すときはとりわけ難しい。しかし少しの勇気を持てば，それができるのだと僕は思う。一緒に楽しい時間を③共有することによって，僕たちは大切なことを学んだ。

①　meet(会う)の過去形　本文第2段落3文目をヒントに考える。　②　最終段落最後から6文目を参照。　③　最終段落最後から2文目を参照。**<by+～ing>「～することによって」**　前置詞(by)の後ろに来る動詞は，動名詞(～ing形)にする。

5　(条件英作文)

(【原稿】全訳)

こんにちは，ブライアン。私たちはあなたに私たちの学校についてお話しします。

私たちの市で(A)最も長い歴史を持つ中学校の一つです。学校には，五(B)百八十人の生徒がいます。生徒のほとんどは歩いて学校に来ますが，自転車で登校する生徒もいます。学校の(C)前には大きな公園があります。

今から，私たちの学校の良いところをあなたにお話ししたいと思います。(D)私たちの学校の文化祭は楽しいです。

あなたが私たちと一緒に新しい学校生活を楽しんでくれればと願っています！

(1)　(A)　形容詞 long(長い)を最上級，longest(最も長い)にする。　(C)　連語<in front of …>「…の前に」

2020年度英語　放送を聞いて答える問題

〔放送台本〕

ただ今から，英語の学力検査を行います。

はじめに，放送によるリスニングテストを行います。聞きながらメモをとっても構いません。

では，問題用紙の1ページから3ページにテスト1からテスト3までがあることを確かめなさい。また，解答用紙のそれぞれの解答欄を確かめなさい。

それでは，テスト1から始めます。テスト1の問題を読みなさい。

対話はNo. 1からNo. 4まで4つあり，それぞれの対話の後に問いが続きます。なお，対話と問いは2回ずつくり返します。それでは，問題に入ります。

No. 1 *A:* What did you do last Sunday, Ryota?

B: I went to the zoo with my family. How about you, Ms. Smith?

A: I went to the lake with my friends.

Question: Where did Ryota go last Sunday?

No. 2 *A:* Hi, what's up, Yumi? You look so happy.

B: Yes, Alex. I won the English speech contest yesterday. I practiced hard with my teacher.

A: Wow! That's great!

Question: Why does Yumi look so happy?

No. 3 *A:* John, what are you going to do this afternoon?

B: Oh, Mom. First, I'm going to do my homework. Then, I'll play tennis with my friends in the park.

A: All right. Please come home by six. We're going to eat dinner at a restaurant tonight.

Question: What does John's mother ask him to do?

No. 4 *A:* Good morning, Mary. Why do you have an umbrella? It's sunny today.

B: Good morning, Satoshi. I'll take it to Ms. Kelly. I borrowed it from her yesterday because I had no umbrella.

A: You were lucky! It rained a lot after school yesterday.

Question: What did Mary do yesterday?

〔英文の訳〕

No. 1 A：先週の日曜日に何をしたの，リョウタ？

B：家族と動物園に行きました。スミス先生はどうでしたか？

A：私は友人と湖へ行ったわ。

質問：リョウタは先週の日曜日にどこへ行きましたか？

答え：3　動物園へ。

No. 2 A：やあ，どうしたの，ユミ？　とてもうれしそうだね。

B：ええ，アレックス。昨日，英語のスピーチコンテストで優勝したの。先生と一緒に一生懸命に練習したの。

A：すごい！　すばらしい！

質問：なぜユミはとてもうれしそうなのですか？

答え：2　なぜなら彼女は英語のスピーチコンテストで優勝したから。

No. 3 A：ジョン，今日の午後は何をする予定？

B：あ，お母さん。まず，宿題をするつもりだよ。それから，公園で友だちとテニスをする予定。

A：了解。6時までに帰宅してね。今晩は，レストランで夕食を取る予定よ。

質問：ジョンの母親は彼に何をするよう頼みましたか？

答え：4　6時までに帰宅すること。

No. 4 A：おはよう，メアリー。どうして傘を持ってるの？　今日は晴れているよ。

B：おはよう，サトシ。　ケリー先生のところに持っていくの。昨日，傘を持っていなかったから，彼女から借りたの。

A：ラッキーだったね！　昨日は放課後，雨がすごかったよね。

質問：メアリーは昨日何をしましたか？

答え：2　彼女はケリー先生から傘を借りました。

〔放送台本〕

次に，テスト2に移ります。テスト2の問題を読みなさい。今から，対話を2回ずつくり返します。では，始めます。

No.1 *A:* Hello.

B: Hello, this is Mike. May I speak to Natsuki?

A: I'm sorry, Mike. She isn't at home now.

No. 2 *A:* Have you finished cooking?

B: No. I've just washed the potatoes and carrots.

A: OK. Can I help you?

No. 3 *A:* It's so hot today. Let's have something to drink.

B: Sure. I know a good shop. It's famous for fruit juice.

A: Really? How long does it take to get there from here by bike?

No. 4 *A:* Whose notebook is this? There's no name on it.

B: Sorry, Mr. Jackson. It's mine.

A: Oh, Maki. You should write your name on your notebook.

〔英文の訳〕

No. 1 A：もしもし。

B：もしもし，マイクです。ナツキと話せますか？

A：ごめんね，マイク。彼女は今出かけているの。

答え：2　わかりました。あとでまたかけなおします。

No. 2 A：もう料理は終わった？

B：いいえ。ジャガイモとニンジンを今洗ったところ。

A：そう。お手伝いしようか？

答え：1　ありがとう。このニンジンを切って。

No. 3 A：今日はとても暑いね。飲み物を買いましょう。

B：そうだね。いいお店を知ってるよ。そこはフルーツジュースで有名なんだ。

A：本当？　自転車でここからそこまでどれくらいかかるの？

答え：4　ほんの2，3分だよ。

No. 4 A：これはだれのノートですか？　名前を書いていませんね。

B：すみません，ジャクソン先生。私のです。

A：あ，マキ。自分のノートに名前を書いておいてね。

答え：3　はい。そうします。

〔放送台本〕

次に，テスト3に移ります。テスト3の問題と，問題の下にある【メモ】を読みなさい。今から，KenとWhite先生の対話を2回くり返します。では，始めます。

Ken: Ms. White, could you tell me about your favorite book?

Ms. White: Yes. The name of the book is *The Adventure of Tony*. It's a book for children.

Ken: When did you read it?

Ms. White: When I was an elementary school student, my uncle gave it to me as a present. It was popular among students then.

Ken: Please tell me more about the book.

Ms. White: Sure. Well, the story is about a young boy, Tony. In his adventure, a lot of problems are waiting for him. But he never stops his adventure and his dream finally comes true. You can read it quickly because it's written in easy English. I want Japanese students to read the book and enjoy the story in English.

Ken: I want to read it soon. Thank you very much, Ms. White.

Ms. White: You're welcome.

以上で，リスニングテストを終わります。

〔英文の訳〕

ケン：ホワイト先生，先生のお気に入りの本について教えていただけませんか？

ホワイト先生：はい。本の名前は「トニーの冒険」です。子供向けの本です。

ケン：いつそれを読んだのですか？

ホワイト先生：私が小学生のとき，叔父がプレゼントとしてそれを私にくれました。そのころ学生の間でその本は人気だったのです。

ケン：その本についてさらに教えてください。

ホワイト先生：いいですよ。それは，小さな男の子のトニーについての物語です。冒険のあいだ，彼にはたくさんの問題が待ち構えていましたが，彼は冒険をすることを決してやめず，彼の夢はついに実現します。簡単な英語で書かれていますから，皆さんそれをすぐに読めますよ。日本の学生の皆さんにその本を読んで英語で書かれた物語を楽しんでほしいと思います。

ケン：すぐに読んでみたいです。どうもありがとうございました，ホワイト先生。

ホワイト先生：どういたしまして。

〔メモの英文訳〕　ホワイト先生のお気に入りの本：トニーの冒険

・それは，彼女が小学生のとき(A)彼女のおじさんにもらったプレゼントだった。
・それは小さな男の子，トニーについての本。
・トニーは冒険のあいだ，たくさんの(B)問題にぶつかる。
・トニーの(C)夢はついに実現する。
・(D)簡単な英語が使われている。

＜英語解答＞（学校指定教科検査）

1　(1)　(A)　3→2→1　(2)　(B)　loses　(3)　(C)　summer　(4)　How did you find　(5)　I usually walk my dog in the morning. Every day, I get up at about six and walk my dog for twenty minutes. When I get home, I feel so good.

＜英語解説＞

1　(長文読解問題・スピーチ：文の並べかえ，表・グラフなどを用いた問題，条件英作文)

(全訳)　【原稿】

野菜にはビタミンが入っていますが，それらは私たちの健康に良いものです。野菜に含まれるビタミンCの量に関しての興味深い情報をお話しします。

ほうれん草を例に挙げましょう。このグラフを見てください。2つの興味深いことが分かりました。

1つ目として，冬のほうれん草は，夏のほうれん草よりも多くのビタミンCが含まれています。(A)3　もちろん今は，ほうれん草をどの季節でも食べることができます。でも，もともとは冬の野菜でした。→　2　この理由のため，ビタミンCの量は，旬の季節である冬に増加します。→　1　他の野菜のビタミンCの量についてはどう思いますか？　ほうれん草のように，それらのビタミンCもその野菜の旬の時期に増加します。

2つ目として，生のほうれん草には，ゆでたほうれん草よりも多くのビタミンCが含まれています。生の冬採りほうれん草100グラムには，60ミリグラムのビタミンCが含まれています。でもゆでてしまうと，そのビタミンCの半分を(B)失います。

ですから，ほうれん草からたくさんのビタミンCを摂取したいと思うなら，生の冬採りほうれん草を食べるのがベストです。しかし，私たちにとって生のほうれん草を食べるのは難しいです。生の(C)夏のほうれん草と比較すると，ゆでた冬のほうれん草にはビタミンCが，より多く含まれています。ですから，ゆでた冬採りのほうれん草を食べるほうが私たちにとってより良い選択となります。

旬の時期にその野菜を食べるのがたくさんのビタミンを摂取するのによい方法なのだということが今では分かります。料理をするときには，旬の時期の野菜を使いたいと私は思います。これが健康を保つための私の考えです。もちろん他の考えもあります。(D)健康に良いものを食べることの他に，皆さんは健康を保つためにどんなことをたいてい行っていますか？

(1)　(A)　それぞれの選択肢の**接続詞や指示語に注意**し，文のつながりを自然なものとすることを意識しよう。ポイントとなるのは，選択肢2の**指示語，'this'(このこと)が何を指すか**をおさえること。3→2の順で，選択肢1は，空所直後の本文と自然につながる。**<because of A>「Aが原因で」**

(2)　(B)　上記全訳と【グラフ】を参照。

(3)　(C)　上記全訳と【グラフ】を参照。

(4)　生徒A：「はい。どうやってその情報を見つけたのですか？」
　　マドカ：「インターネットを使うことによってそれを見つけました」

<by+～ing>「～することによって」←　疑問詞how(どうやって)を使った質問をしたときに，よく使われる答え方。

(5)　(解答和訳)　私はたいてい朝，犬を散歩させます。毎朝，6時ころに起きて，20分間犬を散歩させます。帰宅すると，気分がとてもいいです。

<理科解答>

1 (1) 静電気 (2) 3

2 (1) 溶媒 (2) 温度が変わっても，溶解度があまり変化しないから。

3 (1) 栄養生殖 (2) 子が親と全く同じ遺伝子を受けつぐから。

4 (1) 露点 (2) 1

5 (1) a 感覚神経 b 運動神経 (2) 測定値には誤差があるから。 (3) 2

(4) 手で受けとった刺激の信号がせきずいに伝えられると，せきずいから直接，手を引っこめるという信号が出されるから。

6 (1) 4 (2) 6.1〔g〕 (3) $HCl+NaOH \rightarrow NaCl+H_2O$

(4) (バリウムイオン) ア (硫酸イオン) イ

7 (1) 1.7〔倍〕 (2) 右図 (3) 運動の向きにはたらく力が大きくなるから。 (4) 3

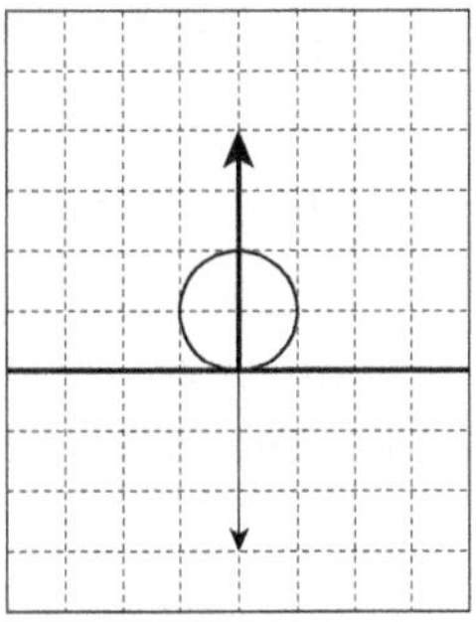

8 (1) 1 (2) 2 (3) 火山灰は広範囲に堆積するから。

(4) (区間) B (地層にはたらいた力) 1

9 (1) CO_2 (2) 乱反射 (3) あ 水 い 白くにごったまま (4) 温度が高いほど短い

<理科解説>

1 (静電気)

(1) 異なる種類の物質をたがいにこすり合わせたときに発生する電気を静電気という。

(2) 異なる種類の電気は引き合い，同じ種類の電気はしりぞけ合う。ストローAとティッシュペーパーは異なる種類の物質からできているので，こすり合わせると異なる種類の静電気を生じる。

2 (溶解度)

(1) 水にとけている物質を溶質，溶質をとかしている水を溶媒という。

(2) 塩化ナトリウムのように，温度が変化しても溶解度があまり変化しない物質は，水溶液の温度を下げても，とり出すことができる結晶の質量はわずかである。

3 (生殖)

(1) 植物などが行う，体の一部から新しい個体が生じる無性生殖を，特に，**栄養生殖**という。

(2) 親と子の遺伝子の組み合わせが全く同じになるため，形質も同一になる。

4 (湿度)

(1) 空気中の水蒸気が水滴に変わり始める温度を，露点という。

(2) 空気中に含まれる水蒸気量が最も多いとき，露点が最も高くなる。**気温と湿度がともに高くなるほど，空気中に含まれる水蒸気量が多い。**

5 (神経)

(1) 意識して行う反応であるため，刺激の信号は感覚神経を伝って脳に伝わり，脳で判断・命令を行う。脳で出された命令は，運動神経を伝って筋肉へ伝えられる。

(2) 通常，実験では，誤差を小さくするために，同じ測定を複数回行う。

(3) 表1から，ものさしが落下した距離の平均値は，(19.0＋20.8＋18.5＋20.0＋19.2)÷5＝19.5〔cm〕 図4で，19.5cmを縦軸にとり，落下する時間を読み取る。

(4) 通常の反応では刺激の信号が脳を経由し，脳で判断・命令するのに対し，反射では，刺激の信号は脳を経由せず，せきずいから直接命令が出される。

6 (気体の性質，イオン)

(1) 発生した気体は，水素である。水素はあらゆる物質の中で，最も密度が小さい。

(2) 300gの水が98％に相当するので，1％に相当するのは，300〔g〕÷98＝$\frac{300}{98}$〔g〕 水酸化ナトリウムは2％に相当するので，$\frac{300}{98}$〔g〕×2＝6.12…〔g〕

(3) 塩化水素＋水酸化ナトリウム→塩化ナトリウム＋水の化学変化が起こる。

(4) 硫酸が電離すると，$H_2SO_4 \rightarrow 2H^+ + SO_4{}^{2-}$より，$H^+$ 2個に対し，$SO_4{}^{2-}$が1個生じる。水酸化バリウムが電離すると，$Ba(OH)_2 \rightarrow Ba^{2+} + 2OH^-$より，$Ba^{2+}$1個に対し，$OH^-$2個が生じる。よって，図2の水酸化バリウム水溶液の中には，**OH^-が4個，Ba^{2+}が2個**含まれている。また，ビーカー内の硫酸の中には，**H^+が6個，$SO_4{}^{2-}$が3個**含まれている。これらを混合すると，**$H^+ + OH^- \rightarrow H_2O$**で表される中和が起こるため，$OH^-$が4個と$H^+$が4個が水となり，$H^+$が2個残る。また，バリウムイオンと硫酸イオンは**$Ba^{2+} + SO_4{}^{2-} \rightarrow BaSO_4$**の反応が起こり白色沈殿となるため，$SO_4{}^{2-}$が1個残る。

7 (物体の運動，力のはたらき)

(1) P_2P_3間の速さは，8.4〔cm〕÷0.1〔s〕＝84〔cm/s〕 P_1P_2間の速さは，5.0〔cm〕÷0.1〔s〕＝50〔cm/s〕よって，84÷50＝1.68→1.7〔倍〕

(2) 重力と大きさが等しく向きが反対で一直線上にはたらく**垂直抗力**となる。

(3) 斜面の傾きが大きくなると，重力の斜面に沿う力が大きくなる。この力が運動の向きにはたらくため，小球の速さの増加の割合が大きくなる。

(4) 20°のときと30°のときでは，運動を始める高さが等しいため，水平面に達したときの速さは等しい。ただし，30°の斜面のほうが，速さが増加する割合が大きいので，水平面に達するまでにかかる時間が短い。

8 (地層)

(1) ルーペは目に近づけて持つ。動かすことができないものを観察するときは，自分が動いてピントを合わせる。

(2) 無色・白色の鉱物には，セキエイとチョウ石がある。

(3) 火山灰は，同時期に広範囲に堆積するため，地層について考察する上でのかぎ層となることが多い。

(4) 火山灰の層の下面の標高を求めると，(あ)は220m，(い)は220m，(う)は230m，(え)は230m。(あ)(い)と，(う)(え)では10mのずれがあるので，(い)と(う)の間に断層があると考えられる。

9 (総合問題)

(1) **有機物**は炭素を含んでいるため，燃やすと炭素が酸化して二酸化炭素を生じる。

(2) あらゆるものの表面はでこぼこしているので，ここに光が当たってはね返り，乱反射が起こる。

(3) 「胃腸薬によって分解されて透明になる」ことを確かめるために，胃腸薬を入れず，かわりに水を入れて実験をする操作が必要である。白くにごったままであれば，胃腸薬が分解しているということがわかる。

(4) 透明の度合いが20mmから30mmになるまでの時間は，60℃で1分未満，50℃で約1分30秒，40℃で約2分であるため，温度が高くなるほど短くなっていると確認できる。

＜社会解答＞

1 (1) 1　(2) 3　(3) 日米和親条約

2 (1) 4　(2) インフレーション　(3) 2

3 (1) 扇状地　(2) 3　(3) 2

4 (1) 大宝律令　(2) 1，4　(3) 16(世紀)　(4) 株仲間をつくることを奨励し，税を納めさせること。　(5) ブロック経済　(6) 3　(7) 3→1→2　(8) A

5 (1) 4　(2) 民主主義　(3) 公正取引委員会　(4) 現在の世代と将来の世代がともに質の高い生活を送ることができる社会。　(5) 自給率の高い米の供給熱量が減少した

6 (1) あ B　い C　う A　(2) 環太平洋造山帯　(3) アパルトヘイト
(4) ア オセアニア(州)　イ a 3　b 1
ウ 原料の多くを海外から船で輸入しているため，臨海部に立地している。　(5) 右図の通り。

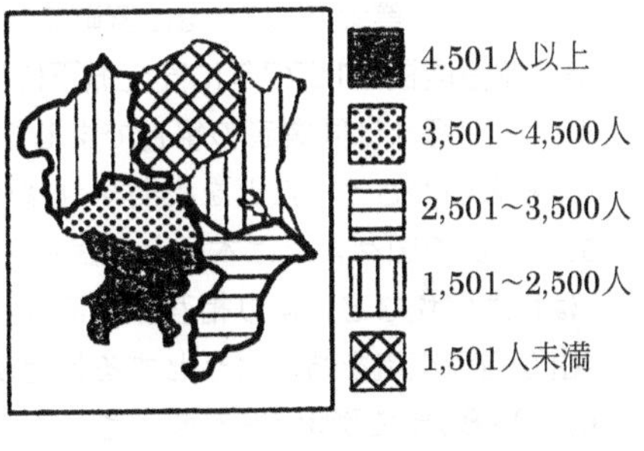

7 (1) ア 2　イ 金剛力士像　ウ 狩野永徳
エ 政権を幕府から朝廷に返上すること。
(2) ア 1　イ 農産物を新鮮なうちに，近くの大消費地に出荷することができるから。
ウ 私企業　エ カード会社が一時的に代金を立てかえるため，現金がなくても商品を購入できる。　オ 3　カ B

＜社会解説＞

1 (歴史的分野－日本の文化・世界史・外交史に関する問題)

(1) 弥生時代に伝わった金属器の内，神を祀るために用いたものが青銅器である。その中で，日本独自に発展したものが銅鐸で，音を出すために使用したと考えられている。

(2) 聖アウグスチノ修道会に属する，ドイツの神学者・聖職者である。1517年にヴィッテンベルクの教会に「95か条の論題」を提出したことがきっかけとなり，プロテスタントがカトリック教会から分離することとなった。

(3) この条約を受け，幕府は下田と函館を開港し，1639年から始まった日本の鎖国は終わることになった。

2 (公民的分野－基本的人権・経済・国際連合に関する問題)

(1) 社会権の中のひとつの権利である。1は日本国憲法第28条，2は日本国憲法第27条，3は日本

国憲法第26条の内容である。

(2) 表Ⅰにデフレーションとあることから，対義語を考えれば良い。インフレーションになると通貨の価値は下がることになる。

(3) **国際連合の第一の目的である「国際の平和と安全の維持」**について責任を負う，国際連合の主要機関である。国際連合憲章第7章には，平和への脅威・破壊などに対し，武力行使を含む強制措置の発動を決定できるとされている。

3 **(地理的分野－日本の地形・世界地理に関する問題)**

(1) 水はけがよいので，以前は桑畑，現在は果樹園に利用されることが多い地形である。

(2) Aは**リマン海流**，Bは**対馬海流**，Cは**日本海流(黒潮)**，Dは**千島海流(親潮)**であることから判断すれば良い。A・Dは寒流，B・Cは暖流である。

(3) 一人っ子政策とある点に注目すれば良い。これは，総人口を抑制するために中国で実施された政策であるが，高齢化の急速な進行などを背景として，2015年に廃止されている。

4 **(歴史的分野－各時代の税・世界の経済に関する問題)**

(1) 天武天皇の皇子である**刑部親王**と中臣鎌足の子である**藤原不比等**らがまとめた日本初の律令である。

(2) 土倉は，現在の質屋のように品物を質草として預かって金を貸した業者である。酒屋は，酒造りでもうけて大きな資本を得て，金貸しもするようになった業者である。2は江戸時代の郵便配達・宅配業者である。3は室町時代になって自治をするようになった農村のことである。

(3) **織田信長は1577年に安土城下に楽市楽座令を出している**ことから判断すれば良い。

(4) 田沼意次は同業者の組合である株仲間の結成を勧め，引き換えに運上金・冥加金といった形で税を納めさせたことを説明すれば良い。

(5) 複数の国々または本国と植民地・従属国などが形成する経済圏のことである。ブロック内では特恵関税などにより相互の経済関係を強めるようにする一方で，対外的には障壁をつくって自由な経済交流を妨げようとする特色がある。

(6) **1989年に税率3%で導入**された消費税は，1997年に5%，2014年に8%，2019年に10%と税率が上げられていることから，そのタイミングで税収が上昇しているグラフを選べば良い。また，消費税は所得に関係なく一定の税率で掛けられていることから，低所得者に対する負担が大きくなるという逆進性があることを併せて判断すれば良い。

(7) 1は1973年，2は1991年，3は1967年のことである。

(8) **収穫の3%の稲を納める税は租，特産物を納める税は調，労役は庸**であることから，律令制度における税のしくみであることが分かることから判断すれば良い。

5 **(公民的分野－選挙のしくみを切り口にした問題)**

(1) **患者の自己決定権を保障するためのしくみ**である。1はインターネットやテレビ・新聞などの**メディアからの情報を見極める能力**のこと，2は訪問販売などで契約をした人が，契約書を受け取ってから**一定期間内であれば申し込みを撤回して契約を解除できる制度**のこと，3は農産物などを公正な価格で取引し，企業・地主などから不当に搾取されている発展途上国の人々の経済的・社会的な自立を支援する仕組みで，**公平な貿易**と呼ばれるものである。

(2) イギリスの政治学者，ジェームズ・ブライスの言葉である。

(3) 独占禁止法を運用するために，1947年に設置された内閣府の外局である。

(4) 2015年の国連総会で採択された国際社会共通の目標であるSDGsを達成し，目指す社会について説明すれば良い。

(5) 資料Ⅱにある品目の中で米の自給率が高いことが読み取れる。資料Ⅲから供給熱量の低下が一番大きいのが米であることが分かる。これらを併せて説明すれば良い。

6 (地理的分野－世界地理・貿易・日本の産業などに関する問題)

(1) **あ**は，ヨーロッパの南に位置することから，アフリカ大陸南部にあるBの南アフリカ共和国である。**い**は，日本の南に位置することから，Cのオーストラリアである。**う**は，北アメリカ大陸の南に位置することから，南アメリカ大陸の南部に位置するAのアルゼンチンとなる。

(2) 太平洋を取り巻くように位置する，火山の連なりである。

(3) 1991年6月まで続いた白人と有色人種とを差別する人種隔離政策である。

(4) ア **六大州**が，ユーラシア大陸の一部であるアジア大陸とその周辺を示す**アジア州**，ユーラシア大陸の一部であるヨーロッパ大陸とその周辺を示す**ヨーロッパ州**，アフリカ大陸とその周辺を示す**アフリカ州**，北アメリカ大陸とその周辺を示す**北アメリカ州**，南アメリカ大陸とその周辺を示す**南アメリカ州**，オーストラリア大陸とその周辺及び太平洋の島々を示す**オセアニア州**であることから判断すれば良い。 イ 石油は中東諸国が，コーヒーはブラジルが輸出の中心であり，オーストラリアの輸出品ではない。また，オーストラリアの現在の輸出の中心は鉄鉱石・石炭といった鉱産物資源である。これらを併せて判断すると，以前は羊毛が，現在は石炭が輸出品目の上位になることが分かるはずである。 ウ **オーストラリア産の鉄鉱石は船で運ばれてくる**ことに注目すれば良い。

(5) 空欄になっている2か所の内，北西に位置しているのが群馬県，南東に位置しているのが千葉県であることから判断すれば良い。

7 (総合問題－奈良・京都を切り口にした問題)

(1) ア **平清盛は1167年に太政大臣になっている**ことから判断すれば良い。1は聖徳太子，3は源頼朝，4は北条時宗である。 イ 鎌倉時代に作られた，高さ8mを超える**寄木造の仏像**である。 ウ 狩野派を代表する**安土桃山時代の絵師**で，織田信長・豊臣秀吉に仕えた人物である。資料Ⅰは代表作の**唐獅子図屏風**である。 エ 政権を朝廷に返上することである。これにより，およそ270年間続いた江戸幕府，およそ700年間続いた武士政権は終わることとなった。

(2) ア 唐に渡った**空海**が日本に伝えたのは真言宗である。2を伝えたのは平安時代の僧**最澄**，3の開祖は**法然**，4の開祖は**日蓮**である。 イ 大都市への輸送距離が短いことに注目して鮮度を保つことができる点を説明すれば良い。 ウ 民間資本で民間人が営利のために経営する企業のことである。 エ 契約者の信用(クレジット)により，商品代金の支払いを後払いにすることができる点に注目して説明すれば良い。 オ 図Ⅰは**縮尺25000分の1の地形図**であることから，**等高線は10mごと**に描かれていることが分かる。したがって，②は80mより低い地点にあることが読み取れるはずである。①の範囲に広がるのは竹林であることから，1は誤りである。嵐電嵯峨駅のすぐ近くに郵便局があることから，2は誤りである。天龍寺庭園は渡月橋の北西に位置していることから，4は誤りである。 カ 観光客の人数が多いこと，出張・業務の人数は近畿地方の中心である大阪ほどは多くないことに注目すれば良い。Aは大阪府，Cは和歌山県，Dは奈良県である。

＜国語解答＞

一 (一) 11　(二) 4　(三) クレーターが　(四) 1　(五) 泥だんご
(六) (例)望遠鏡の魅力を駿馬に伝えられて，うれしいと思う気持ち。　(七) 3

二 (一) 1 雑誌　2 よぎ　(二) d　(三) 2　(四) 3　(五) (例)言いたいことを見出すためには，まず情報を収集することが必要であるという発想。
(六) (例)インターネットを利用して，生活や仕事のためのさまざまな情報を得ているから。
(七) Ⅰ (例)情報をもとにしたそれぞれの人の立場・考え方　Ⅱ (例)自分の固有の立場で必要な情報を選択し，その内容を理解した上で自分のことばで語る

三 (一) おしうる　(二) 4　(三) (例)道をあきらかにせむ

四 (一) 聖 人 終 身 言レ 治　(二) 言　(三) Ⅰ まねをする　Ⅱ 1

五 1 へだ　2 しんく　3 遊　4 招待　5 清潔

六 (一) 食べ残し　(二) (例)私は，校門でのあいさつ運動を続けてきました。朝が早く，つらく感じることもありましたが，笑顔であいさつをすると，地域の方がはげましや感謝の言葉をかけてくださり，温かく幸せな気持ちになれました。
　この経験から，あいさつには人と人とをつなぐ力があると感じました。人はあいさつをきっかけにして，お互いを認め合い，心が通い合うようになると思います。これからも自分から進んであいさつをして，多くの人と関わり合い，みんなが温かい気持ちで暮らせる社会を築いていきたいです。

＜国語解説＞

一 (小説－情景・心情，内容吟味，文脈把握，筆順・画数・部首，語句の意味，品詞・用法)

(一) 総画数は11画である。「乙」は，一筆書きだ。

(二) 「野」には，①野原・いなか・郊外，②区分けした地域，③いやしい，④人知が開けないこと，④なれない・したがわない，といった意味がある。傍線**「視野」は見える範囲のこと**だから，②の意味となる。選択肢は以下の通り，1「原野」は①，2「野鳥」は①，3「野望」は④，4「分野」は②の意味で用いられている。

(三) 「見せている」という動作をしたのは，「クレーター」である。

(四) 傍線「穏やかな」は，「ささやき」という名詞(体言)を修飾しているので，連体詞か形容動詞の連体形である。**形容動詞の言い切りの形である「―だ」にして意味が通るなら形容動詞，意味が通らないなら活用しない品詞の連体詞**となる。

(五) 「それ」は，直前の「まだモンゴル……凸凹が見えてくる」で示されていた，幼稚園児の駿馬が作った泥だんごを指している。

(六) 「結構いいだろ。望遠鏡って」というすばるの言葉は，望遠鏡で見た者に見とれている駿馬が，祖の良さを認めてくれたことを感じ，**嬉しくて**その良さを共に味わえると思い，同意を求めたのだ。

(七) 駿馬は，月を「**とんでもなく遠いはずなのに，なぜか，遠いと感じない**」と感じている。

二 (論説文－大意・要旨，内容吟味，文脈把握，脱文・脱語補充，漢字の読み書き，語句の意味，品詞・用法)

(一) 1 「雑誌」は「シ」を「紙」と書かないようにする。　2 「余儀ない」は，やむを得ず・

他に取って変わる方法がないこと。

(二)　動詞の活用の種類の見分け方は，**未然形「―ない」の形**にする。そして，**活用語尾が「a段」なら五段活用，「i段」なら上一段活用，「e段」なら下一段活用**となる。a「し」は終止形が「する」で，サ行変格活用だ。b「わから」は終止形が「わかる」で，未然形にすると「わか**ら(ra)**‐ない」で五段活用。c「立て」は終止形が「立つ」で，未然形にすると「た**て(te)**‐ない」で下一段活用。d「起き」は終止形が「起きる」で，未然形にすると「お**き(ki)**‐ない」で上一段活用となる。

(三)　「切り口」は**分析・議論などにおける観点・手法**。

(四)　相手の心をとらえるポイントは，傍線直前の「あなたにとってどれだけ切実であるか，というところ」にある内容だ。

(五)　傍線「この発想」の前段落の内容をまとめればよい。**言いたいことを見出すため(もしくは情報がなければ構想が立てられないので)，まず情報を収集するべきだという考え方**のことだ。

(六)　傍線と同段落に「こうしたメディアが，あなた自身の自覚・無自覚にかかわらず，いつの間にか私たちの仕事や生活のための情報源になっている」とある。インターネットも「このメディア」に含まれることから，不可欠と考えられる理由は**私たちがインターネットを利用して仕事や生活のための情報を得ているから**となる。

(七)　「しかし、よく」で始まる段落に「その情報の質は実にさまざまであり，決して同じではないのです。しかも，その情報をもとにしたそれぞれの人の立場・考え方は，これまた千差万別です。」とあるので，[Ⅰ]には，**さまざまであるものとして「情報をもとにしたそれぞれの人の立場・考え方」**が抜き出せる。また[Ⅱ]には，情報を活用するための方法を補えばよい。情報を活用する際に大切なことは「そうした情報をどのようにあなたが自分の目と耳で切り取り，それについて，どのように自分のことばで語ることができるか」どうかとある。この内容をふまえると，**自分の固有の立場で多くの情報の中から自分に必要な情報を選び取り，それについて理解し，自分のことばで語ること**で，情報を活用できるということになろう。

三　(古文－大意・要旨，文脈把握，仮名遣い)

【現代語訳】　私に従って学問をしようという諸君も，私の後で，また他に考えが出たときは，決して私の説にこだわるな。私の説がよくない理由を示し，あなたがよいとする考えを伝えていきなさい。すべて私が人を教えるのは，真理を明らかにしようとするためだから，ともかくも，真理を明らかにしようとすることこそ，私を大切にすることであるよ。真理を考えずに，むだに私を尊重することは，私の願いではないのだよ。

(一)　語中・語尾の「は・ひ・ふ・へ・ほ」は，現代仮名遣いで「ワ・イ・ウ・エ・オ」にする。また，ワ行の「ゐ・ゑ・を」は「イ・エ・オ」にする。

(二)　「ゆゑ」は**理由**の意味である。傍線の直前に「かならずわが説にななづみそ。」と，**私の説にこだわらないようしなさいと言っていることをふまえる**と，正解を導けよう。

(三)　「私の本意」とは，**私が人に教えを説く目的に一致**する。すると，文中に「おのが人ををしふるは，道をあきらかにせむとなれば」とあるので，ここを指定字数でぬきだせばよい。

四　(漢文－大意・要旨，脱文・脱語補充，その他)

【現代語訳】　聖人は生涯国の治め方について発言するが，(人を動かすために)用いるのは，言葉ではないのである。発言のもととなる心を用いるのである。歌う者には詩がある。しかし人に歌をうまく歌わせるものは，その詩ではないのだ。

鸚鵡は言葉を発することができるが，言葉を上達させることはできない。鸚鵡は何とかすれば人の発する言葉を身につけられるが，その言葉を言う理由を得られないからである。したがって，先人の足跡をなぞる者は，自分の足跡を残せる人物ではない。

(一)「聖」→「人」→「終」→「身」→「治」→「言」の順番で読むことになる。「言」と「治」が**一字返っているので，レ点**を使えばよい。

(二) 歌うための道具として「詩」が挙げられている。聖人が国の治め方について説く際に用いるものとしては「言」がある。

(三) Ⅰ　鸚鵡は人の「言葉を発することができる」と注釈もあるように，真似するのである。
Ⅱ　言葉は伝えたい内容・中心を伝えるための道具に過ぎない。**名前を残せるような人物は「言ふ所以」，訳で言うと「心」を持っている**ことになる。すなわち“言葉にする中心・おおもと”となる内容があるのだ。したがって「根本」が適切である。

五 (漢字の読み書き)

1　間に何かを置くこと。　2　生活・仕事上での苦しみ。　3「遊」は「子」が「攵」にならないようにする。　4「招」は，てへん。「待」は，ぎょうにんべん。　5「潔」は，さんずいを上のほうにまとめて書かない。バランスよく均等にさんずいを書くこと。

六 (会話・議論・発表－内容吟味，作文)

(一)「食品ロスの発生状況について」の中で，**私たちも取り組める内容は「食べ残し」**である。

(二) 作文には，「社会をよりよくするために心がけていきたいこと」を書く。自分の体験を具体例に挙げる必要もある。自分が社会に貢献できたと感じる取り組みを思い出そう。町の清掃活動，交通安全，他者への思いやりある行動，といった観点から導き出し，具体例は簡潔に一段落でまとめる。二段落目には，その取り組みから学んだことや感じたことをまとめる。**作文で大切なことは「私が考えたこと」**だ。社会をよりよくするためにすべきことは何か，何が求められているかといったテーマで自分の考えをまとめられるようにしよう。今後どうしていきたいかといった考察もあると力強い作文になるだろう。

＜国語解答＞(学校指定教科検査)

一 (一) 2　4　(完答)　(二) (実在する事物A) 桜花　(非実在の事物B) 雪
(三) (例)本当は似ていない二つの物を，たった一つの類似性を取り出し強引に結びつけることで，両者に共通する美しさがあらためて認識されるということ。　(四) Ⅰ　露が降りている柳の枝　Ⅱ　宝玉を貫いている糸

＜国語解説＞

一 (論説文―大意・要旨，文脈把握，脱文・脱語補充，熟語)

(一)「相違」は，上の語が下の語を修飾する関係の組み合わせだ。1「意思」は似た意味の組み合わせ，2「急増」は上の語が下の語を修飾する関係，3「開幕」は主述の関係，4「仮定」は上の語が下の語を修飾する関係，5「難易」は逆の意味の組み合わせとなっている。

(二)「み吉野……」の和歌は，桜を見て詠んだ歌だ。桜を「雪かとのみぞあたまたれける」(見誤

られる)とあるので，実在するのは「桜」で非実在なのは「雪」である。

(三)　これは，**「本当は似ていない二つの物を，『白さ』という印象深いたった一つの類似性を取り出すことによって，半ば強引に結びつけてしまう」こと**で起こる現象だ。そして，結びつけることでどうなるかと言うと**「二つに共通する『真っ白な美しさ』が，あらためて認識される」という結果**になる。この前提と結果を指定字数でまとめればよい。

(四)　[Ⅰ]には，実在のものが入る。この歌は**「白露の降りた柳の枝」**を詠んでいる。次に[Ⅱ]には，見立て(たとえ)が入る。その柳の枝を**「宝玉を貫いている糸」**に見立てているのだ。

MEMO

大切なことはメモしておこうネ！

解答用紙集

○月×日 △曜日 天気（合格日和）

◆ご利用のみなさまへ

＊解答用紙の公表を行っていない学校につきましては、弊社の責任において、解答用紙を制作いたしました。

＊編集上の理由により一部縮小掲載した解答用紙がございます。

＊編集上の理由により一部実物と異なる形式の解答用紙がございます。

人間の最も偉大な力とは、その一番の弱点を克服したところから生まれてくるものである。 ――カール・ヒルティ――

東京学参株式会社

山口県公立高校　2024年度

※ 200%に拡大していただくと，解答欄は実物大になります。

令　6　山口県

受検番号	

数学解答用紙

得　点	＊　点

＊印の欄には何も記入しないこと。

1 ＊

(1)		(2)		(3)	
(4)		(5)			

2 ＊

(1)	$y=$	(2)	度
(3)	$x=$	(4)	およそ　匹

3 ＊

(1)

(2) 作図

図 2

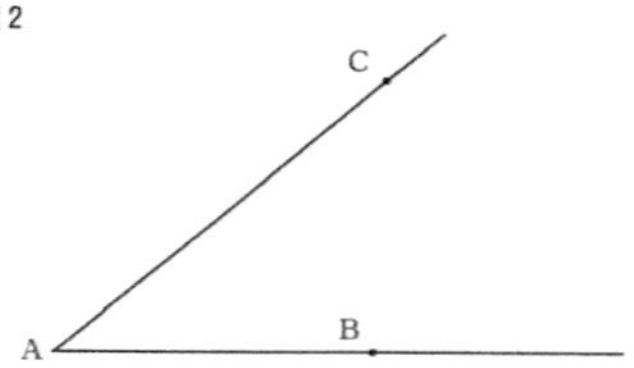

4 ＊

(1)		(2) ア	イ

5 ＊

(1)

(2) 説明

6 ＊

(1)	(%)	
(2)	式	ドリップバッグ　個
		ティーバッグ　個

7 ＊

(1) 証明

(2) cm

8 ＊

(1) 説明

(2) ℃

(3) (cm)

※ 179％に拡大していただくと，解答欄は実物大になります。

令　6　　山口県

受検番号	

英語解答用紙

得　点	* 点

＊印の欄には何も記入しないこと。

1 ＊

	No. 1	No. 2	No. 3	No. 4
テスト1				
テスト2	No. 1	No. 2	No. 3	No. 4

テスト3				
(1)	(A)		(B)	
	(C)			
(2)	?			

2 ＊

(1)						
(2)	(B)		(C)		(D)	

3 ＊

(1)	
(2)	
(3)	

4 ＊

(1)	
(2)	
(3)	

5 ＊

(1)						
(2)	(a)		(b)		(c)	
(3)	①		②			

6 ＊

20語

30語

【記入例】

Hi , how are you ? I'm

a high school student now .

山口県公立高校　2024年度

※ 192％に拡大していただくと，解答欄は実物大になります。

令　6　　山口県

受検番号	

理科解答用紙

得点	* 点

＊印の欄には何も記入しないこと。

1 ＊

(1)	
(2)	

2 ＊

(1)	
(2)	

3 ＊

(1)	
(2)	

4 ＊

(1)	
(2)	

5 ＊

(1)				
(2)	ア		イ	J
	ウ			
(3)	ア		イ	

6 ＊

(1)	
(2)	$NaHCO_3$ ＋ HCl →
(3)	
(4)	

7 ＊

(1)				
(2)				
(3)				
(4)	ア		イ	

8 ＊

(1)				
(2)				
(3)				
(4)	あ		い	

9 ＊

(1)		
(2)		
(3)		
(4)	あ	
	い	
(5)	ア	
	イ	

※ 200%に拡大していただくと，解答欄は実物大になります。

令　6　　山口県

受検番号	

社 会 解 答 用 紙

＊印の欄には何も記入しないこと。

得 点	＊　　　点

1 ＊

(1)		(2)		(3)	
(4)					
(5)	ア				
	イ				
	ウ				

2 ＊

(1)	千葉県			
	鹿児島県			
(2)			(3)	
(4)	ア			
	イ	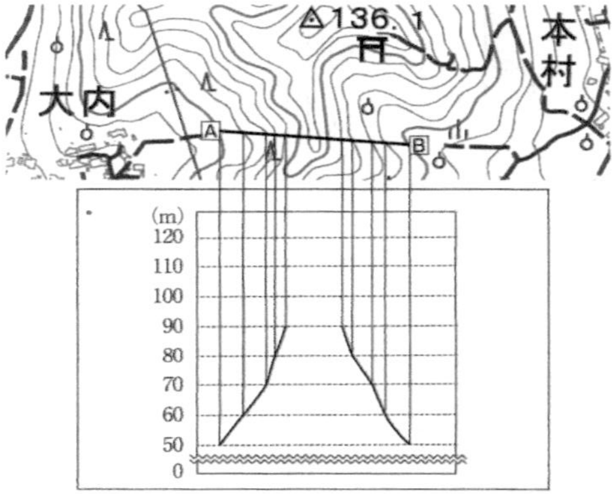		
(5)				

3 ＊

(1)			(2)	
(3)				
(4)			(5)	
(6)	ア			
	イ			

4 ＊

(1)			(2)	
(3)			(4)	
(5)				
(6)	ア	→ →	イ	

5 ＊

(1)	ア		イ	
(2)	→ →			
(3)	ア			
	イ			
(4)				
(5)	ア		イ	

6 ＊

(1)				
(2)				
(3)	ア		イ	
	ウ			

山口県公立高校　２０２４年度

※１８５％に拡大していただくと，解答欄は実物大になります。

令六　山口県

受検番号

国語解答用紙

＊印の欄には何も記入しないこと。

得点　＊　点

一　＊

(一)　画め　(二)　(三)

(四)

(五)　〜

(六)　(七)

二　＊

(一)　(二)　(三)

(四)

(五)　(六)

三　＊

(一)　(二)

(三)　Ⅰ　Ⅱ

四　＊

(一)

(二)

(三)

五　＊

(一)　1　か　2　3　4　5　る

(二)　ア　イ　相送臨高台　ウ

六　＊

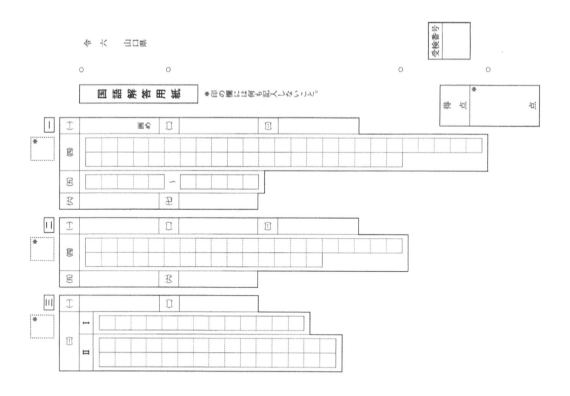

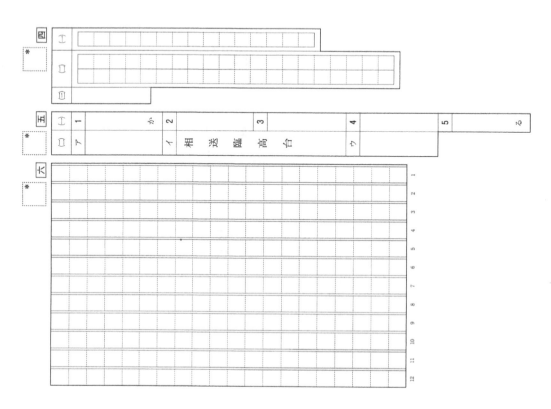

2024年度入試配点表(山口県)

	1	2	3	4	計
数学	各1点×5	各2点×4	(1)　2点 (2)　3点	(1)　2点 (2)　3点(完答)	50点
	5	6	7	8	
	(1)　2点 (2)　4点	(1)　2点 (2)　4点(完答)	(1)　4点 (2)　3点	(2)　2点 他　各3点×2	

	1	2	3	4	5	6	計
英語	テスト3(2)　2点 他　各1点×11	各1点×4	(2)　1点 他　各2点×3	各2点×3	各2点×6	8点	50点

	1	2	3	4	5	計
理科	(1)　1点 (2)　2点	(1)　1点 (2)　2点	(1)　1点 (2)　2点	(1)　1点 (2)　2点	(2)イ・ウ 各2点×2 他　各1点×4	50点
	6	7	8	9		
	(1)　1点 他　各2点×3	(1),(4)イ 各2点×2 他　各1点×3	(1),(2)　各2点×2 他　各1点×3	(1),(3),(5)ア 各1点×3 他　各2点×3((4)完答)		

	1	2	3	4	5	6	計
社会	(4),(5)ウ 各2点×2 他　各1点×5	(4)イ,(5) 各2点×2 他　各1点×4	(3)　2点 他　各1点×6	(5)　2点 他　各1点×6	(3)イ,(4) 各2点×2 他　各1点×6	(2),(3)ウ 各2点×2 他　各1点×3	50点

	一	二	三	四	五	六	計
国語	(一)～(三) 各1点×3 (四)　3点 他　各2点×3	(一),(二) 各1点×2 (四)　3点 他　各2点×3	(三)　各2点×2 他　各1点×2	(一)　1点 (二)　3点 (三)　2点	各1点×8	7点	50点

山口県公立高校　2023年度

※ 200％に拡大していただくと，解答欄は実物大になります。

令　5　　山口県

受検番号	

数学解答用紙

得　点	＊　　点

＊印の欄には何も記入しないこと。

1　＊

(1)		(2)		(3)	
(4)		(5)			

2　＊

(1)	$x=$		(2)	度
(3)	ア	イ	(4)	回

3　＊

(1)		
(2)	式	カカオ含有率30％のチョコレートの重さ　g
		カカオ含有率70％のチョコレートの重さ　g

4　＊

(1)

(2) 説明

5　＊

(1)

(2) 説明

6　＊

(1)

(2) $(2n+4)(2n+6)-2n(2n+2)=$

7　＊

(1) 作図

図1

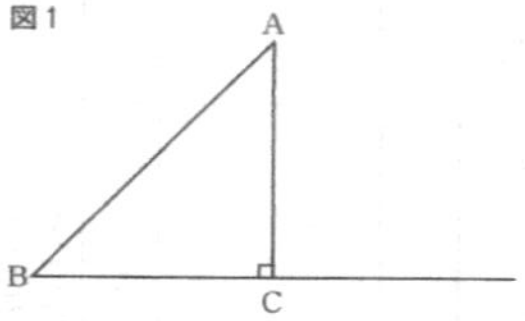

(2) 証明

8　＊

(1)		(2)	$y=$

9　＊

(1)	（分）	(2)	m

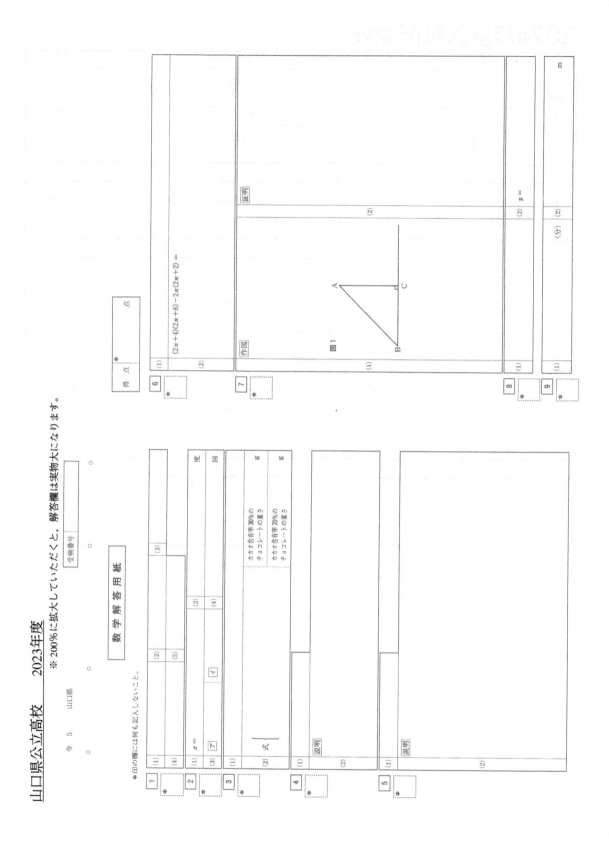

※ 200%に拡大していただくと，解答欄は実物大になります。

令 5　山口県

受検番号	

英 語 解 答 用 紙

＊印の欄には何も記入しないこと。

得 点	＊ 点

1

＊

テスト1	No. 1	No. 2	No. 3	No. 4	
テスト2	No. 1	No. 2	No. 3	No. 4	
テスト3	(A)		(B)		
	(C)				
	(D)	I ________________.			

2

＊

(1)	(A)		(C)		(D)	
(2)						

3

＊

(1)	
(2)	
(3)	

4

＊

(1)	
(2)	
(3)	

5

＊

(1)						
(2)	(a)		(b)		(c)	
(3)	(a)	The train was ________________ a company with Japanese technology.				
	(b)	To ________________ in the future.				

6

＊

20語

30語

【記入例】

Hi	, how	are	you	? I'm	
a	high	school	student	now	.

山口県公立高校　2023年度

※ 200％に拡大していただくと，解答欄は実物大になります。

令　5　　山口県

受検番号	

理 科 解 答 用 紙

得　点	* 点

＊印の欄には何も記入しないこと。

1 ＊

(1)	
(2)	

2 ＊

(1)	
(2)	

3 ＊

(1)	
(2)	

4 ＊

(1)	
(2)	

5 ＊

(1)						
(2)	あ		い		う	
(3)	え		お		か	

6 ＊

(1)		
(2)	ア	
	イ	
(3)		

7 ＊

(1)		
(2)		
(3)	ア	
	イ	

8 ＊

(1)							
(2)							
(3)	ア						
	イ	い		う		え	

9 ＊

(1)					
(2)	ア				
	イ	Pa			
(3)	ア	あ		い	
	イ				

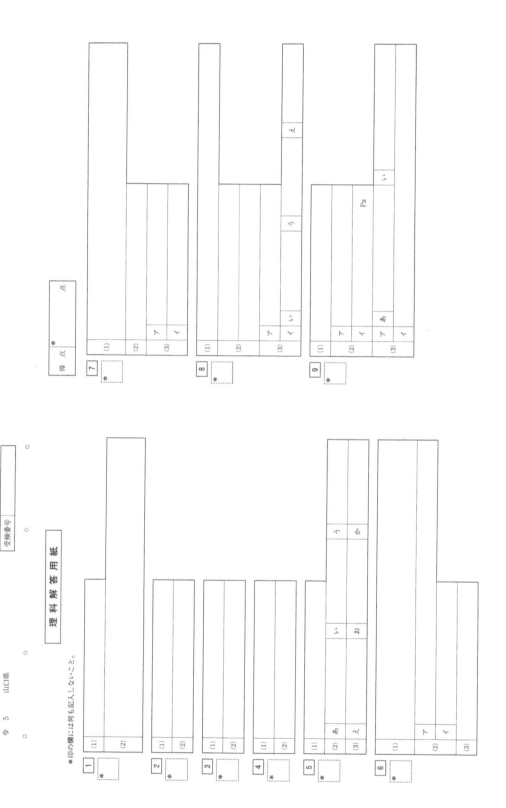

山口県公立高校　2023年度

※ 200％に拡大していただくと，解答欄は実物大になります。

令　5　山口県

受検番号	

社 会 解 答 用 紙

＊印の欄には何も記入しないこと。

得　点	＊　点

1　＊

(1)		(2)	
(3)		(4)	
(5)		(6)	
(7)			

2　＊

(1)				
(2)	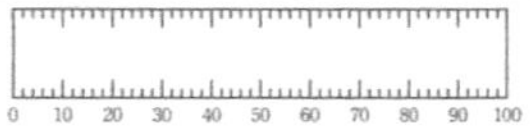			
(3)			(4)	
(5)	ア			
	イ			

3　＊

(1)				
(2)	ア		イ	
(3)	ア		イ	
(4)	ア			
	イ			

4　＊

(1)			(2)	
(3)	う		え	
(4)	ア	→ →		
	イ			
(5)				

5　＊

(1)	ア		イ	
(2)			(3)	
(4)	い		う	
(5)	ア			
	イ	え		
		お		
(6)				
(7)				

6　＊

(1)			
(2)	ア		
	イ	え	
		お	
(3)			
(4)	ア		
	イ		

山口県公立高校　２０２３年度

※１８２％に拡大していただくと，解答欄は実物大になります。

令五　山口県

受検番号

国語解答用紙

＊印の欄には何も記入しないこと。

得点　＊　点

一　＊
- (一)　画
- (二)
- (三)
- (四)
- (五)
- (六)
- (七)

二　＊
- (一)
- (二)
- (三)
- (四)
- (五)　Ⅰ　Ⅱ

三　＊
- (一)　世ニ有リテ論者曰ク
- (二)
- (三)　Ⅰ　Ⅱ

四　＊
- (一)
- (二)
- (三)

五　＊
- (一)　1　いる　2　3　4　5　しい
- (二)
- (三)　ア　イ

六　＊

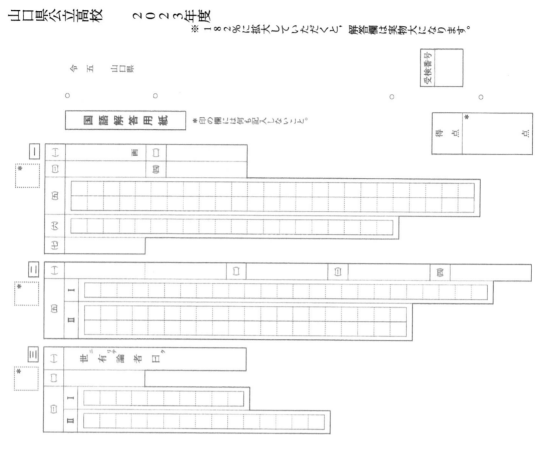

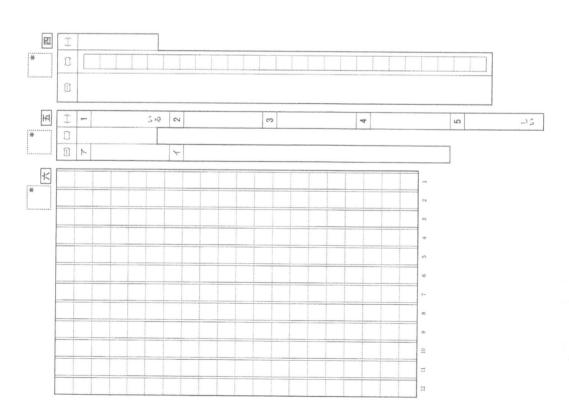

2023年度入試配点表（山口県）

数学	1	2	3	4	5	計
	各1点×5	各2点×4	(1)　2点 (2)　3点(完答)	(1)　2点 (2)　3点	(1)　2点 (2)　4点	50点
	6	7	8	9		
	(1)　2点 (2)　3点	各3点×2	(1)　2点 (2)　3点	(1)　2点 (2)　3点		

英語	1	2	3	4	5	6	計
	テスト3(D)　2点 他　各1点×11	各1点×4	(2)　1点 他　各2点×3	各2点×3	各2点×6	8点	50点

理科	1	2	3	4	5	計
	(1)　1点 (2)　2点	(1)　1点 (2)　2点	(1)　1点 (2)　2点	(1)　1点 (2)　2点	(2)い・う　2点(完答) 他　各1点×5	50点
	6	7	8	9		
	(3)　1点 他　各2点×3	(2)　1点 他　各2点×3	(2)　各1点×2 他　各2点×3 ((3)イ完答)	(1)　1点 他　各2点×4 ((3)ア完答)		

社会	1	2	3	4	5	6	計
	(7)　2点 他　各1点×6	(2),(5)イ 各2点×2 他　各1点×4	(4)ア　2点 他　各1点×6	(4)イ　2点 他　各1点×6	各1点×10	(4)イ　2点 他　各1点×6	50点

国語	一	二	三	四	五	六	計
	(一)~(三) 各1点×3 (五)　3点 他　各2点×3	(二),(三) 各1点×2 (五)Ⅱ　3点 他　各2点×3	(一),(二) 各1点×2 他　各2点×2	各2点×3	各1点×8	7点	50点

※ 164%に拡大していただくと，解答欄は実物大になります。

令　4　　山口県

受検番号

数学解答用紙

得点　＊　点

＊印の欄には何も記入しないこと。

1　＊

(1)	(2)	(3)
(4)	(5)	

2　＊

(1)	$y=$	(2)	
(3)		(4)	

3　＊

(1)

(2)　式｛

アプリP　　MB，アプリQ　　MB

4　＊

(1)	cm^3	(2)	

5　＊

(1)　　（個）

(2)　説明

6　＊

(1)　ア　　イ

(2)　解

答え

7　＊

(1)		(2)	$a=$

8　＊

(1)　作図

図１

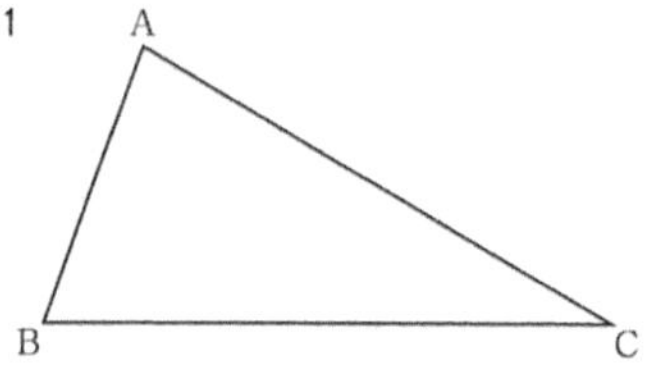

(2)　証明

9　＊

(1)　およそ　　個　(2)　$x=$

(3)　ア　解

答え　　m

イ　　度

※ 164%に拡大していただくと，解答欄は実物大になります。

令　4　　山口県

受検番号	

○　○　○　○

英語解答用紙

得　点	＊　　点

＊印の欄には何も記入しないこと。

1　＊

テスト1	No. 1	No. 2	No. 3	No. 4		
テスト2	No. 1	No. 2	No. 3	No. 4		
テスト3	(A)		(B)		(C)	
	(D)	I ________________.				

2　＊

(1)	(A)		(C)		(D)	
(2)						

3　＊

(1)	
(2)	
(3)	

4　＊

(1)								
(2)	(a)		(b)		(c)		(d)	
(3)	He should ________________ and make *tanka* freely.							

5　＊

(1)	
(2)	
(3)	

6　＊

					20語
					30語

【記入例】
Hi , how are you ? I'm
a high school student now .

※ 164％に拡大していただくと，解答欄は実物大になります。

令　4　　山口県

受検番号	

○　○　○　○

理科解答用紙

得　点	＊　点

＊印の欄には何も記入しないこと。

1　＊

(1)	
(2)	

2　＊

(1)	
(2)	図3 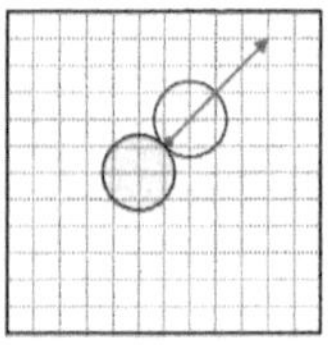

3　＊

(1)	あ	
	い	
(2)		

4　＊

(1)	
(2)	

5　＊

(1)		
(2)		
(3)	ア	
	イ	

6　＊

(1)		
(2)	ア	
	イ	
(3)	方　向	
	根　拠	
(4)		

7　＊

(1)			
(2)			
(3)	ア		
	イ	あ	
		い	
		う	

8　＊

(1)		
(2)		
(3)	ア	
	イ	

9　＊

(1)		
(2)		
(3)		
(4)	あ	
	X	
(5)	い	
	う	

※ 164%に拡大していただくと，解答欄は実物大になります。

令　4　　山口県

受検番号	

社会解答用紙

得　点	＊　　点

＊印の欄には何も記入しないこと。

1　＊

(1)		
(2)		
(3)		
(4)	表Ⅰ	
	図Ⅲ	
(5)		
(6)		

2　＊

(1)		
(2)		
(3)		
(4)	ア	
	イ	
	ウ	
	エ	

3　＊

(1)		
(2)	ア	
	イ	
(3)	ア	
	イ	
(4)		
(5)	→ → →	

4　＊

(1)		
(2)	ア	
	イ	
(3)		
(4)	（産業革命によって）	
(5)		
(6)	→ → →	

5　＊

(1)	ア	
	イ	あ（　　　）年 理由
(2)		
(3)	ア	
	イ	
(4)		
(5)		
(6)		
(7)		

6　＊

(1)		
(2)	→ →	
(3)		
(4)	い	
	う	
(5)		
(6)		

※164％に拡大していただくと，解答欄は実物大になります。

令四　山口県

受検番号

国語解答用紙

＊印の欄には何も記入しないこと。

得点　＊　点

一　＊
(一)
(二)
(三)
(四)
(五)　Ⅰ　Ⅱ　Ⅲ
(六)

二　＊
(一)
(二)
(三)　〜
(四)
(五)
(六)

三　＊
(一)
(二)
(三)　ア　イ

四　＊
(一)
(二)
(三)

五　＊
(一)　1　い　2　3　4　やかに　5
(二)
(三)　ア　巧詐ハ不ト如カ拙誠ニ。
イ

六　＊
1 2 3 4 5 6 7 8 9 10 11 12

2022年度入試配点表(山口県)

数学	1	2	3	4	5	計
	各1点×5	各2点×4	(1)　2点 (2)　3点(完答)	各2点×2	(1)　1点 (2)　3点	50点
	6	7	8	9		
	(1)　2点(完答) (2)　3点	各2点×2	(1)　3点 (2)　4点	(3)　4点(完答) 他　各2点×2		

英語	1	2	3	4	5	6	計
	テスト3(D)　2点 他　各1点×11	各1点×4	(2)　1点 他　各2点×3	各2点×6	各2点×3	8点	50点

理科	1	2	3	4	5	計
	(1)　2点 (2)　1点	(1)　1点 (2)　2点	(1)　2点(完答) (2)　1点	(1)　1点 (2)　2点	(1)　1点 他　各2点×3	50点
	6	7	8	9		
	(1),(2)ア　各1点×2 他 各2点×3 ((3)完答)	(1),(3)イ　各1点×4 他　各2点×2	(1)　1点 他　各2点×3	(1),(2),(4) 各1点×4 他　各2点×2((5)完答)		

社会	1	2	3	4	5	6	計
	(4),(5) 各2点×2 他　各1点×4	(4)イ　2点 他　各1点×6	(4)　2点 他　各1点×6	(4)　2点 他　各1点×6	(2)　2点 他　各1点×8	(4),(5) 各2点×2 他　各1点×4	50点

国語	一	二	三	四	五	六	計
	(四)　3点 (五)Ⅲ・(六) 各2点×2 他　各1点×5	(一)・(二) 各1点×2 (五)　3点 他　各2点×3	(三)　各2点×2 他　各1点×2	(一)　1点 (二)　3点 (三)　2点	各1点×8	7点	50点

※ 161％に拡大していただくと，解答欄は実物大になります。

令　3　　山口県

受検番号	

○　○　○　○

数学解答用紙

得　点	＊　　点

□には，解答した選択問題の問題番号（4～7のいずれか）を記入すること。

＊印の欄には何も記入しないこと。

1　＊

(1)	(2)	(3)
(4)	(5)	

2　＊

(1)		(2)	
(3)	$y=$	(4)	cm

3　＊

(1)	cm
(2)	説明

＜選択問題＞　□　＊

(1)		(2)	
(3)			

＜選択問題＞　□　＊

(1)		(2)	
(3)			

＜選択問題＞　□　＊

(1)		(2)	
(3)			

8　＊

(1)	
(2)	式 $a=$　　　　，$b=$

9　＊

(1)　作図

図1

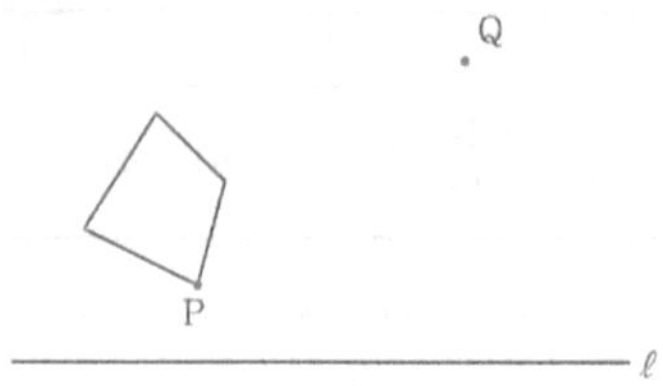

(2)　証明

10　＊

(1)	
(2)	解 答え　　個
(3)	cm

※ 167%に拡大していただくと，解答欄は実物大になります。

令　3　　山口県

受検番号	

得　点	* 点

英語解答用紙

□には，解答した選択問題の問題番号（2～5のいずれか）を記入すること。

＊印の欄には何も記入しないこと。

1 *

テスト1	No. 1	No. 2	No. 3	No. 4		
テスト2	No. 1	No. 2	No. 3	No. 4		
テスト3	(A)		(B)		(C)	
	(D)	We will ______.				

≪選択問題≫ □ *

(1)	(A)			
(2)	(B)	(　　)		
(3)	(C)		(D)	

≪選択問題≫ □ *

(1)	(A)			
(2)	(B)	(　　)		
(3)	(C)		(D)	

≪選択問題≫ □ *

(1)	(A)			
(2)	(B)	(　　)		
(3)	(C)		(D)	

6 *

(1)	(A)	______ in your family?
(2)	(B)	
(3)	(C)	
(4)		

7 *

(1)						
(2)	(a)		(b)			
(3)	①		②		③	

8 *

(1)	(A)		(B)		(C)	
(2)	(D)	______?				

※ 154%に拡大していただくと，解答欄は実物大になります。

令　3　　山口県

受検番号	

理科解答用紙

得　点	＊　　　点

□には，解答した選択問題の問題番号（１～４のいずれか）を記入すること。

＊印の欄には何も記入しないこと。

≪選択問題≫

□　＊

(1)	
(2)	
(3)	

≪選択問題≫

□　＊

(1)	
(2)	
(3)	

≪選択問題≫

□　＊

(1)	
(2)	
(3)	

5　＊

(1)	
(2)	
(3)	
(4)	

6　＊

(1)		
(2)		
(3)	ア	
	イ	

7　＊

(1)	
(2)	
(3)	
(4)	

8　＊

(1)		
(2)		
(3)	該当する部分	図１ 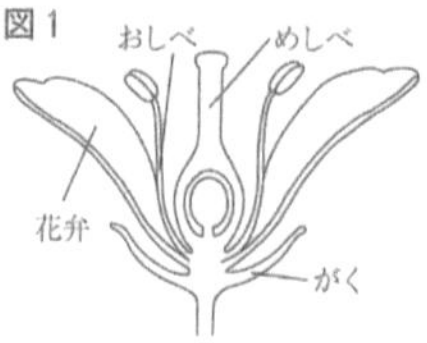
	名　称	
(4)		

9　＊

(1)			
(2)			Wh
(3)	ア		
	イ	あ	
		い	

※167％に拡大していただくと，解答欄は実物大になります。

令　3　　山口県

受検番号	

社会解答用紙

得点	＊　　　　点

□には，解答した選択問題の問題番号（１～４のいずれか）を記入すること。

＊印の欄には何も記入しないこと。

≪選択問題≫

□　＊

(1)	
(2)	
(3)	

≪選択問題≫

□　＊

(1)	
(2)	
(3)	

≪選択問題≫

□　＊

(1)	
(2)	
(3)	

5　＊

(1)	
(2)	
(3)	
(4)	
(5)	
(6)	
(7)	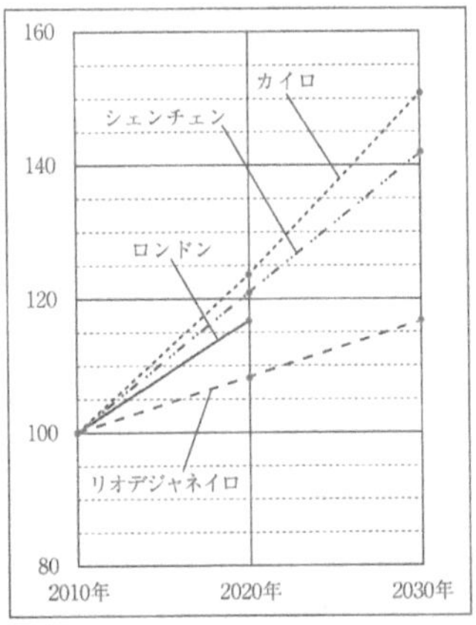

6　＊

(1)	ア	
	イ	a（　　　）b（　　　）
(2)		
(3)		
(4)		
(5)		
(6)		

7　＊

(1)	
(2)	
(3)	
(4)	
(5)	
(6)	
(7)	

8　＊

(1)		
(2)		
(3)		
(4)		
(5)	ア	
	イ	
(6)		
(7)		

山口県公立高校　２０２１年度
※１６４％に拡大していただくと、解答欄は実物大になります。

受検番号

令三　山口県

国語解答用紙

□には、解答した選択問題の問題番号（三～六のいずれか）を記入すること。
＊印の欄には何も記入しないこと。

得点　＊　点

一　＊
(一)　画め
(二)　1　2
(三)
(四)
(五)
(六)
(七)

二　＊
(一)　1　われ　2　3　んで　4
(二)
(三)
(四)
(五)
(六)

〈選択問題〉□　＊
(一)
(二)
(三)

〈選択問題〉□　＊
(一)
(二)
(三)

〈選択問題〉□　＊
(一)
(二)
(三)

七　＊
(一)
(二)

2021年度入試配点表(山口県)

数学	1	2	3	4	5	計
	各1点×5	各2点×4	各2点×2	(1)　1点 他　各2点×2	(1)　1点 他　各2点×2	50点
	6	7	8	9	10	
	(1)　1点 他　各2点×2	(1)　1点 他　各2点×2	(1)　1点 (2)　3点	(1)　3点 (2)　4点	(2)　3点 他　各2点×2	

英語	1	2	3	4	計
	テスト3(D)　2点 他　各1点×11	(2)(B)　2点 他　各1点×3	(2)(B)　2点 他　各1点×3	(2)(B)　2点 他　各1点×3	50点
	5	6	7	8	
	(2)(B)　2点 他　各1点×3	(4)　各1点×2 他　各2点×3	(3)　各2点×3 他　各1点×3	(2)(D)　2点 他　各1点×3	

理科	1	2	3	4	5	計
	(1)　1点 他　各2点×2	(1)　1点 他　各2点×2	(1)　1点 他　各2点×2	(1)　1点 他　各2点×2	(1)　1点 他　各2点×3	50点
	6	7	8		9	
	(1)　1点 他　各2点×3	(2)　1点 他　各2点×3	(1),(3)該当する部分・名称 各1点×3 他　各2点×2		(1)　1点 他　各2点×3 ((3)イ完答)	

社会	1	2	3	4	計
	(2)　1点 他　各2点×2	(2)　1点 他　各2点×2	(2)　1点 他　各2点×2	(2)　1点 他　各2点×2	50点
	5	6	7	8	
	(5),(7)　各2点×2 他　各1点×5	(1)イ,(4)　各2点×2 他　各1点×5	(5)　2点 他　各1点×6	(5)イ　2点 他　各1点×7	

国語	一	二	三	四	五	六	七	計
	(四)・(五)・(七) 各2点×3 (六)　3点 他　各1点×4	(一)・(二) 各1点×5 (四)　3点 他　各2点×3	(一)　1点 他　各2点×2	(一)　1点 他　各2点×2	(一)　1点 他　各2点×2	(一)　1点 他　各2点×2	(一)　1点 (二)　7点	50点

令　2　　山口県

受検番号	

数学解答用紙

得　点	＊　　　　点

＊印の欄には何も記入しないこと。

1 ＊

(1)	(2)	(3)
(4)	**(5)**	

2 ＊

(1)	$y=$	(2)	
(3)	$b=$	(4)	cm^3

3 ＊

(1)		(2)	分

4 ＊

(1)	（　　　　，5），（　　　　，5）
(2)	個

5 ＊

(1)	$m=$	$n=$
(2)	解 答え	

6 ＊

作図

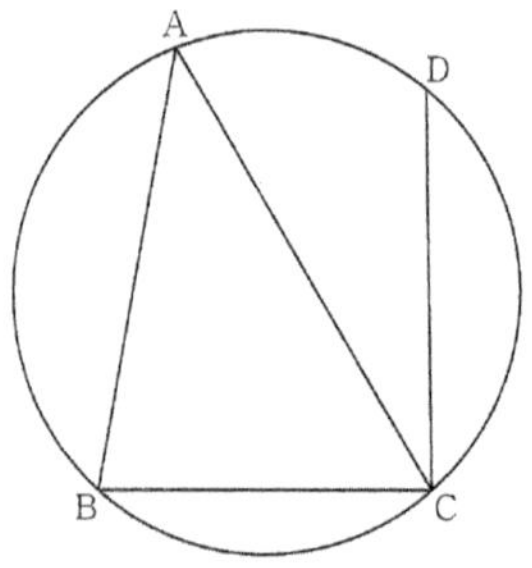

7 ＊

(1)	行目の　　　　列目
(2)	式 説明

8 ＊

(1)	
(2)	証明
(3)	cm

9 ＊

(1)	(ア)	式 携帯電話　　台，ノートパソコン　　台
	(イ)	a　　　b
(2)	(ア)	m
	(イ)	社，最大　　枚

※この解答用紙は167％に拡大していただきますと，実物大になります。

令　2　　山口県

受検番号	

学校指定教科検査（数学）解答用紙

得　点	点

1

(1)	(ア)		人
	(イ)	「山」の人文字をつくるのに必要な人数	（人）
		「口」の人文字をつくるのに必要な人数	（人）
(2)	(ア)	式　$r=$	
		グラフ	
(2)	(イ)		m
		作図	

図4

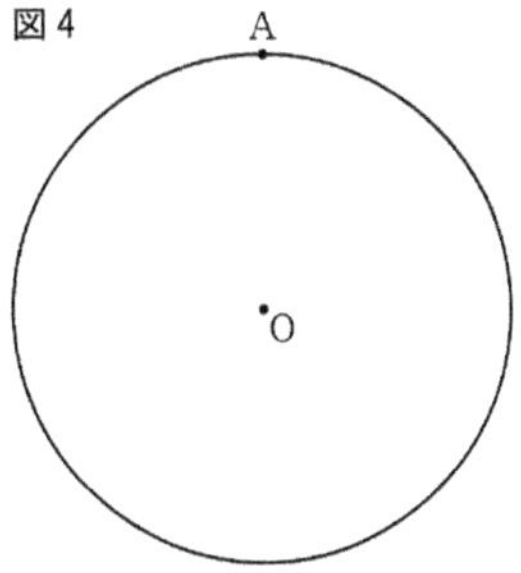

※この解答用紙は154％に拡大していただきますと，実物大になります。

受検番号	

英語解答用紙

得　点	* 点

*印の欄には何も記入しないこと。

1　*

	No. 1	No. 2	No. 3	No. 4
テスト1				

	No. 1	No. 2	No. 3	No. 4
テスト2				

テスト3	(A)	It was a present given ＿＿＿＿＿＿＿＿＿＿ when she was in elementary school.				
	(B)		(C)		(D)	

2　*

(1)	(A)		(C)		(E)	
(2)	(B)					
(3)	(D)	Each *wagashi* in this shop is so ＿＿＿＿＿＿＿＿＿＿ it.				

3　*

(1)	(A)	＿＿＿＿＿＿＿＿＿＿ with me?
(2)	(B)	
(3)	(C)	
(4)		
(5)		

4　*

(1)						
(2)	(a)		(b)		(c)	
(3)	①		②		③	

5　*

(1)	(A)		(B)		(C)	
(2)	(D)	＿＿＿＿＿＿＿＿＿＿.				

※この解答用紙は154％に拡大していただきますと，実物大になります。

令　2　　山口県

受検番号	

学校指定教科検査（英語）解答用紙

得　点	点

1

(1)	(A)	→ →
(2)	(B)	
(3)	(C)	

(4) ＿＿＿＿＿＿＿＿＿＿＿＿＿＿＿＿ the information?

(5) I usually ＿＿＿＿＿＿＿＿＿＿＿＿＿＿＿＿.

20語

30語

（記入例）

Hi ,	how	are	you ?	I'm
a	high	school	student	now .

※この解答用紙は159％に拡大していただきますと，実物大になります。

令　2　　山口県

受検番号	

理科解答用紙

得　点	* 点

＊印の欄には何も記入しないこと。

1 ＊

(1)	
(2)	

2 ＊

(1)	
(2)	

3 ＊

(1)	
(2)	

4 ＊

(1)	
(2)	

5 ＊

(1)	a	
	b	
(2)		
(3)		
(4)		

6 ＊

(1)		
(2)	g	
(3)		
(4)	バリウムイオン	硫酸イオン

7 ＊

(1)	倍
(2)	図4 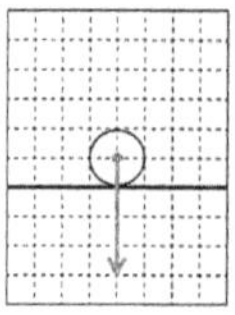
(3)	
(4)	

8 ＊

(1)		
(2)		
(3)		
(4)	区間	地層にはたらいた力

9 ＊

(1)		
(2)		
(3)	あ	
	い	
(4)		

※この解答用紙は167％に拡大していただきますと，実物大になります。

令　2　　山口県

受検番号	

社会解答用紙

得点	＊ 点

＊印の欄には何も記入しないこと。

1　＊

(1)	
(2)	
(3)	

2　＊

(1)	
(2)	
(3)	

3　＊

(1)	
(2)	
(3)	

4　＊

(1)		
(2)		
(3)	世紀	
(4)		
(5)		
(6)		
(7)	→ →	
(8)		

5　＊

(1)	
(2)	
(3)	
(4)	
(5)	

6　＊

(1)	あ		い		う	
(2)						
(3)						
(4)	ア	州				
	イ	a		b		
	ウ					
(5)	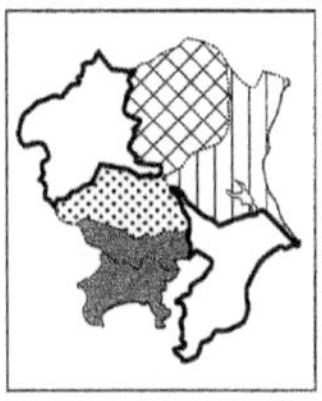					

7　＊

(1)	ア	
	イ	
	ウ	
	エ	
(2)	ア	
	イ	
	ウ	
	エ	
	オ	
	カ	

※この解答用紙は167％に拡大していただきますと，実物大になります。

令二 山口県

国語解答用紙

＊印の欄には何も記入しないこと。

受検番号

得点 ＊ 点

一 ＊

(一) 画
(二)
(三)
(四)
(五)
(六)
(七)

二 ＊

(一) 1 2 なく
(二)
(三)
(四)
(五)
(六)
(七) Ⅰ Ⅱ

三 ＊

(一)
(二)
(三)

四 ＊

(一) 聖人終身言フモ治ヲ
(二)
(三) Ⅰ Ⅱ

五 ＊

1 て 2 3 び 4 5

六 ＊

(一)
(二)

1 2 3 4 5 6 7 8 9 10 11 12

※この解答用紙は１６７％に拡大していただきますと、実物大になります。

令 二　山口県

受検番号

得点　　点

学校指定教科検査（国語）解答用紙

一

(一)

(二) 実在する事物A　非実在の事物B

(三)

(四) I　II

※この解答用紙は143％に拡大していただきますと、実物大になります。

2020年度入試配点表(山口県)

	1	2	3	4	5	計
数学	各1点×5	各2点×4	各2点×2	各2点×2 ((1)完答)	(1)　2点(完答) (2)　3点	50点
	6	7	8	9		
	3点	(1)　1点 (2)　4点	(1)　1点 (2)　4点 (3)　2点	(1)(ア)　3点　(イ)　2点(完答) (2)　各2点×2((イ)完答)		

学校指定教科検査

	1	計
数学	(1)(ア)　2点　(イ)　4点(完答) (2)(ア)　3点(完答)　(イ)　各3点×2	15点

	1	2	3	4	5	計
英語	テスト3(A)　2点 他　各1点×12	(3)　2点 他　各1点×4	各2点×6	各2点×7	(2)　2点, 他　各1点×3	50点

学校指定教科検査

	1	計
英語	(4)　3点　(5)　6点 他　各2点×3	15点

	1	2	3	4	5	計
理科	(1)　1点 (2)　2点	(1)　1点 (2)　2点	(1)　1点 (2)　2点	(1)　1点 (2)　2点	(1)　各1点×2 他　各2点×3	50点
	6	7	8	9		
	(1)　1点 他　各2点×3 ((4)完答)	各2点×4	(1)　1点 他　各2点×3 ((4)完答)	(1)　1点　(3)　3点(完答) 他　各2点×2		

	1	2	3	4	5	6	7	計
社会	各1点×3	各1点×3	各1点×3	(4),(7) 各2点×2 他　各1点×6	(4),(5) 各2点×2 他　各1点×3	(4)イ・ウ,(5) 各2点×3 他　各1点×4	(1)エ,(2)イ・エ・カ 各2点×4 他　各1点×6	50点

	一	二	三	四	五	六	計
国語	(一)・(二)・(四) 各1点×3 (六)　3点 他　各2点×3	(一)～(四) 各1点×5 (七)Ⅱ　3点 他　各2点×3	(一)　1点 他　各2点×2	(三)Ⅰ　2点 他　各1点×3	各1点×5	(一)　2点 (二)　7点	50点

学校指定教科検査

	一	計
国語	(三)　5点 他　各2点×5	15点

MEMO

大切なことはメモしておこうネ！

MEMO

大切なことはメモしておこうネ！

MEMO

大切なことはメモしておこうネ！

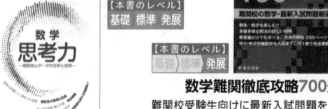

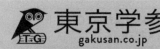

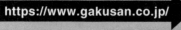

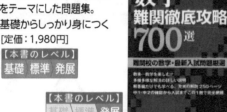

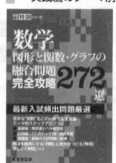

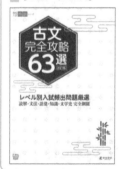

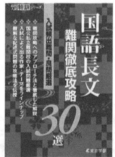

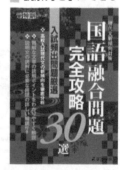

東京学参の

中学校別入試過去問題シリーズ

＊出版校は一部変更することがあります。一覧にない学校はお問い合わせください。

東京ラインナップ

あ 青山学院中等部(L04)
麻布中学(K01)
桜蔭中学(K02)
お茶の水女子大附属中学(K07)
か 海城中学(K09)
開成中学(M01)
学習院中等科(M03)
慶應義塾中等部(K04)
啓明学園中学(N29)
晃華学園中学(N13)
攻玉社中学(L11)
国学院大久我山中学
（一般・CC）(N22)
（ＳＴ）(N23)
駒場東邦中学(L01)
さ 芝中学(K16)
芝浦工業大附属中学(M06)
城北中学(M05)
女子学院中学(K03)
巣鴨中学(M02)
成蹊中学(N06)
成城中学(K28)
成城学園中学(L05)
青稜中学(K23)
創価中学(N14)★
た 玉川学園中学部(N17)
中央大附属中学(N08)
筑波大附属中学(K06)
筑波大附属駒場中学(L02)
帝京大中学(N16)
東海大菅生高中等部(N27)
東京学芸大附属竹早中学(K08)
東京都市大付属中学(L13)
桐朋中学(N03)
東洋英和女学院中学部(K15)
豊島岡女子学園中学(M12)
な 日本大第一中学(M14)
日本大第三中学(N19)
日本大第二中学(N10)
は 雙葉中学(K05)
法政大学中学(N11)
本郷中学(M08)
ま 武蔵中学(N01)
明治大付属中野中学(N05)
明治大付属八王子中学(N07)
明治大付属明治中学(K13)
ら 立教池袋中学(M04)
わ 和光中学(N21)
早稲田中学(K10)
早稲田実業学校中等部(K11)
早稲田大高等学院中学部(N12)

神奈川ラインナップ

あ 浅野中学(O04)
栄光学園中学(O06)
か 神奈川大附属中学(O08)
鎌倉女学院中学(O27)
関東学院六浦中学(O31)
慶應義塾湘南藤沢中等部(O07)
慶應義塾普通部(O01)
さ 相模女子大中学部(O32)
サレジオ学院中学(O17)
逗子開成中学(O22)
聖光学院中学(O11)
清泉女学院中学(O20)
洗足学園中学(O18)
捜真女学校中学部(O29)
た 桐蔭学園中等教育学校(O02)
東海大付属相模高中等部(O24)
桐光学園中学(O16)
な 日本大中学(O09)
は フェリス女学院中学(O03)
法政大第二中学(O19)
や 山手学院中学(O15)
横浜隼人中学(O26)

千・埼・茨・他ラインナップ

あ 市川中学(P01)
浦和明の星女子中学(Q06)
か 海陽中等教育学校
（入試Ⅰ・Ⅱ）(T01)
（特別給費生選抜）(T02)
久留米大附設中学(Y04)
さ 栄東中学(東大・難関大)(Q09)
栄東中学(東大特待)(Q10)
狭山ヶ丘高校付属中学(Q01)
芝浦工業大柏中学(P14)
渋谷教育学園幕張中学(P09)
城北埼玉中学(Q07)
昭和学院秀英中学(P05)
清真学園中学(S01)
西南学院中学(Y02)
西武学園文理中学(Q03)
西武台新座中学(Q02)
専修大松戸中学(P13)
た 筑紫女学園中学(Y03)
千葉日本大第一中学(P07)
千葉明徳中学(P12)
東海大付属浦安高中等部(P06)
東邦大付属東邦中学(P08)
東洋大附属牛久中学(S02)
獨協埼玉中学(Q08)
な 長崎日本大中学(Y01)
成田高校付属中学(P15)
は 函館ラ・サール中学(X01)
日出学園中学(P03)
福岡大附属大濠中学(Y05)
北嶺中学(X03)
細田学園中学(Q04)
や 八千代松陰中学(P10)
ら ラ・サール中学(Y07)
立命館慶祥中学(X02)
立教新座中学(Q05)
わ 早稲田佐賀中学(Y06)

公立中高一貫校ラインナップ

北海道 市立札幌開成中等教育学校(J22)
宮　城 宮城県仙台二華・古川黎明中学校(J17)
市立仙台青陵中等教育学校(J33)
山　形 県立東桜学館・致道館中学校(J27)
茨　城 茨城県立中学・中等教育学校(J09)
栃　木 県立宇都宮東・佐野・矢板東高校附属中学校(J11)
群　馬 県立中央・市立四ツ葉学園中等教育学校・
市立太田中学校(J10)
埼　玉 市立浦和中学校(J06)
県立伊奈学園中学校(J31)
さいたま市立大宮国際中等教育学校(J32)
川口市立高等学校附属中学校(J35)
千　葉 県立千葉・東葛飾中学校(J07)
市立稲毛国際中等教育学校(J25)
東　京 区立九段中等教育学校(J21)
都立大泉高等学校附属中学校(J28)
都立両国高等学校附属中学校(J01)
都立白鷗高等学校附属中学校(J02)
都立富士高等学校附属中学校(J03)
都立三鷹中等教育学校(J29)
都立南多摩中等教育学校(J30)
都立武蔵高等学校附属中学校(J04)
都立立川国際中等教育学校(J05)
都立小石川中等教育学校(J23)
都立桜修館中等教育学校(J24)
神奈川 川崎市立川崎高等学校附属中学校(J26)
県立平塚・相模原中等教育学校(J08)
横浜市立南高等学校附属中学校(J20)
横浜サイエンスフロンティア高校附属中学校(J34)
広　島 県立広島中学校(J16)
県立三次中学校(J37)
徳　島 県立城ノ内中等教育学校・富岡東・川島中学校(J18)
愛　媛 県立今治東・松山西中等教育学校(J19)
福　岡 福岡県立中学校・中等教育学校(J12)
佐　賀 県立香楠・致遠館・唐津東・武雄青陵中学校(J13)
宮　崎 県立五ヶ瀬中等教育学校・宮崎西・都城泉ヶ丘高校附属中学校(J15)
長　崎 県立長崎東・佐世保北・諫早高校附属中学校(J14)

公立中高一貫校「適性検査対策」問題集シリーズ

総合編　作文問題編　資料問題編　数と図形編　生活と科学編　実力確認テスト編

私立中・高スクールガイド

THE《ザ》 私立

私立中学＆高校の学校生活がわかる！

〈ダウンロードコンテンツについて〉

本問題集のダウンロードコンテンツ、弊社ホームページで配信しております。現在ご利用いただけるのは「2025年度受験用」に対応したもので、**2025年3月末日**までダウンロード可能です。弊社ホームページにアクセスの上、ご利用ください。

※配信期間が終了いたしますと、ご利用いただけませんのでご了承ください。

山口県公立高校　2025年度

ISBN978-4-8141-3285-0

[発行所] 東京学参株式会社

〒153-0043　東京都目黒区東山2-6-4

書籍の内容についてのお問い合わせは右のQRコードから　⇒

※書籍の内容についてのお電話でのお問い合わせ、本書の内容を超えたご質問には対応できませんのでご了承ください。

2024年6月27日　初版